常阴沙农场志

CHANGYINSHA NONGCHANG ZHI

《常阴沙农场志》编纂委员会 编

方志出版社
Publishing House of Local Records

图书在版编目（CIP）数据

常阴沙农场志 / 《常阴沙农场志》编纂委员会编.
-- 北京 ：方志出版社，2017.5
ISBN 978-7-5144-2093-7

Ⅰ. ①常… Ⅱ. ①常… Ⅲ. ①国营农场－概况－张家港 Ⅳ. ①F324.1

中国版本图书馆CIP数据核字（2016）第234768号

常阴沙农场志

编　　者：《常阴沙农场志》编纂委员会
责任编辑：宁　芳
出 版 人：冀祥德
出 版 者：方志出版社
地址　北京市朝阳区潘家园东里 9 号（国家方志馆4层）
邮编　100021
网址　http://www.fzph.org
发　　行：方志出版社发行中心
电话（010）67110500
印　　刷：南京凯德印刷有限公司
开　　本：889×1194　　1/16
印　　张：28.75
字　　数：733千字
版　　次：2017年5月第1版　　2017年5月第1次印刷
印　　数：0001～1200册
ISBN 978-7-5144-2093-7　　定价：268.00元

《常阴沙农场志》编纂委员会

（以姓氏笔画为序）

序

集众人智慧，历数度春秋，一部系统记录境内自然、经济、政治、文化和社会历史变迁，并记述常阴沙农场创办后建设、发展状况的综合性志书——《常阴沙农场志》终于出版了，这是常阴沙现代农业示范园区文化建设所取得的丰硕成果，也是全区人民文化建设、思想建设和政治建设中的一件盛事，可喜可贺。

“一从刘海戏金钱，雨雪风霜六十年。苍水茫茫成玉液，荒沙漠漠变良田。”作为长江新三角洲地区的一部分，常阴沙农场虽成陆时间较晚，但它已经成为张家港东北部沙上地区乃至整个苏南地区一个颇具传奇色彩的特殊区域。从1950年3月人民解放军进驻常阴沙并在荒滩上创办农场，到2005年3月撤销农场建制，建立管理区，其间历史虽不满60年，但农场干部职工依靠艰苦奋斗的创业精神，将这片“江风瑟瑟，芦荻萧萧，杂草簇簇，流漕纵横，飞鸟哀鸣”的荒滩草地建设成为农、林、牧、副、渔、工、商、运、建、服全面发展的综合性企业和土地连片、稳产高产、人民富裕的绿色家园。“绿色满园处处景，蓝天碧水绕村郭。天池玉液流桑田，平沙沃野生水滨”，这是经农场人民开垦、建设后常阴沙的真实写照。今天，我们在利用这片土地上丰富资源，采摘农场建设各项成果的时候，我们不会忘记曾经为这片土地忘我劳动并为之付出心血和汗水的常阴沙农场的广大干部和职工。

盛世修志，志载往事。《常阴沙农场志》以江滩围垦、兴修水利和农场的创办、建设为主线，立足当代，通贯全程，具有丰富的思想内涵、鲜明的时代气息、浓郁的地方特色和企业特点，是一部人们认识农场、了解农场、熟悉农场、回味农场，并激励后人建设常阴沙的地情书、资料书和工具书，更是一部进行爱国主义和革命传统教育的优秀乡土教材。我们相信，《常阴沙农场志》的出版，将有益于我们缅怀前贤、承前启后、服务当代，发挥很好的“存史、资政、教化”的作用。

今天，历史已经进入一个全新的发展阶段，也赋予了我们崭新的机遇和责任。我们将继承和发扬艰苦奋斗、自强不息的光荣传统，以史为鉴，博古察今，用我们的智慧和努力，在建设“江南水乡、田园风光、现代农庄”进程中，做美形态，做优生态，做旺旅游，做强产业，做高水平。利用和挖掘现有资源，创造出无愧于前人、无愧于时代的新业绩。

2015年12月

常阴沙农场行政区划示意图

2015年3月

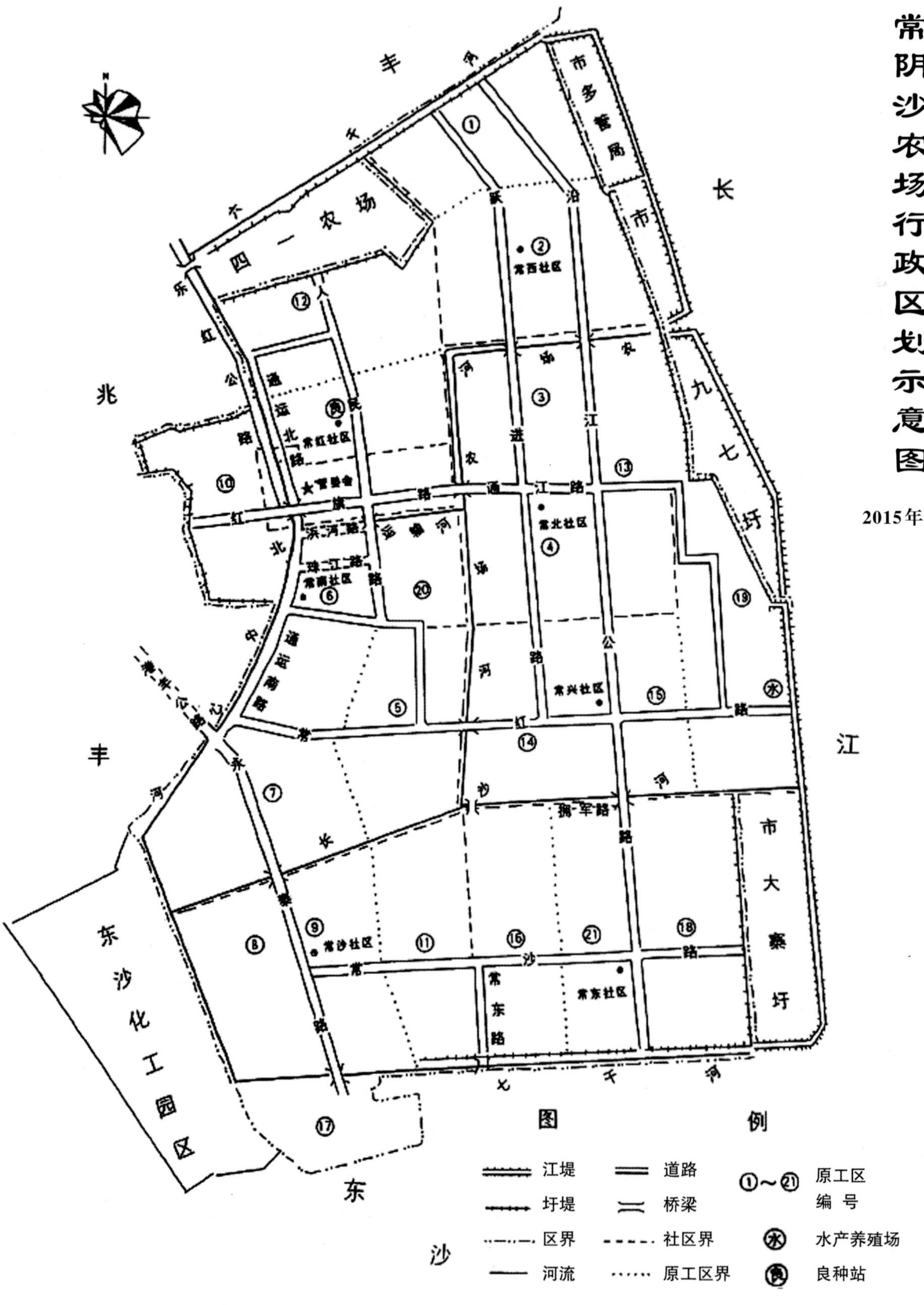

常阴沙农场原状示意图

（1959年）

1∶50000

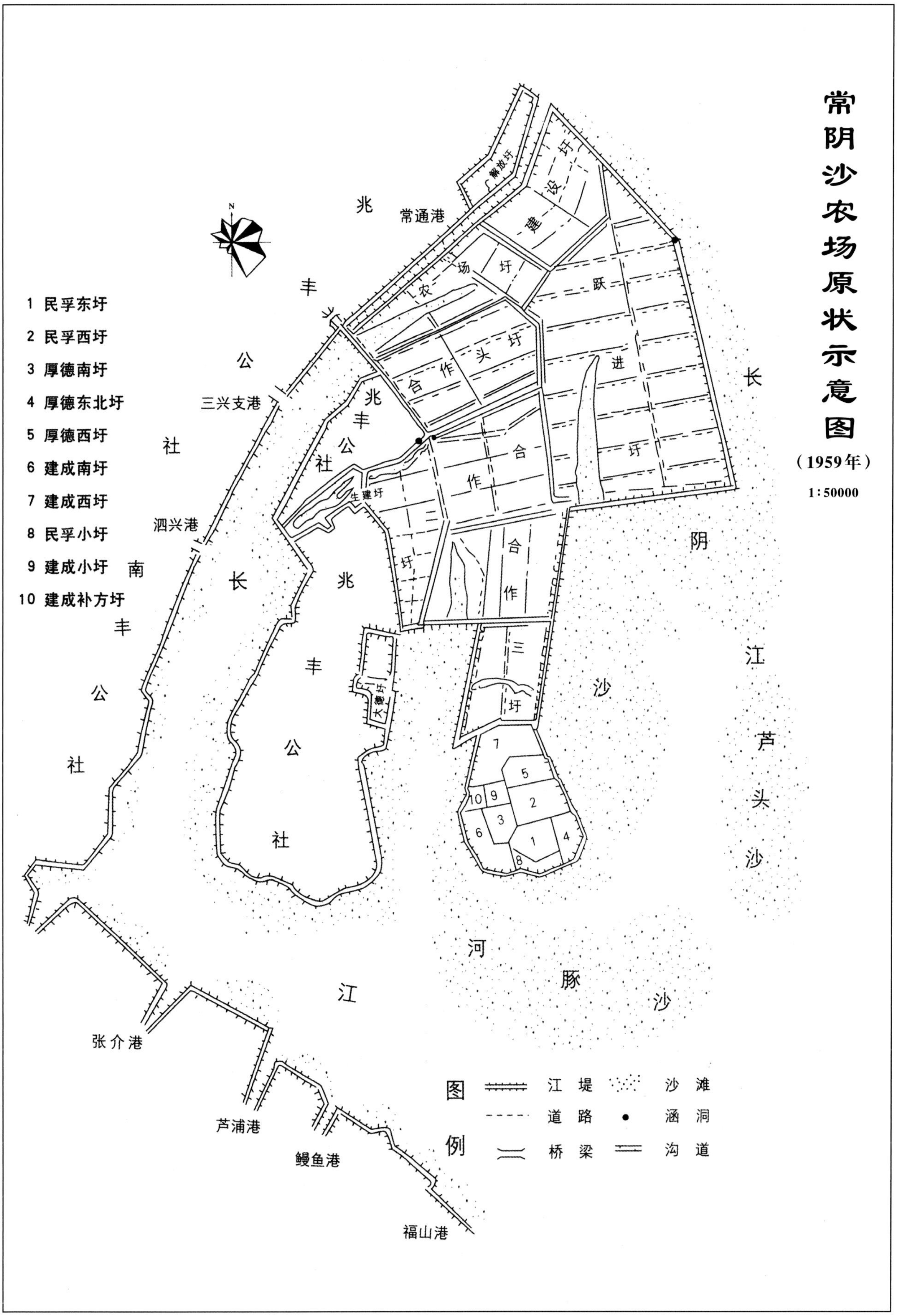

常阴沙农场历年围垦示意图

1:50000

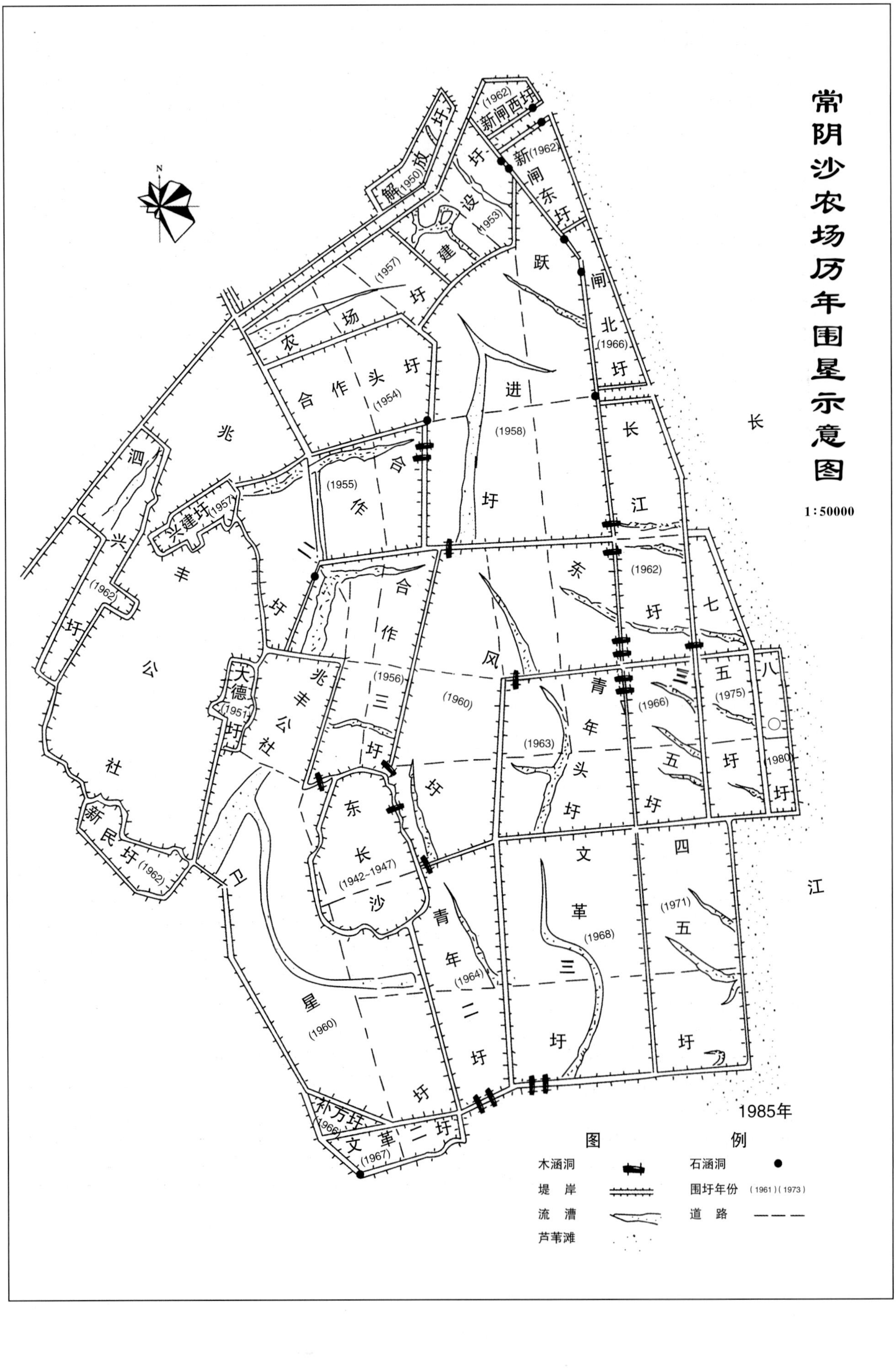

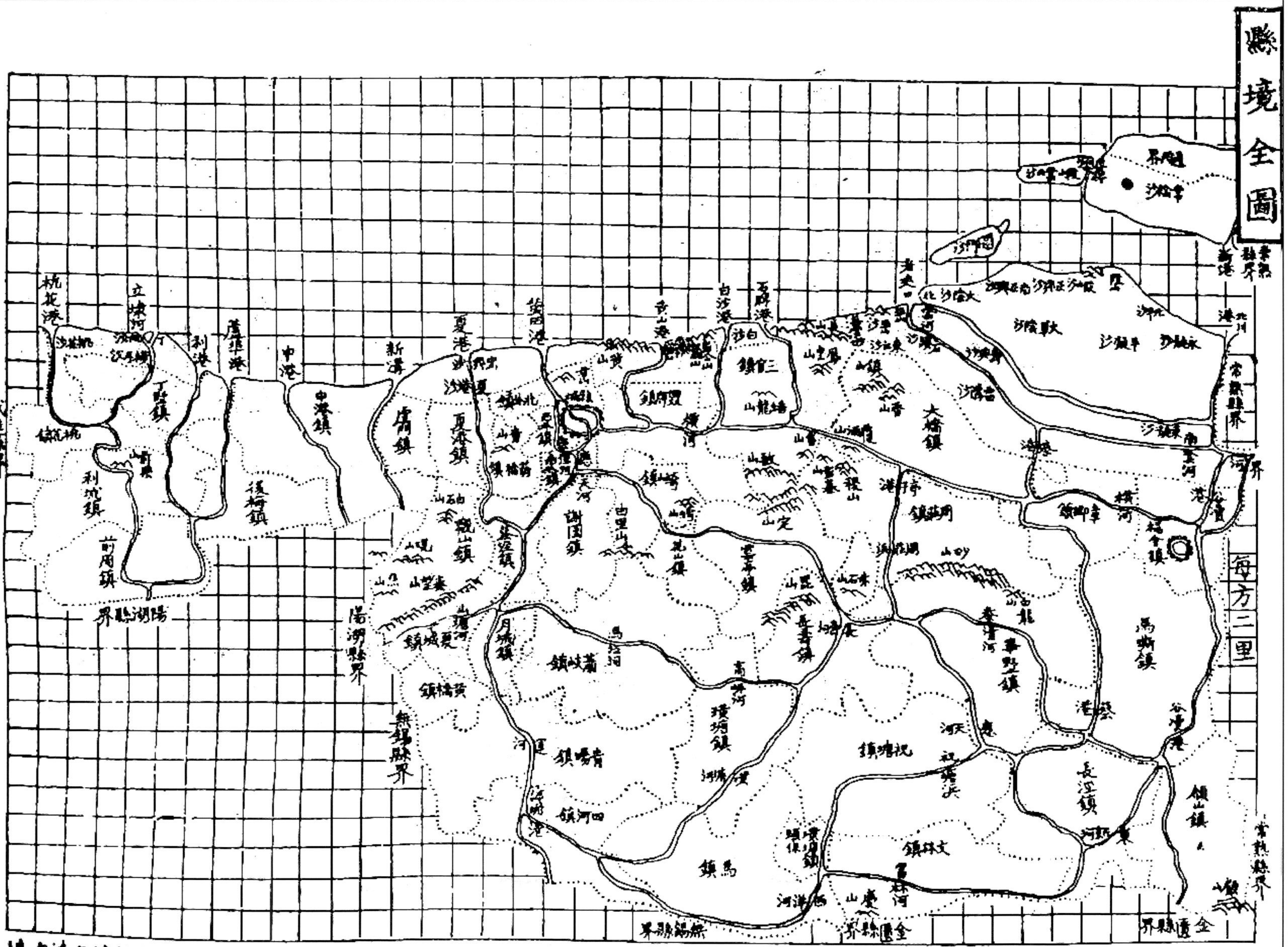

选自清光绪戊寅(1878)年《江阴县志》

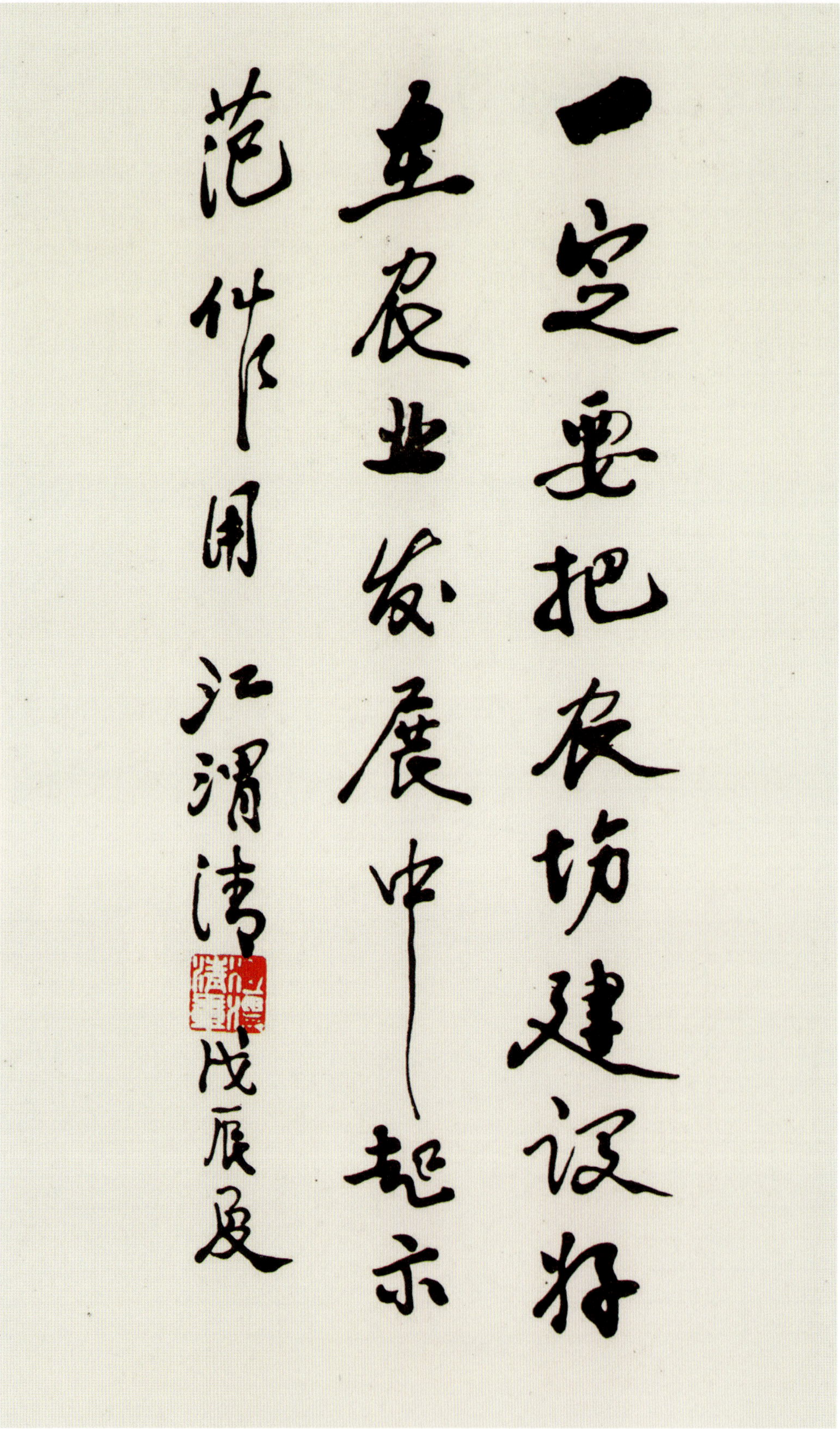

中共江苏省委原第一书记江渭清题词 （1988年）

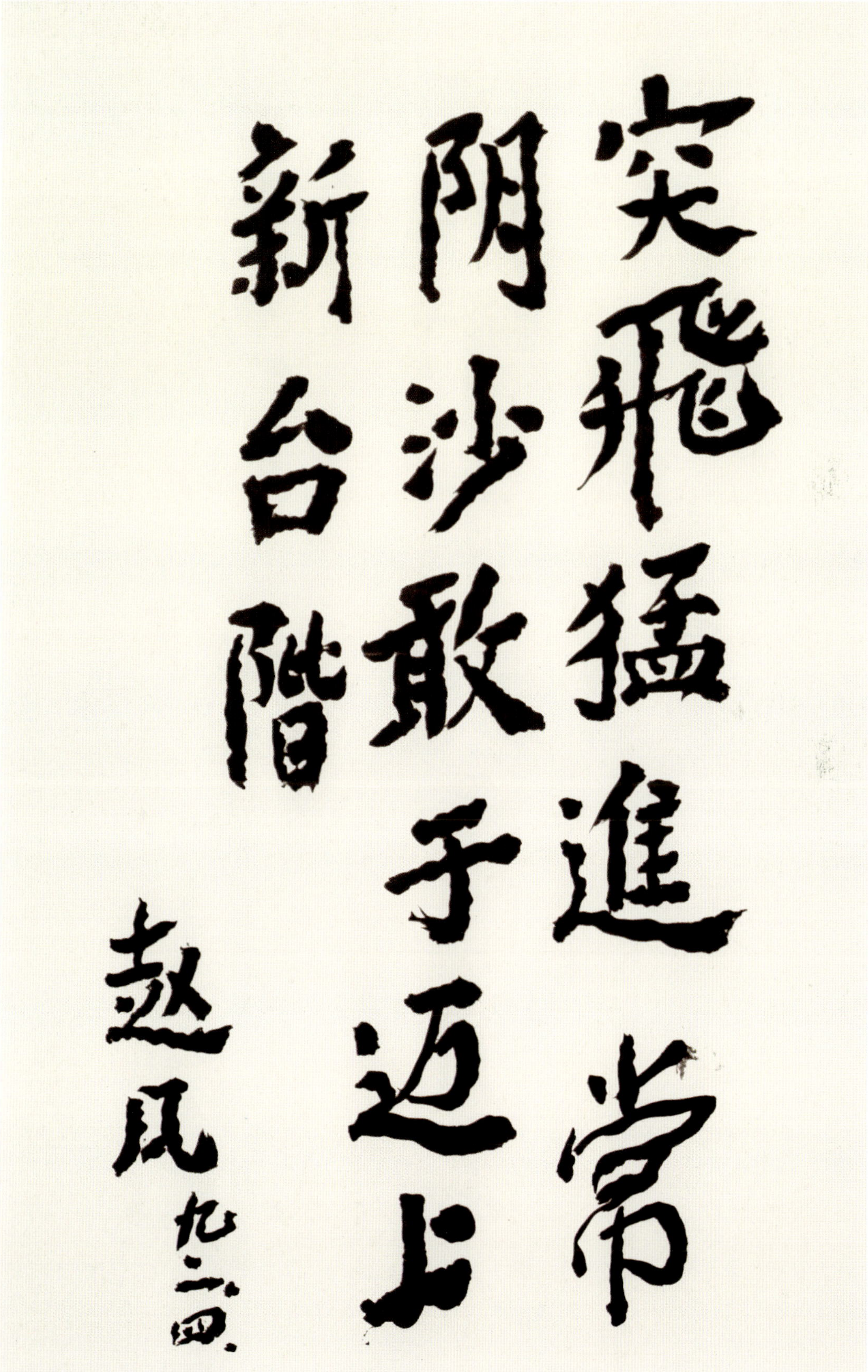

原农垦部部长赵凡题词　　（1992年）

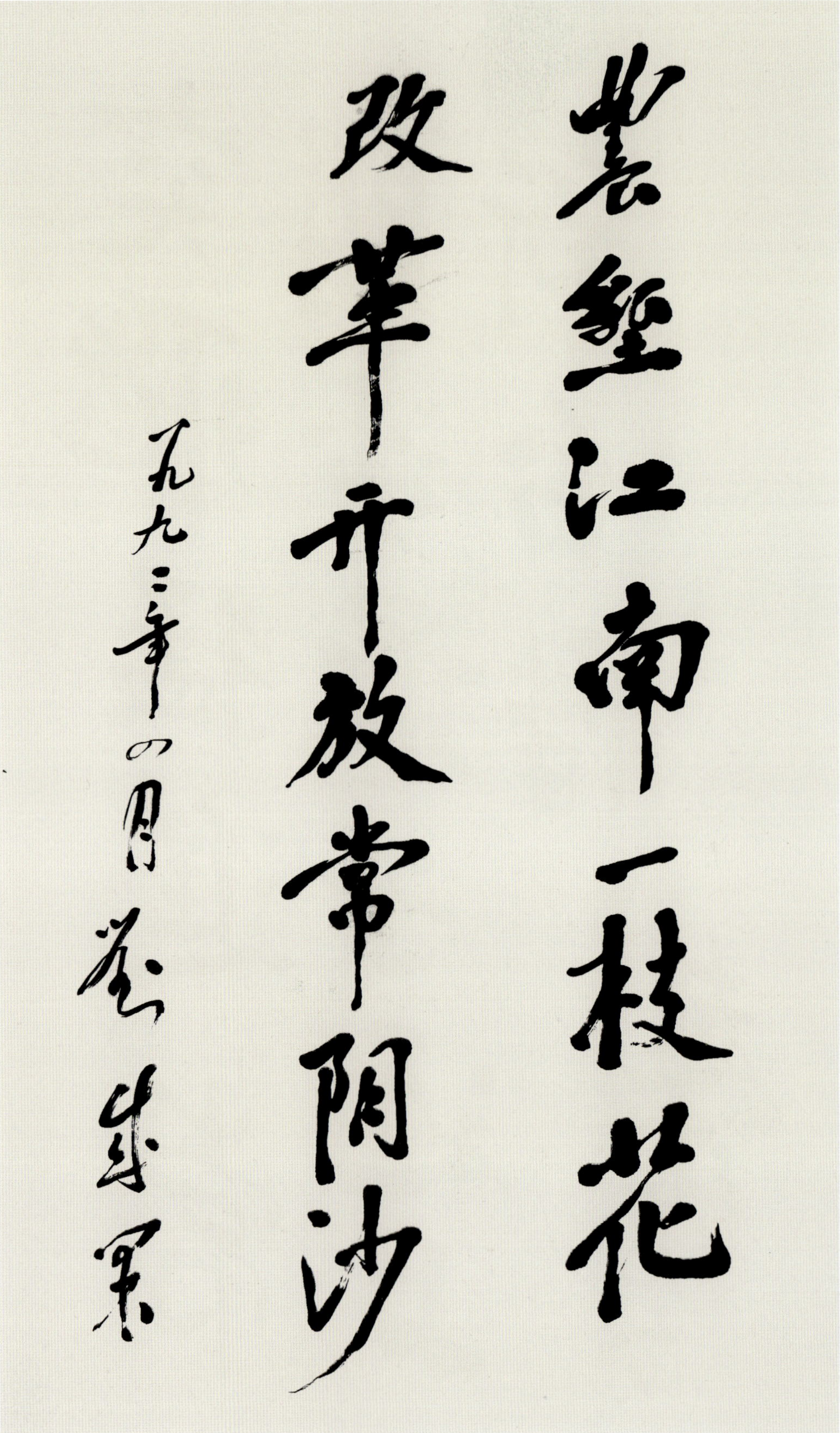

农业部原副部长、农垦司原司长刘成果题词　（1992年）

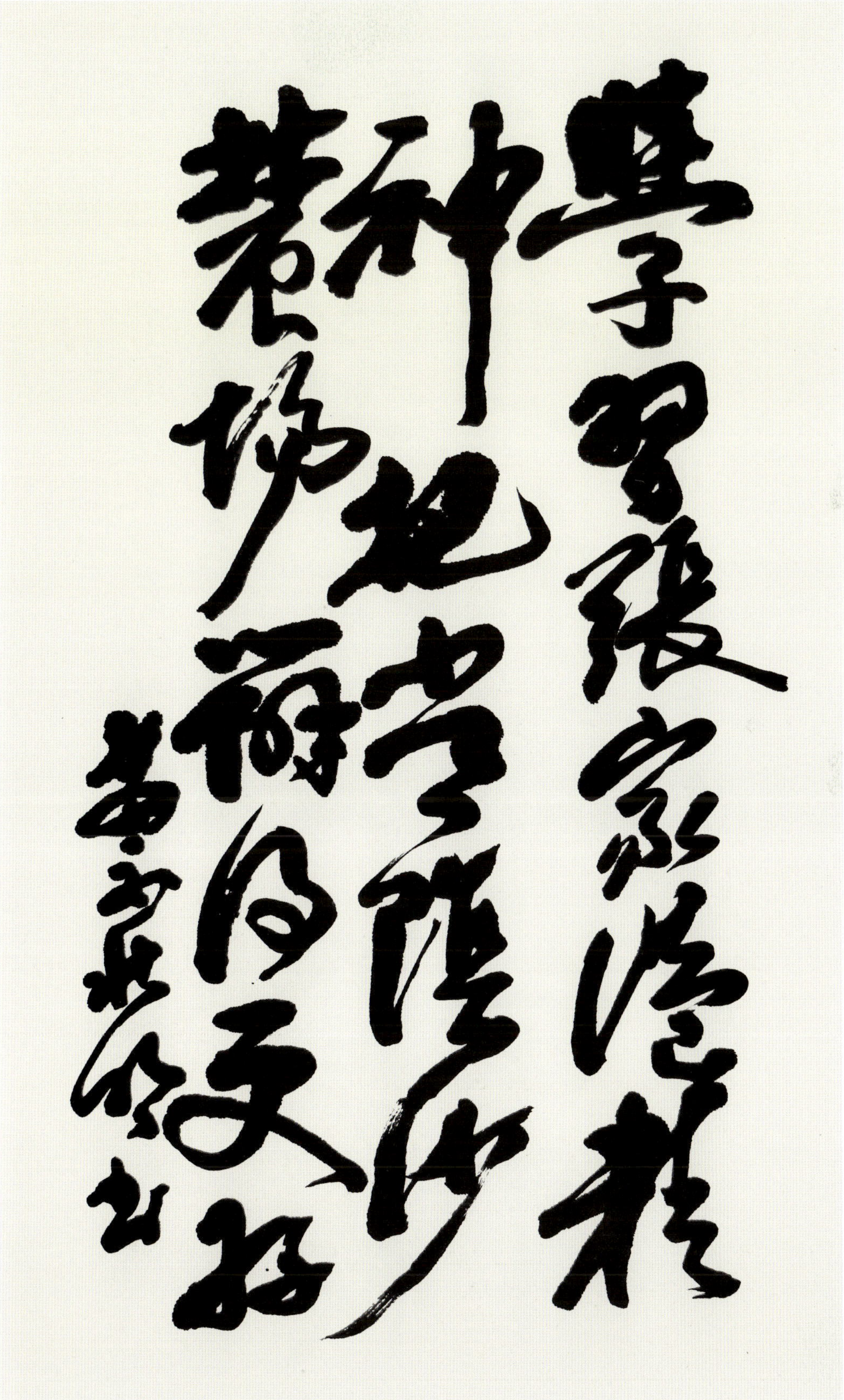

江苏省人民政府原秘书长蔡秋明题词 （1992年）

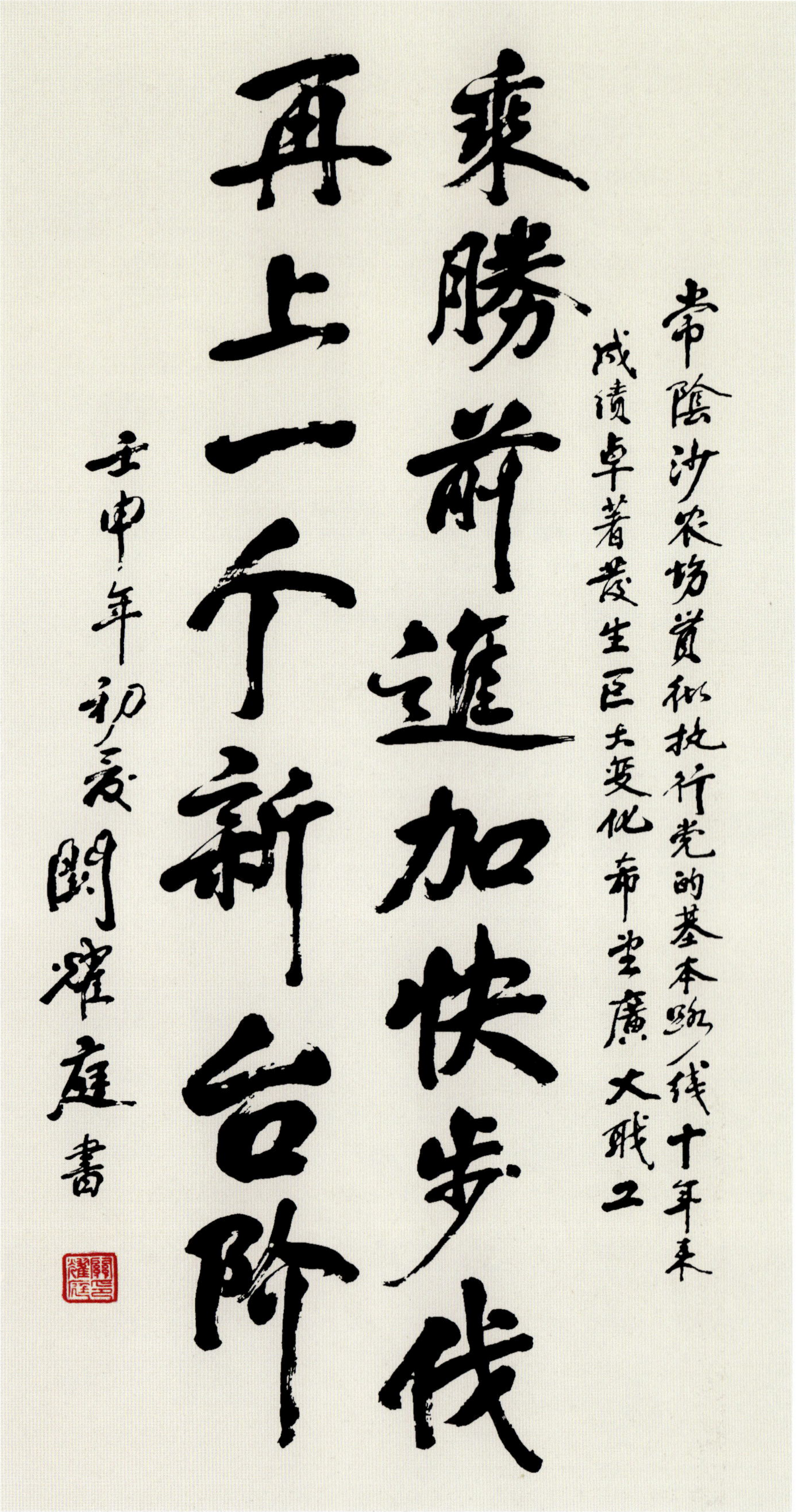

江苏省农垦局原局长、党组书记关耀庭题词（1992年）

常阴沙农场被农业部评为农机管理标准化优秀单位　　（1996年）

常阴沙农场中心小学被农业部评为教育系统先进集体　　（1985年）

常阴沙农场建筑工程队获江苏省人民政府嘉奖　　（1980年）

筑箍埂 （60年代）

建水闸（建于1965年的农场河水闸）

开挖大寨河誓师大会 （1972年）

平整土地 （1975年）

垒江堤 （1980年）

围圩塘 （1980年）

挖河道 （1980年）

江堤抢险 （1997年）

江堤加固 （1998年）

江堤加固 （1998年）

东方红桥 （1971年）

农场外江堤 （1999

集镇居民小区 （1999

江苏省国营常阴沙农场场部 （2000年）

常阴沙大桥 （2000

工路　　（2003年）

长沙路　　（2003年）

常阴沙农场实行属地管理揭牌仪式　　（2004年4月）

阴沙农场第九届职工代表大会第四次会议
（2004年7月）

退休职工养老金社会化发放仪式　　（2004年7月）

红旗镇街道 （2004年）

农村居民住宅 （2004年）

常阴沙农场管理区撤并和社区成立大会 （2005年2月）

张家港市常阴沙管理区成立大会 （2005年3月）

新建的红旗路 （2006年）

红旗镇街景公园 （2009年）

新建的金穗桥 （2012年）

农机耕耙 （1962年）

喷洒农药 （1962年）

给飞机加注农药 （60年代）

飞机保养 （60年代）

苏州知青飞机场留影 （60年代）

飞机喷洒农药 （60年代）

人工插秧（1974年）

耕牛塆田（1979年）

人工割麦（70年代）

场头脱粒（70年代）

做小秧田（70年代）

人工耥稻（70年代）

采拾棉花 （70年代）

棉花晒、捡、打包 （70年代）

水稻机械直播 （80年代）

水稻机械直播 （80年代）

香椿种植 （1998年7月）

台湾中华农业交流协会考察农场 （1999年12月）

麦棉瓜套种　　（90年代）

棉瓜套种技术　　（90年代）

机械收割　　（2003年）

晾粉丝 （60年代）

江滩放鸭 （1969年）

林地养鸭 （1972年）

规模养猪 （70年代）

江滩捕刀鱼 （70年代）

江滩捕捞 （70年代）

编柳筐 （70年代）

押建筑帘 （70年代）

织花边 （70年代）

扯兔毛 （70年代）

内河养鱼 （80年代）

农场西瓜 （90年代）

恩达泵业（前身为建于1961年的沙洲农场机械厂）

建于1961年的江苏省国营常阴沙轧花剥绒厂

建于1973年的江苏国营常阴沙服装厂

建于1979年的江苏省国营常阴沙毛纺织厂

建于1979年的常阴沙电控厂

常阴沙棉纺针织有限公司（前身为建于1980年的江苏省国营常阴沙棉纺针织厂）

建于1985年的扬子建筑装潢厂

飞浪泵阀有限公司（前身为建于1985年的江苏省国营江南化工设备厂）

建于1985年的江苏省国营常阴沙油厂、张家港市华丰油脂有限公司

长江圩五组知青留影　（1964年）

苏州知青在忠字塔旁合影　（1968年）

长江圩知青拾棉花比赛　（60年代）

苏州知青住过的窑洞　（60年代）

欢迎沙洲知青的千人大会　（1974年）

欢迎沙洲知青的场面　（1974年）

杨舍镇知青合影　　（1975年）

青年圩知青采桃子　　（70年代）

苏州知青在气象观察站　　（70年代）

苏州知青40周年返场联谊座谈会　　（1993年）

常阴沙农场中学 （1982年）

常阴沙农场中学 （1997年）

常阴沙幼儿园 （2000年）

常阴沙学校 （2002年）

农校师生40年聚会 （2006年）

科技专家现场传授农业技术 （80年代）

麦茬机械水直播稻高产栽培技术实地研究 （80年代）

露天电影 （70年代）

全国农垦文学创作讲习班在常阴沙农场开班 （1983年）

常阴沙影剧院 （1985年）

常阴沙农场第七届职工运动会 （1999年）

常阴沙第七届职工运动会文艺晚会 （1999年）

常阴沙学校学生运动会 （2003年）

常阴沙医院 （2003年）

颈肩腰腿痛治疗中心 （2003年）

时任农垦部部长赵凡视察常阴沙农场　（80年代中期）

时任中共苏州市委常委、张家港市委书记蒋宏坤到常阴沙农场考察 （2001年10月）

以达尼埃尔·卡布兰·敦坎总理和夫人为首的科特迪瓦共和国政府代表团到常阴沙农场参观访问（1997年10月）

古巴共和国农业委员会主席古斯曼访问常阴沙农场　（1994年4月）

中加（加拿大）青年对等交流学习参观　（1996年7月）

移民东迁　（50年代）

移民东迁　（50年代）

茅草房　（60年代）

砖瓦房　（1972年）

走廊房　（70年代后期）

楼房　　（80年代）

别墅　　（90年代）

农场职工的居住环境　　（21世纪初）

说明：彩页图片由常阴沙农业示范园区档案室及常阴沙农场部分老干部提供

凡　例

一、本志运用辩证唯物主义和历史唯物主义的方法，实事求是，记述常阴沙农场的创办、建设、发展和变化情况，为存史、资政、育人服务。兼具乡镇特色与企业特点。

二、本志上限尽力追溯发端，下限至2005年3月，各类统计数据截至2004年末。本志地域范围为2005年3月常阴沙农场的行政区划。

三、本志纪年分年代和公元纪年两种。凡未注明世纪而直接称年代的，均为20世纪。

四、本志所述内容运用述、记、志、表、录等体裁，以志为主。语言采用现代汉语语体文。概述有叙有议，以叙为主。除大事记采用编年体的方法外，均以类记事，以时为序，只记事实，一般不作评述。

五、本志志首收录图片，设序、凡例、概述、大事记。主体按自然、经济、政治、文化、社会等分类编排。采用编、章、节、目的结构形式。全志共设17编65章209节。志尾设文件辑录、编后记。

六、本志人物除对在创办和建设农场过程中做出特殊贡献的劳动模范及有关知名人士作简介外，均以名录形式列表入志，对部分外籍调入后有突出贡献者亦予以收录。范围为副县处级以上行政干部、副高级以上知识分子。在原工作所在地获得劳模或相关荣誉称号后调入农场工作者，不予收录。

七、本志文字标点、计量单位等，原则上按国家规范标准书写。土地面积按群众习惯，用亩。志中涉及阿拉伯数字中的小数，原则上保留小数点后两位，特殊情况例外。

八、本志数字数据，2003年12月31日前，以江苏省农垦总公司编制的《江苏省农垦总公司综合统计年报表》《江苏省农垦农工商联合总公司企业财务会计报表》等为准；2004年1月1日后，以《张家港统计年鉴》为准，未及部分采用相关业务部门提供的数据。

九、本志对省市农垦部门的称谓，1983年7月前，称江苏省农垦局和南通地区农垦局；1983年8月后，称江苏省农垦总公司和南通市农垦公司。

十、本志资料源于文献、档案、报刊、专著、调查材料及群众口碑，均经考证核实选用，一般不注明出处。

目　　录

概　述……………………………………………………………………………………… 1
大事记……………………………………………………………………………………… 5

第一编　建置区划　自然环境

第一章　建置区划…………………………………………………………………………… 25
　第一节　建置沿革 …………………………………………………………………… 25
　第二节　行政区划 …………………………………………………………………… 27
　第三节　社区　居委会 ……………………………………………………………… 31
第二章　自然环境…………………………………………………………………………… 35
　第一节　成　陆 ……………………………………………………………………… 35
　第二节　土　壤 ……………………………………………………………………… 35
　第三节　植　被 ……………………………………………………………………… 37
　第四节　水文　潮汐 ………………………………………………………………… 38
　第五节　气　候 ……………………………………………………………………… 39
　第六节　自然灾害 …………………………………………………………………… 42
第三章　资源物产…………………………………………………………………………… 44
　第一节　自然资源 …………………………………………………………………… 44
　第二节　土特产 ……………………………………………………………………… 46

第二编　围　垦

第一章　围垦机构…………………………………………………………………………… 51
　第一节　垦殖公司 …………………………………………………………………… 51
　第二节　围垦委员会 ………………………………………………………………… 51
第二章　围垦工程…………………………………………………………………………… 51
　第一节　筑　坝 ……………………………………………………………………… 51
　第二节　围　圩 ……………………………………………………………………… 51
第三章　圩　塘……………………………………………………………………………… 53

第三编　水　利

第一章　长江防洪…………………………………………………………………………… 63
　第一节　江堤建设 …………………………………………………………………… 63
　第二节　护岸工程 …………………………………………………………………… 64
第二章　河道工程…………………………………………………………………………… 64

第一节 市(县)级河道 …… 64
第二节 场办河道 …… 65
第三章 涵闸工程 …… 69
第一节 水 闸 …… 69
第二节 涵 洞 …… 71
第三节 排涝站 …… 73
第四章 农田水利 …… 74
第一节 土地改造与平整 …… 74
第二节 田间沟渠 …… 76
第三节 农田灌溉 …… 77
第五章 防汛抗灾 …… 77
第一节 组织机构 …… 77
第二节 抗灾纪实 …… 78

第四编 基本建设

第一章 集镇建设 …… 83
第一节 沿 革 …… 83
第二节 规 划 …… 84
第三节 居民住宅建设 …… 85
第四节 公共建筑与公用设施 …… 86
第二章 农村建设 …… 88
第一节 规 划 …… 88
第二节 住宅建设 …… 89
第三节 公共建筑与公用设施 …… 90
第三章 公用事业 …… 91
第一节 供 水 …… 91
第二节 供 电 …… 92
第四章 交通运输 …… 93
第一节 道 路 …… 93
第二节 设 施 …… 94
第三节 装卸和运输 …… 97
第四节 交通运输工具 …… 98
第五节 交通管理 …… 98
第五章 邮 电 …… 99
第一节 机 构 …… 99
第二节 邮 政 …… 99
第三节 电 信 …… 100
第六章 建 筑 …… 100
第一节 机构 队伍 …… 100
第二节 技术装备 …… 102
第三节 建筑施工 …… 103
第四节 产权制度改革 …… 104

第五编　经济综情

第一章　经济规模……107
第一节　总　量　……107
第二节　结　构　……107
第三节　效　益　……109
第二章　经济制度……110
第一节　经济核算　……110
第二节　财务包干　……112
第三章　财务　税收　金融……115
第一节　财　务　……115
第二节　税　务　……117
第三节　金　融　……118
第四章　经济管理……120
第一节　计划管理　……120
第二节　统计　审计　……120
第三节　工商行政管理　……121

第六编　农　业

第一章　农村经济制度变革……125
第一节　土地改革与互助合作　……125
第二节　国有农场　……127
第二章　耕作制度与作物布局……128
第一节　土地面积　……128
第二节　作物布局　……130
第三节　耕作制度　……133
第三章　作物栽培与植保……134
第一节　作物栽培　……134
第二节　肥　料　……137
第三节　植物保护　……139
第四节　农业丰产示范方　……141
第四章　农机具……141
第一节　农具和耕畜　……141
第二节　农业机械化　……142
第五章　管理机构与服务……146
第一节　机　构　……146
第二节　服　务　……147

第七编　多种经营

第一章　畜禽饲养业……151

第一节 家畜养殖 ……151
第二节 家禽养殖 ……155
第三节 特种养殖 ……156
第二章 种植业……157
第一节 水生作物种植 ……157
第二节 食用菌培养 ……158
第三章 水产业……158
第一节 长江捕捞 ……158
第二节 内河捕捞 ……158
第三节 淡水养殖 ……159
第四章 手工业……161
第一节 编织业 ……161
第二节 加工业 ……162
第五章 林 业……163
第一节 防护林和用材林 ……163
第二节 经济林 ……164
第三节 花圃 苗木 ……165
第四节 林木管理 ……166
第六章 管理机构与生产基地……166
第一节 管理机构 ……166
第二节 生产基地 ……167

第八编 工 业

第一章 所有制结构……171
第一节 国有工业 ……171
第二节 个体私营工业 ……174
第三节 国有企业产权制度改革 ……178
第二章 工业门类……180
第一节 农副产品加工业 ……180
第二节 机电工业 ……181
第三节 纺织工业 ……182
第四节 化工工业 ……182
第五节 建材工业 ……183
第六节 汽车改装及配件业 ……183
第三章 工业管理……184
第一节 管理机构 ……184
第二节 职工队伍 ……184
第三节 基础管理 ……185
第四节 营销管理 ……185
第五节 安全生产 ……186
第四章 骨干企业与产品选介……187
第一节 骨干企业 ……187

第二节　主要产品 ……189

第九编　商　贸

第一章　商业体制 ……193
第一节　国有商业 ……193
第二节　供销合作商业 ……194
第三节　个体商业 ……195
第二章　商品经营 ……196
第一节　粮油经营 ……196
第二节　主要生产资料采购与供应 ……197
第三节　生活消费品的组织与供应 ……199
第四节　农副产品收购 ……201
第三章　集市贸易 ……202
第一节　集贸市场 ……202
第二节　商业街　商业点 ……203
第三节　商品展销 ……204
第四章　社会服务业 ……205
第一节　饮食业 ……205
第二节　生活服务业 ……205

第十编　党政群团

第一章　中国共产党 ……209
第一节　党　员 ……209
第二节　党的组织 ……211
第三节　党员代表大会 ……218
第四节　党务工作 ……220
第二章　行　政 ……225
第一节　农场管理委员会 ……225
第二节　场部工作机构 ……228
第三节　基层行政单位 ……230
第四节　行政干部 ……236
第三章　职工代表大会 ……238
第一节　机构与职能 ……238
第二节　职工代表 ……238
第三节　历届代表大会 ……239
第四章　群众团体 ……241
第一节　工　会 ……241
第二节　青少年团体 ……243
第三节　妇女联合会 ……247
第四节　其他群众团体 ……249
第五章　精神文明建设 ……250

第一节 思想道德建设 ……250
第二节 文明评比与创建 ……251
第三节 社会新风 ……253

第十一编 劳动 民政

第一章 劳 动……257
第一节 劳动力 ……257
第二节 劳动工资 ……259
第三节 养老保障 ……260
第二章 民 政……262
第一节 民政事务 ……262
第二节 优抚工作 ……264
第三节 最低生活保障 ……265
第四节 下放工人安置 ……266

第十二编 治安 司法行政 武装

第一章 治 安……269
第一节 机 构 ……269
第二节 社会治理 ……270
第三节 户籍管理 ……272
第二章 司法行政……272
第一节 民事调解 ……272
第二节 法制宣传 ……272
第三节 法律服务 ……273
第三章 武 装……273
第一节 机 构 ……273
第二节 民 兵 ……274
第三节 兵 役 ……277
第四节 驻 军 ……277
第五节 消 防 ……277

第十三编 教育 科技

第一章 教 育……281
第一节 教育管理机构 ……281
第二节 学前教育 ……281
第三节 小学教育 ……283
第四节 普通中学教育 ……287
第五节 中等职业教育 ……290
第六节 成人教育 ……291
第七节 教 师 ……292

第二章　科　技…………295
第一节　机构　队伍…………295
第二节　科技研究与成果…………298
第三节　科学技术普及…………302

第十四编　文化　卫生　体育

第一章　文　化…………305
第一节　机构　队伍…………305
第二节　设　施…………305
第三节　广播　电影　电视…………306
第四节　通讯报道…………308
第五节　档　案…………309
第六节　群众文化…………312
第二章　卫　生…………315
第一节　医疗机构…………315
第二节　医疗队伍…………318
第三节　医疗制度…………319
第四节　预防与控制…………321
第五节　妇幼保健…………321
第六节　中医中药…………323
第七节　爱国卫生…………324
第三章　体　育…………326
第一节　学校体育…………326
第二节　职工体育…………327

第十五编　人口　社会

第一章　人　口…………331
第一节　人口规模…………331
第二节　人口构成…………334
第三节　人口普查…………335
第四节　人口控制…………336
第二章　人民生活…………338
第一节　收　入…………338
第二节　消　费…………339
第三节　住　房…………340
第四节　典型区调查…………341
第三章　风俗习惯…………343
第一节　岁时风俗…………343
第二节　婚丧喜庆习俗…………346
第三节　生活习俗…………350
第四节　其他风俗…………353

第五节 忌 讳 ……354
第四章 方 言……355
第一节 方言的种类和分布 ……355
第二节 常用词和常用语 ……356
第三节 俗 语 ……362
第四节 谚 语 ……363
第五节 歇后语 ……368
第五章 姓 氏……369

第十六编 知 青

第一章 接收安置……373
第一节 接 收 ……373
第二节 安 置 ……373
第三节 插 队 ……374
第二章 劳动管理……375
第一节 管理机构 ……375
第二节 教育学习 ……376
第三节 劳动实践 ……376
第四节 工资报酬 ……376
第五节 公共福利 ……376
第六节 知青培养 ……377
第三章 分流回城……377
第一节 分 流 ……377
第二节 回 城 ……378
第三节 留场知青 ……379

第十七编 人 物

第一章 人物简介……395
第二章 人物名录……396
第一节 副县处级以上行政干部 ……396
第二节 副高级以上知识分子 ……397

附：文件辑录 ……399

编后记……407

概 述

常阴沙农场位于张家港市东部，东临长江，与南通狼山隔江相望，南、西、北分别与乐余镇的东沙（镇）办事处和兆丰（镇）办事处相邻。距张家港市人民政府所在地杨舍镇30公里。区域中心地理位置为北纬31° 52′ 54″，东经120° 45′ 42″。2004年，区域总面积37.44平方公里。南北最长处直线距离约10.48公里，东西最宽处直线距离约7.05公里。人口1.96万人，辖13个农业管理区，1个居委会。2005年2月，13个农业管理区合并组建为7个农村社区。

常阴沙，由江中泥沙沉积而成。大约在300年前，境内是一片辽阔的江面。明代，随着泥沙积涨，江中沙洲加速扩张，逐步并联。17世纪70年代至80年代，形成南沙、中沙、北沙三大块。北沙包括段山套北沙、紫鲚沙（又称紫气沙）、横墩沙、关丝沙、蕉沙、刘海沙、登瀛沙、文兴沙等，分属通州、常熟、江阴三县管辖。常熟、江阴分界于朝阳港，东属常熟，西属江阴，称常阴沙；通州与常熟分界于常通港，南属常熟，北属通州，称刘海沙。后因此沙位于常熟、江阴之间，而以常阴二字命之，故《常昭合志》称：“道光时，江心突涨，江常画界，先后筑圩，故名常阴沙。”

1950年3月，中国人民解放军进驻常阴沙东部滩地，与当地群众一起，围垦解放圩，并在圩内建立一个未命名的农场。1951年3月，常熟县人民政府将该农场正式命名为常熟县常阴农场。此后，农场的隶属关系几经变化，名称也先后变更为常熟县第二农场、苏南棉麻指导所常阴棉场、常熟县第一农场。1958年10月，农场建制被撤销。1959年8月，恢复并扩建，定名为常熟县沙洲农场。1961年4月，改为国营机械农场，正式定名为江苏省国营常阴沙农场，直属江苏省农林厅管辖，为全民所有制农业企业。1965年8月，农场划归新成立的江苏省农垦局管辖。1968年7月，改名为沙洲东方红农场。1971年1月，农场改由苏州专区革命委员会领导。1979年4月，重新划归省农垦局。同年7月，恢复江苏省国营常阴沙农场名称。2004年4月，常阴沙农场划归张家港市，实行属地管理。2005年3月，张家港市人民政府决定，撤销农场建制，建立张家港市常阴沙管理区。

常阴沙是一块年轻的土地，常阴沙农场从初创到撤销仅55年历史。55年中，农场在围垦荒滩、改造环境并从事各项建设的同时，承担了接收和安置长江坍江区域失去土地的东迁农民，接收和安置城镇知识青年，接收和安置城市下放工人及各类大中专院校分配到农场锻炼和工作的毕业学生的任务。这些人员，尤其是坍江区域东迁的农民群众，成为建设农场的主要力量。

俗话说：“穷奔沙滩富奔城。”勤劳朴实的农场人民穷则思变，依靠党和政府的方针政策，依靠艰苦奋斗的创业精神，在茫茫沙滩上围垦造田、平整土地、兴修水利、发展生产，经过前后两代人的共同努力，硬是把荒滩草地建设成为农、林、牧、副、渔、工、商、运、建、服全面发展的综合性企业和今日土地连片、稳产高产、人民富裕的绿色家园。常阴沙农场被农业部领导赞誉为“农垦江南一枝花”。

筑堤围圩，万亩荒滩变成良田。20世纪40年代前，这里是“茫茫滩涂空无物，只睹沟壑荒草生，闻听江风音瑟瑟，野物飞禽鹭鸟鸣”。东长沙、青草沙、联珠沙、高沙、阴沙、带子沙、芦头沙、河豚沙等众多沙滩相连不相接，一片原始荒凉之象。1950年初，人民解放军在此创办农场，土地总面积为540亩。办场后，不断拓垦，至1958年农场撤销时，土地总面积为2916.74亩。1959年，农场恢复和扩建后，荒滩围垦和改土治水双管齐下，大规模的土地平整同步推进。至80年代初，先后围垦和改造荒滩60283亩，完成工程土方总量2654.31万立方米。其中围垦工程610.19万立方米，修建水利、改造流漕、平整土地、改良土壤等系统工程2044.54万立方米，从而使昔日杂草丛生、流漕纵横、高低不平的荒滩草地成为土地连片、旱涝保收、稳产高产的万亩良田。在此期间，农场因各种原因先后调出和划出土地7198亩，至1980年，全场土地总面积为53085亩。1996年，在全国土地普查中，通过卫星测算和实地测量，常阴沙农场土地总面积调整为56155.1亩。此后，农场的土地存量一直处于稳定状态。

兴办水利，基础设施稳步推进。60年代前后，随着跃进圩、万亩圩围垦工程的相继完成，以兴修水利为重点的基础设施建设稳步推进。至2004年，共开挖疏通张家港市（县）级贯通境内的河道3条、15.07公里，开挖疏浚场内主干河道3条、13.68公里，开拓疏浚场内中小河道172条、186.36公里，加固江港堤防32.78公里。修建永久性达标江堤9.7公里。建造出江水闸2座、内河套闸2座、圩口闸3座、机电排涝站10座、出江（港）涵洞219座。建成黑色化公路4条、31.63公里，黑色化机动车路31条、54.58公里，居民住宅区水泥路134条、99.72公里。建成大小桥梁127座，其中主干河道跨河大桥14座。规划、改造、新建居民埭57个，长48.5公里，占地1740亩。规划、改造、新建居民点20个，占地1680亩。建造新兴集镇1个，建成区面积2.2平方公里，建造自来水厂1座，日供水量2500立方米。累计完成基本建设投资4.75亿元，其中由农场自筹资金完成的基本建设投资4.71亿元。完成公用建筑面积144.35万平方米，其中生产性建筑面积为120.8万平方米，公共设施面积为16.22万平方米，其他公益性建筑面积7.33万平方米。

依靠科学，农业地位不断巩固。常阴沙农场土地连片。农业以种植稻、麦、油料等粮食作物及棉花、西瓜、果品等各类经济作物为主，林、牧、副、渔等多种经营并举。粮、棉、油和各种经济作物及肉类、蛋类产品自给有余。1960—2004年，全场共生产粮食51.46万吨，扣除返销分配给场内职工口粮1.29万吨，实际向国家上交粮食50.17万吨。向国家上交棉花（皮棉）4.37万吨、油菜籽5409吨。向国家和市场提供蔬菜21.58万吨，香瓜、西瓜28.95万吨，桃、李、柑橘等水果1.63万吨。共出栏生猪27.15万头、羊21.85万只，肉类2.01万吨，水产品1.23万吨，禽蛋1.32万吨。坚持科学种田，注重种子培育和农业栽培技术的研究、推广和应用。逐步形成水旱轮作、条块布局、连片种植的格局。机械耕作是农场种植业的主要特点。以东方红一号水稻品种为标志的稻、麦、棉系列良种的培育和推广，麦茬机械水直播稻高产栽培配套技术、麦瓜棉套间作技术以及一水一旱两年五熟轮作制度的全面应用，促进了农业经济的持续发展和农业生产力的明显提高，农业基础地位不断巩固。至2004年，建有2.5万亩无公害绿色稻米生产基地、5000亩生态农业示范基地、1000亩设施栽培基地和2500亩柑橘生产基地。以常阴沙大米为核心的“常绿”牌农业产品在长江南北享有一定声誉。优美的生态环境给人们提供了一块集休闲、娱乐、观赏于一体的旅游胜境。

产业调整，经济结构趋于合理。55年中，农场从单一的农业种植和畜牧养殖起步，经过前后两代人的艰苦创业、开拓实践、探索调整，特别是二、三产业的协调发展，使农场的经济结构趋于合理，经济规模逐步扩大，经济总量不断增加。60年代初，农场开始创办工厂，发展工业和建筑业。1961年，全场实现社会总产值222.36万元，其中工农业总产值为218.26万元，农业、工业和商业物资三大产业比例为87.41∶10.75∶1.84。70年代中后期，工业得到较快发展。1980年，全场有工业企业11家，实现工业产值799.59万元，占全场总产值的46.01%。1988年，工业、建筑业和商贸服务业基本形成规模，有工业企业20家、建筑企业1家、商贸服务企业3家，实现社会总产值10031.68万元，在江苏农垦系统26个农（林）场中首家突破亿元关，其中工农业总产值为8645.3万元，占全场总产值的86.18%，国内生产总值为3755.21万元。1998年，农垦国营工建交企业转制后，私营经济迅速发展。至2004年，全场工商企业发展到158家，其中工业企业112家，有纺织、机械、服装、电子电器和粮油加工五大门类，建有民营工业集中区1个。全场实现社会总产值6.72亿元，其中工农业总产值5.51亿元，占81.99%，国内生产总值2.38亿元。按国内生产总值计，全场一、二、三产业比例为21.06∶43.48∶35.46。

自力更生，社会事业协调发展。常阴沙农场是全民所有制农业企业。农场的主要任务是在组织、协调各项经济活动中，不断调整和完善生产关系，发展和提高生产力。在此基础上，利用向国家缴纳税收以及上级主管部门的包干结余后所产生的税后利润，自力更生，兴办发展包括基础设施建设在内的教育、卫生等各项社会事业。1959年底，农场在接收联珠小学、长沙小学、江滨小学、东方小学、生建小学、红旗小学后，先后在各工区创办学校，兴办教育。1960年，建农场医院。从此，农场的教育、科技、文化、体育、卫生等各项事业在国家没有一分钱拨款、地方财政没有一分钱支持的情况下，完全依靠自身力量发展起来。1979年，全场共有各类各级学校34所，其中幼儿园16所、小学14所、中学4所，班级129个，学生5500多人，教职工227人。同时，有医院1家，床位50张，医务人员60人。此后，根据农场实际，在逐步对学校布局进行调整的同时，加强学校和医院的基础设施建设以及设备器材投入，强化教师、医生的业务素质培训。至2001年，学校、医院从农垦剥离初期，全场有幼儿园1所、小学5所、中学1所，班级63个，学生2556人，教师166人；有医院1家，床位60张。2003年12月，学校、医院在完成资产、资源等各项移交手续后，正式从农场剥离。2004年，全场有幼儿园1所，幼儿班9个，学生394人，幼儿教师22人，另有市管学校1所、医院1家。

突破梦幻，人民生活逐步好转。50年代，农场职工的人均年收入约80元，全场农村人均年收入约35元。住的是“环筒舍”（又名“滚箍楼”“滚龙厅”“滚地龙”）、茅草屋，生活设施十分简陋，生活条件非常艰苦。1960年，农场职工人均年收入为141.5元，职工家庭的人均年收入为63.46元。此后，全场人民的经济收入逐步增加，生活条件逐步好转。国营农场“口粮三十八、工资月月发”、看病不要钱、读书不收费的优越制度不仅使农场职工得到了实惠，而且受到周边公社乃至沙洲县全县上下的羡慕与交口称赞。1970年，职工人均年收入增加到235.8元，职工家庭人均年收入增加到135.44元。职工家庭的住房开始由笆盘结构向砖瓦结构转变。以吃穿用、听观闻为主要内容的物质生活和精神文化生活逐步改善。自行车基本得到普及，手表、收音机等耐用消费品逐步进入职工家庭，全场职工在享受免费观看露天电影的同时，部分家庭还购买了电视机。1974年，职工家庭的家庭照明开始由使用煤油灯向使用电灯过渡。至70年代末，尽管职工人均年收入还没有突破1000元，但由于产业结构得到调整，特别是农业种植结构的调整，全场居民的物质生活和精神文化生活水平普遍提高。1980年，职工家庭开始推倒平房建楼房，住房条件进一步改善。1987年，职工人均年收入突破1000元，达1267.57元。90年代后，随着楼房建房户的增加，部分家庭开始搞室内装潢，并注重向新颖、实用型居住格局突破，民间一度流行“80年代西瓜楼房，90年代棉花装潢”的歌谣。1991年，全场职工人均年收入为2181.26元。至1998年，全场职工人均年收入为7141元，职工家庭的人均年收入为4463元，人均住房面积达到44.99平方米，实现了“家家装电话，户户通上自来水”的目标。生活条件一年比一年好，50年代人们“楼上楼下，电灯电话”的梦想成为现实。2004年，全场农村人均年收入为5780元，比1998年增长29.5%，人均住房面积增加到53.1平方米。

求真务实，各项成就得到展示。50年代中期，农场开始对稻麦棉种子进行研究和调查。60年代后，以良种培育、栽培技术研究与应用为核心的农业科技工作得到重视并在农业生产中应用和推广。1965年，农场被评为全国农垦先进单位。同年，农场自己培育“东方红一号”水稻良种获得成功。1970年，该良种被沙洲县大面积推广种植，外销种子13个省市，并外调种子2200吨，受到农垦部表彰。1974年，北京农业展览馆用5.5个展板展出常阴沙农场的农业发展情况。1980年2月，常阴沙农场建筑工程队荣获江苏省人民政府省长惠浴宇签发的嘉奖令。1985年，常阴沙农场中心小学被农业部授予“教育系统先进集体”称号。经过7年时间，在肥料、密度等多种栽培因子的组优试验后取得的麦茬机械水直播稻高产栽培配套技术研究成果，结束了农村几千年水稻栽培“三弯腰”（弯腰育秧、弯腰移栽、弯腰收割）的历史，解放了农村劳动力，提高了农业生产力。该项技术于1987年通过省级技术鉴定，并作为一种新型耕作制度的应用课题被列为江苏省人民政府“七五”攻关项目。同年获江苏省人民政府颁发的科技进步一等奖。1987年起，由农场职工自发植种并经农业科技人员介入试验，于1990年形成的麦棉瓜套间作技术即“一水一旱两年五熟轮作”制度，极大地提高了农业种植的产出效益，使农田复种指数提高到2.5以上。80年代后期，由农场引进并通过提纯复壮后推广的苏棉一号棉花良种，不仅使全场及周边乡镇的植棉农户得到实惠，而且外调种子66万公斤。1990年，由农场农业科技人员编著的《麦茬机械水直播稻高产栽培》一书由江苏科技出版社出版发行后，这一技术在江苏、浙江、安徽、上海等地得到广泛推广和应用。1992年4月，农业部领导在考察农场期间，挥笔题写了“农垦江南一枝花，改革开放常阴沙”。1994年4月，古巴人民共和国农业委员会主席古斯曼专程到常阴沙农场访问和考察。1995年，常阴沙农场被农业部评为全国农垦农机管理标准化优秀单位。1996年7月，以达尼埃尔·卡布兰·敦坎总理和夫人为首的科特迪瓦共和国政府代表团在国家陪同团团长、国家教委副主任张天保及江苏省副省长杨晓堂的陪同下，专程到常阴沙农场参观访问。1997年5月，农业部在南京召开的全国农垦系统精神文明建设工作会议的全体代表参观了常阴沙农场。1999年4月，农场场部所在地——红旗镇被列为苏州市新型示范小城镇。2001年11月，朝鲜劳动党全国委员会副委员长、全国总工会书记处书记朴德洙率领的朝鲜民主主义人民共和国工会代表团一行5人到中国访问期间，在江苏省农垦集团总公司工会领导的陪同下，到常阴沙农场参观并考察了工业、农业、特种种植基地、农贸市场、居民小区等。

与此同时农场还先后承担并完成了水稻栽培计算机优化决策系统、江苏农垦成建制吨粮田工程建设研究、江苏农垦水稻高产、优质高效配套栽培、水稻群体质量栽培、小（大）麦优质高产高效机械化栽培、拌种剂的应用和开发研究等数十个项目的课题研究。其中，十项科技成果获得部、省级奖励。

“昔日荒江滩，今日米粮仓”。常阴沙农场是在荒无人烟的茫茫江滩上创办起来的，开垦、建设荒滩的成功实践和取得的各项成就所形成的常阴沙农场独特的精神风貌和内外环境，体现了人民群众在改造客观世界和开创自身基业的伟大斗争中所展现的聪明才智，同时也充分反映了农垦建设者们勤劳勇敢的优秀品质和勤于探索、勇于奉献的创业精神。2005年3月，农场虽然被撤销建制，但是，不怕困难、艰苦创业的农垦精神将在生活于常阴沙这片土地上的人民群众中深深扎根并不断传承。随着时代的推进、社会经济和各类文化建设事业的不断发展，勤劳、朴实的常阴沙人将在“团结拼搏、负重奋进、自加压力、敢于争先”的张家港精神激励下，按照张家港市的统一规划和部署，以更加饱满的热情、更加努力的投入、更加务实的精神，同心同德，开拓进取，扎实工作，将常阴沙这片土地建设成经济更加繁荣、生态更加文明、环境更加优美、社会更加进步、人民更加富裕的美丽乐园，使老一代农垦人的美好梦想成为现实。

大 事 记

中华民国

30年代末40年代初

境内东长沙、青草沙、联珠沙、小沙、阴沙、带子沙、高沙、芦头沙、河豚沙以及一些无名沙头陆续露出水面。

民国31年（1942年）至民国36年（1947年）

民孚、厚德和建成三家围垦公司在东长沙滩地围垦10只小圩，面积2340亩。

民国38年（1949年）

4月22日　全境解放。

7月24日（农历六月二十九日）　境内遭6号强台风袭击，台风最大风力10级以上，吴淞最高水位6.45米。东长沙10只小圩全部被淹，死亡97人。

中华人民共和国

1950年

春　常熟县人民政府组织生产自救，发动农民修复加固被台风破坏的江堤，东长沙农民300多人参加。

3月　常阴区团结乡与驻地解放军合作围垦解放圩，面积540亩，并在圩内创办农场。

冬　常熟县人民政府组织围垦大德圩，面积166亩。围垦工程由常熟县建设局组织实施，取土筑堤任务由常熟县劳改队劳改人员700余人承担。

1951年

春　东长沙开展镇压反革命运动，逮捕外地潜逃至境内的匪特严朝友等数人。

3月　常熟县人民政府将在解放圩内建立的农场正式命名为常熟县常阴农场，隶属于常熟县农林科领导。

5月　常熟县人民政府将常阴农场更名为常熟县第二农场，并建立党支部，党组织关系属中共常阴区委。同时任命陆立成为农场场长。

9月　东长沙（今七工区和九工区一部分）开展土地改革运动，土改后建立民新村。

秋　民新村干部利用原民孚围垦公司两间仓库作教室，在东长沙开办小学，称长沙小学。

1952年

4月　常熟县第二农场改属苏南行署棉麻指导所领导，更名为常阴棉场。

10月　接收常熟县劳改队撤离后留下的土地（大德圩内），建立常阴棉场二队（青草沙分场）。

1953年

春　常熟县人民政府组织围垦建设圩，面积1731亩。

4月　常阴棉场划归常熟县，由常熟县人民政府命名为常熟县第一农场。

1954年

2月　江阴、常熟两县人民政府联合，在联珠沙之东的高沙滩地围垦合作头圩，面积2314亩。

5月　全境连续阴雨三个月，降水711毫米。

8月17日　长江洪水暴发，水位6.59米，内河水位5.2米。8月25日又遭台风袭击，日降雨100.6毫米，大片农田受淹。

冬　为解决建设圩和合作头圩之间的交通，并为外滩滩地迅速淤涨创造条件，在两圩之间筑造海坝一条，长547米。

1955年

3月　江阴、常熟两县人民政府联合，在青草沙滩地围垦合作二圩，面积3153亩。其中320亩土地划给常熟县第一农场，成立农场三队。

9月　由东迁户带队干部主持，在生建乡十三社（合作二圩）借用东迁户房屋创办一所小学，设1个复式班，有22名学生。

10月　常熟县南丰区供销合作社在合作二圩西南角的岸脚西侧建造红瓦平房三间，建立生建供销站，站长卢世忠。群众俗称供销站为“红房子”。后以“红”字冠名红旗镇。

冬　南丰区文教组支持300元，在合作二圩北岸脚边即大流漕东侧，合作头圩南岸外坡，建草木结构校舍5间。

1956年

春　南丰区生建乡政府由生建三村朱再元家迁址到“红房子”，乡长朱善荣。

春　合作二圩小学从东迁户家中搬至新建校舍，设复式班2个，配教师2人，学生205人。

春　南丰区粮管所在“红房子”设立生建粮站，站长邵昆元。

3月　江阴、常熟两县再次联合围垦合作三圩，面积2991亩。

4月　常熟县第一农场推选殷绍梅出席全国农业水利先进工作者代表会议。

9月　生建乡东兴小学合并到合作二圩小学。常熟县正式将合作二圩小学命名为联珠小学。至此，联珠小学有6个年级、4名教师，设3个复式班。

10月　常熟县批准联珠小学为公办小学。

1957年

1月　新开挖的六干河工程竣工，境内河段西起北中心河，东至长江出江口，长3500米。

3月　常熟县人民政府组织围垦生建圩，面积145亩。

5月　常熟县人民政府组织围垦农场圩，面积1669亩，建立农场四队。至此，农场拥有土地2780亩，4个生产队。

冬　撤区并乡时，生建乡并入兆丰乡，所属合作头圩、合作二圩、合作三圩和长沙圩等划归兆丰乡。

1958年

2月　兆丰乡联合诊所在境内设立两个医疗点。

4月　常熟县人民政府组织围垦跃进圩，面积6580亩。

10月　中共常熟县委决定，撤销第一农场建制，将该场的土地分别划入东沙洲人民公社兆丰工区和虞山林场苗圃，职工分别划入东沙洲人民公社兆丰工区、常熟县苗圃及常熟县农业大学试验场。

冬　境内组织千余民工参加开挖望虞河水利工程大会战。

1959年

5月　常熟县农林局在原常阴棉场处设立常熟县农业科学研究所种子场（称老农科所）。

8月5日　中共常熟县委决定，恢复农场建制，定名为常熟县沙洲农场。

9月5日　中共常熟县委任命常中民为沙洲农场党支部书记，党组织关系属兆丰公社党委。

10月1日　在苗圃（今四一农场）召开常熟县沙洲农场成立大会。

是月　沙洲农场场部由解放圩迁至海坝南岸。

是月　兆丰人民公社十三大队（今良种站）、十四大队（今十二工区）、十五大队（今一工区）以“场带队”形式进入农场。

秋　沙洲农场购进“东方红”拖拉机3台，培养出第一代拖拉机手6人，其中女拖拉机手2人。

是年　沙洲农场在恢复扩建过程中，除接收原棉场（解放圩）、常熟县苗圃（农场圩）的土地外，还接收1958年围垦而尚未建制的跃进圩全部土地。

1960年

春　中共常熟县委动员24个公社近10万民工在农场沿江滩地围垦东风圩、卫星圩，合称万亩圩，总面积为12533亩。

春　沙洲农场在红房子集镇建立沙洲农场邮电所。

春　中共常熟县委批准筹建沙洲农场党委，并成立以常中民为组长的沙洲农场临时党组，负责党委的筹建工作。

春　沙洲农场场部由海坝迁至红旗镇（今农场医院处）。

5月　兆丰人民公社东风大队（今七工区）、兆丰人民公社东方大队（今六工区）、兆丰人民公社东胜大队（今一〇工区）以“场带队”形式进入农场。

7月　沙洲农场设立跃进、红旗、长江、长沙4个行政工区（大工区）。

8月　沙洲农场接收兆丰医院在农场设立的两个医疗点，建立沙洲农场职工医院。

9月　沙洲农场利用1958年与兆丰公社合办的农业中学校址（合作二圩范围内）建农业中学1所。

秋　常熟县文教局批准以联珠小学为基础建立沙洲农场中心小学。有校舍15间、教师9人、班级7个、学生350余人。

是年　沙洲农场建饲料加工厂。

1961年

1月　中共常熟县委任命隋曙光为沙洲农场党委第一书记，常中民为第二书记，吴海瞳为副书记。同时撤销大工区建制，将下属农业单位分设为12个行政作业区，称管理区。

春　沙洲农场建机械厂。

春　一〇工区种植烟草200亩，同时建立烤烟房1座。此后，烟草连续种植二年。

4月20日　江苏省人民委员会将沙洲农场改为国营机械农场，定名为国营常阴沙农场，直属省农林厅领导。

4月22日 常阴沙农场第一届职工代表大会召开，成立农场管理委员会，管委会下设办公室、生产科、工副业科、财计科、保卫科、基建科。

是月 苏州专区副业局所属苏州种牛场（原场址在吴县姚凤山）并入常阴沙农场。原场长张福山等干部职工31人、耕牛70余头、机帆船1艘及相关资产20余万元划归常阴沙农场。

是月 常阴沙农场团委成立，蔡士法任书记。

是月 常阴沙农场妇女联合会成立，卢瑞华任主任。

5月 常阴沙农场在六干河和北中心河汇集处建造四米孔水闸1座，俗称农场小闸（1965年报废）。

8月 中共常熟县委正式批复成立中共常阴沙农场委员会，隋曙光为党委书记。

1962年

1月 常阴沙农场建立基本建设工程队。

春 沙洲县人民政府组织围垦新闸圩、泗新圩、新民圩、长江圩，总面积5834亩。

3月 常阴沙农场粮饲加工厂由于安全生产设施不配套和操作不慎，青年工人季福根不幸被机器轧死。

7月 常阴沙农场购进16毫米放映机和发电机各1台。8月，成立常阴沙农场电影放映队。

8月15日 20时，常阴沙农场受龙卷风侵袭，并伴有冰雹，历时2小时以上。

9月5—6日 14号台风过境，风力8~10级，昼夜降雨284毫米。其中，6日降雨量为219.6毫米。长江圩因东北角堤岸决口而破圩淹没。

10月26日 常阴沙农场地域关系从常熟县划到沙洲县。

11月 常阴沙农场所属苗圃划归沙洲县，建立沙洲县苗圃。

是年 省地县三级工作组进驻农场，拟撤销农场建制。后经调查研究，加上干部职工赴华东局上访，决定保留农场建制。

1963年

3月 常阴沙农场场部办公室第三次搬迁，由医院所在地迁至现址（今红旗中路1号）。

是月 根据省政府扩垦安置苏州市知识青年的决定，常阴沙农场组织围垦青年圩，面积3223亩。

5月14日 常阴沙农场第二届职工代表大会第一次会议召开。

是月 划出农场解放圩、新民圩、泗兴圩、新闸西圩归沙洲县兆丰公社，共3051亩土地，289户1028人。

9月25日 苏州市第一批知青518人到农场，分别被安置在青年圩和长江圩。

是月 常阴沙农场中心小学搬迁至红旗镇东市梢。

秋 常阴沙农场增设供销科，负责全场统配物资和生产资料的供应及农副产品的处理。

秋 常阴沙农场建立粮站。

11月7日 苏州市第二批知青251人到农场，集中安置在长江圩。

是年 常阴沙农场建轧花厂。

是年 常阴沙农场场部设立文化站。

1964年

2月 常阴沙农场组织围垦青年二圩，面积2588亩。

春 常阴沙农场组织开挖长沙河，首期工程长度3664米。

春　常阴沙农场首次组织在青年圩种植果树，面积70余亩。

4月　常阴沙农场在新围垦的青年二圩建立十一生产队（工区），原十一生产队（工区）改建为良种站。

7月26日　7时，二工区、十二工区遭受龙卷风袭击。

10月　常阴沙农场首次组织场内迁移，六工区、十二工区200多户1000多人迁至青年二圩（之后每年都有类似迁移，直至1980年）。

冬　常阴沙农场组织在良种站公墓至长江外滩开挖东西向河道1条，长1922米，称农场河。

是年　常阴沙农场农机厂（原机械厂）购置250匹马力160千瓦发电机1台。自此，农场场部、医院及市镇单位开始用自发电照明。

是年　常阴沙农场成立运输队。

是年　常阴沙农场轧花厂建造作为打包车间专用的两层楼房1座，楼高9.2米，建筑面积374平方米，为全场最早建造的楼房。

1965年

春　常阴沙农场分两批组织支援外地农业生产。其中，107人赴省内的三河农场帮助种植水稻，6人赴福建省清江农场指导棉花生产（两批人员于1967年秋回场）。

春　常阴沙农场至无锡的客轮正式通航（1967年9月停航）。

春　江苏省在南京举办“农业学大寨”展览，常阴沙农场在展览中占有两个版面。

4月　江苏省农林厅在常阴沙农场开办半耕半读的中等农业技术学校1所，校址设在青年圩。

5月　常阴沙农场在农场河出江处建造水闸1座。该水闸由苏州建筑工程队设计和建造，总造价18.35万元。

6月　常阴沙农场在三工区、四工区与良种站交界处的农场河上建造机桥1座，称农场河桥，民间习惯称“洋桥”。

7月　根据江苏省农林厅安排，省民航局派遣“运五”型飞机3架，对常阴沙农场农作物实行飞机喷药治虫，并在青年圩七号田设泥土飞机场。

8月17日　江苏省建立农垦局，常阴沙农场由省农垦局接管。农场的人事、财务、生产计划、产品处理等统一归属省农垦局及其派出机构长江办事处，农场党组织受省农垦局党组和沙洲县委双重领导。

是月　各工区建立试验田和样板田。常阴沙农场场部的样板田设在良种站。

秋　良种站复壮组自育成功“东方红一号”水稻良种。

秋　常阴沙农场场部设立政治处。

10月　常阴沙农场在七工区、八工区、九工区交界处的长沙河上建造机桥1座，称长沙河桥。

11月　常阴沙农场党委书记隋曙光、良种站党支部书记赵耀忠、苏州知青韩汝珍三人出席农业部召开的农业先进单位代表会议。在此期间，隋曙光出席国务院召开的棉花高产单位代表会议。

12月29日　常阴沙农场党委书记隋曙光参加全国农垦科学技术和高产经验交流会，受到周恩来、朱德、邓小平等党和国家领导人接见并合影留念。

是年　常阴沙农场扩建轧花厂，新建轧花剥绒车间，并改名为常阴沙农场轧花剥绒厂。

是年　常阴沙农场农场河原良种站公墓至长沙河南北向河道全线竣工，长4194米。至此，农场河开挖工程全线结束，全长6116米。

1966年

春　常阴沙农场组织围垦闸北圩、三五圩、补方圩，面积分别为906亩、1709亩、315亩。

5月中旬　常阴沙农场“三麦”黏虫大爆发。

6月13日 常阴沙农场场部机关组织召开机关干部大会，批判“三家村”，“文化大革命”开始。

6月18日晚 在第二次召开的机关干部批判“三家村”大会上，就部队转业干部任职的宣布问题发生分歧，常阴沙农场党委就此召开专门会议。与此同时，部分群众已经游行到场部，贴出大字报，有人喊出“打倒场党委”的口号，后人称之为“6·18”事件。

6月下旬 省、地、县三级工作组进驻农场，领导农场“文化大革命”和工农业生产。

7月3日 进驻常阴沙农场的省、地、县工作组在粮站召开大会，号召群众积极投身于无产阶级“文化大革命”运动，并宣布撤销有关人员副场级职务和有关领导停职检查的决定。自此，场党委处于瘫痪状态。

7月13日 中共江苏省委发文通知，常阴沙农场“文化大革命”运动改由中共沙洲县委领导。农场计划、财务、人事、产品四权仍属省农垦公司。

9月 农校、农业中学和知青先后成立红卫兵组织，走向社会开展破“四旧”活动。

10月 农校、农业中学派代表赴京参加国庆观礼，受到毛主席的检阅。

10月25日 沙洲县委副书记臧大权到常阴沙农场，召开平反大会，宣布撤销7月3日对有关领导所作的处理决定。

下半年 各种名目的群众组织纷纷成立，并形成两派，开始派性斗争，部分群众赴京上访，开始出现武斗和变相武斗。

1967年

2月 在上海“一月风暴”影响下，部分群众组织联合成立革命造反联合委员会（简称场联会）。2月17日，在学校操场召开万人大会，把省、地、县和农场有关领导定为“走资派”，组织批判斗争，并公开宣布夺取农场党、政、财、文大权。

春 常阴沙农场组织围垦文革二圩，面积896亩。

1968年

2月15日 中国人民解放军6458部队进驻农场，实行军事管制，促成两派大联合。

3月 常阴沙农场成立人民武装部生产办公室。

春 常阴沙农场组织围垦文革三圩，面积4824亩。

春 常阴沙农场场长陆立成代表农场出席苏州地区在山西省昔阳县召开的“农业学大寨”会议。

7月15日 沙洲县革命委员会将国营常阴沙农场改名为沙洲东方红农场，同时成立沙洲东方红农场革命委员会，隋曙光为主任，下设生产指挥组、政工组、办事组和群众专政组。

8月 东方红农场下辖的生产队改称为生产大队，作业组改称为生产小队。

9月 东方红农场办普通中学，定名为东方红农场中学，习惯上称场部中学。

11月8日 沙洲县“五七”干校筹建小组进驻农场十四工区苏州知青点。

下半年 东方红农场在红旗镇十字路口的北中心河东方红大桥（现为常阴沙大桥）东侧建造“忠字塔”1座，高9米，底宽8米。

1969年

1月19日 东方红农场召开贫下中农代表会议，选举产生贫下中农协会。

夏 经中共沙洲县委批准，东方红农场成立革命委员会党的核心小组。

夏 良种站改为“五七”红校（1973年10月4日，恢复良种站名称）。

9月25日 沙洲县“五七”干校在十四工区知青点宣布成立。

是月 东方红农场下辖的农具厂、服装厂、运输队和工程队等单位合并建立农业服务队。

是年　东方红农场实行合作医疗制度，参加合作医疗的对象主要是非职工，即十八周岁以下的青少年、儿童和老弱病残人员。

1970年

2月　东方红农场开展“一打三反”（打击现行反革命、反贪污盗窃、反投机倒把、反铺张浪费）运动，运动中受到审查的有510人。

下半年　东方红农场生产指挥组下设多种经营办公室。

冬　沙洲县七干河开挖工程穿过境内，长3150米。

是年　东方红农场组织开挖运输河，长1448米。

是年　由苏州知青夏小兵倡导，组织妇女利用业余时间从事针织花边生产，并建立花边经理部，指导花边生产。

是年　“东方红一号”水稻良种在沙洲县大面积推广种植后，种子外调到13个省市，受到农垦部表彰。

1971年

1月　江苏省革命委员会生产指挥组将东方红农场下放给苏州专区革命委员会领导，业务上由沙洲县代管。

春　东方红农场组织围垦四五圩，面积2971亩。

5月20日　由沙洲县和农场共同出资建造的乐红公路通车。

是日　七干河水闸举行开闸典礼。

7月　东方红农场在红旗镇跨北中心河上破坝建机桥1座，定名为东方红桥，又称红旗桥。

8月　东方红农场在运输河与北中心河交叉口建造套闸1座，同时建造机桥1座，分别定名为红旗套闸和套闸桥。

9月初　经东方红农场党员大会选举，报请中共苏州地委批准，组建中共沙洲东方红农场委员会。

10月31日　《人民日报》以“三十七年的病根拔除了”为题发表通讯，介绍十二工区赤脚医生黄福妹用中草药治疗多年肩痛症取得成功的经验。

是年　东方红农场场部设立文教组。

1972年

春　东方红农场对原有的经营管理办法进行改革，由三级核算三级管理改为二级核算三级管理。生产队为经营成果考核单位，实行“四定”到队，超额留成，差额补贴。

春　东方红农场建筑工程队组织160多人，首次外出到南京建造省农林厅宿舍楼和省农科院科研楼。

5月　东方红农场邮件由乐余中转改为直发沙洲县邮电局。

是年　福山流漕至东方红农场红旗镇段的北中心河开挖连接工程完成，使北中心河与七干河全线贯通。

1973年

春　东方红农场组织疏浚拓宽农场段北中心河，同时疏浚拓宽北中心河通往油库的大寨河，并在大寨河上建造双曲拱桥1座，定名为大寨桥。

9月　沙洲县第一批知青（后塍镇）7人到农场插队劳动。

是年 东方红农场撤销革委会下设的四大组（生产组、政工组、办事组和群众专政组），改设农业、财务、供销、政工、办公室等科室。

1974年

7月下旬 东方红农场连续三次遭暴风雨袭击，最大风力10级，从26日晚到31日上午，降雨量457.7毫米。

是月 东方红农场在长江供销站处的长沙河上建造机桥1座，称长江站桥。

8月19日 13号台风过境，风力8级，潮位6.8米，为全境历史最高水位。

10月 北京农业展览馆农垦馆，用5.5个展板展出东方红农场农业发展的有关情况。

12月19日 《新华日报》发表沙洲县革委会报道组的调查报告《红日照农场，前进有方向——国营沙洲东方红农场的调查报告》。

是年 从南丰二号桥变电所至东方红农场架设高压线路12.5公里，农场五工区、六工区、一〇工区、良种站及场部周围居民与农机厂等单位接通高压电。

1975年

3月25日—4月26日 陆绍祥代表农场出席在宁夏回族自治区银川市召开的全国国营农场、生产建设兵团农业学大寨经验交流会，并在会上作交流发言。

春 东方红农场组织围垦七五圩，面积2292亩，并建立十九大队（工区）。

10月 张掌福代表农场出席在山西省昔阳县召开的全国农业学大寨会议。

11月 东方红农场组织农田基本建设专业队400多人，先后在六、十三、十八、十九等工区开沟平田（专业队于1976年3月解散）。

冬 东方红农场组织职工参加三干河开拓工程，完成地段长610米、土方12万立方米。

是年 东方红农场自筹资金15.6万元，培修江堤长7676米，完成土石方20余万立方米。

1976年

1月 原党委书记隋曙光调离东方红农场。蒋立三任中共沙洲东方红农场党委书记。

春 东方红农场在全场整改电话线路63.32公里。

4月22日 东方红农场遭受暴风雨袭击，风力8~9级，16时30分至17时30分一小时降雨29毫米，并伴有黄豆大小的冰雹。

5月 东方红农场场部增设工业科。

10月1日 东方红农场组织22名农业科技人员，由场革委会副主任王步高带队，赴海南岛陵水县光坡公社妙景大队进行繁殖杂交稻种子工作，试种杂优稻“汕优组合”。

10月 东方红农场筹建砖瓦厂，翌年4月，新建的22门轮窑正式点火投产。

冬 东方红农场组织疏浚农场河。

是年 东方红农场在八工区七干河边建造涡工泵排涝站1座。

1977年

春 东方红农场在十九工区试种果园520亩，品种有桃、梨、枇杷、柑橘、苹果。

3月 东方红农场建立用电管理站。

7月 兆丰粮管所农场收购站与农场粮站分设。

9月10日 8号台风过境，风力8~9级，阵风10级，最大风速达每秒25米，6小时降水量为181.3毫米。

12月 东方红农场党委书记蒋立三参加轻工业部和农林外贸商业部在北京召开的全国乳品工业会议。

是年 东方红农场组织劳动力参加沙洲县大寨圩围垦工程，完成土方10万立方米，石方6360立方米。

是年 东方红农场五大队（工区）划出北片建立二十大队（工区）。

是年 东方红农场良种站划出西片部分土地建立农业科学研究所（简称农科所）。

1978年

4月 东方红农场原场长陆立成调离农场。

6月 东方红农场组织对“文化大革命”中的各类案件进行复查、平反、纠错。对有关人员给予经济补助、重新安排工作，全面落实有关政策。

8月23日 江苏省革命委员会发出通知，将沙洲东方红农场等14个农场划归省农垦局。

8月25日 南京军区空军87034部队进驻农场。

是月 东方红农场棉铃虫大爆发，发生量为历史罕见。

9月24日 中共沙洲县委在东方红农场召开大会，对1971年清查“5·16”中李坚等8名知识青年被打成“李坚反革命集团”一案公开给予平反昭雪。

是年 插队东方红农场的知识青年开始离场返城。

1979年

2月24日 东方红农场人事、计划、财物、生产等改属江苏省农垦局管理。党务、群团、政法等属省农垦局和沙洲县双重领导。

是月 黄建强任东方红农场党委书记。

3月 原东方红农场党委书记蒋立三调离。

4月27日 江苏省农垦局明确东方红农场由南通地区农垦局代管。

7月1日 经江苏省农垦局批准，恢复江苏省国营常阴沙农场名称。

10月1日 纪念农场恢复扩建20周年。省农垦局、南通地区农垦局、沙洲县的领导同志及在农场工作过的领导同志参加纪念活动。

是月 全场实行独生子女制度，并发放独生子女光荣证。

11月 常阴沙农场在职工宿舍东侧（今健康新村）100米处打造100米深深井1口，并建造60吨水塔1座。

12月31日 张掌福任常阴沙农场党委副书记、场长。

冬 常阴沙农场开展第一次林业普查。

年底 常阴沙农场组织劳动力参加一干河疏浚工程，段面长564米，完成土方8.5万立方米。

是年 常阴沙农场在农场中学建造教育楼一幢24间，建筑面积940平方米。

1980年

2月 江苏省国营常阴沙毛纺厂建成投产。

春 常阴沙农场组织围垦八〇圩，面积563亩，这次围垦是常阴沙农场历史上最后一次。围垦后建立水产养殖场。

春 常阴沙农场在红旗镇至十六工区驻军部队筑砂石路1条。是年秋，延伸到七干河水闸。

4月 常阴沙农场场部设立劳动工资科。

是月 常阴沙农场颁发《江苏省国营常阴沙农场关于进一步做好计划生育工作的若干规定》，提倡一对夫妇只生一个孩子。

5月　常阴沙农场在轧花厂建立消防队。

7月　常阴沙农场在长沙河出江处建造水闸1座，称长沙河闸。该水闸由常阴沙农场建筑工程队建造，总造价27.7万元。

9月　受省农垦局科教处委托，常阴沙农场在农场中学校区内开办外语培训班。

11月　常阴沙农场三工区、四工区、十三工区在长江圩联合建办棉纺厂。

1981年

3月　常阴沙农场场部设立基本建设科。

春　常阴沙农场在水产场开辟果园500亩，植桃、梨、橘等果树。

5月17日　国家农业委员会副主任张秀山在苏州地区沈副专员一行陪同下，到常阴沙农场考察。

6月　常阴沙农场设置红旗、跃进、长江、长沙四个分场，并在分场建立党总支部委员会。

8月　常阴沙农场文教组改名为场教卫科。

10月　经沙洲县地名办公室批准，常阴沙农场生产大队恢复工区名称。

11月　常阴沙农场副业科改名为多种经营管理科。

1982年

8月7日　陆绍祥任常阴沙农场党委书记。

11月　兆丰税务所在红旗镇设税务组。

12月　常阴沙农场政工科改名为常阴沙农场组织宣传科（简称组宣科）。

是年　常阴沙农场推广尼龙薄膜搭棚覆盖棉花育苗移栽法。

是年　常阴沙农场十四工区兴办种兔场。

1983年

3月　常阴沙农场原党委书记黄建强调离农场。

是月　沙洲县委党校从常阴沙农场十四工区迁址杨舍镇。

是月　中共常阴沙农场纪律检查委员会成立，方姚胤任书记。

4月　1968年下半年建造于常阴沙大桥东侧的“忠”字塔拆除。

是月　常阴沙农场八工区泥瓦工叶惠山在自家建造楼房工程中，晚上上楼板，因楼板摔下冲倒前墙，引起房屋倒塌，当场死2人，重伤2人，轻伤4人。

9月　常阴沙农场财计科改名为常阴沙农场财务科，增设常阴沙农场计划科。

是月　常阴沙农场在六工区建办第三化工厂。

10月　江苏省国营常阴沙农场农工商联合公司成立。

是月　常阴沙农场建办汽车改装厂，生产“丹凤”牌客货两用车。

是年　常阴沙农场至东沙乡的公路通车，称红东公路。

是年　常阴沙农场新建中学教学楼一幢，22间，建筑面积748平方米。

是年　常阴沙农场调整现役军人家属经济补助标准，由原每年60元上升至每年240元（1984年再次提高到每年360元）。

1984年

1月　根据省农垦局关于认真做好老干部工作的通知精神，常阴沙农场首批办理15名医生、教师、工区干部的退休手续，并对一批退出领导岗位的干部生活待遇作出规定。

是月 常阴沙农场工会组织举办首届职工运动会，设7个比赛项目，2000多人参加比赛。

是月 常阴沙农场第三届职工代表大会召开。

是月 常阴沙农场建办福利厂。

是月 常阴沙农场工商行政管理组成立。

3月 常阴沙农场十六工区划出东片建立二十一工区。

5月 常阴沙农场232名以工代干（代教，代医）人员，转为国家干部。

8月 中共常阴沙农场第三次党员代表大会召开。

是月 常阴沙农场场部机关试行机构改革，设立党委办公室、行政办公室、农工商联合公司办公室，并建立工业、农业服务、商业、物资运输、建筑安装和多种经营六大公司。

9月 常阴沙农场多种经营服务公司在十二工区东部建万头鸭场。

11月 沙洲县公安局常阴沙农场派出所成立，原农场保卫科职能由派出所替代。

是年 常阴沙农场以分场为单位建立第一至第四机耕队。

是年 常阴沙农场建农机修理厂

是年 常阴沙农场建江南化工设备厂。

是年 常阴沙农场对行政干部由任命制改为选聘制。

1985年

2月2日 晚，常阴沙农场繁殖场孵坊因用电不慎引起火灾，直接经济损失1万余元。

是月 常阴沙农场组建汽车工业公司，下辖常阴沙车辆改装厂、常阴沙汽车改装一厂、进口汽车修理厂、汽车配件厂和三叶厂5个生产单位。

3月 常阴沙农场建油厂。

是月 常阴沙农场八工区职工陈国祥被评为江苏省劳动模范。

4月 常阴沙农场建江苏扬子建筑装潢厂。

5月 常阴沙农场汽车工业公司与省农垦物资公司联合办江苏农垦车辆改装总厂。

是月 常阴沙供销社党支部书记、主任钱招生被评为全国商业系统劳动模范、全国商业先进思想政治工作者。

9月10日 常阴沙农场召开全场中小学教师会议，庆祝第一个教师节。

10月 常阴沙农场建造影剧院。

11月 原常阴沙农场场长张掌福离休，张凤祥任农场场长。

是月 常阴沙农场在十一工区与东沙镇交界处的七干河上建公路桥1座，定名为东沙大桥。

12月 常阴沙农场物资运输公司更名为物资公司。

是年 常阴沙农场建立老龄工作委员会。

1986年

1月28日 常阴沙农场组宣科分设为组织科、宣传科。

2月 按照中共沙洲县委的统一部署，常阴沙农场整党工作全面展开。

3月14日 江苏省国营常阴沙建筑安装公司更名为江苏农垦常阴沙建筑公司。

5月12—14日 常阴沙农场第四届职工代表大会第一次会议召开。

7月31日 常阴沙农场种猪场并入多种经营服务公司。

是月 常阴沙农场影剧院和常阴沙农场中心幼儿园建立。

8月 常阴沙农场农业服务公司名称恢复为农业科。

9月8日 江苏省国营常阴沙电控厂副厂长陈世章大胆改革锅炉，以煤代油，全年节约2万多元的事迹在中央电视台晚间新闻中播出。

10月1—8日　常阴沙农场工会组织举办第二届职工运动会，设21个比赛项目，1000多人参加比赛。

是月　常阴沙农场撤销队办工业科，工区办工业由场工业公司统一管理。

是年　常阴沙农场投资11万元在运输河上建造常红桥。

是年　常阴沙农场投资16万元建造集镇水泥路，长度338.5米，并命名为红旗路。

是年　常阴沙农场在毛纺厂、纺机厂、油厂3个单位实行厂长负责制试点。

是年　常阴沙农场引进“5122”（苏棉一号）棉花良种，该品种具有早熟、抗病、优质、高产等特点。

1987年

2月28日　《农民日报》内部参考《农村情况》第256期刊登常阴沙农场宣传科陆锦法采写的调查报告，题为《常阴沙农场家庭农场主姜炳付进行农林牧副渔综合经营》。

是月　常阴沙农场场部设立计划生育办公室。

3月　江苏省农垦总公司宣布，常阴沙农场全面实行场长负责制。

5月20日　常阴沙农场原党委书记陆绍祥改任督导员。

7月　张家港市常阴沙法律服务所成立。

8月　常阴沙农场42个党支部换届选举结束。

9月2日　常阴沙农场场部机关设立党总支部委员会，下设党群口（第一）党支部、行政口（第二）党支部和农业、基建口（第三）党支部。

11月　常阴沙农场实行场长负责制后，聘任行政干部279人，调整基层领导班子17个，提拔年轻干部18人。同时对场部机关实行定员定编，共精简干部职工16人。

12月　麦茬机械化水植播稻高产栽培技术通过省级技术鉴定。

1988年

2月2—3日　中共常阴沙农场第四次党员代表大会召开，张友才当选为党委书记。

是年　根据专业技术人员职称改革评审意见，全场有497人获得各类专业职称，其中农业系列74人，工程系列42人，会计、统计系列126人，经济系列14人，档案系列3人，卫生系列64人，教育系列174人。总数中高级职称4人，中级职称58人，初级职称435人。

1989年

1月　常阴沙农场汽车站从场部办公室前迁至红东公路边。

是月　常阴沙农场场部设立土地管理所。

4月24—26日　常阴沙农场第五届职工代表大会第一次全体会议召开。

5月　常阴沙农场三电办公室成立。

6月　常阴沙农场场部设立建筑管理站。

7月　常阴沙农场场部设立科委办公室。

9月1日　常阴沙农场六工区袁伟平在山东泰安举办的全国少年举重比赛中，取得抓举75公斤、挺举91.5公斤、总分165公斤的成绩，获52公斤级全国银牌，打破挺举全国纪录。

9月30日　常阴沙农场举办庆祝中华人民共和国建国四十周年暨常阴沙农场建场三十周年庆典活动。

12月　常阴沙农场53个党支部换届选举结束。

是年　常阴沙农场开展民主评议党员活动，53个支部859名党员中有826人参加民主评议活动，对4名不合格党员做出限期整改和黄牌警告的处理。

是年　常阴沙农场开展文明系列评选活动，在23个农业工区4957户职工中评选出文明新风户3572户，在13个工业单位2445名职工中评选出文明职工1938人。

1990年

1月　乐余镇至红旗镇的乐红公路改造为沥青路面。

3月1日　常阴沙农场在影剧院三楼会议室召开“三农”教育大会。全场农业工区小队长以上干部，公司、工厂及场直单位负责人，场部机关干部出席了会议。会议号召全党动手，全民动员，重视农业，支持农业，发展农业。

3月21日　常阴沙农场从1990年起，按基本保养费10元，基本工资的20%，工龄工资每年0.4元的标准，发放职工的退休、保养工资。全场2862名退休保养职工人均每月发放34元，最高42.6元，最低28元。

4月　常阴沙棉纺厂从十三工区搬迁至红旗镇镇区。

5月　江南化工设备厂拆分为两个企业：江南化工设备厂和常阴沙不锈钢材料制品厂。

是月　常阴沙农场场部设立标准计量所。

6月　常阴沙农场成立种子公司。

是月　常阴沙农场投资在红东公路铺设沥青路面。

8月20日　常阴沙农场召开科学技术协会成立大会，通过场科协及专业技术研究章程，选举产生第一届科协委员会。

8月31日　常阴沙农场遭15号台风正面袭击，最大风力9级，24小时内降雨86.6毫米。

9月5—6日　上午，常阴沙农场受17号台风倒槽影响，降暴雨105.1毫米，致万亩棉花倒伏，5000多亩水稻减产，直接经济损失约200万元。

10月28日　常阴沙农场轧花厂长江收棉站发生重大火灾，直接经济损失10万余元。

12月3日　江苏省农垦总公司下发文件，明确常阴沙农场为中型企业。

是年　常阴沙农场农业全面推行一水一旱二年五熟轮作制的种植模式。

是年　常阴沙农场农业科科长王鹤云及江苏省农垦总公司有关科技人员参与编著的《麦茬机械水直播稻高产栽培》一书，由江苏省科学技术出版社出版并发行。

1991年

1月26—28日　中共常阴沙农场第五次党员代表大会召开。

3月　一工区、二工区、三工区、六工区、十五工区、毛纺厂、纺机厂、油厂、服装厂、轧花剥绒厂、商业公司、多种经营服务公司、中心小学、医院14个单位被南通农垦公司评为1990年度双文明单位。

4月8—10日　常阴沙农场第六届职工代表大会第一次会议召开。

7月　常阴沙农场发生百年未遇的雨涝灾害，5、6、7三个月90天雨日达到45天，降雨量946.1毫米，全场因雨涝灾害造成的直接经济损失1351.18万元，其中农业损失820.45万元。

12月　十九工区与水产场合并改建为十九工区。

是月　工业公司更名为工业科。

1992年

1月　常阴沙农场53个党支部换届选举结束。

6月　常阴沙农场撤销基本建设科，成立村镇建设办公室，下设建筑管理站和土地管理所。

7月19日　22时50分，常阴沙农场遭受强大龙卷风袭击，平均风力10级以上，持续15分钟，并伴有暴雨，对全场秋熟作物造成严重损失。

8月　常阴沙农场对纺机厂至常乐新村路段实施延伸改造，浇筑水泥路，并在该路段与良种站中心路交叉口建“大转盘”，直径35米，四周用红白相间的荧光漆罩面。

是月　常阴沙农场命名“大转盘”至农场河桥（洋桥）路段为红旗东路，“大转盘”至东方红桥（今常阴沙大桥）路段为红旗中路，东方红桥至一〇工区路段为红旗西路。

11月　江苏省农垦总公司和十一工区联合投资29万元创办的江苏农垦第一特禽养殖场建成并交付使用。该特禽场占地面积7100平方米，其中建筑占地面积794平方米，有禽房1幢、960平方米，仓库2幢、196平方米。

1993年

3月　江苏省国营常阴沙工贸实业（集团）公司成立。

是月　常阴沙农场建办水电安装工程公司。

是月　常阴沙农场建办张家港市华盛电子有限公司。

6月14日　常阴沙农场原场长张凤祥调离，朱建才任场长。王德能任党委书记，张友才改任总会计师。

8月21日　古巴物价委员会主席阿图罗·古斯曼·帕斯夸尔一行5人，在国家农业部农村合作经济指导司副司长李惠安等4人陪同下，到常阴沙农场考察农场经济体制改革的政策、措施、过程以及经济管理体制和服务体系等情况。

9月6日　常阴沙农场油厂改组为股份制企业，是为江苏省农垦系统第一家。

9月26日　常阴沙农场场部在全场筹集资金建自来水厂。

11月12日　江苏省国营常阴沙不锈钢制品厂与江苏省国营江南化工设备厂合并改建为张家港市不锈钢泵阀总厂。

1994年

1月6—7日　中共常阴沙农场第六次党员代表大会召开。

3月30日　常阴沙农场第七届职工代表大会第一次会议召开。

4月　古巴人民共和国农业委员会主席古斯曼专程到常阴沙农场参观访问。

是年　常阴沙农场75个单位党支部进行换届选举。

1995年

8月　江苏省农垦总公司批准常阴沙农场中学易地新建，规划新建学校占地75亩，建筑面积1万平方米，总投资950万元，建校资金全部由农场自筹。

11月　张家港常阴沙社会保障管理所成立，属张家港市社会保障管理局领导和管理。

是年　常阴沙农场敬老院由农繁搬迁到一〇工区东南角，西邻兆丰东林村。

1996年

7月10日　下午，以达尼埃尔·卡布兰·敦坎总理和夫人为首的科特迪瓦共和国政府代表团，在国家教委副主任张天宝和江苏省副省长杨晓堂的陪同下，到常阴沙农场参观访问。

8月　七干河大桥建成通车。

10月　常阴沙农场51个基层党支部进行换届选举。

10月　常阴沙农场对红旗西路进行拓宽改造，长160米，宽13.5米，总投资130万元，资金全部自筹。

11月7日　常阴沙农场副场长钮志华参加省农垦总公司组织的农业考察团,赴科特迪瓦共和国进行水稻种植可行性调查,时间一个月。

1997年

1月19日　中共常阴沙农场第七次党员代表大会召开,顾惠德当选为党委书记。

3月　常阴沙农场场部机关进行作风整顿和机构调整,由26个科室减少到17个科室,定编人员由100多人减少到87人。

是月　十五工区、十九工区合并改建为江苏省国营常阴沙农场十五工区。

4月　自来水厂从电控厂分离,组建为江苏省国营常阴沙自来水厂。

5月29日　出席在南京召开的全国农垦精神文明建设工作会议的90多位代表,在农业部副部长吕靖,农业部农垦局副局长刘传筑的带领下,到常阴沙农场参观。

8月18—19日　常阴沙农场遭受11号强台风与天文大潮、暴雨袭击,直接经济损失1700多万元。

9月1日　常阴沙农场中学搬入新校址。

是月　常阴沙农场建立产权制度改革领导小组,同时设立产权制度改革办公室。对全场34个工建交单位进行资产清理和盘点,并全面展开产权制度改革工作。

1998年

2月　常阴沙农场农业服务中心成立,把农业规划与管理、科技研究和推广、农业生产资料供应、农业机械服务等部门合为一体。

3月10日　常阴沙农场第八届职工代表大会第一次会议召开。

是月　江苏广播电视大学农垦分校常阴沙管理站成立。

是月　十六工区、二十一工区合并改建为江苏省国营常阴沙农场十六工区。

4月　五工区、二十工区合并改建为江苏省国营常阴沙农场五工区。

6月　被1997年11号台风毁坏的江堤修复工作全面结束,完成土方16.2万立方米,新砌护坡2600米,挡浪墙3820米,铺设江堤砂石路9.47公里,总投资780万元。

7月28日　常阴沙农场原场长朱建才调离,高翔任场长。

是月　常阴沙农场幼儿教育实行统一管理,在招生、教育、师资队伍建设和经费收支等方面均由场部负责。

9月　常阴沙农场成立财务结算中心,对工区和场直单位的资金实行集中统一管理。同时,在全场实行会计委派制度,各公司、工厂、工区及场直单位的主办会计由场部委派,实行场部和所在单位双重领导,双层管理,双轨考核。

10月　常阴沙农场中心幼儿园易地新建,占地5000平方米,建筑面积2500平方米,总投资120万元。

11月　市镇管理委员会成立,承担常阴沙农场集镇、农贸市场、市镇卫生的监督管理职能。

12月　投资400万元易地新建的农贸市场竣工开业。新建的农贸市场占地5000多平方米,建筑面积3000多平方米。分肉类、水产、蛋禽、蔬菜、豆制品、南北杂货、粮食、熟食、小商品等十多个摊位群,实行开放式经营、封闭式管理。

1999年

3月13日　常阴沙农场决定:每年农历二月二十二日在红旗镇举办集场贸易,名称为农场集场。

4月8日　红旗镇首届常阴沙农场集场开场仪式举行。集场贸易时间为三天。

5月 常阴沙农场对分散的工区卫生室进行整顿并重组，建立5个中心卫生室。

9月1日 江苏广播电视大学农垦分校在常阴沙农场开设的五年一贯制大专班开学，在全垦区招收应届初中毕业生，脱产学习5年，经考试考核合格，发给国家承认的江苏广播电视大学大专毕业证书。

是月 常阴沙农场55个基层党支部换届选举结束。

10月 为庆祝建国50周年、建场40周年，场部组织系列活动，其中第七届职工运动会的规模为历届之最，共22个比赛项目，1025名运动员参与比赛。

11月 红旗路（常阴沙大桥至人民路段）拓建工程竣工。该工程共拓建道路700米，路面拓宽为30米，为混凝土路面，中间为四车道，两侧用绿化带将机动车道与人行道隔开，并更换新型路灯，总投资90万元。

2000年

1月6日 常阴沙农场制定《机关工作人员实行岗位年薪制的试行办法》，从2000年1月1日起，场部机关工作人员实行年薪制。

3月17日 红旗镇第二届商品展销会（常阴沙农场集场改名为商品展销会）开幕。

9月1日 新建的常阴沙农场中心幼儿园投入使用。

9月20日 常阴沙大桥建成通车。

10月 常阴沙农场完成新一轮农业承包责任制的调整工作，2.92万亩耕地被5125户职工家庭承包，7000余亩耕地由94个种田大户租赁承包。

是年末 私营工业集中区首期开发工程结束，占地600亩，投入公共设施建设费用400万元。共有11家私营企业进入该区，总投资超过2000万元，当年实现销售收入5000万元，创利税480万元。

2001年

1月 根据江苏省人民政府《关于进一步推进我省国有企业分离社会职能的实施意见》，农场的教育、卫生事业从农垦剥离，划归地方管理。张家港市人民政府与江苏省国营常阴沙农场签订分三年交接的《农场中小学校、医院交接协议》。

2月 八工区、九工区合并改建为江苏省国营常阴沙农场九工区。

4月28日 常阴沙农场第九届职工代表大会第一次会议召开。

6月 常阴沙农场在十二工区中心埭西侧的北中心河上建机桥1座，定名为农场北桥。总投资30万元。

7月 经张家港市人民政府批准，原常阴沙农场中学、常阴沙农场中心小学以及长沙小学、青年圩小学、跃进小学合并，组建九年一贯制学校，定名为张家港市常阴沙学校，为市教育局直属学校。

11月9日 应中共中央政治局常委、中华全国总工会主席尉健行邀请，朝鲜劳动党全国委员会副委员长，全总书记处书记朴德洙率领的朝鲜民主主义人民共和国工会代表团一行5人到中国访问期间，在江苏省农垦集团总公司工会主席姜射阳陪同下，到常阴沙农场参观考察。

11月13日 高翔兼任常阴沙农场党委书记，顾惠德改任督导员。

12月12日 中共常阴沙农场第八次党员代表大会召开。

是月 常阴沙农场完成红东公路（常阴沙大桥至汽车附件厂）1200米的柏油路拓宽改造工程及套闸桥的拆除重建工程，总投资400万元。

2002年

2月 红旗镇常红桥拆除重建工程竣工，更名为人民桥。总投资60万元。

是月 常阴沙农场在五工区与十四工区中心路毗邻处的农场河上新建桥梁1座，定名为常红桥。

总投资30万元。

8月　农场河桥（又名洋桥）至十三工区段的通江路建成通车。新建的通江路总长1320米，宽4米，投资30万元。

9月29日　常阴沙农场举行第一次耕地租赁价格公开招标。十四工区对713.7亩土地租赁经营价格公开竞标，5名职工中标并当场签订土地租赁经营合同。

是月　常阴沙农场49个基层党支部换届选举结束。

12月18日　通江大桥建成通车。该桥原名农场河桥，又名洋桥，始建于1965年。

2003年

2月　经江苏省农垦总公司同意，撤销农业工区建制，合并改建为13个农业管理区。

4月23日　常阴沙农场成立预防“非典型肺炎”工作领导小组，开始对“非典”实施全民防治工作。

8月21日　退休职工张姚根等10人到常阴沙农场场部上访，要求提高退休金标准，并向场部主要领导递交一份农场退休职工《呼吁书》（此呼吁书已在全场范围内散发），场部主要领导与上访群众沟通并作解释。

9月22日　常阴沙农场退休老职工1000余人聚集场部，要求提高退休金标准。场党委、场部在做好稳定工作的同时，向江苏省农垦总公司党委报告，请求帮助解决。

9月30日　江苏省农垦总公司党委书记、董事长许祖元，总经理任建新等到张家港市，在沙洲宾馆与张家港市领导会商常阴沙农场的相关事宜。张家港市委书记曹福龙、市长王翔等领导出席会商。这次会商，张家港市首次提出农场移交张家港市，实行属地管理。

10月　红旗镇人民路建成通车。该路北起良种站，南至工业集中区珠江路东首，长950米。

12月30日　江苏省人民政府办公厅在苏州市召开由省农垦总公司、苏州市、张家港市和常阴沙农场四方参加的协调会。会议决定：常阴沙农场划归张家港市，实行属地管理，农场退休职工的退休金由张家港市按照劳动保障部、财政部、农业部、国务院侨务办公室（简称“三部一室”）文件执行。

是年　常阴沙农场按照农场中小学校、医院交接协议约定，完成全场中小学校、医院所有资产和资源向张家港市的移交。教育和卫生事业正式从农垦剥离。

2004年

3月23日　江苏省人民政府办公厅下发文件，明确将常阴沙农场划归张家港市，实行属地管理，养老保险由张家港市统筹。

4月24日　张家港市委、市政府在馨苑度假村召开大会，宣布常阴沙农场划归张家港市，实行属地管理。会议同时宣布，江苏省国营常阴沙农场更名为张家港市常阴沙农场。高翔调离，赵桐兴任农场党委书记、场长。

4月　张家港市委、市政府根据国家“三部一室”文件精神，按照不低于当地城市居民最低生活保障标准给常阴沙农场退休职工发放退休金，即在原有退休金基础上增加216元，平均退休金从每人每月47元提高到273元。月底，全场5136名退休职工按新标准领取退休金。

7月31日　常阴沙农场第九届职工代表大会第四次会议召开。

8月　常阴沙农场对6429名在册职工全面核实身份、核准工龄、置换身份并解除劳动关系。

9月　常阴沙农场2583人参加张家港市城镇职工养老保险，3632人参加张家港市农民养老保险，214人选择“老人老办法”（不进行身份置换，不补交养老保险金，到退休年龄按月均273元的标准办理退休手续），并与场部签订合同。

9月26日　农场河水闸东移重建工程竣工。该工程总投资512万元。

是月 常阴沙农场在二工区和三工区中心路对接处的农场河上，建造跃进桥1座，投资30万元。

11月18日 全国政协副主席万国权在江苏省政协副主席、党组成员陆军的陪同下，到常阴沙农场考察利朋针织厂。

12月 常阴沙农场机关综合档案室向张家港市档案馆移交档案1588卷，其中文书档案1508卷，婚姻档案80卷，起止时间为1959—1993年。

2005年

1月 常阴沙农场组织对各管理区的引排水河道进行疏浚，共清理疏浚河道102条，长度150730米，完成土方89万立方米，约占全场总河道的60%，总投资134万元。

2月 经张家港市人民政府批准，撤销常阴沙农场下辖的农业管理区建制，新建7个社区。

3月15日 张家港市委、市政府决定，撤销常阴沙农场建制，成立常阴沙管理区。同时撤销中共常阴沙农场党委、纪委，成立中共张家港市常阴沙管理区工作委员会、张家港市常阴沙管理区管理委员会，为市委、市政府派出机构，正镇级建制。成立中共张家港市常阴沙管理区纪律检查工作委员会，为市纪律检查委员会派出机构。赵桐兴任常阴沙管理区党工委书记、管委会主任。

是日 常阴沙管理区成立大会在常阴沙学校会议中心召开，同时举行中共张家港市常阴沙管理区工委、张家港市常阴沙管理区管委会、中共张家港市常阴沙管理区纪律检查工作委员会揭牌仪式。

第一编 建置区划 自然环境

第一章　建置区划

第二章　自然环境

第三章　资源物产

常陰沙農場志

常阴沙农场位于张家港市东部。东临长江，与南通狼山隔江相望，南接乐余镇东沙办事处的东风、东联村，西、北分别与乐余镇兆丰办事处的东红、林场、东林、红闸等村为邻。地理位置为北纬31° 52′ 54″，东经120° 45′ 42″。南北最长直线距离10.48公里，东西最宽直线距离7.05公里。全场总面积37.44平方公里，其中耕地面积占67.76%，水域面积占11.78%，园林、道路、交通、集镇及职工住宅面积占20.46%。

全境为长江泥沙冲积淤涨后逐年围垦筑圩而成的新陆地。围垦最早的是民国31年（1942年）围成的位于东长沙（今常南社区）的民孚东西圩，围垦最晚的是1980年围成的八〇圩（今常兴社区）。全场地势低平，无山多水，河渠成网，土地连片，土壤肥沃。泥土覆盖层厚度100~200米，由第四系冲积层组成，地面高程在吴淞零点3.5~4.2米，相对高差0.7米。常年温和，四季分明，雨量充沛，境（堤）外沙滩发育，江面开阔，内河出江水位受潮汐影响十分明显。属北亚热带南部湿润气候。长期以来，自然环境处于自我净化和自我平衡的稳定状态。

1950年春，中国人民解放军某部与当地农民合作，在江滩上围垦并创办农场，属常熟县县办农场。1961年4月，改为省属国营农场，属地常熟县。1962年1月，属地沙洲县（今张家港市）。2004年4月，正式划归张家港市，实行属地管理。2005年3月，撤销农场建制，成立张家港市常阴沙管理区。

第一章　建置区划

第一节　建置沿革

1950年3月，参加救灾的中国人民解放军某部一个连，与当地农民合作，在常阴区团结乡（今乐余镇兆丰办事处境内）的张案圩和集成二圩江堤外围垦解放圩，并在圩内建立一个未正式命名的农场。面积540亩。1951年3月，常熟县人民政府将这个农场正式命名为常熟县常阴农场。

1951年5月10日，常熟县人民政府将常阴农场改名为常熟县第二农场，行政上属常熟县人民政府，业务上由常熟县农林科主管，为全民所有制事业性质。1952年4月，常熟县第二农场由苏南行政公署（以下简称苏南行署）接收并命名为苏南棉麻指导所常阴棉场，行政上属苏南行署，为全民所有制事业性质。业务上由苏南行署农林处棉麻指导所主管。同时确定业务性质为示范推广农场。同年10月，常阴棉场接收位于青草沙大德圩内常熟县劳改队撤走后留下的土地，建立青草沙分场。

1953年4月，苏南行署撤销。常阴棉场重新划归常熟县，并由常熟县命名为常熟县第一农场，行政上属常熟县人民政府，业务上由常熟县农建科主管，并改为全民所有制企业性质。1955年，第一农场接收建设圩（今常西社区）圩外挂脚田220亩土地。同年，常熟县又将合作二圩东迁户分配后余留的320亩土地划归第一农场。至1957年，第一农场有5个生产队（含分场和直属队）。

1958年10月，常熟县第一农场被撤销建制并解散，农场的土地等生产资料由常熟县接收，一部分划入常熟县沙洲人民公社，一部分划入常熟县虞山林场苗圃。管理人员和大部分职工则调入常熟县农业大学试验场（虞山镇兴福附近）。

1950年3月至1958年10月，农场自创办到撤销建制，其名称几经变更。为区别1959年8月扩建后的常阴沙农场，人们习惯上称1958年10月前的农场为“老农场”。

1959年6月，江苏省委批转省农林厅党组《关于国营农场体制和经营方针的报告》，同意恢复部分于1958年撤销的农场。是年7月9日，中共常熟县委在给苏州地委的报告中，要求恢复原农场建制并在原有基础上扩建。8月5日，根据苏州地委的批复，恢复常熟县第一农场建制，命名为常熟县沙洲农场。10月1日，常熟县沙洲农场成立大会在苗圃（今张家港市棉花原种场）召开。恢复后的农场，行政上属常熟县人民政府领导，业务上由常熟县农业局主管，性质为全民所有制农业企业。

1961年5月24日，常熟县人民委员会下发《关于对沙洲农场改名的批复》，根据同年4月20日江苏省人民委员会批复，同意将沙洲农场“改为国营机械农场，定名为国营常阴沙农场”。确定所有制性质为全民所有制农业企业，行政上属江苏省农林厅领导，业务由省农林厅和常熟县人民政府双重管理，以省农林厅管理为主，党务由中共江苏省农林厅党组和中共常熟县委双重领导，以中共常熟县委领导为主。

1962年1月1日，沙洲县成立。常熟县划出14个公社，江阴县划出9个公社，归沙洲县，10月26日，又将常阴沙农场的区划划到沙洲县。常阴沙农场改为业务由省农林厅和沙洲县人民政府双重管理，以省农林厅管理为主，党务由中共江苏省农林厅党组和中共沙洲县委双重领导，以中共沙洲县委领导为主。

1962年11月21日，常阴沙农场苗圃划出，改建为沙洲县棉花原种场。

1963年5月，解放圩、新民圩、泗兴圩等圩划归沙洲县兆丰公社。

1965年8月17日，江苏省农垦局成立。常阴沙农场的“四权”即人权、财权、生产计划权、产品处理权由省农垦局统一管理，统一经营，统负盈亏。常阴沙农场党的工作和政治工作，实行农垦局党组和沙洲县委双重领导，以农垦局党组领导为主。具体工作则由省农垦局的派出机构长江农垦办事处（驻练湖农场）负责检查督促。

1966年3月31日，省农垦局明确：常阴沙农场由南通农垦办事处领导和管理。

1966年7月13日，常阴沙农场党的组织由沙洲县委领导，“四权”仍属江苏省农垦局。

1966年7月下旬，常阴沙农场的“文化大革命”进入高潮，群众自发将常阴沙农场改称为东方红农场。

1968年2月15日，沙洲县军事管制委员会派员进驻农场，实行军管。1968年3月，成立东方红农场人民武装部生产办公室，临时取代农场管理委员会，受沙洲县人民武装部生产办公室领导。

1968年7月15日，经沙洲县革命委员会批准，将常阴沙农场正式改名为沙洲东方红农场。

1971年1月，东方红农场下放给苏州专区革命委员会领导。东方红农场的党、政领导关系和“四权”与省农垦局脱钩，成为行政上隶属于苏州专区、业务上由沙洲县主管的国营农场。

1976年4月，沙洲县革命委员会再次将农场更名为国营沙洲东方红农场。

1979年2月24日，江苏省革命委员会发文通知，“为了加强国营农场的统一领导和管理，适应全党工作着重点的转移，逐步将国营农场办成农工商联合企业的需要”，确定将包括东方红农场在内的10个国营农场“实行省农垦局和有关县（市）双重领导，以农垦局领导为主。人事、计划、财物、生产等由农垦局管理，党团关系、政治思想工作仍请当地党委领导”。3月12日，沙洲县革命委员会发文，将国营东方红农场更名为国营沙洲常阴沙农场。4月1日，农场与沙洲县脱离关系，重新成为省农垦局直接领导和管理的省属全民所有制国营农场。4月27日，省农垦局再次明确：常阴沙农场由南通地区农垦局管理。6月4日，江苏省农垦局发文通知，恢复江苏省国营常阴沙农场名称。

1985年9月，根据国家计划经济委员会、建改委员会、财政部关于划分大中型企业标准和省政府有关文件精神，江苏省农垦总公司确定常阴沙农场按中型企业参加工改。1990年12月，江苏省农垦总公司下发文件，进一步明确常阴沙农场为中型企业。

2004年3月23日，江苏省人民政府决定，常阴沙农场划归张家港市，实行属地管理。4月24日，张家港市人民政府在馨苑度假村召开大会，宣布常阴沙农场实行属地管理，并将江苏省国营常阴沙农场更名为张家港市常阴沙农场。

2005年3月15日，中共张家港市委、市人民政府决定，撤销常阴沙农场，成立常阴沙管理区。同时，撤销常阴沙农场党委、纪委，成立中共张家港市常阴沙管理区工作委员会、张家港市常阴沙管理区管理委员会，为市委、市政府派出机构，明确正镇级建制。同时成立中共张家港市常阴沙管理区纪律检查工作委员会，为市纪律检查委员会派出机构。

常阴沙农场建置沿革一览表

表1-1-1

起止时间	名　　称	隶属关系	党务主管	业务主管
1950年3月—1951年3月	新建农场（未命名）	—	—	—
1951年3月—1951年5月	常熟县常阴农场	常熟县人民政府	中共常熟县委	常熟县农林科
1951年5月—1952年3月	常熟县第二农场	常熟县人民政府	中共常熟县委	常熟县农林科
1952年4月—1953年3月	苏南棉麻指导所常阴棉场	苏南行政公署	中共常熟县委	苏南行署农林处棉麻指导所

续表 1-1-1

起止时间	名　　称	隶属关系	党务主管	业务主管
1953年4月—1958年10月	常熟县第一农场	常熟县人民政府	中共常熟县委	常熟县农林局
1958年11月—1959年7月	撤销建制	土地等生产资料归属沙洲人民公社、常熟县虞山林场，人员归常熟县农业大学试验场		
1959年8月—1961年3月	常熟县沙洲农场	常熟县人民政府	中共常熟县委	常熟县农业局
1961年4月—1961年12月	江苏省国营常阴沙农场	江苏省农林厅	中共常熟县委 中共江苏省农林厅党组	江苏省农林厅
1962年1月—1965年7月	江苏省国营常阴沙农场	江苏省农林厅	中共沙洲县委 中共江苏省农林厅党组	江苏省农林厅
1965年8月—1968年7月	江苏省国营常阴沙农场	江苏省农垦局	中共沙洲县委 中共江苏省农垦局党组	江苏省农垦局
1968年8月—1971年1月	沙洲东方红农场	江苏省革命委员会	中共沙洲县委	江苏省农垦局
1971年1月—1976年3月	沙洲东方红农场	苏州专区革命委员会	中共沙洲县委	沙洲县农业局
1976年4月—1979年3月	国营沙洲东方红农场	苏州专区革命委员会	中共沙洲县委	沙洲县农业局
1979年4月—2004年4月	江苏省国营常阴沙农场	江苏省农垦局 （江苏省农垦总公司）	中共沙洲县委 中共江苏省农垦局党委	江苏省农垦局 （江苏省农垦总公司）
2004年4月—2005年3月	张家港市常阴沙农场	张家港市人民政府	中共张家港市委	张家港市人民政府

第二节　行政区划

40年代，境内最早围成的东长沙10只小圩（今常南社区之七工区东部和常沙社区之九工区北部）属常熟县沙洲区海桑乡十七保。1950年春，改属常熟县南丰区生建乡。

1950年围垦的解放圩（今乐余镇红闸村）在常熟县常阴区范围内，属常熟县常阴农场。1953年改为第一农场。1951年围垦的大德圩（今南丰镇区域内），在常熟县南丰区范围内，属常熟县常阴农场（第一农场）。1953年围垦的建设圩（今常西社区之一工区），属常熟县常阴区团结乡。1954年至1957年围垦的合作头圩（今常红社区之十二工区）、合作二圩（今常红社区之良种站和一〇工区）、合作三圩（今常南社区之六工区）、生建圩（今常红社区之一〇工区）、农场圩（今张家港市棉花原种场），除合作二圩一部分和农场圩属常熟县第一农场外，其他均属常熟县南丰区生建乡。

1957年撤区并乡时，境内18只新圩全部在常熟县沙洲区兆丰乡辖区内。

1959年1月至9月，农场在恢复扩建过程中，除接收解放圩内的第一农场（棉场）、常熟县农业科学研究所、农场圩内的常熟县苗圃外，还将1958年围垦而尚未建制的跃进圩划入农场。

1959年10月，农场恢复扩建后，以“场带队”形式接收兆丰人民公社十三大队（良种站）即合作二圩东部、十四大队（十二工区）即合作头圩、十五大队（一工区）即建设圩3个大队进入农场。同年底，接收常熟县繁殖场（原为第一农场繁殖场）。1960年春，围垦万亩圩。同年5月，以“场带队”形式接收兆丰人民公社东风大队（七工区）、东胜大队（一〇工区）、东方大队（六工区）3个大队进入农场。

1960年7月至1961年1月，农场建有4个大工区，即红旗工区（六工区、一〇工区、十一工区和十二工区）、跃进工区（一工区、二工区、三工区和苗圃）、长江工区（四工区、五工区）、长沙工区（七工区、八工区、九工区）。

1961年1月，撤大工区，建立管理区（习惯上称工区）。全场建有11个管理区。后逐步扩展到14个管理区。

1963年8月至1968年7月，管理区改称为生产队，共有14个生产队。

1968年8月，生产队又改称为生产大队。1979年3月，生产大队改称为工区。至1980年，全场有20个工区、1个水产养殖场、1个畜牧养殖场即农场繁殖场、2个农业科研单位即良种繁育站（简称良种站）和农科所，共24个基层行政单位。1981年6月，建立4个分场，即红旗分场（第一分场），辖五工区、六工区、一〇工区、十二工区、二十工区和良种站（含农科所）；跃进分场（第二分场），辖一工区、二工区、三工区、四工区、十三工区；长江分场（第三分场），辖十四工区、十五工区、十六工区、十八工区、十九工区、二十一工区和水产养殖场；长沙分场（第四分场），辖七工区、八工区、九工区、十一工区、十七工区。1981年10月，沙洲县地名办公室发文，正式将农场的生产大队改称为工区。1985年，分场级建制随行政管理体制的变动而自行消失。

1983年，农科所并入良种站。1991年，水产养殖场并入十九工区。1994年12月，红旗镇集镇居民委员会成立。此后，除十九工区于1997年并入十五工区，二十工区于1998年并入五工区，二十一工区于1998年并入十六工区，八工区于2001年并入九工区外，其余基层行政单位无大的变动。至2002年，全场共有18个农业行政单位和1个集镇居民委员会。

2003年2月，经江苏省农垦总公司批准，将18个农业工区合并组建或单独改建为13个农业管理区，即一工区、二工区合并组建为第一管理区，十二工区、良种站合并组建为第二管理区，三工区、十三工区合并组建为第三管理区，四工区、十四工区合并组建为第四管理区，六工区、七工区合并组建为第六管理区，五工区、九工区、一〇工区、十一工区、十五工区、十六工区、十七工区、十八工区分别改建为第五、第九、第十、第十一、第十五、第十六、第十七、第十八管理区。

2005年2月，经张家港市人民政府批准，撤销13个农业管理区，建立7个社区，即第十六、第十八管理区合并建立常东社区，第五、第六管理区合并建立常南社区，第一管理区改称为常西社区，第三管理区与第四管理区的原四工区合并建立常北社区，第二、第十管理区合并建立常红社区，第四管理区的原十四工区、第十五管理区合并建立常兴社区，第九、第十一、第十七管理区合并建立常沙社区。全场有7个社区和1个集镇居民委员会。

表 1-1-2

常阴沙农场下辖农业单位沿革一览表

圩塘名	常熟县沙洲农场时期			江苏省国营常阴沙农场时期		东方红农场时期	江苏省国营常阴沙农场时期（含张家港市常阴沙农场）		张家港市常阴沙农场时期
	1958年10月—1960年6月	1960年7月—1960年12月	1961年1月—1961年4月	1961年5月—1963年7月	1963年8月—1968年6月	1968年7月—1979年3月	1979年4月—2003年1月	2003年2月—2005年1月	2005年2月—2005年3月
建设圩	—	跃进工区	第一管理区	第一管理区	第一生产队	一大队	一工区	第一管理区	常西社区
跃进圩、闸北圩	—	跃进工区	第二管理区	第二管理区	第二生产队	二大队	二工区（2002年11月并入一工区）	第一管理区	常西社区
跃进圩	—	跃进工区	第三管理区	第三管理区	第三生产队	三大队	三工区	第三管理区	常北社区
东风圩	—	长江工区	第四管理区	第四管理区	第四生产队	四大队	四工区	第四管理区	常北社区
东风圩	—	长江工区	第五管理区	第五管理区	第五生产队	五大队（1977年划北片建二十大队）	五工区	第五管理区	常南社区
合作三圩	—	红旗工区	第六管理区	第六管理区	第六生产队	六大队	六工区	第六管理区	常南社区
长沙圩	—	长沙工区	第七管理区	第九管理区	第七生产队	七大队	七工区	第六管理区	常南社区
卫星圩	—	长沙工区	第八管理区	第八管理区	第八生产队	八大队	八工区（2001年2月并入九工区）	第九管理区	常沙社区
长沙圩、卫星圩、青年二圩	—	长沙工区	第九管理区	第七管理区	第九生产队	九大队	九工区	第九管理区	常沙社区
全作二圩、生建圩	—	红旗工区	第十管理区	第十管理区	第十生产队	一〇大队	一〇工区	第十管理区	常红社区
青年二圩	—	—	—	—	第十一生产队（1964年4月建立）	十一大队	十一工区	第十一管理区	常沙社区
合作头圩、跃进圩	—	红旗工区	第十二管理区	第十二管理区	第十二生产队	十二大队	十二工区	第二管理区	常红社区
长江圩	—	—	第十三管理区（1963年春建制）	第十三管理区（1963年春建制）	第十三生产队	十三大队	十三工区	第三管理区	常北社区

续表 1-1-2

圩塘名	常熟县沙洲农场时期			江苏省国营常阴沙农场时期		东方红农场时期	江苏省国营常阴沙农场时期（含张家港市常阴沙农场）		张家港市常阴沙农场时期
	1958年10月—1960年6月	1960年7月—1960年12月	1961年1月—1961年4月	1961年5月—1963年7月	1963年8月—1968年6月	1968年7月—1979年3月	1979年4月—2003年1月	2003年2月—2005年1月	2005年2月—2005年3月
青年圩	—	—	—	—	第十四生产队	十四大队	十四工区	第四管理区	常兴社区
三五圩	—	—	—	—	第十五生产队（1966年2月建立）	十五大队	十五工区	第十五管理区	常兴社区
文革三圩	—	—	—	—	第十六生产队（1968年3月建立）	十六大队	十六工区（1984年3月划东片建二十一工区）	第十六管理区	常东社区
文革二圩、卫星圩、补方圩	—	—	—	—	—	十七大队	十七工区	第十七管理区	常沙社区
四五圩	—	—	—	—	—	十八大队	十八工区	第十八管理区	常东社区
七五圩	—	—	—	—	—	十九大队（1975年建立）	十九工区（1997年3月并入十五工区）	第十五管理区	常兴社区
东风圩	—	—	—	—	—	二十大队（1977年建立）	二十工区（1998年4月并入五工区）	第五管理区	常南社区
文革三圩	—	—	—	—	—	—	二十一工区（1984年3月建立，1998年3月并入十六工区）	第十六管理区	常东社区
合作二圩、跃进圩	—	红旗工区	第十一管理区	第十一管理区	良种站（1964年建制）	良种站（1969年至1973年称五七红校）	良种站	第二管理区	常红社区
合作二圩、跃进圩	—	红旗工区	第十一管理区	第十一管理区	良种站（1964年建制）	农科所（1977年建制）	农科所（1983并入良种站）	第二管理区	常红社区
八〇圩	—	—	—	—	—	—	水产养殖场（1980年春建立，1991年并入十九工区）	第十五管理区	常兴社区

第三节　社区　居委会

一、社区

常东社区

常东社区位于常阴沙农场东南部的文革三圩和四五圩内，2005年2月，由第十六管理区和第十八管理区合并组建。社区总面积4.6平方公里，其中耕地面积为5505亩，社区辖11个居民小组，总户数780户，总人口2247人，其中，少数民族6人，外来人口40人。人均住房面积61.2平方米。社区管理委员会位于文革三圩东部中段，距红旗镇7公里。

第十六管理区于2003年2月由十六工区改建。

十六工区位于文革三圩内，建立于1968年，为江苏省国营常阴沙农场第十六生产队。1968年7月，改称为沙洲东方红农场第十六生产大队。1979年3月恢复为江苏省国营常阴沙农场十六工区（1981—1985年属长江分场）。1984年3月，划出东部部分土地建立二十一工区。

二十一工区位于文革三圩东部，1984年3月建立，为江苏省国营常阴沙农场二十一工区（1981—1985年属长江分场）。1998年3月，重新并入十六工区。

第十八管理区于2003年2月由十八工区改建。

十八工区位于四五圩内，建立于1972年12月，为沙洲东方红农场第十八生产大队。1979年3月，改称为江苏省国营常阴沙农场十八工区（1981—1985年属长江分场）。

常南社区

常南社区位于常阴沙农场中南区域的长沙圩、合作三圩和东风圩内，2005年2月，由第五管理区和第六管理区合并组建。社区总面积5.48平方公里，其中耕地面积为6131亩。社区辖12个居民小组，总户数1144户，总人口3463人，其中，外来人口312人，少数民族5人。人均住房面积64.2平方米。社区管理委员会位于合作三圩中部、通运南路中段东侧，距红旗镇1.2公里。

第五管理区于2003年2月由五工区改建。

五工区位于东风圩（万亩圩）西南部及合作三圩北部边缘部分，略呈狭长矩形状。1960年7月，万亩圩围垦工程结束后，在东风圩内建立长江工区。1961年1月，将东风圩西南部改建为第五管理区（工区）。1963年8月和1968年7月，分别改称为江苏省国营常阴沙农场第五生产队和沙洲东方红农场第五生产大队。1977年，以东西向中心路为界，划出以北部分单独建立沙洲东方红农场二十生产大队。1979年3月，恢复为江苏省国营常阴沙农场五工区（1981—1985年属红旗分场）。

二十工区位于东风圩内与合作三圩北部边缘，建立于1977年，为沙洲东方红农场二十生产大队。1979年3月，恢复为江苏省国营常阴沙农场二十工区（1981—1985年属红旗分场）。1998年4月，重新并入五工区。

第六管理区于2003年2月由六工区和七工区合并组建。

六工区位于合作三圩内。合作三圩于1956年组织高级社，为常熟县南丰区生建乡十二社，又称东方社。1957年6月，为沙洲区兆丰乡八社。1958年8月至1959年4月，先后为兆丰人民公社十二大队和东沙洲人民公社兆丰工区十二大队。1959年4月，改为兆丰人民公社十二大队（东方大队）。1960年5月，以“场带队”形式进入农场，属常熟县沙洲农场红旗工区。1961年1月，建置为第六管理区（工区）。1963年8月和1968年7月，先后改称为江苏省国营常阴沙农场第六生产队和沙洲东方红农场第六生产大队。1979年3月，恢复江苏省国营常阴沙农场六工区（1981—1985年属红旗分场）。

七工区位于长沙圩及卫星圩（万亩圩）内。长沙圩（又名东长沙）是境内最早围垦的圩塘。40年代，为常熟县沙洲区海桑乡十七保。1950年春，废除保甲制，建两个大组，属常熟县南丰区生建乡。

1951年9月土改后建行政村，为生建乡十村，又称民新村。1953年冬，建立互助组。1955年冬，建立初级社。1956年春，分别组建为3个初级社。同年6月，组建为高级社，为南丰区生建乡十一社，又称长兴社。1957年6月撤区并乡后，为沙洲区兆丰乡十一社。1958年8月至1959年4月，先后为兆丰人民公社十一大队和东沙洲人民公社兆丰工区十一大队。1959年4月，改称东风大队。1960年5月，以“场带队”形式进入农场，属常熟县沙洲农场长沙工区。1961年1月，长沙圩分成南北两部分，北部建置为第九管理区（工区）。1963年8月，调整区划为江苏国营常阴沙农场第七生产队。1968年7月，改称为沙洲东方红农场第七生产大队。1979年3月，恢复江苏省国营常阴沙农场七工区（1981—1985年属长沙分场）。

常西社区

常西社区位于常阴沙农场东北部的建设圩、新闸东圩、跃进圩和闸北圩内，2005年2月，由第一管理区改建。社区总面积4.11平方公里，其中耕地面积为4419亩。辖15个居民小组，总户数为688户，总人口2106人，其中，少数民族3人，外来人口12人。人均住房面积60.9平方米。社区管理委员会位于跃进圩境内的跃进路东侧，距红旗镇约4.5公里。

第一管理区于2003年2月由一工区改建。

一工区位于建设圩和新闸东圩内。建设圩于1954年建行政村，为常熟县常阴区团结乡建设村。1955年，组织互助组，后发展为初级社。1956年，建高级社，为常阴区团结乡十五社，又称建设社。1957年6月，为沙洲区兆丰乡15社。1958年8月至1959年4月，先后为兆丰人民公社十五大队和东沙洲人民公社兆丰工区十五大队。1959年4月，又改为兆丰人民公社十五大队。1959年10月，以“场带队”形式进入农场，属常熟县沙洲农场跃进工区。1961年1月，建置为第一管理区（工区）。1962年，新闸东圩围垦成圩后归属一工区。1963年8月和1968年7月，分别改称为江苏省国营常阴沙农场第一生产队和沙洲东方红农场第一生产大队。1979年3月，恢复江苏省国营常阴沙农场一工区（1981—1985年属跃进分场）。2002年11月，合并二工区。

二工区位于跃进圩北部和闸北圩内。跃进圩于1958年围垦后归属时在恢复扩建中的常熟县沙洲农场，属跃进工区。1961年1月，在跃进圩北部建立第二管理区（工区）。1963年8月，改称为江苏省国营常阴沙农场第二生产队。1966年，闸北圩围垦成圩后归属第二生产队（工区）。1968年7月，改称为沙洲东方红农场第二生产大队。1979年3月，恢复为江苏省国营常阴沙农场二工区（1981—1985年属跃进分场）。2002年11月，并入一工区。

常北社区

常北社区位于常阴沙农场东部的跃进圩、东风圩和长江圩内，2005年2月，由第三管理区和第四管理区中的四工区合并组建。社区总面积5.2平方公里，其中耕地面积5316亩。辖20个居民小组，总户数980户，总人口2807人，其中，外来人口30人，少数民族3人。人均住房面积60.7平方米。社区管理委员会位于通江路中段南侧的东风圩内，靠跃进圩南部岸线，距红旗镇约2公里。

第三管理区于2003年2月由三工区和十三工区合并组建。

三工区位于跃进圩南部。跃进圩于1958年围垦后归属常熟县沙洲农场，属跃进工区。1961年1月，在跃进圩南部建立第三管理区（工区）。1963年8月和1968年7月，分别改称为江苏省国营常阴沙农场第三生产队和沙洲东方红农场第三生产大队，1979年3月，恢复为江苏省国营常阴沙农场三工区（1981—1985年属跃进分场）。

十三工区位于长江圩内。1963年春建立，为江苏省国营常阴沙农场第十三管理区（工区）。同年8月和1968年7月，分别改称为江苏省国营常阴沙农场第十三生产队和沙洲东方红农场第十三生产大队。1979年3月，恢复江苏省国营常阴沙农场十三工区（1981—1985年属跃进分场）。

第四管理区于2003年2月由四工区与十四工区（见常兴社区）合并组建。

四工区位于东风圩东北部。1960年7月，万亩圩围垦工程结束后，在东风圩建立长江工区。1961

年1月，在东风圩东北部建立第四管理区（工区）。1963年8月和1968年7月，分别改称为江苏省国营常阴沙农场第四生产队和沙洲东方红农场第四生产大队。1979年3月，恢复为江苏省国营常阴沙农场四工区（1981—1985年属跃进分场）。

常红社区

常红社区位于常阴沙农场西北区域的合作头圩、合作二圩、跃进圩和生建圩内，于2005年2月由第二管理区和第十管理区合并组建。社区总面积4.89平方公里，其中耕地面积4398亩。辖13个居民小组，总户数847户，总人口2915人，其中，少数民族7人，外来人口56人。人均住房面积60.8平方米。社区管理委员会位于合作二圩中部，距红旗镇约1公里。

第二管理区于2003年2月由十二工区和良种站合并组建。

十二工区位于合作头圩和跃进圩一部分。1956年，建立初级社，后发展为高级社，为南丰区生建乡七社。同年6月，为沙洲区兆丰乡十四社。1958年8月至1959年4月，先后为兆丰人民公社十四大队和东沙洲人民公社兆丰工区十四大队。1959年4月，改属兆丰人民公社十四大队。1959年10月，以"场带队"形式进入农场，属红旗工区。1961年1月，建置为第十二管理区（工区）。1963年8月和1968年7月，分别改称为江苏省国营常阴沙农场第十二生产队和沙洲东方红农场第十二生产大队。70年代初期，跃进圩和合作头圩圩岸铲除后，原第二生产大队西部边缘划入十二生产大队。1979年3月，恢复为江苏省国营常阴沙农场十二工区（1981—1985年属红旗分场）。

良种站位于合作二圩东部、合作头圩及跃进圩一部分。合作二圩以大流漕为界，以东部分于1956年初组建两个初级社，分别为生建乡五社、六社。同年合并改建为高级社，为南丰区生建乡六社。1957年6月，为沙洲区兆丰乡十三社。1958年8月至1959年4月，先后为兆丰人民公社十三大队和东沙洲人民公社兆丰工区十三大队。1959年4月，改为兆丰人民公社十三大队。1959年10月，以"场带队"形式进入农场，属红旗工区。1961年1月，建置为第十一管理区（工区）。1963年8月，改名为十一生产队。1964年4月，改建为江苏省国营常阴沙农场良种站。1968年7月，改称为沙洲东方红农场良种站。1969年，改名为五七红校。1973年10月，恢复原名良种站。1977年划出中心路西半部分建立农业科学研究所（1981—1985年属红旗分场）。

农科所位于合作二圩内，1977年建立，为沙洲东方红农场农业科学研究所（简称农科所，为江苏省农林厅棉花良种繁育基地）。1979年3月，改称为江苏省国营常阴沙农场农科所（1981年起，属红旗分场）。1983年，并入良种站。

第十管理区于2003年2月由一〇工区改建。一〇工区位于合作二圩和合作三圩北中心河以西部分及生建圩内。1956年初，组建初级社，同年与生建圩合并组织高级社，为南丰区生建乡八社，又称东胜社。1957年6月，为沙洲区兆丰乡八社。1958年8月至1959年4月，先后为兆丰人民公社八大队和东沙洲人民公社兆丰工区八大队。1959年，改为兆丰人民公社八大队。1960年5月，以"场带队"形式进入农场，属常熟县沙洲农场红旗工区。1961年1月，建置为第十管理区（工区）。1963年8月和1968年7月，先后改称为江苏省国营常阴沙农场第一〇生产队和沙洲东方红农场第一〇生产大队。1979年3月，恢复为江苏省国营常阴沙农场一〇工区（1981—1985年属红旗分场）。

常兴社区

常兴社区位于常阴沙农场东部的青年圩、三五圩、七五圩和八〇圩内，于2005年2月由第四管理区中的十四工区和第十五管理区合并组建。社区总面积5.19平方公里，其中耕地面积5127亩。辖14个居民小组，总户数652户，总人口2013人，其中，少数民族6人，外来人口19人。人均住房面积为63.1平方米。社区管理委员会位于青年头圩东北端中部，距红旗镇5公里。

第四管理区于2003年2月由四工区（见常北社区）和十四工区合并组建。

十四工区位于青年头圩内。1963年建立，为第十四管理区（工区）。同年8月和1968年7月，分别改称为江苏省国营常阴沙农场第十四生产队和沙洲东方红农场第十四生产大队。1979年3月，恢复为江苏省国营常阴沙农场十四工区（1981—1985年属长江分场）。

第十五管理区于2003年2月由十五工区改建。

十五工区位于三五圩内。1966年2月建立，为江苏省国营常阴沙农场第十五生产队。1968年7月，改为沙洲东方红农场第十五生产大队。1979年3月，恢复为江苏省国营常阴沙农场十五工区（1981—1985年属长江分场）。1997年3月，合并十九工区。

十九工区位于七五圩和八〇圩内。1975年建立，为第十九生产大队。1979年3月，恢复为江苏省国营常阴沙农场十九工区。1991年12月，合并水产养殖场。1997年3月，并入十五工区。

水产场位于八〇圩内。1980年建立，为江苏省国营常阴沙农场水产养殖场，简称水产场（1981—1985年属长江分场）。1991年，并入十九工区。

常沙社区

常沙社区位于常阴沙农场南部的长沙圩、青年二圩、卫星圩、文革二圩和补方圩内，于2005年2月由第九管理区、第十一管理区和第十七管理区合并组建。社区总面积4.98平方公里，其中耕地面积6026亩。辖12个居民小组，总户数1163户，总人口3056人，其中少数民族7人，外来人口80人。人均住房面积60.6平方米。社区管理委员会位于穿越卫星圩的永泰路东侧，距红旗镇约4公里。

第九管理区于2003年2月由九工区改建。

九工区位于长沙圩和卫星圩（万亩圩）及青年二圩一部分。1960年7月，万亩圩围垦工程结束后，即将万亩圩中的卫星圩归属常熟县沙洲农场长沙工区管辖。1961年1月，将长沙圩的东半部和卫星圩一部分合并建置为第七管理区（工区）。1963年8月调整区划时改为江苏省国营常阴沙农场第九生产队。1968年7月，改为沙洲东方红农场第九生产大队。1979年3月，恢复为江苏省国营常阴沙农场九工区（1981—1985年属长沙分场）。

八工区位于卫星圩（万亩圩）内。1960年7月，属常熟县沙洲农场长沙工区。1961年，建置为第八管理区（工区）。1963年8月和1968年7月，先后改称为江苏省国营常阴沙农场第八生产队和沙洲东方红农场第八生产大队。1979年3月，恢复为江苏省国营常阴沙农场八工区（1981—1985年属长沙分场）。2001年2月，并入九工区。

第十一管理区于2003年2月由十一工区改建。

十一工区原位于青年二圩。1964年4月，青年二圩围垦成圩后，即在青年二圩重建十一生产队，原十一生产队改建为良种站。1968年7月，改称为沙洲东方红农场十一生产大队。1979年3月，恢复为江苏省国营常阴沙农场十一工区（1981—1985年属长沙分场）。

第十七管理区于2003年2月由十七工区改建。

十七工区位于文革二圩、补方圩及卫星圩内。1971年建立，为沙洲东方红农场十七生产大队。1979年3月改为江苏省国营农场十七工区（1981—1985年属长沙分场）。

二、居委会

常阴沙农场集镇居民委员会，简称居委会，建立于1986年8月。时办公室设在场部机关西边的平房内，与常阴沙农场老龄工作委员会合并办公。1994年12月，定为场部机关编制。1998年11月，更名为江苏省国营常阴沙农场集镇居民管理委员会。1999年，脱离场部机关，作为与农业工区并立的下属单位，实行独立核算，自负盈亏。居委会的主要职能为履行集镇居民户籍管理及常住人口管理、收取各项费用、抓好计划生育等社会性工作以及职工工资管理、职工养老保险费收缴及退休人员保养费的发放等。2004年4月属地管理后称张家港市常阴沙集镇居民管理委员会。2005年3月，有健康、振兴、常乐、常虹4个居民新村，6个居民小组，住户990户，人口2529人，其中户籍人口1176人。

第二章　自然环境

第一节　成　陆

常阴沙农场地处长江南岸的常阴沙陆地东端，属长江三角洲河相海相沉积平原，是江中泥沙在江流与海潮的交互作用下，经河口落户，形成沙洲后逐步发育而成。关于常阴沙成陆的大致情况是：

约公元前一世纪，长江在江阴以下，南北沙嘴发生江口演变和新三角洲的沉积运动，导致长江江水携带的泥沙，一部分沉积于江口前缘，延伸了河口沙嘴，另一部分沉积于河床内，缩狭了原来的喇叭形江口，形成新的三角洲，这个新三角洲主要包括延伸于长江南北沙嘴之间的沿江平原和滨海平原，以及散布于江中的沙洲群。明代，随着泥沙积涨，江中沙洲加速扩张，逐步并联。17世纪70年代至80年代，形成南沙、中沙、北沙三大块。北沙包括段山套北沙、紫鲚沙（又称紫气沙）、横墩沙、关丝沙、蕉沙、刘海沙、登瀛沙、文兴沙及以后涨出的鼎兴沙等，分属通州、常熟、江阴3个县管辖。常熟、江阴分界于朝阳港，东属常熟，西属江阴，称常阴沙；通州与常熟分界于常通港，南属常熟，北属通州，称刘海沙。后因上述诸沙位于常熟、江阴之间，遂以常阴二字命名，故《常合昭志》称："道光时，江心突涨，江常画界，先后筑圩，故名常阴沙。"

从地域上看，常阴沙地处长江南岸，西起段山（张家港市大新镇境内），东止福山口（常熟市福山镇境内），一个略呈弧形的沿江狭长冲积平原，段山和福山被视为常阴沙西东之界石。

据南通市档案馆和自然博物馆所藏档案资料考证，大约在17世纪70—80年代，长江主泓道偏于北岸，长江北岸崩坍严重。此后，由于江中马驮沙与北岸泰兴接壤，水流下泄受南岸黄山挑流，顶冲如皋江岸，故江阴至福山一段江滩淤涨，出现除寿兴沙、常阴沙等沙洲以外的带子沙、盘篮沙等13个沙岛，且不断连接扩大。

至20世纪30年代末40年代初，原张家港市三兴、锦丰镇全部，乐余镇鼎兴港以西部分，兆丰镇北中心河以南，六干河以西部分，南丰镇、泗兴镇以西以南部分已全部成陆，连成一片，并次第围垦成田。与此同时或稍后，福山口以北的联珠沙、东长沙以及青草沙先后露出水面。自1942年以张守一、曹佩英为首的民孚围垦公司在东长沙围垦民孚东西两圩开始，至1947年，东长沙共围成10只小圩，是境内最早的陆地。而此时的联珠沙、东长沙及青草沙仍然处于相连不相接的状态。

在常阴沙各沙洲成长发育的过程中，同时存在着一面涨、一面坍的现象。50年代初期和中期，由于"北坍而南涨、西坍而东涨"，导致鼎兴港至福山口之间的江中沙洲次第出水。境内自西北向东南，择其大者有阴沙（建设圩、跃进圩内外）、带子沙（东风圩、卫星圩内外）、芦头沙（乐余镇东沙办事处境内）、河豚沙（乐余镇兆丰、东沙办事处境内），对已经围垦成田的东长沙形成大包围，对青草沙呈连接靠拢的趋势，从而为50年代末60年代初常阴沙农场的恢复和以后的不断扩建提供了广阔的土地资源，并与背靠江南陆地的福山仅以一微流相隔，逐渐连成一片。

第二节　土　壤

一、土壤发育

境内土地成陆较晚，土体发育于60年代以后，为长江泥沙冲积过程中湿生草甸植被影响下形成的草甸土。成土母质多为长江水和海潮的较新冲积物，成土过程以草甸化作用为主。质地以沙壤土和轻壤土为主。由于地下水位较高，有利于草甸植被的生长和繁育。在草甸土的作用下，表土有机质不断积累，腐殖质含量十分丰富，土色略呈灰暗。土体中可溶性无机盐类大多已经淋失，难溶性盐类如石灰质等有下沉趋势。土壤的有机质含量为0.5%~1.5%，并含有钙、钾、镁、磷等养分，肥力较高，且多已培育成水稻土。

土壤的基本特性是土壤母质均为长江冲积物，带有石灰性。土壤的绝对年龄很小，仅五六十年或更短。由于水旱轮作以及自然气候、雨水、潮汛、地下水等的综合作用，在围垦后由自然土壤（草甸土）逐步发育成耕作土壤——潮土。因水分在土层中升降活动频繁，氧化还原交替进行，故土体中多铁锈斑纹。在1米以下的深层，则因常年滞水和缺氧，还原作用占主导地位而呈蓝色的潜育层次。因土壤绝对年龄小，故石灰等物质的淋溶下移不明显。全层土壤有较强的石灰反应，且在心土层会出现明显的冲击层理。

土壤演变的图式如下：

$$\text{新沉积物}\xrightarrow[\text{地下水、雨水、潮水}]{\text{芦苇等湿生植物}}\text{草甸土（自然土）}\xrightarrow[\text{地下水、雨水}]{\text{垦殖、水旱轮作}}\text{潮土（耕作土）}$$

二、土壤分布

全场土壤分布的一般规律是表土质地沙黏程度差别很大，并呈交替插花分布。大致是：露出水面较早的沙丘都是粘性较重的黄泥土，地势较高。露出水面较迟的小隔江、大流漕成土时间迟，芦苇等湿生作物的生长时间短，净水沉淀物少，土壤质地偏少，地势偏低，大多为夹沙土。处于上述两者过渡地带的土壤质地为黄夹砂土。

全场黄泥土潜在肥力最高，是保水保肥性能最好的土壤，但耕性较差。面积22160.74亩，占总区域面积的39.46%。这种土壤的表土层厚20厘米左右，呈灰棕色，轻黏至中黏为粒状结构，疏松多孔，有机质含量为1.5%左右。剖面层次可分耕作层、亚耕层、心土层、底土层。心土层和底土层呈浅灰棕色，重壤至中黏为片状结构，有铁锈斑纹，1米以下出现蓝灰色潜育层，全剖面中性，呈强石灰反应。

黄夹砂土为全场潜在肥力较高、保水保肥性能较好，耕性较黄泥土好的土壤。面积12804.48亩，占总面积的22.8%。其表土层厚20厘米左右，呈灰棕或棕灰色，质地为重壤，疏松多孔，有机质含量1.15%~1.4%。剖面层次可分耕作层、亚耕层、心土层、底土层。心土层和底土层呈浅灰棕至黄棕色，片状结构，全剖面中性，呈中至强石灰反应。

夹砂土潜在肥力较差，但耕性较好。面积约21194.78亩，占总面积的37.74%。其表土层厚20厘米左右，呈棕或棕灰色，中壤质地，粒状结构，有机质含量在0.9%左右，疏松多孔，剖面层次可分为耕作层、亚耕层、心土层、底土层。心土层和底土层呈灰棕至黄棕色，铁锈斑纹较多，一般80厘米左右出现蓝灰色的潜育层，全剖面中性，呈强石灰反应。

80年代初期，根据农田基本建设、耕作厚度、有机质含量、pH值、障碍层、含盐量等7个因素，农场曾组织力量，对全场的农业耕地进行普查和质地分类：二级地占总耕地面积的87.23%，三级地占总耕地面积的12.77%。

1980—1981年常阴沙农场土壤普查一览表

表1-2-1

项　目	等级	分级标准	养分含量幅度	养分含量平均值	面积(亩)	占耕地(%)
有机质含量	一	>2.0	—	—	—	—
	二	1.5~2.0	1.50~1.96	1.65	9984.7	26.06
	三	1.0~1.5	1.0~1.49	1.28	26931.9	70.28
	四	0.6~1.0	0.65~0.99	0.90	1404.0	3.66
	五	<0.6	—	—	—	—
全氮含量	一	>0.1	0.101~0.134	0.112	8558.0	22.33
	二	0.085~0.1	0.085~0.1	0.0927	16135.6	42.11
	三	0.075~0.085	0.075~0.084	0.0797	7159	18.68
	四	0.05~0.075	0.051~0.074	0.068	6181	16.13
	五	<0.05	0.043~0.049	0.047	287	0.75
速效磷含量	一	>20	—	—	—	—
	二	10~20	10~18	13.2	506	1.32
	三	5~10	5~9	5.9	7929	20.69
	四	3~5	3~4	3.4	21060.6	54.96
	五	3	1~2	1.9	8325	23.08
速效钾含量	一	>150	152~197	166.9	1571.0	4.10
	二	100~150	101~144	127.3	1713.0	4.47
	三	50~100	50~99	66.5	4722.0	12.32
	四	30~50	30~43	37.2	7946.0	20.74
	五	<30	3~29	15.7	22368.6	58.37

第三节　植　被

全场地表植被以人工栽培种植为主，自然植被所占比例很小。

沿江滩地、河沟及低洼地的湿生和水生植被有芦苇、蒲草、茭白、茨菇、荸荠、藕、水芹、水花生、浮萍和各种水陆杂草。

公路、江堤、机耕路、道路和河港沟渠两侧，以及居民房前屋后，种植有杨树、柳树、楝树、水杉、刺杉、泡桐、梧桐、刺槐、榆树、樟树等乔木和灌木等，还有本地零星或成片种植的竹类、各种果树（桃、李、橘等）、桑树、药材和庭院花木、蔬菜等。

广阔的平原平地被改造成的农田，以栽培农作物和各种经济作物为主，分夏、秋两熟。夏熟作物（为冬春两季）以“三麦”（元麦、大麦、小麦）为主，部分种植油菜和绿肥等；秋熟作物（为夏秋两季）以水稻、棉花和各种经济作物为主。

1983年12月，江苏省农垦局农业处对全境秋季田间杂草进行普查，结果是：常阴沙农场的秋季田间杂草总计3门、58科、190属、313种，1亚种、13变种、3变型。其中被子植物门52科、184属、307种，1亚种，13变种、3变型。双子叶纲38科、121属、201种，1亚种、3变种、2变型。单子叶纲14科、63属、106种，10变种、1变型。类植物门4科、4属、4种。绿藻植物门2科、2属、2种。

第四节　水文　潮汐

一、长江潮位

常阴沙农场地处长江河口段，江面宽阔，长江水位以至出江内河水位受潮汐影响十分明显。全境外围的长江水位一般在4—5月开始上涨，洪峰一般出现在7—9月，次年1月为最低水位，沿江潮差一般在1.7米左右，最大潮差可达2米以上。根据离农场西端不远的张家港（今金港镇境内）1915—1971年（缺1937—1945年）绝对水位资料记载，48年中绝对高潮位6.74米，发生在1921年8月21日，绝对低潮位0.8米，发生在1959年9月6日。平均高潮位为5.86米，平均低潮位为1.43米，平均潮位为3.64米。

1997年8月18—19日，张家港（今金港镇境内）最高潮位达7.6米，比1954年的6.59米上升了1.01米，是有记载以来的最高潮位。

为了确保农田灌溉、排涝和航运的需要，根据长江潮位由西向东逐渐低落的特点，确定六干河、农场河、长沙河、七干河的控制水位为2.8~3米。

二、潮汐

潮汐是海水的一种有规律的涨落现象，主要由月亮与地球间有规律的运动引起。全境接近长江口，属半日潮，受东海两涨两落潮汐的影响显著。涨潮时，海水从太平洋向近海涌进，并从长江口进入，溯江而上，直达南京以至安徽大通附近，形成海水倒灌，在一定距离内将江流顶托上去，这种现象不仅滞迟了江流的速度，而且加速了泥沙的沉积过程。

潮位与上游水量关系密切。春末夏初桃花盛开，雨季开始，长江上游水位迅速上涨，俗称“桃花水”，进入汛期。其中7、8、9月为主汛期。10月开始进入小汛。整个汛期由5月至10月，共6个月。涨潮一般历时约4个小时，落潮约8个小时，是为半日潮。六干河闸、农场河闸、长沙河闸、七干河闸，潮水达5.3米为警戒水位，5.7米为危险水位。

涨潮的时候，受风力及风向的影响较大。逢东北风或东南风，潮水提前1小时；逢西北风，潮水则推迟1小时。农历每月十八的潮一般大于初三的潮，所谓“初三的潮，十八的水”就是这种意思。关于潮水，本地群众中流行有一首歌谣：“初一、月半（十六）子午潮，初三、十八正大潮，初八、廿三潮来不上滩。”

农场河、长沙河闸外长江潮汛时刻一览表

表1-2-2

日期（农历）	早　潮	晚　潮
初一、十六	0:00	12:24
初二、十七	0:48	13:12
初三、十八	1:36	14:00
初四、十九	2:24	14:48
初五、二十	3:12	15:36
初六、廿一	4:00	16:24
初七、廿二	4:48	17:12
初八、廿三	5:36	18:00
初九、廿四	6:24	18:48
初十、廿五	7:12	19:36
十一、廿六	8:00	20:24
十二、廿七	8:48	21:12
十三、廿八	9:36	22:00
十四、廿九	10:24	22:48
十五、三十	11:12	23:36

第五节　气　候

一、四季特征

以农历的月份划分四季：从正月作为春季的开始月，每季三个月，依次分为春、夏、秋、冬四季。

以气象学划分四季，则以公历的3、4、5月为春季，6、7、8月为夏季，9、10、11月为秋季，12月及次年的1、2月为冬季。

现代气象科学以候（五天一候，全年分七十三候）平均温度划分四季，凡候温升到22℃或以上为夏季，候温降至10℃或以下为冬季，候温介于10~22℃之间是春季或秋季。以此为标准，全境四季的大致时间为：3月26日至6月1日，日平均温度为10~22℃，为春季，时长68天；6月2日至9月19日，日平均温度在22℃以上，为夏季，时长110天；9月20日至11月21日，日平均温度为10~22℃，为秋季，时长63天，是四季中最短的一季；11月22日至第二年3月25日，日平均温度低于10℃，是冬季，时长124天。

现代科学以候划分四季气候的特征是：

冬季，冷空气频繁活动。从11月至下一年的3月，大致为冬季，为冷空气频繁活动的过程，平均7~10天就有一次，每次冷空气侵袭，大都出现明显的降温、大风和雨雪、降霜过程。每年冬季，这种冷空气活动总数不下一二十次。降温、大风和雨雪、降霜过程后，天气逐渐转晴转暖，形成很有规律的"三日寒、四日暖"寒暖交替过程，称为"寒潮"。冷空气的频繁活动和寒潮的发生，给越冬作物和经济林木带来一定损害，但也能消灭越冬病虫害，降落一定数量的雨雪，更能为越冬作物的返青和春耕春播准备充足的水分。

春季，天气多变。始于3月下旬，止于5月底。为冬春季风交替的季节，冷暖气流互为冲撞，时寒时暖，时晴时雨，变化莫测。"春天孩儿脸，一天变三变"，其特点是受海洋季风影响，气温缓慢上升，并伴有春雨，对越冬农作物的返青、生长十分有利。但当冷暖气流均衡时，往往出现低温阴雨天气，日照少，降水多，湿度大，则常使"三麦"、油菜等遭受湿害。

夏季，高温多雨。始于5月底6月初，止于9月中旬。温度高，降水量丰富。夏季往往会出现初夏梅雨和盛夏伏旱两种截然不同的天气过程。初夏时江南梅子成熟，故名"黄梅雨"或"梅雨"。梅雨正常年份开始于6月中旬，称"入梅"，结束于7月上旬（一般年份为7月7日），称"出梅"和"断梅"。梅雨期往往受到冷暖气流强弱和消长的限制，变化较大，甚至出现空黄梅，俗称"干黄梅"。另外，有些年份还会出现"倒黄梅"现象。出梅后进入盛夏，雨量少，日照强，温度、气压迅速升高，偶有阵性降水，相对湿度较小，往往会出现20天，乃至30天以上的干旱期，由于正值三伏季节，俗称"伏旱"。伏旱天气每十年约有5~6次。

秋季，天高气爽。始于9月中旬，止于11月中旬。是冬季风取代夏季风的过渡季节。天气稳定少变，常形成风力微弱、阳光灿烂、秋高气爽的天气过程。但有些年份进入秋季后，夏季风未退，冷空气频频南下，冷热空气争雄激荡或受台风影响，就会形成秋雨连绵的过程，俗称"秋黄梅"。还有些年份的秋季会出现短时间的异常高温，俗称"秋老虎"。

此外，夏秋之际的台风侵袭，冬春之际的寒潮袭击，也是境内重要的气候特征之一。

二、气温

根据常阴沙农场气象哨1960—1991年观测统计资料（1992年，后停止观测），全场年平均气温一般为14.6~16.2℃，1959—1991年的32年间，年平均温度15.2℃，年平均温度最高值出现在1982年，为17.69℃，年平均温度最低值出现在1969年，为14.6℃。正常年份居多，一般为15.1℃。

春季平均温度13.7℃。3月份降温幅度超过10℃的强冷空气平均每年1次。4月份降温幅度超过7℃的中强冷空气平均每年1.8次。日均温度稳定通过10℃和12℃的初日分别是4月2日和4月12日。

夏季平均温度26.3℃。7月平均温度为全年最高，达27.7℃。1971年7月平均温度达31.7℃。极端最高温度为1966年8月7日，达38.1℃。7—8月为全年最热月份，高于35℃的天气平均每年5.2天，其中7月占2.9天，8月为2.3天。

秋季平均温度为17℃，日平均温度稳定通过12℃和10℃的终日，分别是11月8日和11月16日。降温幅度超过10℃的强冷空气，平均每年在11月份出现1次。

冬季平均温度3.6℃，1月是全年最冷月，平均温度2.4℃。平均最低温度低于-5℃的天数，平均每年7.6天，其中12月2天，1月3.6天，2月2天。极端最低温度出现在1969年2月6日，为-11.3℃。

日平均气温大于或等于15℃的稳定持续期一般为173天，日平均气温大于或等于10℃的稳定持续期一般为226天，积累温度为4758℃。平均温度下降到0℃或0℃以下，就会出现霜冻；日平均温度上升到3℃或3℃以上，越冬作物开始返青；日平均温度上升到10℃或10℃以上，越冬作物和片段植物的生长开始活跃，各种落叶花木开始吐叶；日平均温度上升到15℃或15℃以上，各种喜热作物（如水稻、棉花以及常绿阔叶植物）的生长开始活跃。

三、降水

全境年降水量一般为800~1300毫米。年平均降水量为1037毫米。月降水量一般是1月和12月较少。1月降水量最低的年份是1963年，全月无雨。1973年12月降水总量仅为0.5毫米。四季降水量的一般规律是：春季270毫米，占全年降水总量的26%。夏季450毫米，占44%。秋季220毫米，占20%。冬季120毫米，占10%。5—9月降水量一般占全年降水量的65%左右。

年平均降雨日122天。最多年降雨日为1980年的159天，最少年降雨日为1978年的91天。4—9月降水量占全年降水量的71.7%。最大降雨日发生在1962年9月6日，日降水量219.6毫米。

除降雨外，还有降雪、降雹等少量降水。

四、日照

全境地处北纬中纬度，日照资源丰富，年日照时数为1761~2707小时，日照百分率为40%~55%。最多年日照时数为1965年的2707.3小时，年最少日照时数为1982年的1761.7小时，年平均日照2138.3小时。

日照时数以夏季为最多，冬季最少。据农场气象哨1960—1991年32年的观测资料记载，月日照总时数以8月为最多，32年平均249小时，其次是7月，32年平均为222小时。月日照总时数最少的是2月，32年平均142小时，其次为1月和3月，32年平均值分别为150小时和152小时，相当于最高月份的二分之一。

五、风

全境处北半球亚热带季风区，四季风向转换受季风影响明显。冬季，大陆气压高于海洋，风向由大陆吹向海洋，盛行北到西北风；夏季，海洋气压高于大陆，风向由海洋吹向大陆，盛行东到东南风，风力一般为3~4级；春季以东风和东南风为主；秋季东风频率最高，其次是北风和东北风。平均风速每秒3.8米，寒潮和台风过境风力较大，最大风力11级以上，最大风速达每秒40米。

夏秋之际的台风和冬春期间北方冷空气形成的寒潮大风，是境内常见的天气现象。台风一般发生在8—9月，风向多为东北风或东南风，风力一般为8~9级。台风带来的狂风暴雨，对农业生产和居民生活影响颇大，但也有调节暑热、缓解伏旱和秋旱的作用。寒潮形成的大风，风向多为西北风，风力一般为7~8级，寒潮往往形成低温冻害，对农业生产影响很大。

盛夏之际，还可能有龙卷风的异常现象，平均每3年出现1次。

六、异常天气

地面凝结现象　水汽从空气中直接凝结在地表或物体上的天气现象，包括霜（冻露）、露、冰、雾等。

大气烟尘现象　固体微粒漂浮于大气中造成视程障碍的天气现象，有干雾、沙尘、烟尘、尘卷风等。

大气光学现象　日月光线在空气分子或悬浮滴粒上折射、反射、散射或衍射而产生的多种天气现象，有虹、晕（日晕、月晕）、华、霞、海市蜃楼等。

电闪现象　雷雨云中出现闪电和雷声的天气现象。

云雾现象　包括云、雾。云可分为积状云、波状云和层状云，一年四季都能见到。雾多出现于冬春两季的晨间，大雾弥漫时往往难辨对面人、物。

夏旱秋旱　夏季干旱的发生，常在梅雨结束后。如遇梅雨不明显的年份，旱情更甚。秋旱常出现在9—11月，如遇伏旱连接秋旱，则常造成旱灾。

第六节　自然灾害

一、台风

夏秋两季，境内常受台风影响，严重的往往造成灾害。形成较大灾害的年份有：

1960年1号台风，最大风速每秒10米，雨量166.5毫米，6月8日降水量81.2毫米。

1962年14号台风，于9月5日至6日过境时，最大风速每秒16米，日降雨量284毫米。其中，9月6日降雨量达219.6毫米，风力8~10级，致使大面积农作物受灾，水深过膝，田河相连，一片汪洋。新围垦的长江圩破圩被淹，圩内水深1米，2482亩土地全部被淹，1000多亩大豆绝收。

1974年13号台风于8月19日至20日过境，风力8级左右，农场河外长江潮位高达6.8米，比1954年最高潮位6.59米还高0.21米，对江堤构成严重威胁。

1977年8号台风最大风力11级。9月10日14时，全境受到台风的正面袭击，过境风力8~9级，风速每秒达25米，并伴有大暴雨，雨量173.7毫米，其中，6小时降水量达181.3毫米，台风经过时，大批树木连根而起，公路交通中断，电话、广播、高压电倒杆断线，棉花大面积倒伏，棉叶被打碎打落，果枝撕裂，上部小桃、花蕾全部打落。正在扬花的单季稻、杂优稻和中粳中糯稻受到的影响更大。9月11日夜，台风逐渐减弱。

1990年8月31日至9月1日，境内受15号台风正面袭击，最大风力9级，雨量86.6毫米。9月5日至6日上午，受17号台风的倒槽影响，降暴雨105.1毫米。两次台风共降雨191.7毫米。全场1万亩棉花倒伏，亩均减产皮棉约30公斤，5546亩正在扬花的水稻受灾后干瘪率12%，千粒重下降1克，亩均减产约36公斤，仅稻、棉两项经济损失约200万元。

1996年8号台风过境，长江潮位7.22米。

1997年8月18日至19日，遭受11号强台风与天文大潮、暴雨袭击，张家港潮位7.6米，突破历史记录。

二、洪水

长江洪水是境内主要自然灾害之一。洪水如与大风、暴雨"三兄弟"同时入境则危害更大。1949年至2005年，长江洪水给境内造成严重灾害的有6次。

1949年6月底开始，连降暴雨，半月不止，长江水位上涨。7月23日，天气阴晦，暴雨不止，是日午后，6号强台风入境，风势越来越大，后半夜至24日（农历六月二十九日）凌晨1~2时，正面风势强劲，晚潮暴涨，东海之水压向长江口，向里直灌，与上游洪峰汇合，形成台风、暴雨、狂潮并袭的局面。张家港太字圩港潮位达6.46米，长江常熟段潮位5.7米，境内东长沙潮位6.45米，明显高出堤岸。洪水灾害致东长沙10只小圩共2000多亩圩田全部冲毁被淹，97人遇难。

1954年5月起，连续阴雨3个月之久，降水量700毫米。8月17日，长江洪水暴发，长江水位6.59米，内河水位5.2米。8月25日又遭台风袭击，日降水量100.6毫米，致境内大批农田数次被淹。

1974年8月19—20日，正值七月初三日大潮，长江洪峰与13号台风同时袭来，农场河、六干河外潮位达6.8米，高出1954年长江水位6.59米0.21米。

1983年6月至7月上旬，连降暴雨。6月降水总量251.8毫米，7月上旬降水总量118.3毫米，合计370.1毫米，引起长江洪水猛涨。7月13日，长江潮位6.45米，对江堤构成严重威胁。因场内农田水利设施齐全，防御能力较强，有一定的抗排涝能力，这次洪灾未造成大的损失。

1996年8月1日，受8号强台风影响，张家港长江潮位7.22米。

1997年8月18日至19日，11号强台风与天文大潮、暴雨并袭，张家港长江潮位7.6米，比1996年

7月22日的7.22米高出0.38米。风、雨、潮来势凶猛，致农场段主江堤有1200米受损，江堤护坡石被冲入江中，堤岸被掏空三分之一，长沙河水闸整体下沉，建筑物出现倾斜、裂缝，水闸防浪堤大面积塌方，整个江堤有53处即将破口、1处决堤。全场90%农田受淹，积水最深处达40厘米，16000亩棉花倒伏，500亩鱼塘冲毁，60根高压电线杆刮倒，310户职工住房损坏，直接经济损失1700多万元。

三、大风和暴雨

1967年8月24日至29日，6天降水量达110.2毫米。

1970年6月18日至25日，8天降雨总量480毫米，同年7月11日至18日，连续降雨总量达417.6毫米，其中12日中午至13日下午24小时降雨量达184.1毫米，致使大片秋熟作物被淹，房屋倒塌，部分区域水深齐腰。

1974年7月下旬，连续3次遭暴雨袭击并伴有大风，7月26日21时30分至22时30分，风力7~8级，雨量218.8毫米；7月28日至29日上午，风力10级，雨量142.1毫米；7月30日晚至31日上午，风力7级，雨量96.8毫米。

1976年4月22日16时30分至17时30分之间，狂风加暴雨，风力8~9级，1小时降雨29毫米，此次暴雨的特点是发生季节早，雷电交加，并伴有黄豆大小的冰雹，暴雨所到之处，仓库、民房、烟囱等倒塌，尼龙育苗苗床和旱稻秧田被毁，“三麦”、油菜倒伏。

1981年6月24日至7月2日，9天连续总降水量124.8毫米，其中6月27日降水量68.5毫米。

1985年6月22日至27日，6天降雨量185.4毫米。同年9月18日，全境暴雨降雨量186.8毫米。

1991年，5月、6月、7月90天中雨日45天，降雨量946.1毫米，其中6月13日、14日、15日3天降雨189毫米，7月1日、2日两天降雨277.8毫米，7月13日16时30分，后30分钟内降雨34毫米，致使全场各业生产和职工生活遭受损失1351.18万元，其中农业损失820.45万元。

四、连阴雨

连阴雨又称“淫雨”。在初春、初夏和初秋季节，冷空气团常交锋于江淮之间，出现连阴雨。春季连阴雨，平均每年2次以上。夏季梅雨期间，梅雨期长22天，梅雨量一般在200毫米左右。

据统计，1959—2005年的47年中，春季和夏季连续阴雨日超过15天，雨量超过100毫米。危害较重的连阴雨年份有1959年、1960年、1963年、1964年、1965年、1966年、1967年、1968年、1969年、1970年、1972年、1974年、1975年、1977年、1979年、1980年、1983年、1985年、1987年、1989年、1990年、1991年、1993年、1994年、1997年、2000年、2003年、2004年、2005年，平均每2年不到即发生1次。

1969年6月30日至7月18日，除7月2日无雨外，连续18天下雨，降雨量314.4毫米，境内秋熟作物受涝较重，并诱发稻瘟病。1975年6月19日至27日，除6月23日无雨外，连续8天下雨，降雨量332.3毫米，棉苗和旱稻严重受灾。2000年6月初至下旬，连续半个多月降雨，致全场22005亩夏粮因雨而无法收割，导致霉变降质，减产2200吨，直接经济损失176万元。水稻因腾茬晚而推迟播种，影响产量。

秋季阴雨日超过15天、雨量超过100毫米、受灾较重的年份，平均每5年发生1次。

五、冰雹、龙卷风

冰雹一般发生在春、夏之际，龙卷风大多发生在盛夏。

1962年8月15日20—22时，境内遭龙卷风袭击，并伴有冰雹，历时2小时以上，刮倒民房392间、公房45间、猪羊棚13间。三工区（管理区）一小队6名职工因抢救小孩受伤，其中重伤3人，近1000亩庄稼受影响。

1964年7月26日7时左右，境内遭受龙卷风袭击，二工区和十二工区25户农户受灾，其中倒塌房屋6户16间，2人受伤，19户房屋受损，屋顶盖草悉数刮飞，直接经济损失2000余元。

1976年4月22日16时30分至17时30分，沿江一带遭受龙卷风、冰雹、大雨袭击，风雹由西向东推进，沿长江边经中兴、德积、大新、锦丰、三兴、乐余、兆丰至境内，风力8~9级。

六、低温、冻害

低温、冻害一般发生在春、秋、冬三季，而以冬、春季为多。每年秋冬之交和冬春之际，往往受北方强冷空气形成的寒流侵袭。仅据1959—1979年20年统计资料，受强冷空气侵袭59次，平均每年发生3次左右，其中秋季11次，冬季26次，春季22次。多的年份（1970年、1978年）发生5~6次。

秋季低温，是后季稻抽穗扬花（9月15日前为水稻安全抽穗期）时期的主要灾害之一。1972年9月15日至30日，16天平均气温18.8℃，特别是9月21—30日，10天内平均气温仅17.02℃，影响后季稻灌浆，致使大面积瘪谷翘穗，严重减产，有的颗粒无收。1980年9月15日至30日，16天平均气温19.9℃，特别是9月21日后，10天平均气温13.3℃。

冬季寒潮，系北方强冷空气侵袭，于24小时内降温10℃以上，或在48小时内降温12℃以上。冷空气侵袭后48小时内，最低温度5℃以下，并伴有5~6级偏北大风，往往造成冻害。1962年12月16日至1963年2月6日，连续53天降水仅5.8毫米（其中降霜0.4毫米，降雨5.4毫米），表土层干达6~7厘米，气温从1963年1月初下降至0℃以后，直至2月下旬才开始回升，平均温度为-1℃左右，最低温度达-10℃，冰冻层深4~6厘米，大风吹刮持续20多天，使绿肥、油菜、蚕豆等越冬作物遭受严重冻害，冻死率达15%~80%不等。1971年1—2月累计积温为-89.1℃，1月31日气温降至-11.2℃，前后积雪达14天之久，“三麦”、油菜等越冬作物遭受严重冻害。1991年12月下旬，连续雨雪达6天之久，最低温度零下8.2℃，致35%农作物遭受冻害，损失严重。

春季低温危害农作物的时段一般在3月下旬至5月上旬，主要影响稻棉育秧。据气象资料记载，4月下半月24小时降温8℃以上的较强冷空气几乎每年都有1次，5月上旬极端最低气温在8℃以下的年份也不少。1965年5月5日，最低气温降至3.8℃，1984年4月26日至27日，最低气温降至5.6℃，对稻棉苗的生长影响很大。

第三章 资源物产

第一节 自然资源

一、土地资源

农场土地是随江边沙滩积涨并逐年围垦后增加的。1960年，农场恢复和扩建初期的土地面积为21629亩。1980年，据《江苏省农垦一九八〇年综合统计年报表》资料显示，全场土地总面积为53085亩。1981—1995年，土地无变动。1996年，全国第一次土地详查资料统计，全场土地总面积调整为56155.1亩。至2005年3月撤场建区前，全场土地总面积仍为56155.1亩。

可耕地　全场共有农业可耕地36948.5亩，占土地总面积的65.8%。其中，水旱轮作耕地34677.1亩，什边地面积为2271.4亩。

园、林地　全场园、林地面积3240.5亩，占土地总面积的5.77%。其中，果、桑、菜园地面积2042.3亩，林地、苗圃面积1198.2亩。

住宅、工厂用地　全场集镇、农村居民住宅和工厂用地6204.6亩，占土地总面积的11.05%。其中集镇居民和农业工区职工住宅用地5220.5亩，工厂用地937.3亩，特殊用地46.8亩。

道路交通用地　全场道路交通用地2045.9亩，占土地总面积的3.64%。其中，公路用地634.3亩，农村道路用地1411.6亩。

水域　全场共有水域面积7512.70亩，占土地总面积的13.38%。其中，河流面积4353.9亩，坑塘面积1059亩，沟渠面积1726亩，水工建筑物面积373.8亩。

未利用土地　全场未利用土地面积203.9亩，占土地总面积的0.36%。其中，荒草地面积18.4亩，田坎面积185.5亩。

二、水资源

全场水资源主要是长江水、地表水和地下水。

长江水　是全场与土地资源同等地位的重要资源。全场有通江河港4条，出江水闸4座，6孔，总孔径36米，年平均引水量约7000万立方米。其中，六干河、七干河年平均引水量约4700万立方米，主要流向兆丰、乐余、南丰、妙桥及常熟市的部分地区。2004年，全场有大小河道178条，各种沟渠810条，加上鱼池、鱼塘，水域总面积7512.7亩，占全境总面积的13.38%。蓄水量约560万立方米。另有自来水厂1家，日供水能力2500立方米。

地表水　主要来源于降水。场内最高年降水量1317.4毫米，最低年降水量640毫米，年平均降水量为1037毫米左右。相对于降水而言，境内年蒸发量为1385毫米左右。据统计，1960年至1991年32年，年平均蒸发量为1382毫米，最高年值为1563.6毫米，最低年值为1232.1毫米。

地下水　场内水网稠密，河流、沟渠罗列，地表径流丰富，地下水往往接近地表面，埋藏深度大多不足1米。这种地下水，虽有利于内河养殖以及水稻等农作物的生长发育，但对“三麦”及其他越冬作物的栽培不利，必须开沟排水，以降低地下水位。境内地下水往往随季节有幅度不大的变化，一般在降水量丰沛的水稻生长期（6—9月）出现高水位，降水量较少的“三麦”生长期（10月至次年5月）出现低水位。

此外，场内地下还蕴藏有零星的沼气（甲烷）资源。60年代，居民曾有自行开发之举，以作家用燃料，但因价值不大逐步废弃。

三、植物资源

常阴沙农场地理条件和自然条件优越，对植物（包括野生植物）生长非常有利。除粮食、油料作物及大宗经济作物已被广泛开发利用外，尚有瓜果、蔬菜、药材、林木、花卉等数百个品种。

粮食作物类　主粮作物有粳稻、糯稻、籼稻、杂优稻等。辅粮作物有小麦、元麦、大麦、荞麦（80年代初绝迹）等，杂粮作物有蚕豆、赤豆、绿豆、玉米、高粱、小米（70年代绝种）、山芋、芋艿等。

经济作物类　以棉花为主，同时还有桑、麻、薄荷、留兰香、甜叶菊、苎麻、芦苇、烟叶、紫穗槐等。

油料作物类　大豆、油菜、芝麻、蓖麻、向日葵、花生等。

果品类　西瓜、香瓜、冬瓜、南瓜、生瓜、丝瓜、葫芦瓜、黄瓜、笋瓜、饭瓜、面瓜（又称海蜇瓜）、桃、梅、梨、杏、枇杷、枣、橘、柿、石榴、柑、樱桃、葡萄、李、草莓、无花果。

蔬菜类　青菜、白菜、卷心菜（包菜）、花菜、韭菜、菠菜、大头菜、苋菜、秧草（金花菜）、芥菜、荠菜、蒜、葱、辣椒、萝卜、茄子、番茄（西红柿）、竹笋、洋芋头（马铃薯）、茼蒿、蕹菜、芹菜、扁豆、豌豆、豇豆、荸荠、地生姜（菊芋）、金针、榨菜、佛手瓜、鹅鹅藤等。

食用菌类　蘑菇、苹菇、香菇、金针菇、草菇等。

药材类　药瓜、菊花、菖蒲、艾叶、蒲公英、益母草、贝母、车前子、马齿苋、枸杞、何首乌、山药、芦根等。

糖类 甜菜、甘蔗等。

林木类 杨、柳、松、柏、榆、榉、桐(泡桐、梧桐、青桐)、椿、楝、杉、樟、杞、千千活、桂花、银杏、枫树等。

芦竹类 芦苇、芦竹、萱棵、篾竹、燕竹、毛竹、石竹、藕节竹等。

花类 牡丹、玫瑰、月季、杜鹃、梅、海棠、玉兰、菊、茶花、凤仙、鸡冠、牵牛花、美人蕉、万年青、腊梅、仙人掌、昙花、铁树、玉树、樱花、天竹、文竹、冬青、虞美人、迎春花、黄杨、亚竹桃、棕榈、紫薇、君子兰、芍药、紫荆、花石榴等。

水生类 菱、藕、茭白、茨菇、浮萍、绿萍、水葫芦、水花生、水浮莲、蒲草、关丝草、扑草、野芹菜、滩草、葳草等。

饲草类 稗草、三棱草、节节草、看麦娘、繁缕、婆婆纳、猪殃殃、野燕麦、马兰头、狗尾草、鸭舌草、牛筋草、牛鞭草、马齿苋、爬藤草等。

燃料、肥料类 茅草、马板筋、鸭嘴草、狗尾巴草等。

四、动物资源

脊椎动物 鱼纲:鲥鱼、刀鱼(刀鲚)、河豚、川斯条、子鲚(凤鱼、烤子鱼)、面鱼(银鱼)、青鱼(乌青)、草鱼(草青)、赤眼尊(红眼鱼)、长春鳊、三角鲂(乌鳊)、鲤鱼、鲫鱼、鳙(花鲢鱼)、白鲢、黄颡鱼(盎斯)、白鲟(神枪鱼)、唇鱼、鳝鱼、鳗鱼、白鳍、钙鱼、鳜鱼(桂花鱼)、黑鱼、白丝、黄玷、泥鳅、鲶鱼、鳘鱼、鲦鱼、螃鲏鱼、翘嘴鲌、鲻鱼等。

爬行纲:乌龟(泥龟)、平胸龟(鹰龟)、鳖(甲鱼、团鱼)、蜥蜴、壁虎、草蜥、石龙子(四脚蛇)、鼍(扬子鳄、猪婆龙)、小头蛇(秤杆蛇)、乌梢蛇(青梢蛇)、赤链蛇、火赤链、小水蛇、泥蛇、锦蛇、红头锦蛇、蝮蛇(秃灰蛇)。

两栖纲:蟾蜍(癞蛤蟆)、青蛙(田鸡)、虎蚊蛙(花斑田鸡)、雨蛙、沼蛙、牛蛙。

鸟纲:麻雀、乌鸦、鹁鸪、野鸡、野鸭、黄雀、喜鹊、布谷鸟、燕子、大雁、叫天子、老鹰、猫头鹰、啄木鸟、云雀、黄腾、画眉鸟、相思鸟、鸬鹚、白头翁、竹鸡、水葫芦鸟、鹧鸪、鹌鹑、金丝雀等。

哺乳纲:蝙蝠、黄鼠狼、獾(狗獾)、刺猬(偷瓜畜)、水獭、野兔、田鼠、褐家鼠、黑腹绒鼠、白鳍豚、江豚(江猪)等。

无脊椎动物 环节动物门:蚯蚓(蛐蟮)、水蛭(小蚂蟥)、蚂蟥(宽体蚂蟥)等。

软体动物门:螺蛳、田螺、蜗牛、蛤蜊、珍珠蚌、河蚌、河蚬等。

节肢动物门:昆虫纲有蝉(知了)、螳螂、蟋蟀、蝼蛄、地老虎、扁虻、土鳖(地鳖虫)、蜻蜓、草蛉、蚁蛉、虎甲、红胸莹、窗胸莹、金小蜂、赤眼蜂、卵寄生蜂、姬蜂、瓢虫、蚂蚁、蝴蝶、青虫、红铃虫、棉铃虫、螟虫、卷叶虫、稻飞虱、蚊、蝇等;甲壳纲:虾、蟹、蟛蜞等;多足纲有蜈蚣、马陆(香烟虫)、蚰蜒(黏麻虫)等;蛛形纲有红蜘蛛、蜘蛛、蝎等。

饲养类动物 主要有鸡、鸭、鹅、鸽子、相思鸟、鱼鹰、牛、马、猪、羊、兔、猫、狗、水貂、海狸鼠、鲢鱼、鳙鱼、鲤鱼、青鱼、草鱼、鳊鱼、鳝鱼、蟹鱼、鳗鱼、蜜蜂、蚕、药用地鳖虫等。另有珠蚌养殖和鱼苗培育等。

第二节 土特产

一、种植特产

常阴沙大米 常阴沙大米是农场的农业拳头产品,以其品质好和生产规模大而享誉市场。该大米从50年代后期开始种植和生产,60年代形成规模。常阴沙农场地势平坦,土地连片,土壤肥沃,是种植和生产优质稻米的良田沃土。常阴沙大米从前期水稻的品种选定、种子处理、田块平整、大田栽培、肥水管理、收获进仓、运输贮藏到加工成米，都有一套独特的操作规程和技术要求。其中，水稻生产的质量控制措施为：引用长江水灌溉，推广和使用有机肥和秸秆还田技术，采用生态防治、生物防治和物理防治的措施，利用无公害农药和生物农药防治病虫害，并严格控制用药量和休药期。所收获的稻谷经绿色大米加工车间加工后，米质好，无任何添加剂，为纯天然大米产品。常阴沙大米以色泽鲜亮、米质优良、清香可口而著称。其中，"常绿"牌优精米和"常绿"牌特优级米分别于2000年和2005年被中国绿色产品发布中心认定为绿色产品。

常阴沙西瓜　常阴沙西瓜是农场的传统土特产，形成于50年代，发展知名于80年代。1959年，农场恢复扩建后，为改善职工生活，安排在棉田里适量套种，常年种植面积在200~300亩，开始以香瓜为主，西瓜为辅。1980年后，随着农垦对农业企业财务包干制度的实行和市场需求量的增大，西瓜种植面积不断扩大，并以大面积成片种植为主。至1985年，纯西瓜种植面积在3000亩以上。1986年，不少承包户尝试在棉花田套种西瓜获得成功。90年代初期，西瓜面积扩大到1万亩以上，最高种植年份达12000亩，并以"万亩棉花万亩瓜"享誉市场。1998年后，西瓜的种植面积逐步压缩并稳定在5000亩左右。常阴沙西瓜的种植和生产有着一套严格的栽培和管理要求。所产西瓜因果型中等，外观饱满有光泽，皮薄籽少，含糖量高，且瓜的中心与四周甜度基本一致，口感极佳而深受消费者欢迎。2005年，"常绿"牌西瓜被中国绿色产品发布中心认定为绿色产品。

常阴沙柑橘　常阴沙柑橘始于70年代后期，成名于80年代末90年代初。1977年，常阴沙农场首先在原十九工区试种橘树100多亩。当时，由于缺乏栽培技术和管理经验，加上水土条件不适宜、易受冻害威胁等，导致橘树生长不齐。后农场多次组织技术人员和部分职工外出参观学习，研究本地气候和土壤结构，经反复论证和试验，总结、探索出一套切合本地实际的栽培管理经验并获得成功。柑橘于1980年见果，1985年形成规模，从而为在长江下游的冲积平原，尤其是沙滩地区大面积种植橘树提供了成功例证。常阴沙柑橘于1987年成片发展，至2005年，连片挂果柑桔的种植面积在2500亩以上，并培育成生产基地。常阴沙柑橘果型整齐，果蒂完整、平齐，全果着色，色泽均匀，皮色鲜红，果肉脆嫩柔软，果汁丰富，味甘甜，甜酸适度，色味俱全。

二、长江水产

常阴沙农场地处长江边缘，水产资源十分丰富。水产中著名的有鲥鱼、刀鱼、河豚、凤尾鱼、银鱼、子鲚鱼、白鲫、鲈鱼及螃蟹等。长江鱼类统称为长江鲜，其中鲥鱼、刀鱼、河豚被称为"长江三鲜"。

鲥鱼　江南水鲜之珍品，列为"长江三鲜"之一。每年春末夏初入江产卵，以小满到芒种为旺汛，《本草纲目》有云："夏初时有，余月则无，故名"。鲥鱼体扁而阔长，色似白银，鳞下多脂肪，体重1公斤左右。烹食时不去鳞，鳞可食，通常有红烧和清蒸两种烹食方法，红烧则肉酥汤醇，清蒸则肥嫩清鲜。其味之鲜美，为一般鱼所不及，即使是刀鱼和河豚亦望尘莫及。古时曾被列为御膳珍肴，蜚声海内外。鲥鱼由近海入江，喜顺潮水自然推进而至境内长江水域，体肉脂肪消耗甚少，丰美肥硕，肉味最鲜，营养极丰。由于长江水质变化和捕捞过度，现已绝迹。

刀鱼　即刀鲚，属洄游性鱼类。每当春季，即成群溯江而上形成鱼汛。谚云："春潮迷雾出刀鱼"。刀鱼是本地春季出水最早的特产时鲜鱼种。刀鱼体形呈狭长扁薄，颇似尖刀，银白色，鳞细。刀鱼肉质细腻鲜嫩，多细毛状骨刺。烹食刀鱼，不须去鳞，不须剖肚，内肠可从腮口抽出，清蒸或红烧，其味均鲜美可口，肥而不腻，兼具微香。宋代刘宰诗曰："肩耸乍惊雷，腮红新出水，若以姜桂椒，未熟香浮鼻。"刀鱼还可清蒸后去骨拌以米粉或面粉，烹煮成独具风味的佳肴，或以刀鱼为馅包成馄饨，更是脍炙人口。

河豚　体型成纺锤形，口圆小，背部呈黑褐色，有花纹，腹部呈白色而有肉刺，皮滑而无鳞，无胆但有气囊，能吸气膨胀，产于淡水和咸水相交处之水域。每年春季沿江上溯产卵，春季正是捕捞的好季节。河豚营养价值高，肥腴而鲜美且具野味，兼具补虚去湿、舒胃、祛病等药用价值。但因其血液、肝脏、卵巢具剧毒，烹调稍有不慎，食后往往中毒致死。本地谚语“拼死吃河豚”就是此意。因此，国家有明文禁止私自买卖烹食河豚。河豚经特殊处理后，可制成冻鱼片和罐头，还可从肝脏、卵巢中提取河豚素、河豚酸等名贵药材。

银鱼　又称面鱼。体细长，银白色，透明光滑无鳞，长10厘米左右，形似白玉簪。活动于长江下游，每年惊蛰至立夏在长江口产卵，清明时节为捕捞旺季。银鱼味鲜美，高蛋白，低脂肪，食用价值高。

子鲚鱼　凤尾鱼中的雌者，与刀鱼同科，鲚属。子鲚体侧扁，尾部长，银白色。长15厘米左右，体重15~20克，腹内贮有大量鱼卵，含有较多的脂肪、磷酸盐和钙质。味鲜，有肥感，为人脑和骨髓的滋补物。子鲚鱼在立夏前后群集入江作生殖洄游，五、六月份为捕捞期。

白鲫　长江中的淡水鱼类。鱼体前部扁平，后部侧扁，长60厘米左右，光滑无鳞，呈淡白色。一年四季均可捕获，尤以春、夏季为多，秋冬入长江口深水区越冬，不易捕获。白鲫鱼肉嫩而无刺，味鲜美，膘胶质，特别肥厚，制成鱼肚，是为名肴。捕获后可剖取膘，晒干出售。烹食干鱼膘时，先用油发或水发，然后红烧，或焖烧，其味鲜而不腥，性韧而不烂，肥而不腻，实为风味佳肴。

90年代后，长江鲜成为特色珍贵鱼类而受到国家有关部门的重视，规定凡进入长江水域捕捞的必须凭江苏省海洋渔业管理局发放的长江捕捞证，且须严格遵守国家有关捕渔的法令。1995年后，鲥鱼基本绝迹，刀鱼、河豚也十分稀有。现存的长江鲜除稀有的刀鱼、河豚外，尚有凤尾鱼、银鱼、子鲚鱼、白鲫、鲈鱼、鲫鱼、鲤鱼、鱿鱼、鳊鱼等。

第二编 围垦

第一章　围垦机构

第二章　围垦工程

第三章　圩　　塘

40年代初，在福山口以北、鼎兴港以东的辽阔江面上，沙洲次第露出水面。今泗兴镇外的东长沙、青草沙、联珠沙成鼎足之势，突兀于江中。50年代初，今六干河河口东南，小沙、阴沙、带子沙、高沙、芦头沙、河豚沙以及其他诸多无名沙头组成的沙洲群，对已经围垦成田的东长沙和部分围垦成田的青草沙形成大包围的态势。

境内滩地围垦始于40年代初，50年代中期初具规模。50年代末至60年代初，以跃进圩和万亩圩工程为标志，推向高潮。60年代末至70年代初，又有新的发展。80年代初，接近尾声。

自1942年在东长沙滩地围垦民孚东圩起，至1980年在带子沙外滩地围垦八〇圩止，历时38年，累计围垦大小36只圩，完成围垦工程总土方610.19万立方米（不含圩内水利工程），总计围垦土地60283亩。其中，40年代围圩10只，统称长沙圩，土地2340亩，占围垦总面积的3.88%；1950年至1959年，围圩9只，土地19289亩，占围垦总面积的32%；1959年后，围圩17只，土地38654亩，占围垦总面积的64.12%。

1962年，沙洲建县后，逐步从农场划出土地7198亩。其中，1962年11月，划出农场圩土地1669亩，分别建立沙洲县苗圃和沙洲县棉花原种场；1963年5月，划出解放圩、新民圩、泗兴圩、新闸西圩全部土地和建设圩部分土地共3568亩，归兆丰公社；1969年冬至1970年春，大德圩土地与兆丰公社部分土地对调，同时划出卫星圩、青年二圩、文革三圩部分土地，相抵后共划出土地1271亩，归兆丰公社；1968年11月，从青年圩调出土地660亩筹建沙洲县党校；1978年，国家在文革三圩征用土地30亩，归驻军部队。至1980年，境内共有圩塘30只，土地总面积53085亩。1996年，经国家土地详查，全场实有土地总面积为56155.1亩。2004年，常阴沙农场实有圩塘30只，面积56155.1亩。

第一章　围垦机构

第一节　垦殖公司

40年代（中华人民共和国成立前），境内的围垦工程，由地方上的垦殖公司（又称围垦公司）组织实施。这些公司一般为地方上有权有势有钱的头面人物（人们称之为“沙棍”）领衔组成。围垦公司先向当地沙田局提出申请，经沙田局核准后发给准予围垦的滩照，然后聘请若干工程技术人员进行勘测设计，同时招募民工，开始围垦。东长沙的围垦工程，自1942年至1947年，先后由张守一、曹佩瑛为首的民孚公司，以薛礼泉为代表人的厚德公司和以陈石泉为首的建成公司组织实施。

第二节　围垦委员会

中华人民共和国成立后，境内沿江滩地围垦由地方人民政府和常阴沙农场组织实施。即由县或县级以上人民政府根据沿江沙滩状况，统筹规划，进行周密的勘测设计，制定切实可行的围垦方案，会同有关区、乡政府组成围垦委员会或围垦指挥部（有的称围垦工程处或围垦大队部），具体负责滩地勘测，经费筹集与使用，民工组织与发动，器材、物资购置与运送，及工程质量验收等工作。一般由分管农业的副县长任总指挥，水利、交通、物资、商业等部门及有关乡镇的负责人与工程技术人员一起参加围垦指挥部工作。工程结束后，围垦指挥部撤销。1950年至1960年，除合作头圩、合作二圩的围垦工程由常熟、江阴两县联合组织实施外，其余均由常熟县人民政府组织实施。1962年，由沙洲县组织实施。1963年起，由常阴沙农场根据省农林厅水利围垦规划，报请江苏省农垦局同意后，成立常阴沙农场围垦指挥部，对沿江滩地围垦工程进行勘测设计，组织场内劳动力，代表国家实施滩地围垦。

第二章　围垦工程

第一节　筑　坝

50年代初，联珠沙、青草沙、东长沙虽部分围垦成圩，三块沙头相连不相接，孤立于江中，沙上圩内有农田、居民，成为防汛抗台的重点区域。同时，三块沙头都在涨沙地带，潮水含沙量特多，河道易淤，常成内涝。1954年冬，常熟县人民政府组织在联珠沙东北部新围垦成圩的合作头圩东北角与建设圩西南交界处修筑海坝，成为合作头圩与建设圩之间的交通枢纽。工程由南丰区政府负责实施，1955年春，坝成。坝长547米，顶宽6米，顶高7.4米，内外坡比为1∶3，并在内外两侧与滩地等高处筑3米宽的戗台，完成土方6.13万立方米。因该坝坝身处在建设圩西南角与合作头圩东北角的接壤处，故称建设圩海坝。

第二节　围　圩

勘测　围垦实施前的准备工作。当沙头或江滩积涨发育到一定程度时，围垦部门即行勘测，决定围垦与否。中华人民共和国成立前，一般由经验比较丰富者进行目测估算；中华人民共和国成立后由水利部门用仪器测算。当沙滩积涨到与平均潮位相适应时即可决定围垦。根据沙滩沿江地理环境，滩地适宜围垦的高度一般在吴淞高程3~4米之间，低则滩嫩难围、高则阻塞水道，易成内涝。

箍埂　滩地围垦，一般都要先筑箍埂（亦称围堰），这是围垦工程的首道工序。根据滩地积涨的实际情况，具体确定所围垦滩地的位置和范围，并趁冬春时节江潮小汛之际，根据大堤所需土方，以1∶1~1∶1.2的比例，先在大堤外50米左右处包围性地筑成一条封闭性简易堤岸，（一般堤高为吴淞高程5米，顶宽0.8米，底宽3米），将江潮阻隔在外，以便取土筑堤。箍埂断面土方2~3立方米。围垦工程结束后，箍埂即废弃。

大堤　大堤一般作外围堤，是围垦的主体工程。堤岸的构筑，必须根据当地的水文及地理状况，提出非常严格的技术和质量要求。40年代前，东长沙的大堤都是先挑土垒成堤岸，然后在外坡将泥坌细，泼上水搅拌，俗称“开堑”，再铺上草皮。50年代后，常阴沙的新圩大堤改为边挑土垒高，边坌细夯打结实，然后开堑铺草皮。为增强大堤抗御大潮水的能力，有的外坡须逐层开堑，即在将泥块坌细的同时，泼上水拌实后再用人力、畜力分段踩实，或用拖拉机逐段压实，如此反复，直到大堤结束收顶。大堤标准：堤高为吴淞高程7~8.5米，宽为4.5~5米，堤顶加0.5~1米子埝，堤底宽为20~27米，外坡坡度为1∶3（东北迎风方向为1∶4，以增强抗风潮能力），内坡坡度为1∶2~1∶2.5，断面土方约96立方米。堤岸泥土来源主要在堤外30~50米处，掘坑取土，兼在堤内开掘挂脚沟取土。大堤正对东北方向的位置、改变转向的转弯处、有流漕通过的位置，一般是大堤的险工地段，须特别注意工程质量。在大堤收顶结束时，或待围垦工程基本结束后，再留下部分民工在堤外加贴1层甚至2层草皮，或垒砌块石乃至水泥板，用水泥灌浆咬缝。大堤筑成后的护坡护堤措施，主要是在堤外近滩种植芦苇，并在大堤外坡种草，以缓解潮水的冲击。构筑大堤，须集中人力、物力，一般在30~40天内，分段同时施工，一气呵成。

1950—1980年常阴沙农场新围圩堤一览表

表2-2-1　　单位：米

圩　名	围垦年份	长　度	堤　高	底　宽	顶　宽	外　坡	内　坡
解放圩	1950	1600.00	7.00	16.50	3.00	1∶3	1∶1.5
大德圩	1951	205.00	7.00	16.50	3.00	1∶3	1∶1.5
建设圩	1953	3079.00	7.00	16.50	3.00	1∶3	1∶1.5
合作头圩	1954	3085.00	6.90	16.50	3~4.00	1∶3	1∶1.5
合作二圩	1955	2340.00	6.80	—	3.00	1∶3	1∶2
合作三圩	1956	4738.00	东：7.40	25.00	4.60	1∶4	1∶2
			西：7.40	21.00	4.00	1∶3	1∶2
生建圩	1957	200.00	6.90	16.50	3.00	1∶3	1∶2
农场圩	1957	1615.00	7.50	20.00	4.00	1∶3	1∶2
跃进圩	1958	5600.00	8.00	25.00	5.00	1∶3	1∶2
万亩圩	1960	13096.00	7.50	21.00	5.00	1∶2.5	1∶2
新闸西圩	1962	700.00	7.50	21.00	5.00	1∶2	1∶2
新闸东圩	1962	800.00	7.50	21.00	5.00	1∶2	1∶2

续表2-2-1

圩 名	围垦年份	长 度	堤 高	底 宽	顶 宽	外 坡	内 坡
长江圩	1962	4872.00	7.50	21.00	5.00	1:2	1:2
泗兴圩	1962	3650.00	7.50	21.00	5.00	1:2	1:2
新民圩	1962	1800.00	7.50	21.00	5.00	1:2	1:2
青年圩	1963	3160.00	7.60	22.00	4.00	1:3	1:2
青年二圩	1964	2813.00	8.00	25.00	5.00	1:3	1:2
闸北圩	1966	2200.00	8.00	25.00	5.00	1:3	1:2
三五圩	1966	2369.00	8.50	27.00	8.00	1:3	1:2
补方圩	1966	1396.00	8.50	27.50	5.00	1:3	1:2
文革二圩	1967	2069.00	8.50	26.50	4.00	1:3	1:2
文革三圩	1968	3718.00	8.50	27.50	5.00	1:3	1:2
四五圩	1971	2344.00	8.50	27.50	5.00	1:3	1:2
七五圩	1975	3506.00	8.50	27.50	5.00	1:3	1:2
八〇圩	1980	1783.00	8.50	27.50	5.00	1:3	1:2

说明:堤高为吴淞高程

圩内水利 40年代围垦的小圩,圩内河道大多是在筑岸取土后开成的挂脚沟,面宽5~8米,下挖深度1.5米,圩内引水,排水设置木涵洞。50年代围垦的新圩,圩内挂脚沟距堤岸20~25米,面宽8米,下挖深度1.5米;圩内引排水河道每间隔250~300米开一条,新圩中间再开一条中心沟。河道面宽均为8~10米,下挖深度1.3米;田内每间隔100米开挖一条三角沟,面宽2米,下挖深度1米。河道与河道相接处设置木涵洞,用于引水和排水。60年代以后围垦的新圩,圩内水利设施标准根据国营农场机械化作业的要求而设计。挂脚沟距堤岸30~35米,面宽12~20米,下挖深度1.5米;中心河、生产河、生活用河道均匀分布圩内,呈垂直状纵横交叉并互为沟通,面宽8~10米,下挖深度1.3米;三角沟每间隔100米一条,面宽2.5~3米,下挖深度1.1米。各河道相接处设置木涵洞或水泥管涵洞。新圩每亩折成劳动力水利用工35个左右。

圩内道路 40年代围垦的小圩,圩内留有简易的人行道路,路面宽1米。50年代围垦的新圩,一般筑有中心路,路面宽3米,规划的住宅区筑有人行路,路面宽2米左右,河道上建有简易木桥。筑路建桥的费用每亩在5元左右。60年代后围垦的新圩,住宅路、中心路面宽均为4~5米;挂脚沟、中心河、生产河、生活用河道两岸均留有机耕路,路面宽4~6米。人行路与机耕路同步修筑。河道上分别建有木桥或砖拱桥、水泥板桥。道路、桥梁建设投资每亩20元左右。

第三章 圩 塘

1942—1980年,历时38年,先后围垦圩塘36只,其中东长沙10只小圩统称为长沙圩,东风圩和卫星圩合称万亩圩。

1942—1980年常阴沙农场各圩塘围垦一览表

表2-3-1

<table>
<tr><th rowspan="2">2004年行政属地</th><th rowspan="2">圩　名</th><th rowspan="2">围垦年份</th><th rowspan="2">主持单位</th><th rowspan="2">土方数（立方米）</th><th colspan="3">其　中</th><th rowspan="2">围垦费用（元）</th></tr>
<tr><th>箍埂</th><th>大堤</th><th>圩内</th></tr>
<tr><td>第六管理区、第九管理区</td><td>长沙圩</td><td>1942—1947</td><td>垦殖公司</td><td>—</td><td>—</td><td>—</td><td>—</td><td>—</td></tr>
<tr><td>乐余红闸</td><td>解放圩</td><td>1950</td><td>常熟县</td><td>69101</td><td>4480</td><td>57600</td><td>7021</td><td>—</td></tr>
<tr><td>南丰东胜</td><td>大德圩</td><td>1951</td><td>常熟县</td><td>12965</td><td>635</td><td>9840</td><td>2490</td><td>—</td></tr>
<tr><td>第一管理区、乐余红闸</td><td>建设圩</td><td>1953</td><td>常熟县</td><td>164993</td><td>8169</td><td>133824</td><td>23000</td><td>52781</td></tr>
<tr><td>第二管理区</td><td>合作头圩</td><td>1954</td><td>常熟县、江阴县</td><td>162551</td><td>7861</td><td>129570</td><td>25120</td><td>58760</td></tr>
<tr><td>第二管理区、第十管理区</td><td>合作二圩</td><td>1955</td><td>常熟县、江阴县</td><td>231859</td><td>8073</td><td>131040</td><td>92746</td><td>69600</td></tr>
<tr><td>第六管理区</td><td>合作三圩</td><td>1956</td><td>常熟县</td><td>359000</td><td>14214</td><td>245168</td><td>99618</td><td>20936</td></tr>
<tr><td>第十管理区</td><td>生建圩</td><td>1957</td><td>常熟县</td><td>20000</td><td>620</td><td>11200</td><td>8180</td><td>2610</td></tr>
<tr><td>四一农场</td><td>农场圩</td><td>1957</td><td>常熟县</td><td>85377</td><td>4742</td><td>56525</td><td>24110</td><td>21250</td></tr>
<tr><td>第一管理区、第二管理区、第三管理区</td><td>跃进圩</td><td>1958</td><td>常熟县</td><td>786885</td><td>16565</td><td>614893</td><td>155427</td><td>64390</td></tr>
<tr><td>第四管理区、第五管理区</td><td>东风圩</td><td rowspan="2">1960</td><td rowspan="2">常熟县</td><td rowspan="2">1289248</td><td rowspan="2">29365</td><td rowspan="2">692246</td><td>249061</td><td rowspan="2">116610</td></tr>
<tr><td>第六管理区、第九管理区、第十七管理区</td><td>卫星圩</td><td>318576</td></tr>
<tr><td>第三管理区</td><td>长江圩</td><td rowspan="5">1962</td><td rowspan="5">沙洲县</td><td rowspan="5">618815</td><td rowspan="5">48728</td><td rowspan="5">387796</td><td rowspan="5">182291</td><td rowspan="5">284841</td></tr>
<tr><td>第一管理区</td><td>新闸东圩</td></tr>
<tr><td>乐余红闸</td><td>新闸西圩</td></tr>
<tr><td>南丰东胜</td><td>泗兴圩</td></tr>
<tr><td>南丰东胜</td><td>新民圩</td></tr>
<tr><td>第四管理区</td><td>青年圩</td><td>1963</td><td>农场</td><td>324758</td><td>18500</td><td>186738</td><td>119520</td><td>161192</td></tr>
<tr><td>第十一管理区</td><td>青年二圩</td><td>1964</td><td>农场</td><td>336107</td><td>22335</td><td>145760</td><td>168012</td><td>131038</td></tr>
<tr><td>第二管理区</td><td>闸北圩</td><td>1966</td><td>农场</td><td>181726</td><td>17172</td><td>92846</td><td>71708</td><td>70900</td></tr>
<tr><td>第十五管理区</td><td>三五圩</td><td>1966</td><td>农场</td><td>225527</td><td>13240</td><td>88942</td><td>123345</td><td>81899</td></tr>
<tr><td>第十七管理区</td><td>补方圩</td><td>1966</td><td>农场</td><td>48931</td><td>3908</td><td>28707</td><td>16316</td><td>16164</td></tr>
<tr><td>第十七管理区</td><td>文革二圩</td><td>1966</td><td>农场</td><td>95234</td><td>5793</td><td>60913</td><td>28528</td><td>33914</td></tr>
<tr><td>第十六管理区</td><td>文革三圩</td><td>1968</td><td>农场</td><td>345077</td><td>12544</td><td>193025</td><td>139508</td><td>123914</td></tr>
<tr><td>第十八管理区</td><td>四五圩</td><td>1971</td><td>农场</td><td>277918</td><td>13413</td><td>108348</td><td>156157</td><td>102789</td></tr>
<tr><td>第十五管理区</td><td>七五圩</td><td>1975</td><td>农场</td><td>288157</td><td>24135</td><td>196700</td><td>67322</td><td>191451</td></tr>
<tr><td>第十五管理区</td><td>八〇圩</td><td>1980</td><td>农场</td><td>177756</td><td>997</td><td>176759</td><td>—</td><td>124430</td></tr>
</table>

常阴沙所属各圩塘的命名和土地归属一览表

表2-3-2

圩 名	总面积（亩）	得 名 原 因	土地归属情况（亩）		
			农场	兆丰	棉花原种场
长沙圩	2340	东长沙10只小圩的总称	2340	—	—
解放圩	540	中华人民共和国成立后围垦的第一只新圩且中国人民解放军参与围垦全过程	—	540	—
大德圩	166	取感恩戴德之意	—	166	—
建设圩	1731	时正掀起生产建设高潮	1214	517	—
合作头圩	2314	常熟、江阴两县合作围垦且处合作化高潮时期	2314	—	—
合作二圩	3153	继合作头圩后围垦的第二只圩	3153	—	—
合作三圩	2991	继合作头圩后围垦的第三只圩	2991	—	—
农场圩	1669	围垦后划归农场	—	—	1669
生建圩	145	位于原生建乡	145	—	—
跃进圩	6580	处于“大跃进运动”中	6580	—	—
东风圩	6008	万亩圩的一部分，取东风压倒西风之意	6008	—	—
卫星圩	6525	万亩圩的一部分，取“放高产卫星”之意	5622	903	—
新闸西圩	486	位于六干河西侧	—	486	—
新闸东圩	841	位于六干河东侧	841	—	—
长江圩	2482	以长江之名命名	2482	—	—
泗兴圩	1352	以泗兴港河名命名	—	1352	—
新民圩	673	位于大明（民）圩外命名	—	673	—
青年圩	3223	为安置知识青年而围垦的新圩	3223	—	—
青年二圩	2588	安置知青后第二年围垦	2416	172	—
闸北圩	906	位于农场河闸北	906	—	—
三五圩	1709	“三五”计划开始实施	1709	—	—
补方圩	315	为卫星圩补方	315	—	—
文革二圩	896	沙洲县“文化大革命”中围垦的第二只圩	896	—	—
文革三圩	4824	沙洲县“文化大革命”中围垦的第三只圩	4606	218	—
四五圩	2971	“四五”计划开始实施	2971	—	—
七五圩	2292	以围垦年代命名	2292	—	—
八〇圩	563	以围垦年代命名	563	—	—

长沙圩 为东长沙10只小圩的统称。

1942年，民孚公司凭“张燕谷案”的滩照，在东长沙围垦了民孚东西两圩（即定心圩），围成面积500余亩。至7月大汛，因堤身矮小（堤岸高2.33米，顶宽1米，底宽7米），工程质量差被江水淹没。次年春修复。时为保护围垦办事处的安全，在民孚东圩和民孚西圩交界处筑成长33.33米、宽3.33米、高3.33米的土墩1座，称为高宅基、救命墩。

1943年春，厚德公司在两只定心圩外，围垦了厚德南圩、厚德西圩和厚德东北圩。

1944—1945年，建成公司先后围垦了建成南圩和建成西圩。

1946—1947年，民孚公司再次围垦了民孚小圩，建成公司围垦了建成小圩和建成补方圩。

至此，东长沙共围垦10只小圩，统称长沙圩，总面积2340亩。

解放圩 1950年春，由参加救灾的中国人民解放军（1个连）与常阴区政府在集成二圩、张案圩外合作围垦而成，面积540亩，并在圩内创办农场。1951年3月，常熟县人民政府将这个农场正式命名为常熟县常阴农场。

新圩呈狭长香蕉形状，堤岸高大，与中华人民共和国成立前围垦工程的堤岸形成鲜明对比。因该圩系中华人民共和国成立后围垦的第一只新圩，由中国人民解放军直接组织并参与工程全过程，当地农民誉之为解放圩。不久，常熟县人民政府确认了这一名称。

1963年5月，解放圩划归兆丰公社。

大德圩 1950年冬，为配合常熟县第二劳改队所属政治犯的劳动改造，由常熟县农林科于1951年春在青草沙沿江组织围垦工程，面积166亩，土方任务均由服刑的劳改人员承担。1952年10月，劳改队撤离，土地交常阴棉场，组建青草沙分场，为农场二队。

1969年冬，大德圩划出归兆丰公社。

建设圩 1953年春，为解决常阴区各乡农户在江堤培修中因取土而损坏的农田336亩，中共常阴区委和区政府根据常熟县人民政府关于“凡在江堤整修中损坏的农田，可通过围垦增加新田进行弥补”的精神，以南兴乡为主，两次召开老农座谈会，县长亲自参加，商讨新田围垦事宜。

4月26日，成立常阴区农民垦殖代表会，拟定在解放圩外滩围垦新圩，定名为建设圩，意为当时正值社会主义建设高潮时期。同日，抽调有围垦经验的工程员8人进行勘测。

5月6日，围垦工程全线开工，5月13日，南线工程完成。5月21日，工程全部结束后，中共常阴区委召开总结表彰大会，给21名模范、11名工作人员颁奖。其中南兴乡民工马友才在工程进入紧张阶段时，家中传来儿子的死讯，仍带领民工59人坚持在围垦工地上，完成任务，被评为一等模范。

建设圩围垦从提出规划到工程结束，历时41天（实际围垦施工仅为半个月），共出动民工4857人（比原计划增加675人），完成箍埂土方8169立方米、大堤土方133824立方米、圩内沟路土方23000立方米。围垦总面积1731亩。

1963年5月，以六干河为界，划出该圩部分土地归兆丰公社。

合作头圩 始称合作圩。50年代初，江阴县晨阳区（今属张家港市）沿江土地坍方严重，人民政府曾集资建造石坝保坍，但效果不是很明显。为此，江阴、常熟两县会商后，按照国家长江蓄洪垦殖委员会拟定的规划，报请主管部门同意，决定联合在联珠沙以东的高沙组织围垦。工程由长江下游工程局勘察设计，常熟县县长谷必成主持。1954年4月20日，围垦委员会成立，确定新圩名称为合作圩，取意为两县合作围垦并开始进入农业合作化高潮时期。同日开工，5月19日竣工。围垦总面积2314亩，完成土方162551立方米。参加围垦的有常熟县常阴区南兴、三兴、北固、恤青、裕兴、九圩、双桥、胜利、东兴、乐余、团结、长沙12乡，南丰区扶海、扶桑、兆丰3乡，江阴晨阳区海坝乡，共计16个乡。圩成后安置3个区的坍江户。

因继该圩围垦后又分别围垦了两只合作圩，为区别名称，后改名为合作头圩。

合作二圩 为解决常熟、江阴两县沿江坍地及水利工程挖废土地的问题，遵照长江下游局所订围垦计划，由常熟、江阴两县联合围垦。地跨联珠、青草、带子三沙。围垦工程于1955年3月15日破土动工，是年5月15日结束，历时两个月，实际施工日为32.5个晴天。由晨阳、常阴、南丰3区28个乡，组织民工4341人，共用工日141006个，完成土方231859立方米。围垦总面积3153亩。圩成后，安置东迁户607户2256人，余下320亩土地由国营农场耕种。

1965年，北中心河穿圩而过，把该圩一分为二。

合作三圩　1956年，东长沙滩脚已涨到3.4~3.6米，与青草沙之间的水道亦渐淤浅。是年春，沙洲区成立围垦委员会，组织14个乡的民工，在合作二圩与东长沙之间的滩地实施围垦。围垦工程从3月24日开工，到5月10日结束，经46天，扣除雨天，实际施工日为32天。完成土方359000立方米，围垦总面积为2991亩。该圩是合作化时期围垦的第三只新圩，故名合作三圩。

生建圩、农场圩　生建圩围垦于1957年3月，总面积145亩。因其位置处在原南丰区生建乡，故名。

农场圩围垦于1957年5月。1956年，建设圩海坝东西两侧与高沙之间滩地高且宽阔，中间流漕几乎淤平，可推车行人，围垦条件已经成熟。是年9月，为解决江阴、常熟两县因坍江而少地的群众安置问题，常熟县拟定于1957年春在建设圩海坝的东西两侧分别围垦合作四圩和合作五圩，并向苏州专区专员公署提出申请，获批准后成立沙洲区围垦办事处，首先在建设圩海坝西侧实施围垦，围垦工程于1957年2月实施，同年5月结束，总面积1669亩，土方85377立方米。因围垦后的新圩位于第一农场外滩，且土地全部交给第一农场，并建立苗圃，建制为农场四队，故正式定名为农场圩。

1962年11月，农场圩划出，分别建立沙洲县苗圃和沙洲县棉花原种场。

跃进圩　围垦于1958年春。1956年9月，常熟、江阴两县准备在建设圩海坝东侧滩地联合围垦合作四圩。1957年下半年，常熟县决定围垦工程由常熟县单独实施。在年底前做好勘测设计和6公里江堤放样的基础上，成立围垦大队部，大队部下设工程、总务、宣教、保卫4个股和检查评比、工程验收、纪律检查3个委员会。以乡为单位建立7个中队。

工程于1958年2月10日破土动工，4月15日，除部分流漕工段因难度较大外，围垦工程基本结束。围垦中筑簖埂长度6153米，土方16565立方米；大堤长度为5600米，土方614893立方米；圩内土方155427立方米。共完成土方总量786885立方米。实际围垦工日350843个，工效2.28立方米。全工程总费用64390元。土地总面积6580亩，其中可耕地面积6045亩。

围垦工程刚结束，全国“大跃进运动”进入高潮。原定的合作四圩也因此而改名为跃进圩。1965年开挖的农场河呈“L”形横贯圩内，从而将该圩一分为三。

万亩圩　东风圩和卫星圩的统称。因其围垦工程分别地处跃进圩、合作三圩和长沙圩外，故根据滩地相近不相连的情况而划分为两圩。又因两圩围垦总面积超过1万亩，故按土地面积之意而合称为万亩圩。

东风圩，位于红旗镇东部偏南，分别为今常南社区辖原五工区全部和常北社区辖原四工区全部，土地总面积6008亩。取毛泽东“不是东风压倒西风，就是西风压倒东风”句中的“东风压倒西风”而命其名。

卫星圩，位于红旗镇南部今常沙社区辖八工区全部和九工区、七工区及十七工区部分土地，总面积6525亩。1970年春，在规划将七干河与北中心河贯通工程时，将该圩位于北中心河以西的903亩土地划入兆丰公社。取“大跃进”后期的“放高产卫星”而命其名。

万亩圩围垦工程于1959年底筹备，常熟县副县长吴鹤主持，成立万亩圩围垦工程指挥部，东莱、合兴、三兴、锦丰、乐余、兆丰、南丰、妙桥、谢桥、福山等公社出动民工8450人。1960年1月2日正式动工，先筑成长10.5公里的簖埂，后筑起长19公里的大堤，至5月15日全部结束。打簖埂、筑江堤共用工日494033个，完成土方971750立方米。5月16日至7月20日，以131978个工日完成圩内土地的初步平整任务；筑成面宽为3米的马路20条，全长23679米；开挖疏通19条面宽为8米的圩沟

（条田沟），全长4940米。把圩内土地规格化，分成72方，每方200亩左右。工程历时7个月，总面积12533亩，完成土方317498立方米。

长江圩、新闸东圩、新闸西圩、新民圩、泗兴圩　5只圩是沙洲县建县后第一次单独组织实施的长江滩地围垦工程。这项工程早在沙洲县建县前即已酝酿，计划围垦第二只万亩圩，并进行了勘测。后因工程任务艰巨，且又处于国家经济困难时期，粮食低标准给工程带来的困难更大，为此，县委、县政府领导视察工地现场后，决定将围垦面积减少到6000亩。

工程从1962年1月中旬开工，至4月20日结束。5只新圩实际面积为5834亩，大堤总长12公里，完成土方618815立方米。

围垦中，由于工程质量不平衡，部分大堤高度不够，堤坡不平整，堑口不实，草皮不标准，大堤土方15617立方米、圩内土方48439立方米未能完成。圩内农田水利工程标准低，配套程度差。大堤设计不合理，外坡比1:2，堤高7.5米，一般高度相差9~12厘米等三个方面的原因，导致围垦后的长江圩江堤当年被江潮冲垮，圩内被淹，积水深度达1米，8~9天才得以排尽，致使1000多亩大豆颗粒无收。

1963年5月，新闸西圩、新民圩、泗兴圩划出归兆丰公社。

青年圩、青年二圩　青年圩，又称青年头圩。1963年初，为安置苏州市上山下乡知识青年而围垦，圩成后定名为青年圩。

青年圩是常阴沙农场完全依靠自身力量组织勘察、设计和围垦的第一只新圩。工程于1963年3月提出设计书后，即实施围垦，5月结束，完成土方324758立方米（其中涵洞、桥梁、道路土方为1750立方米），总面积3223亩。工程总工日为133971个，投资161192元，另补贴民工大米73683公斤。

1964年，为解决场内人口的迁移，在东风圩外又组织围垦了青年二圩。工程于2月20日开工，6月20日竣工。完成土方336107立方米，总面积2588亩，投资131038元，另补贴民工大米65515公斤。圩成后安置内迁户189户821人，为境内建立居民点的第一只圩塘，也是规划安置场内迁移户的第一只圩塘。

1970年春，开挖的七干河穿过该圩南侧，该圩位于七干河以南的172亩土地被划入兆丰公社。至此，该圩实际面积为2416亩。

闸北圩、三五圩、补方圩、文革二圩、文革三圩、四五圩、七五圩、八〇圩

1966年“文化大革命”开始后不久，常阴沙农场实际上已经由沙洲县领导和管理，农场外滩的围垦工程主要是解决场内职工的迁移问题，资金则由农场自筹，这些围垦工程是：

闸北圩，1966年春围垦。总面积906亩，完成土方181726立方米。因位于新建的农场河水闸之北而命名。

三五圩，1966年春围垦，总面积1709亩，完成土方225527立方米。因围垦该圩时，正值国家第三个五年计划的开端，故名。

补方圩，1966年围垦，面积315亩，完成土方48931立方米。因位于卫星圩外滩，故蕴含将卫星圩补方之意。

文革二圩，1966年冬至1967年春围垦，总面积896亩，完成土方95234立方米。关于圩名的来历，主要是该圩为“文化大革命”后围垦的第二只圩（文革头圩在乐余镇）。另一说是该圩因于“文化大革命”开始后的第二年围垦而得名。

文革三圩，1968年春围垦，总面积4824亩，完成工程土方345077立方米。1970年开凿七干河，境内面积减少到4606亩。该圩因是“文化大革命”后围垦的第三只圩而得名。

1970年春，在规划七干河与北中心河贯通工程时，将该圩位于七干河以南的218亩土地划入兆丰公社。

四五圩，1971年春围垦，总面积2971亩，完成土方277918立方米。围垦时正值国家第四个五年计划开始，故名。

七五圩，1975年春围垦。总面积2292亩，完成土方288157立方米。以纪年命名。

八〇圩，是境内围垦的最后一只新圩。1980年1月破土动工，4月7日完成圩内工程。总面积563亩，完成土方177756立方米，圩内高程为吴淞高程4.1米。以纪年命名。

附：围垦纪实

一、围垦跃进圩

1956年9月，常熟、江阴两县准备在建设圩海坝东侧滩地联合实施围垦。1957年下半年，常熟县决定围垦工程由常熟县单独实施。为此，在年底前做好勘察设计和6公里江堤放样工作的基础上，成立围垦大队部。大队部下设工程、总务、宣教和保卫4个股，另设检查评比、工程验收、纪律检查3个委员会，以乡为单位建立三兴、兆丰、乐余、锦丰、合兴、东莱、南丰7个中队。

1958年2月10日（春节前一星期），工程破土动工，首先由南丰、合兴、锦丰、兆丰、三兴5个乡出动民工8800多人，破除严寒冰冻的恶劣环境，用4天时间，筑成6153米箍埂。2月19日（正月初二）至3月11日，上述5个乡和东莱、乐余共7个乡民工全体出动，用21天时间，完成5600米大堤毛岸工程。3月12日，转入开水堑、贴草皮、挖排水沟、修筑道路等整理工程，拖拉机开始抄荒耕耙。最后进行铺砌块石、护坡保坍、堤外植芦等。至4月15日，除部分流漕工段难度较大外，工程基本结束。

围垦跃进圩是常熟县历史上规模最大的农田水利工程。在工程进行中，平均每天出动民工8500~9000人，最多时达11862人，相当于原计划7000人的169%。工地人山人海，热火朝天，一派激动人心的景象。为了加快工程进度，日夜突击，除白天外，晚上挑灯夜战，各民工中队自带汽油灯470盏，把围垦工地照得彻夜通明，灯火中人来人往，挑泥号子声此起彼伏。工地场景，使乘坐长航客轮的乘客误以为苏南突然冒出个新兴城市。因此，跃进圩的围垦工程，曾受到各方的关心和注意，在国内引起广泛影响。围垦大队部举办的《工地战斗报》共出版25期，对民工的思想教育起到了积极作用。工程宣传股还组织民工利用休息时间读书扫盲，参加扫盲学习的青壮年民工达2899人。常熟县电影队、县锡剧团曾到工地放映和演出。北京新闻电影制片厂和上海科学电影制片厂曾专程到工地摄制影片。崇明县乡社干部、无锡市机械和纺织系统的干部职工、中央和南京等地的高级知识分子及常熟县中小学师生等各界3000余人曾专门组织到工地进行参观、访问。跃进圩的围垦，为常阴沙农场的恢复和扩建提供了大面积的土地资源。

二、围垦万亩圩

万亩圩围垦于1959年底筹备，1960年1月2日开工，7月20日结束，历时7个月。共三个阶段：一是勘察设计，组织发动。由常熟县副县长吴鹤负责，成立万亩圩围垦工程指挥部。计划在东莱、合兴、三兴、锦丰、乐余、兆丰、南丰、妙桥、谢桥、福山10个公社动员民工8450人，并以乡为单位组成10个民工营。二是围箍埂，筑江堤。1960年1月2日（春节前）正式动工。时值隆冬，面对奔腾咆哮的长江，至5月15日，用494033个工日，先在芦苇成林、杂草丛生、大小流漕纵横交错、污水泥潭密布的茫茫江滩上筑起一条长10.5公里的箍埂，后按高4米、顶宽4米、内外坡比1∶3的标准，筑成19公里长的江堤，完成土方971750立方米。三是平整土地，开挖沟系，搞好配套工程。从5月16日至7月20日，以131978个工日完成圩内平田任务，使圩内农田基本达到常规水稻种植标准。筑成宽3米的马路20条，总长23679米；开挖疏通19条面宽8米的圩沟（条田沟），总长4940米。使圩内土地达到规格化，共分为72方，每方200亩左右，方方贯通圩沟和马路。又以50亩为一丘，丘丘贯通三角沟。汽车、拖拉机可在圩内纵横行驶，载重5吨的运输船和抽水机船可在沟中往来航行。

万亩圩围垦工程是群众运动的伟大创举，其规模之宏大、场面之壮观，是历代水利围垦史上所不多见的。其中感人场面和事迹，不胜枚举，现择其要者，略述其二于下：

（一）大流漕断流。这是工程最艰巨的一处场面。据钱守金（时任围垦营工程指挥员，后任农场加工厂主要负责人）回忆，当时，卫星圩内有一条大流漕，长3000多米，宽300米，似一条巨龙横卧滩上，漕口直对福山口江面，湍急汹涌的江水在漕口肆虐无阻，若不把它堵塞制服，即使大堤全部完成，潮汛一来，万亩滩田在旦夕之间将变为泽国，整个工程将前功尽弃。开始三天，200多名民工夜以继日，用大量的泥土，在流漕口筑成一条30米宽、300米长的堤坝，晚上，潮水一来，将堤坝冲得干干净净，一丈多高的浪潮，通过4米深的缺口冲进大堤，圩内一片汪洋。这时，以福山营青年民工王金标为首的青年突击队乘早晨退潮的机会，冒着刺骨江水，跳进流漕，用泥块夹芦排筑坝的方式填塞漕口，其他民工同时作战，第二次封住了流漕，可是，晚上的潮水一来，堤坝又被冲得不见了踪影。面对这种情况，由30多人组成的青年突击队于第二天一早，再次跳进流漕，在其他民工的配合下，重新把泥块夹芦排填塞进漕口。正当堤坝将要合龙的时候，江潮又一次将堤坝冲毁。第三次封堵失败后，有人提出让堤岸沿流漕拐弯，缩进2000米，到流漕浅口再堵的建议。可这样一来，围垦面积就要缩小几百亩，场领导和大多数民工都不同意。通过分析，发现芦苇用得太多、堤坝容易吸水等原因，影响了堤坝的牢固程度。指挥部的负责同志和农场主要领导常中民来到现场，同民工共同商量办法，吸取前三次教训，重新组织力量，将芦苇捆成大木排样子，作为堤坝的茎心，带住流漕底内的沙土，再利用退潮间隙，组织2500名民工向上投土，终于在大潮来临之前堵住了流漕缺口。圩成后，一位熟悉常阴沙几十年围垦工程的老农林老老专程从5公里外赶到农场，目睹这一奇迹后感慨地说："从乐余镇往东，新中国成立前围了38只圩，加起来也不满一万亩，真是不可思议。"万亩圩围垦成功的事实，不得不令人叹服。

（二）当年围垦，当年种植，当年收益。首先是平整土地，困难重重。大堤围成了，但面对茫茫荒地，一个尖锐的问题摆在人们面前，就是如何平整好土地，实现当年种植。常阴沙谚云："一年豆，二年花，三年种稻要算会当家。"老农说，滩地高低不平，泥质松软，况有流漕九曲十八弯，高似狼山低似海，水潭好比活络板，进滩如进鬼门关。又称，蒿草多得割不尽，芦根犹如铁索与钢筋，荒滩里头长水稻，好比狼窝里面养羊群。开始，常熟县委打破常规，集中调派500多头耕牛，但蒿草铺地，芦根成网，老弱病牛拉不动，年轻力大的耕牛也只能拉断绳子耕坏犁。县委又从白茆及吴县陆墓抽调9台拖拉机，与农场刚刚建立的拖拉机队（有3台东方红拖拉机）协调配合，克服困难，这才完成圩内土地的平整任务。与此同时，培养和锻炼了农场第一代拖拉机手，特别是女拖拉机手尹玉兰和黄丕兰，当时分别为22岁和19岁，被誉为"征服荒滩的女闯将"。

其次是耕种，困难更大。圩田基本成型后，县委统一指挥，民工密切分工，立即投入水稻播种。由常熟董浜、白茆等25个公社负责寄植秧苗，县水利部门支援9条抽水机船，财贸部门保证生活和生产物资的供应，邮电部门突击架设电话网。无锡、太仓、吴县、昆山等县突击运调大批秧苗，种上5576亩水稻、1512亩大豆、3669亩红萝卜和1000多亩杂粮。经精心管理后，秋季收获稻谷100多万公斤、红萝卜150多万公斤、大豆3万多公斤、杂粮18.5万公斤。

如此规模浩大的水利围垦工程，是农场恢复和扩建后的一大成就，也是常阴沙百年成陆围垦史上前无古人、独一无二的。1962年1月25日，《新华日报》专门为万亩圩的围垦壮举发表署名为叶齐红的文章《大办农业为了谁？》：

"大办农业为了谁?

有人说，这还用问，当然是为了全国六亿五千万人民，为了社会主义建设。

可是答得出不算，还得做得到。要向常阴沙农场那样，处处从全局出发，事事为国家着想。他们在'革自然的命，向江滩要粮'的口号下，与洪水搏斗，围垦了万亩荒滩，当年就种上了庄稼；他们千方百计，高度地利用土地面积，在短短的两年多内，全场按国家计划生产了二百多种农副产品，向国家上交了三百二十二万斤粮食、三百零八万斤棉花、三万多斤烟叶和一千二百多头猪，价值二百多万元。不久前的大片荒滩，终于被他们改变成了国家的一个新的粮棉生产基地，他们是大办农业的一支新队伍，他们是懂得大办农业为了谁的。"

第三编 水利

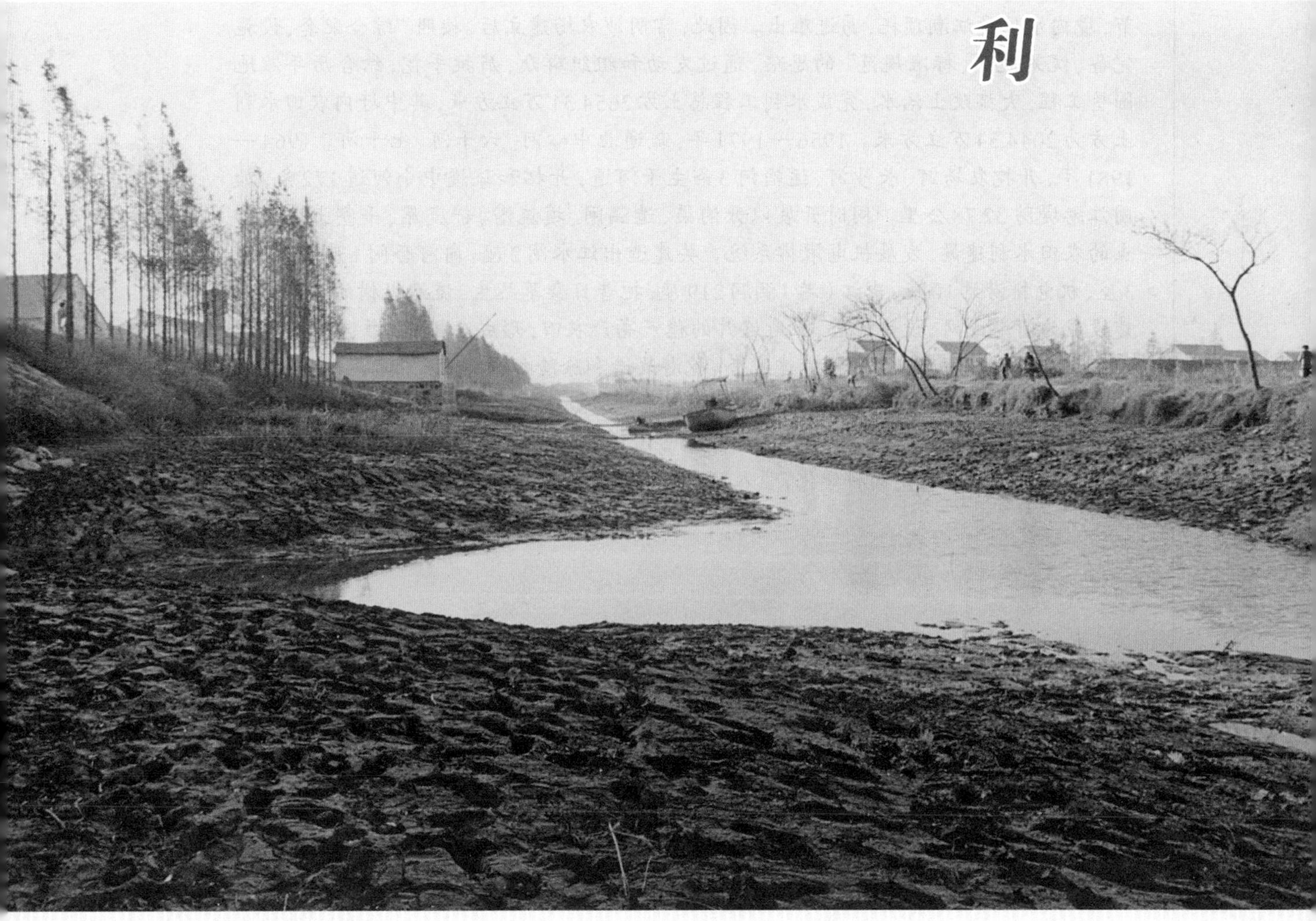

第一章　长江防洪
第二章　河道工程
第三章　涵闸工程
第四章　农田水利
第五章　防汛抗灾

常陰沙農場志

常阴沙农场地处长江河口段，地势低平，地面高程仅为吴淞高程3.5~4.2米，为张家港市最低，长江水位以至出江内河水位受潮汐影响十分明显。雨期，特别是梅雨季节，境内水位受江潮顶托，易进难出。因此，常阴沙农场建立后，按照“综合配套、设施完备、统筹规划、标准规范”的思路，通过发动和组织群众，肩挑手挖，结合历年滩地围垦工程，大搞改土治水，完成水利工程总土方2654.31万立方米，其中圩内农田水利土方为2044.54万立方米。1956—1971年，疏通北中心河、六干河、七干河。1964—1981年，开挖农场河、长沙河、运输河3条主干河道，开拓和疏浚中小河道172条，加固江港堤防32.78公里。同时开展以开沟渠、造涵闸、填流漕、铲废岸、平整土地为重点的农田水利建设，发展机电灌排系统。共建造出江水闸2座、内河套闸1座、圩口闸3座、机电排涝站10座、出江（港）涵洞219座，把昔日杂草丛生，流漕纵横的荒滩草地建设成为河港成网、设施配套、土地连片的稳产高产农田，形成自排、自灌、自降、自控的独立水系。80年代后，进行续建配套、挖潜改造和除险加固，确保百日无雨保灌溉、日雨200毫米不成灾。1998—2001年，集中财力建成9.7公里的长江达标江堤，保证群众的安居乐业。2004年，常阴沙农场属地管理后，按照张家港市的统一布局和规划，境内的水利事业逐步走向科学化，步入可持续发展的轨道。

第一章 长江防洪

第一节 江堤建设

一、主江（港）堤

40年代，东长沙的江堤，堤身矮小、狭窄，断面积不足20平方米，抗洪能力极差，1949年7月24日的大潮，致整个江堤全线崩溃，损失惨重。灾害发生后，常熟县政府成立防汛救灾委员会，对被冲毁的4.75公里江堤进行全线修复。

50年代，境内沿江堤岸建设由常熟县人民政府组织实施。1950年，常阴区和南丰区人民政府根据中共常熟县委关于“生产自救”的方针，采取“以工代赈”的方法，分别组织民工对所属地区被破坏的江堤进行修复和加固。之后每年春天，都对沿江江堤进行整修和加固（即春修、冬修），并形成制度。

1959年，农场恢复和扩建后，特别是从1963年起，根据江苏省农林厅、省农垦局及沙洲县人民政府提出的标准，堤岸建设工程由农场自行负责实施。1964年，结合青年二圩围垦工程，由农场生产科负责对江堤标准进行调查测量，全境20.1公里主江堤中，顶高8米的有3.95公里，顶高7.5~8米的有13.65公里，7.5米以下的有2.5公里。1965—1970年，逐年对江堤进行加高、加宽，共完成土方56.14万立方米，堤岸标准统一达到顶高8.5米，顶宽4~5米。1974年8月20日的大潮，最高潮位6.8米，全线新老江堤、主江堤、闸外港堤无一处渗水漏水。

1975—1980年，结合新的围垦工程，对新老江堤再次加高、加宽、加固，完成土方42.79万立方米。1981年，共有主江堤11.93公里、闸外港堤1.87公里，堤身以土堤为主，外坡用块石铺砌护坡，顶高8.5米，另加0.5~1米子埝，实际防洪高度为9~9.5米，顶宽5米，底宽26.5~27.5米。1982—1996年，分别在新闸东圩、闸北圩、长江圩、七五圩、八〇圩、文革二圩、补方圩等临江地段实施零星的防汛岁修和急办护坡工程，重点对闸北圩、长江圩、七五圩、八〇圩等处实施补坎加固，长度6700米，土方12.28万立方米。

1997年，张家港市九七圩围垦成圩后，境内共有主江堤7.83公里，闸外港堤1.87公里。是年8月，农场外围受11号强台风和天文大潮、暴雨侵袭后，1200米江堤护坡石被冲入江中，55米堤岸被掏空达三分之一，长沙河水闸整体下沉，水闸防浪堤大面积塌方，整个江堤出现53处险情、1处决堤。灾害发生后，常阴沙农场对损坏的江堤在全线修复和加固的基础上，根据张家港市和江苏省农垦总公司建设达标江堤的要求，形成《江苏省国营常阴沙农场江堤达标总体设计》方案。是年11月，长沙河河口50米段、八〇圩外围1750米以及沿江3800米主江堤土方加固工程全线上马，由全场各农业工区组织施工，于1999年1月竣工，完成土方16.15万立方米。1999年底，9.7公里主江堤和闸外港堤堤顶全线建成沥青路面。

2001年3月，江堤达标建设竣工，总投资676.34万元，其中省财政拨款108.8万元，省农垦总公司下拨防洪资金155.3万元，农场职工捐助280.53万元，场部自筹131.71万元。达标江堤总长度为9.7公里，其中主江堤7.83公里，闸外港堤1.87公里。在达标江堤建设工程中，块石灌砌护坡加固工程3.86公里，用石方12665立方米；混凝土方1549立方米、0.7米直立挡浪墙工程4.22公里，用石方1842立方米、混凝土方1841立方米；外坡加砌压渗平台高2.6米，宽10米。全线江堤堤高9米，加0.7米直立挡浪墙，实际高度为9.7米，堤顶宽6米，内外坡比分别为1∶2.5和1∶3，内坡种植乔、灌木，有平台10米。六干河闸外东港堤和农场河闸外两侧港堤，堤高7.1米，加1.43米直立挡浪墙，实际高度为8.53

米，护坡1.45米，堤顶宽6米。

2002年10月，六干河水闸外移重建。2003年11月，农场河水闸外移重建。至2004年，境内沿江主江堤总长7.83公里，闸外港堤长0.97公里。

二、二道堤防

又称备用堤，为新老圩塘交替处的内圩堤岸。一般为土堤，维修和加固的标准较低。

1979年前，境内二道堤防随围垦工程的逐年推进而逐步更换。1980—1997年，二道堤防主要由建设圩、跃进圩、长江圩南部、七五圩南部、四五圩、文革二圩、补方圩及卫星圩局部外围江堤组成，总长度约11.6公里。1997年，随张家港市九七圩的围垦成圩，原新闸东圩、闸北圩、长江圩北部、七五圩北部等地段沿江大堤主江堤全部退居为二道堤防，加上原七五圩南部、原四五圩外围堤，总长度8.7公里。2004年，境内的二道堤防仅有新闸东圩和闸北圩外围两处，长度为2.45公里。

第二节 护岸工程

境内的护岸工程，主要是对沿江堤岸进行维护和加固，也称保坍工程，方式主要有四种：一是浆砌块石护坡，即在堤岸下方离底脚约1米高处，用块石逐块相叠、水泥灌浆至斜面4~5米，砌成石坡。二是种植草皮，即从石坡往上至堤顶，种植草皮进行护坡。三是用水泥板护坡，方法同浆砌块石护坡。四是加固子埝，即在堤顶对子埝进行整修、加固，起到挡浪作用。

1954年5月，合作头圩围垦工程结束后，为确保大堤的牢固安全，在长约950米的主江堤外坡铺砌石块，并种植草皮进行护坡和管理。1958年，跃进圩围垦工程结束后，在江堤外坡种植草皮，并对700米险要地段加砌块石，共完成石方2240立方米。1962—1980年，先后对新闸东圩、闸北圩、长江圩、文革二圩、文革三圩、七五圩、八〇圩等险要地段进行第一轮共22次整修和保坍施工，总长度34364米，完成土方33.55万立方米，投入资金290944元（含补贴民工大米65801公斤）。块石护坡工程长度4654米，完成石方15647立方米、水泥板8621块，投入资金45058元（含补贴民工大米5448公斤）。

1986—1996年的第二轮保坍工程，重点对六干河闸外东港堤、农场河闸外港堤以及新闸东圩、闸北圩、长江圩、七五圩局部和八〇圩外围主江堤共8720米地段进行局部土方整修和石坡修补工程，完成土方25.29万立方米、石方1.18万立方米。2001年3月，达标江堤建成后，进行正常的维护和管理。

第二章 河道工程

第一节 市（县）级河道

北中心河　民国16年（1927年）开挖成河。原是鼎丰垦殖公司围垦北夹时的排水沟，起点在老海坝。后经拓浚相连并不断向东南延伸，至70年代，经锦丰、乐余、兆丰至农场，与七干河交汇。2004年，河道全长18.15公里，河底宽6~8米，底高0.5米，边坡系数2.5。

境内段河道为南北走向，从六干河交界处过常红社区、红旗镇区再经常南、常沙社区与七干河交汇，全长5518米，为排灌调蓄河道。1965年，开通六干河河口至红旗镇河道，长2368米，完成土方94483立方米，投资31925元。1970年至1971年，开通福山流漕至红旗镇段河道，使之与七干河连接，长3150米，完成土方100518立方米，投资51940元。1973年，对河道北段进行拓宽和疏浚，长2145米，完成土方48473立方米，投资24465元。1989年疏浚南段，段面长度3345米，完成土方79262立方米，投资322893元。

由四一农场向南至七干河，共建有机桥4座，为境内河道重要设施，其中公路大桥1座。

六干河　南起永南河，北至长江，于1956年冬自西旸至江边新辟而成，出江处在乐余镇与农场交界处。全长10.9公里，底宽6米，底高1米，边坡系数2.5。1962年疏浚，并在出江处建造水闸1座。1970年，由泗兴港向南延伸，接通永南河。

境内段河道西起北中心河，东至长江，全长3500米。

境内段河道由西向东至沿江公路，建有公路桥1座。

七干河　1970年12月8日起，由合兴、东莱、鹿苑及沙洲片6个公社和农场共3万民工平地开挖的东西向河道。西接永南河和西旸塘，向东越南丰、东沙，在农场与东沙交界处东出长江。主要解决农场、东沙、南丰、妙桥及常熟部分地区3.6万亩锅底农田的泄水。河道总长11.65公里，底宽7~20米，底高0米，边坡系数2.5。

境内段河道东起四五圩与大寨圩交界处，西至北中心河，全长5050米，完成土方196952立方米，投资58075元，河道占用面积为1818亩。

境内段河道由西向东至四五圩与大寨圩交界处，建有公路桥2座。

第二节　场办河道

一、主干河道

农场河　以农场名称命名，位于区域东部，出江处在闸北圩与长江圩交界处，向西沿跃进圩中部折向南，经东风圩、青年圩与长沙河相接，是境内贯通跃进、长江、长沙三大片区的综合性河道。2004年，河道全长6716米，底宽6米，面宽24米，坡比为1∶1.25。

农场河开挖拓浚工程分4次完成。1964年，首先开通原良种站公墓至长江外滩段的东西向河道，长1922米，完成土方74736立方米，投资38910元（含补贴民工大米9091.5公斤）。1965年，延伸开通原良种站公墓至长沙河段的南北向河道，长4194米，完成土方167671立方米，投资87107元（含补贴民工大米16275公斤）。1976年，第三次组织对农场河水闸（今沿江公路）至长沙河段河道进行疏浚拓宽，长5264米，完成土方112512立方米，投资65817元（含补贴民工大米18216.5公斤）。2003年，农场河水闸外移重建时，对沿江公路至外滩段河道进行疏浚拓宽，长600米，完成土方12600立方米，投资50400元。

1965年5月，在农场河河口内，跃进圩外口建造出江水闸1座，后于2002年冬至2003年春外移600米改建，原闸报废。在农场河上先后建造桥梁4座。

长沙河　以东长沙名称命名，位于区域南部，出江处位于原水产养殖场和十八工区交界处的长江滩口，经十五工区至青年圩，在东风圩和青年二圩分界处与农场河接通，再向西经十一工区至九工区和七工区分界处与卫星圩二号沟接通，是沟通长江和长沙两大片区并与农场河贯通的综合性河道。2004年，河道总长6120米，底宽6米，面宽24米，坡比为1∶1.25。

长沙河先后经6次开拓和疏浚而形成规模。1964年，首先开挖自沿江公路（原长江供销站）至卫星圩二号沟（今长沙河桥）段的东西向河道，长3664米，完成土方141064立方米，投资25916元（含补贴民工大米4973公斤）。1967年，第二次开拓卫星圩二号沟至七工区、八工区分界处的东西向河道，长1048.5米，完成土方13112立方米，投资3997元（含补贴民工大米945.5公斤）。1970年，对沿江公路至卫星圩二号沟段的部分河道进行加深拓宽，长3286米，完成土方19371立方米，投资9499元（含补贴民工大米2906公斤）。1973年，再次对沿江公路至青年二圩和文革三圩交界处的水泥桥段进行疏浚，长1446米，完成土方15015立方米，投资8010元（含补贴民工大米2211.5公斤）。1976年，延长开挖沿江公路向东至七五圩外围的长江滩地段河道，长659米，完成土方38900立方米，投资10346元（含补贴民工大米2863公斤）。1980年，又开挖七五圩外围至长沙河水闸段河道，长757米，完成土方87896立方米，投资50227元（含补贴民工大米13973公斤）。

1980年，场部在长沙河出江口建水闸1座。长沙河上建有桥梁3座。

运输河　位于红旗镇区，东西走向，是连接农场河、长沙河与北中心河的一条排灌运输的综合性河道，故名。2004年，河道全长1448米，底宽6米，面宽24米，坡比1∶1.25。1970年开通，东起农场河，向西经红旗镇区至北中心河，完成土方56472立方米，投资19808元（含补贴民工大米5485公斤）。运输河开通后，分别于1976年和1985年两次进行疏浚，完成土方31856立方米，投资17376元（含补贴民工大米1437公斤）。

运输河上建有桥梁4座。

二、中小河道

中小河道是与主干水系相配套的圩内中心河、生产用河道及各居民点、居民埭的引排水河道。共172条，全长186.36公里，河道面积3307.5亩。这些河道有的是在围垦时或围垦后，利用滩地流漕改造疏通而成，有的是在生产和生活实践中，经规划后从平地开挖而成。1964—2000年，按3年一轮的办法，对中小河道进行疏浚。2000年以后，每隔6年，用机械疏浚1次。

1964—1980年常阴沙农场中小河道开挖工程一览表

表3-2-1

年　份	长度（米）	土方量（立方米）	投　资	
			金额（元）	补贴大米（公斤）
1964	7009.00	53004.00	17657.00	—
1965	11592.00	104356.00	31812.00	7795.50
1966	6095.00	68657.00	19843.00	4070.50
1967	15731.00	142237.00	43927.00	11000.50
1968	2078.00	14535.00	4555.00	1465.50
1969	6902.00	102385.00	30652.00	9853.50
1970	13305.00	73602.00	19656.00	5597.50
1971	7204.00	61502.00	17188.00	5155.50
1972	28185.00	219913.00	60932.00	18644.00
1973	29502.00	156734.00	40966.00	12276.00
1974	15462.00	200229.00	62436.00	18732.00
1975	3679.00	46475.00	13015.00	3903.50
1976	6487.00	90102.00	24768.00	7673.00
1977	8536.00	100147.00	35286.00	9601.50
1978	13339.00	97211.00	39948.00	—
1979	7683.00	100029.00	34365.00	10008.50
1980	2112.00	14202.00	4480.00	586.50

1964—2004年常阴沙农场中小河道疏浚一览表(选年)

表3-2-2

年 份	长度(米)	土方(立方米)	投资(元)	年 份	长度(米)	土方(立方米)	投资(元)
1964	19495.00	30413.00	18856.00	1990	6736.00	10105.00	16673.00
1965	23835.00	47670.00	40519.00	1992	16580.00	26529.00	49078.00
1967	10485.00	16356.00	13902.00	1995	15238.00	23547.00	46623.00
1970	27639.00	39998.00	39377.00	1998	8902.00	13353.00	25370.00
1973	16035.00	25015.00	21262.00	2000	11523.00	17975.00	35830.00
1976	10612.00	16979.00	14432.00	2001	23458.00	36594.00	84116.00
1980	24292.00	37896.00	35622.00	2002	30570.00	47693.00	109693.00
1982	23322.00	41981.00	48236.00	2003	21514.00	33561.00	77190.00
1985	13982.00	21813.00	25084.00	2004	150731.50	888297.00	1340000.00
1988	1244300	19412.00	22323.00				

2004年常阴沙农场主要中小河道一览表

表3-2-3

河道名称	规 模		标 准			开挖年份	桥梁数	涵洞数
	长度(米)	条数	底宽(米)	面宽(米)	坡比			
建设圩中心河	905.00	1	5.00	12.00	1:1.80	1953	1	—
建设圩挂脚沟	2900.00	3	4.00	10.00	1:1.80	1953	1	1
建设圩饮水河	2412.00	2	4.00	10.00	1:1.80	1953	1	—
新闸东圩挂脚沟	2288.00	3	4.00	10.00	1:1.80	1962	—	1
新闸东圩饮水河	1140.00	2	4.00	10.00	1:1.80	1962	—	—
跃进圩北中心河	1446.00	1	4.00	10.00	1:1.80	1958	5	3
二工区挂脚沟	2635.00	2	4.00	10.00	1:1.80	1958	2	—
二工区埭饮水河	5020.00	4	4.00	10.00	1:1.80	1958	—	2
闸北圩挂脚沟	4136.00	4	4.00	10.00	1:1.80	1962	—	1
闸北圩饮水河	520.00	1	4.00	10.00	1:1.80	1962	1	—
跃进圩南中心河	1079.00	1	3.00	10.00	1:2.00	1957	2	3
三工区挂脚沟	3507.00	3	3.00	10.00	1:2.00	1957	5	1
三工区饮水河	3678.00	3	3.00	10.00	1:2.00	1957	—	8
四工区中心河	1114.00	1	3.00	10.00	1:2.00	1960	—	3
四工区挂脚沟	4354.00	4	3.60	10.00	1:1.80	1960	—	10
四工区饮水河	1250.00	1	3.60	10.00	1:1.80	1960	—	2
长江圩中心河	2140.00	1	2.40	8.00	1:1.80	1962	—	1
长江圩挂脚沟	5596.00	4	4.00	12.00	1:2.00	1962	3	5
长江圩饮水河	2780.00	1	4.00	12.00	1:2.00	1962	6	—
五工区中心河	2050.00	1	2.50	10.00	1:2.00	1960	—	2
五工区挂脚沟	4200.00	5	2.00	8.00	1:2.00	1961	1	1
五工区饮水河	5080.00	7	4.00	12.00	1:2.00	1961	13	6
合作三圩中心河	1850.00	2	2.00	8.00	1:2.00	1956	7	3

续表3-2-3

河道名称	规模		标准			开挖年份	桥梁数	涵洞数
	长度（米）	条数	底宽（米）	面宽（米）	坡比			
合作三圩挂脚沟	2600.00	4	2.50	10.00	1∶2.00	1957	2	4
合作三圩饮水河	2380.00	5	2.00	8.00	1∶2.00	1956	14	2
二十工区界址沟	700.00	1	2.00	8.00	1∶2.00	1978	3	—
七工区中心沟	2042.00	2	2.30	10.00	1∶2.00	1960	4	8
七工区挂脚沟	2335.00	2	1.80	8.00	1∶2.00	1965	—	9
七工区饮水河	3270.00	7	1.80	8.00	1∶2.00	1965	4	10
长沙圩民风沟	500.00	1	10.00	21.00	1∶1.80	1956	—	2
长沙圩中东沟	1150.00	1	2.30	10.00	1∶2.00	1956	3	3
卫星圩中心河	1600.00	1	4.00	12.00	1∶2.00	1960	1	6
卫星圩东框沟	1900.00	1	4.00	12.00	1∶2.00	1960	1	1
卫星圩饮水河	6100.00	5	3.00	10.00	1∶2.00	1960	5	7
七干河夹水沟	2900.00	1	4.00	8.00	1∶1.50	1972	—	3
青年二圩中心河	2000.00	1	4.00	12.00	1∶2.00	1964	2	—
青年二圩饮水河	2900.00	3	4.00	10.00	1∶2.00	1964	6	3
文青界址沟	2200.00	1	10.00	25.00	1∶2.00	1964	—	1
十七工区中心河	740.00	1	4.00	10.00	1∶2.00	1967	1	2
十七工区饮水河	2620.00	3	4.00	10.00	1∶2.00	1967	—	3
东风夹水沟	370.00	1	3.00	8.00	1∶2.00	1967	—	1
东沙镇区边缘沟	350.00	1	4.00	10.00	1∶1.75	1995	—	1
青年圩中心河	1730.00	1	4.00	12.00	1∶2.00	1963	—	2
青年圩挂脚沟	4085.00	3	3.00	8.00	1∶2.00	1963	—	6
青年圩东框沟	1732.00	1	12.00	20.00	1∶1.75	1963	—	2
青年圩饮水河	4025.00	9	2.00	8.00	1∶2.00	1963	—	16
三五圩中心河	1545.00	1	3.80	10.00	1∶1.75	1966	—	2
三五圩挂脚沟	4389.00	4	3.80	10.00	1∶1.75	1966	1	6
三五圩饮水河	1630.00	1	3.80	10.00	1∶1.75	1966	4	5
七五圩中心河	1441.00	1	2.00	8.00	1∶2.00	1975	—	2
七五圩挂脚沟	4183.00	3	8.00	17.00	1∶1.75	1975	—	7
八〇圩前框沟	220.00	1	3.80	10.00	1∶1.75	1983	—	2
文革三圩中心沟	2000.00	1	3.00	10.00	1∶2.00	1968	1	1
文革三圩挂脚沟	4000.00	2	4.00	12.00	1∶2.00	1968	2	3
文革三圩挂脚沟	2800.00	2	3.00	10.00	1∶2.00	1968	—	—
文革三圩饮水河	5000.00	1	3.00	10.00	1∶2.00	1968	6	16
四五圩中心沟	2000.00	1	3.00	10.00	1∶2.00	1971	1	2
四五圩东框沟	2000.00	1	4.00	12.00	1∶2.00	1971	—	2
四五圩挂脚沟	2800.00	3	3.00	10.00	1∶2.00	1971	—	1
四五圩饮水河	3200.00	1	3.00	10.00	1∶2.00	1971	6	8
生建圩北框沟	430.00	1	3.00	8.00	1∶2.00	1957	—	—

续表3-2-3

河道名称	规　模		标　　准			开挖年份	桥梁数	涵洞数
	长度（米）	条数	底宽（米）	面宽（米）	坡比			
合作头圩中心沟	980.00	1	3.00	10.00	1:2.00	1955	1	3
十二工区挂脚沟	4910.00	4	2.00	7.00	1:2.00	1954	2	2
十二工区饮水河	5042.00	3	3.00	10.00	1:2.00	1954	3	3
合作圩界址河	1450.00	1	8.00	20.00	1:2.00	1954	—	1
一〇工区东兴沟	600.00	2	3.00	8.00	1:2.00	1958	—	—
一〇工区东林沟	2335.00	3	2.00	10.00	1:2.00	1958	1	1
集镇边缘沟	1058.00	4	3.00	10.00	1:2.00	1958	—	—
一〇工区饮水河	2250.00	3	3.00	10.00	1:2.00	1958	1	1
合作二圩饮水河	3700.00	1	3.00	10.00	1:2.00	1956	4	4
合作二圩大寨河	230.00	1	4.00	12.00	1:2.00	1961	1	—
跃进圩公墓回沟	220.00	1	3.00	10.00	1:2.00	1956	—	—
跃进圩流漕河	1100.00	1	3.00	10.00	1:2.00	1993	—	—
常虹新村排水沟	200.00	1	2.00	6.00	1:1.80	1989	—	—
常乐新村排水沟	1000.00	5	4.00	10.00	1:1.80	1986	—	—

附：援外工程

1958年11月，东长沙、建设圩、合作头圩、合作二圩、合作三圩及生建圩6个尚未进入农场的大队，出动民工1000多人，参加列入由江苏、浙江、上海共同制定的太湖流域“太湖控制线、太湖排洪道、东坝引水三大枢纽工程”规划，并由望虞河东控制工程指挥部组织的望虞河开挖工程，历时4个多月。

1975年12月，出动民工3180余人，参加三干河拓浚工程，段面总长610米，完成土方12万立方米。

1977年冬至1978年春，出动3000多人，参加沙洲县大寨圩围垦工程，共完成土方10万多立方米、石方6360立方米。

1979年冬，出动民工3200余人参加一干河疏拓工程，段面总长564米，完成土方8.5万立方米。

1980年12月，出动民工3240余人，参加江阴县境内锡澄运河疏浚工程，段面总长不足150米，由于段面短，底深坡陡起方难，全线开工难以展开，因而实行白天晚上三班倒的工作制度，白天轮流开工抢时间，晚上挑灯夜战不息人。经过半个多月时间的努力，共完成土方3.5万立方米。

第三章　涵闸工程

第一节　水　闸

一、出江水闸

六干河水闸　位于常阴沙农场北部区域的六干河出江口。始建于1962年4月，距长江约700米。承担农场、乐余、南丰及鹿苑北部的引排水。该闸为单孔节制闸，闸孔径6米，顶高7.4米，底高0.5米，闸门为钢板直升门，以绳鼓式启闭机机械启动。附建有荷载为中拖的单孔板式桥1座，净宽4米。设计排涝流量每秒52.25立方米，受益面积20平方公里，耕地3万亩。

2002年，该闸拆除并东移重建，距长江约400米。工程于8月1日开工，2003年8月10日竣工。由苏州市水利勘测设计院设计，苏州市水利工程公司承建，张家港市防洪工程建设管理处组织施工，苏州市水利监理有限公司监理。总投资658.41万元。完成混凝土方3440立方米，灌砌块石2100立方米，浆砌块石570立方米，干砌块石护坡540立方米。设计引水流量每秒43.3立方米、排涝流量每秒52.3立方米。新建闸为单孔节制闸，闸孔径10米，顶高8.75米，底高0米，闸门为平面升卧式钢直门，以液压式启闭机启动。附建有荷载为中拖的交通桥1座，净宽5米。闸东西首分别设控制室，闸墩建工作桥，净宽3米。

农场河水闸　原为农场自行建造并管理的出江水闸。闸址位于农场河出江口的跃进圩东部中端、长江圩西北角和闸北圩南角，距长江约900米。1964年，由苏州建筑工程队设计和建造，1965年5月竣工，当年造价18.35万元。闸孔径6米，顶高7.5米，底高0.5米，闸门为钢板直升门，以绳鼓式启闭机机械启动。附建荷载为中拖的单孔板式桥1座，净宽4米。

2004年，该闸以保留老闸的方式外移重建，距长江约300米。工程于2月10日开工，9月26日竣工。由苏州市水利勘测设计院设计，淮阴市水利建设集团有限公司承建，张家港市防洪工程建设管理处组织实施，苏州市水利建设监理有限公司监理。总投资512万元，完成工程量为土方3.2万立方米、石方0.14万立方米、混凝土方0.23万立方米。设计引水流量每秒45立方米、排涝流量每秒44.20立方米。新闸为单孔节制闸，闸孔径6米，为钢筋混凝土U形结构。闸身长14米，总宽8米，闸底板顶高0米，闸墩顶高8.75米。升卧式平面钢闸门，以油压启闭机启动，闸门顶高7.7米。上下游均建有消力池，长度分别为16.5米和15米，池深0.8米，池外上下游各设置灌砌块石护坡及防冲槽。闸身上下游两岸设翼墙，采用连拱空箱式钢筋混凝土挡土墙和钢筋混凝土扶壁式墙，附建汽-10级交通桥一座。建成后即移交给张家港市水利局堤闸站管理。

长沙河水闸　原为农场自行建造并管理的出江水闸。闸址在长沙河出江处，距长江口50米。1980年7月，由常阴沙农场建筑公司设计和建造，造价27.7万元。闸孔径6米，顶高7.5米，底高0.5米，闸门为钢板直升门，以绳鼓式启闭机机械启动。附建单孔板式桥1座，桥宽6米。

2004年4月，该闸移交给市水利局堤闸站管理后，在原址改建。10月25日开工。由苏州市水利勘测设计院设计，江苏圣通建设工程有限公司承建，张家港市防洪工程建设管理处组织实施，苏州市水利建设监理有限公司监理。总投资627.71万元，实际完成工程量为土方7.09万立方米、石方0.4万立方米、混凝土方0.35万立方米。设计引水流量每秒45立方米、排涝流量每秒44.2立方米。新闸为单孔节制闸，闸身长15米，宽8米，孔径6米，闸底板高程0.5米，闸顶高程8.75米，门顶高程7.6米。上下游消力池长度分别为16.5米和15米。钢筋混凝土U形结构，升卧式平板钢闸门，以油压启闭机启动。上下游翼墙采用扶壁式钢筋混凝土挡土墙，上游翼墙顶高5米，加1米挡浪墙；下游翼墙顶高6.6米，加1米挡浪墙。附建汽-10交通桥1座，净宽5米。

七干河水闸　位于常阴沙农场南部区域的七干河出江处，距长江50米。1970年围垦七〇圩，新辟七干河，同时建闸，1971年5月竣工放水。闸3孔，宽14米。中孔为通航孔，宽6米，通航高7.5米，两边孔为泄水孔，宽4米，钢筋混凝土闸墩。东侧岸墩为空箱式浆砌块石结构，空箱内设水力发电孔，西侧岸墩为半重力式浆砌块石结构，边墩高7.7米，迎水侧设观鱼道，因闸内外均为淡水，观鱼道纳鱼苗极少，于一年后停止观察。闸底板为分块式钢筋混凝土结构，底高-0.5米，厚1.5米。上游消力池、护坦、防冲槽分别长14米、25米、10米，高程为-1.3米和-1.5米。闸门均为钢筋混凝土框架，钢丝网水泥波形面板，以绳鼓式设备启闭。发电孔、鱼道门为钢筋混凝土结构，采用3吨手摇螺杆启闭。投资45万元，完成土方20万立方米、混凝土方2500立方米、浆干砌块石3600立方米。1980年，改绳鼓式启闭为油压式启闭。1996年，改中孔闸门为平板钢闸门；边孔闸门仍为钢筋混凝土框架，钢丝网水泥波形面板，门高4.5米，门顶设钢筋混凝土胸墙，高3米。中孔启闭设备为2X7.5T绳鼓式卷扬启闭机，边孔为液压启闭机。附建汽-20交通桥1座。

2001年,该闸加固。工程于10月20日开工,2002年5月12日竣工。由张家港市防洪工程建设管理处组织实施,张家港市水利建设工程有限公司承建,苏州市水利建设监理有限公司监理。总投资344.8万元,完成工程量为土方7.23万立方米、石方790立方米、混凝土方147立方米。设计引水流量每秒108立方米、排涝流量每秒135立方米。受益面积80平方公里,耕地9万亩。

二、内河套闸

北中心河小闸 位于农场圩西部,北中心河与六干河交汇地段的南侧,建于1961年5月。闸门孔径为4米,叠木式结构,人力手动启闭。附建有木桥1座,后北移并改桥型为单孔板式桥,即长春桥。该闸于1965年在延伸北中心河工程中被拆除。

红旗套闸 位于红旗镇区的运输河西端,离通运南路50米处。1971年8月,由常阴沙农场建筑工程队设计建造,造价10.06万元,闸孔径5米,钢板直升门,以1吨电动卷扬机电控启动,附建有单孔空心桥1座,定名为套闸桥。

三、圩口闸

文革二圩中心沟圩口闸 位于文革二圩中心沟出七干河处。建于1975年4月,孔径3.5米,混凝土直升式闸门,3吨葫芦启闭机人力启动,附建有单孔板式桥1座。造价0.87万元。

合作头圩南框沟圩口闸 位于合作头圩南框沟经跃进圩出农场河处。建于1976年5月,孔径4米,混凝土直升式闸门,手摇启闭机人力启动,附建有单孔板式桥1座。当年造价1.06万元。

建设圩中心沟圩口闸 位于建设圩中心沟出六干河处。建于1977年5月,孔径4米,混凝土直升式闸门,手摇启闭机人力启动,附建有单孔"π"型轻型结构桥。造价1.05万元。

第二节 涵 洞

自1953年围垦建设圩开始在圩内建造涵洞。1960—2005年,境内共建造各类涵洞279座,开挖土方243596立方米,投入资金141064元。其中1960—1980年建造248座,1981—2004年建造31座。其间,先后封闭和拆除废弃涵洞60座,至2005年,境内实际在用涵洞219座,其中直径在100厘米以上的大型涵洞36座,直径在30~100厘米的中小型涵洞183座。

出江(港)涵洞 新圩围成后,为防治水涝灾害,在有关河道出江(港)的连接处破堤建造,类型有木涵洞和水泥管涵洞,规格一般在80厘米以上,并建有人力手摇式启闭设备。这种涵洞,在逐年围垦新圩后,视其作用的大小和功能的转换情况,有些逐步封闭并拆除,如原跃进圩出江涵洞、万亩圩出江涵洞等,有些则改造成涡工泵排涝站。

内河涵洞 是埋在实坝内的水泥管,为河道连接处的水陆通道,规格一般为直径30~80厘米之间。

1960—1981年常阴沙农场主要涵洞一览表

表3-3-1

工区名	位 置	类 型	规格(厘米)	建造年份
一〇工区	合作二圩供销社出北中心河	水泥管	直径80	1960
一〇工区	合作二圩公路边出北中心河	水泥管	直径80	1962
一〇工区	合作二圩电控厂前出北中心河	水泥管	直径80	1962
十三工区	长江圩北岸出江(现为出农场河)	方木涵	120×120	1963

续表 3-3-1

工区名	位　　置	类　型	规格（厘米）	建造年份
六工区	合作三圩出北中心河	水泥管	直径100	1963
十一工区	青年二圩中心沟坝	水泥管	直径100	1964
四工区	长江繁殖场出农场河	水泥管	直径100	1964
四工区	东风圩北框沟出农场河	水泥管	直径100	1964
四工区	东风圩中腰沟出农场河	水泥管	直径100	1964
十二工区	合作头圩西向出北中心河	方木涵	130×40	1964
八工区	卫星圩二号沟出长沙河	方木涵	100×50	1964
八工区	卫星圩四号田北出长沙河	水泥管	直径100	1964
十一工区	青年二圩中心沟出七干河	方木涵	80×45	1964
五工区	东风圩中心沟原工区办公室边	水泥管	直径80	1965
五工区	东风圩中腰沟出中心沟	水泥管	直径80	1965
三工区	跃进圩中心沟出农场河	水泥管	直径80	1965
三工区	跃进圩南横河出农场河	水泥管	直径100	1965
三工区	跃进圩东框沟出农场河	水泥管	直径100	1965
二十工区	东风圩二小队前沟出农场河	水泥管	直径100	1965
二工区	跃进圩中心沟出农场河	水泥管	直径100	1965
二工区	跃进圩东框沟出农场河	水泥管	直径100	1965
五工区	东风圩东框沟出农场河	水泥管	直径80	1965
十四工区	青年圩东框沟出长沙河	水泥管	直径100	1965
十二工区	合作头圩中心埭沟出北中心河	水泥管	直径100	1966
十五工区	三五圩中心沟出长沙河	水泥管	直径80	1966
良种站	合作二圩鱼池出农场河	水泥管	直径80	1967
十六工区	文革三圩西框沟出长沙河	水泥管	直径100	1969
十六工区	文革三圩东框沟出长沙河	方木涵	120×120	1969
十六工区	文革三圩中心路跨东框沟	水泥管	直径100	1970
十六工区	文革三圩中心路跨西框沟	水泥管	直径100	1970
十六工区	文革三圩东框沟出七干河	方木涵	80×45	1971
十六工区	文革三圩中心沟出七干河	方木涵	80×45	1971
八工区	卫星圩前框沟出七干河	方木涵	90×50	1971
十八工区	四五圩中心沟南出七干河	水泥管	直径100	1971
十四工区	青年圩中心河出长沙河	水泥管	直径100	1973
八工区	卫星圩中框二号沟出长沙河	水泥管	直径80	1974
十八工区	四五圩中心路跨中心沟	水泥管	直径100	1975
二工区	闸北圩出农场河	水泥管	直径100	1975

续表3-3-1

工区名	位　　置	类　型	规格（厘米）	建造年份
一工区	新闸东圩西北角出江	水泥管	直径100	1975
九工区	卫星圩马路跨南框沟	水泥管	直径100	1976
七工区	卫星圩居民点东沟出长沙河	水泥管	直径100	1978
二十工区	东风圩前沟出农场河	水泥管	直径100	1978
二十工区	东风圩原工区办公室饮水沟出农场河	水泥管	直径100	1979
水产场	八〇圩中心路跨东框沟	水泥管	直径100	1980
水产场	八〇圩东框沟出长沙河	水泥管	直径100	1980
十六工区	文革三圩北框沟出长沙河（东）	水泥管	直径100	1980
十六工区	文革三圩北框沟出长沙河（西）	水泥管	直径100	1980
水产场	八〇圩北出江	水泥管	直径100	1980
二十工区	东风圩电灌站出农场河	水泥管	直径100	1980
九工区	卫星圩东框沟与十一工区交界	水泥管	直径100	1981

第三节　排涝站

1976年，在卫星圩内原八工区、九工区交界处的七干河边建造涡工泵排涝站，型号为苏排IV-28WZL-113，流量每秒1.05立方米，转速每分钟488转，功率28千瓦，效率78%，总投资3348元，共完成土方4697立方米。此后，陆续在文革三圩七干河出口处、卫星圩西端北中心河出口处、卫星圩与青年二圩交界七干河出口处等低洼地段建造涡工泵排涝站8座。2003年11月，随六干河水闸和农场河水闸外移，于2004年将原新闸东圩出江涵洞、长江圩出江涵洞改建成新闸东圩出六干河排涝站、长江圩出农场河排涝站。2004年，有排涝站10座，装机容量487千瓦，流量每秒16.6立方米，有效排涝面积7054亩。

2004年常阴沙农场涡工泵排涝站情况表

表3-3-2

名　　称	地　　址	结构类型	规格型号	功率/流量	排涝面积（亩）	建成年份
乐红排涝站	常红社区与华丰油脂有限公司交界处	混流	14寸	22/0.3	450	2001
乐兴排涝站	常红社区与常阴沙敬老院交界处	混流	28寸	65/1.8	800	2004
常西排涝站	常西社区辖新闸东圩靠六干河出口处	混流	28寸	45/1.2	643	2004
常北排涝站	常北社区辖长江圩靠农场河出口处	混流	28寸	45/1.2	1731	2004
常南排涝站	常南社区辖长沙圩民丰埭	混流	28寸	65/1.8	1200	2004
十七工区排涝站	常沙社区辖文革三圩靠七干河出口处	混流	28寸	55/6.2	780	1999
常沙排涝站	常沙社区辖卫星圩靠七干河出口处	混流	28寸	60/1.5	500	2004
八工区排涝站	常沙社区卫星圩西端靠北中心河出口处	混流	14寸	40/0.6	200	1998
九工区排涝站	常沙社区辖卫星圩与青年圩交界处	混流	14寸	30/0.5	150	1998
蔬菜基地排涝站	常沙社区辖青年二圩靠七干河出口处	混流	28寸	60/1.5	600	2004

第四章 农田水利

第一节 土地改造与平整

一、改造流漕

1960—1981年，除在历年围垦时将临近堤岸的一般性流漕开挖改造成挂脚沟外，先后将7条较大流漕疏理改造成为鱼池，总长5550米，完成土方134674立方米。将29条大型流漕取土填平成为农田，总长26556米，完成土方1693552立方米，填平后新增土地1054亩，总投资752794元（含补贴民工大米880769公斤）。

1965—1972年常阴沙农场圩内流漕改造成鱼池情况表

表3-4-1

年份	所在圩名	所在地点	长度（米）	土方（立方米）	投资	
					金额（元）	补贴大米（公斤）
1965	合作三圩	一〇工区	1155.00	27705.00	14095.00	4299.00
1970	东风圩	长江繁殖场	1790.00	28644.00	10032.00	3010.00
1972	合作二圩	良种站	741.00	57310.00	21026.00	6007.00
1972	东风圩	四工区	200.00	1894.00	663.00	198.00
1972	东风圩	五工区	490.00	8206.00	2872.00	861.50
1972	合作二圩	一〇工区	512.00	2067.00	827.00	248.00
1972	青年圩	十四工区	662.00	8848.00	2212.00	663.50

1960—1981年常阴沙农场圩内流漕改造填平情况表

表3-4-2

圩名	所在工区	条数	长度（米）	土方（立方米）	投资	
					金额（元）	补贴大米（公斤）
建设圩	一工区	2	2340.00	152100.00	34983.00	83655.00
跃进圩	二工区、三工区	3	3625.00	252042.00	57969.00	138623.00
农场圩	四一农场	1	1523.00	84321.00	19394.00	46736.00
合作头圩	十二工区	1	656.00	36412.00	8374.00	20026.00
合作二圩	良种站	1	1785.00	120513.00	27718.00	15244.00
合作三圩	六工区	2	2050.00	137350.00	31591.00	75542.00
东风圩	四工区	1	612.00	36023.00	9006.00	19812.00
七五圩	十九工区	3	1150.00	64432.00	16108.00	35437.00
青年圩	十四工区	2	1670.00	100210.00	24050.00	55115.00

续表3-4-2

圩 名	所在工区	条数	长度（米）	土方（立方米）	投 资	
					金额（元）	补贴大米（公斤）
四五圩	十八工区	4	1923.00	114035.00	29649.00	62719.00
文革三圩	十六工区	1	2163.00	147061.00	38235.00	80883.00
青年二圩	十一工区	1	961.00	57636.00	13256.00	31699.00
卫星圩	八工区、九工区	1	3000.00	204357.00	47002.00	112396.00
长江圩	十三工区	3	1648.00	92810.00	22274.00	51045.00
三五圩	十五工区	3	1450.00	94250.00	23562.00	51837.00

二、土地平整

60年代初期开始，每年都利用冬春农闲季节进行大规模的土地平整工程，70年代中期进入高潮。1975年10月，农场场长张掌福在山西参加全国农业学大寨会议回场后，提出“狠抓根本学大寨，农场大地再安排，粮超双纲棉纲半，林牧副渔齐发展，加速农业机械化，苦战一年变大寨”的口号，当夜组织全场两级干部到江阴县华士公社参观挑灯夜战现场。11月，场部抽调400多名青年职工组成农田基本建设专业队，集中在六工区、十三工区、十八工区、十九工区等地进行大规模的土地平整，吃住在工地。专业队于1976年3月解散。80年代后，境内的土地进入正常种植和管理。

1964—1981年，全场平整土地总面积37661亩，总投入126.68万元。其中，铲除废岸52条，总长17875米，新增土地4361亩，完成土方1064693立方米，投入费用28.55万元（含补贴民工大米70351公斤）；平整土地33300亩，完成土方4210329立方米，投入98.13万元（含补贴民工大米268696.5公斤）。

1965—1979年常阴沙农场铲除废岸一览表

表3-4-3

年 份	长度（米）	面积（亩）	土方（立方米）	投资金额（元）	补贴大米（公斤）
1965	3079.00	765.00	129108.00	30966.00	7279.00
1966	1120.00	290.00	45307.00	14994.00	3192.00
1967	543.00	175.00	33369.00	8893.00	1556.50
1968	250.00	50.00	15520.00	3880.00	1249.50
1970	1787.00	300.00	44798.00	11199.00	3251.00
1971	2224.00	650.00	115268.00	28604.00	8571.00
1972	4366.00	892.00	212957.00	51226.00	15385.00
1973	1394.00	430.00	179018.00	44544.00	13390.00
1974	252.00	180.00	44359.00	11036.00	3310.00
1978	1230.00	204.00	62945.00	16613.00	—
1979	1630.00	425.00	182044.00	43890.00	13167.00
合计	17875.00	4361.00	1064693.00	265850.00	70351.00

1964—1981年常阴沙农场平整土地一览表

表3-4-4

年 份	面积(亩)	土方(立方米)	投资金额(元)	补贴大米(公斤)
1964	743.00	46353.00	15771.00	1731.50
1965	447.00	27485.00	8615.00	654.00
1966	262.00	16197.00	7416.00	277.00
1967	1231.00	227099.00	49158.00	40715.50
1968	1056.00	65103.00	13021.00	4199.00
1969	1350.00	83355.00	16716.00	5187.00
1970	1797.00	271533.00	68077.00	20536.50
1971	1772.00	166563.00	33342.00	10013.50
1972	3864.00	416027.00	83566.00	25087.00
1973	3277.00	333178.00	79857.00	23733.50
1974	3510.00	449535.00	93061.00	27919.50
1975	2882.00	405061.00	87898.00	20253.00
1976	3086.00	507345.00	110093.00	25372.50
1977	1269.00	409975.00	88964.00	20648.50
1978	1287.00	382558.00	73309.00	19628.00
1979	3995.00	245238.00	53216.00	12262.00
1980	1031.00	111354.00	24163.00	8160.00
1981	440.00	46370.00	10062.00	2318.50
合计	33299.00	4210329.00	916305.00	268696.50

第二节 田间沟渠

一、田间渠

1959年前，农田灌溉不用渠道，只在河边选择适当位置支上水车，做一小码门，开一条小渠输水，水在田块间串流漫灌。

1960年围垦万亩圩后，根据田块条势长、面积大的情况，开始开挖排灌渠道。从1963年起，全面应用半填半挖式渠道，即明渠，面宽1.5~2米，底宽40厘米。1977年开始修建直径为80~100厘米的水泥管暗渠，至1982年，共修建1440米。暗渠兴建后，经过长年使用后由于渗水严重，难于修理，从90年代后期起，逐步封闭，改用明渠，暗渠于2003年全部淘汰。2004年，全场有明渠114条，全长72245米。

二、田间沟

条田沟和三角沟　一种固定的排水和灌溉两用的明沟。1958年围垦跃进圩后，每间隔300米开挖一条条田沟，面宽6~8米，下挖深度1.3米；每间隔100米开挖一条三角沟，面宽2.5~3米，下挖深度1~1.10米，形成既排又灌、排灌畅通的农田条块格局。2004年，共有条田沟86条，总长度为50435米；三角沟610条，总长度208094米。

墒沟　一种临时性的排水沟系统，分竖沟、横沟、围沟，又称内三沟。竖沟每间隔3~6米开一条；

横沟即腰沟，一条田中间开一至数条，一般每25~30米开一条；围沟开在田的四周。常阴沙农场全境属夹砂土，土质松散，开挖的墒沟容易坍塌，且需每年进行水旱轮作，因此，所开的墒沟只能用一茬，第二茬须重新开挖。60年代后期至70年代初，学习塘桥经验，曾一度试验用砖块砌成暗沟的形式在良种站进行灌排水，由于不符合实际而很快停止。

第三节　农田灌溉

一、人力、畜力、风力、自流灌溉

1959年前，农田灌溉基本上以人力、畜力和风力为动力，俗称“三车”，盛行于东长沙及新围垦的建设圩、合作头圩、合作二圩、合作三圩和生建圩等区域，全境共有水车、牛车和风车11部。1959年10月进入农场后停止使用。

老农场除有少量动力机械外，采用自流灌溉，即在长江涨潮时，利用出江涵洞开闸进水，先引入水沟，后进三角沟，再逐个田块灌溉。1959年后，这种引水自流灌溉的办法主要在沿江工区使用较多。自流灌溉既方便，又省工省本，但同时也存在一定的危险性，因而在60年代后期实行机械灌溉后，即停止使用。

二、机械灌溉

机船，即抽水机船，又称戽水机船，本地人称“洋龙船”，是常阴沙农场早期采用的一种灌溉工具。1960年春，为搞好万亩圩的围垦工程，省农林厅从常熟县塘桥抽水机站调来7艘抽水机船，共124千瓦，用于排涝治水。万亩圩工程结束后，7艘抽水机船即留在农场承担农田灌溉任务，并在全场农业管理区中巡回灌溉。60年代后期，抽水机船逐步被座机（固定的机械灌溉站）所替代，并逐步被淘汰。

座机，始于60年代后期。1967年，场部在各个工区建造机械灌溉站，在选定的位置上浇筑机墩，再将动力机械安装在机墩上，带动水泵，灌溉农田。座机一般选用17.7千瓦柴油机，部分田块条势长的工区选用35.5千瓦柴油机。70年代开始，农田灌溉全部实现机械化。

三、电力灌溉

1976年起，农场在逐步接通并用上高压电后，遂进行电力灌溉站的改建工作，1981年，全场共建有20座电力灌溉站及与之相配套的建筑物。至此，虽初步形成能排能灌的农田排灌独立体系，但受高压电供用不正常的制约，只能采取机械与电力相结合的方式灌溉农田，实行有电用电，无电用机。1986年起，农田灌溉全面实现电力化。90年代中期开始，又逐步将固定泵站改建成流动泵站。2004年，共有各类水泵209台、功率1863千瓦，有效灌溉面积为26828亩。

第五章　防汛抗灾

第一节　组织机构

60年代初，农场开始建立防汛指挥部，后改为防汛抗台（抗灾或抗旱）指挥部，作为常设机构，场长任总指挥，分管农业的副场长任副总指挥。指挥部组成人员由场党政工正副职领导、各科室负责人和各农业工区主要负责人及商业、保卫（公安）、电力、通信等部门负责人组成。指挥部下设若干分指挥部，人员分别由场部行政副职、有关科室负责人和有关工区党支部书记组成。防汛抗台（抗灾或抗旱）指挥部接受省农垦局和地方防汛指挥部领导，组成人员每年调整一次，并在当年的3—4月由场党委和场部联合下发文件。春夏之间组织防汛检查，5—9月汛期恢复办公。1965年至2004年属地管理前，汛期到来之际，堤闸站（农业科下属机构，由农场河水闸、长沙河水闸、红旗套闸工作人员组成）承担雨量、水位测报任务，及时掌握雨情、汛情、水情。

防汛抗灾指挥部下设抢险救灾队伍，在每年下发的关于调整场防汛抗台指挥部组成人员的通知中规定组织名称、组成人员以及各级组织的任务。一般有4支队伍：巡逻值班队，由各农业工区指派200人以上组成，主要承担农场河水闸、六干河水闸闸外港堤和一工区、十三工区的出江涵洞（后改建为排涝泵站）及一工区至长沙河水闸段沿江江堤的水位、水情与汛情的巡逻值班任务；通信队，由电力、电信部门及派出所联合指派15人以上组成，主要承担汛期防汛抗台期间的通信保障任务；物资供给队，由商业部门及场属工建交单位指派50人以上组成，主要承担汛期防汛抗台所需各类物资的供给保障；抢险救灾队，由每个农业工区指派不少于50人，总人数不少于650人组成。

防汛抗灾期间的物资如草包、蒲包、麻袋、铅丝等由国家备办，木材、竹子、柴草、油布等由农场场部发动工厂单位或职工群众自筹解决，一律于汛期来临前备足备齐，专仓储存，专人保管，专材专用。开始时，由农场自行保管，70年代开始，由供销社调运储存，一旦需要，随时提取。经费由农场自筹，灾情严重的年份，由农场向主管部门提出灾情报告，省农垦局出面向国家申请给予适当补助。

第二节　抗灾纪实

1949年至2005年，农场范围内发生较大洪涝、雨涝、台风灾害近30次，其中因灾损失较严重的7次。常阴沙农场在主管部门和地方政府领导下，贯彻“以防为主，防重于抢”的方针，积极同洪涝、雨涝及台风灾害进行艰苦顽强的斗争。

一、1949年遭受洪涝台风灾害

1949年7月24日（农历六月二十九日），是境内众多居民不能忘怀的沉重日子。7月23日中午，6号强台风入境，风势迅猛，并越来越大。下午，大风伴随暴雨如注而下。翌日（农历二十九日）凌晨1—2时，强劲的东北风将东海之水压向长江口，与上游洪峰汇集，向凸于江心的东长沙土圩袭击。不多时，从厚德东北圩向西直至建成南圩整个门岸，一下被冲开四五个大缺口，潮水长驱直入，冲向农田和居民住宅。7月25日天明，潮水慢慢退去后，东长沙已是一片家破人亡、妻离子散的景象。事后，据南丰区生建乡人民政府调查核实，在这次潮灾中，东长沙10只小圩2340亩土地全部被淹，97人死亡，幸存者仅有100多人。后据有关部门分析，造成这次大潮灾的原因主要有二点，一是风力大、水位高，台风过境时，最大风力10~12级，最高水位达吴淞高程6.45米；二是江堤矮小，且防水防潮能力差，在潮水破堤时，只有高宅基没有被淹，保住了及时登上高宅基避难的100多人的性命。灾害发生后，人民政府紧急部署抢险救灾，开展抢修江堤、生产自救运动。东长沙群众在南丰区生建乡政府的动员和带领下，抢修江堤4.75公里。1949年冬，南丰区公署水利大队部成立东长沙江堤修复工程处，按照田亩平均负担，集体挑泥，统一修堤，对破损不堪的江堤进行全线修复和加固。1950年春，人民政府在发放大量“以工代赈”水利救济米和豆饼的基础上，还向灾区群众发放种子，鼓励群众在田内改种、补种农作物以进行生产自救，人民群众的生活得以安定。

二、1962年抗击台风雨涝灾害

1962年9月5—6日，14号台风过境，风力8~10级，昼夜降雨284毫米，其中6日的降雨量达219.6毫米，长江圩东北角江堤被江潮冲垮决堤，新围垦的长江圩因破圩而被淹，圩内水深1米，2482

亩土地全部被淹，1000多亩大豆颗粒无收。退潮后，常阴沙农场积极采取补救措施，调动7艘抽水机船排涝8个昼夜，同时动员群众对破损的江堤进行培修和加固，加驳石坡2019立方米，投资3735元（含补贴民工大米1009.5公斤）。

三、1974年抗击大风暴雨灾害

1974年7月下旬至8月20日，境内连续四次遭遇台风暴雨袭击。7月26日晚，风力7~8级，降雨量218.8毫米；28日至29日上午，风力10级，降雨量106.4毫米；30日至31日上午，风力7级，降雨量98毫米。26—31日累计降雨423.2毫米。全场1.10万亩稻田、2.20万亩棉田受淹，各主干林带的防护林树木大范围折断。场党委书记隋曙光率全体机关干部到各个农业大队指挥抢险救灾。8月19—20日，正值农历七月初三大潮，又遇长江洪峰和13号台风过境，风力8级，农场河、六干河外潮位达6.80米，超过1954年潮位6.59米0.21米，对长江江堤构成了严重威胁。对此，农场党委发动19个农业大队近4000人组成抢险队伍，日夜守候在江堤第一线，场党委、场部及各个农业大队的所有干部自19日晚上，起连续20多个小时奋战在防汛第一线，直至20日傍晚潮退风停。

四、1977年抗击台风灾害

1977年9月10日，8号台风由长江口登陆西进。下午2时，农场全境受台风正面袭击，过境风力8~9级，最大风力11级，伴有大暴雨，雨量173.7毫米。大批树木刮被断，部分公路交通中断，电话、广播、高压电倒杆断线，棉花大面积倒伏，果枝断裂，上部小桃、花蕾全部被打落，杂优单季稻和生长旺盛的后季稻叶裂茎断。全场22个工区，203个生产小队的1.3万多名干部职工紧急出动，抗灾救灾，抢修电话、广播与电线杆，架设电线，清理断裂的树木，扶植棉花，抢抓田间管理，人们的生活和农副业生产恢复正常。

五、1990年抗击台风雨涝灾害

1990年8月底至9月初，境内连续遭受15号、17号两次台风袭击。8月31日至9月1日，先受15号台风正面袭击，最大风力9级，降雨量86.6毫米。9月5日到6日上午，再遭17号台风倒槽影响，降雨105.1毫米。两次台风共降雨191.7毫米，给全场的农业生产造成了严重损失。10984亩棉花倒伏，平均单株脱铃2个、脱蕾4.5个，净增烂铃1.4个，铃重降低0.4克，损失约180万元；5546亩大麦茬水稻受灾后千粒重下降1克，亩均减产30公斤。损失约20万元。灾情发生后，全场全面出击，投入抗灾。场部先后召开4次全民广播会议、3次机关干部和工区党支部书记会议，进行抗台风、战雨涝、争主动、夺丰收的紧急动员。组织3700多名劳动力及时清理河道障碍物和田间排水沟系，利用2座出江水闸和40座涵洞，昼夜值班，突击排水。至9月7日，共清理排水沟142条，清理河道34000多米，清理三角沟500多条。

六、1991年抗击雨涝灾害

1991年7月，境内发生有记载以来从未有过的雨涝灾害。5、6、7三个月90天雨日达45天，降雨量946.1毫米。其中，6月13日至15日三天内降雨189毫米，7月1日至2日两天降雨量277.8毫米，7月13日16时30分后的30分钟内降雨34毫米，7月16日16时后内降雨18毫米，给全场工农业生产造成直接经济损失1351.18万元。其中农业损失820.45万元：24000亩小麦减产，14146亩西瓜绝收，14750亩水稻和13340亩棉花受淹（其中1500亩水稻和3500亩棉花死亡），6200亩果树、260余亩鱼塘减收，170头生猪和3560羽家禽死亡。另外，1万米高压电线路中断，8座电灌站倒坍，39只涵洞、1座桥梁、2台变压器损坏。11家工厂仓库进水，砖瓦厂20万块砖坯坍方。167户职工330间住房进水，12户职工30间住房倒坍。灾害发生后，全场紧急动员，组织抗灾。农场河水闸、长沙河水闸的工作人员日夜坚守岗位，只要一落潮即开闸排水，所有内河涵洞派专人值班，涡工泵排涝站日夜运转。7月22日（出梅后的第三天），场党委、场部在影剧院观众厅召开千人大会，提出“灾中损失灾后补”，动员全场职工立足抗灾，全面开展秋熟超产运动，把雨涝灾害带来的损失减少到最低限度。各农业工区迅速行动，采取相应措施，抢抓稻棉管理，在因淹渍的田块空缺处补种上适宜作物，或改种，或翻种，如改棉田套种西瓜为套种黄豆、赤豆、绿豆及其他经济作物，将成片死亡的稻田翻耕改种成经济作物。由于发动及时，行动统一，为秋熟超产争取了时间。

七、1997年抗击洪涝台风灾害

1997年8月18—19日，境内遭受11号强台风与天文大潮、暴雨袭击，使农场遭受建场以来最严重的灾害。江堤严重受损，全场有1200米主江堤护坡石被卷入江中，堤岸被掏空三分之一，整个江堤出现53处即将破口、1处决堤的险情。长沙河水闸整体下沉，建筑物出现倾斜、裂缝，水闸防浪堤大面积塌方。全场90%农田受淹，积水最深处达40厘米，1.6万亩棉花倒伏，500亩鱼塘被冲毁，60根高压电线杆被刮倒，310户职工住房被损坏，直接经济损失1700多万元。台风过境期间，全场上下紧急动员，全力以赴投入抗灾抢险。18日晚，场防汛抗灾总指挥、场长朱建才带领全体机关干部首先奔赴长沙河水闸防浪堤至十九工区主江堤等险要地段，各农业工区出动2000多人上江堤，分段值班，顶风冒雨，来回巡逻，直至天亮。早晨6时退潮后，整个沿江大堤出现多处险情，特别是十九工区外围与九七圩交界处的主江堤出现长18米、深5米的决口。险情出现后，全场上下再次紧急动员，各农业工区除老弱病残者外全部出动，携带钉耙、络子、镐头、榔头、树棍等工具赶上江堤分段抢险，各单位紧急动员参加抢险，草包、麻包、麻袋、油布、彩条布、尼龙绳、铁丝、铁钉、木材、石料等抢险物资迅速运往江堤。在十九工区与九七圩交界处的江堤决口处，五工区党支部书记瞿振祥，良种站党支部书记陈金发，良种站副主任沈维良，职工侯建民、瞿孟勤、顾卫生等先后跳入决口中，一边挡大浪，一边拉油布、填决口，直至决口被堵住。据统计，全场参加抢险的人数超过6000人，其中近3000人坚持两天两夜。共动用汽车、大中型拖拉机、手扶拖拉机等各种车辆300多辆，用去油布86块、彩条布近2万米、木桩及毛竹3000多根、尼龙绳400公斤、铁丝600公斤、铁钉200公斤、石料550吨、水泥50吨以及草包、麻袋、麻包、编织塑料袋计5.45万只，填土方6000立方米。灾后，场部发动干部职工募集资金，修复江堤。全场共募集修复江堤的资金280.55万元，为当年修复江堤和1998年开始的建设达标江堤提供了财力保证。

第四编 基本建设

第一章　集镇建设

第二章　农村建设

第三章　公用事业

第四章　交通运输

第五章　邮　　电

第六章　建　　筑

国营农场的基本建设，按照国家的统一规划和任务，独立实施。其内容除围垦、农田水利、增添设备以及非生产性建设外，还有集镇建设、职工住宅建设、交通运输建设、邮电通信建设、公共设施以及公用事业建设等。50年代，老农场时期的基本建设侧重于增添少量的生产设备和简陋房屋。1959年10月农场恢复时，场部从解放圩首次搬迁至建设圩海坝上，时有办公室3间，并建草竹结构的辅助房屋6间，设10门电话交换机1台。在之后的逐年围垦和扩建中，基本建设得到加强，尤其是场部于1960年6月和1963年3月两次搬迁后，加强水利、公共设施、道路桥梁、机器设备以及房屋与公用事业的投资和建设。1963年，在《江苏省国营常阴沙农场建场设计任务书》中对基本建设进行详细规划，主要包括水利建设、农机具及设备修理、居民点及房屋建设、交通电信等方面内容。至1980年，由国家拨款完成基本建设投资额449.66万元，累计完成公用建筑面积9.38万平方米，其中生产用建筑面积5.86万平方米。80年代起，随着国家对农垦企业财务包干政策的推行和实施，农场的基本建设投资由国家财政拨款改为企业自筹或向银行贷款。至2004年，累计由农场自筹资金完成基本建设投资总额47072.32万元，累计完成公用建筑面积1349660平方米，其中生产性建筑面积为1149421平方米，公共设施面积为127000平方米，其他73239平方米。

第一章　集镇建设

第一节　沿　革

红旗镇又称红房子，位于常阴沙农场西北部，地跨合作二圩、合作三圩、跃进圩和东风圩。距张家港市市区30公里。2004年，集镇建成区面积2.2平方公里，总人口9200人，其中外来人口2168人。

50年代前，境内早期围垦成圩的东长沙、青草沙、联珠沙内的农民，大部分都是尚未定居而到新圩种“走脚田”的流动人员。当时，三个沙头经部分围垦后，并不相接，尤其以东长沙为甚，人们必须跋涉很长的滩地，还要摆渡才能到兆丰镇或泗兴镇买回一些生活必需品，日常生活极不方便。50年代起，人民政府逐步对常阴沙滩地实施开发和围垦，使三个沙头逐渐相接，东迁定居和来往流动人员逐年增多。

1955年秋，常熟县南丰区供销社在当时沿江合作二圩的堤岸上新建3间红砖为墙、红瓦盖顶的房屋，设立生建供销站，经营日杂、腌腊、调料及百货等商品。过往群众和当地居民因对红瓦盖顶的房子感到新奇，便称其为“红房子”。后逐步由“红”字演变出正式名称红旗镇。

1956年春，南丰区生建乡政府由生建三村朱再元家迁址合作二圩。不久，南丰区粮管所又在合作二圩设立生建粮站。附近居民利用简陋住房开办小客栈、豆腐店、肉墩头各一爿，部分农户还将鱼、虾、蔬菜及鸡蛋、鸭蛋等鲜活商品来此摆设地摊，并逐步形成一条约20米长的泥土街道。由此，一个以南丰区生建供销站红瓦房子为标志，以生建乡政府、生建供销站及生建粮站为核心的红房子商业集市开始形成并逐步扩大。

1960年春，经常熟县邮电局批准，农场在红房子建立常熟县沙洲农场邮电所。6月，农场场部由海坝迁至红房子生建供销站对面（今农场医院处），并陆续创办起工厂、学校、医院、商店以及邮电、通信、金融、交通运输等机构和单位。1962年1月，沙洲县建县后，农场区划调整到沙洲县，原常熟县沙洲农场邮电所更名为沙洲县红旗镇邮电所，从此，红旗镇便成为红房子与外界联系的集镇名称，同时成为境内政治、经济、文化、教育和医疗中心。

1963年3月，场部第三次易址，由原农场医院旧址东移200米（今红旗中路1号）后，红旗集镇开始向东延伸。1965年，北中心河穿过镇区中心，将红旗镇分割成东西两部分。为给行人提供方便，场部在北中心河上筑土坝1条。1971年，拆坝建桥，横跨北中心河的东方红桥（又名红旗桥）将镇区的东西两部分紧密连接在一起。街道遂呈“十”字形布局。到80年代中期，镇区面积扩大到0.46平方公里，东西向长约700米，南北长约650米。主街道宽9米，两侧人行道各宽4米。东西大道红旗路，为水泥路面；南北大道通运路，为沥青路面。镇区以场部为中心，建有完全中学、中心小学、中心幼儿园和外国语训练班、医院、影剧院、长途汽车站，有过境公路1条，汽车可直达沪宁线各大城市，经通沙汽渡可达苏北各地。

1992年，红旗镇红旗路由原纺机厂向东延伸至现红旗路与人民路的十字路口。1996年，由十字路口向东延伸至洋桥（今通江大桥）。街面拓宽至30米，混凝土路面，中间为15米宽的机动车大道，两边各用1.5米宽的绿化带将机动车道与两侧各6米宽的人行道隔开，道路两侧逐步安装路灯。在十字路口建直径为35米的圆形大转盘1处（2005年拆除）。

1997年起，以农场中学和农贸市场搬迁工程为标志，红旗镇开始向南北扩展。以红旗路为起点，南至常红路，北至农场北桥，与红旗路交叉的有南北走向的通运路和人民路。2001年，通运南路拓宽到17米，两边绿化带宽分别为4~4.5米和7~7.5米，至此，红旗镇镇区街道成“井”字形布局。以场部机关大楼为中心，东过红旗中路中段为南北走向的人民路，经人民路向南过人民桥为民营工业集中区。经红旗东路过通江路，与沿江公路相连。南沿通运南路经民营工业集中区，过张家港市汽车附件厂，经永泰路（原红东公路东段）与东沙镇相通，并可直达上海、苏州等城市。向西过常阴沙大桥，向西经红旗西路，与港丰公路相连，沿北中心河西岸向北，经乐红公路与204国道相接并可直达苏州、无锡、常州、南通等各大城市。沿北中心河东岸向北为通运北路，至农场北桥。内河航道有北中心河通往各地。

镇区主街道两侧建有农业银行，农村商业银行，邮政、电信、工商、税务、交通管理机构及公安派出所、用电管理站等市属管理机构，建有影剧院、文化广场、广播电视中心、老年人活动中心等文化娱乐场所。常阴沙中心幼儿园和常阴沙学校分别建于镇区红旗东路中段之南北两侧。常阴沙医院矗立于红旗西路南侧。农贸市场位于镇区中心。街道两侧有商业和个体服务业网点1100多家，有规模型工业企业19家、个体私营企业20多家。1999年4月，经苏州市人民政府验收评估，红旗镇被列为苏州市新型示范小城镇。2000年，在运输河南畔、通运南路东侧新辟民营工业集中区1个，首期开发工程占地600亩，并延伸人民南路500米，新建珠江路和滨河路各1条，完成区内"三通一平"（通电、通水、通电话、道路平整）等基础设施建设。至2004年末，共有48家民营工业企业入区落户，注册资本总额超过3200万元。

20世纪60年代至21世纪初红旗镇镇区基本情况表

表4-1-1

时期	代表年份	镇区面积（平方公里）	长度（米）		总人口（人）	其中流动人口	道路结构
			东西	南北			
60年代	1962	0.02	350	100	850	500	泥土
70年代	1978	0.23	475	150	1800	100	碎石
80年代	1985	0.46	700	650	4500	3040	混凝土
90年代	1992	0.67	750	900	6337	4800	混凝土
21世纪初	2004	2.20	1725	2250	9200	5760	混凝土

第二节　规　划

1962年，随农场区划关系的调整和农场邮电所名称的变更，首次出现红旗镇名称而被沿用至今。1963年3月，常阴沙农场场部实施第三次搬迁后，集镇建设开始起步。1971年，镇区面积从60年代的0.02平方公里扩大到0.23平方公里，集镇人口增加到1000多人，初步形成以红旗镇为中心，以供销社和农场粮站等为物资基地，在红旗、跃进、长江、长沙4个片区建立供销站形式的商业连锁集市的集镇建设思路。70年代，在红旗镇的带动下，六干河的新村供销站、跃进片区的水闸站、长江片区的长江站和长沙片区的长沙站等商业集市曾一度出现比较繁荣的贸易态势。

80年代初，场部按基本情况，总体规划、近期建设规划，经费估算、资金来源，实施措施四大部分编制完成《1985—2000年红旗镇总体规划》（以下简称规划）。规划从农场实际出发，通过调整、改造、增建等措施，逐步把红旗镇建设成为"布局合理、发展协调、交通方便、经济繁荣、环境优美、整洁卫生的文明集镇"，成为"农场与周边城镇联结的桥梁，为职工的生产、学习和休息创造良好的条件"。规划按照"放眼长远，立足本场，面向四周，实事求是，全面规划，逐年实施，努力促进两个文明建设"，"保护环境，造福人民。对污染严重的老厂限期整治，对新建、扩建、翻建厂的‘三废’治理必须坚持做到与主体工程‘三同时’的方针”，“节约用地，尽可能向空中发展，对现有设施不搞大拆大建”以及“正确处理好集镇与农村，工业与农业，生产与生活，近期与长远的关系，各项设施统筹安排，力求科学合理”等四大原则，提出近期到1990年、远期到2000年的具体规划。

该规划在对集镇规模和总体布局进行详细论证的基础上，首次提出集镇建设主要向东南部发展的思路。在集镇规模方面：一是人口规模，近期控制在5800人左右，远期控制在8500人左右，其中非镇区学生1300人左右。二是用地规模，集镇建成区面积近期控制在0.54平方公里，远期控制在0.72平方公里。具体分工业发展区、仓储集中区、商业贸易区和人口居住区，并从交通、公共设施、行政事业、文教卫生、居住建筑、环境保护、绿化、资金筹措办法等方面提出具体设想。与此同时，提出实施近期建设规划的经费估算、资金来源以及具体措施。

90年代初，在对红旗镇原有规划进行局部调整的基础上，以“根据常阴沙农场现有条件及自身特点，统筹安排，合理确定发展方向、规模及城镇用地布局，并协调各类用地之间的关系，给红旗镇近期建设及规划期内的发展确定一个合理的框架，留有余地”为原则，第三次设计并编制《江苏省国营常阴沙农场红旗镇总体规划（1992—2010年）》。该规划分近期（1992—2000年）和远期（2000—2010年）。规划主要设计红旗镇发展的总体布局和道路结构，再次提出“充分利用过境公路及镇区现有主干道红旗路，向东向南发展”的思路，并根据原有“一横、一纵”两条道路为基础发展，形成“二横、二纵、一环”的道路骨架。“红旗镇规划用地的范围大致为过境公路与环路所包络的范围（即东至农场河，西至一〇工区，南至六工区、二十工区，北至良种站），总用地面积3825亩，其中备用地550亩，集镇建设用地3275亩，人均建设用地0.2亩左右”。规划还对道路交通用地、工业及仓储用地、居住用地、公共建筑用地、绿化用地、市政设施以及供电和给排水等提出具体设想。根据规划，红旗镇开始向东、南、北三个方向发展，镇东延伸到农场河边。集镇街道形成“井”字形布局。

第三节 居民住宅建设

1960年6月，农场场部从海坝迁至红房子后，在合作二圩南岸北侧搭建一批芦苇芭盘竹椽草顶结构的简易房屋，用以安置从常熟内地调到农场参加工作的干部、职工。1961年，场部在安排基本建设规划时，将该宿舍改造为公有住房区，主要安排外地调农场参加工作的干部和职工。1962年后，经逐步改建，形成横向一条线、间隔有规则的砖瓦结构式居民点，这是集镇第一个居民住宅区（公房区），1986年8月，由场部正式命名为健康新村。

1973年，根据红旗镇镇区的整体发展，场部规划在运输河北岸中部（原农场繁殖场西侧，现红旗中路中段）新建住宅区1个，安排部分在农场场部及场直单位工作的干部、职工以及部分集镇居民从相关工区迁移到该住宅区，安排自建住房，形成居民点。这是集镇第一个由迁移户自建私房的居民点，民间称该住宅区为干部新村。1986年8月，由场部正式命名为振兴新村。

1985年，场部在合作二圩良种站境内（今红旗东路起点北侧）规划建2个居民点，每个居民点横向8户，每户2间，共8.4米；纵向6排（埭），共48户。由居住在各工区，住房相对紧张的“轧塞户”迁入并自建楼房。该住宅区于1986年建成，为集镇第一个由迁移户自建楼房的居民点。是年8月，由场部命名为常乐新村。

1990年起，场部在对红旗西路原街面住户规划改造的基础上，逐步在乐红公路、红旗西路、红旗中路、红旗东路街面规划迁移自建楼房住宅，底楼可作商业门面，楼层作住房。1992—1998年，场部分三次规划，在运输河北岸、原中心小学东侧规划建成普通楼房住宅区和公寓别墅区，为常虹新村。1999年，经逐年翻老建新，完成健康新村由公房住宅向公寓房住宅的改造建设。2000年后，分别对通运南路街面和人民南路街面规划自建街面楼房住宅，底楼作门面，楼层作住房。至2004年，红旗镇镇区共有5个住宅区，即健康新村、振兴新村、常乐新村、常虹新村和街面住宅区。

第四节　公共建筑与公用设施

一、公共建筑

1955年，红房子形成商业集市。至1961年，红旗镇共有公共建筑面积5100平方米。1963年3月，农场场部定址红旗镇后，陆续加强对红旗镇的基础设施建设和公共建筑投资，先后办起粮站、仓库、供销社、合作商店、邮电所、信用合作社，以及饮食服务、工业、文化教育和医疗卫生机构。至1978年，镇区新建和翻建的工、建、交、文、卫和行政机关公共建筑面积为51317平方米，相当于1961年的10倍多。80年代起，红旗镇开始向东南延伸并扩建，在不断加强商业门店建设的基础上，还投资新建和翻建了工厂和学校、医院、影剧院等设施。银行、邮电交通等机构实施了搬迁和扩建。场部办公用房翻建成办公大楼。学校、医院全部改建或翻建成教育大楼和门诊大楼。至1992年，街道两侧楼房林立，镇区公共建筑面积193453平方米，是1978年的3.77倍。其中工厂及仓储用房111375平方米，占57.57%；商业用房17837平方米，占9.22%；银行、邮电、工商、税务、交通等用房1557平方米，占0.8%；文教、卫生用房15879平方米，占8.21%；机关办公及辅助用房13238平方米，占6.84%。1993年起，红旗镇再次扩建，先后实施了银行、邮电机构的搬迁和扩建，镇区工厂门面的翻建和扩建，学校和幼儿园的搬迁重建，医院门诊大楼的翻建，并增添了部分标志性建筑。至2004年，镇区公共建筑面积达到455823平方米。其中工厂及仓储用房372717平方米，占68.6%；商业用房38080平方米，占8.35%；银行、邮电、工商、税务、交通等用房8575平方米，占1.88%；文教、卫生用房30195平方米，占6.62%；机关办公及辅助用房25000平方米，占5.48%。

1960—2004年红旗镇公共建筑面积一览表（选年）

表4-1-2　　单位：平方米

建筑类型	1961年	1978年	1985年	1992年	2004年
合计	5100.00	51317.00	87714.00	193453.00	455823.00
工厂、仓储	1800.00	28590.00	36819.00	111375.00	312715.00
商业、供销	1680.00	6200.00	6594.00	17837.00	38080.00
文化	—	100.00	100.00	1604.00	9100.00
教育	180.00	3368.00	3368.00	10028.00	15721.00
卫生	120.00	2700.00	2756.00	3429.00	5374.00
金融、邮电等	60.00	710.00	1403.00	1557.00	8575.00
机关及辅房	360.00	4649.00	4649.00	13238.00	25000.00
公房、福利房	750.00	1500.00	2427.00	11188.00	32008.00
其他用房	150.00	3500.00	29598.00	23197.00	9250.00

2004年末红旗镇临街主要公共建筑一览表

表4-1-3

名称	处所	建筑情况(平方米)			投资额(万元)	建设时间	竣工时间
		占地面积	建筑面积	层数			
自来水厂	红旗东路	9000.00	5000.00	3	500.00	1994年5月	1994年12月
中心幼儿园	红旗东路	7000.00	2500.00	3	100.00	2001年1月	2001年9月
常阴沙学校	红旗东路	50000.00	38800.00	4	1150.00	1995年7月	1997年6月
多服公司综合楼	红旗东路	400.00	818.00	3	129.40	1996年12月	1997年10月
贤达山庄	红旗中路	20000.00	3000.00	3	69.72	1992年	1992年
纺机厂综合楼	红旗中路	1334.00	656.00	3	17.60	1986年5月	1986年10月
派出所	红旗中路	3300.00	1200.00	3	250.00	1998年	1998年
场部办公楼	红旗中路	10038.00	2264.00	4	75.00	1989年4月	1990年3月
农村商业银行分理处	红旗中路	1800.00	3155.00	4	286.00	1997年5月	1998年3月
农业银行分理处	红旗中路	953.00	2300.00	4	268.00	1999年3月	1999年10月
邮电支局	红旗中路	468.00	936.00	3	38.00	1985年9月	1986年5月
邮电大楼	红旗中路	1340.00	2184.00	4	87.00	1993年2月	1993年10月
工商邮政综合楼	红旗中路	350.00	486.00	2	19.00	1985年7月	1986年5月
建筑大厦	红旗中路	4200.00	3628.00	5	430.00	1995年7月	1996年1月
农贸市场	红旗中路	5336.00	3456.00	1	400.00	1998年5月	1998年12月
医院门诊楼	红旗西路	349.00	1047.00	3	150.00	1991年2月	1991年10月
医院住院楼	红旗西路	2240.00	1785.00	3	160.00	2003年10月	2004年2月
腰腿痛治疗中心	红旗西路	676.00	1050.00	3	80.00	1998年4月	1998年10月
红房子商场	乐红路	700.00	1578.00	4	80.00	1995年8月	1996年5月
农场加油站	乐红路	2803.00	640.00	1	22.00	1990年5月	1990年8月
机械服务公司	通运南路	4933.00	2505.00	3	87.85	1986年	1990年
汽车站	通运南路	300.00	252.00	1	8.80	1995年2月	1995年7月
影剧院	红旗中路	3600.00	2892.00	4	64.90	1985年5月	1986年10月
农资公司综合楼	通运南路	500.00	800.00	3	90.00	1996年3月	1996年8月
供销社门面营业房	红旗西路	536.00	20053.00	2	152.50	1969年	1986年

二、公用设施

街道　1956年,镇区有泥土街道1条,长约20米,位置在今红旗西路地段。1962年,街道向东延长到150米,街面宽12米,仍为泥土路面。1971年,红旗镇街道开始由北中心河向东延伸,并成“十”

字形布局，街道路面逐步铺上碎石。至1978年，东西向街道长450米，街面宽16米，南北向街道长100米，街面宽12米，全部为碎石路面，主街道在今红旗西路原地段。1983年，主街道由红旗西路逐步向红旗中路转移，街面拓宽至20米，并逐步将东方红桥（今常阴沙大桥）至农场原油库入口处（今恩达泵业有限公司与泵阀总厂交界处）的300米路段改造成混凝土街面。1992年，随着镇区的再次扩建，东西向主街道长1710米，街面拓宽到30米，为混凝土结构。南北向街道总长300米，街面宽12米，为混凝土和沥青相间结构。至2001年，红旗镇街道呈"井"字形布局后，共有3条街道，其中红旗路主街道长1710米，宽30米；通运路街道长300米，街面宽17米，为沥青路面；人民路街道长200米，宽15米，为沥青路面。道路两边绿化带分别为4~4.5米和7~7.5米。

路灯　1979年起，农场在自筹资金建设集镇过程中，逐步对镇区主街道安装照明路灯。至1985年，共有路灯20盏。2005年，全镇共有道路照明灯559盏。

下水道　50年代末60年代初，镇区下水道一般为砖砌的阴沟。1971年，镇区扩建时开始埋设地下排水管道。1978年，红旗镇地下排水管道总长3935米。至2004年，增至8960米。

石驳岸　1971年，在红旗套闸50米区域用块石驳岸，后驳岸的范围和长度逐年增加。至2004年，镇区范围沿乐红公路段从沙洲车辆有限公司至电控厂地段约1350米，通运路沿线从原砖瓦厂至新辟的珠江路地段约1650米以及运输河两侧西段1400米，加上工业集中区和其他零星的驳岸工程，石驳岸总长度为5300米。

1961—2004年红旗镇镇区公共设施一览表（选年）

表4-1-4

名　称	1961年实有数	1978年实有数	1985年实有数	1992年实有数	2004年实有数
阳井（口）	—	—	2	3	废弃
水塔（座）	—	—	2	3	废弃
排水管道（米）	990	3935	5960	7160	8960
供水管道（米）	—	—	6000	8900	36720
街道路灯（盏）	—	—	20	120	559
公共厕所（个）	5	5	5	5	5
市河驳岸（米）	—	50	200	2000	5300

第二章　农村建设

第一节　规　划

1963年9月，根据农场恢复扩建后全场生产规模相对较小、农村经营项目单一、农田水利设施不配套、农业机械化程度很低、农村基础设施极不完善的实际情况，农场场部经反复讨论和征求意见，形成《江苏省国营常阴沙农场建场设计任务书》，分别对全场的水利、农业生产、畜牧业生产、林业生产、工副业生产、交通电信、供电、道路及非生产用房9个方面的基本建设进行规划与设计，提出初步框架。其中，涉及农业工区基本建设的有：水利建设规划，主要是兴修水利、开挖河港、兴建涵闸、建造桥梁等，并对河港实行分级控制，建立旱能灌进、涝能排出的独立灌排体系。农业生产规划，主要是改良农田、平整土地、增添农机具、铺设道路、建造桥梁、确保农业稳产高产。居民点及房屋建设规划，主要是根据国营农场机械化作业的特点，通过拆迁、改造老圩“不规则零星分布的满天星”式居住区和自然村落，在各作业区管理地段的中间兴建新型居民点，并把老圩居住区或建成一条龙式居民埭，或建成新型居民点。同时，在各居民点的中间位置建造工区管委会办公室，在居民点四周或埭前埭后开挖河道，建造桥梁，铺设道路。

1968年，场部第二次对农村基本建设进行规划设计。这次规划，正处“文化大革命”中，未涉及具体内容。1982年，场部第三次编制农业工区基本建设的具体规划。主要是增建居民点，为解决全场自然人口和婚育成家人员的增多而造成的住房拥挤等具体矛盾，利用什边隙地、闲置荒地开辟新的居住区。1992年，场部在编制《江苏省国营常阴沙农场红旗镇总体规划（1992—2010年）》时，提出“规划区内的农村住宅，适当集中，加以保留”的思路，鼓励农村人口到集镇建造住房，并向集镇流动。

第二节 住宅建设

一、住宅布局

四五十年代，境内早期围垦的东长沙、建设圩、合作头圩、合作二圩、合作三圩、生建圩在建造房屋时，一般都傍岸或在圩内沿排水河前后建造住房。这些住房虽成埭，但前后参差不齐，比较零乱，人们称之为“满天星”式居住地，相当于自然形成的村落。这些村落主要分布在一工区、十二工区、良种站、六工区、一〇工区、七工区和九工区。

60年代后，对农村居住区重新布局。1963年，在围垦青年圩并对苏州市知识青年进行安置的同时，提出了建立居民点和居民埭的构想，按照“调整、示范、集中”的原则，在新围垦的圩塘中设立居民点，淘汰老圩内不规则的零星居住点，拆除不规则的建筑，子女多、住房紧张的拥挤户（俗称“轧塞户”）一般都向新圩搬迁。老圩经改造后，有的建成居民点，有的形成规范且整齐的居民埭。1964年，青年二圩围垦工程结束后，场部采取农场补贴，群众自拆、自迁、自建的方式，分别从十二工区和六工区拆迁189户821人，安置在青年二圩定居，建立起全场第一个新型居民点。此后，每围垦一只新圩，即在新圩中间地段建立居民点，并从老圩中抽埭，或抽户搬迁至新圩居民点居住。至1980年，全场21只圩塘（长沙圩为10只小圩合并而成）内，有13只圩塘的农业工区中共建立起14个新型居民点，其中在新圩中建立居民点8个，在老圩中经内迁和合并改造后形成居民点6个，居住人口占全场总人口的54.5%（含集镇居住人口）。有居民埭42个，其中，1964年后围垦的3只新圩因规模小而建立的6个居民埭，1962年前围垦的9只老圩经内迁和合并改造后形成的36个居民埭，居住人口占全场总人口的45.5%。居民点和居民埭并存的圩塘4只。至此，分散的“满天星”式居住区和自然村落全部淘汰。

1984年，经江苏省农垦总公司批准，对居民住宅区再次布局，不改变原有居民点和居民埭，利用零星废地和什边地设立居民埭。凡多子女户而无法在原地翻建住房的，经本人申请，工区审核，场部批准，可以出宅到新规划的居民埭按标准建造住房。这次规划后，共新增居民埭15个，形成新的住宅区。至2004年，全场有东西向排列的居民埭57个，总长度为4.85万米，占地面积1740亩，住户3440户，占总户数的52.7%；有纵横排列的居民点20个（其中农村居民点14个），占地面积1680亩，住户3087户，占总户数的47.3%。

二、建房用地

60年代，居民点和居民埭的建房用地，一般规划每埭（排）宽25~30米，每间长5米，每户2~3间，多人口户为4~5间。70年代，除向新圩迁移外，凡在老圩内就地翻建或新婚出宅新建住房的，其用地必须由建房户提出书面申请，由工区审核同意，经场部批准后划拨，其中凡出宅新建的房屋，一般安排屋基地2间，每间长度不超过5米。1981年，场部正式以文件形式明确职工建房的用地标准。1984年1月，农场第三届职工代表大会审议并通过《江苏省国营常阴沙农场关于职工建房的暂行规定》。规定共有5款16条，分建房规划、用地标准、申请审批权限、用地管理以及超标准建房的处罚等内容。其中，对建房用地标准，第一次规定："以户为单位，以人计算（按常住户口），每人安排建房用地最多不超过六厘，最高户不超过三分半。计算建房用地时，住房前后各加1.5米，两山头各加0.5米，厕所四周加0.5米"。此后，对职工建房用地的面积与标准、建房用地的申请和审批、建房用地的管理等，场部又分别于1986年5月的第四届职工代表大会第一次会议、1987年8月的第四届职工代表大会第二次会议、1989年4月的第五届职工代表大会第一次会议和1991年4月的第六届职工代表大会第一次会议上讨论通过《江苏省国营常阴沙农场关于集体用地和职工建房用地管理的暂行规定》或《补充规定》。明确农场职工的建房用地，"由场部根据农场建设的总体规划统一确定，分户审批，任何人都不得擅自确定、扩大或占用。厕所建在住房后面，其山墙不得超过住房的山墙面。非宅基规划点不准建造住房"。具体用地标准为"每人40平方米建房用地，包括厕所、畜舍等用地"。建房用地的计算方法是"以外墙面前后各加一米，两山头各加50厘米计算"，与此同时；"凡领取独生子女证并和工区订立好终身只生一胎合同的建房户，在可能条件下，另外照顾20平方米建房用地（集镇规划范围内的建房户不予照顾）"。"年满20周岁的青年加一个配偶因素计算，招婿和出嫁的因素相应增减；男女双方年满法定结婚年龄的再加一个子女因素计算"。屋基长度，"4人以下（含4人）按标准最多不超过13.5米，5至6人户最多不超过18米"。2004年4月，常阴沙农场划归张家港市实行属地管理后，建房用地标准改为：凡5人以上且三代同住的，其建筑占地为120平方米，老年户（2人）每户建筑占地为80平方米，其他户均为112平方米。

第三节 公共建筑与公用设施

一、公共建筑

公有住房　1960年开始，场部逐步在红旗镇建造宿舍，安排外地调场干部和职工的住宿。1963年秋，在十三工区和十四工区两个知青点兴建知青宿舍。至年底，全场有公建房屋8340.9平方米，其中在农业工区中的知青宿舍为6649.8平方米。在公建住房中，砖瓦结构的房屋为5395.6平方米，占64.7%；草竹（木）结构的房屋2945.3平方米，占35.3%。后经逐步兴建，至1970年，公房面积增加到20404.9平方米，其中知青宿舍16201.8平方米，分别比1963年增加12064平方米和9552平方米。1979年，知青回城后，农业工区的知青宿舍采取借住、租住或出让的方式进行处理。1985年，基本出让给职工家庭。集镇公房也从1986年起，逐步转让或拆除重建。至2004年，全场农村已不存在公建住房，集镇公有宿舍面积为8000平方米。

公有建筑　1959年，农场恢复扩建时，全场设4个行政大工区，工区公共建筑仅有4处办公场所，即合作头圩兆丰人民公社十四大队办公室、跃进圩新建的草竹结构办公室、长沙圩兆丰人民公社十一大队办公室、万亩圩新建草竹结构办公室。1961年1月，撤大工区建立管理区（工区），由场部统一规划，逐步在居民住宅区的相对中心位置建造仓库、办公室。至1963年，全场住宅区有公有建筑面积6487.6平方米，其中生产性建筑3283.2平方米，非生产性用房3204.4平方米，房屋结构以芦苇、土基（砖坯）、柴草以及竹子为主。1964年起，先后建造卫生室、商业代销店等。1970年，全场各工区公有建筑增加到14422平方米，其中生产性建筑8489.6平方米，非生产性用房5932.4平方米，房屋结构以砖、木、瓦为主。70年代，工区办工业开始起步。至1981年，公有建筑面积增加到37491.1平方米，其中生产性建筑面积为29957.7平方米，非生产性用房7533.4平方米，建筑结构为砖、木、瓦。1984年后，各农业工区除增建部分企业用房外，办公用房、卫生室、商业代销店以及仓库公有建筑基本上没有增加。90年代起，以仓库为主的公用建筑可用的继续利用或出租，闲置并多年不用的则逐步报废或拆除，土地复耕。至2005年2月撤并管理区建立社区前，全场各住宅区有公共建筑面积22366.8平方米，其中，在用的生产性建筑15037.9平方米，办公及其他用房7328.9平方米。

二、公用设施

常阴沙农场农业工区的公用设施主要有河道、涵洞（见水利编）、马门（见农业编）及道路、桥梁（见本编第四章），另有晒场。

晒场也称社场，为农场恢复扩建后以"场带队"形式进入农场时带进大队的带进名称，后演变为晒场，主要是用于农作物收获后堆放、脱粒、扬晒及职工娱乐活动的公用场所。具体分粮食晒场和棉花晒场两种。粮食晒场长年利用。棉花晒场则随季节，在每年的9月中旬棉花采摘收获时临时整理使用，为棉花采摘后晾晒、捡净、分类、包装、解运交售的公用场所，冬季棉花交售结束后即复耕。全场每个农业工区自建立起，即在工区的相对集中地设置晒场，面积视耕地面积的多少确定，一般为20~30亩不等。以粮食晒场和棉花晒场的对等功能划分区域。1962年，农场成立基本建设工程队时，场部为给农业工区的粮食翻晒提供方便，为部分工区的粮食晒场浇制水泥场地。1963年，全场水泥晒场的面积为3360平方米，之后逐步增加。至1970年，水泥晒场面积增加到5860平方米，1981年为9250平方米，使全场每个工区均有水泥晒场。1984年，随农业生产承包责任制的推行，各工区的晒场逐步失去功能。90年代，除部分水泥晒场尚可利用外，所有晒场全部复耕。2004年，水泥晒场全部报废。

第三章　公用事业

第一节　供　水

50—60年代，境内居民习惯饮用长江水。70年代中期，在全民爱国卫生运动中，场部有计划地动员和组织职工家庭开挖水井，饮用井水，但饮用长江水的状况仍然没有得到改变。1979年11月，场部第一次组织实施在场部宿舍东部约100米处打造深井1口，建造贮存量为60吨的水塔1座，供集镇居民生活用水，每年取水4.8万吨。后因该井深100米以上，所取水质不好，只能用于工业。为提高饮用水质量，1981年3月，在原址重新打造水井，深度为80米，水质得到改善。重打深井利用原有水塔和水泵，每年取水10.6万吨，其中40%用于职工家庭。是年，农场用电管理站成立水电组，负责全场深井自来水的管理和收费。1984年4月，在轧花厂厂区内打造深井并建造贮存量为60吨的水塔1座，每年取水7.2万吨，其中50%供轧花厂职工和位于红旗镇边缘的一〇工区两个小队职工生活饮用，50%用于油厂浸出法车间的冷却用水。1985年，六工区利用工区办工业的留用利润，第一个在农业工区中打造深井1口，建造储存量为60吨的水塔1座，铺设供水管道7900米，每年取水22.4万吨，其中80%免费供全工区343户职工家庭生活用水，成为全场惟一免费供职工家庭饮用自来水的工区。同年，供销社自打深井并建造贮存量为60吨的水塔1座，每年取水22.5万吨，除部分用于供销社职工生活外，其余全部用于供销社社办工业。1986年后，职工在翻建或新建房屋时，采取自建水塔、自打小深井的办法，饮用水井自来水或过滤沉淀后的长江水。

1994年3月，常阴沙农场第七届职工代表大会第一次会议讨论，为改善全场的饮水状况，决定分二期建造自来水厂，自来水厂选址在农场河与运输河交叉口，划地9200平方米。第一期工程投资164万元，首先接通集镇和良种站、一〇工区、六工区、二十工区等区域。1995年2月，常阴沙农场第七届职工代表大会第二次会议讨论通过《江苏省国营常阴沙农场集资建造自来水厂的方案》，在全场各公司、工厂、工区、场直单位、市属企事业单位、私营企业、个体户以及全体职工中征集资金，建造自来水厂。全场共征集资金455.2万元，其中，场工建交单位和市属单位73.7万元，职工个人381.5万元。第二期工程于1995年完成。自来水厂总建筑面积5000平方米，日供水设计能力2500立方米，实际供水能力3000立方米。自来水厂建成时，附属于用电管理站的水电组，由常阴沙电控厂管理。1996年起，供水管道逐步向农业工区延伸，接通各工区居民点（埭）。至此，全场共铺设100~300毫米供水管道138.26公里，其中水泥管24.14公里、DN塑料管108.67公里、铸铁管4.62公里，钢管0.83公里。日供水量为2200立方米。1997年4月，自来水厂从用电管理站划出单独建制，并作为全场的公益性单位，实行独立核算，负盈不负亏。2001年，全场居民全部用上自来水。至2005年3月，全境自来水供6703个居民家庭和100多家企事业单位之用。自来水管理人员16人，其中工程技术人员6人。

第二节 供 电

1942年，东长沙围垦第一只新圩并有居民定居。至60年代初，境内居民全部采用煤油灯照明，煤油灯的种类大致有自制土煤油灯、罩子灯、桅灯、汽油灯4种，用电照明开始于1962年。当时，由场部配给加工厂的发电机组输送的自发电，主要用于全场的粮饲加工和生产，同时供场部机关和医院照明。1972年，六工区用柴油机发电，规定每户安装15瓦的灯泡1只。到1973年，全场有发电机组3台，分别安装于粮饲加工厂、农机厂和轧花厂内，总功率为122千瓦。年最高发电量每小时2.1万千瓦，主要用于上述3家工厂的生产和场部、工厂、场直单位以及集镇居民的办公和生活照明。

1974年初，农场开始架设高压线路，同时成立电气安装队。是年，沙洲县二号桥至农场段高压线路接通，并相继在集镇、农机厂、六工区、一〇工区和良种站接通高压电。高压电每天供电4个小时。1976年底，全场有24个单位接通高压电，线路总长度为34.2公里，实现了区区通上高压电的目标。但由于高压电供电受时间限制，不能满足迅速发展的场办工业和工区办工业的生产需求。为此，六工区、十四工区、二十工区率先购买发电机组，以自发电作为补充，用于生产和生活照明。

1977年3月，场部建立东方红农场机电站，配工作人员15人，主要职责是农机的安全管理、签发行驶执照、农机技术培训、用电线路的安装及整改、维修、电工业务培训等。后逐步转向收音机、电视机等的各类电器设备修理业务和电器化装配工作，生产低压配电板等。1978年，场部在红旗镇镇区（今红旗中路19号）建造10千伏开关站1座。至此，全场有33个单位使用高压电，每天供电8小时。夏秋两季农忙时，优先保证农田作业用电和农业职工生活用电，工厂则经常避峰停电。

1979年，驻场87034部队在二号桥变电所至农场十六工区之间架设军工专线，全长18.5公里。随着家用电器的逐步增加，职工家庭的用电需求日益明显，为满足职工家庭要求，场部与驻军部队签订合线使用高压电的协议，8月1日起，全场正式使用军工线。此后，每天24小时正常供电。1979年11月，东方红农场机电站更名为常阴沙农场用电管理站，除负责全场的用电管理外，还承担高低压配电板、控制屏令克、令克棒、接地棒的生产任务。至1980年，全场23个农业工区和14个工建交单位全部用上高压电。场内发电机组作为备用设备，在高压电停电时启用自发电。1985年，全场33个单位备有发电机组33台，其中功率为120千瓦以上的10台，30千瓦以上的13台，其他小型发电机组10台，总功率达2413千瓦。1989年，成立常阴沙农场三电管理办公室，与用电管理站为一套班子、两块牌子。

1995年，场部在通江大桥（洋桥）西端北侧（今红旗东路）建造35千伏变电站1座，原位于红旗中路19号的10千伏开关站退役停运并实施搬迁。2000年，张家港市供电公司根据当时兆丰、农场、东沙3个单位的用电需要，在农场七工区建造110千伏变电站，主变容量为4万千伏。建成运行后，农场变电站退役停运。至2004年，全场共有10千伏变压器162台，容量为2.65万千伏；10千伏线路64.7公里，0.4千伏线路160公里。是年，农场用电管理站划归张家港市供电局管理，并更名为常阴沙供电所。供电所位于红旗中路19号。占地面积2500平方米，建筑面积1420平方米，其中临街办公大楼为5间3层，计620平方米，辅助用房800平方米。2004年，供电所有职工22人，其中管理人员5人。

1976—2004年全场耗用高压电一览表(选年)

表4-3-1　　单位:万千瓦时

年　份	用电量	年　份	用电量	年　份	用电量
1976	69.57	1984	301.67	1999	1320.00
1977	83.33	1985	376.12	2000	1883.00
1978	90.76	1986	468.00	2001	2081.00
1979	140.00	1987	627.68	2002	2655.00
1980	210.14	1988	836.83	2003	3581.00
1981	134.32	1989	890.86	2004	4387.50
1982	297.18	1997	137.00	—	—
1983	256.25	1998	501.20	—	—

第四章　交通运输

第一节　道　路

一、公路

乐红公路　1970年5月,由农场与沙洲县共同出资建造的农场至四号桥的公路建成通车,称乐红公路,全长9.79公里。乐红公路是场内第一条通公共汽车的公交公路。该路原为狭窄的泥土道路,通公交汽车时拓宽建成砂石路。80年代后,再度拓宽改造。境内路段于1990年改建成沥青路面,1998年拓宽至15米。

军工路　1980年,因驻场部队的军工需要,自红旗镇至部队驻地铺设砂石路,是为场内惟一的军工道路,军工路全长6.28公里,除建造时由国家投资铺设外,之后的逐年分段改造均由农场自筹资金实施。共有红旗中路、红旗东路、通江路、沿江公路中段和拥军路5个路段。

红东公路　1983年,农场至东沙镇建成砂石公路并正式通车,称红东公路,全长6.7公里,其中境内路段长6.58公里,建成通车后曾与乐红公路并称乐红沙线。1990年6月,由农场出资改建成沥青路。红东公路分别于2001年和2004年分段拓宽至17米。

沿江公路　1992年,由农场自筹资金在建设圩中间并利用跃进圩、闸北圩、长江圩、东风圩、青年圩、三五圩、文革三圩和四五圩之间的堤岸修建成宽30米的公路路基,全线总长9.07公里,使其与张家港市沿江公路接通,并称沿江公路。后因农场资金紧张而难于落实,停建后直至农场属地管理后,由张家港市财政出资全线修建成宽7~11米的沥青路。

2004年,全场除红旗路和拥军路为水泥路面外,其他路段均为沥青路面。

二、主干路

50年代,境内主干路主要有位于建设圩和合作头圩交界处的一条海坝。60年代前后,场、区两级主干路均为各圩相交处的堤岸和圩内中心路,堤岸一般宽5~6米,圩内中心路一般宽3~4米。场、区两级主干道虽为泥土路,但却宽阔平坦,人们称之为“马路”(沙洲县南部片区到常阴沙农场走亲访友的客人,则称之为“大白路”)。60年代末70年代初,场部在红旗镇“十”字路口铺设用煤屑砂石路,总长度约1100米。80年代初，随红旗镇至驻军部队修建砂石路，场、区两级普遍以砖瓦厂碎砖、煤屑为原料，加以砂石混合，逐步将主干道改造成煤屑砂石路。1996年，全场第二次掀起道路修建热潮。至2004年，场、区两级主干道路全部铺设成混凝土或沥青路面，共有31条，总长度为54.58公里。

三、居民点（埭）道路

50年代，境内住宅区道路相对狭小，宽仅有1米左右。60年代后，全场各居民点均建有纵横交错的"井"字形道路，在居民埭则建有埭前路或埭后路，均为泥土路，宽3米。1981年，全场居民点（埭）有泥土路115条，总长85.1公里，路面最宽处8米，一般为3~4米。80年代中期起，各农业工区均用煤屑和碎砖混合将居民点（埭）道路改建成煤屑碎砖路，集镇居民点和经济条件好的工区则直接将道路铺设成砂石路。90年代初，集镇居委会发动募捐后，首先将集镇居民点道路修建成沥青路。1996年后，六工区、一工区、九工区先后将居民点（埭）道路修建成沥青路。2001年，六工区将柏油路改建成水泥路，此后，全场各工区根据自身实际，自筹资金，逐步实施对居民点（埭）道路的改造。至2004年，全场居民点（埭）道路基本实现黑色化，共有134条，全长99.72公里。

四、航道

1964年，结合水利工程建设，首次开通长江圩北部外滩至原良种站公墓段河道，全长1922米，成为境内第一条可供船只来往的水上通道。

1965年，拓浚北中心河境内北段河道，与六干河接通。同年，开通无锡至农场的小客轮，每天一班，码头设在红旗镇东方红桥（今常阴沙大桥）北侧，该航班于1967年9月停航。

1965—1971年，先后拓浚并开通农场河原良种站公墓至长沙段河道以及长沙河、运输河、北中心河农场南段、七干河等河道，全长24252米，从而使全境的水上通道交织成网、全面畅通。

80年代末90年代初，境内水路运输逐步被陆路运输取代。农场河、长沙河航道逐步关闭。2001年，运输河航道关闭。

第二节 设 施

一、桥梁

1965年6月，由苏州市建筑工程队组织设计并施工的农场河桥首先在农场河上建起。由此，主要河道的两岸连接逐步由水泥桥代替原来的土坝或涵洞。至2004年，全场主干河道有桥梁14座。其中，农场河桥4座，长沙河桥3座，北中心河桥2座，运输河桥3座，七干河桥2座。另有中小河道便桥114座。

常红桥　位于五工区中心路与十四工区中心路对接处的农场河上。始建于1965年，原址位于五工区中心埭至长江繁殖场对接处的农场河上，为木桩板面桥（简称木桥）。桥跨度32米，桥面宽2米，是当时连接东风圩东西两部分及东风圩西部和青年圩的惟一通道。该桥因跨度大、桥身狭窄，经常年风雨侵蚀，于1972年断裂并拆除。此后，由民间自发在离木桥原址南侧500米处即五工区中心路与十四工区中心路对接处设摆渡船一艘，供行人往来。2002年7月，场部出资30万元，在原摆渡口新建机桥1座，命名为常红桥。新建的常红桥为混凝土桩基板梁式平板结构，桥跨径32米，桥面宽5.1米，负载等级为汽车15吨。

通江大桥　位于东风圩与跃进圩交界处的农场河上，又名"洋桥"。始建于1965年6月，由苏州建筑工程队设计建造，施工土方1838立方米，造价2.05万元，桥型结构为五孔槽型平板桥，桥跨径32米，桥面宽6米。该桥地处三工区、四工区、五工区和良种站的交界点上，是境内建造的第一座大机桥，故民间习惯上称该桥为"洋桥"，或称"四工区洋桥"，并称该地段为"洋桥头"。1990年5月，该桥被船撞击致损成为危桥，经加固修缮后继续使用。2002年12月，由农场自筹资金100万元拆除重建，正式更名为通江大桥。改建桥梁采用三跨简支板梁结构，下部为灌注桩基础，上部为钢筋混凝土空气板，跨径32米，桥面宽15.6米，负载等级为汽车20吨、挂车100吨。

跃进桥　位于二工区中心路和三工区中心路对接处的东西向农场河上，由张家港市人民政府出资30万元，于2004年9月建造。新建桥梁为桩基板梁式结构，桥跨径30米，桥面宽6.1米，负载等级为汽车15吨。

水闸桥　位于沿江公路二工区与三工区、十三工区交界处。于1965年5月由苏州市建筑工程队建造农场河水闸时建造，为闸、桥一体的桥梁，又称农场河水闸桥，桥型结构为一孔板式桥。2003年11月，农场河水闸外移新建后，该桥于2005年冬由张家港市投资136万元拆除重建，重建后的桥为墩梁式平板结构，桥跨径42米，桥面宽17米，负载等级为汽车20吨、挂车100吨。重建后的农场河桥于2006年5月通车。

长沙河一桥　位于卫星圩二号沟边的七工区和九工区交界处。始建于1965年10月，桥型结构为三孔槽型平板桥，总跨度18米，桥面宽6米，投资1.68万元。1983年，红东公路通车后改建为公路桥。

长沙河二桥　位于青年头圩西南角，即原十一工区、十四工区、十六工区交界处。建造于1966年10月，桥型结构为五孔槽型平板桥，桥跨径30米，桥面宽5.8米，造价2.11万元。该桥原为长江、长沙两片区交通往来的主要通道，后随道路状况的逐步变化而失去其功能，并于80年代后期因年久失修成为危桥。

长沙河三桥　位于青年头圩东南角，即原长江供销站处。建造于1974年7月。桥型结构为三孔空心平板桥，桥跨径25米，桥面宽6米，施工土方3940立方米，投资2.27万元。2005年，随沿江公路的改建通车，由张家港市投资134万元对该桥实施拆除重建，重建后的该桥为墩梁式平板结构，桥跨径42米，桥面宽16米，负载等级为汽车20吨、挂车100吨。

常阴沙大桥　原名东方红桥，又称红旗桥。位于红旗镇区的北中心河上，既是红旗镇东西镇区的连接桥，又是乐红公路与通运南路（原红东公路）交叉口的必经通道。常阴沙大桥原址为一条土坝。1965年，北中心河拓浚贯通工程竣工后，即在此建造埋设混凝土方涵（100厘米×120厘米）的土坝一条。1971年7月，拆坝建桥，定名为东方红桥（又名红旗桥）。桥型结构为一孔空心平板混凝土结构，规格为10米×10米，施工土方为5362立方米，投资1.84万元。2000年7月，东方红桥拆除重建，新建桥梁更名为常阴沙大桥，为桩基板梁式平板结构，跨径29米，桥面宽16米。负载等级为汽车20吨、挂车100吨，总投资120万元。

农场北桥　位于十二工区中心埭与乐红公路对接处的北中心河上，于2001年6月投资30万元建造并命名。为混凝土桩基板梁式结构，桥跨径24米，桥面宽6米，负载等级为汽车15吨。

套闸桥　位于通运南路跨运输河红旗套闸西侧。始建于运输河开挖之前的1966年，为木桩板面结构，后改为涵洞。1971年10月，运输河开挖工程结束并建造红旗套闸后，在套闸西侧即原涵洞旧址建造套闸桥。该桥为一孔槽型平板结构，桥跨径19米，桥面宽5.9米。2001年12月，由场部投资30万元对该桥实施拆除重建。重建后的套闸桥跨径6米，桥面宽16米，负载等级为汽车20吨、挂车100吨。

常兴桥　位于红旗镇镇区农贸市场与滨河路中段对接处的运输河上。建成于2003年5月。桥型结构为混凝土桩基板式桥，桥跨径8米，桥面宽8.5米，负载等级为汽车10吨。

人民桥　位于良种站中心路与原二十工区边框路对接处的运输河上。始建于1975年，原址在原农场繁殖场至原二十工区田间中心路对接处的运输河上（今常阴沙幼儿园至福利厂位置），为木桩结构的板面桥。木桥跨径为30米，桥面宽3米，供行人和自行车通过。1987年易地改建于现址，桥型结构为三孔空心平板桥，定名常红桥。该桥因建造时按方便小型车辆通行或路人行走而设计，未能达到红旗镇扩建后各项事业发展的要求，因而于2002年2月再次拆除重建，并更名为人民桥。人民桥是红旗镇镇区扩建工程的一部分，总跨径为6米，桥面宽15.6米，负载等级为汽车20吨、挂车100吨，投资45万元。

七干河大桥　位于原九工区和十七工区交界处的七干河上。1967年春，在文革二圩围垦中，为方便工程进行，场部在卫星圩南框沟建成供人们行走的木桥。1970年，七干河开挖后，该桥改造成木桩板式桥，80年代初改建为混凝土拱桥。1996年8月，拆除重建为混凝土桩基板式桥，命名为七干河大桥。该桥跨径32米，桥面宽12米，负载等级为汽车20吨、挂车100吨。

东沙大桥　位于原十一工区、十六工区与东沙镇区东首交界处的七干河上。建成于1985年11月，建成时根据其地理位置命名为东沙大桥，桥型结构为混凝土桩基板式公路桥，桥跨径32米，桥面宽6米，负载等级为汽车15吨。

2004年常阴沙农场中小河道桥梁概况表

表4-4-1

桥　型	规　格（长×宽）（米）	数量（座）	桥　型	规　格（长×宽）（米）	数量（座）
预应力多孔板式桥	13.5×2.0	107	水泥平板桥	12.5×2.5	1
一孔轻型板梁桥	10.0×4.0	1	水泥平板桥	13.5×1.5	1
一孔双曲拱桥	8.0×6.0	1	水泥平板桥	10.0×2.0	1
二孔板梁式桥	10.0×1.8	1	合计	—	114
木拱桥	2.5×2.0	1			

2004年常阴沙农场各工区中小河道桥梁分布一览表

表4-4-2

工区名	桥梁数（座）	结构	建造年份	改建年份	载重量（吨）	投资额（万元）
一工区	3	水泥	1957年	2004年	3~5	5.5
二工区	8	水泥	1959—1991年	1998—2003年	3	4.0
三工区	7	水泥	1973年	2001—2004年	2	7.0
五工区	18	水泥	1968—1985年	1991—2004年	0.5~1	12.0
六工区	26	水泥	1960—1998年	1998—2001年	0.5~10	22.84
七工区	11	水泥	1963—1970年	1996—2004年	1~2.5	27.2
九工区	7	水泥	1980—1987年	1985—2004年	2~5.5	16
一〇工区	2	水泥	1986年	1995—2002年	2	8
十一工区	8	水泥	1980—1990年	1985—2004年	1~5	31.5
十二工区	2	水泥	1985年	2002—2004年	2~5	7
十三工区	9	水泥	1981年	2004年	2~4	9.5
十五工区	3	水泥	1978—1985年	2004年	2	9.8
十六工区	3	水泥	1986年11月	2004年	8~10	14.0
十七工区	1	水泥	1992年	2004年	8	20
十八工区	2	水泥	1986年10月	2004年	10	5.6
良种站	3	水泥	1985年	2004年	2	9
合计	113					208.94

说明：表中所列数据，均以各工区统计为准

二、车站

1970年5月20日乐红公路通车后，沙洲县交通局在北中心河西侧的轧花厂南端租借装卸站1间房子，设立农场汽车站。1974年1月，由苏州客运公司投资1.8万元，在原商业总店东侧，即今场部办公楼门卫前向东南约15米处的红旗中路起端处建造公共汽车站（时称东方红农场汽车站），占地总面积1067平方米，其中，票房候车室面积为85平方米，停车场890平方米。

1989年1月，农场汽车站搬迁至运输河南、通运南路东侧路边临时营业。1990年6月，由常阴沙农场投资6万余元，在今通运南路东侧的工业集中区向内约100米处（今珠江路）重新建造汽车站，新建的农场汽车站占地总面积1775平方米，票房和候车室房屋共7间，并设有门卫、食堂及停车场等设施。1995年，农场汽车站再次搬迁到红旗镇镇区常阴沙大桥至套闸桥之间通运南路起点东侧，并由农场出资重新建造两层小楼3间，占地面积300平方米，其中建筑面积252平方米。

第三节 装卸和运输

一、货物装卸

1957年，生建供销站成立货物装卸组，主要承担第一农场和生建供销站等单位的货物装卸任务。装卸组成立时，有职工14人，主要运输工具是木制独轮车和小板车。1964年，装卸组改称装卸站，职工增至28人，分为3个搬运小组，独轮车全部改为小板车，每日货物装卸量为100吨左右。1969年，装卸站划归农场服务队，有职工24人，设2个搬运小组，并有小板车9部、小吊车2部，最大起重量为2吨。1979年，装卸站改属农场物资站，职工增至42人。1983年开始，装卸站实行劳动工资改革，自负盈亏，即扣除场、工区二级分摊费、设备折旧费和劳保费用外，全部作为职工工资，职工每月可得工资140元以上。80年代后期开始，在农业工区务农的部分职工利用农闲季节，肩挑手拉，自发组织建筑材料及各种货物的搬运和装卸，并形成货物装卸的劳务市场。全场各单位乃至职工家庭的建房材料及各种货物的搬运，由装卸站和劳务市场共同承担。1998年，装卸站通过产权制度改革后改组为私营企业。

二、客货运输

1959年，农场恢复扩建时，有两艘捕鱼船，直接受场供销科调度，承担长江捕捞和货物运输的双重任务。1964年，把巡回于各工区的抽水机船集中起来，成立运输队，为场部和相关单位运输货物，受场供销科领导。当时有抽水机船9艘，每艘船载重10吨，船工30人。1965年春，沙洲县客运公司增设农场至无锡的客轮航班，每天一班（该航班于1967年9月停航）。是年，运输队以农场从苏州绵羊场调拨的拖轮作牵引船，9只木船为拖船，成立一号拖轮队，负责全场的物资运输。1969年，农场成立农业服务队，运输队划归农业服务队。1973年，运输队与农业服务队脱离关系，单独核算。1975年，运输队自行设计制造拖轮1艘，新增木船9只，成立二号拖轮队，职工增加到60多人。1979年，农场建立物资站，运输队划归物资站。是年，场部利用沙洲县水利局拨给的拖轮1艘，并投资1.42万元，购置水泥船11只，每只船皮载重40吨，成立三号拖轮队。至此，运输队共有职工160多人。

1983年，建立汽车队，与运输队一套班子、两块牌子。至1985年，运输队有职工224人，并有拖船25艘、机帆船4艘，载重总吨位1130吨。有东风、解放、跃进等运输汽车7辆，双排座1辆，载重总吨位32.5吨。1986年后，随着农场经济体制和经营管理机制的改革，职工家庭开始购买船只和运输车辆，货物运输逐步走向市场，运输队业务量逐步减少，船只、汽车等主要生产资料逐渐折价转卖给个人经营。90年代后，运输队逐步演变为有名无实的空壳子单位。1996年，运输队改属农场商业物资公司领导和管理。1998年，运输队歇业解体。全场范围内的货物运输全部由个体户经营。

第四节　交通运输工具

一、水路工具

1959年前，农场有2只手摇木船，以舵定向，用橹推行。凡上级调拨给农场的物资、拖拉机等农机具，一般都是请锦丰长江运输站的船只，先运到农场境内的长江边，然后再用人力车、牛拖车等工具运到场内。

1963年，从苏州绵羊场调拨轮船1艘，是为境内第一艘机动船。1965年，农场运输队以轮船作船头，配置9艘拖船，成立轮拖队。至1979年，全场共有拖轮3艘、拖船25艘、机帆船4艘，载重总吨位1030吨；各工区自办机帆船15艘，船皮总载重量261吨。1985年，全场有大小船只92艘，船皮总载重量1671吨，总动力为1715千瓦。

1986年后，水上运输逐步由集体经营转为私人经营，水上运输工具逐步减少。80年代后期，农场运输队拖轮队解散，原有轮船、拖轮全部作价转让和出售，各种机动船只也全部转让给私人。至1998年，全场有机帆船12艘748吨总动力905千瓦。至属地管理前的2003年，有拖轮1艘，载重吨位300吨，机帆船12艘，船皮总载重量805吨总动力570千瓦。

二、陆路工具

运输工具　1959年前，农场有牛力拖车和人力拖车3辆。1961年，拥有跃进牌汽车1辆。60年代末，全场各工区均有人力胶轮拖车，其中六、八、九、十四等工区还有牛拖胶轮大板车。70年代中期，开始用手扶拖拉机代替人力拖车或畜力拖车。各工区均配有手扶拖拉机。农忙时，运粮运肥，配合拖拉机、脱粒机到田间耕作，农闲时搞运输。70年代后期，逐步用汽车代替运输工具，原来的手扶拖拉机逐步承包或作价转让给私人。至1985年，全场有各类汽车37辆、中型油托斯（托拉机）13辆、手扶拖拉机97辆。另外，随着农业承包责任制的普遍推行，全场60%以上的职工家庭购置人力拖车。90年代，陆路运输工具主要以载重汽车和手扶拖拉机为主。至1998年，全场有载重汽车29辆，总动力1262千瓦，其中私有27辆，1162千瓦，另有汽车挂车12辆、手扶拖拉机126辆。2003年，有载重汽车13辆，总动力990千瓦，汽车挂车120辆，手扶拖拉机106辆。

代步工具　60年代中期以前，人们出行主要靠步行，辅之以独轮手推车。1964年，江苏省农林厅为常阴沙农场配置吉普车1辆，供场级领导外出工作时乘坐，是为农场第一辆机动代步工具。60年代中期后，自行车和人力三轮车，辅以少量的机动三轮车、摩托车和汽车等，取代独轮手推车。至1985年，全场有自行车9844辆，平均每户1.4辆。90年代后，以机动摩托车为主，自行车辅之，并出现少量的电瓶车、营运客车和私家小轿车。至1998年，全场有摩托车4270辆、营运客车13辆。2005年，全场98%的家庭拥有摩托车，数量为6396辆。2000年后，摩托车作为交通代步工具已经普及，家用轿车的数量逐步增加，至2004年，全场家用轿车数为744辆。

第五节　交通管理

1973年，场部建立东方红农场交通管理所（简称交管所），办公室设在红旗套闸南侧的运输队内，配所长、会计和调度员各1人，主要负责农场范围内水陆车船的交通运输和安全监督。1980年11月起，负责交通运输登记和管理，并为上级交通管理部门收缴航养费、港务费、运输管理费以及手扶拖拉机养路费等各种费用。1983年实行利改税后，为农场税务组代征水陆交通车船营业税等。1986年，交管所划归张家港市交通局直接管理和领导，配有所长、会计、监理、调度员各1人。1987年10月，陆路交通管理从交管所分离至公安部门，水路交通管理仍由交管所负责。1999年，农场交管所与乐余、东沙、南丰、兆丰交管所合并建立乐余中心交管所。2001年11月，撤销常阴沙农场交管所。2004年9月，乐余中心交管所在农场设立办事处。办事处占地总面积2470平方米，建筑面积为573平方米，有管理人员3人。

第五章　邮　电

第一节　机　构

40年代，东长沙四面环水，居住在东长沙的百十来户居民与外界通信联系，主要靠徒步传递。50年代，东长沙与联珠沙连成一片后，东迁移民逐年增多，以解放圩的老农场为中心，逐步兴办起邮电业务。

1951年，邮电业务由乐余镇邮电所代办。1953年，在农场建立乐余镇邮电所常阴棉场邮电代办所。后兆丰邮电所成立，农场的邮电业务改属兆丰邮电所代办。

1960年春，经常熟县邮电局批准，场部在红房子集镇建立沙洲农场邮电所，并把兆丰公社外沙片的邮政业务划归农场邮电所。1962年1月，沙洲县建立后，原沙洲农场邮电所随农场区域的调整而更名为沙洲县红旗镇邮电所。同年，根据中央“精简机构、体制下放”的精神，邮电所成为在人员配备、事业规划、经费耗用等方面由农场负责，行政上由县邮电局负责的双重领导单位。1963年9月，购买原粮管所瓦房3间作为红旗镇邮电所的办公和经营服务场所。1964年9月，农场建立广播放大站，红旗镇邮电所迁址至场部办公和经营。为节约经费，广播线与电话线同杆架设，为此，一天三次的广播时间电话不通。1973年，红旗镇邮电所再度迁址，由农场投资在红旗西路（常阴沙供销社对面）新建瓦房3间。1979年，邮电所工作人员增加到8人。同年，经沙洲县邮电局批准，红旗镇邮电所改名为红旗镇邮电支局。1985年，由常阴沙农场投资，对邮电支局扩建改造，并在红旗中路建造营业用房15间，建筑面积共936平方米，其中主房9间3层864平方米，辅助用房6间72平方米。工作人员增至15人，其中管理人员1人，话务员5人，投递员3人，机线员2人，营业员4人。1987年，红旗镇邮电支局正式划归张家港家港市邮电局统一管理并更名为农场邮电支局。1995年，农场邮电支局在红旗中路原址扩建4层门面楼，建筑面积为2214平方米，其中营业楼面积2184平方米，门卫30平方米。1996年9月，实行邮电分营，农场邮电支局拆分并分别更名为张家港市邮政局农场支局和张家港市电信局农场支局，负责农场及邻近覆盖区域单位的邮政和电信业务。

第二节　邮　政

1951年，农场的邮政业务由乐余镇邮电所代办。1953年9月，建立乐余镇邮电所常阴棉场邮政代办所，所谓代办所，实际仅为一只简易邮政筒。后成立兆丰邮电所，邮政业务改属兆丰邮电所代办。

1960年春，建立沙洲农场邮电所，把兆丰公社外沙片的邮政业务划归农场，并在红旗镇设邮政筒和邮政箱各1只，信函投递主要靠徒步。1963年9月，700多名苏州市知识青年插队常阴沙农场，邮政业务量剧增，为此，工作人员增加到4人，报纸、杂志、信件的邮递为分单位设袋，各单位派人自取。1966年，由沙洲县邮电局配发自行车1辆，分别在东长沙和十四工区增设邮政筒各1只。1967年以后，邮政业务范围扩大，兆丰公社的东胜、东红、东华、东林、东新等大队以及沙洲县七干河闸、畜牧场、交通新村、种猪场、四一农场和党校的邮政业务统归红旗镇邮电所，投递线路增加到102公里。1970年5

月20日，红旗镇邮电所的邮件由乐余镇邮电所中转改为直发县局。1973年，邮政自行车增配至2辆。

1985年，邮政自行车增配至3辆。1990年，恢复开办邮政储蓄业务，居民的储蓄存款额逐步上升。1994年、实行邮电分营，设立张家港市邮政局农场支局，并把原兆丰公社的5个大队划出，此时农场邮政支局信函投递等业务的投递范围改为常阴沙农场机关、学校、各工建交单位、22个农业工区的156个小队以及市七干河闸、畜牧场、大寨圩、交通新村、种猪场、四一农场等单位。1996年，开通电子化支局。1998年起，邮政投递由自行车投递改为摩托车投递，并采取由投递员自备摩托车、单位补贴的办法。至2004年，全境共有邮政筒1只、邮政箱5只。邮政工作人员9人，其中管理人员1人，投递员3人，营业员5人。办理业务范围主要有：信函（含明信片、印刷品等），每年业务量9万件左右；包裹，每年业务量2万~3万件；汇兑，每年业务量2万元；报刊发行，每年业务量40万元左右；机要业务，每年业务量50件左右；集邮，每年业务量8万元左右；储蓄存款，每年业务量1亿元左右。

第三节　电　信

1950年，农场有电话机1部，供场部机关使用。1959年，场部由解放圩迁至海坝西头（今一工区和十二工区交界处），设10门交换机1台。

1960年，租借合作三圩刘云官家一间草屋作工作房，内设30门磁石总机1台，安装电话机5部，单线传输，线路长2公里。1963年9月，配机线员1人，电话机增加到30部，并开始承接电报业务，当年接收电报200份，发出电报50份。1974年，农场接通高压电初期，因电话线与高压输电线平行，交叉处较多，电话通话受高压电流干扰，通话时难以听清声音。1976年3月至6月，场部进行电话线路整改，将单线传输改为双线传输，同线电话改为单线电话，明线改为电缆线。整改后，场内电话线路为63.3公里，电话线与广播线、高压输电线分开。共树立电话线木杆595根，耗用工日900个，费用2万元。同时，添置60门磁石总机1台。至1979年，用户电话97部，总机扩为二席120门。1984年，场部对电话线再次整改，将原来的铁丝线全部改造为电缆线，全长24.5公里，木杆全部改造为水泥杆，其中圆杆180根、方杆300根，投资总额10.5万元。1985年，在投资建造邮电支局营业用房时，把原来的二席磁石总机更换成共电总机三席300门，并增添44.1千瓦发电机组1台、充电机3台。全年接收电报9419份，发出电报9898份。1987年，改共电交换机1000门。

1992年起，实施电话场建设，共增添电缆线路132皮长公里，全场电话电缆总长度260皮长公里。1994年，全场固定电话数为2300部，建成电话场，电报业务则逐步退出市场。1996年，由张家港市邮电局投资，将原固定电话改成容量为10000门程控交换电话。2000年，再次改造成数字电话。2000年后，逐步改为全光网传输。2004年，全场有固定电话7700部、移动电话3500部、互联网用户150户。开设的业务范围除原有的长途电话、市内电话和农村电话业务外，还有移动3G手机、高速互联网、多媒体移动办公等。

第六章　建　筑

第一节　机构　队伍

村镇建设办公室　简称村建办。1962年，场部设立基建科，负责全场基本建设的规划、预算、审核、实施，以及基建队伍的考核与管理。1989年6月，场部成立建筑管理站（简称建管站），除负责全场基本建设的管理外，还负责场内个体工匠和个体工程队的日常管理工作。1990年2月，恢复基建科名称，建管站为基建科内设机构。1992年6月，基建科改称为村镇建设办公室（简称村建办）。1993年4月，场部成立房地产开发公司，负责红旗镇的一些临街建筑和房产开发，为村建办的内设机构。2004年，村建办有工作人员4人。

土地管理所　简称土管所。80年代前，全场的土地规划和用地管理工作权属江苏省农垦局南通地区农垦局。1989年，全场用地规划与审批从南通市农垦公司划入张家港市。为适应地方管理体制，场部于1989年1月设立土管所，负责全场土地的规划和利用，与基建科合署办公，对内为一套班子，对外为两块牌子。2004年，并入乐余土管分局。

农场建筑安装公司　农场的建筑队伍形成于60年代初。1962年，场部将分散在各个工区的个体泥瓦匠和木匠组织起来，建立常阴沙农场基本建设工程队，时有职工十多人，分成泥瓦工和木工两个小组。1963年7月1日，成立常阴沙农场建筑工程队（简称工程队），下设泥工组3个和木工组1个，为江苏省农垦系统第一个建筑工程队，有干部、职工100人，其中正式工64人，学徒工26人，管理人员10人。1969年9月，农场精简机构，将服务性单位合并建立农业服务队，工程队划入农业服务队。1974年，工程队从农业服务队划出单独建制。1979年，工程队纳入江苏农垦建筑安装公司第一工程处第一工程队。1980年2月，常阴沙农场建筑工程队获江苏省人民政府惠裕宇省长签发的嘉奖令。1984年9月，以工程队为基础，组建常阴沙农场建筑安装公司。至此，全公司有固定资产37万元，定额流动资金40万元，在册职工523人，其中管理人员73人、专业技术人员19人。机械设备223台，总功率992.25千瓦，其中主要机械设备65台，总功率630.63千瓦。1985年，建筑安装公司有8个科室，除工程队外，还辖有建材厂和建筑装潢厂两家企业。1986年4月，获江苏省建设委员会和江苏省农垦总公司颁发的三级建筑企业资质证书。1988年，建筑安装公司更名为江苏农垦张家港常阴沙建筑工程公司。1997年底，公司资产总额达到2574.26万元。其中，设备与固定资产789.81万元。2000年3月，因企业转制等因素，经江苏农垦总公司批准，由江苏华达、华兴、常阴沙3家（企业资质均为建筑施工二级）组合成立江苏华达建设发展有限公司（企业资质为建筑施工二级），原常阴沙建筑工程公司成为江苏华达建设发展有限公司的成员企业——常阴沙分公司。2002年3月，华达公司解散分立，常阴沙分公司转为由个人控股经营的私营企业，并改建为张家港市常阴沙建筑工程有限公司。企业资质为房屋建筑工程施工总承包三级、起重设备安装工程专业承包和混凝土预制构件三级。公司位于健康新村104号，即通运北路东侧100米处，占地面积2.03万平方米，其中生产用地7580平方米、生产用房3100平方米。有员工72人，其中工程技术人员和各类管理人员52人。主要机械设备有各种型号的汽车起重机5台、各种型号的塔吊式起重机4台、装卸大货汽车2辆、混凝土搅拌机10台、各种中小型建筑施工设备69台套，总功率为2023.4千瓦。2004年，全公司实现施工产值2193万元，利税总额85万元。

工区临时工程队　1974年，在发展养猪事业的热潮中，五工区、七工区把分散在工区内的泥、木工匠组织起来，成立两个临时性的建筑工程队，主要承建各个工区的繁殖场和本工区马门、水渠等零杂工程的建设和维修，同时承建职工家庭的房屋翻建工程。临时工程队于70年代后期陆续并入农场工程队。

个体工程队　80年代中期，逐步掀起职工兴建楼房的热潮，一些有技术且头脑灵活的泥、木工匠自备资金，购置简单设备，组织一些闲散泥工和木工，再拉上一些农村劳动力，组建起个体私人工程队，专门承接职工楼房的建造工程，一度形成市场。这些工程队一方面收费低，调度活，受到建房户的欢迎，另一方面，也造成了因质量问题而出现的一些安全事故。1989年6月，场部建立建筑管理站，专门对职工建房进行管理，并组织对个体工程队的整顿工作，经考核考试合格后，由张家港市建筑管理处发放建筑施工许可证，全场共有16个个体工程队获得建筑施工许可证，其规模一般有12~16人，规模较大的在40人以上。成为农场职工建房市场的重要力量。

农场市镇建设工程队　1986年，常阴沙农场市镇建设工程队成立，对外承接道路和桥梁建设工程。建队时，有职工90人，固定资产400万元，主要机械设备16台。建队后，一度在吴江等地承接建造公路等建设工程。后因管理因素，市镇建设工程队于1989年歇业解散，人员和设备全部撤回。

农场机械施工队 1985年1月，农场建筑安装公司从无锡购回15吨履带吊装车，成立非独立核算的内部吊装队，专门到南通、常州等由农场建筑安装公司承建的工程实施配套安装。1986年起，开始承担工业、民用、水利、桥梁等吊装工程，同时承担公路交通事故的抢险。1988年，随公司名称的变更而正式成立江苏农垦张家港常阴沙建筑工程公司机械施工队，为建筑公司的内部核算单位。1990年，机械施工队被列为张家港市公安局道路交通事故抢险定点单位（1998年市公安局成立太安公司后停止）。1988年起，机械施工队先后增添QY型12吨汽车吊装车、Y型16吨汽车吊装车和QY型25吨汽车吊装车各1台。1991年，机械施工队更名为江苏农垦张家港市常阴沙建筑公司机械施工处（简称机施处），为建筑公司下属的独立核算企业。1992年，机施处有汽车吊装车3台、履带吊装车1台，总动力为502.8千瓦，设备价值近100万元。1998年10月，在江苏农垦各农场下属的国有企业转制中，机械施工处经过资产清理和评估，以一次性卖断的形式，按715068.29元的价格转让给私人经营，并重组为张家港市天宇机械施工队。转制后，经过更新改造，至2004年，机械施工队共有16吨以上的汽车吊装车3台、50吨履带吊装车1台、各种型号的塔吊起重机9台，总动力895千瓦，总资产1000多万元，其中设备总额为634万元，有各类员工近40人，其中特种作业人员30人，中级以上技术人员6人，同时持有建筑企业起重设备安装工程专业承包三级资质和江苏省建筑施工机械设备租赁企业行业确认书（起重机械）。

第二节 技术装备

60年代初，工程队有泥工、木工两个工种，没有机器设备，全部实行手工操作，工具全部自备。60年代后期，开始添置机械设备。70年代后期至80年代中期，基本实现机械化。泥浆和水泥砂浆的拌和、建筑材料的起吊、房基的打夯、地坪墙面的磨制都达到较高的机械化水平。木工的锯、刨、钻等比较繁重的手工操作劳动逐步被机械代替。同时，建筑材料的运输、建筑构件的浇铸也逐步实现机械化。工程队先后购置运输汽车、手扶拖拉机、机动水泥船、钢材切割机、电焊机、振捣机、卷扬机、磨光机、打夯机、电动水泵等。至1986年，除各工区的集体工程队和个体工程队资产外，农场建筑安装公司拥有大中型机械设备87台（辆、件），动力计1016.5千瓦，设备总值99.10万元，净值44.38万元，人均动力装备1.36千瓦，人均技术装备595元。1988年后，建筑队伍的技术装备水平得到较快提高，至1998年公司转制时，有大中型机械设备515台（辆、件），总动力4283.7千瓦，总值696.2万元，净值549.1万元，人均动力装备5.84千瓦，人均技术装备7491元。至2003年，全部机械技术设备154台（辆、件），总动力422千瓦，总值700万元，净值390万元，人均动力装备0.69千瓦，人均技术装备6362元。

1985—2003年常阴沙农场建筑施工队伍主要建筑技术装备一览表

表4-6-1

年 份	从业人员（人）	设备总量（台、辆、件）	设备动力（千瓦）	机械设备净值（万元）	动力装备率（千瓦/人）	技术装备率（元/人）
1985	646	114	861.40	34.14	1.33	528.00
1986	746	87	1016.50	44.38	1.36	595.00
1987	693	88	1034.90	45.00	1.49	649.00
1988	690	109	737.70	53.63	1.07	777.00

续表4-6-1

年　份	从业人员（人）	设备总量（台、辆、件）	设备动力（千瓦）	机械设备净值（万元）	动力装备率（千瓦/人）	技术装备率（元/人）
1989	732	197	1812.00	62.80	2.48	858.00
1990	569	197	1812.00	86.36	3.18	1518.00
1991	610	218	1934.00	118.31	3.17	1939.00
1992	647	289	2018.00	132.30	3.12	2040.00
1993	726	289	2018.00	132.30	2.78	1822.00
1994	898	318	2285.00	181.40	2.54	2020.00
1995	385	318	2585.00	186.10	6.71	4834.00
1996	321	508	2278.00	609.00	7.10	8972.00
1997	793	504	4266.70	591.30	5.38	7456.00
1998	733	515	4283.70	549.10	5.84	7491.00
1999	778	60	512.00	180.00	0.66	2313.00
2000	644	106	478.00	145.00	0.74	2252.00
2001	708	151	423.00	377.00	0.60	5325.00
2002	623	154	422.00	434.00	0.68	6966.00
2003	613	154	422.00	390.00	0.69	6362.00

说明：2004年农场属地管理后，对建筑技术装备未作统计

第三节　建筑施工

1963年，农场基本建设工程队承担青年圩、长江圩两个苏州知青点的知青住房以及食堂、仓库等工程。以后，陆续在南通、东坝头、淮海、阳羡、新洋等农场以及苏州市交通局、6285部队承建建筑工程。1964年，建设工程队承担农场河水闸的施工。至1965年，基本建设工程队共建造房屋26000平方米，修建机桥、水闸、涵洞各1座。

1972年，基本建设工程队除完成场内的基本建设任务外，首次组织160多人到南京承建省农林厅宿舍楼和省农业科学院科研楼。1974—1976年，先后在省农林厅、省农科院和省水产研究所等单位承接基建工程。3年中共建造房屋20640平方米，建造浴室、水塔、水闸、积水池各1座，建造围墙4000平方米，铺设地下管道2000米。1977—1979年，场内工程队完成房屋建筑面积8993平方米，建造机桥、套闸各1座，涵洞8座。

1977年冬，工程队从内部抽调大部分职工赴常州冶金厂等单位承接工程，简称为常州工程队。1979年，工程队在承建水闸、涵洞、桥梁等农田水利工程及12层以下工业与民用房屋建筑工程的同时，还承担相关工程的设计工作。1981年，常州工程队累计在常州完成房屋建筑面积82117平方米、人防地下室1座800平方米，修理房屋13000平方米，建造围墙600米，铺设水泥路2100平方米，建造石灰窑、水塔各1座。1982年2月，工程队又抽出部分力量赴南通开辟工地，简称南通工程队。是年，常州工程队承建的常州市89960部队干休所2500平方米住宅楼工程，经常州市城乡建设委员会工程管理处验收，被评为全优工程。1984年，工程队再次组织力量分别赴苏州、上海虹桥机场等地承建工程。

1986年后工程队先后进入上海、南京、常州、南通、苏州和常熟以及河南南阳、山东济南等地承接施工工程，年施工的单项工程面积一般为4万~6万平方米，最高年份为9万多平方米。1998年，建筑公司工程队共承接建筑施工单项工程60项计，53369平方米，其中房屋面积59619平方米，实现施工产值5556万元，上缴税金84.3万元，实现利润79.1万元。

1985—2003年常阴沙农场建筑施工情况表

表4-6-2

年　份	建筑企业数（个）	施工单项工程（平方米）	总产值（万元）	上缴税金（万元）	利润总额（万元）
1985	5	49238	483.76	1.10	34.55
1986	5	53009	619.63	0.32	26.97
1987	5	50373	752.00	6.00	32.33
1988	6	65914	1020.02	19.45	40.06
1989	7	53411	1014.21	31.13	10.15
1990	7	28650	648.43	15.91	-33.78
1991	7	36923	928.21	21.82	20.37
1992	7	42582	1059.32	28.93	29.81
1993	8	51893	2346.59	36.62	41.76
1994	8	72939	3068.35	49.30	95.27
1995	7	75960	3284.00	132.00	19.80
1996	6	95480	6015.20	152.50	165.20
1997	7	49728	3981.00	46.00	17.20
1998	9	53369	5556.00	84.30	79.10
1999	12	90200	5164.50	226.70	66.40
2000	17	80520	4668.00	162.00	178.00
2001	16	64210	4326.00	103.00	113.00
2002	15	72580	4241.00	125.00	193.00
2003	16	59640	3547.00	72.00	120.00

说明：1998年前，为国有建筑企业的建筑施工情况；2004年农场属地管理后，对建筑企业的施工情况未作统计

第四节　产权制度改革

1997年12月，农场建筑公司共有资产总额2574.26万元。其中，流动资产1748.19万元，设备与固定资产789.81万元，负债总额为2265.44万元，公司所有者权益308.82万元。1998年，根据江苏省农垦总公司有关农垦企业产权制度改革的部署和要求，建筑公司被定为农场产权制度改革的重点单位。1999年6月，经农场产权制度改革办公室对建筑公司进行资产清理并经张家港市评估公司评估，公司资产总额3728.42万元，其中固定资产396.12万元，流动资产3332.30万元，负债总额3721.28万元，所有者权益7.24万元。为此，采取剥离转让的办法对公司进行转制，即在将公司下属的机械施工处剥离转让后，增量扩股，分段改制，于2000年正式脱离国有企业行列，成为由私人控股经营的民营企业。

第五编 经济综情

第一章　经济规模

第二章　经济制度

第三章　财务　税收　金融

第四章　经济管理

50年代，农场以农业种植为主，在生产粮食的同时，进行农业生产技术的试验，成功后传播和推广，并帮助周围农村发展农业生产。

1959年10月，农场恢复扩建后，一直为全民所有制农业企业。农场的土地、水域、机器、设备、房屋、原材料等主要生产资料，均属全民所有。农场的生产建设活动，主要是根据国家计划，在各级农垦部门的统一组织和协调下实施。农场的产品属全民所有，按照国家的政策和计划全部上交。农场的税金，按国家财政的规定，全额上缴。农场的积累（税后利润），按上级农垦部门核定的任务上交和留用。农场经济管理的对象，是企业的生产经营活动及其成果，即通过合理组织生产，有效地使用人力、物力和财力，以取得最优的经济效果，不断完善生产关系，发展和提高生产力。

1979年，国家对农垦企业实行“独立核算，自负盈亏，亏损不补，有利润自己发展生产，资金不足可以贷款”的财务包干办法，农场的经济活动逐步转为在国家计划指导下，独立经营，并行使独立的企业自主权，即资金支配权、生产计划权、产品销售权、劳动调配权和独立对外权。农场生产的产品除按国家规定上交外，可以独立进入市场组织销售。农场的积累，即按国家规定向财政部门全额缴纳税收和提取管理费用、劳动工资及各项折旧后所产生的纯利，在按比例向上级农垦部门上交后的余额，主要用于发放企业退休人员的工资以及教育、卫生等各项社会事业建设，最后发展再生产。1960—2004年，全场累计实现社会总产值645286.46万元，其中，农业总产值123870万元，工业总产值393656.35万元。累计向国家上缴税收21882.59万元。累计实现利润7392.97万元。2004年，实现国内生产总值23760万元，第一、第二、第三产业增加值分别为5005万元、10943万元和7812万元，第一、第二、第三产业比为21∶46∶33。

第一章 经济规模

第一节 总 量

建场初期，芦苇杂草丛生，沟渠尚未开挖配套，房屋和生产设备一无所有，土地和经济规模相对较小。1950—1958年，全场共生产粮食680吨、籽棉438.5吨，生猪31.5吨。同时，推广棉花良种219吨、稻种75吨、麦种200吨。

1959年10月，农场恢复扩建后，随着土地规模的逐步扩大，经济规模由小到大，逐步发展。1960年，共生产粮食3398.9吨、皮棉193.3吨，实现社会总产值118.59万元，上缴国家税金0.5万元，实现利润3.64万元。70年代中期，场办工业开始发展。1979年，社会总产值增加到1500.98万元，向国家上缴税金增加到40.21万元，实现利润62.28万元。80年代，随着国家对农垦企业财务包干制度的推行，农场的经济规模迅速增大。1988年，全场实现社会总产值突破1亿元，达10031.68万元，向国家上缴税金388.9万元，实现利润401.9万元，国内生产总值为3755.21万元。1998年，国有工建交企业产权制度改革后，农场在继续调整和完善农业的种植结构，在稳定发展国有经济的同时，加快发展私营经济。至2004年，全场有各类私营企业677家，其中工业企业116家。实现社会总产值67153万元，向国家上缴税金2140万元，利润总额773万元，国内生产总值为23760万元。

第二节 结 构

60年代初，农场主要从事农业种植和畜牧养殖。1960年下半年创办加工厂，工业经济开始占有少量比重。1961年，全场实现社会总产值222.36万元，其中，农业产值194.36万元，占87.41%；工业产值23.9万元，占10.75%；商业物资及服务业产值4.1万元，占1.84%。

70年代中期起，场、工区办工业迅速兴起，农场的产业结构发生重大变化。1979年，农场重新划归省农垦局领导并逐步实行财务包干制度后，根据国营农场“一业为主，多种经营”的方针，逐步走农、林、牧、副、渔、工、商、运、建、服“十轮”齐转，综合发展的建设路子。80年代起，工业经济的比重开始超过农业经济。1980年，农业产值658.83万元，占全场总产值的37.92%；工业产值799.59万元，占全场总产值的46.01%；建筑业产值82.72万元，占全场总产值的4.76%；商业物资及流通服务业产值196.58万元，占全场总产值的11.31%。

90年代，经逐步调整，产业结构趋于平稳发展，维持在农业占20%左右，工业占50%左右，建筑业占10%左右，商业物资及流通服务业占20%左右。2004年，全场社会总产值67153万元。其中，农业总产值9267万元，占13.8%；工业总产值45870万元，占68.31%；建筑业产值2130万元，占3.17%；商业贸易及流通服务业产值9886万元，占14.72%。

1960—2004年常阴沙农场经济总量与产业结构一览表

表5-1-1　　　　单位：万元

年份	社会总产值	其中								国内生产总值	利润总额
		农业	占比(%)	工业	占比(%)	建筑业	占比(%)	第三产业	占比(%)		
1960	118.59	117.10	98.70	1.49	1.30	—	—	—	—	—	3.64
1961	222.36	194.36	87.41	23.90	10.75	—	—	—	—	—	11.27
1962	194.60	144.44	74.20	37.25	19.20	—	—	—	—	—	-14.81
1963	348.59	246.60	70.70	74.33	21.30	—	—	—	—	—	24.07
1964	376.33	294.98	78.40	65.74	17.50	—	—	—	—	—	110.29
1965	384.27	293.86	76.50	67.13	17.50	—	—	—	—	—	120.98
1966	711.65	404.19	56.80	278.06	39.10	—	—	—	—	—	80.80
1967	678.34	376.33	55.50	265.93	39.20	—	—	—	—	—	37.17
1968	774.12	441.28	57.00	308.93	39.90	—	—	—	—	—	95.15
1969	739.21	363.79	49.20	354.27	47.90	—	—	—	—	—	-19.58
1970	576.52	333.11	57.40	189.07	32.80	—	—	—	—	—	-45.75
1971	375.82	286.08	76.10	64.07	17.10	—	—	—	—	—	-117.60
1972	541.35	413.14	76.30	95.14	17.60	—	—	—	—	—	4.06
1973	687.91	504.56	73.40	123.84	18.00	—	—	—	—	—	54.00
1974	725.25	503.28	69.40	172.69	23.80	—	—	—	—	—	12.18
1975	675.40	459.31	68.00	162.04	24.00	—	—	—	—	—	-61.56
1976	738.88	469.92	63.60	200.31	27.10	—	—	—	—	—	-156.63
1977	774.03	400.29	51.70	292.02	37.70	—	—	—	—	—	-198.81
1978	1152.09	644.74	56.00	401.53	34.90	—	—	—	—	—	-69.52
1979	1501.98	764.53	50.90	547.24	36.50	—	—	—	—	—	62.28
1980	1737.72	658.83	37.92	799.59	46.01	—	—	—	—	—	25.23
1981	1883.52	473.17	25.10	930.12	49.40	—	—	—	—	—	15.27
1982	2074.37	665.81	32.10	804.83	38.80	—	—	—	—	—	97.54
1983	2479.39	856.35	34.50	1210.97	48.40	—	—	—	—	—	152.39
1984	2763.53	1082.00	39.20	935.47	33.90	—	—	—	—	—	151.95
1985	4484.09	1259.00	28.10	2653.23	59.20	483.76	10.80	88.10	1.90	1897.00	251.03
1986	5821.09	1607.20	27.60	3374.61	58.00	619.63	10.60	219.65	3.80	2041.60	201.32
1987	7142.28	1876.06	26.27	4333.66	60.67	752.00	10.53	180.56	2.53	2527.34	227.90
1988	10031.68	2639.86	26.32	6005.44	59.86	1020.02	10.17	366.36	3.65	3755.21	401.90
1989	11563.63	2686.74	23.24	7377.68	63.80	1014.21	8.77	485.00	4.19	4061.16	294.70
1990	10563.67	2969.44	28.11	6499.27	61.52	648.43	6.14	446.53	4.23	4741.14	65.80
1991	15173.10	3029.00	20.00	10685.60	70.40	928.21	6.10	530.29	3.50	6462.50	157.20

续表5-1-1

年份	社会总产值	其中								国内生产总值	利润总额
		农业	占比（%）	工业	占比（%）	建筑业	占比（%）	第三产业	占比（%）		
1992	17288.90	3077.00	17.80	11885.30	68.70	1259.32	7.30	1067.28	6.20	7023.20	252.20
1993	25816.00	3597.00	13.90	16236.00	62.90	2346.59	9.10	3636.41	14.10	8180.60	113.20
1994	34892.00	6298.00	18.00	23223.60	66.60	3068.35	8.80	2302.05	6.60	10178.00	355.70
1995	49002.10	8764.00	17.90	26692.40	54.50	3284.00	6.70	10261.70	20.90	14564.00	413.10
1996	50184.60	11005.0	21.90	25028.10	49.90	6015.20	12.00	8136.30	16.20	17329.70	313.40
1997	44133.40	7946.18	18.00	24396.20	55.30	3981.00	9.00	7810.02	17.70	15862.10	163.90
1998	41496.50	7788.70	18.90	21060.00	50.80	5556.00	13.30	7091.80	17.00	16319.00	262.10
1999	42043.00	8233.00	19.60	23822.50	56.70	5164.50	12.30	4823.00	11.40	17590.00	207.70
2000	48068.00	8294.00	17.25	25789.00	53.65	4668.00	9.71	9317.00	19.39	18979.00	295.80
2001	44686.00	8108.00	18.10	27596.00	61.80	4326.00	9.70	4656.00	10.40	19946.00	323.30
2002	49347.00	8025.00	16.30	32936.00	66.70	4241.00	8.60	4145.00	8.40	21478.00	681.00
2003	57246.00	6008.00	10.50	39787.00	69.50	3547.00	6.20	7904.00	13.80	23460.00	1265.60
2004	67153.00	9267.0	13.80	45870.00	68.30	2130.00	3.20	9886.00	14.70	23760.00	773.00

说明：1984年前，统计年报无国内生产总值内容；1984年前，建筑业和第三产业指标因数据缺失，无法选取

第三节　效　益

一、全员劳动生产率

1960年，全场全员劳动生产率为228.94元，以后逐年提高。至1978年，全员劳动生产率提高到902.78元，其中农业劳动生产率616.92元、工业劳动生产率1736.72元。1979年起，根据国家对农垦企业实行财务包干的精神，农场坚持改革开放，合理调整产业结构，加快技术改造步伐，推广和应用先进的生产技术和工艺，从而使全场的劳动生产率迅速提高。1990年，全场劳动生产率9880.96元，相当于1978年的1094.5%，其中工业劳动生产率23244.89元，农业劳动生产率5174.14元。2000年，全场劳动生产率62421.29元，相当于1990年的631.73%，其中工业劳动生产率104833.33元、农业劳动生产率17948.49元。至2004年，全场劳动生产率突破10万元，达104453.25元，相当于2000年的167.34%，其中工业劳动生产率为120393.7元、农业劳动生产率为23086.7元。

二、资金利税率

农场的资金利税率随国家经济环境变动和市场变化而上下波动。60年代，全场的资金利税率一般在10%~20%，最高数值为1965年的33.12%，其中资金利润率为32.28%。最低数值为1962年的-7.39%，主要是经营亏损，利润出现负数。1970—1979年，在上缴国家税收没有减少的情况下，有4年盈利，资金利税率最高数值为1973年的14.32%。有6年亏损，资金利税率最低年份为1977年的-29.49%。80年代后，随着农场经济总量的增加和经济效益的逐年上升，资金利税率逐步提高，在完成国家税收及上缴上级农垦管理部门的包干结余后，实现了年年有利润。1988年，全场资金利税率

26%。其中资金利润率为13.22%。90年代，由于市场因素，加上农场的社会化负担不断加重，经济效益呈下降趋势，年资金利税率一般在4%~8%，最高数值为1999年的9.46%。2000年后，教育、卫生事业逐步从农场剥离，减少了管理费用，加上企业转制后国有资产的转移，全场的资金利税率迅速提高。2004年彻底剥离后，全场资金利税率为36.35%。

三、职均创利税

1960年，全场职工人均创利税（简称职均创利税）为7.99元。1965年，职均创利税139.08元，比1960年增加131.09元。1966年开始，上缴国家税收逐年上升，实现利润逐年下降乃至亏损。1978年，全场上缴税金30.11万元，实现利润-69.52万元，职均创利税为-29.06元。1979年开始，职均创利税不断增加。1989年，职均创利税690.2元，比1979年的80.3元增加了609.9元。1999年，职均创利税2390.75元，比1989年增加了1700.55元。2004年职均创利税为4531.03元，比1999年增加2140.28元。

1960—2004年常阴沙农场经济效益一览表（选年）

表5-1-2

年 份	总资产（万元）	总产值（万元）	职工人数（人）	上缴税金（万元）	实现利润（万元）	全员劳动生产率（元）	资金利税率（%）	职均创利税（元）
1960	66.43	118.59	5180	0.50	3.64	228.94	6.23	7.99
1965	308.41	384.27	8925	3.15	120.98	430.55	40.25	139.08
1970	354.47	576.52	10955	6.35	-45.75	526.26	-11.12	-35.97
1975	639.53	675.40	12486	20.16	-61.56	540.93	-6.47	-33.16
1980	1150.46	1737.72	12479	60.97	25.23	1392.52	7.49	69.08
1985	1857.36	4484.09	11862	176.40	251.03	3780.21	23.01	360.34
1990	8768.50	10568.67	10696	364.60	65.8	9880.96	4.91	402.39
1995	20732.52	49002.10	9924	826.20	412.10	49388.37	5.97	1247.88
2000	9446.81	49487.60	7928	2443.60	295.80	62421.29	29.00	3455.35
2004	8012.47	67153.00	6429	2140.00	773.00	104453.25	36.36	4531.03

第二章 经济制度

第一节 经济核算

老农场时期（1950—1958年），农场规模小，经营项目单一，未形成固定的经济核算制度和管理体系，一般是由场部根据上级主管部门的要求，制订生产经营方面的短期计划和财务收支计划。

60年代初，农业实行场部、管理区、小队三级管理，三级核算，由农场统负盈亏的经济和分配管理制度。工业实行场部、工厂、车间三级管理和场部、工厂二级核算的分配管理制度。场部将生产计划、上交任务、用工成本、财务收支等一次性下达给管理区（简称工区），再由管理区下达给生产队。

1964年，核算制度由三级管理、三级核算调整为场部、工区、生产队（场部、工厂、车间）三级管理和场部、工区（场部、工厂）二级核算。核算考核设季度奖、年终奖和单项劳动竞赛奖，对生产队（车间）采取综合奖和单项劳动竞赛奖两种形式进行奖励。

1972年1月，场部制定《关于改革有关管理制度的试行办法》，在全场实行三级管理、二级核算、超额留成的办法。取消固定工资，实行差额补助、按劳分配。具体办法是：场部对工区核定种植面积、产量产值、成本支出（包括当年生产费用、折旧提成、企业基金、农业税、职工口粮差价、福利、企业管理费等）以及工资总额和上缴利润。对完成核定任务后的超额部分，采取分成提留的办法，即50%上交场部，50%由工区按工分分配给职工；对不能完成核定任务的，则适当减少职工收入（减少部分不超过工资总额的10%）。生产队作为经营成果的考核单位，将生产收入和生产费用分别结算，年终决算，承认差别。该试行办法还规定了超额部分的粮食分配方案：60%上交场部，40%由生产队按工分分配给职工（不超过两个月的口粮水平），采用基本口粮（15公斤）和按工分分配（按劳粮）相结合的口粮分配办法。

1977年底，场部对三级管理、二级核算制度做出修改。场部为基本经济核算单位，工区和单位为基层经济核算单位，生产队（车间、班组）为业务核算单位。场部对工区实行"四定奖赔制"，即定种植面积和产量产值、定成本、定工资总额、定任务（劳务等）。对生产队实行"三定奖赔制"，即定种植面积和产量产值、定成本、定任务。采用基本工资和评工计分相结合的核算和分配办法。

80年代初，场部实行工资与产量挂钩的核算办法，强调个人物质利益与经营成果紧密联系。在此基础上，实行联产（产值、利润）计酬（工资、奖金）的管理分配办法。1982年，实行"按产值计工资，以产量付成本"的经济包干办法。

1982年11月至1983年8月，全场推行大包干形式的联产承包责任制。场部对工区实行统一生产计划、财务包干核算、分类承包、亏损不补、利润分成的办法；工区对职工实行统一经营、专业（户）承包、核算到户、包干分配的办法。农场、工区、职工家庭三者间的关系，主要通过计划来调节。允许农业职工与工区订立合同，自谋职业，上交费用。是年，农业工区10222名劳动力中，共有8827名正式职工，其中农业定编职工5560人全部落实了生产承包任务。

1983年11月，开始兴办职工家庭农场，场部制定了《兴办职工家庭农场实施细则》和《一九八四年经济责任制的实施方案》。家庭农场生产的产品，除棉花全部交售国家、超产粮食派购外，其余由职工家庭自行处理。生产成本改过去由场部统包垫支为职工家庭自购自用，自付现金。兴办家庭农场后，职工保留等级工资标准，以作调动和退休保养的依据。工区在编干部平时预发等级工资的70%，年终总结算。

1984年9月，进行第一轮可耕地分配。全场除林地和职工菜地外，34764亩农业耕地（包括果园和养殖水面）全部分配到职工家庭承包，全场共兴办家庭农场4470个，其中种植业4242个，劳动力5116人。种植业中，种植30亩耕地以上（劳均10亩以上）的规模型家庭农场有59个，其中联办18个，参加农户95户，劳动力153人。经营规模最大的家庭农场经营耕地300亩，劳均耕地50亩。从此，国营农场的农业耕地由国家统一经营全部改为在农场统一计划、统一布局、统一指导、统一产品上交前提下的职工家庭承包种植和经营。

1985年起，家庭农场（也称农业承包户）按规定每年分两次向所在工区交纳个人规费和土地承包费。交纳方式为：每年年初，工区按场部下达的生产财务计划，测算出本工区资金预算计划，并根据各家各户的耕地承包数和劳动力人数，以《承包户费用上交任务通知书》的形式下发到每个家庭农场和各个农户。此后，根据职工年龄变化和结构变动，按照大稳定、小调整的原则，分别在1989年和1995年两次对耕地进行小范围的调整。

2000年9月，场部实施第二轮土地承包制度的改革，在收回原来发包给家庭农场所有责任田的同时，对全场除林地外的36396亩可耕地进行重新分配，维持原来土地承包费和劳动力个人费用上交办法，并对全场费用上交作出统一规定和标准。全场共有5219户家庭与场部签订土地承包合同书。其中，5125户家庭按合同承包耕地29200亩，94个劳动力通过招标形式取得6997.9亩耕地承包种植权。

在费用上交上，5219户家庭按土地承包合同书要约，每年分两次向所在工区交纳劳动力个人分摊费和土地承包费用，没有承包耕地但工资关系在工区的劳动力，则每年分两次向所在工区交纳劳动力个人分摊费；94个劳动力按土地承包合同书要约，每年两次向所在工区交纳劳动力分摊费和耕地承包费用，实行先交费、后种田的交费方式，即在每年的秋播前一次性向所在工区交纳第二年种植的土地承包费（称种田大户），个人分摊费则与一般劳动力同步交纳。

2004年4月，农场划归张家港市实行属地管理。9月，根据常阴沙农场第九届职工代表大会第四次会议表决通过的《调整职工劳动关系改革方案》，解除职工与农场劳动关系，取消职工身份，对“2004年6月30日前在册的农场农业户籍人员，给予每人0.5亩的基本生活田（口粮田），该土地农场不收取任何费用”。改革方案还同时规定：取消凡年满18周岁，不论是否取得职工身份，劳动力每人每年必须向农场交纳240元或260元不等的个人分摊费用；取消每年向承包户下达的粮食上交计划，所有农业产品全部进入市场；取消对农场每亩耕地37元的农业税征收制度。增加对粮食种植户的经济补助等若干政策。

第二节 财务包干

一、省农垦局对农场的财务包干

1979年开始，国家对国营农垦企业实行“独立核算，自负盈亏，亏损不补，有利润自己发展生产，资金不足可以贷款”的财务包干制度。是年，江苏省农垦局对常阴沙农场采取定额补亏50万元的办法实行财务包干，减亏留用，超亏不补，并限期扭转亏损。1980年，省农垦局对常阴沙农场正式实行利润定额上交，一年一定，结余留用，亏损不补的财务包干办法，明确规定，多盈不多交，微利（指盈利低于50万元）不交，财务包干所获得的包干结余可以用于扩大再生产。实行财务包干后，农场的基本建设投资由省财政拨款改为银行贷款，国家不再对农场下拨建设资金，不再对农场下拨教育、卫生等社会性事业资金，改变了农场多年实行的统收统支体制。省农垦局核定常阴沙农场实行财务包干后的包交指标是1980—1981年，每年上交20万元。1982年开始，增加到每年25万元。

1984年8月召开的全国农垦工作会议，对财务包干的办法进行补充和细化。自此，省农垦总公司只对农场下达经营利润和上缴利润指标，其余各项生产经营计划均由农场自行确定，报省公司备案。农场有权处理自用的固定资产，实行有偿调拨、转让、外卖、出租，可以向企业外部投资，所得收入作为企业更新改造基金。折旧基金留用的自留部分不低于70%，主要用于设备更新和新技术开发。企业可以从外部或职工中集资，用于新项目的建设。也可以增加产品广告宣传费、装潢费、信息费、经销费以及推销产品佣金等费用支出。

1986年，省农垦总公司以常阴沙农场为实施场长负责制工作试点。1987年3月，常阴沙农场的领导模式由原来党委集体领导下的行政首长分工负责制正式改为行政首长即场长负责制。是年8月，在常阴沙农场第四届职工代表大会第二次会议上，制订并通过场长负责制工作计划和《江苏省国营常阴沙农场场长任期目标》（简称《目标》）。《目标》规定，场长每届任期四年，具体有生产经营目标、职工分配目标、基本建设目标、公共设施目标和社会发展目标五个方面。1990年，省农垦总公司对实行场长负责制后的常阴沙农场利润包交指标，由每年25万元增加到每年32万元，其中包交利润25万元、包交企业管理费7万元。1991年4月，在常阴沙农场第六届职工代表大会第一次会议上，制订并通过第二轮场长任期目标。1995年2月，在常阴沙农场第七届职工代表大会第二次会议上，制订并讨论通过第三轮场长任期目标。1996年，省农垦总公司将常阴沙农场的利润包交指标再次调高到每年48万元，其中包交利润38万元、包交企业管理费10万元。1999—2003年，常阴沙农场向省农垦总公司的上交指标调整到每年60万元，其中包交利润48万元、包交企业管理费12万元。

2004年4月，农场划归张家港市，实行属地管理。张家港市根据农场的现状，对农场的财务包干体制实行多方面改革。农场退休人员的退休养老金，由企业自行负担发放改为全额由市财政负责，并过渡为社会化发放。农场的基本建设由企业自行负担改为财政补助。社会性事业支出由企业自行负担改为政府负责。干部队伍由企业化管理改为事业化管理。企业财务包干制度改为地方财政补助制度。

二、场部对统一经营单位的财务包干

1984年起，场部对统一经营单位实行财务包干制度。包干内容主要是“五定”，即定流动资金、定贷款指标、定工资总额、定生产总值、定包交利润。年终进行考核，按考核成果核奖金。场部下拨的流动资金实行有偿使用，占用费略低于银行贷款的利率并按期结算。农场财务部门的主要职责随之转变到制定资金管理办法、监督资金使用效果、检查资金上交完成情况以及对包交利润的分配使用效果等方面。

1986年，场部对纺织印染机械厂、毛纺织厂、油厂3家场办工业企业实行厂长负责制。1987年3月，对全场专业性公司、工厂等工建交商企业全部实行行政一把手即厂长（经理）负责制。场部从销售收入、包交利润、考核利润、流动资金占用、贷款指标五个方面对这些单位下达生产财务计划。其中，国拨流动资金实行有偿使用。职工报酬采取基本工资加奖金和定额计件制（含奖金）两种办法，盈利企业可安排一定比例的奖金。亏损企业视亏损额的大小减发25%以内的基本工资。企业实现的利润，除去包交场部利润，按15%提取国家能源重点建设基金，按10%提取预算外调节基金后的余额提20%~50%作为企业奖励基金（其中四分之三为职工奖励基金、四分之一为集体福利基金），扣除上述四项后的余额提取5%作为建农基金上交场部统一使用，剩余部分的六分之五为企业的生产发展基金，六分之一为储备基金，生产发展基金的30%为企业自补流动资金。三项费用，又称职工分摊费，包括退休保养费、社会事业管理费和水利工程费，由企业按在册职工数（80—90年代初期，每人每年200元；90年代后期起，每人每年300元）统一上交场部，按规定提取固定资产折旧部分的40%上交场部统一使用，按工资总额的2%提取职工教育经费部分的50%上交场部，按工资总额加四个月基本奖金2%提取工会经费部分的70%上交场部。此外，企业大修理基金和新产品试制基金等作为指令性计划下达，其他项目作为指导性计划，由企业自行掌握并控制。同时，按照生产财务计划，制定统一经营单位负责人的考核奖励办法，年终分配经场部考核批准后进行。

1998年起，除未改制企业仍实行财务包干框架下的行政领导（厂长）负责制、下达财务计划并对其进行考核外，其他改制企业在按国家规定上缴税收外，对场部履行相关费用上交义务，上交指标由场部按规定下达，即按年销售收入2%~5%的标准上交企业规费，按在岗职工每人每年300元的标准上交人头规费，按每年每亩土地3000~5000元（农业工区3000元、集镇5000元）的标准上交土地使用费以及按每年每千瓦容量电力设施200元的标准上交电力设施使用费。

三、场部对农业工区的财务包干

1982年，场部对工区实行统一生产计划，财务包干核算。1984年，职工家庭成为在国家计划指导和合同制约下的独立核算、自负盈亏的经济单位。家庭农场通过工区建立台账，进行财务核算。场部则根据生产财务计划，通过工区向职工家庭核定应向场部缴纳的耕地使用费、劳动力（职工、非职工）的社会事业费、水利工程费、农业税（含特产税）等相关规费。

1987年，农业工区实行行政首长即主任负责制，并进一步完善财务包干办法。包交利润，按每亩耕地5元计算。劳动力规费，又称人头分摊费用，即男18~60周岁、女18~50周岁的在册职工每人每年上交125元，非在册职工每人每年上交80元。农业利润，每个劳动力承包耕地10亩（含10亩）以下的，每亩核定上缴利润20元；10亩至15亩（含15亩）的，每亩上缴利润25元；15亩至20亩（含20亩）

的每亩上缴利润30元；20亩以上的，每亩上缴利润40元。农业税代征，按照地方政府财政下达的任务，按耕地面积进行分摊，并根据国家税费政策的调整而调整。另加水资源费每亩0.4元、精养鱼池水资源费每亩3元。对橘、桃、梨、西瓜及水产根据地方政府规定，代征特产税。农产品上交，按"三麦"每亩150公斤、水稻每亩360公斤的指标上交。棉花按实收籽棉数由承包户直接交售到轧花厂后，到所在工区结算现金。生猪饲养按在册职工人数和耕地面积数下达计划，产出的生猪由养猪户直接交售到多种经营服务公司，并到所在工区结算现金。

农业工区根据场部下达的财务包干内容，以"农产品和利费上交通知书"的形式计算下发到承包户家庭。上交指标根据各工区的实际情况自行确定。劳动力规费一般在260~300元之间，耕地使用费一般在160~200元之间。

1999年，场部对农业工区的招待费实行包干，核定基数，每年按1万元的标准，在企业管理费中列支，超支由主要负责人自理。2000年9月，场部对农业工区作出了财务包干费用统一标准的规定，即由场部统一核定标准，农业工区在下达到职工家庭时，不得随意加码。具体标准为耕地费用每亩每年155元，其中交场部115元、工区留用40元。具体由六个方面组成，即耕地使用费每亩30元，水利工程费每亩4元，场统筹劳务费每亩10元，代征农业税每亩37元，集体养老保险统筹费每亩34元，工区管理费40元。劳动力规费为在册职工按每人每年260元的标准收取，其中，场部社会事业费60元，代征人民教育基金30元，防洪保安基金20元，工区社会事业费60元，管理费90元。非在册职工按每人每年240元的标准收取，其中，场部社会事业费60元，代征人民教育基金30元，防洪保安基金20元，工区社会事业费60元，管理费70元。既不是农场职工，户口又不在农场的婚进人员，按场、工区二级社会事业费120元的标准核定收取。

2001年，场部对农业工区的招待费、福利费、劳务费实行包干，核定基数，超支由主要负责人自理。三项费用的核定标准为：招待费，每年核定标准为1万元，在企业管理费中列支；福利费，按核定的工区在编在职干部人数每人每年1.6万元的14%计提总额，限用于医疗费、大病风险集体补助、丧葬费、慰问费、困难补助、干部福利、体检费、旅游费等项目开支；劳务费，按上年度工区总人口数每人8元和耕地每亩8元的标准核定，用于排灌河道管理、田内沟系清理、农田设施建设（指马门、水托、涵洞、渠道、水泵保养）、小型水利建设、民兵、征兵工作支出、绿化造林、环境卫生、计划生育、农业服务、会议补贴、道路保养等项目开支。2003年，张家港市在实施取消农业税征收试点中，对农场仍然按每亩耕地37元的标准继续下达农业税征收任务。2004年，农场实行属地管理后，张家港市人民政府取消对农场农业税的征收任务。

四、场部对场直属单位的经费包干

80年代后期起，场部对学校、医院等相关场直属单位实行经费包干。

教育经费　除离退休人员的费用由场部支出外，其他费用核定总额，并根据国家政策规定，需调整时适时调整。包干费用的不足部分从教育事业费附加中列支。包干后，固定资产折旧及大修理基金由学校自提自用，不再上交场部。教育事业费附加、校办厂免税部分的40%、人民教育基金及学杂费由教卫科收取后，除弥补经费的不足部分外，用于改善教育条件。经费包干主要有22个项目，即基本工资、物价补贴、粮食差价、教龄工资、煤电水差价、工龄工资、四项补贴、车贴、福利费、工会费、人民助学金、冷饮费、独生子女健康补助费、公费医疗费、公务费、教育业务费、班主任津贴、节支奖、洗理费、书报费、年终岗位奖等。

医疗卫生经费　除离退休人员的费用由场部支出外，其他费用核定总额，并按国家规定以年度进行调整。固定资产折旧、大修理基金等按规定提取后，留单位自用。经费包干后，每年实现的利润用于医院的基本建设、固定资产投资及设备添置。医务人员的工资则从承包经费中发放。场部对医院的经费包干主要有8个项目，即基本工资、物价补贴、卫生津贴、技术补贴、书报费、医疗费补贴、老干部医疗费补贴、离退休人员费用。

2000年11月，根据省政府《关于进一步推进我省国有企业分离办社会职能的实施意见书》，确定教育和医疗卫生单位从农垦剥离，农场的学校和医院全部划给张家港市，实行属地管理。张家港市人民政府和常阴沙农场签订《农场中小学校、医院交接协议》。根据协议，“学校移交后办学经费，农场按上年办学所负担的经费为基数，采取三年逐年递减的方法给予补贴，市财政承担的办学经费按三年分步过渡、逐年增加的办法给予解决”。农场医院移交后，“为改善农场医院的就医环境，在3年过渡期内，要按照一级甲等医院的标准，对农场医院进行改造，所需资金由市财政、农场、医院三方共同承担”。2001年1月，学校和医院实施剥离，除原离退休、转岗人员的工资及相关费用（学校退休52人，医院退休25人、转岗38人）由农场发放外，所有资产分别由张家港市教育局和卫生局逐步接收，并承担在岗人员的全部经费。2003年12月，学校和医院所有资产及资源全部移交到张家港市。

此外，场部对消防队、供电所、自来水厂、市政管理等场直单位也进行经费包干。2000年后，对场部机关的后勤经费全部实行包干。

第三章 财务 税收 金融

第一节 财 务

一、机构队伍

1961年4月，场部成立财务计划科（简称财务科），其职能是组织和领导全场的财务会计工作，协助场管委会安排各项资金，负责全场生产计划和经济责任制的制订与落实，对下属单位的经济核算进行指导和监督，搞好全场的财务预、决算，管理、平衡全场的财务收支。财务科配工作人员3人，下属各工区和相关行政建制单位设财务室，配主办会计和出纳会计各1人。1968年7月，财务科与生产、物资、供销、基建等部门合并为生产指挥组。1973年11月，撤销生产指挥组，单独成立财务计划物资科（简称财物科）。1983年9月，将计划部分从财物科划出，分别建立财务科和计划科。1985年，财务科和计划科合并称财务科，工作人员增加到5人。1990年1月，审计部分从财务科划出，单独成立审计科。1998年9月，改称财务结算中心。1999年4月，财务、审计等部门合并成立资产经营管理办公室，时有工作人员6人。下属农业工区和工厂单位的财务人员各2人。

二、财务管理

农场初创时期的财务收支实行实报实销。1953年4月，开始在财务上实行定员定额定质定量的经济核算制度。1955年，建立全场财务预决算制度和产品成本核算制。

1960年，实行三级管理三级核算或二级核算的管理制度。在分配管理上，为解决带进大队和带进社员的遗留问题，采取由集体所有制向全民所有制过渡的特殊办法。

1961年10月，实行集中统一的财务管理制度。由场部统一对国家和主管单位缴款和接受拨款，统一对外采购、销售的结算业务，统一办理银行存款和贷款，实行“收支两条线”（收与支分开列账），不能以收抵支。农业工区负责管理场部拨给的财产、物资和考核成本，核算经营成果，月终和年终编制会计报表送场财务部门汇总核算，统负盈亏。可在上级允许的范围内进行零星生产资料的采购和零星鲜活产品的销售，但不得对外发生结算业务和在银行开户。场内生产服务部门，实行场部固定价格结算办法，进行成本核算。实行农、林、牧、副、渔分项分类，包括种子种苗费、肥料饲料费、农药费、工资和工资附加费、机耕畜力费、其他直接费以及共同生产费和企业管理费等等在内的成本核算。

1963年8月31日至9月2日召开的农场第二届职工代表大会第二次会议和1964年召开的第三届职工代表大会第一次会议，对农场财务管理的有关规定作出调整。将三级管理三级核算制改为三级管理二级核算制。生产小队（作业组）作为承担生产任务的考核单位，不再实行财务核算。严格实行预决算制度和“收支两条线”制度。对经营单位，全年一次核定，利润全部上交。农场在上级主管部门的直接领导下，由场财务部门统管全场财权，统一对国家实施上交和接受拨款。全场在银行设一个账号，统一办理存款和贷款业务。农场内部各基层单位对场部实行收支结报制度，每月终向场财务部门报送经费开支、产品销售、材料消耗等结报表。全场的销售收入和成本核算工作集中于场部财务部门进行。

1981年后，由于工业和第三产业经济的发展需要，除允许基层单位在银行开户，并由统一核算、统负盈亏过渡为分组核算、定额上交制度外，其他规定未变。

1990年6月，重新制定加强财务管理工作的补充规定。专用基金管理，主要是大修理基金、新产品试制基金的使用范围和审批程序以及医药基金的审批控制等；现金管理，重申“四不入账”制度，即经手人、审批人、保管人和经办证明人签字，做到手续不全不入账，内容不符、违反制度不入账，凭证不合法不入账，数字不准确、无数量、无单价、使用无明细不入账；压缩非生产开支，控制社会集团购买力；流动资金管理制度；内部审计和财务会审制度以及各类工资、津贴、加班工资、夜餐费、奖金、计划外用工、在编干部的困难补助、集体福利费等的发放及申报审批程序等。

1998年，在工建交单位转制后，对未转制的农业工区和粮站、自来水厂、供电所等行政事业单位，继续沿用原来的财务管理规定和上述补充规定。将基层单位在银行的账户全部收回，基层单位在银行的存款全部转入场财务结算中心，由场部统一掌握和使用。在分级核算、分级承担责任的前提下，制定对农业工区的劳务费、福利费和非生产性开支“三项费用”核定基数，超支自理等规定。2004年，农场划归张家港市，实行属地管理后，集中统一的财务管理逐步向地方财政制度过渡。

三、物资工作

50年代的老农场时期，凡属国家统配物资，均由场部逐级报送主管部门，申请分配供应，其余物资则由农场自行采购。

60年代起，全场物资由财计科统一管理。1963年成立供销科，物资由供销科管理。在负责全场生产维修、基建、扩垦、知青安置等统配物资的申请、订货、采购、调动和供应的基础上，负责农副产品购销业务的计划、组织和安排。同年，将原全年粮油分配改为统收统配按月供应。棉花由单位轧种改为统一到轧花厂加工后，由场部向国家交售皮棉和油脂原料。此外，供销科还根据每年的生产布局和产品产量，负责全场柴草、蔬菜、瓜果等副产品的计划分配及工区间的余缺调剂和调拨。同时，根据基本建设总体规划，陆续投资在粮站和各工区修建仓库和水泥晒场，并在机械厂厂区内建造油库。

1964年，撤销生产小队仓库，固定资产实行账物分开的管理制度，使用单位无权调拨、转让、出卖或拆建。各工区、单位的固定资产全部登记造册并建卡。凡新添固定资产，必须经使用单位申请，报场部批准后，由供销科组织专人或委托使用单位采购。

“文化大革命”中，撤销供销科，物资由生产指挥组统管。70年代中期，物资由场部财物科管理，配备化肥、农药、建材、粮食等专职管理人员。

1979年4月，成立物资站，全场的物资管理工作从财物科划出，农机配件的供应从农机厂划出，轧花厂、五金电器厂等单位的部分积压物资清理后，全部移交到物资站经营和管理。由此，农场的物资工作开始由内部管理走向市场经营。物资站成为物资专营经济实体。90年代起，农场的物资工作全面走向市场，由物资经营单位自行组织采购和供应。

1996—2004年常阴沙农场财务收支一览表

表5-3-1 单位:万元

年份	收入			支出						净利润
	主营业务收入	家庭农场上交	其他收入	营业成本	营业费用	税金	管理费用	财务费用	营业外支出	
1996	37949.66	214.31	349.18	33087.58	871.70	317.62	2905.24	618.21	299.85	413.15
1997	42073.60	238.57	566.09	37849.04	954.23	424.91	2229.59	826.59	295.83	298.09
1998	32396.56	241.89	469.83	28155.82	1080.94	307.04	2169.31	598.68	332.56	163.92
1999	34095.91	226.79	604.87	30839.19	650.53	255.57	2168.32	425.76	336.78	262.13
2000	31721.75	325.39	512.08	29042.87	502.66	247.04	1724.25	487.77	385.16	207.71
2001	10580.64	309.90	423.34	10142.35	79.69	130.26	145.35	285.30	477.05	53.88
2002	2412.12	262.24	478.49	2142.42	104.23	106.93	256.49	166.14	271.26	105.38
2003	2974.67	367.19	539.87	2761.25	40.90	106.92	409.62	64.21	171.06	327.67
2004	798.74	-42.59	59.53	730.36	12.67	0	-126.74	9.42	0	175.49

第二节 税 务

一、机构队伍

1950年初，常熟县在沙洲片建立三兴税务所，下设3个税务小组，境内的税务征收由三兴税务所乐余税务小组负责。1957年，三兴税务所迁至南丰，改称南丰税务所，境内税务征收由南丰税务所负责。1959年，实行各公社税务包干，税务所撤销。1960年6月，重新恢复税务机构，沙洲片税务所设在南丰镇，农场税务征收由南丰税务所乐余税务组负责。1962年，沙洲县建县后，沙洲片设立合兴、南丰两个税务所，农场的税务征收由南丰税务所负责。1963年，兆丰设立税务组，派税务员进驻农场，负责农场的税务征收。

1982年10月，沙洲县在农场设立税务组，配工作人员2人。1991年，税务组在大转盘东侧（人民路和红旗路交界处）建造办公楼1幢，计280平方米。1994年9月，国税、地税分立，张家港市在农场分别设立国税兆丰所农场组和地税兆丰所农场组，配工作人员各2人。2000年12月，农场的国、地税组分别被撤销，设立国税和地税征收点，归张家港市国家（地方）税务局第四分局管理。2004年，农场划归张家港市，实行属地管理后，国税征收点改称为张家港市常阴沙个体私营经济办公室。

二、税制和征管

1955年，常熟县南丰区供销社在境内设立生建供销站，形成“红房子”商业集市后，税收工作逐步开始。开征的税种有：直接税，主要是营业税，按营业额的3%征收；印花税，每本账册贴印花税0.5元；所得税，供销社征39%，合作商店征50%；货物税，植物油按销售额的8%征税，酒类按销售额的40%~60%征税；地方税，主要是屠宰税，按每头猪3元、每只绵羊1元、每只山羊0.7元征税；自行车牌照和船照税，按每辆自行车3~4元、船只每吨位0.6元征税。

1958年，将商品流通税、货物税、工商营业税和印花税合并为工商统一税。1972年，将工商税、地方附加屠宰税、使用牌照税合并为工商税。1983年4月，对国营工商业实行利改税，涉及农场的税种有产品税、营业税、增值税、城市维护建设税、土地使用税、车船牌照税、资源税、调节税、所得税等。1987年，征收个人收入调节税。1988年5月起，征收企业所得税。1999年，在农场征收的税种有增值税、个人所得税、营业税、城市的维护建设税、土地使用税、企业所得税、车船使用税等。

1960—2004年常阴沙农场税收上缴一览表

表5-3-2　　单位：万元

年　份	上缴金额	年　份	上缴金额	年　份	上缴金额
1960	0.50	1975	20.16	1990	364.60
1961	0.90	1976	18.76	1991	415.90
1962	1.00	1977	22.45	1992	386.90
1963	2.56	1978	30.11	1993	481.40
1964	2.85	1979	40.21	1994	368.80
1965	3.15	1980	60.97	1995	826.20
1966	3.22	1981	78.39	1996	1199.20
1967	3.26	1982	89.79	1997	1261.80
1968	4.96	1983	108.85	1998	1559.30
1969	4.44	1984	140.85	1999	1752.00
1970	6.35	1985	176.40	2000	2443.60
1971	7.56	1986	169.69	2001	3066.70
1972	12.80	1987	229.10	2002	1570.00
1973	16.00	1988	388.90	2003	1960.70
1974	13.53	1989	427.80	2004	2140.00

第三节　金　融

50年代，境内的信贷业务由中国人民银行常熟县支行兆丰营业所管理。1960年，中国人民银行常熟县支行在农场（时称沙洲农场）建立营业所。1961年，建立常阴沙农场信用合作社（简称信用社），与中国人民银行常熟县支行沙洲农场营业所合并办公。1964年5月，沙洲县农业银行将农场营业所改为中国农业银行沙洲县支行乐余营业所农场服务组。同年，撤销常阴沙农场信用社，其业务并入兆丰信用社。1966年1月，随沙洲县农业银行合并到沙洲县人民银行，农场服务组改称中国人民银行沙洲县支行乐余营业所农场服务组。1970年，中国人民银行沙洲县支行乐余营业所农场服务组改称农场服务所。1977年，建立中国人民银行沙洲县支行东方红农场服务所。1978年下半年，恢复农场信用社，与中国人民银行沙洲县支行农场营业所合并办公。1979年10月，沙洲县恢复农业银行后，人民银行和农业银行两行分开，建立中国农业银行沙洲县支行常阴沙农场营业所，有员工7人，其中管理人员2人。

中国农业银行沙洲县支行常阴沙农场营业所为一所集储蓄、存款、信贷于一体的综合性单位，是沙洲县支行的派出机构，其主要职责是做好储蓄存款，放好全场贷款。除吸纳沙洲县江滩管理所、沙洲县畜牧场及畜牧场农业大队、沙洲县水产养殖场、四一农场、种禽场、种猪场等所在区域县属单位的储蓄存款和根据沙洲县支行的信贷指标对上述单位发放信贷资金外，主要是吸纳农场集体单位和职工个人的储蓄存款。在沙洲县支行对农场没有信贷指标的情况下，根据中国农业银行江苏省分行下达给省农垦局的信贷总指标，并经省农垦局综合平衡后通过南通市农垦公司下达给常阴沙农场的年度贷款指标，由农场场部统一到农场营业所办理贷款手续。80年代初，农场营业所通过走访调查，积极支持农场工建交企业单位在财务制度上进行改革的要求，实行“分灶吃饭”。1982年下半年，经农场场部同意，常阴沙纺织机械印染厂、常阴沙毛纺织厂、常阴沙轧花厂及常阴沙电控厂4家场办工业单位在农场营业所设立单独账户，摆脱全场一本账的财务体制束缚。同年，农场营业所开始在全场范围内发放小额储蓄，通过指标结余，经沙洲县支行同意后，向农场各企业单位发放贷款。1983年起，全场工建交单位及农业工区陆续在农场营业所单独建立账户。1988年，农场营业所获“全国储蓄专柜”荣誉称号。

1993年，农场营业所更名为中国农业银行张家港支行农场办事处。1995年8月，农业银行农场办事处与农场信用社分开办公。2001年10月，张家港市农村商业银行成立，农场信用社改称张家港市农村商业银行常阴沙支行。2002年，中国农业银行张家港支行农场办事处更名为中国农业银行张家港支行农场分理处。

2004年末，中国农业银行张家港支行农场分理处位于红旗中路5号，占地面积952.8平方米，建筑面积2300平方米，其中办公用房1088平方米，营业用房544平方米，有员工10人。张家港市农村商业银行常阴沙支行位于红旗中路3号，占地面积1820平方米，建筑面积3155平方米，其中办公用房360平方米，营业用房200平方米，有员工11人，其中管理人员3人。

中国农业银行张家港支行农场分理处建立后，曾先后获得中国农业银行江苏省分行“一优二化三铁”（优质服务，标准化、规范化，铁账、铁款、铁算盘）及苏州市分行“三化三无”（标准化、规范化、制度化，无欠息、无不良、无逾期）等荣誉称号。农场分理处有电子一体化网络及网上银行、自助缴费、电话银行、ATM（自动取款机）等多种自助服务设施。有个人外汇、理财业务等多种代理业务。有企业银行、个人网银等多种自助服务业务。

1994年，中国工商银行张家港支行设立农场办事处，并在红旗中路51号建造办公楼一幢，共3层7间，占地面积532平方米，建筑面积1008平方米，其中办公用房336平方米，有工作人员5人。后因在农场范围内开展的贷款业务相对较小，工商银行农场办事处于1998年停止营业，房屋作价转让。

1965—2004年驻常阴沙农场金融机构吸纳职工储蓄一览表

表5-3-3　　单位：万元

年份	总额	年份	总额	年份	总额	年份	总额
1965	6.44	1975	67.50	1985	816.90	1995	8087.78
1966	9.59	1976	64.81	1986	1152.30	1996	9997.75
1967	9.08	1977	71.56	1987	1273.40	1997	11240.47
1968	13.19	1978	87.99	1988	1308.60	1998	13452.58
1969	14.44	1979	116.18	1989	1917.02	1999	14919.99
1970	15.19	1980	125.26	1990	2587.54	2000	16978.16
1971	21.85	1981	234.10	1991	3291.99	2001	22123.74
1972	25.98	1982	316.70	1992	3845.92	2002	24454.99
1973	37.16	1983	500.40	1993	4823.99	2003	26015.02
1974	48.91	1984	400.10	1994	6198.00	2004	29213.65

第四章 经济管理

第一节 计划管理

一、长远规划

1964年，在省规划队的指导下，场部通过预测和综合平衡，从生产、基本建设、农业机械、居民点设置、交通邮电和劳动力六个方面制定《江苏省国营常阴沙农场规划设计任务书（1964—1970年）》。后因“文化大革命”而未能全面实施。1971年后，根据国家第四个五年计划的公布与实施，场部根据农场的实际情况，组织农业、工业、多种经营、计划、财务、劳动工资、基本建设、土地管理、交通管理、邮电等部门共同测算、编制《江苏省国营常阴沙农场经济和社会发展规划》。从第四个五年计划开始至2005年，共制订并实施了7个五年计划。

二、年度计划

60年代起的每年年初，场部组织生产、财务和计划部门共同制订出年度生产建设计划，后演变为《常阴沙农场生产财务计划》，主要有土地利用、农业生产耕作和布局、副业生产目标、固定资产和机器设备的添置及管理等。1963年起，自然增长的劳动力逐步进入到职工队伍，增加了劳动计划，主要包括劳动力和劳动工资两个方面。70年代中期，增加工业生产计划。1983年后，国家对国营农场在生产建设中的产、供、销任务由指令性计划改为指导性计划。粮、棉、油等主要农副产品由统购派购改为合同定购和市场销售，上级主管部门只对农场下达主要产品的产量指标、经营利润考核指标和利润上交指标。是年9月，场部对年度计划作出相应调整，除每年制订生产财务计划、产品交售及利费上交计划、农业生产年度布局计划（即每年一次的秋播规划）、工业经济与其他各业经济利润与费用上交指标等计划外（工业生产与其他各业的产、供、销分类指标任务只作指导性计划下达），由财务科牵头，负责全场的综合平衡和制定落实各业经济责任制。1992年后，农场除对农业工区农产品与利费上交及水旱轮作布局仍作指令性计划下达外，其他均作指导性计划下达，主要对基层核算单位经济责任制实行绩效考核。2004年4月，常阴沙农场划归张家港市，实行属地管理后，对农场原来实行的计划管理实行改革，全部按市场运作要求进行管理。

第二节 统计 审计

一、统计

1961年4月，统计工作被列入财务物资科的工作内容，设专职统计干部1人。负责收集、汇总全场农、副、工等各业的经济数据，编制统计月报、季报和年报，并向上级主管部门上报情况。统计业务主要有全场基本情况汇总、土地利用与耕地面积汇总、农业机械等情况汇总、基本建设及固定资产投资情况汇总、物资消耗情况汇总、职工与劳动工资情况汇总，以及一、二、三产业的经济数据采集、分析与汇总。同时，协助财务主管人员负责对全场的经济运行情况进行调查和分析。工业及服务单位设专职统计人员1人，负责本单位的资料汇总，为场部统计部门编制统计报表提供基层数据。工区的统计工作则由主办会计兼任。80年代起，除全场的综合统计外，增加了多种经营、工业、建筑业、商业等门类的统计。1984年，在新成立的工业、商业、多种经营及物资运输公司分别设专职统计员1人，列入干部序列。各工建交单位设专职或兼职统计人员1人。农业工区的统计工作仍由会计人员兼任。1998年，工建交单位转制后，统计工作始由会计人员兼任，统计业务仍根据江苏省农垦总公司编制的江苏农垦综合统计报表规定的内容执行。2004年，农场划归张家港市，实行属地管理后，统计工作按照张家港市编制的报表内容执行。

二、审计

60年代起，每个季度由财务物资部门牵头，召集工区或单位会计对各单位的财务状况进行检查。一般采取两种形式，一种是分头到被检查的工区（单位）集中检查，另一种是由各工区（单位）的会计人员将账簿或账册送到财务部门进行检查。后逐步形成制度。80年代起，财务检查改称财务会审，除由财务部门执行的每季度定期会审外，根据不同情况，增加抽查和不定期检查两种形式。会审内容主要是工区（单位）财务制度和财务计划的执行情况、收支平衡情况、利润虚实情况，以及各项费用的支出情况等。1987年实行场长负责制后，财务会审制度逐步被审计制度代替，并由财务科副科长具体负责审计工作，同时增加法定代表人离任审计制度。1990年，审计工作从财务科划出，成立审计科，设2~3名工作人员，长年履行企业的审计监督职能。审计监督内容除原财务会审的内容外，增加企业负责人与企业财务人员违纪案件的查处等。审计监督形式除审计科人员长年负责外，每年四季由财务部门派员协助审计，重点案件则由场部牵头组织以审计人员为主的专门班子查处。与此同时，审计部门还参加由张家港市组织的沙洲片锦丰、三兴、乐余、南丰、兆丰等乡镇企业的财务互审，参加由南通市农垦公司组织的农垦系统所属南通农场、江心沙农场、如东农场、掘港农场、海安农场、共青团农场等单位的财务互审。1999年4月，财务和审计两个部门合并成立资产经营管理办公室，办公室设专职审计人员2人。2004年，农场划归张家港市，实行属地管理后，审计工作仍作为资产经营办公室的工作范围。

第三节　工商行政管理

一、机构队伍

1960年，红房子合作商店委派1名工作人员兼管农场的工商事务，称工商兼管员。1980年5月，沙洲县乐余工商行政管理所派1名工商员进驻农场，实施市场管理。1984年初，沙洲县在农场建立工商行政管理组，隶属于兆丰工商行政管理所领导。1998年，工商行政管理组改属张家港市工商局直接领导。2004年末，有工作人员2人。

二、工商业务

1960年至80年代初，农场合作商店兼管集镇的市场管理工作，由商店指定专人（1人），每天早上巡回于集市，维护市场秩序，调处商品交易中的纠纷，同时对集市的鱼摊司秤收取服务费。1984年，农场工商组成立后，主要负责全场的市场管理，领导和管理集市贸易，维护市场秩序和保护集市贸易的正当、合法经营，打击投机倒把，打击走私贩私、假冒伪劣商品等，配合有关部门打击经济领域里的犯罪活动；对工商企业年检、变更登记和核发营业执照；协助企业进行商标注册，电气控制设备厂的沙洲牌产品为全场第一只注册商标；帮助企业、门店办理广告发布、审批手续；与场部相关部门共同抓好经济合同管理以及个体私营经济管理；在每年的收粮、收棉季节，配合场部抓好粮棉市场管理，制止无证粮贩、棉花贩子在场内收购粮食和棉花。2004年，全场共有工商企业158家，注册商标39个，先后有70多家企业被评为“重合同、守信用”企业。

三、市场管理

1979年前，农场的市场管理由合作商店负责，主要是鱼摊司秤，收取服务费。1980年下半年，在集市贸易整顿中，成立常阴沙农场集市贸易服务所（简称集贸所），工作人员5人，隶属于场保卫科，设粮饲和水产两个小组。每天早市代客过秤，核算货款，按货款的1%~2%收取服务费。服务员中除1人拿固定工资外，其余人员均属临时性质。1986年，集贸市场从毛纺厂东侧搬迁至现派出所地段后，集贸所改属多种经营服务公司。

1991年9月，场部成立市镇管理委员会，由工商、市场、卫生防疫、公安司法、供销社、清管所、工会等部门人员组成，下设交管、卫生、工商管理3个组。1993年3月，市镇管理委员会调整为集镇管理委员会，并增设集镇管理办公室。负责市场秩序、卫生及日常事务管理，行政上属多种经营服务公司领导，负责市场的摊位及房屋出租、摊位司秤管理，收取服务费，并对多种经营服务公司供销科实行经济承包责任制。

1998年11月，集镇管理委员会再次调整为市镇管理委员会，下设办公室。1999年，多种经营服务公司转制，集贸市场搬迁后，集贸所直接由场市镇管理委员会领导和管理，具体事务由市镇管理办公室管理，并与镇区卫生、镇区秩序等集镇管理形成一体。

第六编 农 业

第一章　农村经济制度变革

第二章　耕作制度与作物布局

第三章　作物栽培与植保

第四章　农 机 具

第五章　管理机构与服务

50年代初期，农场实行粮棉夹种，以种植棉花、大豆、“三麦”为主。1953年，在中央《农业发展纲要》精神的指导下，改土治水，开始推广先进的生产技术，逐步改粮棉夹种为水旱轮作。

60年代至70年代末，常阴沙农场贯彻《农业八字宪法》和“农业学大寨”等精神，学习和研究农业技术，逐步建立起作物轮作、品种更新及品种布局统一规划的制度，建立和健全各种作物技术操作和检查验收规程，使农业生产有了新的突破。1964年，棉花单产近“纲半”，水稻一季超“纲要”（按《农业发展纲要》规定，长江以南地区皮棉亩产100斤，水稻亩产800斤，粮食亩产超千斤）。当时，沙洲县一度提出“学农场、赶农场、超农场”的竞赛口号。1965年，农场代表出席农业部召开的全国农业先进单位代表会议，还出席国务院召开的全国棉花高产单位代表会议，受到中央领导同志的接见和合影留念。1973年，以亩产皮棉70.25公斤、亩产水稻475.65公斤的成绩再度成为全国农垦先进单位。1974年10月，北京农业展览馆用5.5个展板连续两年展出常阴沙农场的农业发展情况。

80年代开始，常阴沙农场全面推行以“两费自理”（指生产成本费和职工生活费）为标志的家庭联产承包责任制，兴办职工家庭农场，利用先进的生产技术指导农业生产，不断更新作物栽培模式。倡导旱田套间作技术，提倡设施栽培，发展经济作物，鼓励农户在规划种植面积内多种经济作物，特别是一水一旱二年五熟轮作制度的创新，使全场耕地的复种指数由原来的2提高到2.5以上，经济作物除棉花、西瓜外，还大量种植有甜瓜、南瓜、荷兰豆等数十个品种，常年种植面积在6000亩以上，实现农业由单一种植向多元化经营的历史过渡，使农业的产出效益和农业承包户的收入不断增加，形成“80年代西瓜楼房，90年代棉花装潢”的产业优势。

2000年后，常阴沙农场全面推进以增产增收为目标的规模调整，建设特色基地，打造品牌农业。至2004年末，全场共建成25000亩无公害绿色稻米生产基地、5000亩生态农业示范基地、3000亩稻麦良种培育基地和1000亩设施栽培基地。以柑橘、葡萄、枇杷、柿子等为龙头，集休闲、娱乐、观赏为一体的特色产业区已经取得明显的社会效益和经济效益。“常绿牌”优精米、“常绿牌”特优米、“常绿牌”西瓜、“常绿牌”南瓜被国家认定为绿色产品，认定绿色产品的种植面积2.8万亩。

第一章　农村经济制度变革

第一节　土地改革与互助合作

一、土地改革

境内的农户，大多为中华人民共和国成立后从外地迁来定居者。这些农户均在原居住地参加了土地改革（简称土改）。仅东长沙（现七工区和九工区的部分）参加常熟县南丰区生建乡的土改。

1950年6月，中央人民政府颁布《中华人民共和国土地改革法》。东长沙时称民新村，1951年1月中旬，土改工作队进村，用7天时间进行宣传发动，利用民校、冬校等阵地，组织农民学习《中华人民共和国土地改革法》，动员民众参加土改。帮助民新村于1月25日建立农会。后通过土地分类、划分成分、复查巩固等过程，至2月28日，土改结束。

1951年民新村土改阶段阶级成分划分一览表

表6-1-1

成　　分	户　　数	占总户数的（%）
贫农	101	55.50
中农	51	28.00
富裕中农	23	12.60
其他	7	3.90
合计	182	100.00

二、农业合作化

农业生产互助组　1953年，境内农民积极响应毛主席“组织起来，是由穷到富的必由之路”的号召，开始走上互助合作化道路。首先组织互助组，互助组有季节性的伴工组和常年互助组两种形式。季节性的伴工组，主要是在每年的大忙季节，互相帮工。常年互助组则不分农忙和农闲，都以劳力互相帮工支援。两种形式均为自愿结合，以工还工，不计工价。至1955年，东长沙、建设圩、合作二圩先后办起11个互助组。互助组在人民政府化肥、农药、贷款和发放棉花预订金等多种政策支持下，农作物产量比单干户有显著提高：水稻单产增15%左右，棉花亩产皮棉增25%左右，“三麦”亩产增1~2成。

1953—1955年境内互助组一览表

表6-1-2

圩塘名	互助组（个）	其中（个）		参加（户）	劳动力（个）	耕地面积（亩）	1953年	1954年	1955年
		常年	季节						
东长沙	2	2	—	50	80	150	1	1	—
合作二圩	5	5	—	243	500	1100	—	—	5
建设圩	4	—	4	54	104	207	—	—	4
合计	11	7	4	347	684	1457	1	1	9

初级农业生产合作社　1955年冬，人民政府号召农民组织半社会主义性质的初级社。除召开多种会议贯彻外，县、区两级政府先后举办培训班，组织学习毛主席的有关论著和筹办初级社的方针政策以及业务管理知识。在酝酿成熟的基础上，根据条件，逐个审查批准。基本做法是自愿报名、土地评级入股、大中型农具作价入股、按股投资、定额评工计分。初级社实行"土四劳六"的分配形式，即农业总收入的40%按各户入股的土地多少分配，60%按投工数量分配。初级社建立社委会，设正副社长、会计等。至1956年，境内东长沙、合作头圩、合作二圩、合作三圩、建设圩共办起7个初级社，其中正式批准的5个，自发组织的2个，入社土地4114亩，入社农户752户，劳动力2095个，有中型农具59件、耕牛7头。年终按"土四劳六"分配的有5个社，另有1个社实行按每亩土地10元、每个劳力5元进行分配，还有1个社则实行评工计分、按劳分配。农户入社后，农作物采取连片种植，管理精细，粮棉产量比互助组和单干户增产1~2成。

1955—1956年境内初级社组织一览表

表6-1-3

圩塘名	社　名	建社年份	入社土地（亩）	户数	劳动力	中型农具（件）	耕牛（头）	负责人	
								社　长	副社长
东长沙	未定名*	1955	100	20	30	—	—	秦根林	陈世昌
合作头圩	生建七社	1956	900	200	450	水车40	3	黄连生	周志良
合作二圩	生建五社	1956	374	147	905	—	—	陆洪宾	梅良才
	生建六社	1956	600	140	200	—	—	苏三庆	孙贤儒
	生建八社	1956	400	103	300	—	—	张鼎宏	张桂林
合作三圩	生建十一社	1956	110	32	60	水车5	1	陈义龙	—
建设圩	未定名*	1955	1130	110	150	水车14	3	吴官庆	卢永才　顾定一

说明：右方加"*"者为未经批准的自发社

高级农业生产合作社　通过初级社的锻炼，境内农民初步体会到集体生产的优越性。1956年冬，根据党和政府的号召，开始办高级社，至1957年底，东长沙、合作头圩、合作二圩、合作三圩、建设圩先后办起6个高级社。入社土地7734亩，农户1612户，劳力3614个，每个高级社均建立党支部，共有党员42人。同时，建立社委会，每个社配社长、副社长和会计。下设若干个小组或小队。高级社一切生产措施均由社委统一指挥。除地主、富农和坏分子外，入社农民统称社员。高级社的最高组织为社员大会，凡经济支出、年终分红等均由社员大会通过。高级社实行按劳分配的分配制度，即根据社员的劳动数量、劳动质量、劳动态度、政治表现等评工记分，取消土地分红，全部按工分多少给予报酬。原有初级社带进的投资款和大中型农具作价款，则视高级社的经济条件按约定分期偿还。由于高级社实行连片种植，各种技术措施落实较好，耕作及时，管理精细，抗自然灾害能力明显增强，农业生产发展较快。粮棉产量均比互助组和初级社增产10%~30%。

1956—1957年境内高级社组织一览表

表6-1-4

圩　名	社　名	建社年份	入社土地	户数	劳力	中型农具	耕牛	社　长	副社长
东长沙	长兴社	1956	930	182	500	—	—	秦根林	陈世昌　汤国贤
合作头圩	兆丰乡第十四社	1957	1300	300	700	水车40部	3	黄连生	周志良　赵菊英

续表6-1-4

圩　名	社　名	建社年份	入社土地	户数	劳力	中型农具	耕牛	社　长	副社长
合作二圩	生建乡第八社	1956	874	147	914	—	3	陆洪宾	梅良才
合作二圩	兆丰乡第十三社	1956	1100	243	500	—	—	张桂林	苏三庆
合作三圩	兆丰乡第十五社	1957	2400	600	800	水车5部	3	陈义龙	褚林才
建设圩	团结乡第十五社	1956	1130	140	200	水车14产、风车5部	5	吴官庆	卢永才　顾定一

三、人民公社

1958年9月，常熟县沙洲人民公社成立，已进入高级社的东长沙、建设圩、合作头圩、合作二圩、合作三圩及生建圩等分别划入沙洲人民公社，并建制为十一大队、十五大队、十四大队、十三大队、十二大队和八大队。年底，已解散的常熟县第一农场部分土地和职工划入沙洲人民公社，分属十五大队和八大队。1959年1月，撤销沙洲人民公社，上述大队改属东沙洲人民公社兆丰工区。1959年4月，撤销东、西沙洲人民公社，在东沙洲人民公社的部分区域成立兆丰人民公社，上述6个大队又改属兆丰人民公社。原高级社的土地、中型农具、耕牛等主要生产资料全部并入人民公社，社员的自留地、家畜、果树等也收归公社所有。

人民公社初期，按照《人民公社示范章程（草案）》，公社内部实行政社合一的体制，一大二公（一曰大、二曰公），五位一体（工农商学兵合在一起），并实行组织军事化、生产战斗化、生活集体化。将劳动力编成班、排、连、营，采取大兵团作战，搞大炼钢铁、深翻密植和水利建设，劳力物资，劳力统一调配，物资无偿调用，取消土地等主要生产资料的分配，实行半供给半工资制的平均分配，办起了食堂，吃饭不要钱。

1959年10月和1960年5月，建设圩、合作头圩、合作二圩、合作三圩、长沙圩及生建圩共6个大队以“场带队”的形式脱离兆丰人民公社，进入农场。

第二节　国有农场

50年代初，人民解放军在江滩围垦并创办农场，其土地、水域、机器、设备、房屋、原材料等主要生产资料属全民所有。生产建设活动服从国家的统一领导和规划，产品属全民所有，按国家的政策和计划上交或销售。积累（利润和税金）按国家财政的规定缴纳或留用，职工是国家工人阶级的组成部分。农场在国家计划的指导下，独立经营，实行经济核算，并行使企业的资金支配权、生产计划权、产品销售权、劳动调配权和独立对外权。

1951年5月，农场设立以场长为首的管理委员会，下设行政股和技术股。行政上隶属于常熟县人民政府，业务上由常熟县农林科主管。1952年4月，行政上改属苏南行政公署直接领导，业务上由苏南行政公署农林处棉麻指导所主管。1958年10月，撤销农场建制，其土地和生产设备分别划入沙洲人民公社和常熟县虞山林场的苗圃。

1959年8月，恢复扩建农场，属常熟县县办农场。1961年4月，改为国营机械农场，收归省农林厅领导，时将4个大工区45个生产小队调整为12个管理区85个生产小队。后通过逐年围垦扩建，至1979年，共有22个工区190个生产小队和10个工建交建制单位。80年代初，江苏省农垦局对农场实行财务包干，农场内部的生产关系逐步得到调整。1984年9月，农业可耕地分户承包种植，兴办职工家庭农场，实行大农场套小农场的经营方式。至2004年4月前，农场的主要生产资料均属国家所有，为全民所有制性质。2004年4月，农场划归张家港市，实行属地管理。同年8月，张家港市对农场实行全面改革，置换职工身份，解除职工与农场的劳动关系，农场职工转换为社会自然人，土地资源仍属国有性质。2005年3月，张家港市人民政府发文撤销农场建制。

第二章 耕作制度与作物布局

第一节 土地面积

1950年3月创办农场时，面积540亩。1952年10月，接收位于青草沙的大德圩劳改队参与围垦的土地166亩。1955年，接收建设圩圩外挂脚田220亩。1956年，接收合作二圩土地321.74亩。1957年，围垦农场圩增加面积1669亩。至此，农场总面积为2916.74亩，其中耕地面积为2654.23亩。此后至1958年10月撤销农场建制时，耕地无大的变动。1959年8月农场恢复扩建时，首先将1958年围垦而尚未建制的跃进圩土地6580亩归属农场。后通过"场带队"形式，先后接收兆丰人民公社6个大队，共带进土地12132.26亩。1960年围垦万亩圩开始至1980年八〇圩围垦工程结束，先后围垦新圩17只，围垦总面积38649亩。至此，全场土地总面积为60283亩，其中耕地面积38894亩。

1962年11月，划出农场圩1669亩土地归沙洲县。1963年5月，划出解放圩、新民圩、泗兴圩、新闸西圩全部土地和建设圩部分土地计3568亩归兆丰公社。1969年冬至1970年春，大德圩的土地与兆丰公社部分土地对调，同时划出卫星圩、青年二圩和文革三圩的部分土地计1271亩归兆丰公社。1968年建党校从农场划出土地660亩。1978年，部队征用土地30亩。至1980年，农场实际土地总面积为53085亩，其中可耕地面积为39085亩。此后，土地面积无变动，耕地面积随建设用地的逐年增加而减少。至2005年3月，全场耕地总面积为38052亩。

1960—2004年常阴沙农场土地面积变动一览表

表6-2-1 单位：亩

年份	土地总面积	其中				
		可耕地	水面	林地	果园	职工菜地
1960	27163	25038	—	—	—	1442
1961	27163	25200	—	385	454	1439
1962	29910	25177	—	201	20	1876
1963	32717	27435	—	263	5	703
1964	35000	29209	—	315	—	727
1965	35000	29209	—	165	—	727
1966	37579	31396	—	165	—	741
1967	37579	31396	—	1034	72	728
1968	42596	35583	—	1136	105	743
1969	42596	35583	—	1179	164	760
1970	42596	35583	—	1409	164	758
1971	45365	37843	—	1077	128	796

续表6-2-1

年 份	土地总面积	其 中				
		可耕地	水 面	林 地	果 园	职工菜地
1972	45365	37843	—	1022	128	736
1973	45365	37843	—	1022	128	797
1974	45365	37843	—	1515	169	803
1975	47519	37843	—	1534	169	810
1976	47519	39677	—	1518	169	829
1977	47519	39615	—	1643	169	828
1978	52743	39085	—	2637	671	817
1979	52694	39035	—	2957	671	817
1980	53085	38894	—	2924	664	817
1981	53085	38940	—	2882	697	844
1982	53085	38873	—	2985	687	834
1983	53085	38845	—	2947	687	839
1984	53085	38777	—	3174	653	839
1985	53085	38394	3120	2788	619	842
1986	53085	38123	3991	2918	794	842
1987	53085	37706	3991	2870	1250	842
1988	53085	37607	3991	2870	1308	842
1989	53085	37693	4174	2925	1183	942
1990	53085	37658	4174	2925	1349	937
1991	53085	37628	4174	2925	1350	928
1992	53085	37521	4174	2925	1350	918
1993	53085	37140	4174	2925	1360	918
1994	53085	37140	4175	2925	1370	918
1995	53085	37140	4170	2925	1371	932
1996	53085	37140	4175	2925	1371	465
1997	56155.1	37140	4175	2925	1371	852
1998	56155.1	37082	4175	2925	675	852
1999	56155.1	37269	5661	869	636	852
2000	56155.1	37265	5661	869	891	855
2001	56155.1	37254	5661	869	885	341
2002	56155.1	37278	5209	869	1145	341
2003	56155.1	37239	5225	837	1256	341
2004	56160.1	38052	539	837	1872	341

说明：表中1960—1996年数为常阴沙农场历年的统计年报数，1997—2004年的土地总面积为全国土地详查调整数，其他栏目仍为统计年报数

第二节 作物布局

一、作物品种

境内主要农作物品种有粮食、油料和各种经济作物。大宗作物为水稻、“三麦”、大豆、油菜、棉花、西瓜等，小型粮经作物有山芋、高粱、玉米、荞麦、黄花苜蓿（秧草）、烟草、甜菜、花生、芝麻、苎麻、黄麻、剑麻、芦苇、香瓜、甜瓜、南瓜、笋瓜、丝瓜、黄瓜、薄荷、留兰香、芦笋、竹笋、药材、甘蔗、甜芦荠、甜叶菊、白菜、青菜、菠菜、荠菜、花菜、韭菜、茄子、豌豆、豇豆、四季豆、扁豆、蚕豆、荷兰豆、绿豆、赤豆、茭白、萝卜、山药、土豆、芋艿等。

大宗农作物，特别是粮经作物如水稻、小麦、棉花、西瓜（从80年代初期开始）等为农场主要作物品种，成大面积连片种植格局。元麦、大麦、大豆、油菜等虽也连片种植、但面积较少。小型粮经作物中的部分品种如秧草（黄花苜蓿）、花生、山芋、玉米、香瓜等曾为农场的主要作物而连片种植，后随着农业种植结构的调整，这些作物逐年减少而成为辅助作物，其他小型粮经作物则为配套农作物，或在大田中套种，或在挂脚地、什边地、职工蔬菜地零星种植，以增加农户的经济收入和解决农场居民的饮食调味之需。

二、生产规划

老农场时期，农场土地均为新垦，芦苇杂草丛生，沟渠尚未修建，土壤生化，田面不平，加上房屋和生产设备简单稀少，因此，这一时期的农作物，大熟以棉花、大豆为主，小熟以“三麦”为主。从1953年开始种植水稻，1956年在单季移栽稻和直播稻的基础上改一季为双季，前季稻茬留作后季再生稻，连续试种两年后，因效益不高而停种。

1951—1958年常熟县第一农场农作物布局一览表

表6-2-2　　面积：亩

年份	耕地面积	水稻		棉花	大豆	山芋	小麦	大麦	元麦	油菜	绿肥
		单	双								
1951	322	—	—	290	—	—	—	—	—	—	—
1952	632	—	—	335	—	—	51	—	—	—	—
1953	632	33	—	333	—	—	56	—	—	—	103
1954	632	132	—	377	117	6	339	18	6	—	198
1955	1175	179	—	621	11	29	353	—	—	23	210
1956	929	156	56	525	42	26	590	67	—	127	223
1957	2131	175	40	624	1109	47	457	188	—	13	215
1958	2038	237	—	1283	—	—	754	851	78	—	—

1960—1985年，依据以棉为主、粮食自给有余、合理茬口搭配的原则，全场实行“以棉为主，粮棉并举，农牧结合，全面发展”的方针，采取以种植为主、养殖为辅、种养结合、相互促进的方式。在种植上，实行大规模多品种种植制度，以棉花、粮食和油料作物为主，兼种其他经济作物。常年主要作物种植面积占耕地总面积的比例为：秋熟棉花56.8%、水稻29.2%，大豆7.1%，夏熟“三麦”61.7%，绿肥22.1%，其他经济作物约10%。

1960—1985年常阴沙农场农业作物布局一览表

表6-2-3 面积:亩

年份	"三麦"		水稻		棉花		大豆		绿肥	
	面积	占比(%)	面积	占比(%)	面积	占比(%)	面积	占比(%)	面积	占比(%)
1960	8832	35.27	10823	43.23	7784	31.09	380	1.52	—	—
1961	11716	46.49	8940	33.69	10777	42.77	2576	10.22	5930	23.53
1962	12531	49.77	7217	28.67	9545	37.91	5777	22.95	8451	33.56
1963	17288	63.01	8252	30.08	13156	47.95	6919	25.22	7575	27.61
1964	16643	56.98	8442	28.90	15000	51.35	5277	18.07	8475	29.02
1965	16403	56.15	8083	27.67	18011	61.66	2435	8.34	7944	27.80
1966	17418	55.48	8212	26.15	22782	72.56	682	2.17	7933	25.27
1967	19911	63.42	8686	27.67	21359	68.03	1723	5.49	6127	19.51
1968	22915	64.40	8616	24.21	22411	62.98	5136	14.43	7402	20.80
1969	23387	65.72	9570	26.89	23485	66.00	2165	6.08	8026	22.56
1970	23859	67.05	10769	30.26	21852	61.41	1693	4.76	8501	23.89
1971	23058	60.93	10051	26.56	22179	58.61	3284	8.68	5874	15.52
1972	22211	58.69	10188	26.92	23238	61.41	556	1.47	6679	17.65
1973	23746	62.75	10216	26.99	21816	57.65	1383	3.65	8800	23.25
1974	24864	65.70	9857	26.05	21370	56.47	1691	4.47	8026	21.21
1975	24809	65.56	9838	25.99	22835	60.34	3085	8.15	8501	22.46
1976	24370	61.42	10378	26.17	22373	56.39	2322	5.85	5374	13.54
1977	24370	61.51	9791	24.27	22370	56.47	665	1.67	6947	17.54
1978	24370	62.35	10102	25.85	22370	57.23	751	1.92	2521	16.45
1979	24370	62.43	9956	25.51	24370	62.43	663	1.70	7108	18.21
1980	24370	63.66	9688	24.91	22300	57.34	325	0.84	5361	13.78
1981	27131	69.67	9896	25.41	22300	57.27	623	1.64	—	—
1982	23000	59.17	11469	29.50	21000	54.22	1300	3.34	—	—
1983	23000	59.21	11435	29.44	21000	54.56	1072	2.76	—	—
1984	26842	69.22	12051	31.80	21974	56.27	1297	3.34	—	—
1985	23127	60.23	13610	35.45	13861	36.12	4641	12.09	—	—

1986—2003年,依据市场导向、粮经结合、多品种布局的原则。全场在作物布局上突出区域规划,改良和改造田间作业方式和农业耕作技术,发展高效间套作技术,力求利用有限的土地资源创造出较高的经济效益。坚持水旱轮作,区域种植。坚持因地制宜,分类布局。坚持市场导向,动态择优。坚持技术利用,示范推广。坚持制度创新,结构优化。在具体实施中,采取稳定粮食和棉花面

积，逐步扩大种植经济作物面积的办法，农、林、牧、副、渔五大轮子共同推进，互相促进。主要农作物种植面积占耕地面积的比例为：棉花34.26%、水稻43.43%，“三麦”63.53%，西瓜16.14%，其他经济作物7.87%。

1986—2003年常阴沙农场主要农作物布局一览表

表6-2-4

面积：亩

年份	“三麦”		水稻		棉花		西瓜		其他	
	面积	占比（%）	面积	占比（%）	面积	占比（%）	面积	占比（%）	面积	占比（%）
1986	22518	59.07	14200	37.25	11780	30.90	5650	14.82	3079	8.01
1987	19002	50.40	14250	37.79	12373	32.81	6465	17.15	5097	13.52
1988	19130	50.87	14056	37.38	10481	27.87	8854	23.54	3233	8.60
1989	19130	50.75	13500	35.82	11000	29.18	3080	8.17	3927	10.42
1990	19250	51.12	14750	39.17	10984	29.17	5442	14.45	3524	9.36
1991	19150	50.89	14625	38.87	11210	29.79	5348	14.21	3568	9.48
1992	19180	51.12	14210	37.87	12321	32.84	5128	13.67	3627	9.67
1993	19162	51.59	15123	40.72	13265	35.72	4962	13.36	3216	8.66
1994	19098	51.42	15314	41.23	13999	37.69	4856	13.07	2734	7.36
1995	19099	51.42	16486	44.39	13918	37.47	5679	15.29	3040	8.16
1996	22846	61.51	16615	44.74	13722	36.95	7004	18.86	2178	5.86
1997	21800	58.70	16650	44.83	13777	37.09	8744	23.54	2824	7.60
1998	25995	70.10	15858	42.77	14492	39.08	6089	16.42	3808	10.27
1999	23801	63.86	19600	52.59	13900	37.30	4968	13.33	2156	5.78
2000	22005	59.05	14685	39.41	14820	39.77	9315	25.00	1971	5.29
2001	24450	65.63	16005	42.96	14010	37.61	3635	9.76	2115	5.68
2002	25200	67.60	21795	58.47	10140	27.20	4680	12.55	2329	6.25
2003	33500	89.96	19460	52.26	12760	34.27	6020	16.17	2192	5.89

说明：表中其他是指除西瓜以外的特种经济作物，如香椿、荷兰豆等

2004年后，依据市场化运作的需求原则，属地管理后的农场在作物布局上打破原有水旱轮作格局，压棉扩粮稳瓜果。重点在生态农业、规模种植、设施栽培等方面进行多方位布局。粮食作物以“三麦”、水稻为主，分别有万亩绿色稻米生产示范园和万亩小麦生产示范基地，并有百亩稻麦良种培育基地，规划在水稻种植区全部建成有固定防渗渠道、有固定泵站和电灌站、有专用水泥机耕路及有专用桥涵的高标准田间设施。经济作物以瓜果和蔬菜为主，瓜品类有千亩特色瓜品生产基地，主要品种有西瓜、南瓜等。果品类以柑橘为主，有2500亩成片柑橘园，另有桃、李、枇杷、葡萄、杏等。蔬菜类有350亩大棚设施栽培基地等。粮食和经济作物占耕地面积的比例分别为“三麦”83.87%，水稻61.59%，瓜果23.7%，其他经济作物1.95%。

2004—2005年常阴沙农场主要农作物布局一览表

表6-2-5 面积：亩

年 份	"三 麦"		水 稻		棉 花		瓜 果		其 他	
	面积	占比(%)	面积	占比(%)	面积	占比(%)	面积	占比(%)	面积	占比(%)
2004	32550	85.54	20295	53.33	11441	30.07	7659	20.13	770	2.02
2005	30053	81.89	25633	69.84	5744	15.65	10009	27.27	686	1.87

说明：表中所列瓜果一览，是指西瓜、香瓜、南瓜、水果等瓜果类产品，其他同上

第三节 耕作制度

单一耕作制 建场初期，主要是棉花、大豆、"三麦"三种作物轮流转，即秋熟（大熟）种棉花和大豆，稍后增种水稻。夏熟（小熟）种"三麦"，稍后增种绿肥和油菜。

稻棉三年五熟制 1953年，老农场开始试种水稻，1955年进行稻棉轮作，即棉花—"三麦"，或绿肥—水稻—"三麦"—棉花，两年棉花轮一年水稻，总称为三年五熟制。

轮作制 一种是稻棉轮作，即在同一块田里实行水稻和棉花的相互轮作，有一熟水稻一熟棉花（或两年、三年棉花），但不连片，这种方式也称稻棉夹种。另一种是水旱轮作，是在粮棉夹种基础上逐步演变而完善起来的一种耕作制度，也是常阴沙农场农业耕作史上实行时间最长且效果最好的一种耕作制度，即在同一个田块间进行水稻和棉花或西瓜、大豆等旱性作物的交替种植。

双三制 在同一框或一片田里一年种两熟或三熟粮食。种一熟绿肥、两熟水稻的，称双季稻。种一熟麦、两熟水稻的，称三熟制。

一水二旱三年轮作制 绿肥（少量是小麦）—水稻—条播小麦—棉花（麦垄套种）—条播元麦—棉花（也有少量田前茬种密元麦，元麦收割后进行棉花直播或营养钵育苗移栽）。

一水三旱四年轮作制 在一水一旱三年轮作的基础上，增种一熟元麦和棉花。

一水一旱两年轮作制 小麦—水稻—"三麦"—棉花（或西瓜、大豆）。

一水一旱两年五熟轮作制 小麦—水稻—小麦—西瓜—棉花。

60年代初，以生产队为单位布局种植，在同一个条田内既种水稻又种棉花，形成大面积的水包旱、旱包水的"插花"现象，圩内水位难以控制，排灌困难，导致水稻因缺水而干伤，棉花因明涝暗渍而影响正常生长。若遇连续降雨，则常使不少棉田受淹，造成减产。1964年起，实行轮作制度的改革，将生产队为单位布局农作物改由工区统一安排布局农作物，将块田轮作改为连片轮作，即每个工区根据各自的田块实际，按圩内中心河或工区排水河为界，分片分框连片布局，连片种植，不得在水稻种植的区域内夹种或插花种植其他旱性作物。

1966年试种和推广双三制，当年种植58.73公顷（881亩），以旱三熟为主，即秋播种植条元麦，来年早春在麦垄内套种玉米，玉米行间夹种大豆，大暑至立秋前，玉米、大豆成熟后再种一熟水稻。1970年，旱三熟改为水三熟（麦—稻—稻），即秋播种植元大麦（也有少量小麦），麦收后种植两季水稻。1974年，将三熟制改为以绿肥茬为主的双季稻。1977年，逐步推广以种植杂优稻为主要品种的单季稻，至1980年，打破双季稻种植格局，全面改为单季稻。

1987年，由一工区、七工区、十二工区等工区的部分农户，在自家承包的责任田内进行棉田套种西瓜的初期试验，经过五年时间的探索与实践，其经济效益相当于单植棉花或单种西瓜的2~3倍，特别是有机质肥料的大量投入，作物光合作用的合理调节，除增进土地肥力外，还起到调节土壤结构、改变作物生长小气候、保持农业生态平衡等作用。90年代初期，由农业科技部门作为科研项目介入进行补充和完善，由棉田套种西瓜到套种其他经济作物，被称为棉田间套作技术，定名为一水一旱两

年五熟轮作制度，并于1993年在全场大面积推广。此后，全场经济作物种植品种共有42个，复种指数提高到2.5。

2004年属地管理后，张家港市人民政府对农场实行粮食作物财政补贴，水旱轮作的种植制度逐步被粮食连年种植制度替代。

第三章 作物栽培与植保

第一节 作物栽培

一、棉花

60年代初至70年代中期，棉花种植大多在麦垄内套种直播，少数田块在散播元麦收割后直播，俗称"倒桩花"。1975年起，对棉花种植进行改革，在密度上，由等行距改为宽窄行，又称"慈溪式"（学习浙江省慈溪县的植棉经验）。棉花行距视麦幅大小而定，株距保持相对密度。播种方式由原来的直播改为育苗移栽。首先实行方格育苗移栽棉花，1976年改为营养钵露地育苗，不加覆盖物。1977年，全面采用尼龙薄膜搭棚覆盖育苗。至1982年，棉花种植的直播现象彻底淘汰，棉花移栽面积100%。1987年，棉田套种西瓜逐步推行，1993年起，全场棉花全部改为双膜覆盖，即在尼龙薄膜搭棚覆盖育苗的基础上，移栽后，再加用地膜覆盖。这种双膜覆盖的方式，也用于西瓜的种植之中。

棉花常年种植面积：60年代初期为1万亩以上，最高年份1.8万亩。1966—1984年为2万亩以上，最高年份2.35万亩。1985—2004年为1万亩左右，最高年份1.48万亩。

二、水稻

水稻育秧　60年代早中期，对三熟制前季稻育秧和栽培技术进行四项改进，即改水育秧为旱育秧（亦称旱播旱育），改稀播落谷为密播落谷，秧田和大田比为1∶10至1∶20，每亩秧田落谷稻种为200公斤左右，改长秧龄为短秧龄，旱育秧15~20天后即移栽，改拔秧移栽为铲秧移栽。

水稻栽插　1966年推广双三制耕作后，改进了水稻栽插的行株距配置，前季稻大多以"六棵头"向前推进，株距甚小，密度为每亩3.5万~4万穴。1972年起，单季稻移栽插秧改过去的"拉绳分行"为"拉线定点"，即根据田块阔度安排拉线的长度（50米阔条田一般分2~3段），线上定点（一般10厘米为一点），按点插秧，一根绳头上参加插秧的有20~30人，每人插10~15穴，线的两端各有1人拉住线头，每插一行稻，起线一次，向后移一行，行距为20厘米。这种插秧方式，株距、行距完全一致，1973年后，普遍推广。1977年，种植杂交水稻后，拉线定点栽插秧苗的方式被废除。

杂交水稻　1976年冬，场部组织专业队20多人，赴海南岛的凌水县光坡公社妙景大队育种100亩，收获杂交稻种（南优二号）3.5万公斤。1977年，开始种植杂交水稻，当年种植4053亩，占水稻种植总面积的39.8%。1978年开始，除种植双季稻外，全部种植杂交水稻，实种面积均在8000亩以上，至1980年，种植8175亩，占水稻种植总面积的84.5%，其中南优二号6116亩，泗优六号2059亩。经过四年的种植实践，杂交水稻与常规水稻相比确能增产，但其繁殖、制种工序复杂，技术性强，加上杂交水稻的出米率低，经济价值不高，适口性不好，因此，从1981年开始逐年缩小种植面积，直至淘汰恢复常规粳稻的栽培。

水稻高产栽培　1982年，农业科技人员分别在七工区、九工区和十二工区进行麦茬机械水直播稻高产栽培技术的试验性耕作，后逐步在相关工区进行较大面积的示范性耕作。这项以水稻栽培方式为前提的技术革命，以全面推广茬口品种利用技术、免耕技术、化除植保以及作物群体调控等技术为核心，采取不育秧、麦收后直接将稻种以机械直播的形式种植的水稻栽培方式，经过前后7年时间的试验、示范及大面积生产实践，在解决了茬口冲突（改麦后移栽为麦后直播）、季节冲突（麦收后时间要求相当严格）等诸多矛盾，攻克了田块整理、种子处理、化学除草等一系列技术难题后，于1987年通过省级技术鉴定，1989年全面应用，1990年推广普及并延续至今。

水稻种植面积：常年种植1万亩以上，2002年开始扩大到2万亩以上。2004年实际种植面积为20295亩，实收稻谷12132吨，亩产597.8公斤。

三、“三麦”

所谓“三麦”，是指元麦、大麦和小麦。60年代初，“三麦”种植以条播为主，即小垄沟底麦，垄宽80厘米，垄与垄之间的沟底种一行宽33厘米左右的麦幅，垄背留作第二年套种一行棉花。麦幅占40%，空幅占60%。1963年改为“半爿翘”方式，即在小垄的基础上，垄子朝阳的一面，半爿垄子种麦（包沟种），另半爿垄子留作翌年套种棉花，“三麦”土地利用率为50%左右。1965年，套种棉花的麦田由半爿翘再次改为阔幅条播麦，“三麦”的土地利用率为38%左右。凡按阔幅条播麦种植的，秋播时，旱茬田均在空幅内套种蚕豆，四月上旬埋青作棉花基肥。稻茬田的空幅则留作冬翻土壤，一般不作套种。

80年代开始，进行水旱交替，轮番种植，即根据规划，凡来年种植旱性作物的田块，仍按阔幅条播麦的方式进行种植，一般由稻茬田翻种。来年种植水稻的田块，则推行大面积散播的方式种植“三麦”，一般由旱茬田翻种。

“三麦”常年种植面积随土地面积的逐年增加而扩大。一般年份为2万亩以上，2003年起，扩大到3.35万亩。2004年实际种植面积为3.26万亩，实收“三麦”10495吨，亩产322.4公斤。

四、瓜类

1960年，为改善职工生活，瓜类的常年种植面积为200~300亩，并以香瓜为主。种植方式主要以点播为主，并在棉田里套夹种。1982年，在部分工区大面积规划种植西瓜，取得成功后，西瓜种植面积逐年扩大。1983年，实行尼龙薄膜搭棚育苗移栽后再加地膜覆盖的方式种植，提前了西瓜的收获期。1985年，全场西瓜种植面积2939亩。1987年，部分工区的农户首先在自己承包的棉花田内先移栽西瓜，加盖地膜后再在空垄上移栽棉花的试验。由于种植西瓜的田块首先要在秋播时规划并于冬季开垄施足基肥，养足地力后于来年4月下旬移栽西瓜，5月上旬移栽棉花，这样，西瓜收获后田间的多余养分正好供棉花生长，棉花、西瓜两不误，增加了土地利用率，既节省了成本，又增加了收入。1993年，这种棉花田内套种西瓜的栽培方式被全面推广和应用，并一直得以延用。1997年，西瓜种植面积扩大到13000亩，被称为“万亩棉花万亩瓜”。1998年后，由于土壤土质等因素，西瓜种植面积逐年缩小，2004年种植面积减少到2622亩。

五、其他作物

主要有油菜、大豆、玉米等近50个品种。1984年起，逐步对农业种植结构和种植品种进行调整。调整的方法是以工区为单位，在不影响水旱轮作的前提下，划分区域，水旱分开，粮食和经济作物分片种植，即凡规划种植粮食作物的区域田块，必须按规划，不搞插花种植。凡规划种植经济作物的区域田块，则可以发挥职工种植多种经济作物的自主权，允许在场部指导种植的品种外，种植其他经济作物。90年代开始，场部在下达计划时，增加了允许职工在旱茬田块自由种植的规定，鼓励职工转变种植模式，特别是在品种利用上，由农业部门引进、试验和示范后进行推广。调整种植的品种除棉田套种西瓜和其他多种经济作物外，根据田块情况，分别引进并连片种植有水芹、茭白、荸荠、马铃薯、大板豆、荷兰豆、日本香椿等42个品种，连片面积最多年份达6000亩。调整种植结构和种植品种后，增加了土地的产出效益，每亩地可增加净收入300~500元，复种指数由调整前的2提高到2.5。

1960—2005年常阴沙农场主要农作物播种面积一览表

表6-3-1 单位：亩

年 份	作物总面积	夏粮	其中：小麦	秋粮	其中：水稻	大豆	油菜	西瓜	棉花	蔬菜
1960	28379	8832	1787	11211	10823	380	—	—	7784	—
1961	41800	11716	4281	11317	8940	2576	—	—	10777	—
1962	48520	12531	3098	13294	7217	5777	—	—	9545	—
1963	52827	17288	4611	14171	8252	6919	—	—	13156	—
1964	54307	16643	6375	13719	8442	5277	—	—	15000	—
1965	53743	16407	7767	10518	8083	2435	—	—	18011	—
1966	57703	17418	4609	9062	8212	682	—	—	22782	—
1967	59531	19911	5552	10538	8686	1723	—	—	21359	—
1968	67218	22915	3362	13803	8616	5136	—	—	22411	—
1969	67842	23387	10133	12056	9570	2165	—	—	23485	—
1970	68671	23859	9821	13829	10769	1693	—	—	21852	—
1971	67115	23058	2828	15401	10051	3284	—	—	22179	—
1972	65557	22211	2424	12848	10188	556	—	—	23238	—
1973	68160	23746	4928	13578	10216	1383	—	—	21816	—
1974	68150	24864	4344	12936	9857	1691	—	—	21370	—
1975	70934	24809	3250	13113	9838	3085	—	—	22835	—
1976	69543	24370	9968	15703	10378	2322	—	—	22373	—
1977	68490	24370	13319	12415	9791	665	—	—	22370	—
1978	70044	24370	10169	13055	10102	751	—	—	22370	—
1979	67737	24370	10750	10619	9956	663	—	—	22370	—
1980	64334	24370	12019	10013	9688	325	—	—	22300	—
1981	68780	27131	15531	10499	9896	623	—	—	22300	—
1982	68689	23000	9865	12769	11469	1300	—	—	21000	—
1983	64376	23000	12315	12410	11435	1072	—	—	21000	—
1984	69052	26842	18348	13348	12051	1297	—	—	21974	—
1985	66634	23482	15875	18430	13610	4641	2078	2939	13861	939
1986	65047	22518	16947	20042	14200	5610	2036	3661	11780	1989
1987	64672	19002	10912	17640	14250	3180	3767	5087	12373	1738

续表6-3-1

年份	作物总面积	夏粮	其中:小麦	秋粮	其中:水稻	大豆	油菜	西瓜	棉花	蔬菜
1988	66083	19130	14354	16363	14056	2307	18996	6854	10481	2000
1989	65094	19130	14076	15500	13500	2000	2600	1000	11000	2080
1990	64864	19250	13377	16750	14750	2000	2000	1000	10984	4442
1991	64786	19210	13417	16562	14786	2013	2130	5210	10968	4520
1992	62360	19512	13528	15230	14378	1983	2250	5680	10865	4650
1993	61520	19182	14213	15126	14860	1795	2310	5760	10913	4320
1994	60334.5	19098	14255	13713	15313	1999	1312	3850	13999	1005
1995	61516.5	19099	11441	16686	16486	199.5	1656	4674	13918	1005
1996	61722	22846	18486	17361	16615	199.5	789	5999	13722	1005
1997	61846.5	21800	19115	16850	16650	199.5	1432	7744	13777	1000
1998	65576.1	25995	22970	16843	15858	666	3100	5089	14492	1000
1999	66429	23800	22999	21700	19600	1399	1398	1000	13900	3967
2000	65250	22005	22005	16320	14685	1635	1005	1005	14820	8310
2001	62850	24450	24000	17010	16005	1005	1110	1005	14010	3630
2002	65505	25200	24000	23700	21795	1830	1095	1005	10140	3675
2003	74840	33500	31800	21000	19460	1280	850	2270	12760	3750
2004	73112	32550	31770	21727	20295	1350	730	2622	11441	3420

说明:油菜、西瓜、蔬菜三项从1985年开始统计

第二节　肥　料

50年代,主要施用农家肥料,即猪羊灰、人畜粪、堆杂肥、绿肥、河泥、草木灰、豆饼、棉饼等。老农场时期,逐渐施用化肥硫酸铵。1959年,仍以有机肥料为主,一般占总施用量的80%。水稻田用肥以黄花苜蓿(秧草)为主,一般每亩田用0.5~0.7亩以上的黄花苜蓿鲜草作基肥,再用棉饼40~50公斤和硫酸铵7.5公斤左右作追肥。棉饼施用时一般都切成小方块,每4株施一穴,化肥均采用散施的方法。棉田用肥分旱茬和稻茬。旱茬田一般多在麦田内套种绿肥,每亩施青绿肥75~100公斤。稻茬田一般以猪羊灰为主,每亩施用20~30担。当家肥(棉花蕾期或初花期)以棉饼为主,辅以堆杂肥,用肥数量视田块的实际情况而定,饼肥穴施,堆杂肥开深沟条施。"三麦"基肥以猪羊灰、堆杂肥为主,一般每亩用肥30~40担,腊肥有"一精二粗",即一次化肥(氨水)或人畜粪(称一精),二粗是一次河泥、一次堆杂肥,开春后再施用硫氨5~7.5公斤。70年代开始,化肥施用量增加,肥料品种也逐渐增多,并注意施用磷钾肥料。供应的化肥品种有硫酸铵、氧化铵、硝酸铵、碳酸氢铵、尿素、过磷酸钙等。与此同时,为增加有机肥料的来源,还利用稻田、河沟放养"三水一绿"(水葫芦、水浮莲、水花生、绿萍)。在施用的方法上,除有机肥普遍推广返制草塘泥外,化肥改散施为点施,每亩用化肥折合含标氮分别为水稻田25公斤、棉花田30~35公斤、"三麦"20~25公斤。80年代开始,有机肥料的用量明显减少,并开始以化肥当家,有机肥料的施用量占肥料施用总量的30%左右。棉花、西瓜、水稻开始推广使用微量元

素。进入90年代，特别是从1996年开始，农户种田为图方便，几乎全部施用化肥，有机肥料的施用量仅占肥料用量的5%左右。在施用方法上，不管是棉花、西瓜，还是"三麦"、水稻，全部改点施、穴施为散施。在施用数量上，也随着化肥施用量的不断增加而增加，化肥用量每亩折合含标氮分别为80~90年代初期，水稻40公斤左右、棉花60公斤左右、"三麦" 40公斤左右；1996—2003年，水稻60公斤左右、棉花70公斤左右、"三麦" 50公斤左右，西瓜也开始改用化肥作追肥，每亩田施用量约为50公斤。2004年以后，由于不再推行水旱轮作，水稻、"三麦" 等粮食作物的化肥施用量为每亩折合含标氮70~80公斤。

此外，从60年代起，为控制旱性作物的疯长，首先在棉花田使用矮壮素。70年代初，场部在农场中学生产"920"（赤霉素）生物肥料，用于喷射或点涂棉花，以提高结铃率，70年代中期，自行生产"5406"菌肥，用于棉花基肥，最高年份应用面积在千亩以上。80年代，开始在迟熟棉田喷洒和使用"乙烯利"（"一试灵"）农药，促使棉花提早吐絮。在西瓜田喷射西瓜素，提高西瓜结果率和西瓜品质，西瓜素于1983年后普及使用，一般年份使用量占西瓜种植面积的80%左右。

1986—2004年常阴沙农场农作物化肥施用量一览表

表6-3-2

年份	化肥施用总量（吨）	折合纯氮量（吨）	亩施化肥量（公斤）实物量/折纯氮量
1986	2340.00	708.00	36.00/11.00
1987	3492.90	1056.73	54.00/16.33
1988	3124.00	1023.00	58.00/19.00
1989	3167.08	1056.50	60.00/18.30
1990	2789.60	1049.50	43.00/16.90
1991	2916.30	1102.10	77.50/29.29
1992	2832.50	1092.60	75.49/29.12
1993	2875.20	1086.30	76.27/29.25
1994	2750.00	865.00	49.47/15.53
1995	3298.00	1032.00	60.60/19.00
1996	4960.00	1572.50	82.40/26.13
1997	6346.00	2553.00	102.60/41.27
1998	3686.20	1233.70	99.40/33.27
1999	3100.00	1088.00	83.33/30.00
2000	2816.00	1029.00	76.67/27.60
2001	2220.00	861.60	60.00/23.47
2002	2220.00	995.40	60.00/26.87
2003	2230.00	1003.00	59.87/26.93
2004	2390.00	1081.00	62.81/28.41

第三节　植物保护

一、主要农作物的常见病虫害

“三麦”　主要病害：麦锈病、赤霉病、白粉病、腥黑穗病、散黑穗病、条纹病、颖枯病、立枯病、网斑病、黄化叶病等。

主要虫害：麦蚜虫、黏虫、麦叶蜂、蛴螬、金针叶、蝼蛄等。其中危害最严重的为“两虫一病”，即蚜虫、黏虫和赤霉病。

水稻　主要病害：纹枯病、稻瘟病、稻曲病等。

主要虫害：稻蓟马、大螟、二化螟、三化螟、纵卷叶螟、稻飞虱等。其中危害最严重的为纹枯病、稻瘟病、稻蓟马、稻飞虱、螟虫和纵卷叶螟等。

棉花　主要病害：立枯病、炭疽病、枯萎病、红腐病、黑果病、角斑病、红时茎枯病、黄叶茎枯病。

主要虫害：棉蚜虫、地老虎、红蜘蛛、红铃虫、金刚钻、时跳虫、盲椿象、棉蓟马、棉铃虫等。其中危害最严重的有枯萎病及红蜘蛛、盲椿象、红铃虫、棉铃虫等。

西瓜　主要病害：炭疽病、枯萎病、霜霉病。

主要虫害：瓜蜗螟、蚜虫、红蜘蛛等。

历年来，农作物各种病虫害都有不同程度的发生，危害严重的年份有：

1966年5月，棉花第三代棉铃虫大发生，有“百斤籽棉三斤虫”之称。同年，“三麦”粘虫大爆发，全场受损面积1.7万亩。

1971年，棉花红蜘蛛大发生，同年棉花棉铃虫大发生，百株虫量在百条以上，有“10个棉桃9个洞”之称，致使全场棉花大减产，亩产皮棉仅21.8公斤。

1978年，棉花第四代棉铃虫大发生，为历史罕见，致使幼铃脱落，十铃九烂蛀。

1984年，棉花第四代绿盲蝽象大发生，百株虫量52头，危害率63%。同年，小麦白粉病大发生，病株率为68%。又，水稻四代稻飞虱大发生，百穴虫量42900头。

2005年，水稻稻飞虱大爆发，百亩田块冒穿面积达39.44亩，为历史之最。

二、病虫害预测

1965年开始，场部建立农作物病虫害预测预报以及田间防治工作制度，农作物的病虫害预测和防治以农业技术人员为重点。利用相关工具，在特定区域内对病虫害进行测定分析，如采用黑光灯诱测，在测定的区域内，安装好黑光灯，每天晚上至次日早晨进行灯光诱捕，根据诱获的虫蛾数量进行预测，分析出虫害的始发、始盛及高峰，测出虫害的关键发生期，最后发出病虫情报，确定防治时间和防治措施。病虫害预测的方法还有杨柳把诱测棉花棉铃虫；稻草把诱测“三麦”粘虫；糖醋盆诱测“三麦”虫害；性诱剂诱测棉花及蔬菜虫害。另外，由各个工区的农业技术人员进行田间调查，分析出病虫害的发生和防治情况，综合后由农业部门提出综合防治意见，交付实施。

三、防治措施与办法

50年代，境内病虫害防治以人工和药剂相结合，使用一些土农药和化学药剂，当时使用的杀虫剂主要有二二三硫黄粉、六六六粉、鱼藤精、棉油皂、石硫合剂、砒酸铅、砒酸钙等，杀菌剂有波尔多液、西力生、赛力散、富民隆、谷仁乐生等。

60年代开始，病虫害防治开始采用相对先进的药剂防治办法，其中，60年代主要使用的杀虫剂有苏化203、“4049”、杀虫松、“223”乳剂、六六六粉、敌百虫粉剂、敌敌畏、“1605”、“1059”、西维因、“3911”等；杀菌剂有稻脚青、稻瘟净、多菌灵、西力生、退菌特、波尔多液、赛力散。70年代主要使用的杀虫剂有“223”乳剂、六六六粉、杀虫脒、敌敌畏、乐果、敌百虫粉剂、三氯杀螨醇、西维因、“1605”、“1059”、甲铵磷、幸硫磷、亚铵硫磷、马拉硫磷；杀菌剂有稻瘟净、稻脚青、代森锌、代森铵、多菌灵、波尔多液、退菌特等。80年代主要使用的杀虫剂有：甲铵磷、乐安磷、辛硫磷、磷铵、久效磷、氧化乐果、呋喃丹、杀虫脒、速灭杀丁、敌杀死、敌六粉、叶蝉散、混灭威等；杀菌剂有：多菌灵、托布津、波尔多液、井冈霉素等。90年代主要杀虫剂有：50%甲铵磷、久效磷、甲基1605、三氯杀螨醇、80%敌敌畏、敌杀死、来福灵、速灭杀丁、晶体敌百虫、呋喃丹等；杀菌剂有多菌灵、托布津、麦病宁、克露、可杀得、百病清、井冈霉素等。2000年以后使用的杀虫剂有30%甲铵灵、敌杀死、来福灵、速灭杀丁、氯青菊酯、敌敌畏、锐劲特；杀菌剂有井冈霉素、多菌灵、托布津、石菌清、可杀得、石硫合剂、助力克等。

粮食和棉花及其他农作物种子的熏蒸及拌种药剂主要有溴化烷、磷化锌、立克秀、浸丰等。

四、药械使用

老农场时期防治病虫害主要用单管喷雾器和手摇喷雾器两种药械。1960年开始，逐步改为背负式喷雾器。1965年，使用拖拉机悬挂多头喷雾器，因治虫效果差和田间转向困难而未能全面推广。后又利用汽油高压喷雾机改制成“土飞机”，即在高压喷雾机总出水管上连接一根长25米左右的皮管，皮管上每隔1.5米接一个有喷头的小皮管，每个喷头皮管由一人掌握，数十人成一字形逐株进行农作物喷雾，劳动强度低，喷雾质量好，每台每天可喷药100多亩，工效比原来提高数十倍。这是农场建立后治虫药械使用上的一次重大改革。

1965年7月，江苏省农垦局在青年圩七号田建造泥地飞机场，从8月7日开始，江苏省民运航空局派遣“运五”型飞机3架，对全场的农作物特别是稻田和棉田实行喷药治虫，至9月21日结束。起飞1230架次，飞行300.57小时，喷洒药剂9.03万公斤。采用飞机喷洒农药一直持续到1968年。除为本场喷药外，还为附近的兆丰、南丰、乐余、三兴、锦丰5个公社进行航空喷药治虫。1969年，泥地飞机场改建于文革三圩三号田内，以后由于高压电线及树木等影响，航空喷药停止。

1984年后，大面积集体喷药作业的方式逐步改为以承包户为单位的小面积喷药作业，承包户普遍购买背负式喷雾器或弥雾机，从此，防治病虫害由原工区统一防治为主改为一家一户防治为主，一直延续至2004年。在这一时段内，由于加大了科技投入，加强了对病虫害的预测预报和预防工作，病虫害防治以户为单位，机动性强，效果好，20年没有发生大的危害，直至2005年，才在较大范围内发生稻飞虱危害。

五、草害与防治

本地危害农作物的杂草很多。棉田、瓜田杂草有马唐、狗尾草、稗草、葎草、婆婆纳等。“三麦”、油菜田杂草有早熟禾、看麦娘、猪殃殃、繁缕、婆婆纳、荠菜、棒头草等。水稻田杂草有稗草、千金子、三棱根、牛毛草、节节草、鸭舌草、野茨菇、鲤肠、莎草等。

50年代末至60年代中期，草害极为普遍，以人工除草为主。60年代后期开始，每年在夏收夏种后，利用农闲季节，发动群众挖草根、削草皮、割青草，并把所挖草根、草皮、青草堆集后进行沤烂，冬季返田用作农作物的有机肥料，既减少杂草对农作物的危害，又增加农田的有机质肥料。80年代后，化除植保技术首先在水稻田中被推广和应用，后逐步延伸应用于其他所有田块，并很快在全场范围内普及应用。用于除草的化学药剂有除草醚、敌草隆、绿麦隆、二甲四氯、扑草净、氟乐灵、拉索、稳杀得、丁草铵、杀草丹、笨达松、禾大壮、扫茀特、新马歇特、草甘膦、百草枯、都尔、稳杀得、盖草能等上百种。

第四节 农业丰产示范方

1965年，各工区相继建立农科队，搞样板田、试验田，生产队建立试验组，提高农作物产量。在全场形成以农科所为基地、场有指挥田、工区有样板田、生产队有试验田的三级丰产示范田格局。十三工区由苏州市插场知青韩汝珍负责的试验组，8亩小麦，平均亩产360公斤，被评为先进，并出席中央召开的农业先进代表会议，获得高产奖状，受到中央首长的接见。

1987年，场部首先在七工区进行以“丰收杯”、吨粮田以及农业领导工程丰产方等为主要内容的农业高产竞赛活动。以此为起点，全场每个工区都相继建立2个以上稻麦百亩连片丰产示范方，每个片区都建立1个以上千亩连片丰产示范方，良种站建立1个棉花百亩丰产示范方。

根据国营农场全局规划、连片种植的实际，丰产示范方由场部统一组织，实行“五统一”，即统一茬口品种、统一技术措施、统一机械作业、统一肥水管理、统一种植模式。在聘请省农林厅和省农科院有关专家到场授课，指导农业技术的同时，组织工区主要负责人和农业技术人员定期观摩，互相交流，以提高农业生产各个阶段和环节的实际操作水平及技术含量，后期组织验收总结。高产竞赛活动开展的效果显著，丰产示范方比一般田块增产20%左右。

1988年，省农林厅拨款30万元，在七工区建成砂石机耕路2100米，修建防渗渠道2100米，建成绿化带2100米，改造泵站1个。在建设丰产示范方活动中，该工区于1989—1991年连续三年获省农林厅“江苏省‘丰收杯’高产竞赛常规稻丰产方项目一等奖”。

第四章 农机具

第一节 农具和耕畜

50年代，境内农田作业、作物收割、脱粒、排灌、粮饲加工等主要以手工操作为主，依靠手工工具，并以铁、木、竹为材料制作而成。常用的传统农具有数十种，耕翻土地用的有钉耙、牛拉犁等，排灌用的有人力、风力、畜力水车（牛车）等。松土除草用的有锄头、小锹等，开挖墒沟用的有大锹、拖锹等，平整土地用的有稀路钉耙、铁拉、铁搭等，收割用的有镰刀、芦刀等。捡拾棉花用的有围腰、麻包，脱粒用的有稻床、连枷、脚踏轧稻（脱粒）车等。运输用的有扁担、担绳、络绳、粪桶、畚箕、独轮手推车等。此外，用以翻晒的有帘子、晒垫、盘头、推耙、丫枪、木锨等，用以筛选的有盘蓝、匾子、各种筛子等，用以贮存的有盘篮、脚箩、篓子、篙条等。在粮、棉、油加工方面，有石臼、石磨、石碾、榨床、棉花小轧车、弹花机等。还有一些特色工具，如拔棉花萁钩子、挖花生用的小钉耙、踏棉花包箱、弹棉絮弓、挖树的锛斧、河道疏浚和围垦挑泥用的板齿大钉耙、络子、迁步、莳稻用的秧竹管等。

1953年起，耕耙、车水、脱粒、送肥、运输等农活基本上以人力和畜力为主，防病治虫以新式农具为主，生产设备逐年增多。至1957年，全场拥有耕牛9头、马1匹、骡7头、新式犁8张、木耙2张、圆盘耙2张、牛车3辆、石滚5个、水车11辆（其中人力水车5辆、风畜力水车6辆）、中耕器6台、脚踏轧稻机6台、播种机2台、农船2艘、拌种机1台、喷粉器53台。此时的田间耕作、收割、运输和场上作业虽然仍依靠人力和畜力，但由于新式农具的应用，与传统农具相比，则有了较大改进。

60年代后，除传统农具逐步被动力机械代替外，新式农具继续增加，如运输用的胶轮牛车、胶轮拖车等。特别是从80年代后期开始，耕牛逐步消失，田间的耕、耙、�、排灌、播种、收割、运输等作业均实现机械化，大部分农具则已经弃之不用，少量农具如钉耙、锄头、大锹、拖锹、镰刀、扁担、担绳、粪桶、畚箕、帘子、盘头、盘篮、筛子等还在发挥着动力机械暂时无法代替的作用。

第二节　农业机械化

一、农业机械

农业机械的使用和发展始于农场扩建后的万亩圩拓荒工程。1960年初，省农林厅分配调拨给沙洲农场“东方红-54”拖拉机3台，同时从常熟县塘桥抽水机站调拨抽水机船7艘、25马力重型柴油机1台。场部抽调8名青年工人学习驾驶技术。是年4月，场部又分别向常熟县白茆拖拉机站和吴县陆墓拖拉机站借调“特德-28”拖拉机9台，由省农林厅出面向练湖农场借调“东方红-54”拖拉机2台，投入万亩圩拓荒工程，工程完成后即转向农田作业。由此，农田耕作、收割、运输和场上作业开始由手工作业向机械化作业逐步转变。1963年，全场拖拉机作业总量为49277标准亩。1965年，全场机械化程度为29.66%。至60年代末，先后购进大、中型拖拉机，大型脱粒机，农用动力机，农用汽车、手扶拖拉机及其配套农机具。全场拥有大、中型拖拉机11混合台，424.83千瓦；手扶拖拉机3台，26.46千瓦；配套农机具56台（件）。1984年，全场拥有大、中型拖拉机36混合台，1312.16千瓦；配套机械133台（件）；手扶拖拉机78台，687.96千瓦，配套机械139台（件）。田间拖拉机作业量为20.8万标准亩，机械化程度为41.8%。但由于耕作制度的影响，复种指数高，套夹种面积大，造成不同作物的机械化程度悬殊较大。仅1979—1983年的5年中，单项作物平均机械化水平为：“三麦”40.2%，水稻57.7%，大豆64.5%，棉花13.98%。

1984年，农业机械化的运作方式逐步调整。1985—1998年，机械化的运作方式是以大型机械为主，小型机械穿插结合。1998年，全场拥有各种大、中型农机具及其配套机械125混合台，5700.12千瓦，田间机械作业总量为200750标准亩，机械化作业程度为80%。1999—2005年，机械化运作方式是在耕作上，以小型、灵活、快速为主；在收割上，则仍以大型机械为主，小型机械配合配套。至2004年，全场拥有各种大、中型农机具及其配套机械161混合台，7402.94千瓦，田间作业总量为210810标准亩，农业机械化程度为90%。

二、机械作业

耕耙塲作业　50年代，田间耕地、耙地以畜力为主，辅之以人工翻地。60年代，除水稻秧田的耕耙和稻田塲田靠畜力外，大部分田块的耕耙作业由机械化代替。70年代，随着农机具的不断增加，田间的机械耕耙作业量也相应增加，塲田则仍以畜力为主。1978年开始，逐步推行机械塲田，手扶拖拉机除用于运输作业外，下田试行塲田作业。80年代起，耕耙塲作业基本由机械代替，其机械化程度仅以1983年调查为例，耕地68%、耙地67%。是年，部分推广麦茬机械水直播稻高产栽培技术，塲田开始实行耕耙塲一体化机械操作。至1989年，田间的耕耙塲作业全部实行机械化操作，耕牛绝迹，从而结束了用畜力从事田间耕耙塲作业的历史。90年代开始，耕耙塲作业全面实现机械化，机械化程度达到100%。

排灌作业　主要是圩内排水与稻田灌溉。农场创办初期，稻田灌溉有人力、畜力、风力水车，没有机动排灌设备。1960年，利用调进的抽水机船，轮回到各工区灌溉。后随着轮作制的推行，稻棉作物分片种植，农场又购置动力机和水泵等，将机船改为座机，每个工区配备机动设备1套，至60年代中期，稻田灌溉全面实现机械化。1976年全场通电后，又陆续将动力机械改换成电动机械或机、电两套设备（有电时用电动机械，停电时用动力机械），动力排灌与电力排灌相结合。90年代初期，排灌机械全部更换成电力设备，至此，全场排灌用的动力设备全部被淘汰，实现排灌电力化。

播种作业　60年代初，机械播种处于小面积、小范围试行，之后自制成“猪头”式麦田牵引阔行播种机，稻茬阔条麦大面积采用机器播种。70年代中期，将24行谷物播种机调制成宽窄（并行）条播和24行密条播机，稻茬和大豆茬“三麦”播种基本上实现机械化（棉田套种“三麦”仍是人工播种）。1983年，逐步推广麦茬机械水直播技术后，农场自制成功水直播机，至1985年，每个工区都有水直播机1~2台，水稻开始实行机械播种，当年播种面积约占水稻种植总面积的70%。从1987年开始在棉花田中套种西瓜（棉套瓜）起，少数农户在棉茬田种植“三麦”时，试行拔掉棉花秸后用拖拉机旋耕盖麦的方式。1989年，水稻种植全面实行机械化直播技术。90年代中期，棉田套种“三麦”时，普遍采用机械与人工相结合的半机械化作业方式。90年代后期，全部实现机械化。

植保作业　农场创办之后的植保机械有：50年代，为背负式压缩喷雾器、手摇式喷粉器和手摇式拌种器等。60年代中期以后，除用飞机喷药治虫外，还有高压机动单管喷雾器，主要用于稻田治虫。60年代末，将高压机动喷雾器单管改制成多头，俗称“土飞机”，用于棉田治虫，并相继购置了弥雾器。80年代中期，随土地承包，实行大农场套小农场模式推行，原来公有的背负式压缩喷雾器全部作价转让给承包户，同时，家庭农场也购置了弥雾器。从80年代中期至2004年的20多年间，田间防病治虫，均采用弥雾器和背负式压缩喷雾器两种农药用机械，没有多大变化，植保作业处于半机械化状态。

收割作业　50年代，稻麦的收、割、脱、扬作业是“收割靠镰刀，运输靠肩挑，脱粒靠拍打，扬场等风到”，依赖于风力、人力、畜力。60年代起，陆续购进大型脱粒机和脚踏脱粒机（又称轧稻机）、轮胎拖车等，部分运输和脱粒开始实行机械化和半机械化。之后又根据脚踏脱粒机的原理，改制成动力带动的滚动式脱粒机。1964年，购进2T3型牵引康拜因脱粒机2台以及小老虎、锥型脱粒机等数十台。70年代后期，先后购进割晒机19台。此后，“三麦”脱粒以大型脱粒机为主，中小型脱粒机为辅，水稻脱粒以滚动式脱粒机为主，田间运输以胶轮拖车为主，部分田块收割利用康拜因和割晒机。1981年后，陆续购进ZKB-5联合收割机3台、南康141联合收割机2台、桂林-2背负式收割机2台，机械收割面积逐年增多，大型脱粒机和中小型脱粒机等则逐步淘汰。至1983年，田间收割的机械化水平分别为“三麦”36%，水稻8.7%。场头脱粒全部实现机械化。80年代后期，在农业机械集体、个体一起上的方针指导下，部分职工开始购买农用拖拉机和收割机，收割作业开始转化为机械为主、手工为辅的状态。90年代后期至2004年，全场的稻、麦收割全部实现机械化，大豆收割也以机械化为主，少量辅以人工收割，油菜籽收割则仍以人工为主。

1960—1984年常阴沙农场大中型拖拉机及其配套农机具一览表（选年）

表6-4-1

年　份	大中型拖拉机		配套农机具	
	数量（混合台）	动力（千瓦）	种类（件）	数量（台）
1960	3	119.07	5	16
1962	6	224.91	8	29
1964	7	264.60	9	36
1966	9	343.98	11	49
1968	11	424.83	12	50
1970	11	424.83	13	56
1972	12	479.96	13	61
1974	15	557.13	16	73

续表6-4-1

年 份	大中型拖拉机		配套农机具	
	数量(混合台)	动力(千瓦)	种类(件)	数量(台)
1976	19	718.83	17	91
1978	22	807.03	17	103
1980	24	898.91	18	110
1982	26	976.08	18	110
1984	36	1312.16	18	115

1985—2004年常阴沙农场主要农业机械动力一览表(一)

表6-4-2 单位:千瓦

年份	总动力		耕作机械		排灌机械		收割机械		农产品加工		运输机械		其他机械	
	合计	私人	合计	私人	合计	私人	合计	私人	合计	私人	合计	私人	合计	私人
1985	5269	1410	2225	897	794	—	348	—	72	26	1830	487	—	—
1986	6267	1456	2774	915	1579	58	348	—	78	36	1351	445	137	2
1987	5753	1720	2170	1163	1579	58	348	—	78	36	1351	445	227	18
1988	5809	2409	2313	1349	1579	58	491	38	185	126	811	749	430	89
1989	6107	3035	2782	1858	1566	68	476	38	185	127	833	833	328	113
1990	6938	3599	3088	2111	1842	138	502	48	185	127	906	905	415	270
1991	6996	3716	3265	2309	1842	138	611	68	185	157	832	831	261	203
1992	7175	4282	3497	2683	1243	94	759	195	185	256	912	911	579	143
1993	8254	4601	4163	2676	1243	94	938	241	185	259	786	785	939	546
1994	9965	5688	4654	3190	1177	81	1154	329	408	353	747	747	1825	988
1995	9783	6753	4608	3385	904	61	1627	979	367	354	631	631	1646	1343
1996	11692	8566	4311	3414	1071	41	2608	1920	395	279	1558	1558	1749	1354
1997	12783	10608	4288	3459	1068	168	2714	2233	339	325	2060	2060	2314	2363
1998	15710	12589	4969	4249	1094	115	3207	2306	384	367	2200	2184	3856	3368
1999	15017	12865	4931	4306	1168	118	3002	3002	525	525	1587	1587	3804	3327
2000	12936	14079	4056	4056	1298	155	3377	3377	614	614	735	735	3999	1999
2001	13796	13796	3886	3886	1318	343	3502	3502	624	624	525	525	3941	3941
2002	14627	13701	2318	4104	1285	359	3581	3581	545	546	1023	1023	4089	4089
2003	13926	12930	2318	2318	1347	359	3337	3337	559	559	913	913	5452	5452
2004	11808	10734	2616	2617	1450	377	1503	1503	411	411	1384	1384	4444	4444

1985—2004年常阴沙农场主要农业机械动力一览表（二）

表6-4-3　　单位：千瓦

年份	植保机械		牧业机械		林业机械		渔业机械		半机械化农具（辆）		其他机械	
	合计	私人	合计	私人	合计	私人	合计	私人	合计	私人	合计	私人
1985	54	—	23	3	—	—	—	—	—	—	52	—
1986	47	38	13	2	—	—	—	—	—	—	211	—
1987	47	38	93	20	—	—	—	—	—	—	211	—
1988	37	19	92	33	—	—	30	30	1291	1291	311	—
1989	48	33	73	40	—	—	30	30	1620	1620	155	—
1990	205	205	73	40	—	—	30	3	2127	2127	155	—
1991	238	238	95	50	—	—	33	33	—	—	155	—
1992	286	286	138	138	—	—	41	41	—	—	420	155
1993	306	306	174	174	—	—	47	47	—	—	461	268
1994	389	389	334	334	101	—	61	61	—	—	1311	504
1995	866	866	84	84	—	—	53	53	—	—	342	342
1996	1010	1010	75	75	—	—	53	53	—	—	690	212
1997	1157	1157	45	45	—	—	53	53	—	—	1144	1144
1998	1573	1573	56	56	—	—	141	141	—	—	2087	2087
1999	1643	1643	56	56	—	—	114	114	—	—	1988	1988
2000	1749	1749	87	87	—	—	155	155	—	—	2009	2009
2001	1794	1794	87	87	—	—	158	158	—	—	1902	1902
2002	2017	2017	61	61	—	—	67	67	—	—	1801	1801
2003	1934	1934	61	61	—	—	42	42	—	—	1851	1851
2004	1239	1239	—	—	—	—	—	—	—	—	—	—
2005	1834	1834	—	—	—	—	—	—	—	—	—	—

说明：表内数据取自历年《江苏农垦综合统计年报表》，2004年后数据取自《张家港市统计年报表》。其中牧业机械、林业机械、渔业机械、半机械化农具及其他机械未作统计；其他机械主要是指：推土机、开沟机、清淤机等；半机械化农具是指：拖车、推车等

1985—2004年常阴沙农场农业机械化一览表

表6-4-4 单位:亩

年 份	耕地总面积	机械耕耙面积	机械播种面积	机械收获面积	机械化程度(%)
1985	38394	12755	13508	12777	33.89
1986	38123	21688	15809	10595	42.05
1987	37706	32286	17490	21615	63.11
1988	37607	28000	15397	21650	57.66
1989	37693	8400	8379	7286	21.28
1990	37658	37000	24256	12334	65.14
1991	37628	35201	22813	12448	62.24
1992	37521	31562	23518	16325	63.43
1993	37140	28546	25436	19851	66.26
1994	37140	23501	25395	22500	64.08
1995	37140	25001	18000	17000	53.85
1996	37140	23475	16616	16910	51.16
1997	37140	18075	16650	16700	46.15
1998	37081	18975	16650	17030	47.33
1999	37269	19650	33895	35880	67.08
2000	37264	35400	30230	38490	83.31
2001	37254	32865	39885	32195	86.90
2002	37278	35280	36285	32430	89.29
2003	37239	35235	36150	31020	91.78
2004	38052	36149	36911	31963	91.87
2005	36700	34865	35599	30828	92

第五章 管理机构与服务

第一节 机 构

老农场时期,场部下设技术股。

1961年4月,场部设生产科。1968年3月,农场管理委员会由人武部生产办公室取代。是年7月,新成立的革命委员会下设生产指挥组。1973年,取消生产指挥组,建立农业科。

1983年,农业科与农机科合并建立农业服务公司。1986年8月,恢复农业科名称。

1990年3月,成立种子公司,为农业科下设的种子经营机构。

1994年2月,撤销农业科,重新建立农业服务公司。下设农业技术服务部、农业生产资料公司、种子公司。1998年2月,更名为农业服务中心。

1959年10月—2005年2月年常阴沙农场农业作业区设置一览表

表6-5-1

起止时间	名称与数量					
	分场级		工区级		小队级	
	名称	数量	名称	数量	名称	数量
1959年10月—1961年1月	—	—	大工区	4	生产队	45
1961年1月—1963年8月	—	—	管理区	12	生产队	85
1963年8月—1968年7月	—	—	生产队	16	作业组	141
1968年7月—1979年7月	—	—	生产大队	22	生产小队	190
1979年7月—1981年6月	—	—	工区	24	生产小队	191
1981年6月—1985年9月	分场	4	工区	23	生产小队	182
1985年9月—2003年2月	—	—	工区	17	生产小队	146
2003年2月—2005年2月	—	—	管理区	13	生产小队	147

第二节　服　务

一、农业技术服务

50年代至80年代中期，按照国营农场模式，即按照国家计划以及“以棉为主，粮棉并举，农牧结合，全面发展”的方针，实行统筹安排、科学示范。

1984年起，改技术指导为技术引导。主要是通过聘请专家到农场授课指导，增长农户农业技术知识，提高农业分管干部特别是基层干部、农业技术人员的农业生产管理水平以及农业生产技术水平。该项活动在80年代中后期搞得比较多，主要是聘请江苏农学院、省农林厅、南京农业大学的一些专家、教授多次到农场集中授课和田头指导。

通过现场示范的形式对农业基层干部、农业技术人员以及家庭农场负责人进行技术培训，提高他们在实际工作中的技术水平。这项活动从1985年开始一直坚持到2004年，从未中断。

开展农业技术普及工作，即根据各个阶段农作物的生长特点与现实生长情况，通过广播会议、广播讲座等形式向全体农户宣传农业技术知识。

根据农事情况，把各个阶段的栽培技术意见、施肥治虫的配方与要求、新农艺、新技术等，通过印制书面资料的形式，分发到各个承包户，以及时给予技术指导，解决农作物生长各阶段的矛盾。

现场服务与示范，则由农业技术人员根据田间长势及承包户要求，深入到田头、家庭，一方面向农户宣传技术知识，如病虫害防治措施等，另一方面，现场处理一些突发性事件。

二、农业机械服务

1960年夏，成立拖拉机站，将调拨、借用、借调的拖拉机全部纳入拖拉机站管理。

1961年下半年，将从外地调来的抽水机船集中管理，成立抽水机队，同时将已成立的拖拉机站更名为机耕队。机耕队和抽水机队合并建制，统称机务队。

1965年5月，场部设机务科，在机务队内设机耕队、抽水机队及金工车间修理组三个单位，配备人员109人。在对全场农业机械实行单机核算的基础上，统一调度，服务于农业生产。1971年，机务队改称农机修造厂（简称农机厂）。原抽水机队的人员和设备从农机厂划出全部下放给各农业作业区管理，并逐步被各作业区电力灌溉站代替。

1979年7月，场部成立农机管理科（简称农机科）。同时，机务队从农机厂划出，单独建制为机械耕作队（简称机耕队），队址由农机厂迁至十九工区。

1983年，机耕队一分为二，建立第一、第二两个机耕队，成为各自独立核算的经营单位。1984年，以分场为单位建立4个机耕队。1985年，重新合并为两个机耕队。至时，机耕队和农机厂共有各类农机人员205人，其中驾驶人员201人、修理工4人。拥有大中型拖拉机36混合台、1312.16千瓦，配套机具110台（件）；手扶拖拉机78台、687.96千瓦，配套机具139台（件）。另有各类大中型收割机、脱粒机、播种机、插秧机等近20台，机械化作业程度为45.3%。此后，随着农业生产承包责任制的推行和职工家庭农业机械的逐年增加，农机服务开始改场部独家经营为场部、作业区、个人三位一体同步经营，并实行有偿服务。

1994年，合并机耕队，成立机械服务有限公司。1995年，常阴沙农场被农业部农垦局评为全国农垦系统农机管理标准化优秀单位。1999年，机械服务有限公司有大中型拖拉机、推土机、收割机、挖掘机、铲运机、旋耕机、开沟机及其配套机械39混合台（件），总动力1102千瓦，净资产为159万元。同年8月，公司以切块转让的形式转制给个人经营。此后，农业机械服务全面走向市场，由各农业作业区和农业承包户根据农事情况，自主联系和选择服务对象对农业生产进行机械作业。

三、农业生产资料服务

1979年前，农业生产资料服务分别由场部财物科和供销科负责，下设三个仓库，即农资仓库、农机仓库、油料仓库。每年按照省农垦局下拨的数量，由财物科组织分配到各个工区，然后由工区凭场财物科批准后的领料单，直接到农资仓库领取，年终统一结算。70年代后期，除省农垦局下达分配的数量外，供销社开始参与组织并供应。1979年4月，农资管理与服务工作从场财物科划出，单独成立物资站，服务项目有化肥、农药、机电设备及农机配件。1983年3月，物资站改名为物资运输公司，内设农资门市部。1984年，农资服务实行双轨制，即采取统一供应和采购分配相结合的办法，由物资运输公司和供销社共同承担农资的供应与服务，农户除按场部分配的数量进行施用外，根据田间作物长势需要，自行到物资运输公司农资门市部或供销社的农资门市部进行购买。80年代后期，农资市场基本放开，场部除组织保障好农药化肥外，在一般情况下不再参与农药化肥的分配和供应，承包户按农业部门的指导自行购买，供应任务由农场物资运输公司和供销社共同承担。1992年11月，单独成立农业生产资料公司（简称农资公司），农资公司、物资运输公司农资门市部以及供销社生产资料部共同承担农资的供应与服务。1998年初，供销社的农资门市部首先改组为股份合作制性质。同年11月，农资公司和原商业物资公司（1995年由物资运输公司和商业公司合并）农资门市部合并后，通过竞标的形式，改组为民营商业企业，称常阴沙农业生产资料公司，承担全场大部分的农资供应和服务工作。

第七编 多种经营

第一章　畜禽饲养业
第二章　种 植 业
第三章　水 产 业
第四章　手 工 业
第五章　林　　业
第六章　管理机构与生产基地

多种经营，是国营农场生产经营活动的组成部分，在农场建设中占有重要地位。50年代，农场饲养少量的猪、羊等家畜，以自给为主。1957年，国家投资兴建5幢猪舍，开始饲养母猪，为周边群众提供苗猪。多种经营产值占农业总产值的3%左右。

1962年，国家投资5600元，造林500亩，同时试种蔬菜、烟叶、苎麻等。至1966年，多种经营产值18万元，占农业总产值的7%，其中畜牧业产值为12万元。70年代初，利用自然资源，重点发展直接为农业生产和职工生活服务的集体加工业和职工家庭手工业，兴办食用菌培养和草、麻、柳条、芦苇编织，另有针织花边、粉坊、豆腐坊以及土窑砖瓦烧制等项目，放养“三水一绿”（水葫芦、水浮莲、水花生和绿萍），培育山芋苗等。1975年下半年，“泥块垒垒，树棍搁搁”，因陋就简，三个月建造猪舍622间，开始发展养猪事业。1976年，全年饲养生猪14500头，其中集体饲养占73%，平均3亩田1头猪，多种经营产值占农业总产值的14.6%。1979年，全场共有猪、牛、羊、兔、禽舍221幢2070间，加工房和非生产用房297幢2365间，拥有粉碎机等加工设备40多台套。

1983年10月，多种经营服务公司成立，实现多种经营由产品经济向商品经济的过渡。1984年下半年起，各工区集体兴办的多种经营项目逐步解散，生产设施大多折价变卖或出租。1986年以后，全场经济开始走农、林、牧、副、渔、工、商、运、建、服“十轮齐转，多业并举”的综合发展道路，多种经营项目逐年增加。至1989年，先后兴办苗圃培育、果树栽培、药材种植、畜禽养殖、鱼种培育、河蚌育珠、长江捕捞，以及饲料、豆制品加工等项目50多个。实现多种经营产值982.79万元，占农业总产值的36.58%。1990年后，农场的多种经营主要是调整思路、拓宽渠道、充实项目、提高效益。2004年，全场多种经营产值2318万元，占农业总产值的25.01%。

第一章 畜禽饲养业

第一节 家畜养殖

一、猪

老农场时期，由国家投资，采取集中饲养的办法，在饲养肥猪的同时饲养母猪，为周围群众提供苗猪。60年代初，首先办起红旗、跃进、长江3个繁殖场。其后又用土基（未经烧制的砖坯）、芦苇、高粱秸、葵花秆等作材料建造猪舍，办起9个繁殖场。1962年8月，撤销红旗、跃进等繁殖场，保留农场、长江、长沙繁殖场。

1963年，进行肥猪公有户养试点，即场部向职工提供苗猪和饲料，职工负责饲养。繁殖场按每头母猪0.6亩、每头肥猪0.4亩的标准划分饲料田。户养肥猪按每头苗猪精料25公斤（或糠麸50公斤）分配，饲养期为6个月，达到毛重60公斤、出肉31公斤者，得标准工资20元，肥料交工区按质计量论价。1964年，全面推行公有户养办法。1966年9月，在全省农垦系统作肥猪公有户养的经验介绍。当时，生猪养殖主要以积肥为目的，曾有“养猪不赚钱，回头看看田”的说法。

70年代初，实行集中公养和公有户养相结合的办法，场部和工区以繁殖场为基地，饲养母猪和饲养肥猪兼顾。1976年，场部将跃进、长江和长沙三个繁殖场下放到所在工区，全场生猪饲养任务基本由繁殖场承担。为实现2亩田1头猪的目标，场部规定场直繁殖场主要负责母猪的饲养和苗猪繁殖，工区繁殖场以饲养肥猪为主，兼养母猪，并给每个繁殖场划定一定数量（不少于20亩）的饲料田。1979年，全年生猪饲养量27675头，生猪出栏数为18783头，成为农场历史上生猪饲养量最多的一年。1980年，场部号召养大猪、养肥猪，缩短生猪饲养周期，提高出肉率。1981年，每头猪平均出肉65公斤。

1983年秋，多种经营服务公司畜牧技术员在一〇工区繁殖场进行技术承包，6个人饲养肥猪192头，平均重量125公斤以上，日增重量0.6公斤，获纯利5991元，头均盈利31.2元。1984年起，全场除农场繁殖场和长江繁殖场外，其他繁殖场因无人承包而逐步淘汰，有的拆除退耕，有的作价转让给职工家庭，或继续作养猪场，或改作家禽养殖场。是年，全场出栏肥猪4706头。

1986年，十六工区职工蒋明贤利用原工区晒场，自盖猪舍，办起家庭养猪场，当年出栏肥猪304头。1987年被评为苏州市劳动模范。1988年，原农场繁殖场拆除，多种经营服务公司在良种站东侧重新建造养猪场，并以此为基地，引导全场的生猪饲养逐步走专业化道路。1990年，养猪专业户由1987年的12户发展到46户，每户饲养规模一般在30头以上，全年出栏生猪上升到6764头。年底，场多种经营服务公司对当年出售肥猪150头的一工区陆友德、一〇工区顾志芬各奖励17英寸黑白电视机一台，向年出售肥猪100头的四工区潘金才奖励“永久”牌自行车一辆。1992年，全场有饲养5头以上母猪的专业户3户，饲养100头以上肥猪的专业户21户。

1999年8月，场多种经营服务公司转制并改为多种经营服务站，养猪业以原四工区繁殖场、十二工区鸭场和良种站养猪场为基地，继续向各工区农户辐射，实行养猪基地规模化、工区农户专业化的办法，共有小规模养猪户53户，此时的养猪业处于稳中保供、自养自给状态，生猪的年出栏量一般保持在7000~8000头之间，年末生猪存栏数2000头左右。2002年，受市场影响，养猪专业户减少，猪肉供应开始出现缺口，从而结束了农场猪肉市场的自供自销自给状态，每年均从如东、如皋、东海、山东、河南等地组织调拨肥猪2000~3000头不等。2004年，除良种站养猪场外，有规模养猪专业户21户，年末存栏生猪1391头，全年出栏肥猪3549头。

1963—2004年常阴沙农场生猪饲养一览表

表7-1-1

年　份	年末存栏(头)	母猪存栏(头)	肥猪出栏(头)	肥猪出肉(吨)
1963	1591	122	253	9.00
1965	2083	—	3244	113.50
1967	2388	334	4519	158.50
1969	2597	313	2506	87.50
1971	4774	456	4100	143.50
1973	5048	660	8440	295.50
1975	5389	648	8118	325.00
1977	7487	915	8768	307.00
1979	8643	1060	18783	—
1981	6792	518	6512	432.50
1983	3125	267	5394	—
1984	1857	162	4706	—
1985	2248	—	5904	
1986	1433	56	4538	272.30
1987	932	28	2998	188.90
1988	1303	34	4403	286.60
1989	1804	49	3936	375.30
1990	2261	24	6764	439.70
1991	2346	23	6583	429.20
1992	2156	22	7086	502.30
1993	2164	21	7192	505.60
1994	1936	20	7299	510.90
1995	2610	18	8650	605.50
1996	1686	20	9213	603.50
1997	2505	20	8433	590.30
1998	2621	58	7088	496.20
1999	2662	89	7600	532.00

续表7-1-1

年　份	年末存栏（头）	母猪存栏（头）	肥猪出栏（头）	肥猪出肉（吨）
2000	2871	97	7807	546.00
2001	3218	88	6438	425.00
2002	2263	55	8500	561.00
2003	1541	55	9087	545.00
2004	1391	51	3549	—

二、牛

1960年，有老农场耕牛和“场带队”带进大队耕牛共67头。1961年4月，接收苏州种牛场耕牛70余头，当年因劳役过度、农药中毒、雷击中暑等因素死亡3头。次年，加强耕牛的饲养管理，到1964年，在育龄母牛中，配种怀孕38头，同时，场部将490亩草滩按每头牛4亩分配到工区，春、夏、秋三季供耕牛放牧。各工区配有专职饲养员和割草员，各季每头牛贮备干草60担，同时按耕牛数量统一分配棉壳、棉饼等精料（大忙时节加喂麦粞）。1967年，耕牛数增加到226头。70年代后，随着农业机械化程度的逐年提高，耕牛的饲养量逐年减少。1984年开始，各工区逐步将耕牛淘汰和出售，或作价转让给职工。1989年，全场农田的耕耙耖作业全部实行机械化操作后，耕牛于1990年基本被淘汰。

1960—1989年耕牛饲养一览表

表7-1-2

年　份	数量（头）	年　份	数量（头）	年　份	数量（头）
1960	67	1970	182	1980	116
1961	126	1971	200	1981	122
1962	121	1972	191	1982	128
1963	141	1973	191	1983	124
1964	145	1974	188	1984	108
1965	187	1975	180	1985	79
1966	208	1976	127	1986	80
1967	226	1977	123	1987	63
1968	221	1978	119	1988	34
1969	168	1979	114	1989	19

三、羊

养羊与养猪一样，饲养和积肥兼顾，并以饲养山羊为主，兼养少量绵羊。全场饲养的山羊大多是近亲交配，品种退化，其体重仅在15~20公斤之间，但繁殖很快，每胎可生2~3只，其粪便是高效的有机肥料。山羊以户养为主，每户以饲养1~2只居多，也有养4~5只甚至更多。60年代，年均饲养量300~400只；70年代，为7000~8000只；1979年，年末圈存量12118只。以后逐年下降，从1980年圈存量8518只下降到1985年的4212只。此后至2002年的近20年时间里，除1997年圈存量超过5000只外，其余年份均在2500~4500只之间，2003年以后，年圈存量为1000~1500只。

1981年，为解决新建毛纺厂的原料，从江心沙农场引进美利奴细毛羊131只，分散在水产场、一工区、五工区、七工区、十一工区集中饲养，打算繁殖后发动全场饲养。后由于经济效益差，加上缺乏饲养经验，美利奴细毛羊一度折价给职工饲养，至1984年底，该品种仅剩3只。1986年后，全部淘汰。

四、兔

60年代初，职工家庭开始少量饲养兔，品种有全耳毛、青紫兰、日本大耳兔等。70年代中期，肉兔饲养一度兴起，品种主要是日本大耳兔，年末圈存在1000只以上。80年代初，国际市场兔毛销路看好，价格上涨，饲养长毛兔为职工家庭开辟了一条重要的致富门路，因而境内的长毛兔饲养量激增。1984年，场部在十四工区办起种兔场，为养殖户提供优质种兔，1985年，年末圈存量达7626只，许多饲养户获得了比较丰厚的利润。1986年，养兔业开始降温，养兔数量逐步减少。至90年代初期，农场养兔业被淘汰。2001年少数农户又开始饲养肉兔，但数量不大，时间不长，2年后淘汰。

1961—2003年全场羊、兔饲养一览表（选年）

表7-1-3

年　份	年末圈存数（只）		年　份	年末圈存数（只）	
	羊	兔		羊	兔
1961	2211	956	1989	4051	337
1963	3112	44	1991	1245	128
1965	2682	—	1992	1180	98
1967	2787	37	1993	1096	56
1969	4084	—	1994	811	—
1971	6815	—	1995	995	—
1973	6537	128	1996	1864	—
1975	9704	1075	1997	1785	—
1977	9943	1346	1998	736	—
1979	12118	533	1999	570	—
1981	7381	—	2000	927	—
1983	—	2069	2001	1156	—
1985	4212	7626	2002	1529	500
1987	2758	1643	2003	360	250

五、马

1966年春，从泗洪县引进马8匹，省农林厅分配马车8辆，作运输用。后由于本地地下水位高，气候潮湿，马得关节炎后久治不愈而被迫淘汰。

第二节　家禽养殖

一、鸡

60年代，基本上每家每户都养鸡，品种为本地草鸡，主要用于改善日常生活。一些精明之家还将剩余鸡蛋积累起来，到集市上换回几个零用钱。60年代后期，除家庭饲养外，集体开始饲养，为孵坊提供种蛋。70年代，开始饲养白洛克鸡，服务于出口，年饲养量约2000羽。70年代中期，部分工区办起种鸡场，引进三黄鸡、狼山鸡、鹿苑鸡、来克亨等品种，并开始圈养，家庭饲养仍以传统的散养方式为主。1983年起，养鸡大户盛行，其规模一般为100~200羽不等，规模较大的年饲养量上千羽，也称养鸡专业户。养鸡户大部分实行圈养方式，规模较大的专业户以圈养和笼养相结合的方式。1984年，七工区养鸡专业户桑占林，饲养肉鸡1280羽，实现产值10350元，除上交场部纯利1850元外，个人得净利2500元，成为远近闻名的养鸡专业户。80年代末90年代初，家庭养鸡开始圈养或笼养，以稻糠、小麦等饲料喂食，有的用混合饲料喂食。此后，上规模的养鸡大户逐渐增多，这些大户中有养殖肉鸡的，也有专门养殖蛋鸡的，并以笼养为主，不再散养。90年代后期，散养鸡又开始受到人们青睐，一些养鸡大户便利用家前屋后、什边隙地、闲置荒地或林木果园空地实行圈养喂食。2004年，全场共饲养鸡14万羽，上市鸡蛋150吨，实现产值300万元。

二、鸭

肉鸭　境内肉鸭品种主要有昆山绵鸭、北京填鸭两种，分春、秋两季饲养：春季肉鸭可在水稻移栽前的水稻田内散放一段时间，以活蚯蚓为主要活食，养成膘肥体壮后上市出售，获利较丰。秋季肉鸭的饲养期一般为70天，由于时值大面积水稻收割后期，田间散食较多，一般也以放养为主。1960年，在万亩圩饲养肉鸭一批，平均每羽重达1.6公斤，是年秋向国家交售6000羽。1961年以后，年饲养量3000羽左右。1979年，曾在八工区饲养北京填鸭400羽，并指派2名饲养员到北京双桥农场学习北京填鸭的饲养技术，拟在江苏农垦系统内发展北京填鸭生产，两年后淘汰。

蛋鸭　品种为绍鸭。60年代初期，曾少量饲养。1963年，沿江工区组织集体饲养，一般每群蛋鸭在150羽左右，年产蛋量3000公斤左右。70年代初，除沿江工区外，各工区均普及饲养，年产蛋量10万公斤左右。70年代后期，饲养规模进一步扩大。1978年，年产蛋量18万公斤，成为沙洲县鸭蛋的主要产区之一。80年代开始，由于饲养量超过自然资源的承受能力，农牧业之间产生矛盾，部分工区改放养为圈养。1983年，混合饲料得到推广，蛋鸭饲养实行承包，1985年产蛋量27.5万公斤。80年代后期起，蛋鸭饲养又重新回归到以散养为主，并向江滩饲养和林地饲养发展。大部分养殖户都在滩地散养鸭群，年产蛋量一般保持在20万公斤左右。

1984年9月，多种经营服务公司在十二工区投资7.7万元，兴建万头鸭场。共建有房屋86间，建筑面积2720平方米，其中鸭房70间，计2200平方米。建成后承包给个人经营，于1986年秋倒闭，后租赁给个人饲养家禽。1999年转制后，成为个体户饲养家禽的专用场所。2001年起，改为生猪饲养基地。2004年，全场共有养鸭专业户23户，其中滩地养鸭户12户，林地养殖户5户，其他6户。鸭蛋产量17万公斤，产值94万元。

三、鹅

60年代初，开始以太湖鹅为主要品种，集体集中放养。1960年第一年向国家交售太湖鹅3400羽，以后年饲养量一般为1500~2000羽。由于鹅的种苗运输困难且成活率底，因此，70年代起，饲养量逐年减少，除沿江工区有少量放养外，其他工区基本不养。80年代，改为职工家庭饲养。1989年，鹅的养殖逐渐升温，并由单一饲养太湖鹅发展到饲养太湖鹅和灰鹅两个品种，年饲养量一般为4000~5000羽，1990年达到16700羽。2002年后，年末存栏数为7000羽。

1985—2004年常阴沙农场家禽饲养一览表

表7-1-4

年　份	年末存栏（万羽）	年出栏（万羽）			禽蛋数（吨）
		鸡	鸭	鹅	
1985	5.00	3.97	4.86	—	276.15
1987	5.98	5.40	5.80	—	165.00
1989	9.14	7.85	1.24	0.50	134.50
1991	10.10	8.20	5.30	0.90	169.00
1992	9.80	6.50	3.60	0.70	185.00
1993	9.40	6.30	2.70	0.60	203.00
1994	8.20	5.50	1.90	—	269.00
1995	10.30	7.10	2.60	—	409.00
1996	9.10	6.90	2.50	0.20	431.50
1997	9.10	6.80	2.28	0.30	717.60
1998	12.10	10.40	1.60	0.20	873.30
1999	8.30	5.50	2.60	0.30	698.00
2000	9.90	6.20	3.60	0.35	753.00
2001	9.90	5.60	4.20	0.32	672.00
2002	9.40	4.80	4.50	0.10	612.00
2003	7.30	4.80	2.40	0.10	460.00
2004	23.50	17.70	4.80	1.00	275.00

第三节　特种养殖

水貂　貂皮有很高的经济价值，养殖水貂主要是取其貂皮，以取得利润。1980年前后，集体、个人曾少量饲养水貂，后因饲养条件受到限制，加上管理不善而逐步淘汰。

海狸鼠　其毛皮可制革，是外贸出口产品。1964年初，由练湖农场引进数对海狸鼠，在一〇工区

鱼池边建池饲养两年，繁殖到近百只。后因不懂小海狸饲养的管理而停养。

蜂　50年代后期，境内有少量饲养。60年代初，集体饲养蜜蜂60箱，由于不懂技术和管理，蜜蜂死亡率很高。1962年11月，仅剩下11箱，于同年12月底，全部由苏州专区调出。1980年，职工家庭开始饲养蜜蜂，之后有所发展。1989年，共有3户养蜂户，饲养蜜蜂250箱。后每年的养蜂户保持在2~3户，饲养数量一般在100箱左右。2004年，尚有蜜蜂15箱，年产蜂蜜350公斤。

种桑养蚕　老农场时期，开始种桑养蚕。60年代，全场桑田面积一直维持在40亩左右，年产蚕茧1000~1500公斤。1975年，在一工区、三工区、四工区、六工区、十三工区等定植桑田100余亩。1977年，增加到267亩，并陆续投资兴建了一批蚕室，发放蚕种260余张，产蚕茧8.8吨。1980年，产蚕茧10.15吨。1983年后，因栽桑养蚕的经济效益较低，养蚕业逐步淘汰，桑树陆续砍伐并逐步更新成经济林。

花鸭　亦称番鸭、洋鸭、瘤头鸭，原产于中南美洲。花鸭食性杂，增重快，易饲养，体重大，母鸭个体重2.5公斤左右，公鸭个体重4公斤左右，其肉质鲜美异常，肥而不腻，兼具野味，是筵席和馈赠的上品。1978年春，场副业科从浙江义乌引进花鸭700多羽，在农场繁殖场饲养。后经繁殖，饲养户逐渐增多。80年代中期起，饲养花鸭成为全场多种经营的一大重要项目，每年的花鸭饲养量一直保持在5000羽左右。2004年，年末存栏数为1000羽。

野禽　80年代中后期，部分养殖户从外地引进少量的野鸡、野鸭等野禽，进行试养，成功后迅速在全场养殖户中推开并发展，经孵化繁殖，野禽养殖户和养殖数量迅速增加，品种也由开始的野鸡、野鸭两个品种发展到乌骨鸡、珍珠鸡、鹌鹑等数十个品种。90年代，野禽养殖一度成为农场特种养殖的热门而盛行。年上市量一般在10万羽左右，高峰年份达到30万羽。1991年，江苏省农垦总公司和农场十一工区联合投资29万元建江苏农垦第一特禽养殖场，特禽养殖场占地7100平方米，共建2层禽房1幢，计960平方米，仓库2幢，计196平方米，建筑占地794平方米。根据设计，特禽养殖场每批次可饲养野鸡、野鸭等野禽5万余羽。特禽养殖场建成4年后，由于多种原因造成亏损，于1996年倒闭后租赁给个人饲养家禽（该禽舍于2008年拆除）。1998年以后，随市场需求量的减少，野禽饲养量逐年减少。2004年，仍有少量养殖户养殖野禽。

蚯蚓　又名地龙、曲蟮，有150多个品种。1980年饲养黄鳝时，曾引进日本太平2号蚯蚓在有关工区饲养，并由省农垦局拨款2000元作为科研经费，1981年随黄鳝停养而结束。

2002年6月，苏州绿环生物工程有限公司在第十八管理区东部边缘投资兴办新兴生态养殖项目，占地面积120亩，再次进行蚯蚓人工饲养，饲养的红蚯蚓于2004年出口到日本等国家。实现销售收入120万元，实现纯利24万元。

地鳖虫　于1980年开始由部分工区的职工家庭引进饲养，饲养面积100平方米左右。1981年，发展到9个工区的职工家庭饲养，总面积10000平方米左右，投资种虫费2万多元。1982年，集体饲养地鳖虫1500多平方米，后因市场过剩而停养。

第二章　种植业

第一节　水生作物种植

茭白　为多年生水生作物，是一种营养丰富的副食品。茭白生长适应性强，流漕、河沟、职工家前屋后的小河边均可种植，亩产可达千斤以上。60年代初，全场大小流漕、河沟边均有种植。80年代后期，部分工区根据职工要求，规划辟出地势低洼田块，承包给职工种植茭白。90年代初期，种植茭白的农户达十多户，种植规模每户一般在10亩左右，最大的达20多亩，最高年份种植面积达180亩。2000年开始进行压缩，实行有计划地指导种植。2004年，全场种植面积缩小到18亩，茭白产量45吨，实现产值14万元。

三水一绿（水葫芦、水花生、水浮莲和绿萍） 既是饲料又是肥料。60年代初引进，70年代发展，当时的要求是“小河不见天，大河放两边，中间留航线”。1970年，全场放养“三水一绿”面积为700亩。70年代后期，随着混合饲料和化学肥料的推广应用，“三水一绿”缩小面积，并逐步淘汰。

第二节 食用菌培养

食用菌生产包括蘑菇培植、黑木耳和白木耳的培养。蘑菇培植始于1973年，先在农场繁殖场试种，成功后推广到各工区种植。是年，在农场繁殖场办菌种场，购置锅炉2只、菌种瓶12万只，建房屋11间，招收职工7人，为全场提供蘑菇菌种，当年实现产值3.1万元。1976年，场部投资在有关工区建蘑菇房13幢，蘑菇生产总面积达10万平方米，实现产值8万元。80年代后，农场繁殖场一度培植黑木耳和白木耳，均取得一定成效。1986年，撤销农场繁殖场，食用菌停产。

第三章 水产业

第一节 长江捕捞

50年代，东长沙、建设圩、合作头圩、合作二圩、合作三圩、生建圩等东迁农民利用紧靠长江的地理优势，在鱼汛期合伙去长江捕鱼。

60年代初期，农场成立长江捕捞队（又称渔业队），有渔船2艘，捕捞工人8人，主要以捕捞刀鱼、鲥鱼为主，兼捕杂鱼。所捕鱼类全部上交场部，并由场部统一分配和处理。1962年，捕捞刀鱼、杂鱼等250多公斤。长江捕捞队由场直接领导和管理。1963年，长江捕捞队撤销，渔船调拨给场供销科装运物资。

1971年，重建长江捕捞队，由农场副业科领导和管理。置办2艘渔船和12口刀鱼网，招收有捕鱼特长的职工16人。是年，捕得刀鱼2000多公斤。1972年，置办鲥鱼网，第一年捕得鲥鱼4000多公斤。1975年，置办桁网。其中1973—1978年间，每年捕捞的鲥鱼数一直在1000公斤以上。1979年后，鲥鱼捕捞量逐年减少，每年仅能捕得200~300公斤。1980年，长江捕捞队划归新成立的水产养殖场领导和管理。1983年起，长江捕捞队购置杠网，转捕银鱼和鲚鱼，平均每年捕得银鱼500多公斤、鲚鱼3500~4000公斤。1972年至1986年，长江捕捞队平均每年捕捞刀鱼2000多公斤。1987年秋季，长江捕捞队承包给职工家庭经营，并于1989年解体。1990年起，沿江工区的职工私人出资购置捕鱼船只和工具，持江苏省颁发的长江鱼类捕捞证出江捕捞并经营。

2000年开始，长江捕捞业务由出江捕捞增加到划分滩地、租赁捕捞，捕捞工具为捕网、丝网、插网等。2004年，全场持有长江鱼类捕捞证的长江捕捞专业户2户。

第二节 内河捕捞

50年代，居住在沿江新圩的群众利用空余时间在家前屋后的河沟内捕鱼摸虾。但老农场的职工因居住环境不同，基本没有内河捕捞。

60年代起，以东长沙、建设圩、合作头圩、合作二圩、合作三圩、生建圩等带进大队东迁农户为主，利用农闲时节，到人工开凿的沟、河、港内，捉鱼摸虾，耥螺耙蚌，一是改善家庭生活，二是上集市换钱以贴补家用。春天菜花期，钓菜花鳗鱼，用竹篾筒捕捉黄鳝；夏季雷雨或暴雨后，用扳网、耥网、套网、杠网、敲网等渔具在河沟内捕捞各种杂鱼、虾、蟹、螺、蚌等。

1963年，农场在河沟内放养鱼苗，捕捞者按时节有组织地分配捕捞。1965—1969年，农田实行飞机喷药，造成河沟水体污染，鱼类减少，捕捞者渐少。70年代后，内河全部由各工区统一管理，放养鱼苗，禁止私人在内河捕捞。1972年，在农场河、长沙河、运输河放养鱼类，并设置拦鱼设备，使捕捞者无鱼可捕，无虾可摸。1987年开始，内河捕捞彻底放开，许多有捕捞特长的居民重操旧业，重新置办渔具，利用空闲时节进行捕捞业务。1988—1990年，共捕得各种杂鱼、虾等97.39吨。90年代后，河沟内龙虾较多，每年五六月份为盛产期，人们竞相用渔具捕捉，多者一天可捕20公斤左右。1995年后，捕捞者增多，内河捕捞产量增加。其中，最高年份的1997年，内河捕捞产量达到160多吨，净收入65.6万元。2001—2004年，每年的内河捕捞产量均在100吨以上，净收入50万元左右，全场河沟内有套网、摇网、插网、丝网、地龙等200多口。

第三节　淡水养殖

一、淡水养鱼

1963年春，利用四工区流漕开挖成鱼种池6只，水面面积18亩，开始饲养鱼种。同时，在有关工区的河沟内放养鱼苗，开始了常阴沙农场淡水养鱼的历史。是年，先后在八工区的福山流漕、五工区的乐余流漕以及三工区、四工区、七工区、十三工区等工区的小流漕内放养鱼苗5万余尾，由于粗放饲养和不善管理，亩产不足15公斤。1968年，将四工区6只鱼种池改造成精养鱼池，面积扩大到30亩，饲养鱼种。70年代起，每年都要在河沟内放养鱼苗数万尾，但由于缺乏管理经验，鱼苗逃逸的多，秋后捕获量很少，年产量均在1万~2万公斤之间。1972年春，在长沙河、农场河以及运输河内投放鱼种，设置了拦鱼设备，秋后有收获但效果仍不理想。1980年，受外地养鱼经验的启发，结合八〇圩围垦工程，开凿精养鱼池15只，面积109亩，配备专业技术人员，专门指导并研究养鱼技术。为确保鱼种自给，1981年，在原有种鱼池的基础上，增开了2只鱼种池，使鱼种池精养面积扩大到39亩。是年，水产场精养鱼池亩产突破150公斤。1982年，实行大规格、多品种鱼类混养的办法，同时注意及时放养、及时开食、及时投饵、合理喂食、合理施肥、适时注水、及时防病治病等，亩产鱼303.5公斤，1983年达到350公斤，最高亩产达500多公斤，淡水养鱼获得成功。1984年，全场精养鱼池面积扩大到286亩，鱼池全部承包到家庭饲养。此后，淡水养鱼随市场的变化而发生变化，并一直保持平稳发展的局面。至1994年，淡水养鱼面积扩大到2000多亩。2004年，重新压缩到870亩，占水域总面积的11.58%，养殖产量229吨。

二、黄鳝养殖

黄鳝是水产中的优质鱼类，肉肥味美，营养丰富，有补虚中气、疏散风湿等功效。对改善人们的生活、争取外汇有着重要作用。1980年春，场部在四工区、七工区、一〇工区、十三工区、十七工区以及砖瓦厂等单位开挖黄鳝池1308平方米，放养黄鳝种苗4000多公斤。同年6月，江苏省农垦局将放养黄鳝列入科研项目。1981年，由于饲料及技术方面等因素而停止养殖。

三、养蚌育珠

河蚌育珠始于1973年。育珠单位有四工区、十二工区、良种站。由于国际市场行情难于掌握，两年后停育。1981年，又在一〇工区繁育一龄蚌，当年培育小蚌200多万只。1982年，从河南购进大蚌3500公斤，进行手术育珠，育珠单位有七工区、九工区、一〇工区、十二工区等，继而进行二龄蚌培育。1984年，培育出二龄蚌100多万只、手术蚌近2万只，从事手术蚌培育的职工有12人，曾兴旺一时，但未能持久，于当年停育。

1985—2004年常阴沙农场渔业生产一览表

表7-2-1

年 份	总面积（亩）	总产量（吨）	其 中		
			鱼 类	虾蟹类	种 苗
1985	1892	131.36	130.70	0.66	—
1986	1207	121.91	121.36	0.55	—
1987	1207	155.74	147.10	2.55	—
1988	1207	147.70	147.10	0.60	—
1989	604	165.50	165.00	0.50	—
1990	2041	277.50	277.50	—	—
1991	2041	236.00	228.00	5.00	3.00
1992	2041	248.00	214.00	7.00	27.00
1993	2041	249.00	241.00	4.00	4.00
1994	2061	258.00	255.00	3.00	—
1995	2061	263.00	258.00	5.00	—
1996	2061	301.40	291.60	6.90	2.90
1997	1386	699.31	606.40	15.91	77.00
1998	543	336.60	307.70	6.60	22.30
1999	645	391.00	362.00	10.00	19.00
2000	900	439.00	405.00	22.00	12.00
2001	990	544.00	487.00	54.00	3.00
2002	855	516.00	430.00	84.00	2.00
2003	871.5	481.00	396.00	58.00	2.00
2004	871.5	251.00	240.00	6.00	5.00

第四章　手工业

第一节　编织业

一、芦苇编织

40年代，境内出现以农副产品为原料的小加工生产。50年代至60年代初，东迁定居移民，利用芦苇编织成各种物件，用于生产和生活。如用芦苇编制成芦笆（推笆），建造房屋，用于居住，用芦苇编制成芦笆门、芦笆床，制成床铺，用于睡眠。1960年，农场场部利用沿江滩地面积宽广、芦苇原料丰富、资源独特的优势，组织职工收割芦苇，利用冬春两季，集体编织芦菲4300张，晒花帘150多顶，窝折篇条580多条，编畚箕940多只，同时利用高粱秫自制扫帚2500多把，以供粮食收贮和场头作业之用。同时，发动职工家庭利用冬闲时节，将分配和收购的芦苇做成芦菲、芦畚箕、篇条、晒花帘、建筑帘等芦苇制品，外出销售，增加收入。之后，每年都以工区为单位，组织职工进行季节性编制，除用于粮棉返晒收藏外，有的工区自用有余，还上市出售。1984年起，因农业工区家庭联产承包责任制的推行和落实，粮棉返晒和工区场头作业已不再需要用芦菲、晒花帘等，因而工区集体组织编制芦苇制品的历史遂告结束。职工家庭的芦苇编制则延至90年代初。轧花厂贮存棉花天堆所用芦菲沿用至90年代后期。

二、草麻编织

1963年，农场粮棉产品实行集中统一管理，仓库场头工具严重缺乏，特别是棉花采摘阶段，用来盛装棉花的麻包严重缺少。为解决生产需要，当时的场党委因地制宜，发动职工家庭利用生产空余时间，家家户户搓草绳，交工区集体编织草绳包，这种草绳包不仅价廉，而且用途广泛，除用于装载棉花外，还用以装秧草籽、山芋、花生，运输肥料，防汛防台，群众称之为“万能包”。是年，还在一〇工区安排十多个女职工用木制编织机编织麻片，自制麻包，连续生产多年。与此同时，还根据轧花厂安排，在十二工区、一〇工区组织劳力，利用热天绞制稻草绳（称包束绳），交轧花厂打棉花包。由场部出面购置4台草包机，在四工区安排20多个劳动力，绞制草绳，编织草包，这种草绳制作的草包既可贮藏粮食，又可制成泥牛以作防汛之用。70年代后期起，防汛用草包均由供销社负责采购。

三、柳条编织

柳条编织花式多样，有柳条箱、柳条篮、柳条箩、柳条筐及其他多种柳条制品，其主要优点是以柳代木、节约木材、价廉物美、外形大方、便于包装和搬运等。60年代起，为改良土壤，农场曾在零星隙地、江堤边、河沿挂脚地及林地，规划种植紫穗槐和杞柳条。年产柳条35万~50万公斤，是沙洲地区紫穗槐和杞柳条的主要生产基地。70年代初，先后在二工区、七工区、八工区、十一工区等兴办柳条编织厂，利用自产柳条作为原料，编制柳条产品对外销售，产品主要销往无锡、上海等地。柳条编织从80年代后期起逐步消失。

四、针织花边

针织花边有纯针织和针织绣花两种，其花型活泼美丽，富有立体感，制作时工具简单，产品成本低、价值高。1970年，知识青年夏小斌利用苏州市女知青善织花边的特长，在红旗镇红旗西路南侧办花边经理部（发放站），承接沙洲县花边经理部的加工业务，共接收苏州市知青21人。1973年，花边经理部首创手工钩针编织花边的技艺，同时发动农场女职工参加到手工钩针编织花边的行列，全场从事针织和手工钩针编织花边的劳动力近1000人，年产值十多万元，花型发展到上百种，钩针编织花边一度成为许多职工家庭副业的重要项目。1978年下半年起，苏州市知青回城后，业务量逐步减少，1984年停业。

第二节 加工业

一、豆制品和粉丝加工

50年代，东长沙有豆制品加工作坊和磨坊各1爿，年加工量分别在百斤和千斤左右。1963年，农场口粮、饲料粮由生产队分配改由场部统收统配，按计划每人每年有5公斤副食品用粮，为改善职工生活，每年夏、秋两季大忙和元旦、春节，全场都安排豆制品加工和供应。大部分工区都先后在本工区繁殖场兴办起豆制品、淀粉加工场。采用牛力石磨和磨浆机，磨成豆浆，然后制成豆腐、油豆腐、豆腐干、百叶等豆制品。一〇工区还生产油面筋。后又用蚕豆、山芋打浆制成淀粉，加工粉丝，按人数定量分配。副产品豆渣和浆水用于喂猪，既改善了职工生活，又促进了养猪事业的发展。1983年后，随着粮食分配制度的改变，豆制品和粉丝加工场由工区集体经营改为职工家庭经营，直至2004年。

二、粮食加工

老农场时期，职工口粮由农场负责统一加工，或由职工自行到指定的粮食供应部门购买成品粮。1960年，随着人口的增加，农场建粮食加工厂，专门加工成品粮供应给场内职工。1967年，在跃进、长江两片区分别建立粮食加工厂，1977年划给工区经营。1980年，农场加工厂增加面粉加工项目。1984年实行联产承包责任制后，逐步取消职工口粮加工业务，职工的口粮改为自留加工。1987年起，部分职工利用住房或向工区租赁闲置房屋，自购稻米加工设备，兴办小型加工厂，为职工零星加工口粮。90年代后，职工口粮加工全部由私营稻米加工房承担。

三、饲料加工

60年代后期，养猪业得到迅速发展，为解决生猪饲料加工的困难，农场加工厂除正常加工粮食外，还辟出一个车间为工区和职工代加工饲料，各工区也相继购置小钢磨、粉碎机、打浆机等加工设备，兴办起简易饲料加工场，将元麦、大麦、稻草、麦秸、青草干（称熟草）等原料加工成精、粗饲料，将山芋藤、水葫芦、水花生、水浮莲等打成浆喂猪。除为工区养殖场加工饲料外，还为职工家庭养猪提供饲料加工服务。70年代末80年代初，配合饲料逐步推广。1982年，农场粮饲加工厂开始生产混合饲料。一般的粗饲料加工主要由部分工区的饲料加工坊承担。1987年后，饲料加工由个人家庭取代。

四、皮蛋加工

皮蛋加工始于80年代初，在三工区、一〇工区、十一工区繁殖场加工制作。由于配方掌握不全，技术没有过关，致皮蛋成品率不高，质量较差。1984年，3个工区的皮蛋加工场由多种经营服务公司接收，正式建皮蛋加工场，进行批量生产，曾取得比较明显的经济效益。80年代中期起，许多职工家庭掌握皮蛋加工技术后开始制作皮蛋，多种经营服务公司皮蛋加工场遂逐步被职工家庭替代而被淘汰。

五、土窑砖瓦加工

50年代至60年代初，由于东迁到农场居住的居民生活都十分贫困，一般都居住在自己搭建的芦笆房屋内，条件稍好的，则因陋就简，自己动手，就地取材，用稻草、芦苇、毛竹、自制土坯，建成简易房屋。后随着生产的发展、职工收入的增加和生活水平的逐步提高，开始改善住房，加之农场集体的基建工程，导致砖瓦供应紧张。1965年秋，聘请常熟冶塘乡建窑师傅到农场指导，首先在五工区西南角黄土泥资源比较丰富的废岸附近，兴建年产10万块"八五"青砖的土窑2座，用牛力搅泥，用自制的木砖坯箱，人工制坯，用麦柴、芦柴等作燃料，烧制成第一窑"八五"青砖。后大部分工区都利用废岸、高岗地相继办起年产3万~5万块砖的小土窑，为改善职工住房起了很大作用。1977年4月，场部在十二工区西南角的北中心河边办起轮窑后，土窑烧制砖瓦与轮窑相互并存，起到了互为补充的作用。80年代后期，各工区小土窑相继停烧并拆除。

六、石灰加工

60年代中后期，场部利用北中心河水路运输资源，从常熟聘请建窑师傅指导，在十二工区与良种站交界处的北中心河边建造石灰窑1座，加工石灰，职工用积存的柴草调换石灰，场部则收取加工费，很受职工欢迎。石灰窑于70年代后期停办，并于80年代初拆除。

第五章　林　业

第一节　防护林和用材林

60年代初，场部采取水、田、林、路综合治理的办法，边围垦造田，边建设家园。1962年11月，省农林厅、财政厅投资5600元，利用堤岸、圩坡挂脚地进行植树造林，两年内营造出南北向主林带8条、东西向副林带6条，带幅分别为5米和8米，株距1.7米，行距1.3米，总长度为56.2公里，林带主要品种有苦楝、杨树、洋槐、水杉、刺杉、青桐、法桐、油桐、榆树等。造林面积674亩，其中植树14万多株597亩；种竹34亩；种植紫穗槐、柳条等43亩。初步实现农田林网化，条田道路绿树成荫。这些林带和树木品种既起到了保护农田、防风挡沙的作用，还给农场的建设事业提供了大量的木材资源。此后，场部每年都要利用堤岸、圩坡、河道、道路等"四旁"闲置地植树造林，并号召职工利用家前屋后种植用材树。

1979年底，场部抽调人员开展第一次林业普查，全场林业用地总面积为2984亩。其中经济林877亩，防护林2107亩，主林带39条，副林带24条，林业用地占耕地总面积的7.7%，占地最高的十四工区占10.8%。拥有树木39.4万株，其中集体林带树木29.6万株，全场人均占有木材14.16株。木材总蓄积量10937立方米，人均占有量为0.58立方米，其中集体林带和路、港、河、堤"四旁"树木蓄积量5761立方米。竹园462亩，其中毛竹38亩、刚竹65亩、淡竹359亩。紫穗槐、杞柳等灌木林171亩。据1986年进行的全场第二次林业普查显示，全场林地总面积4233亩，其中防护林面积为2736亩，林木覆盖率7.8%，林木总蓄积量8187.8立方米。

1987年后，随着林木的有计划砍伐及逐年更新，全场的防护林面积呈逐年下降趋势。1989年为2925亩，林木蓄积量为5655立方米。1995年为2925亩，林木蓄积量为5821立方米。1996—2005年，部分堤岸旁与什边田的防护林在更新中被经济林替代，防护林面积持续减少。1999年1869亩，2004年885.6亩，林木蓄积量为1999年3596立方米，2004年1712立方米。

1985年和2004年全场林地面积调查一览表

表7-5-1

年 份	林地总面积（亩）	其 中		
		防护林	经济林	其 他
1985	4233.00	2292.00	1345.95	595.05
2004	4526.70	885.60	2863.20	777.90

第二节 经济林

境内成圩并有人口居住后，人们习惯于家前屋后种植一些竹、桃、枣、梨、枇杷等经济类树木，但不成林、不成园。1964年春，首先在青年圩种植水蜜桃70多亩。60年代后期，十二工区利用北中心河河沿什边地种植油桃树25亩。1974年，青年圩果园扩大到153亩。1977年，在七五圩（十九工区）发展果园548亩，其中梨198亩、水蜜桃170亩、柑橘100亩、苹果80亩。是年种植的果树中，除苹果树因水土气候条件不能适应外，其他果树都发展较快，特别是柑橘的种植，开始时由于缺乏栽培技术，水土条件不适宜，无防冻措施，易受冻害威胁，导致橘树生长不齐，后经多次组织技术人员和职工到苏州东山、上海崇明及无锡等地参观学习，查阅本地气象和土壤结构资料，经反复论证，改进栽培技术后，果树种植成功，于1980年见果，从而为在长江下游大面积种植橘树提供了成功的先例。1981年，继续发展果树种植，开辟果园697亩。1984年，果园实行承包管理，将全部果树分到职工家庭，实行联产承包、独立核算、定额上交、全奖全赔的管理办法。土地、产量一定多年不变。1985年，亩产柑橘250公斤，最高产量达500公斤。此后，以柑橘为主要品种的果树生产得到较快发展，至2004年，全场果园总面积为2360亩，占经济林面积的82.46%。

除果树外，全场经济林成园品种还有桑树、竹、银杏等。2004年，经济林总面积为2863.2亩，占林地总面积的63.25%。

1976—2004年全场经济林面积一览表

表7-5-2

年 份	总面积（亩）	其 中		
		果 树	竹 林	其 他
1976	520.05	169.05	166.95	184.05
1977	708.15	169.05	220.05	319.05
1978	1132.95	670.95	270.00	192.00
1979	1096.95	670.95	234.00	192.00
1980	1057.05	664.05	201.00	192.00
1981	1048.05	697.05	220.95	130.05
1982	1168.05	687.00	297.00	184.05
1983	1103.10	687.00	232.05	184.05

续表7-5-2

年　份	总面积(亩)	其　　中		
		果　树	竹　林	其　他
1984	1167.90	657.00	358.95	151.95
1985	1069.05	619.05	322.95	127.05
1986	1184.25	793.95	342.30	48.00
1987	1645.35	1249.95	354.45	40.95
1988	1726.05	1308.00	388.05	30.00
1989	1660.05	1183.05	438.00	39.00
1990	1834.05	1371.00	463.05	—
1991	1746.60	1353.45	393.15	—
1992	1774.80	1500.00	274.80	—
1993	1646.85	1358.40	288.45	—
1994	1672.65	1371.00	283.50	18.15
1995	1742.10	1371.00	351.15	19.95
1996	1661.25	1369.50	271.80	19.95
1997	1633.05	1371.00	238.65	23.40
1998	1660.80	1371.00	265.65	24.15
1999	1629.15	1390.95	211.05	27.15
2000	1966.95	1489.95	451.20	25.80
2001	2106.75	1650.00	432.30	24.45
2002	2430.15	1920.00	481.50	28.65
2003	2666.40	2179.95	454.50	31.95
2004	2863.20	2359.95	468.45	34.80

说明：其他类品种指桑树、银杏等

第三节　花圃　苗木

1957年，在农场圩内建立苗圃。1962年11月，农场苗圃划归沙洲县后，又在第一公墓（良种站公墓）处划出土地10亩作为苗圃，以引种、嫁接、培育苗木。品种有苦楝、川楝、水杉、池杉、刺杉、法桐、青桐、白杨、白榆等十多个，每年出圃的苗木，由场部统一分配到各工区绿化造林。1984年春，由多种经营服务公司在合作三圩挂脚田（运输河北侧，红旗东路南侧）划地28亩，建立苗木花卉生产基地，并于1987年形成规模。苗木花卉基地共培育出40多个品种，其中部分珍贵品种一度成为市场的抢手品种。2003年6月，在十三工区12号田南端划出140亩土地，租赁给苏州市园林设计院下属苏州大野景观园林有限公司，兴建苗木基地，培育供城市绿化用各类苗木。

第四节 林木管理

1963年秋，在“造林不护林，等于白费劲，做路不养路，等于白做路”的精神指导下，场部制定有关规定和管理制度。由工区集体造林，林木归场部所有，统一采伐，产品分成。管理实行分段包干，工区和护林人员共同管理。全场划分13个护林养路责任区，每个责任区配1~2名护林养路人员，护林养路人员的工资由场部统一划拨。在措施和制度上，订立有护林公约内容的植树绿化，人人有责，不随意砍伐树木，不随意间作套种，不拴牛羊，不伤树折枝，认真负责，精心培育。严格规定在林带地段，不准乱种庄稼，不准乱砍树木，不准牵绳晒衣，不准乱放牛羊，不准开挖道路。这些制度和规定经广泛宣传后，家喻户晓，人人皆知。因而在以后的十多年中，林业管理井然有序，特别是公路两旁，树木茂盛，既遮阴又美观，行人置身其间，冬能挡风御寒，夏能遮阳防暑，职工劳动之余，休憩其间，顿觉心旷神怡。1984年，场部成立林业管理站（简称林管站），配备专职管理人员，属多种经营服务公司领导，全场林木实行由林管站和工区共同管理的办法，并建立育林基金，重新制订林木管理及投资与收益分配办法：场部与工区双方按四六比例投资，收益按同比例分成，即林木砍伐，40%上交林管站，60%留工区使用，严格执行林木砍伐审批制度，严格执行场规民约。1999年8月，多种经营服务公司转制，林管站自行解体。全场林木由场部直接管理，林业管理规定和管理办法则一直沿用至2004年属地管理。

第六章 管理机构与生产基地

第一节 管理机构

60年代初，多种经营由场工副业科统一领导和管理。后随着繁殖场的扩建以及新垦土地、植树造林面积的逐步扩大以及多种经营生产项目的增加，1963年，增设副业科，配有工作人员4人。

“文化大革命”开始后，副业生产由场生产指挥组统一领导。1970年，生产指挥组下设多种经营办公室。1973年，恢复副业科。70年代中期，常阴沙供销社成立组副组，由场副业科统一领导，合并办公，工作人员8人。1975年起，各工区配备专职副业干部。1976年春，成立农场畜牧兽医站，配有站长、会计、兽医等工作人员6人，规模较大的饲养场配备专职兽医。后兽医站与农场繁殖场合并。1979年，副业科改名为多种经营办公室，工作人员增加到10人，全场有5名专业技术人员和26名“赤脚兽医”，各类饲养人员和从事各种副业生产的劳动力有1500多人，工区农、副、工三业分开核算，设有副业会计。

1981年11月，多种经营办公室再次更名为多种经营管理科。1983年10月，将畜牧、兽医、水产、林木和粮饲加工厂等归并后，成立多种经营服务公司（简称多服公司），公司下设畜牧、水产、林果、园艺、供销、财务等科室，共有工作人员22人，公司员工114人。公司职能开始由生产管理型转变为生产经营型。1984年初，成立林管站，负责全场林木的生产培育及砍伐更新等各项管理工作，并配备市镇绿化专职管理人员。1986年，撤销农场繁殖场建制，划归多服公司。

1999年8月，多种经营服务公司采取切块转制的办法，将水产、林果、园艺、财务等部门合并后，分畜牧兽医、饲料加工及面粉加工三块租赁给个人经营。2000年3月,畜牧兽医站更名为多种经营服务站。从此,全场的多种经营实际由农业服务中心管理。

第二节 生产基地

一、繁殖场

农场繁殖场 1957年,在农场圩内创办农场繁殖场,为老农场的下属单位。1962年11月,农场繁殖场随农场圩调出,并将土地、设备转让给沙洲县建立棉花原种场时,计有劳动力58人、猪舍5幢、各种房屋近百间,土地面积280亩,其中饲料地72亩。当时,由于实行农牧结合的经营方式,经济效益较好,故在跃进圩南部(原第一公墓边缘)划出一部份土地,重建繁殖场。1966年春,繁殖场搬迁至合作三圩北端,并划拨土地75亩。此后,逐年兴建和扩充猪舍。70年代后,除以饲养母猪,为全场提供优良苗猪外,还兴办了豆腐坊和粉坊。1974年,办菌种厂。后陆续兴办酒坊、孵坊及种禽场。70年代后期,由副业科从浙江引进番鸭(俗称花鸭)种苗并在农场繁殖场饲养后推广发展到家庭养殖。80年代初,农场繁殖场共有劳动力80多人,猪舍、孵坊、酒坊等生产、生活用房160多间,成为一个拥有十多个项目的综合性生产经营基地。80年代中期开始,农场繁殖场职能逐步削弱。1986年,撤销农场繁殖场建制并划归多种经营服务公司。90年代初期,农场繁殖场歇业并解体。

片区繁殖场 与农场繁殖场并存但属各片区领导和经营的繁殖场还有跃进片区的跃进繁殖场(二工区内)、长江片区的长江繁殖场(四工区内)和长沙片区的繁殖场(八工区内)。

工区繁殖场 70年代至80年代中期,全场各工区均办有繁殖场,作为全场各工区多种经营的生产基地。

二、万头鸭场

1984年,由农场多种经营服务公司在原十二工区东部投资建办。占地15亩,总建筑面积3350平方米,建成时有每幢为320平方米的鸭舍9幢,计2880平方米,仓库、宿舍及办公用房470平方米。建成后,由多种经营服务公司发包给十二工区王国生承包饲养并经营。由于规模过大,承包者缺乏相应的流动资金和管理经验,于两年后倒闭。后租赁给私人家庭饲养家禽。1999年转制后成为个体户饲养家禽的专用场所。2004年,圈存家禽1.3万羽。

三、特禽养殖场

1991年,由江苏省农垦总公司与常阴沙农场十一工区联合投资29万元兴办,取名为江苏农垦第一特禽养殖场,占地面积7100平方米,建成2层禽房1幢,计960平方米,仓库2幢,计196平方米,总建筑占地面积为794平方米,每批次可饲养野鸭、乌骨鸡等特禽5万余羽。特禽场建成后,一度为张家港市及常熟、江阴等周边县市的肉类市场提供了丰富的野禽资源。该特禽场于1996年倒闭后租赁给私人家庭饲养家禽。

四、水产养殖场

简称水产场。1980年10月,在新围垦的八〇圩内建立,为场部下属的单独行政建制单位。建立时,从原十九工区划给果园530亩,并有新开挖的精养鱼池15只,面积109亩,有桃、梨、苹果、橘等果园500多亩,同时将长江捕捞队划归水产场管理。总劳动力130多人。1982年,场部投资兴建猪舍50多间、蚕室7间,并建造仓库、晒场等,用于养猪、养牛和饲养家禽及养蚌育珠,成为生产经营项目较多的综合性基地。是年4月起,实行效益和经济报酬挂钩的管理办法,加强水产养殖和果园种植的专业技术培训，使全场多种经营特别是果树种植得到较快发展，成为多种经营的一大特色基地。1983年10月，成立多种经营服务公司后，水产场属多种经营服务公司的一家附属单位。1985年，初创亩产鱼300公斤、桃500公斤、梨600公斤、橘150公斤的效益。此后，水产场在保证水面养殖的前提下，逐步更新并发展以柑橘为主要品种的果树生产。1991年12月，撤销水产场建制，并入原十九工区。

五、孵坊

1961年，由省农林厅调拨给农场电孵机5台，蛋总容量3.1万枚，因无电而未办成。电孵机于1964年调出。1972年，农场繁殖场购置平箱4台，总容量1万枚，是年生产草鸡、白洛克苗禽10万羽。两年后，在繁殖场建造电孵坊，共建房屋5间，购置电孵机6台，总容量6万枚，当年产苗禽15万羽。1985年2月，孵坊因火灾而关闭。

1983年，民间自制孵箱，试用煤油灯取暖孵化苗禽获得成功，孵坊业迅速发展，家庭孵坊数量不断增加，主要形式是因陋就简，自制土孵箱，利用家庭空闲房屋，用电灯泡取暖孵化苗禽，也有农户投资购置孵坊设备而为养殖户有偿孵化苗禽的，这种孵坊投资少，成本低，收费便宜，广受养殖户欢迎。据1988年调查，当时，以电灯泡取暖孵化苗禽和有正规设备的家庭孵坊有27家，年孵化鸡、鸭、鹅等苗禽30余万羽。90年代中期后，这种家庭孵坊逐步冷化并消失。

第八编 工 业

第一章　所有制结构
第二章　工业门类
第三章　工业管理
第四章　骨干企业与产品选介

50年代初，农场设有木工组，负责修理木制农具和涵洞。稍后，在红房子商业集市相继出现生产方式极为简单的加工铺。1959年10月农场恢复扩建后，由兆丰公社手工业联社转进铁业锻打、自行车修理、小五金工人共8人组成的铁业组，场内从职工中抽调6人组成木业组，负责全场铁木农具的制造和修理。

1960—1963年，先后办起粮饲加工厂、机械厂和轧花厂，从事场内职工的口粮加工、农机具制造以及棉花的加工生产。工业产值从1960年的1.49万元增加到1963年的74.33万元，分别占全场总产值的1.26%和2.13%。

70年代中期，农场工业开始发展。1977年，有工业企业5家，工业总产值292.02万元，占全场总产值的37.73%。1978年起，先后创办农副产品加工、纺织、缝纫、机械、建材、化工、电子电器等工业企业。至1991年，共办各类工业企业40家，工业建制单位19个，工业总产值突破1亿元，达到10685.60万元。1997年，全场有各类工业企业61家，其中属全民所有制性质的场、工区办工业企业28家，职工2451人。资产总额1.33亿元，其中固定资产净值8439.8万元，工业总产值为2.44亿元，占全场总产值的55.33%。1998年，根据江苏省农垦总公司关于在农场办工业企业中进行产权制度改革的部署，对场、工区办工业企业进行产权制度改革。2000年，除自来水厂等公益性企业外，其他生产经营性企业全部脱掉国营帽子，成为具备独立法人资格的民营企业。2004年，全场有民营工业企业116家，拥有固定资产1.71亿元，工业单位从业人员2552人，实现工业产品销售收入4.48亿元，工业增加值1.03亿元，占全场生产总值的43.27%。

第一章 所有制结构

第一节 国有工业

一、场办工业

由农场直接投资兴办，农场工业管理部门及相关经营性公司管理，或挂校办工厂牌子并实行独立核算的工业企业，这部分企业是全场工业的主体，属全民所有制性质。

1960年，场部在合作二圩创办全场第一家工业企业，即粮食加工厂（后改为粮饲加工厂）。1961年起，又陆续建办沙洲农场机械厂和轧花厂。至1963年，全场有以自给性生产为主的场办工业企业3家，场办工业总投资11.79万元。60年代末，建立跨工业、建筑和服务等多行业的农业服务队。70年代初至1976年，由苏州市知识青年牵头，先后创办标准件厂以及花边经理部、腊线厂、纺织配件厂等场办工业单位，这些单位除标准件厂为轧花厂的附属车间外，其他均属农业服务队领导。至1977年，共有场办工业企业5家，场办工业固定资产153.9万元。

1978年起，场办工业继续发展。从1978年建办针织厂，1979年创办酒厂和毛纺织厂，至1990年由化工二厂和化工三厂合并建立化工厂的12年间，全场共新建、改建生产性工业企业74家（含建后歇业的34家），其中场办工业企业32家。1990年，有工业企业40家，其中，场办企业19家，在册职工2796人。12年累计完成工业投资3639万元，其中设备等固定资产投资为2435万元。场办工业企业盈亏相抵后实现利润2413.71万元，向国家上缴税金1658.05万元。

1991年，场办工业开始由铺摊子、争数量逐步向上管理、讲技术、求效益的发展轨道转变。工业总产值增加到10685.60万元，实现了农场历史上工业总产值突破1亿元的记录。1992年起，对场办工业企业实行整顿，通过对优胜骨干企业的重点扶持，对技术落后、市场前景不广的企业实行关停并转。至1997年，共有场办工业企业18家，其中由场部直接管理的骨干企业12家，由公司管理的企业4家，属校办企业的2家。企业资产总额13678.96万元，其中固定资产8439.80万元。在册职工2451人，工业总产值2.44亿元，向国家上缴税金981.6万元。12个单位实现盈利，利润总额为754.6万元。

1978—1997年常阴沙农场办工业企业生产经营情况表

表8-1-1

年 份	企业数（个）	职工数（人）	工资总额（万元）	固定资产（万元）	流动资金（万元）	销售收入（万元）	纳税总额（万元）	利润总额（万元）
1978	7	727	18.40	184.20	229.40	212.30	8.70	34.30
1979	9	1025	34.80	140.80	400.60	303.70	13.60	66.40
1980	11	1450	50.70	190.10	292.40	445.60	38.80	117.10
1981	11	1640	56.50	240.20	268.60	537.40	48.40	132.00
1982	12	1672	61.10	276.20	337.60	551.90	63.20	91.80
1983	14	1854	73.30	339.10	468.50	655.30	72.60	95.60
1984	16	2105	100.00	413.40	419.40	893.90	78.20	115.70

续表8-1-1

年　份	企业数（个）	职工数（人）	工资总额（万元）	固定资产（万元）	流动资金（万元）	销售收入（万元）	纳税总额（万元）	利润总额（万元）
1985	18	2878	245.25	797.36	1027.24	1504.40	105.00	177.90
1986	18	3130	205.34	962.12	642.22	2131.35	102.45	188.67
1987	21	2999	301.46	1142.30	699.12	3196.08	177.02	394.76
1988	20	2901	318.25	1663.96	1549.22	5077.72	300.50	564.67
1989	20	2992	345.07	2155.49	1579.57	5803.64	347.50	325.97
1990	19	2796	309.85	2435.00	4347.00	6548.90	302.08	108.84
1991	19	2691	392.08	2235.39	3980.97	5877.36	462.90	85.97
1992	20	2742	458.40	2843.08	5824.30	8181.96	589.90	293.08
1993	21	2736	628.14	3697.30	6355.20	9768.44	510.40	410.46
1994	21	2742	782.08	5838.50	9733.50	18407.50	440.40	982.80
1995	18	2825	1028.30	7334.50	11305.10	21811.30	603.50	1220.60
1996	18	2613	1537.40	8487.30	9174.10	17978.30	883.80	61.80
1997	18	2451	1528.30	8439.80	9474.80	18307.80	981.60	−252.10

1997年常阴沙农场直属工业企业基本情况表

表8-1-2

企业名称	管理部门	创办年份	占地面积（平方米）	资产总额（万元）	其中		净资产（万元）
					固定资产	流动资产	
电控厂	工业科	1979	15640	1340.70	270.11	1041.71	407.17
泵阀厂	工业科	1984	25400	2398.80	639.59	1759.21	930.52
水泵厂	工业科	1961	26100	1632.64	324.29	1272.63	866.79
附件厂	工业科	1993	12200	467.99	274.05	193.94	50.79
毛纺厂	工业科	1979	19100	928.72	692.31	236.40	−342.57
棉纺厂	工业科	1980	18000	1115.10	461.83	653.26	489.90
服装厂	工业科	1973	16510	1677.35	880.69	796.66	−397.26
轧花厂	工业科	1963	28100	588.96	192.63	396.33	433.51
砖瓦厂	工业科	1976	66000	326.54	142.70	33.84	−205.48
豪宸公司	工业科	1996	3043	173.71	61.45	112.26	100.32
油厂	工业科	1985	15900	615.80	237.23	378.07	423.17
佳迪斯	工业科	1990	14064	资料因故封存			

说明：表中所录数据为改制前的账面数

1997年常阴沙农场公司办工业企业基本情况表

表8-1-3

企业名称	管理部门	创办年份	占地面积（平方米）	资产总额（万元）	其中		净资产（万元）
					固定资产	流动资产	
预制场	商物公司	1984	11314	417.18	71.42	345.76	74.22
加工厂	多服公司	1960	1608	111.56	48.97	62.59	48.97
装潢厂	建筑公司	1985	12300	232.70	76.40	156.3	47.77
建材厂	建筑公司	1978	9863	18.80	4.7	14.00	4.27

说明：表中所录数据为改制前的账面数

1997年常阴沙农场校办工业企业基本情况表

表8-1-4

企业名称	管理部门	创办年份	占地面积（平方米）	资产总额（万元）	其中		净资产（万元）
					固定资产	流动资产	
五金电器厂	教卫科	1979	3948	142.73	6.39	136.34	14.79
电子塑料厂	教卫科	1984	5762	104.56	17.50	87.06	9.90
照相制版厂	教卫科	1977	392	21.83	—	21.83	9.37

说明：表中所录数据为改制前的账面数

二、工区办工业

又称队办工业，即由农场投资，列入有关工区管理并核算的非独立核算企业。这部分企业由所在工区领导并经营，实现利润作为工区的工业收入，除上交场部外，留成部分由所在工区进行安排，可作为工业流动资金发展生产，也可用于农田基本建设，或可用于工区的社会性事业。属全民所有制性质。

70年代中期，六工区从生产路灯弯管、手拖蜡刷起步，先后办起皮鞋厂、化工二厂、不锈钢锻压厂、拉丝厂等10家企业，工区办工业开始起步。1978年起，全场先后办有铸件厂、五金厂、电化厂、照相制版厂、电器设备厂、纽扣厂、水泥预制品厂、并线厂、剪刀厂、丝织厂、化工厂、印刷厂、农副产品加工厂等42家企业。工区办工业由于规模小，产品随市场销售的变化而不断调整。因此，有些企业随产品变化而多次易名。1985年推广外地“船小调头快”的经验，对销路滞、效益差的产品实行转产，对管理不善、经营亏损的企业逐步实行关、停、并、转。至1990年，全场有工区办企业21家，职工654人，固定资产189.5万元。1991年后，通过整顿调整，工区办企业从数量上逐步压缩，至1997年，全场有工区办企业10家，资产总额544.90万元，其中，固定资产146.19万元。

1997年常阴沙农场工区办工业企业基本情况表

表8-1-5

工厂名称	所属工区	创办年份	资产总额（万元）	其中		净资产（万元）
				固定资产	流动资产	
五金铆焊厂	一〇	1979	0.73	0.73	—	0.73
铸件厂	十八	1979	49.95	18.74	31.21	16.97

续表8-1-5

工厂名称	所属工区	创办年份	资产总额（万元）	其中		净资产（万元）
				固定资产	流动资产	
彩色锌瓦厂	八	1994	33.49	9.39	24.10	19.51
印刷厂	十五	1980	9.10	1.07	8.03	5.18
橡塑制品厂	良种站	1979	3.00	3.00	—	3.00
电镀厂	十六	1979	0.17	0.17	—	0.17
彩印厂	九	1977	44.23	15.69	28.54	31.71
合成化工厂	十二	1978	31.86	18.73	13.13	7.85
锻压厂	六	1980	340.54	78.40	262.14	123.58

说明：表中所录数据为改制前的账面数

第二节 个体私营工业

私营企业 50年代至60年代初，境内个体工业主要以零星、分散的小手工业为主，如编织、弹花絮、缝纫、印染、土纺、土织、竹器加工、爆米花、磨坊、豆腐坊、磨剪刀、修雨具、修钟表、镶牙、雕刻、印章、电器修理以及铁木家具制造等。一般是夫妻儿女一家一户，规模小，设备简陋，工艺简单，且多为流动叫卖或设摊加工的形式，固定作坊很少。1964年开始，个体工业或小手工业被视为非法活动或资本主义尾巴，予以取缔和割除。至1978年，全场的个体工业和小手工业基本绝迹。1984年，常阴沙五金电器厂职工陈国祥利用其八工区住房，招收20多名工人，辞职在家中办起沙洲县视听器材厂，当年制造立体电影眼镜3.5万件，产值13万元，利润2.6万元，成为农场第一家个体工业户和第一个“万元户”，1985年被江苏省人民政府授予“劳动模范”称号。

80年代后期起，一些在工厂上班且已掌握一定工业生产技能或市场营销经验的职工，利用家中住宅房屋或采取向工区租借仓库等闲置房屋方式，陆续开办具有作坊形式的小型工厂，生产市场需要的产品。90年代中期，一些初具一定规模的个体工厂纷纷从家中搬出，或继续租借农场废弃房屋，或申请在场部规划点建造厂房，发展工厂规模。至1997年，全场有个体工业企业33家，从业人员2726人，实现产品销售收入799.6万元，缴纳税金17.5万元，基本形成与农场国营工业企业鼎立的局面。1998年，国营工业实施产权制度改革后，私营工业不仅在数量上迅猛增加，而且在技术和规模上快速发展，实力不断壮大。至2004年末，全场个体私营企业总数发展到112家，从业人员2552人，固定资产1.71亿元，流动资产年末占用3.27亿元，年末实现工业总产值4.59亿元，产品销售收入4.48亿元，工业增加值1.03亿元，实现利税2222万元，其中利润总额730万元。

2004年常阴沙农场私营企业一览表

表8-1-6

企业名称	地址	注册资本（万元）	经营范围	员工数（人）	法定代表人
张家港市宏源纱线有限公司	红旗东路	100	纱线、并线加工	200	唐卫平
张家港市东方红制衣有限公司	红旗东路	50	服装制造、加工	40	陆卫东
张家港市永达机械制造有限公司	红旗东路	50	离心机、洗涤机械	10	马爱忠

续表8-1-6

企 业 名 称	地 址	注册资本（万元）	经营范围	员工数（人）	法 定代表人
张家港市德鹏纺织有限公司	红旗东路	100	纱线、纺织品加工	80	赵志德
张家港市国华橡塑厂	红旗东路	40	橡胶塑料制品	10	陈国华
张家港市联通化机有限公司	红旗中路	77	化工、化纤汽车配件	18	张 毅
张家港市永金针织有限公司	红旗东路	50	针织坯布、针织品加工	12	蒋金玉
张家港市金鑫电子元件厂	红旗东路	8	电子元件、五金加工	18	邵卫军
张家港市奥琪隆服装厂	红旗中路	30	服装加工	30	瞿建明
张家港市环球空分阀门制造有限公司	红旗中路	50	泵阀	6	顾鹤芳
张家港市小康服饰有限公司	红旗中路	58	服装加工制造	140	严洪芬
张家港市天池塑料制品公司	通运北路	50	塑料加工	8	曹志祥
张家港市恒安轻质墙体材料厂	通运南路	30	内墙装饰板	50	殷国良
张家港市中天木业板材厂	通运北路	30	三合板	12	宋 平
张家港市永超医用设备有限公司	人民北路	50	医用床	12	万丽华
张家港市恒德输送机厂	通运北路	40	输送机制造	8	陈玉平
张家港市荣祥印刷厂	通运北路	50	纸质印刷	4	徐荣培
张家港市江晨客车配件厂	通运北路	15	客车仪表台汽车内装饰	8	沈永芳
张家港市利朋针织厂	人民北路	28	针织品制造	30	姚 刚
张家港市兴雅服装有限公司	人民北路	50	服装及服装坯料加工	150	侯兴荣
张家港市兰兰医用护理设备有限公司	通运北路	50	医用护理设备	10	魏兰兰
张家港市明洋纸制品厂	人民北路	20	纸制品制造	6	王卫兵
张家港市佳友针织服饰厂	乐红路	40	服装制造	30	李 松
张家港市华强净化设备有限公司	乐红路	50	过滤器、除尘器	8	黄美芳
张家港市腾耀机械厂	乐红路	40	机械配件制造	8	张兴中
张家港市常源化纺有限公司	乐红路	50	纺织品制造	6	张建雅
张家港市永茂木制品厂	乐红路	40	木质包装箱制造	12	范美龙
张家港市大江纸业有限公司	乐红路	120	纸制品制造	50	邵卫明
张家港市博鑫机械制造有限公司	乐红路	50	塑料机械、塑料制品	20	吕正金
张家港市沪江离心机制造有限公司	乐红路	50	离心机制造	12	黄 平
张家港市鸿大纺织厂	通江路	40	纺织品制造	50	王鸿斌
张家港市腾达机械制造有限公司	通江路	58	工业专用设备制造	15	黄建明
张家港市博硕机械制造有限公司	乐红路	50	大园机	12	代忠斌
张家港市常阴沙拉丝厂	六工区	28	线村轧制	4	朱国民

续表 8-1-6

企业名称	地址	注册资本（万元）	经营范围	员工数（人）	法定代表人
张家港市薄型金属机械厂	八工区	18	铸件制造	8	施刘富
张家港市飞龙机械设备厂	六工区	15	医用床洗涤设备	8	姚炳荣
张家港市永泰减震器制造有限公司	十三工区	50	汽车配件制造销售	5	蒋雪平
张家港市威尔森环保建材有限公司	六工区	108	环保设备	25	黄剑芬
张家港市江南筒管厂	四工区	40	筒管塑料编织袋制造	12	曹卫东
张家港市华阳金属装潢厂	十六工区	20	民用建筑钢构架件制造	26	陈华阳
张家港市华联建筑机械厂	十四工区	20	建筑机械制造	40	方其龙
张家港市瑞丰墙体材料有限公司	通运北路	50	废料废渣生产砖	20	王　锋
张家港市恒源服装厂	六工区	40	针织服装及面料	40	朱建明
张家港市华裕橡塑厂	四工区	40	橡塑制造、机械配件	5	陆学平
张家港市万事成橡塑厂	四工区	40	橡塑制品制造	5	朱惠英
张家港市宏胜服装厂	一工区	40	服装制造、加工	18	陆　梅
张家港市顺利机械有限公司	六工区	50	滤心机、汽车配件	15	孙建祥
张家港市宏宇防腐工程有限公司	十三工区	50	管道设备防腐	4	王　荣
张家港市东方轻质隔墙工程有限公司	十三工区	50	轻质隔墙安装	6	刘　忠
张家港市生辉橡塑厂	良种站	40	橡逆制品制造	3	朱德标
张家港市双赢针织有限公司	九工区	50	针纺织品制造	20	蒋建东
张家港市宏达悬挂链输送机厂	二工区	40	悬挂链、机械设备	6	蔡　平
张家港市华润服饰有限公司	十三工区	50	纺织服装制造	30	虞朝洪
张家港市中磊实业有限公司	六工区	200	石墨粉	30	施华祥
张家港市斯亚达制衣厂	三工区	40	服装加工	30	范　菊
张家港市三佳预制构件有限公司	一工区	200	水泥预制构件	12	毛祥华
张家港市祥升针织有限公司	六工区	50	针纺织品、服装制造	15	黄恩良
张家港市金点精密五金非标机械厂	良种站	30	金属制品饮料机械等	16	姚建华
张家港市恒安机械制造有限公司	六工区	50	离心机制造	30	茅玉富
三联塑钢有限公司	一〇工区	58	塑钢门窗	8	顾培东
张家港市双赢针织有限公司	八工区	50	针织坯布	16	顾云中
张家港市双耀玻纤厂	一〇工区	30	玻纤布	6	孙晨秀
张家港市永茂有机肥源有限公司	十八工区	50	有机肥	6	马炳汝
张家港市长江化工设备厂	十七工区	18	泵阀制造	20	刘玉明

民营工业区　2000年，场部规划在通运南路沿线的合作三圩及人民南路沿线的东风圩内辟出1620亩土地，南北向最长处直线距离为1950米，东西向最长处直线距离为750米，建造民营工业集中区。是年，场部对工业集中区实施首期开发工程中的“三通一平”（通水、通电、通路，土地平整）基础设施建设，共投资400万元，当年完成通运南路的改建工程，新建珠江路、滨河路和人民南路，完成区内河道开挖和水电管道的铺设工程。首期工程占地600亩。当年落户民营工业企业11家，总投资超过2000万元。至2004年，累计在民营工业集中区内落户企业48家，注册资本总额为3275万元。初步形成纺织、轻工、电子等行业为龙头的群体产业链。

2004年末民营工业集中区注册企业一览表

表8-1-7

企业名称	法定代表人	注册资本（万元）	员工数（人）	经营范围
张家港市九洲离心机制造有限公司	黄晓东	50	10	离心机制造、加工
张家港市凯鑫针织有限公司	黄鑫松	50	14	针织坯布
张家港市良胜复合金属有限公司	何卫平	80	30	有色金属电线电缆加工
张家港市南林纺织有限公司	石松南	168	150	针纺织品加工
张家港市亿诚金属制品有限公司	陈国政	50	12	弹簧、钢丝加工
张家港市联华纱业有限公司	卞忠华	58	80	混纺纱、化纤纱
张家港市星洪琛棉业有限公司	张诗平	50	60	气流纺织、棉纺织品
张家港市安利达纺织有限公司	徐和平	300	60	纺织品制造、加工
张家港市东林冲件厂	袁介民	40	20	金属制品、机械配件
张家港市华亿科教设备有限公司	顾正伟	100	18	教学仪器
张家港市明珠金属制品有限公司	顾洪明	80	20	金属制品
张家港市信普塑业有限公司	姚　勇	150	16	建材机械
张家港市华凌环保教育设备厂	黄春祥	40	25	教育模具
张家港市环球空分机械制造有限公司	顾鹤芳	50	6	空分配件、阀门
张家港市东达五金工具制造有限公司	刘秀英	80	40	机械设备制造
张家港市万里机械五金制造有限公司	秦海龙	50	15	机械设备制造
张家港市锦陵林业有限公司	林　坤	50	8	地板家具制造
张家港市华泰泵业制造有限公司	沈其华	50	15	泵阀制造
张家港市常阴沙长通机械制造厂	陆士云	40	16	机械制造
张家港市兴鑫针织有限公司	殷玉华	50	12	针织坯布、针织品
张家港市盛丰针织有限公司	李国华	60	8	针织坯布、针织品
张家港市昊隆包装材料公司	王小明	140	16	塑料制品、包装材料
张家港市英豪针织厂	周桂英	30	20	针织坯布
张家港市汽车附件厂	吴国忠	78.5	32	橡塑制品

续表 8-1-7

企 业 名 称	法 定 代表人	注册资本（万元）	员工数（人）	经 营 范 围
张家港市盛丰药化机械厂	陈志才	35	12	离心机
张家港市苏南化工机械厂	龚连富	38	10	化工设备制造
张家港市华祥机械制造有限公司	施华祥	50	12	离心机、机械配件制造
张家港市恒丰钢锭模铸件厂	吴晓忠	40	12	机械制造
张家港市宏祥不锈钢有限公司	李宏祥	58	25	不锈钢制品、废金属回收
张家港市振大纺织品有限公司	钱振祥	50	25	针纺织品、服装制造
张家港市世宏氨纶纱制造有限公司	顾振忠	58	60	氨纶纱加工制造
张家港市祥升针织有限公司	黄恩良	50	12	针织坯布
张家港市安博机电有限公司	陶玉华	50	10	机械加工
张家港市丰亿金属加工厂	朱跃强	28	10	金属加工
张家港市鑫龙针织有限公司	杜玉彬	50	15	针纺织品
张家港市龙派针织服饰厂	蔡宝泉	40	50	针织服装加工
张家港市恒源服装厂	朱建华	40	20	服装加工
张家港市普康电子环保设备厂	陆　毅	60	6	多功能气液解毒杀菌发生器
张家港市友丰机械设备公司	朱永祥	50	20	塑料机械
张家港市登月型钢有限公司	朱裕忠	50	18	型钢制造
张家港市华凌环保教育设备厂	黄春祥	50	25	教育器械、仪表、环保设备
张家港市顺利机械制造有限公司	孙建祥	50	12	机械设备制造
张家港市常阴沙汽车修理厂	朱惠忠	8	8	汽车修理
张家港市远程泵业有限公司	施兆明	50	8	泵阀门、不锈钢铸件
张家港市明珠针织厂	陆兴娣	50	20	针纺织品、针织坯布制造
张家港市锦江铸件制造公司	孙金福	50	40	金属铸件
张家港市骏飞塑料制品公司	邵广忠	40	6	橡塑制件
张家港市中联建设机械有限公司	董志良	336	30	建筑机械

第三节　国有企业产权制度改革

1993年11月至1994年5月，经江苏省农垦总公司批准，对常阴沙油厂实施由全民所有制性质向股份制性质改建的试点工作，重新组建为由江苏省国营常阴沙工贸集团公司控股，江苏省国营常阴沙油厂和江苏省国营常阴沙油厂工会参股的江苏省常阴沙油脂化工有限（责任）公司。

1997年10月，根据江苏省农垦总公司的部署，农场制定了《江苏省国营常阴沙农场产权制度改革实施意见》，把30个工建交商企业列入产权制度改革的重点企业，其中工业企业25家（建筑装潢厂和建筑材料厂为建筑公司下属企业，未列入工业企业序列）。同年11月，成立江苏省国营常阴沙农场产权制度改革领导小组和办公室。企业改制按照“因企制宜、通盘考虑、分类实施、配套运作”的工作思路，经过资产清理、明晰产权、落实方案三个阶段的运行，至1999年12月，所有改制企业的第一轮改制工作基本结束。25家工业企业经评估后，共涉及总资产12138.84万元，总负债9595.86万元，净资产2175.68万元。

在第一轮改制中，实行一次性卖断后重新领取营业执照的企业11家，歇业1家，以个人名义租赁的企业8家，改建成股份制性质的企业5家，土地和电力设施全部由企业向场部申请租用。2000年至2002年，实行第二轮改制，即将在第一轮改制中租赁或改建成股份制的企业一次性转办为民营企业，原企业资产由民营企业经营者一次性买断，土地及电力设施仍由企业经营者向场部申请租用。2004年后，实行第三轮改制，原企业租用土地和电力设施由企业经营者全部买断。

1997—1999年常阴沙农场所属工业企业改制情况表

表8-1-8

改制前（厂名前冠国营常阴沙）			改制时间	净资产（万元）	改制后（厂名前冠张家港）	
企业名称	地址	负责人			企业名称	法定代表人
电气控制设备厂	红旗西路	高关清	1998年4月	284.24	电气控制设备厂	高关清
					恒驰汽车附件厂	杜玉彬
飞浪泵阀有限公司	红旗中路	陈世章	1999年5月	998.48	飞浪泵阀有限公司	陈世章
工业锅炉给水泵厂	红旗中路	徐　军	1999年3月	755.80	恩达泵业有限公司	徐　军
汽车附件厂	通运南路	吴国忠	1999年1月	78.58	汽车附件厂	吴国忠
毛纺织厂	红旗中路	顾新春	1998年8月	-437.89	常阴沙绒线厂	陈世明
棉纺针织厂	红旗中路	赵志荣	1999年3月	151.19	棉纺针织有限公司	赵志荣
服装厂	红旗中路	钱永良	1998年3月	-397.26	常阴沙服装厂	黄建芳
					荣盛服装厂	黄桂才
					常阴沙针织厂	周桂英
					针织服饰厂	瞿方平
					华芳塑料厂	殷玉华
轧花剥绒厂	乐红路	汪　平	2000年5月	266.62	棉业有限公司	汪　平
砖瓦厂	通运北路	闻龙生	1998年8月	歇业		
豪宸工贸有限公司	通运北路	闻龙生	1998年8月	24.67	腾龙特种钢制品厂	闻龙生
油脂化工有限公司	乐红路	邵金华	1999年9月	199.19	华丰油脂有限公司	邵金华
水泥制品厂	通运北路	马德祥	1999年6月	100.69	新型墙体材料厂	黄早荣
粮饲加工厂	通运北路	王振高	1997年12月	48.97	粮饲加工厂	王振高
佳迪斯电子有限公司	红旗东路	徐　军	1998年3月	歇业		
装潢厂	乐红路	姜菊明	1999年5月	—	富强建筑装潢有限公司	黄　强
电子塑料厂	二十工区	苏士坤	1998年11月	—	华凌电子有限公司	苏士坤

说明：表中所录数据为改制时的评估数

1997—1998年常阴沙农场下属工区办工业企业改制情况表

表8-1-9

改制前（厂名前冠国营常阴沙）			改制时间	净资产（万元）	改制后（厂名前冠张家港市）	
企业名称	地址	负责人姓名			企业名称	法定代表人
照相制版厂	十四工区	林善本	1997年12月	7.67	照相制版厂	杨兰芳
五金铆焊厂	一〇工区	陆兆康	1997年12月	0.73	常虹机械铸造厂	赵　忠
铸件厂	十八工区	蒋礼荣	1998年1月	2.09	天诚化机有限公司	李汉明
彩色锌瓦厂	八工区	黄志忠	1998年1月	19.51	彩色锌瓦厂	黄志忠
印刷厂	十五工区	司锡根	1998年1月	6.01	印刷厂	周　群
橡塑制品厂	良种站	陈金发	1998年1月	3.00	利恒橡塑厂	严卫星
电镀厂	十六工区	陶洪祥	1998年2月	0.17	保留国营执照	
彩印厂	九工区	包兴祥	1998年2月	32.04	丰祥塑料彩印厂	包兴祥
合成化工厂	十二工区	杨忠祥	1998年2月	7.85	沙龙化工有限公司	张建明
锻压厂	六工区	杨兴贤	1998年11月	127.67	红霞实业有限公司	殷国良

说明：表中所录数据为改制时的评估数

第二章　工业门类

第一节　农副产品加工业

粮食和饲料加工　50年代的老农场时期，职工口粮和副食品的供应由场部组织到周围乡镇加工，或到指定的粮食管理所购买成品粮，场内仅办有豆腐坊1爿，年加工豆制品数百斤。

1960年，为解决职工的口粮加工，场部于下半年创办粮食加工厂，建厂时有职工12人，草木结构厂房12间和27.5型柴油机1台、135型轧米车1台、风木箱1台。1962年，场部投资新建厂房，配置管道输送设备，增加饲料粉碎机，并更名为粮饲加工厂，大米加工和饲料加工基本形成机械化。1964年开始，由代农加工转为自营加工。1967年，分别在跃进和长江两个片区建立饲料加工点（1977年划给工区管理）。1972年，增加面粉加工项目。1982年，利用原有设备，新建年产3000吨的混合饲料车间，增加混合饲料生产项目。1983年开始，粮饲加工由场部直接领导改为由多种经营服务公司领导和管理。此时，全场的食品和饲料加工业开始出现生产和销售两旺的局面，除有成套稻米加工设备外，还有200型成套小型面粉加工机组和年产3000吨混合饲料的成套设备。90年代中后期，粮饲加工逐步低落。1997年12月，工厂转制成私营企业后，于90年代末，逐步淘汰并歇业。

酒加工　1962年，在粮饲加工厂内开设小酒坊，用生产的饲料粮进行深加工并酿酒，酒可供应市场，副产品直接用于养猪业。两年后，因税收高压而停产。1969年秋，农场中学利用场内苦楝树果的自然资源，由大学生教师牵头，兴办酿酒厂，用苦楝树果做原料，酿出来的白酒香醇爽口，一度受到场内职工的广泛赞誉。学校酿酒于1972年因税收原因而停产。1979年，在农场繁殖场内创办常阴沙酒厂，主要生产白酒、甜水酒、黄酒和桂花酒等，尤以绿豆烧为盛。1989年，在建场30周年庆典仪式上，酒厂生产的绿豆烧取得一致好评。后因体制等原因，于1991年被迫停业。1994年，十七工区利用传统的酿酒工艺，建办甜水酒厂，酿出的“皇母娘娘”甜水酒深受用户欢迎。该酒厂于两年后歇业。

油料加工　1964年，在粮饲加工厂增设榨油车间，添置12台拉榨机和炼油设备。后因榨油率低等原因，于1969年停办。1985年，利用农场棉籽、大豆、油菜籽等油料资源，重新创办常阴沙油厂。建厂时，固定资产72万元，占地面积1.70万平方米，原料全部采用风力管道输送。1986年春，获得无息贷款20万元，场部又配套投资20万元扩建浸出法车间，用浸出法提取食油。工厂经逐年技术改造和积累，于1993年改建成股份制企业。至1997年，净资产362.56万元，其中固定资产286.47万元，1999年转制为私营企业。2004年，工厂建筑面积9000平方米，其中仓库3500平方米，仓储容量为8000吨，主要设备为一条日产50吨植物油的自动生产线。企业员工38人，其中专业技术人员和管理人员15人。

棉花加工　60年代起，农场的棉花种植面积不断扩大。1963年，棉花实种面积为13156亩，为解决棉花外出加工不便的困难，是年，场部购置皮辊轧花车12台、20.2千瓦重型柴油机1台，建造房屋9间，建立轧花厂。建厂初期，喂花、打包、运输等均为人工操作。1965年，设原动、轧花、剥绒3个车间，并命名为江苏省国营常阴沙农场轧花剥绒厂。至1969年，先后添置皮辊轧花车16台、打包机1台、141剥绒车3台、"6160" 柴油机2台、棉绒检验设备1套，新建厂房和仓库4幢、宿舍2幢，占地面积28140平方米，建筑面积4781平方米。70年代后，在添置设备的基础上，重点对原有设备进行技术改造。至80年代中期，工厂初步实现生产半自动化。80年代后期起，市场对皮棉品质的要求逐步提高。1993年，轧花厂实行第二轮技术改造，将原24台皮辊车全部更新为锯齿车。至1997年，拥有"90型"锯齿车2台、"71" 型剥绒车10台、清绒机3台、打包机3台、喂花机1台、各种型号的铣齿机2台，以及切削机床、台钻和锻压设备等，企业资产达588.96万元，其中，固定资产192.63万元。2000年5月，轧花剥绒厂转制成为私营企业，同时更名为常阴沙棉业有限公司，不久后轧花剥绒业歇业。

第二节　机电工业

1959年10月，农场恢复扩建后不久，由兆丰公社手工业联社转进铁业煅打、自行车装配修理以及小五金工人8人组成的铁业组，同时，场部从职工中抽调6人组成木业组，主要从事场内铁木家具的制造和修理。

1961年春，由场部投资44071元，建造土墙瓦顶结构的厂房、机库22间以及草竹结构的房屋538平方米，由常熟机械厂支援土车床4台和土制立钻1台，建立沙洲农场机械厂，主要承担场内农机具的维修、保养和小农具与家具的生产。1964年，扩建厂房1幢，购置64千瓦发电机组1台及相关专用设备，将铁木小农具制造部分划出，另建农具厂，机械厂则更名为机务队，将农机修造和农机管理合为一体，并增设钣金、电焊、锻工等修理项目。除负责农机维修外，还根据农业生产需要，制造出机动喷雾器、稻麦脱粒机，改制播种机等。1971年，机务队扩大生产规模并改名为农机修造厂，增设电机和钢皮尺两个生产车间，开始由自给性生产发展成商品性生产，年产钢皮尺76660支，1.1千瓦电动机和1.1千瓦鼓风机1467台，年产值65万元。1976年，生产DLJ-300地板打蜡机。1977年，投资近10万元，增建年生产能力为50吨的不锈钢炼钢车间，后因电源不足而停产。1978年，将农机修理和农机管理两部分划出，另建机耕队和农机修理机构。

1979年，在用电管理站内创办常阴沙电气控制设备厂，从事高、低压配电板的生产。

1981年，原农机修造厂改为常阴沙纺织印染机械厂，专门从事纺织机械和印染设备的制造和生产，先后研制并生产BB581型毛纺细纱机、B601捻线机、交流电动机、TH系列油污水分离装置、导布辊等印染机械配套设备。

1984年，电气控制设备厂筹建并更名为江南化工设备厂，1985年投入生产后，利用不锈钢边角料，生产出不锈钢铸件和各种介质的闸阀、球阀、蝶阀，以及各种型号的飞铁密封化工泵、离心泵、液下泵等多种机械产品。1990年5月，新建不锈钢材料制品厂。同年，常阴沙纺织机械印染厂更名为工业锅炉给水泵厂，并转产为水泵系列。1992年2月，电气控制设备厂恢复重建。1993年11月，江南化工设备厂和不锈钢材料制品厂合并组建为张家港市不锈钢泵阀总厂。至1997年底，全场机械工业共有9家企业，资产总额5970.73万元，净资产2465.76万元，其中固定资产1403.17万元。在机械工业中，不锈钢泵阀总厂、工业锅炉给水泵厂、电气控制设备厂3家骨干企业的资产总额为5372.14万元，占行业资产总额的89.97%，净资产为2204.48万元，占行业净资产的89.40%，其中，固定资产1234.29万元，占行业固定资产的87.96%。

90年代后期，国有企业转制后，个体私营企业迅猛发展。至2004年末，除转制企业外，全场共有机电工业门类个体私营企业23家，注册资本为925万元。

第三节 纺织工业

纺织　1978年，创办针织厂，生产腈纶针织衫、裤。1979年，办毛纺厂，建成后以生产腈纶针织绒和绒线等产品为主。1980年，由三工区、四工区、十三工区联合创办棉纺织厂，建成后以生产棉纱为主。3家企业形成纱、线、衫、裤轻纺一条龙格局。同年，针织厂注册“江帆”牌商标。后并入毛纺厂。1982年，棉纺织厂归属场部领导和管理。1985年5月，针织厂从毛纺厂划出单独核算。是年，该厂生产的绣花女套衫、光夫衫、盘花衫、树叶衫等内衣产品销往四川成都、宜宾、重庆、山东潍坊、青岛、河南郑州、洛阳以及新疆、哈尔滨、北京等省市，并通过新疆39089部队后勤部针织厂向苏联出口各种腈纶衫11.2万件。1986年，毛纺织厂注册“金鸟”牌商标，所生产的腈纶针织绒产品成为主导产品，销往全国各地，为场办工业的骨干企业。1990年4月，棉纺织厂从十三工区迁至镇区，生产销售形势逐步好转，并生产涤纶纱、涤棉纱、全棉麻灰纱、全棉彩色纱等主导产品，成为场办工业的骨干企业。

此外，分别于1979年由七工区办的丝织厂，于1985年由商业公司与航空工业部陕西秦峰机械厂共同创办的航空工业部江苏常阴沙纺塑模具厂，于1986年由十三工区办的拼线厂等轻纺企业，因技术和管理等因素先后于90年代停办。

至1997年，全场国营工业中的纺织企业有2家，资产总额为2043.82万元，其中，固定资产为1154.14万元。拥有2.5万枚棉纺纱锭，形成年生产4500吨成品纱、6000吨毛纺纱和6000吨腈纶纱的生产规模。1998年国营工业企业转制后，纺织工业迅速发展。至2004年，除转制企业外，规模较大的私营企业有宏源纱线有限公司、德鹏纺织有限公司、常源化纺有限公司、鸿大纺织厂4家，注册资本290万元。

缝纫、织造　60年代初，场部组织7名缝纫工人，在今农场医院对面的供销社东侧建立缝纫店，负责场内职工衣衫的缝制和修补。1973年，吸收场内30多名女工，办常阴沙服装加工厂，与原有的成衣铺同属农业服务队领导，分组核算。

1984年，服装加工厂更名为常阴沙服装厂，实行独立核算，并注册“凯利”牌商标，实行加工和自营相结合的方式组织生产。1990年，30万件梭织服装被列入张家港市服装工业产品出口计划。1991年，工厂发展成年销售收入超1000万元、利润近百万元的江苏农垦系统知名企业。1992年，引进12台双面大圆机，织造和针织服装配套运行。1997年，拥有进口针织设备12台（套）和服装专用设备350台（套），共有服装、针织、织造、塑料四个车间，资产总额1600多万元，其中固定资产880万元。1998年，在国营工业企业转制中，服装厂将4个车间剥离后重组为荣盛服装厂、针织厂、针织服饰厂和华芳塑料厂4家私营企业，原常阴沙服装厂则通过一年多时间的调整，改建为私营企业。至2004年，除转制企业外，全场共有服装门类的私营企业15家，注册资本664万元，其中梭织服装加工厂10家，注册资本456万元。

第四节 化工工业

1978年7月，十二工区建立化工一厂，主要生产鸡眼膏。1980年，鸡眼膏业务并入南通农垦勤奋制药厂。此后，化工一厂处于半停半开状态。1998年，转制为私营企业。

1978年9月，二十工区办有机玻璃厂，先生产有机玻璃纽扣，后转产电器塑料配件。1984年，为照顾部分残疾人员就业，工厂收归场部管理，同时改名为福利塑料化工厂，主要生产聚乙烯吹塑和电器塑料配件。1985年，扩大生产规模，增加职工70多人，当年生产电容器衬垫162.5万只、晶体管衬垫147.9万只、其他塑料制品27万只、建筑管2.2吨。此后，一直处于小打小敲状态。1998年11月，工厂以一次性卖断的形式改建为私营企业。

1982年，六工区创办化工二厂，主要生产三氯化铝。1983年，场部在六工区划出土地19.2亩，建办化工三厂。主要生产氧化锌、苯矸、混合苯以及香蕉水等产品。1985年扩大规模后，当年实现产值62.8万元，全员生产劳动率8720元，实现利润6.2万元。1990年11月，化工二厂与化工三厂合并，名称为江苏省国营常阴沙化工厂。此后，化工厂因环境污染和管理等因素，于1993年歇业，1995年2月撤销建制。

此外，农场化工工业还有：1979年，十六工区创办电镀厂，主要业务是金属镀镍、镀锌等，1998年转制时歇业，但仍保留执照。1979年，五工区办日用化工厂，主要生产卫生香等，不久后停产。

第五节　建材工业

砖瓦生产　70年代起，根据农场职工翻建住房的需求，不少工区相继办起小砖窑，这些土窑均以人工手制砖坯、瓦坯，并以柴草为燃料，烧制"85"青砖和小瓦。虽产量不高，但为农场职工翻建房屋起到一定作用。

1976年10月，场部在十二工区西南处划出46亩土地，投资筹建砖瓦厂，翌年4月竣工，建成22门轮窑1座，三心拱式，窑室高2.8米，宽3.6米，窑身占地4300平方米，投入生产后，当年生产红砖585万块，实现产值11.6万元。后陆续新建厂房，增添设备，使生产设施逐步配套，至1985年，全厂有职工250人，固定资产32.91万元，除装卸外，制砖、运输基本实现机械化，完成"85"烧结红砖2698万块，大号平瓦11万片，实现产值103.7万元。所产砖瓦不仅解决场内职工的建房需要，而且为周边乡镇的农民建房提供帮助。1986年，在第一座轮窑北部划出土地53亩，新建20门轮窑1座。两座轮窑窑身占地10.2万平方米，各类建筑物面积1.11万平方米。年生产红砖5000万块、平瓦50万片。1995年开始，随着建筑用砖瓦市场的逐步饱和以及国家对烧结砖瓦的宏观调控，工厂出现亏损。1997年停产，1998年秋，企业转制后轮窑拆除。

预制构件　1976年，农场工程队首先办预制场。1978年，改名称为建筑材料厂。初建时，有拌和机、振捣器、卷扬机、拉丝机和水泥场地等专用设施。主要生产水泥楼板、门框、窗框、牛腿、电线杆、桥面板等，用于工程队内外施工的配套服务。1984年，物资运输公司兴办水泥制品厂，主要生产建房用水泥预制品。初建时，有水泥场地2000平方米，后陆续增添设备，场地扩建到4000平方米。工厂达到年产水泥楼板2500立方米、屋梁250立方米、牛腿30立方米、其他水泥制品40立方米的生产规模。

建筑装饰材料　1985年，场部投资4万元建装饰材料厂。建成后，由建筑安装公司管理，定名为江苏扬子江建筑装潢厂。主要生产各种规格的石膏装饰板。90年代中期，物资公司水泥制品厂在生产预制品材料的基础上，开发新建装饰用轻质隔墙板和塑钢门窗两条生产线。1998年，国有企业转制后，建筑装潢厂和水泥制品厂分别于1999年改建为私营企业。至2004年，全场建筑材料工业除2家转制企业外，另有5家私营企业。注册资本180万元。

第六节　汽车改装及配件业

车辆改装　1978年初，十一工区建车辆改装修理厂，于1979年在场内生产出第一辆面包车。后因技术等因素，于1980年秋停办。

1983年11月，场部创办汽车修理厂，主要从事场内汽车的维修与保养。年底，汽车修理厂采用BJ-130系列汽车底盘改装出13座面包车和6人双排座汽车，注册“丹凤”牌商标，1984年投入批量生产，当年实现产值146.1万元，利润总额23.1万元。1985年1月，用电管理站创办第一汽车改装厂。是月，场部组建汽车工业公司，负责全场汽车的修理、改装和销售的统一管理。是年8月，汽车修理厂生产的“丹凤”牌汽车经省内外有关部门29位专家、教授及工程技术人员鉴定后取得合格证书，被国家列入汽车生产目录，取得产品生产许可证，当年生产“丹凤”牌“130”型双排座汽车、“620”型轻型客车112辆，年产值204万元。是年12月，第一汽车改装厂改用农垦车辆改装厂牌子；第二汽车改装厂即汽车修理厂改用江苏农垦车辆改装厂牌子，对内仍称汽车修理厂。1987年1月，四工区创办第三汽车改装厂，用“丹凤”牌商标生产小型面包车和双排座客货两用车。后因诸多因素，江苏农垦车辆改装厂于1992年2月歇业，汽车改装业务由电气控制设备厂承担。

汽车配件　1978年10月，四工区创办电化厂，主要承接并生产电表配件等。1986年，添置1台挤出机，为有关汽车制造厂家生产PVC橡塑密封条，主要有汽车窗口嵌条、挡风玻璃嵌条、内装饰条等30多种配件。1993年6月，由场工业科牵头，利用轧花厂闲置厂房办汽车附件厂，主要生产汽车用橡塑密封条。一年后，工厂搬迁至原化工三厂内，并添置一条自动化生产流水线。1994年10月，场部为培育汽车配件生产的骨干群体，建办汽车附件总厂，生产、制造汽车窗框、汽车行李架、汽车用各种嵌条、灯具、汽车软垫等配件，原汽车附件厂划归汽车附件总厂领导。1995年7月，四工区电化厂的汽车橡塑密封条业务并入汽车附件总厂。是年，经电控厂扶持，一〇工区借用杜鹃客车厂厂房建办车厢厂，主要生产汽车窗框与汽车车厢等汽车配件。1998年4月，车厢厂作为电控厂的车间转制改建为私营企业。1999年1月，汽车附件总厂正式转制为私营企业。至2004年，汽车配件业有汽车附件厂、恒驰汽车附件厂、江晨客车配件厂、永泰减震器制造有限公司4家私营企业，注册资本为265万元。

第三章　工业管理

第一节　管理机构

1961年4月，农场召开第一届职工代表大会，成立农场管理委员会，管委会下设办公室、生产科、工副业科、保卫科和基本建设科。其中工副业科和基本建设科具体负责全场工业项目的可行性研究、论证和投资、技术改造及全场工业的日常事务管理。

1976年，设工业科，为全场工业的管理机构。1980年4月，增设劳动工资科，负责全场劳动工资及工业单位职工的招收、调动等事宜。1983年，撤销工业科，成立工业公司，作为经济核算单位，主要承担全场工业单位的管理工作。1985年12月，恢复工业科名称，仍作为场部的职能科室。1987年10月，重新改工业科为工业公司。1989年1月，再次恢复工业科名称。

2002年4月起，撤销工业科建制，建立经济发展办公室（简称经发办）。

第二节　职工队伍

农场工业的职工队伍，按照国营农场的管理办法，由场部根据各个行业的需要，统一安排调度。60年代，从上海、常熟等内地的国营企业中抽调技术骨干帮助农场兴办工业，并将这些技术骨干的家属适当安置在服务行业中，将场内有一技之长的个体手工业从业人员以及复员退伍老战士集中安置在场办企业中，这部分工人成为农场工业企业的创始力量。60年代中期，苏州市知识青年插队落户，场办工厂需要人员，一般优先考虑苏州市知青。70年代，农场职工子女陆续就业，场办工厂招收工人，一般在本场职工中进行考虑。其步骤是由场部根据用工企业申请，将所需名额分配到各个工区，工区再经贫下中农推荐后逐步审核落实到人，职工子女招收进厂后，先安排在相应岗位上试用，是为学徒工，一年后，根据表现定工资等级时，转为技术工，并将其户口转为农场单位集体户，工资关系随户口迁至所在企业。70年代后期起，场办工业发展较快，用工单位须将所需用工的要求和数量制订出计划并上报场部，再由场部出面统一招工，优先考虑在家待业的初、高中毕业生。方法是向各农业工区下达招工计划和数量，宣传发动后实行先报名，后考试，再考核，经考试考核合格者由场部批准招收为工厂职工。进单位后，除少数被安排在技术岗位上需经过一年的学徒期外，其他人员一般无须学徒期，户口转为农场单位集体户，工资关系随户口直接从工区迁往所在单位，性质一般仍为农业工人。80年代中期，工厂实行承包，场部的招工计划逐步放开。1986年实行场长、厂长负责制后，工厂用工由单位自行做主，所招收的工人有计划内用工和计划外用工两种。属计划内用工者，其工资关系一年后迁往所在单位，并由所在单位为其承担人头费用，户口不转。计划外用工者，工资关系留在原工区。90年代后期起，用工单位可根据实际情况，直接到外县市招聘工人，应聘者只需出示外出打工证明和居民身份证，经招聘单位审查后，到农场派出所领取暂住证，即可接受用工单位的岗前培训，然后持证上岗。职工性质均属不在册的计划外临时工。至1997年，全场场办工业企业的在册职工（指工资关系在单位的）为2451人。1998年转制后，工业单位用工完全自行作主，场部不再干预。2004年，全场工业单位的全部务工人员为2552人。

第三节　基础管理

1961年4月，由场第一届职工代表大会形成决议，成立农场管理委员会，管委会下设工副业科，负责全场工业的管理工作。1963年，场部相继建立安全、生产、财务、技术等各项规章制度，并以农垦部颁发的《国营农场机务工作规章》《机械作业规程》《技术保养规则》《农机装备定额》《修理技术标准》等规定为依据，制定具体的实施细则。70年代后，全场的工业单位相继实行以定额任务、计件工资为内容的奖赔责任制，职工的工资与产量、质量挂钩，奖金与工厂利润成正比。80年代初，工业企业开始重视以财务、物资、现金、生产、产品、技术、劳动七个方面的管理工作，各个方面都订立严格的规章制度及计分、评分标准。1986年后，企业管理以标准、计量、定额、信息、规章制度、职工教育和班组建设为主要内容，称“七基管理”。1993年，在继续抓好“七基管理”的基础上，突出抓了以生产现场管理为重点的专项管理。全场场办工业单位相继建立由生产现场（含仓库）、质量（含标准计量）、技改项目、安全生产、设备、财务等组成的企业管理网络。1994年，分别在全场工业企业中开展综合管理合格企业、综合管理示范企业以及单项管理达标企业的创建工作。共有4家企业通过张家港市综合管理达标验收，其中，获张家港市管理示范企业1家、合格企业3家，并有1家企业通过农牧渔业部全面质量管理达标验收，4家企业获得“苏州市现场管理先进企业”称号，1家企业通过苏州市全面质量管理达标验收，3家企业通过苏州市设备管理达标验收，4家企业建成张家港市财务统计管理合格企业，2家企业建成张家港市安全管理合格企业。1996年，在全场工业企业中推行邯郸钢铁公司模拟市场核算、实行成本控制、开展以增收节支为主要内容的“四抓四促”活动，并重点推广不锈钢泵阀总厂目标成本责任制的管理经验。1997年，推行ISO 9000质量保证体系认证，当年有3家企业通过ISO 9000质量保证体系认证。1999年后，逐步推行ISO 9001、和ISO 9002质量保证体系认证。

第四节　营销管理

60年代至70年代中期，农场工业企业的原材料供应和产品销售按国家计划，由场部统一调度和控制。70年代后期起，工厂由自给性生产转换为商品性生产，产品开始外销，各工厂相继成立供销科，并抽调文化程度较高且有一定社会活动能力的工人担任供销员（一般为外地分配来场的大中专毕业生、知识青年或国营大中型企业下放到农场的技术工人三种对象），负责本厂产品的外销工作，有些工厂则指定人员长期驻外地担负工厂与业务单位的联络和业务承接事宜，原辅材料的供应仍由场部统一调度。1978年起，随着乡镇工业的兴起和发展，农场工业逐步形成原辅材料和产品市场两头在外的格局，场、厂两级领导开始逐步注重在本场职工中物色和培养供销人员，俗称“跑外勤”。1980年，全场工业单位的供销人员有70多人。1984年，各工厂相继摆脱场部的控制，自行承接业务，自行销售工厂产品，并对供销人员实行定任务、定报酬的奖赔责任制。供销员队伍逐步扩大。1986年实行场（厂长）负责制后，供销员队伍如何在企业中发挥作用的问题十分迫切地摆在场、厂两级领导面前，场、厂两级领导也逐步意识到抓好供销员队伍管理的重要性。为此，场部在每年春节后安排工作时，利用各种机会对供销人员进行思想和行为教育，并在正月初十前召集供销员代表到场部开座谈会，交流工作，增进感情。1992年，国家经济体制由有计划的商品经济转变为市场经济以后，企业的供销工作开始升格为企业营销工作，至此，全场企业的营销员队伍扩大到近300人。1993年开始，场部每年春节假期结束后的第一项活动，即由原来三级干部参加的开门红会议转变为由所有企业营销人员参加的全场营销工作会议，除总结全年企业营销工作外，请企业营销员代表座谈，交流经验，落实责任，讨论、制定并完善营销责任制。在采用包定基数、超利分成营销办法的基础上，工业单位相继形成由工厂和营销人员共担风险的经营责任机制。1995年起，开展评选“十佳营销员”活动，明确规定，“十佳营销员”每年评选一次，凡连续三年被评上“十佳营销员”者，除享受所在企业给予的待遇外，享受全场以工代干待遇，并按以工代干标准由所在单位为其缴纳养老保险等各项费用。至1997年，共有6人连续三年被评选为“十佳营销员”，场部为他们办理了以工代干手续。1998年，国营工业企业转制后，场部不再强调营销管理。

第五节 安全生产

1962年3月，农场出现首次安全生产事故，由于安全生产设施不配套等因素，粮饲加工厂青年工人季福根被机器轧死。场部以此为教训，把安全生产列入工业管理的重要内容，并分工一名场级领导具体负责全场的安全生产工作。70年代后期，场保卫科配备负责安全生产兼职干部1人。1980年，成立劳动工资科，安全生产由劳动工资科负责，安全生产兼职干部列入劳动工资科编制。1982年，场部成立安全生产领导小组，分管工业的副场长为安全生产领导小组组长，劳动工资科设专职经保干部1人，具体负责全场企业安全生产的宣传教育、监督检查。组织对司炉工、电焊工、吊车工、铲车工、电工等特殊工种人员的培训。1984年，场部推行安全生产责任制，与企业签订安全生产目标管理合同，将安全生产要求经细化后列入企业干部年终考核内容，具体内容有安全检查、宣传教育、职业卫生等专项整治、隐患协查与整改、事故处理等。每2~3个月由场安全生产领导小组会同企业安全生产管理人员对各企业进行大检查，同时要求各企业对本单位的安全生产工作每月至少自查2次，发现隐患及时整改。1992年，在工业锅炉给水泵厂举行首次消防运动会，之后在每年11月利用“119”消防宣传之际，举办一次消防运动会。1991年开始，每年5月份被定为“安全生产月”，场安全生产领导小组组织各种形式的宣传活动。同年，安全生产工作由工业科负责，专职安全生产干部从劳动工资科转到工业科。1997年，全场有持证上岗的安全生产管理人员38人，有锅炉、压力容器、电梯、铲车以及起重机械等特种设备29台（套），有证使用率为48.3%，有特殊工种作业人员81人，持证上岗人员81人。至2004年，全场有持证上岗的安全生产管理人员138人，有锅炉、压力容器、电梯、铲车及超重机械等特种设备85台（套），有证使用率为100%，有特殊工种作业人员171人，持证上岗人员171人。

第四章 骨干企业与产品选介

第一节 骨干企业

恩达泵业有限公司（常阴沙工业锅炉给水泵厂） 该企业原名为沙洲农场机械厂（简称农机厂），创建于1961年春。主要承担场内农机具的维修、保养和小型农具的生产。1964年，工厂改名为机务队，同时增加钣金、电焊、锻工等修理项目，并承担全场的农机管理职能。此后，机务队生产出机动喷雾器、稻麦脱粒机等，改制出播种机等农机具，成为一家集农机修造和管理于一体的综合型企业。

70年代起，企业初步由自给性生产发展为商品性生产，并生产制造出电动机、钢皮尺、鼓风机以及DLJ-300地板打蜡机等。1971年，工厂更名为东方红农场农机修造厂。1978年，将农机修理和农机管理划出，企业由综合性生产转为专业生产。1980年开始生产纺织和印染机械及环保设备。主导产品有BB581-2型毛纺细纱机、B601A型毛捻线机、TH系列油污水分离装置（该产品于1985年获中国专利，专利号为CN8520385）。1981年定名为江苏省国营常阴沙纺织印染机械厂。1985年，增设常阴沙环保设备厂。同年，工厂实现利润超百万元，成为农场第一家年净利润实现100万元的企业。1990年，工厂转产工业锅炉给水泵的生产和制造，并再次更名为工业锅炉给水泵厂。该厂开发并生产的"恩达"牌IGGC型系列给水泵产品，于1992年获江苏省科技进步二等奖，1994年获全国给排水及消防专业产品行业金奖，同年被国家机械部、计划委员会、经贸委、科学技术委员会、技术监督局、电力部以及财政部列为第16批推广节能产品。至1995年，企业形成5000台工业锅炉给水泵的生产能力。1998年，工厂有铸件、冲压、金工、钣金、装配、油漆6个车间。经上级评估后确认，全厂共有资产1507.81万元，其中固定资产446.42万元，企业净资产为755.80万元。1999年3月，工厂转制并改建为股份制企业，后逐步转为私营企业，定名为张家港市恩达泵业有限公司。

恩达泵业有限公司是农场创办时间最早的国营企业之一，也是农场实力最雄厚的工业企业之一。在创建后的45年历史中，先后进行过多次经营结构调整。2000年1月，公司获江苏省消防产品登记备案证书，同年6月通过ISO 9002质量体系认证。

该企业位于红旗中路29号，占地2.61万平方米，其中建筑面积为8648平方米。工厂注册"恩达"牌。有5个车间，7个部门，员工108人，其中工程技术人员22人。有生产设备185台（套）。主要产品为给水泵系列19个品种228种规格。2004年，销售收入1530万元，利税总额160万元。

飞浪泵阀有限公司（张家港市不锈钢泵阀总厂） 该企业建于1984年5月，建办时名称为江苏省国营江南化工设备厂。时有化工设备和不锈钢材料制品两条生产线。1985年投入运行后，先后生产出不锈钢铸件和各种介质的闸阀、球阀、蝶阀，以及各种型号的飞铁密封化工泵、离心泵、液下泵等多种机械产品。1986年9月8日，原江南化工设备厂副厂长陈世章以煤代油，改革锅炉炉灶的事迹在中央电视台《晚间新闻》节目中播出。1990年5月，不锈钢材料制品生产线从江南化工设备厂分出，另建不锈钢材料制品厂。1993年11月，江南化工设备厂和不锈钢材料制品厂合并组建为张家港市不锈钢泵阀总厂。1999年5月，工厂第一次转制，更名为张家港市飞浪泵阀有限公司。性质为股份合作制企业。2000年8月，第二次转制为私营企业。

飞浪泵阀有限公司共有炼钢、蜡模、清整、金工、轧钢、拉管和抛光七个车间。主要生产设备有光谱分析仪、力学试验、金相分析、晶向腐蚀等相关设备，以及叶轮动平衡试验设备，国家B级电脑测试台等。主要产品有"飞浪"牌不锈钢泵阀类系列产品及合金钢铸件、不锈钢钢带和焊管等。其主导产品IE型飞铁密封化工泵于1989年通过化工部组织的技术鉴定，1991年被国家机械电子工业部列为第27

批替代进口产品，并被化学工业部列为三万吨磷铵料浆专用泵。其带飞铁的副叶轮密封装置于1992年1月获中国专利（专利号为91213317.1）。与此同时，在历年开发的30多种合金钢材料中，有8种材料替代进口。离子膜碱电槽阴极液循环泵于1995年通过化学工业部科技成果鉴定，并被定为替代IH泵在全国推广。1996年1月18日，经中国名牌产品认定暨明星企业评选活动组委会审核，由飞浪泵阀有限公司生产的飞浪牌IEJ型标准系列化工泵被认定为中国名牌产品。至1998年，企业基本形成研制、开发、冶炼、加工、制造、营销一条龙的专业化生产格局，并于同年7月通过ISO 9002质量管理体系认证。经上级评估后确认，全厂共有资产2422.72万元，其中固定资产793.99万元，企业净资产为998.48万元。2002年6月，公司获德国莱茵技术公司PED证书。同年8月通过挪威船舶DNV认证。

该企业位于红旗中路59号，占地2.54万平方米，建筑面积2万平方米，职工200人。工厂注册"飞浪"牌，主导产品有IE型飞铁密封化工泵、IEJ型标准化工离心泵、IEL型小流量高扬程化工泵、IPY、FPYS型耐腐蚀液下泵、HE型轴流泵、IM-Ⅱ型磁力驱动化工泵、HG型化工管道泵、离子膜电解阴极液循环泵、不锈钢铸件，以及各种介质的闸阀、球阀、蝶阀等。2004年，销售收入3442万元，利税总额339万元。

常阴沙电控厂　该企业前身为农场用电管理站下辖的一家国有企业，名称为江苏省国营常阴沙电气控制设备厂（简称电控厂），建于1979年。1984年，以生产高低压配电柜为基础，从用电管理站划出，创办江南化工设备厂。1989年，又从江南化工设备厂划出建不锈钢材料制品厂。1992年2月，再次从不锈钢材料制品厂搬出并单独建制，恢复名称为电气控制设备厂。此后，工厂先后获国家机械工业部和电力部认证证书，并列入国家经贸委颁发的市、村网改造许可上网企业目录。1997年，经上级评估后确认，全厂共有资产1230.47万元，其中固定资产298.11万元，企业净资产为284.24万元。1998年4月，转制重组为股份制企业，更名为沙洲电气有限公司。1999年，工厂通过ISO 9001质量体系认证、2002年获ISO 9002质量体系认证。2000年，工厂改建为私营企业，定名为张家港市常阴沙电控厂。是年，该厂跨区域在宿迁市投资办厂，建办宿迁市沙洲电气有限公司，成为宿迁市工业园区第一家外市投资企业。

该企业位于红旗西路30号。占地1.56万平方米，建筑面积1.52万平方米。有员工200人。工厂注册"沙洲"牌商标，主要生产设备有J92K-20数控冲床、WC67K-100数控折边机及电焊机、车床等，主要产品有各种型号的高压开关柜、低压开关柜、户外成套变电站、户外非金属特种水泥变电站、美式箱变、HXGN型环网柜、XLL型镉镍电池屏、PK保护屏、CKX59型空气绝缘母线槽、电缆桥架及各种非标动力箱等。2004年，销售收入4001万元，利税总额312万元。

张家港市常阴沙棉纺针织有限公司　该企业于1980年，由三工区、四工区、十三工区（今常北社区）职工以集资形式联合创办，厂址在十三工区，并由三个工区联合管理，时属工区办企业。1982年，单独建制并由场部直接管理。1988年，更名为江苏省国营常阴沙棉纺针织厂。1990年，从十三工区迁出至红旗镇区。1998年，经上级评估后确认，全厂共有资产1181.47万元，其中固定资产489.90万元，企业净资产为151.19万元。1999年3月，转制以股份合作制形式重组为张家港市常阴沙棉纺针织有限公司。2000年，后逐步改建为私营企业。

该厂位于红旗中路109号。占地面积1.8万平方米，建筑面积1.2万平方米，员工300人。主导产品有各种涤纶纱、涤棉纱、全棉麻灰纱、全棉彩色纱及纺织用纱。拥有棉纺色纺纱锭2.5万枚，主要产品有各种棉纱、混纺纱、色纱、化纤纱等系列，年生产能力为4500吨。2004年，销售收入2413万元，利税总额134万元。

张家港市华丰油脂有限公司　该企业前身为江苏省国营常阴沙油厂，建办于1983年，是场内一家日用植物油的专门生产企业。公司于1993年首家在江苏农垦系统内改建为股份合作制企业，更名为江苏省常阴沙油脂化工有限（责任）公司。1998年，经上级评估后确认，全厂共有资产618.80万元，其中固定资产248.17万元，企业净资产为419.70万元。1999年，正式转制并逐步改建为私营企业。2000年9月，更名称为张家港市华丰油脂有限公司。

该企业位于乐红公路39号。占地1.59万平方米，建筑面积9000平方米，其中仓库面积3500平方米，仓储容量为8000吨。主要设备为一条日产50吨日用植物油自动生产线。企业共有各类员工38人，工厂注册“芦花”牌商标。2004年实现销售收入930万元，利税总额102万元。

第二节 主要产品

配合饲料（系列） 该产品由江苏省国营常阴沙多种经营服务公司粮饲加工厂的科技人员，参照国内外畜禽品种不同发育阶段的营养需要，以现代饲料营养学理论为依据，于80年代初期选择优质原料加工，并经多次优选配制而成。其可检质量指标均符合国家商业部颁发的中华人民共和国国家标准。营养全面，富含蛋白质、脂肪、维生素以及各种微量元素。适口性好，对促进畜禽生产作用明显。有肉禽系列、蛋禽系列共十多个品种。产品曾销往张家港、江阴、常熟等市场。用户反映该产品比同类产品价格低、饲料转化率高。

敦煌牌石膏装饰板 该产品是常阴沙建筑工程公司下属的扬子江装潢材料厂的主要产品，型号规格有500毫米×500毫米×6毫米，“敦煌”牌商标，年产量10万平方米。该产品采用优质天然石膏做原料，运用国内外先进工艺和配方，经反复研制，并经南京师范大学化学系测试鉴定合格后投入生产。该产品新颖美观，防火防潮，防热保温，消声吸音，耐腐防蛀，安装方便，安全可靠。曾是会场、剧场、礼堂大厅、宾馆、会客室、文化体育设施、商店餐厅、净化车间等场所的热门装饰材料。80年代后期至90年代中期，成为居民家庭房间的天花顶棚装饰的选择。一度销往江苏、上海、安徽、河南、浙江等省市的30多个大中城市。

金鸟牌腈纶膨体针织绒 该产品是常阴沙毛纺厂80年代的主导产品，“金鸟”牌商标。规格有“813”中粗绒和“824”、“826”针织绒。1980年投入生产后，年产量600吨以上。曾远销国内11个省、市、自治区的104个工厂和商场，并经蚌埠第二毛纺厂投放于香港市场。该产品除富有弹性、不糙不烂、无丝鸣声、条干均匀、外观丰满等特点外，还具有不褪色、不起球、结构稳定、经得起拆洗、经久耐用等重要的性能。

丹凤牌NK-620轻型客车 该产品是江苏农垦车辆改装厂按中国汽车工业公司《关于颁发“专用汽车编号，定型和质量要求的若干规定”的通知》要求，采用BJ-130系列底盘设计制造，并经江苏工学院和省内外有关部门29位专家、教授及工程技术人员进行生产技术鉴定，取得合格证后生产。该客车整车外形新颖、美观大方，门窗密封采光良好，附属设施配备完整，其平稳性、操作性以及改装质量等均达到国内同类车辆的较高水平。年生产能力为300辆以上。

TH-1200油污水分离器 该产品由中国船舶工业总公司第7研究院704研究所设计，江苏省国营常阴沙纺织机械厂制造。经上海科学院等10个科研单位和管理部门联合进行的技术鉴定取得合格证书，投入生产后于1985年获中国国家专利，专利号为CN8520385。该产品是一种油污水分离装置，采用国内外首创网状油滴聚合元件，具有分油性能好、工作稳定可靠、使用寿命长、维修保养费用低等特点。既可用于处理船舶的含油压仓水和洗仓水，也可用于处理陆上工矿企业的含油污水，经分离后排放的污水，其含油量小于10PPM。这种油污水分离装置还是一种节能设备，不但可以保护水域环境，防止油污染，还可回收废油，油水分离性能达到国际先进水平，曾填补国内空白，产品于1985年获国家发明二等奖。

BB581-2型摇架式环锭精纺机 该产品由江苏省国营常阴沙纺织机械厂在总结B581、B582样机结构的基础上，采用较先进的技术设计制造而成。该机在很多方面对原B581、B582样机的结构进行了改造，如样机用四罗拉双皮卷单区牵伸，改造后用三罗拉双皮卷单区牵伸，部分用摇架加压，代替了样机的重锤加压。牵伸装置具有使用可靠、加压方便、拆装便当、节省劳力等优点，同时能保证纱支条干均匀稳定。吸尘部采用单排吸风管，罗拉隔距可根据原料纤维长度作出调节，能适应多种原料（如羊毛、化纤、纯纺及混纺等）的精纺和加工，是各类大中型毛（棉）纺企业精纺工序的理想设备。产品曾远销湖北、山东、江苏、安徽、广东、四川、浙江、河北、陕西及上海等省市。

B601A型毛纺捻线机　该产品由江苏省国营常阴沙纺织机械厂设计制造。该机用机架、车头传动、锭子传动、插片式断头自停装置，以及纱架部件、气圈环升降、钢领板、车头门、罩壳、升降杠杆、升降分配、电器设备等部件组成。具有造型精巧，运转平稳，清扫、维修便利，操作方便，外形清洁美观等优点。适应纺纱支数范围广。产品曾销往湖北、山东、江苏、安徽、广东、四川、浙江、河北、陕西及上海等省市。

飞浪牌飞铁密封化工泵　该产品由飞浪泵阀有限公司吸收国外化工泵的最新成果设计和制造。该产品设计先进，可靠性高，便于检修，适用范围广，并以其噪音低、无泄漏、寿命长、耗能低等优点，在国内外客户中享有较高声誉。特点是：用加粗轴，增大轴刚度；轴承加大，采用双列向心推力球轴承，转子轴向游隙小，轴承寿命大于2.5万小时；叶轮和泵轴用螺纹连接，密封可靠，拆卸方便，耐腐蚀性优于IH泵；轴封箱空腔宽敞，机封工作条件好，寿命长，并可简化机封辅助系统；可供水冷轴承箱、保温夹套泵体、中心支撑泵体等多种变形结构；主供轴封形式为强制内冷伪装式机封，并可按美国AP1610标准供应机封系统；通用性广，零部件在多种规格泵中可互换，减少了用户备件储存量；可配套电机变频器，便于调节流量和杨程，达到节能的目的。产品选用特种合金钢材料，具有良好的耐酸、耐碱、耐各种介质腐蚀及耐磨的性能，广泛用于氯碱、冶金、石化、盐硝、造纸、磷酸、化肥等行业的关键工位。产品除为国内泵阀门生产厂家提供配套服务外，还出口日本、印度等国。在化工泵系列中，IE型飞铁密封化工泵于1989年通过化工部组织的技术鉴定，1991年被国家机械电子工业部公布为第27批替代进口产品，并被化学工业部列为三万吨磷铵料桨专用泵，其带飞铁的副叶轮密封装置于1992年1月获中国专利（专利号为91213317.1）；离子膜碱电槽阴极液循环泵于1995年获化学工业部科技成果鉴定，并被定为替代IH泵在全国推广；IEJ系列标准化工泵于1996年被中国名牌产品认定暨明星企业评选活动组委会认定为中国名牌产品。

飞浪牌合金钢阀门铸件　该产品由飞浪泵阀有限公司研制并生产。采用高铬、高镍不锈钢，超低碳不锈钢，双相不锈钢，以及普通不锈钢等多种合金钢材料，并利用水玻璃熔模硅熔胶复合工艺铸造和树脂砂铸造，阀门口径从小口径到大口径，从低磅级到高磅级的不同规格，最大铸件单件重量达3.5吨。各种合金钢材料均通过德国莱因公司PED、AD2000认证及德国劳氏船级社阀门铸件认证。材料的化学成分、机械性能、金本分析、晶间腐蚀均达到该材料的标准规范。材料系列有镍铬奥氏体不锈钢系列、超低碳不锈钢系列、超低温合金钢系列、双相钢系列、耐高温合金钢系列、耐磨合金钢系列、哈氏合金钢系列、蒙耐尔合金系列，因格尔镍系列以及高铬高镍合金系列等等。产品除为国内的阀门厂、化工泵厂生产厂家提供配套生产外，还远销日本、德国、美国等国家。

XGN□-24系列开关柜　该产品由常阴沙电气控制设备厂引进和制造，是新一代小尺寸模块式开关设备，以负荷开关—熔断器组合电器、隔离开关—断路器等主开关构成各功能单元和密封气箱，其母线通过母线连接器可以在左右方向任意扩展。结构有柜体、开关—母线室（气箱）、操作机构室、熔断器室、电缆室、泄压室。适用于中压配电系统，并可根据不同的设计方案任意排列，完成不同的配电任务。具有结构紧凑、安全可靠、寿命长、易维修等特点。

KYN□-24（Z）铠装型移开式交流金属封闭开关设备　该装置由常阴沙电气控制设备厂引进和生产，为三相交流50Hz、24KV单母线分段系统的户内成套配电设备。整体由柜体和中置式可抽出部件（即手车）两大部分组成。柜体分四个单独的隔室，外壳防护等级为IP4X，各小室间和断路器室门打开时防护等级为IP2X。具有架空进出线、电缆进出线及其他功能方案，经排列、组合后能成为各种方案形式的配电装置。主要在电厂、变电站、工矿企业及高层建筑中作为接受和分配电能之用，并具有对电路进行控制、保护和检测等功能。开关柜内配置ZN24真空断路器，成套设备可满足国内电网对中压开关柜的要求，适应于“五防”和全关门操作、全封闭、全隔离、全绝缘、全工况的特殊性能要求。“五防”即防止带负荷推拉断路器手车，防止误码分、误码合断路器，防止接地开关处在闭合位置时关合断路器，防止在带电时误码合接地开关，防止误码入带电隔室。

第九编 商贸

第一章　商业体制
第二章　商品经营
第三章　集市贸易
第四章　社会服务业

50年代前，境内早期围垦成圩的东长沙、青草沙、联珠沙没有商业店铺，没有商品交易。居住在圩内的农民和流动人员必须跋涉很长的滩地并摆渡到兆丰镇或泗兴镇才能买到一些日常生活必需品。50年代初，南丰供销社在青草沙设流动货郎担，串户贸易，销售日用小商品。1952年，乐余供销社在老农场场部设立日用杂货供应点。1955年秋，合作二圩围垦成圩后，南丰供销社即在合作二圩西南岸脚下设立生建供销站，经营日常生活消费品。1956年，周围居民在生建供销站旁的路上摆设地摊，形成零星早市。1959年10月农场恢复扩建后，除红房子原有的零星早市外，根据“发展经济，保障供给”的方针，相继建立国营商店和供销合作社。1978年，商业体制进行改革，多种经济成分并存，县办国营商业和供销合作商业发展加快。1979年，农场建立物资站，负责系统内的物资采购和供应。80年代起，先后建立工业供销经理部、多种经营服务公司及商业公司，设立建筑材料、生产资料和生活资料门市部。后物资站改建为物资运输公司，将原供销社设立在各工区的代购代销店收归商业公司管理。这些单位与国营商店和供销合作社及合作商店并存，在经营自产农工副业产品的基础上，负责日常生产和生活消费品的经营。与此同时，个体私营商业也开始起步，集市贸易迅速发展。先后四次搬迁农贸市场，扩大贸易规模。至1997年，全场有国有、集体商业单位7家，商业门市、网点168个，其中个体商业网点152个，实现社会商品零售总额3880.7万元、营业额8843.6万元，其中个体商业零售额占23.39%。2004年末，全场有商业贸易等服务单位545家，其中个体商业网点538个，实现社会商品零售总额8300万元、营业额11810万元。

第一章 商业体制

第一节 国有商业

一、粮油经营单位

粮油贸易公司 1956年，常熟县南丰区粮管所在新围垦的合作二圩建造4间草屋，设立生建粮站。1963年秋，建立农场粮站，与生建粮站联合办公，负责农场职工口粮的统购统配工作，初建时有工作人员20人，设有收购、供应两个组。不久后，在二工区、九工区办公室处划出7间草房，分别设立跃进和长沙两个粮油供应点。1963年至1964年，长沙粮油供应点新建200多平方米的仓库和水泥场地。1969年，在农场河水闸处建造房屋5间（其中仓库3间），跃进粮油供应点迁至农场河水闸。1971年，在长江供销站旁建造房屋8间，设立长江粮油供应点。至70年代中期，农场粮站共有仓库60多间、营业门面房20多间、房屋建筑面积3000多平方米、水泥场地4000多平方米，仓储容量3000多吨。1983年9月起，农场粮食管理工作由统购统配改为职工口粮自留，农场粮站的职能逐步转轨，跃进、长沙、长江3个计划粮油供应点撤销，重新设立红旗、六干河、长沙、长江4个粮油议购议销门市部。1992年9月，农场粮站更名为江苏省国营常阴沙粮油贸易公司。2004年属地管理后，更名为张家港市常阴沙粮油贸易公司。至2004年，公司占地9600平方米，建筑面积3476.2平方米，其中仓库面积为2285.6平方米，仓储容量3500吨，有水泥场地1200平方米。

兆丰粮管所常阴沙农场购销站 简称农场粮管所和国家粮站，前身为生建粮站。1977年7月，与农场粮站分开营业。1980年撤销农场粮管所，建立购销站，隶属兆丰粮管所。1981年，在红旗套闸南100米处建造房屋14间，单独建站。此后陆续兴建仓库、加工房、办公室等。占地面积3950平方米，建筑面积2474平方米，其中仓库为800多平方米，水泥场地1000多平方米，仓储容量为1000多吨，配工作人员11人，主要承担兆丰东林片近万人的统销粮供应及张家港市属奶牛场、畜牧场、棉花原种场和常阴沙农场持城镇居民户口的居民口粮，每年2000多吨的供应任务。1984年，建办酒坊，年产甜水酒、黄酒等15万公斤。后陆续置办稻米加工设备，同时开展米麦兑换、油菜籽兑油以及粮油议购议销等业务。2002年转制后，实行租赁经营。至2004年，占地总面积4100平方米，建筑面积458平方米，其中仓库8间，计390平方米，仓储容量为2600吨。水泥场地3600平方米。

二、商业物资单位

物资公司 70年代前，物资工作属国营农场经营活动的一项内部工作，先后由财计（物）科、供销科负责。1979年4月，物资工作从财物科划出，单独成立物资站，开始由场内调拨型转变为商品经营型，使国营农场的物资成为商品进入流通领域。农机配件由农机厂移交到物资站对外经营。轧花厂、五金电器厂等单位的积压物资移交到物资站公开销售。化肥、农药、建筑材料等由场部计划调控划到物资站公开经营，同时开辟有色金属、机电设备、小五金等经营项目，开设门市部，开展零售活动。1983年6月，物资站改建为物资运输公司，统管全场粮食、物资运输工作。1985年12月，改物资运输公司为物资公司。至此，物资公司有工业单位1家，运输、装卸、油库等服务单位3家，农机、农资、建筑材料等经营门市部3个。除工业单位外，总占地面积13648平方米，其中，房屋建筑面积3163平方米（含仓库1908平方米），各种建筑材料（含木材、砂石）堆场8348平方米。1995年，物资公司与商业公司合并成立商业物资公司。

商业物资公司　1983年9月，根据国务院关于国营农场试办农工商联合企业的精神，农场将下属工业供销经理部所属的门市部，综合厂的理发、缝纫、钉秤、水灶、照相、自行车和钟表修理等部门，以及职工招待所、浴室等服务行业归并后建立商业服务企业，定名为江苏省国营常阴沙商业公司，创办时有房屋84间、店铺19间，固定资产26.1万元，流动资产3.5万元，管理人员5人，职工43人。经营项目有百货、针织、烟糖、调料、食品、饭店、旅馆及其他服务项目。1984年初，将原供销社的19个商业网点收归商业公司管理，并在红旗套闸南首开设建材门市部。1985年，公司开始实行柜组承包责任制，扩大经营规模，共承包柜组42个，增设五金交电、日杂等门市部，从业人员96人。是年1月，在苏州北局（观前街与人民路交会处）租用门面房30平方米，推销经营本场的农副业产品，同时经营百货、烟酒等日用消费品。是年6月，商业公司与航空工业部秦峰机械厂联合建办航空工业部常阴沙秦峰联营厂，生产纺织塑料模具。航空部秦峰机械厂提供设备和技术，常阴沙商业公司提供厂房基地，工厂占地1.49万平方米，建筑面积1549平方米，其中车间890平方米，投产后因市场原因逐步转产电视机零件和网络丝等产品，并于1990年歇业。1990年，商业公司在苏州市沧浪区设立经营部，推销农场农副产品及工业品。1995年，商业公司与物资公司合并，更名为江苏省国营常阴沙商业物资公司，简称商物公司。至1998年10月，商物公司切块转制时，共有资产总额618.90万元，其中净资产185.58万元。

农业生产资料公司　1979年4月，物资站成立时，农药、化肥等生产资料从财物科划出，由物资站实行计划供应和零星销售相结合的办法经营。是年年底开设门市部进行零售活动。1983年3月正式成立农资门市部，为物资站下属的部门。1992年11月，原种子公司更名为农业生产资料公司，公司经营地址从农科所搬迁至常阴沙大桥东南首80米处（通运南路）。1996年3月，场部投资90万元建造农资公司3层综合楼1幢，面积为800平方米。至1998年11月商业物资公司农资门市部和农资公司合并转制时，共有资产总额180.77万元，净资产59.3万元。房屋建筑面积1780平方米，其中办公用房357平方米，仓库1423平方米。下设六干河、东沙、长江和乐红公路4个销售点。年销售收入800万元左右。

第二节　供销合作商业

一、供销合作社

1955年秋，南丰区供销社在新围垦的合作二圩西南部建造3间红瓦平房作店铺（今红旗西路中段北侧，东距常阴沙大桥约100米处），设立生建供销站，站长卢世忠。经营日杂、腌腊、调料及百货等商品。1956年，“红房子”形成商业集市后，生建供销站即开始吸纳附近居民投资入股。1958年，生建供销站改属兆丰供销社，除经营生产生活资料外，增设棉花、生猪、家禽、关丝草及废品等收购业务。1959年10月，农场恢复扩建后，生建供销站吸纳农场职工、集体生产单位和集镇居民投资入股，始成为农场商业的主要联合体。1960年春，合作商店从生建供销站划出，单独建制。同年8月，原兆丰供销社生建供销站改名为常阴沙国营商店，属职工参股的股份合作制商业企业，其行政和党的组织均受当时的农场领导，业务由常熟县商业局主管。1961年，国营商店召开入股社员代表大会。全店有门市部6个，职工15人。1964年4月，沙洲县以经济区划建立供销社，常阴沙国营商店改为常阴沙农场供销站（称中心站），属乐余供销社和沙洲县商业物资局领导。1969年，沙洲县以行政区划建立供销社，常阴沙农场供销站改建为东方红农场供销社，直属沙洲县商业局领导。

80年代初，东方红农场供销社改称为常阴沙供销社。至80年代中期，常阴沙供销社房屋建筑总面积为2.44万平方米，从常阴沙大桥至一〇工区，现红旗西路北侧约300米处全部为供销社的沿街店面。有职工157人，固定资产146万元，流动资金147万元，社员股金31万元。全社设有1个百货商场、1个批发站、1个农副产品收购站、1个食品站，有生产资料、贸易信托2个经理部，以及棉布、针织、副食、烟糖、五金、交电、鞋帽、百货、文具、家电、日杂、调料、化肥农药、农具、农机、废品和蚕茧收购、组副、修理、旅社、饮食等35个门市柜组，下设水闸、长江、新村和苗圃4个供销站及代购代销店（简称双代店）11个。1995年，供销社投资300万元，在常阴沙大桥西北端的北中心河边侧建造红房子商场1座，建筑面积为2251.8平方米，其中营业厅面积为4000平方米，经营百货、钟表、鞋帽、副食、五金家电及黄金饰品等4000多种商品，同时设有旅社、酒家、卡拉OK，是一个集商品销售、文化娱乐、食宿服务于一体的新型商场。1998年，供销社因无力还贷，把该商场抵押给市农业银行。是年，常阴沙供销社经过改制，各门店逐步转让给私人经营。

双代店　60年代初期开始，供销站（社）根据上级关于设置农村商业网点的精神，先后在三、四、五、七、十一、十三等工区设置代购代销店（简称双代店），开展生活消费品的经营活动。之后又陆续在一、十五、十六、十八等工区和四一农场设立双代店。1985年，农场建立商业公司后，除四一农场双代店外，农场范围内的双代店全部由农场收归商业公司管理。

供销社下延站点　70年代起，供销社先后在境内建立了4个供销下延站。1972年3月，在农场河水闸处建房16间，556平方米，建立水闸供销站。1977年，增建房屋8间，计232平方米。1979年5月，水闸供销站改为合作商店的下延点，90年代中期撤销。1973年4月，在十四、十五、十六、十八工区交界处，建房4间98平方米，建立长江供销站，后于1974年、1980年、1982年增建房屋37间，计1238平方米。该站于1998年整体转让给私人经营后，成为私营商业点。1979年4月，在六干河水闸处建房10间，224平方米，建立新村供销站，后于1981年扩建房屋14间，计465平方米。1983年7月，在六干河与北中心河交界处，建房52间，1487平方米，建立苗圃供销站。新村供销站和苗圃供销站分别于1998年供销社改制中，转让给私人经营。

二、合作商店

1958年，兆丰、青草沙等地共7户个体商贩陆续进入境内，开展日杂小百货、调料、鲜肉、水产品及豆制品供应等经营活动，同时进行药店、饭店、钉秤、自行车修理、旅社等十多个项目的服务活动。这些人员以户为单位，经盘点后相继组织成立了一个饮食业合作小组和一个合作商店，单独建制，属独立核算的大集体性质，归县商业总店领导。经营地点在当时的生建供销站西侧，即现红旗西路7号。

60年代中期，合作商店在九工区设立下延点，称长沙商店。70年代初期，合作商店除饭店外，从原址搬迁至东方红大桥东首（红旗中路西端）。1979年5月，供销社所属水闸供应站改为合作商店下伸点。1986年，合作商店建造3层门面楼，6间，建筑面积为1296平方米。1998年，合作商店解体，门面房拆除，人员并入常阴沙供销社。

第三节　个体商业

1955年，青草沙两户个体商贩紧挨生建供销站的红房子搭建草屋两间，经营日用商品。1958年，个体商业门店发展到7家。后根据上级规定，这些个体商业门店合并组建合作商店后，除农贸市场少量零星摊贩外，个体私营商业门店歇业。80年代后，个体商业重新开始起步。1983年，随着商业公司、多种经营服务公司等商业企业的建立，个体商业开始发展。1985年，领取营业执照的个体商户涉及自行车修理、钟表修理、收音机修理、理发、修鞋、裁缝铺、副食品、针织百货、小摊贩、小饭店及小加工等十多个行业共70多户。

1986年，农贸市场从今振兴新村入口处搬迁至江南化工设备厂（今张家港市飞渡泵阀有限公司）东首（今派出所）所在地，场部首先将电器、钟表修理、油漆、卫生洁具、装饰材料、理发等零星个体摊贩集中起来，规划在农贸市场周围搭建临时房屋，形成个体商业一条街。1990年8月，场部在红旗中路中段南侧，首批规划建造一字形个体商业街，商业门店11家。1992年，随着集镇建设的发展和红旗路拓宽，个体商业门店分别由农贸市场沿红旗中路向东向西延伸。1996年5月，11户个体商业门店整体南移，红旗中路遂基本形成个体商业一条街。1998年实行产权制度改革后，国有、集体工商企业相继改建成股份制或个体私营企业，全境商业除粮油贸易公司等少数单位外，全部成为个体私营性质。其门店遍布于集镇和农业工区。相对集中地段有红旗路全段、通运南路起点段及人民南路，经营范围主要有服装、针织鞋帽、百货超市、五金交电、美容美发、建筑材料、装饰装潢、灯饰电器、娱乐休闲、广告摄影、旅社饭店、家电修理、药店诊所、特色经营、茶庄、熟食小吃、眼镜验配、金银饰品、车辆销售、车辆修理、农资销售、农机配件等100多个。至2004年，全场有个体私营商业单位和网点538个，营业面积4.38万平方米，从业人员1002人，上缴国家税金152万元。

第二章　商品经营

第一节　粮油经营

一、粮油供应

50年代，农场职工的粮油实行统配统销，按口粮每人每月17~21公斤、食油每人每月0.25公斤的定量统一由食堂供应。1959年10月农场恢复扩建初期，除原来吃商品粮的农场职工实行统配统销外，对“场带队”进入农场的职工（含职工家属及子女），其粮食和食油供应办法是每年二季直接分配。1962年，国家对农场实行粮食包干办法后，原来实行统配统销的人员（城镇居民）改为农场通过粮站供应成品粮。1963年，全部实行统收统配，即由场部通过粮站发放粮油供应卡，按计划每月向场内居民供应成品粮和食油。具体标准为：计划食油，1~16周岁每人每月0.1公斤，16周岁以上每人每月0.15公斤；计划口粮，1~7周岁每人每月4公斤，8~14周岁每人每月10公斤，15~16周岁每人每月12公斤，16周岁以上每人每月15公斤，其中场内职工另加4公斤劳动粮（根据劳动出勤所得工资由各工区计算出的口粮，又称按劳粮）。场内城镇居民的口粮为每人每月14公斤，小孩按国家标准相应减少。1977年，农场粮站与粮管所分开营业，场内城镇居民和农业人口的口粮分窗口供应。1980年，撤销农场粮管所，建立兆丰粮管所常阴沙农场购销站（简称国家粮站）。1981年开始，国家粮站搬迁至红旗套闸南首后，场内城镇居民的口粮改由国家粮站供应。

1983年9月，农场粮油管理供应体制逐步改革，实行计划定量和市场调节并行的“双轨制”，即城镇居民与单位集体户职工仍实行统收统配，农业工区人口则实行口粮自留。除场内城镇居民和农场市镇单位集体户职工5000多人的口粮分别由粮食购销站和农场粮站凭卡供应外，其他人员的口粮和食油全部自留，即按上四下六（夏熟40%、秋熟60%）的计划由所在工区调拨原粮。1984年9月，实行第一轮农业承包制度改革，兴办职工家庭农场后，凡种田户的口粮全部在所承包的责任田中自留，其余上交，食油则自行到市场购买。单位工作、户口在工区人员的口粮则由所在工区调拨。同年，农场粮站设立红旗、六干河、长沙、长江4个议购议销门市部，经营计划外的以粮食和食油为主的20多个粮油品种，国家粮站亦开始设点经营米麦兑换、油菜籽兑油及粮油的议购议销业务。90年代末，国家取消城镇居民的副食品补贴，实行粮食放开，粮站不再对城镇居民实行口粮供应，城镇居民的口粮开始自行到市场购买。2000年9月，实行第二轮农业承包制度改革，农场农业人口的口粮开始走向市场，农场农业职工在上交计划种植的粮食中，不再留取口粮。从此，全场的粮油供应全部市场化。

二、粮油收购

老农场时期，种植的粮食全部上交国家，再由国家根据计划返还场内人员的口粮。1959年农场恢复扩建后，所生产的粮食和油料由粮站作为收购单位实行扎口收购和管理，除留足场内人员的口粮外，全部上交国家。1962年，国家对国营农场实行粮食包干办法，农场的粮食除向省农垦局调拨部分种子，并留足场内人员的口粮外，其余全部由沙洲县粮食局实行统配调拨。大豆和棉籽油亦在留足场内人员的计划后，全部上交给沙洲县粮食局。1983年，实行计划供应和市场调节并行的“双轨制”，农场粮食收购部门在完成计划收购任务后，采取议价收购的办法收购粮食和油料。1984年，农场实行农业承包体制改革，场部每年首先按国家计划，将全年的粮油生产计划下达到工区，并授权农场粮站和农场国家粮站通过工区向职工家庭农场收购粮食。工区根据场部计划下达农业承包上交通知书，以书面形式下达到每个家庭农场。计划完成后，粮站采取议价收购的办法直接向职工家庭收购议价粮。90年代末，国家全面放开粮食市场，由于国有农场的特殊性，场内粮食仍然实行控制政策，由粮食收购部门通过农业工区向职工家庭收购粮食，并采取以粮抵款的办法，由粮食收购部门同所在工区结算粮食款，职工根据上四下六（每年的6月30日前40%、12月31日前60%）的比例抵交所在工区下达的各项费用后，领取粮食款。2004年4月，农场划归张家港市，实行属地管理。6月，农场的粮食市场全部放开。是年始，取消以粮抵款的结算办法。

第二节 主要生产资料采购与供应

一、煤炭

建场初期至1979年，城镇居民生活用煤实行定量凭卡供应，由供销社生活资料门市部负责。70年代初期，当时的农机修造厂生产所需的焦炭一部分由供销社生产资料门市部根据计划供应，另一部分由农场供销科组织供应。1979年后，随着工业生产用煤量的增加，一方面，通过省农垦局计划调拨，另一方面，采取多渠道、多形式、扩大计划外采购等办法，主要由场物资站直接到煤炭生产单位组织采购和供应。80年代后期，工业生产用煤逐步转为由物资部门供应和用煤单位自行组织采购相结合。1995年起，煤炭供应全部走向市场，由用煤单位自行组织。

二、石油

1960年，农场建立拖拉机队，时有东方红拖拉机3台，加上围垦万亩圩时从常熟白茆公社和吴县陆墓公社抽调的拖拉机9台，共有12台。为确保拖拉机的正常运行，在合作二圩现恩达泵业有限公司西侧建立临时油库，用于贮存国家下拨的计划汽油和柴油。1961年，临时油库归属新建立的农场机械厂。1963年，在机械厂内正式建造油库，所需石油由省农林厅分配。至1968年，有自制油罐7只，贮存量为70吨，另逐步添置油桶700只，用于灌装散装汽油和柴油。70年代起，组织部分计划外采购，对用油单位实行定量供应。1978年后，随着场办工业的兴起，用油量增加，在保证农田作业用油的基础上，采取平价和议价相结合的办法分配供应到工业企业，所有计划全部由场供销科安排。1979年，建立物资站，油库从农机厂划出归物资站。1981年，新增油罐3只，贮油量增加到210吨。1983年，归新成立的物资运输公司。1990年，为适应农场经济的发展需要，物资公司在乐红路新建加油站，占地面积2803.6平方米，建造房屋640.8平方米，房屋占地面积为513.4平方米，添置柴油罐7只、汽油罐4只、小油罐21只、油桶90只，油料总贮存量为500吨，同时购置加油机等设备，除供应农业用油和场内工建交单位用油外，增加为过路车辆加油业务。石油来源除省农垦公司每年按计划分配外，主要由中国石化张家港分公司供应。1992年，在十七工区通往福山的路口新建小加油站1座，添置油罐2只，贮油量为20吨。1995年物资公司与商业公司合并后，加油站隶属商业物资公司管理。1997年12月，乐红公路加油站和十七工区加油站通过竞标拍卖的形式一次性转让给私人经营。从此，场内用油全部市场化。

三、木材

60年代，农场基本建设、制作农具所需木材由省农垦局直接分配调拨。居民建房造屋、制作家具所用木材多数由供销社组织且实行计划供应。70年代，省农垦局实行戴帽调拨分配，即将计划下达到沙洲县，再由沙洲县具体下达到农场。同时，为解决农场的供应和消费矛盾，一方面，号召职工家前屋后种植杂树进行补缺，另一方面，自行组织计划外采购和供应。70年代中期，到无锡、江阴等地购买墓穴棺材板（俗称冷板）曾盛行一时。1979年，农场重新归属省农垦局领导和管理后，省农垦局对农场的木材计划改戴帽下达为直接下达。同年，成立物资站，在组织好省农垦局木材计划供应的基础上，从江西等地组织计划外采购，并在物资站边上的北中心河东侧建立木材堆场，对内供应。1983年，新成立的商业公司和多种经营服务公司，分别在红旗套闸处和一〇工区建立木材堆场，从东北等地采购原木、板方等货源，除供应场内单位和职工家庭外，组织对外供应。至此，全场除红旗镇镇区的供销社、物资公司、商业公司和多种经营服务公司4处木场外，还有物资公司所属一工区六干河边、十七工区七干河边两处木场，占地面积7356平方米。1984—1994年，全场年销售各种规格的木材6000立方米左右，主要品种有杉木、松木、杂树、杂木、板方等十多个品种。2004年，全场有木材商行或商店9家。

四、建材

60年代初，农场基本建设所需的砖瓦、石灰等建筑材料，均由常熟县从大生窑厂组织调拨供应。70年代初，砖瓦、石灰、水泥、黄沙、石子、玻璃、石棉制品、耐火砖等建筑材料由场部组织采购，或由供销社组织供应。1977年，农场砖瓦厂建成投产，所生产的砖瓦除按场部计划供应到单位外，可以直接供应到职工家庭。70年代后期，水泥、黄沙、玻璃等建筑材料的社会需求量剧增。1979年，场物资站首先在北中心河东侧建立建材门市部，辟有黄沙堆场、石灰加工场以及水泥仓库，组织计划外采购和供应。1984年后，建筑公司和工业供销经理部也相继建立建材门市部，扩大石灰、黄沙、水泥及平板玻璃等建材的进货渠道，组织对内对外供应。80年代后期起，私营个体建材商店逐渐兴起，除原有的建材品种外，还增加墙布、墙纸、胶水、地毯、地砖、墙面砖、浴缸、卫生陶瓷、洁具等新颖建材品种。1998年，国有、集体商业转制后，更多的外地和场内人员相继在集镇或镇区边缘开设建材和装潢装饰商店。2004年，全场有经营建材的商行、商店43家。

五、农机配件

1964年，农场机械厂更名为机务队后，为确保农机具修理“大修不出场”的要求，在机务队的西侧建造8间砖瓦结构的农机配件仓库，面积为320平方米。农机配件的供应与调配由场财物科负责，即从财物科开票后，凭票到配件仓库领取。1979年，农机配件仓库搬迁至物资站临时仓库（场部大礼堂东侧），并由物资站统一组织采购与供应，与农机配件相配套的机电设备、小五金等也同时由物资站仓库供应。1984年起，农业机械逐步进入职工家庭。1985年，全场私人农机具动力拥有量占全场农机具总动力的比例达27.76%，并有逐年上升趋势。1986年，场物资站在北中心河东侧新建仓库15间，840平方米，其中农机配件仓库10间，560平方米，设立门市部，主要为场内农机作业单位提供农业机械的采购、更新以及配件调缺等服务，属设立在镇江的全国农机调配中心江苏农垦物资供应站的定点供应单位。业务范围主要有有色金属、机电设备、小五金、轴承、油封、各种内燃机配件（耕作机械、收获机械、排灌机械、运输机械），以及小型农机具等。80年代后期，农机配件经营范围扩大，业务量增加，同时开始向周围乡镇辐射。1991年，在张家港市港区镇设立农机配件门市部，作为物资站农机配件的窗口。1998年，在工建交企业改制中，两处农机配件门市部归并，并从商业物资公司划出，一次性转让给私人经营。此后，随着个体私营商业的发展，经营农机配件的商店也逐年增加。2004年，全场经营农机配件的个体商店有3家。

六、农用物资

70年代前，农药、化肥、塑料薄膜、农机具及农用杂品等农用物资主要由省农垦局统一分配调拨，场供销科组织调配，各农业工区根据分配计划，将所需要的农用物资开出清单后，到场财物科开出领料单，凭领料单直接到物资仓库领取，年终一次性结算。另外，供销社设立生产资料门市部，主要经营桐油、小青油和农用杂品（毛竹、扁担、竹柄、钉耙、锄头、镰刀等小农具），以及农药化肥的场内补缺等。1979年，农药、化肥、塑料薄膜等农用物资全部归口经营，并设立农资仓库，实行计划供应。后随着经营业务量的逐步扩大，于1983年3月设立农资门市部，实行计划分配与计划外采购调节相结合的办法供应。90年代后，农药、化肥、塑料薄膜等农用物资市场逐步搞活。1992年11月，场部成立农资公司，专门从事农药、化肥和塑料薄膜的采购与供应。至此，全场农药化肥经营单位有供销社生产资料部、农场商业物资公司农资门市部及农场农业生产资料公司3家企业。经营数十种化肥和上百种农药。90年代中期起，农药化肥的计划供应基本取消，全部依靠市场进行配置。1998年，供销社生产资料部首先重组为股份制企业，专门经营农药、化肥、塑料薄膜和农用杂品。场商业物资公司农资门市部和农业生产资料公司合并后转制为私营企业，专门从事农药化肥的经营。2004年，全场共有农药化肥经营单位3家，营业面积6322平方米，经营门店11个，年销售收入1300万元。市场覆盖面除常阴沙农场的全部区域外，还涉及兆丰、乐余、三兴、锦丰、南丰等乡镇的部分区域。

第三节 生活消费品的组织与供应

一、日用工业品

针纺织品　50年代中期，棉布实行统购统销。1956年起，新建立的生建供销站开始少量经营棉布和针棉织品。是时，棉布、针棉织品、布制成品一律凭布票供应。60年代至80年代初，全场的棉布、布制成品以及各种针纺织品的组织和供应全部由供销社负责。80年代，针纺织品的经营结构发生变化，涤棉混纺、化纤织品、呢绒织品、丝绸织品等一些中高档商品的销售量增长较快。1983年取消布票，针纺织品的购销由供销社独家经营改为多渠道经营。是年9月，新成立的农场商业公司设立棉布柜台，以销售本场毛纺织厂、针织厂、丝织厂、服装厂等工业单位生产的针纺织品和布制成品为主，并注重组织适销对路的货源。由此，全场针纺织品由供销社、合作商店和农场商业公司三家单位共同经营。80年代后期，一些个体工商户开始投资搞服装经营，从摆设地摊到租用门面，经营品种和规模逐步增加，至90年代中期，形成红旗中路针织品一条街。1998年，国有商业和供销合作商业转制后，针纺织品的经营全部被个体私营门店替代。2004年，全场有针纺织品经营门店126家。

日用百货　50年代中期，生建供销站设立百货销售柜台，有火油、火柴、肥皂等小百货十余个品种。60年代初，日杂百货及日常消费品商业逐步形成，除肥皂、火柴、电池、铅笔、胶鞋、纸张等商品严重缺货外，部分商品凭券定量供应。1962年，凭券供应的百货商品有胶鞋、肥皂、热水瓶、搪瓷脸盆、雨伞、镜子、木梳、牙膏、手电筒、民用剪刀、背包、书包、帽子等24种。1963年后，以集镇的供销社和合作商店及设立在有关工区的代购代销商店为主，少量商贩挑着货郎担串乡走户，以互换的形式，一边收购破旧废品，一边推销日用小百货为辅，互通有无，搞活经营，日用百货的市场供应状况逐年好转。1983年，商业公司设立百货柜台，同时将原供销社下设的代购代销商店收归商业公司。80年代后期，供销社、合作商店和农场商业公司的百货柜组相继承包。90年代起，原商业单位职工开始跳槽，或外出经营，或在红旗镇镇区租房开办商店，经营小百货。1998年商业单位转制后，日用百货全部改为私人经营。2004年，全场经营日用百货的商行商店有189家。

二、副食品

境内副食品销售起源于货郎担串乡叫卖“换糖换针线”。50年代，糖果茶食主要以货郎担的形式串乡，以物换物交易。50年代后期，生建供销站和合作商店分别设立副食品销售柜台。60年代初，香烟、食糖、糕点、糖果等紧缺，部分商品凭票供应，少数商品实行高价供应。1963年后，部分商品仍实行计划供应，但货源增加，物价渐趋稳定。至1965年，市场上已无高价商品出售。“文化大革命”期间，市场供应又趋紧张。香烟、食糖及主要果品凭票分配。1978年后，除食糖计划分配外，其余商品基本放开，供销社和合作商店逐步组织南北干货的供应。1983年，农场商业公司成立时，全场的副食品和南北干货销售柜台除供销社和合作商店两家外，还有供销社设在各销售点上的代购代销店和合作商店的下延销售点。1983年后，凡农场范围内原供销社代购代销店和合作商店下延销售点的副食品销售全部归属商业公司。80年代中期起，副食品销售额逐年上升，每年的营业额相当于百货营业额的三分之二以上。1998年，国有商业、供销合作商业转制并全部形成个体私营商业后，除烟、盐等商品按国家规定，仍实行专卖许可制度外，其他商品全部放开。2004年，全场有副食品和南北干货销售商店246家。

三、猪肉

50年代初期，境内无专门猪肉供应，人们需摆渡到邻近的青草沙（草镇）购买猪肉。1956年，“红房子”商业集市开始出现肉墩头，供应少量猪肉。60年代初期，猪肉由常熟县商业供销部门实行统购统销，农场范围内基本上实行自产自销。1963年，猪肉的供应由沙洲县食品公司负责，食品公司在农场设立生猪收购点，定期收购农场公养或公有户养生猪，猪肉实行定价定量凭票供应。60年代后期，沙洲县食品公司在农场建造生猪屠宰场。70年代初，沙洲县食品公司设立农场食品站，负责农场范围内的生猪收购和猪肉供应。农场食品站先后在长江、长沙、水闸、新村及苗圃供销站设立猪肉供应点。70年代后期，猪肉价格由每公斤1.48元调高到每公斤1.56元。在此期间，农场食品站每年平均在全场及周边地域销售（含调出）猪肉30万公斤，1979年达到59万公斤。1983年10月，农场建立多种经营服务公司并建造屠宰场，生猪收购、宰杀及猪肉供应逐步由多种经营服务公司取代，农场职工食用猪肉基本实行敞开供应。1985年上半年，猪肉价格再次调高到每公斤1.96元。下半年，对居民户实行副食品价格补贴，并允许个体商贩（小刀手）进行猪肉销售。1989年起，因生猪饲养量的减少，场多种经营服务公司开始从苏北等地调进生猪，组织市场供应。至此，猪肉价格全部放开。1992年，将全场个体经营户全部收归多种经营服务公司，由多种经营服务公司进行货源的组织、生猪宰杀和猪肉供应。至1998年，多种经营服务公司每年平均销售猪肉约40万公斤。1999年起，全场猪肉由多种经营服务站负责，猪肉销售全部由个体户经营。2004年，全场从事猪肉销售的个体经营户34个，全年供应猪肉48万公斤。

四、药品

1960年8月，常熟县沙洲农场接收兆丰医院设立在农场的两个医疗点并建立农场医院，设有中药房和西药房，主要销售农场医院医生的处方药。1978年，常阴沙供销社开设药品柜组，成为全境第一个医院外的药品销售场所。90年代中期，农场工业供销公司在红旗中路开办农场药店，销售药品300多种。1996年，农场药店歇业。2000年，原供销社药品柜组转让给私人经营并更名为常阴沙红旗药店，成为全境第一家私营药店。药店位于红旗西路23号，建筑面积190平方米，其中营业面积70平方米，为张家港市医疗保险定点及IC卡使用单位。药店经营处方药和非处方药，共900多个品种，包括化学药制剂、抗生素制剂、生化药品、中成药、一类医疗器械、二类基础外科手术器械、普通诊断器械、中医仪器设备、卫生材料及敷料、电子温度测量装置、电子压力测量装置等。2002年7月，在红旗中路46号开办常阴沙药店，营业面积110平方米，为张家港市医疗保险定点及IC卡使用单位，主要经营西药及医疗器械，共900多个品种。至2004年，全场共有药店（房）7家，其中中药专营店2家。

第四节　农副产品收购

一、棉花收购

50年代，农场种植的棉花全部上交国家。1954年9月，国家对棉花实行统购政策，南丰供销社代表国家在生建供销站设点收购棉花。1963年，农场建办轧花剥绒厂，全场种植的棉花全部由轧花剥绒厂加工，皮棉和短绒由沙洲县供销合作总社派员代表国家全部收购，年终一次性向场部结算，轧花剥绒厂只收取加工费，盈亏属场部。棉籽则由农场统一组织到有关油脂加工单位加工油料，一部分按计划分配给职工食用，一部分上交给国家。收购皮棉数，1960—1962年为635吨左右。1963年后，每年收购和加工的皮棉数在1200吨左右，其中，丰产年份1968年达1467吨，1973年1532吨，1979年1544吨。至1982年，供销社在农场共收购皮棉23319吨。1983年，国家取消对棉花的统购政策。是年起，皮棉由供销社收购改为农场轧花剥绒厂向工区收购，加工后采取省农垦总公司统配调拨和农场自营相结合的办法经营。1984年兴办职工家庭农场，棉花收购由轧花剥绒厂采取非现金结算的方式直接向职工家庭收购，即职工在交售棉花后，凭轧花剥绒厂开出的单据到所在工区结清当年由所在工区下达的田亩和人头费用，并向工区结算现金。1983—1984年，收购并加工皮棉2804吨。1985年后，棉花种植面积减少，轧花剥绒厂年收购并加工皮棉600~1200吨。1992年，棉花经营改由农场下达计划，轧花剥绒厂按全场种植面积收购和加工，并由加工单位自营。收购方式由非现金收购改为现金收购。至2000年，轧花剥绒厂共收购、加工和销售皮棉16964吨。2000年5月，轧花剥绒厂转制，改为私营企业，棉花市场全部放开，棉花收购开始由私人收购，或由小贩串埭上门收购，部分家庭购买小轧机，收购后加工成皮棉直接销售。2001—2004年，私人收购皮棉数为3927吨。

二、生猪收购

50年代至60年代初，境内生猪分两块收购。老农场一块属常阴区，由场部统一解交到乐余供销社。东长沙、青草沙、联珠沙一块属南丰区，由南丰供销社在生建供销站设点定期收购。1960年9月，常熟县商业供销部门根据省、苏州专署规定，对蚕茧、生猪、家禽、鲜蛋、鲜鱼等农副产品实行派购。1962年底，沙洲县食品公司取代供销社，在农场设立生猪收购点，定期收购常阴沙农场公养或公有户养的生猪，年收购量为2000~4000头。60年代后期，县食品公司在北中心河东侧良种站地段建造砖瓦结构的房屋十多间，设生猪收购点和屠宰场。70年代初，生猪收购点改为农场食品站，年收购量为4000~8000头。1975年后，食品站搬迁至北中心河西侧，并在东方红桥西南角建门面房3间，设立门市部。1979年，收购生猪18783头。80年代起，养猪数量逐年减少。1982年，生猪收购放开，食品站生猪收购量开始下降。1983年10月，农场多种经营服务公司成立并在农场繁殖场处建造屠宰场，取代食品站收购场内生猪，主要是保障农场范围内的猪肉供应。1988年，农场繁殖场拆除，多种经营服务公司屠宰场搬迁至良种站东部。80年代后期起，因生猪的饲养数量已不能满足农场猪肉需求，开始从苏北等地调进。1990—1998年，多种经营服务公司每年收购（含调进）生猪6000~9000头。1999年多种经营服务公司转制后，生猪收购由屠宰场负责。至2004年，年收购量（含调进）仍保持在8000头左右。

三、薄荷油收购

1959年10月农场恢复扩建后，每年在什边废地安排种植薄荷，统一烧制薄荷油，由供销社统一收购薄荷油，年收购薄荷油0.5吨左右。70年代后，薄荷种植面积稍有增加，仍由供销社收购。每年薄荷油的收购数量为1~7吨。1974—1984年，共收购薄荷油26吨。此后，因职工家庭农场的兴起，薄荷种植面积迅速下降，薄荷油收购逐渐停止。

四、蚕茧收购

蚕茧收购始于60年代初，场部统一组织养殖，生产的蚕茧由供销社组织收购，年收购量为1~2吨。1975年，场部在一、三、四、六、十三5个工区的挂脚田定植桑树100余亩。1977年增加到267亩，是年收购蚕茧19.85吨。1981年达23.75吨。1983年后，因栽桑养蚕的效益较低，经场部同意，有关工区砍桑改种其他经济作物，蚕茧的收购数量锐减。1985年，收购9.75吨。

五、蜂蜜收购

随农场养蜂事业的兴起，60年代初，供销社即在红旗镇收购蜂蜜，至1984年，每年收购量为2000公斤左右。1984年后，养蜂户生产的蜂蜜直接进入市场进行销售。

六、畜产品和废品收购

60年代初，供销社设立畜产品和废品收购站，收购猪皮、羊皮、黄狼皮、兔毛等畜产品以及废金属、破布、旧鞋底、废玻璃、废旧玻璃瓶等废品。70年代，增加回收废塑料。80年代，主要收购废纸品、废橡胶、废塑料、废钢铁、杂铜、废铅、废铝等。1998年，废品收购站随供销社改制而转为私人经营，收购的废品项目也逐步增加。2000年后，除在集镇设有1家废品收购点外，主要由外来人员串乡走户收购。

第三章 集市贸易

第一节 集贸市场

1955年秋，生建供销站附近的居民，利用早晨在供销站边上的空余地上摆设地摊，售卖少量的鱼、虾、蔬菜及禽蛋等鲜活商品自由贸易，形成早市。早市供应的鲜肉、豆制品等则从兆丰等地调运。同时，青草沙两户个体商贩也在生建供销站附近搭起小草屋店面4间，经营日用商品。

60年代初，农场场部搬迁至供销站对面，红房子遂成为农场及边缘地区的经济和文化中心，集市贸易逐步得到发展，并形成红房子集贸早市。集贸早市主要以农副产品为主，形式为不规则的零星摊点，位置在现红旗西路。至1980年，因粮棉油及花生、山芋等农副产品均由场部统配，集贸早市共有一个肉墩头、一个鱼搭子和几个蔬菜摊。是年下半年，对集贸市场进行整顿，从红旗西路搬迁至原农场中学出口处，即现红旗中路20号农贸市场出口处东侧路段，占地800平方米。兴建简易草棚60多平方米，其中40多平方米作为水产棚，对粮饲、水产、蔬菜、豆制品等实行划区设摊，定位贸易。1983年，场部再次将贸易场所向东迁移至红旗中路中段南侧今振兴新村入口处的路边，市场面积2000平方米，兴建840平方米砖场、110平方米砖瓦结构的房屋及360平方米玻璃钢敞棚。1986年，贸易市场第三次从路边搬迁至红旗中路北侧今常阴沙派出所所在地，新建市场占地总面积2900平方米，为三关厢半封闭形式，中间有玻璃钢敞棚，设固定摊点，四周为砖瓦结构的房屋，租赁给个体私营商业户经营，设餐饮、冷冻、加工等服务项目。1998年12月，在原农场中学校址（即今场部办公大楼对面红旗中路向南约15米处）正式兴建农贸市场，占地5336平方米，首期工程建筑面积3000平方米，实行“开放式经营，封闭式管理”。市场周围为个体私营门店，有服装鞋帽、冷饮批发、冷冻贮藏、餐饮饭馆、糕点小吃、水果摊点、农具修理及各项娱乐服务等。农贸市场四度搬迁后，成为境内及周围群众农副产品与手工业品的集市交易中心，是全境相对繁华的一处商业区。2004年，农贸市场有固定摊位64个、临时摊位30个，日平均上市人数为3500人左右，闹市高潮的日客流量在万人以上。全年总成交额2000多万元。

第二节 商业街 商业点

一、商业街

1960年，农场场部从海坝搬迁至生建供销站对面后，陆续以红房子商业集市为中心，创办工厂、商店、学校、医院及邮电、通讯、金融、交通等事业，并以供销站门面为核心，发展商贸事业。60年代末，东至北中心河、西至一〇工区集镇边缘河约300米（现红旗西路）的商业街基本形成。1971年，东方红桥建成，商业街道遂过东方红桥向东延伸，桥东建成合作商店，过桥向北除合作商店外，逐步建成以农场物资仓库为标志的物资供应中心。至此，红房子商业街道呈“十”字形布局。80年代起，镇区商业街继续沿红旗路向东延伸，先后建成工业物资供销中心、粮油贸易中心、商业公司门市部等商业区域。银行、邮电、工商、税务等部门相继从红旗西路搬迁至红旗中路黄金地段。1995年，供销社在乐红公路终点、常阴沙大桥西侧建造红房子商场，街道遂逐步向北延伸至原一〇工区后埭。1996年，红旗路拓宽，西起常阴沙大桥、东至常乐新村东首约1000米的路段基本形成个体商业一条街。1998年后，相继开发并形成通运南路北起常阴沙大桥、南至套闸桥南侧共300米路段，人民南路北起红旗路、南至人民桥约200米路段以及红旗东路常乐新村至通江大桥约560米的个体商业街。至2004年，全场商业街有红旗西路约300米、红旗中路700米、红旗东路860米、乐红公路700米、通运北路300米、通运南路约300米、人民南路约200米，全长为3360米。街道面积为8.13万平方米。街道布局呈“井”字形。

二、商业点

长江站 1967年，农场粮饲加工厂在十八工区西北边缘设立长江片粮饲加工分厂（80年代初歇业）。1973年4月，常阴沙供销社在长江片粮饲加工分厂边上建房4间，98平方米，设立长江供销站，主要负责长江片区十四、十五、十六、十八四个工区居民的物资供应。后于1974年、1980年、1982年3次新建房屋37间，计1238平方米，共计店面21间，设有棉布、针织、烟糖、副食、五金、交电、鞋帽、百货、日杂、调料等门市部。1983年9月，农场粮站在长江站设立粮油议购议销门市部。80年代后期，农场轧花剥绒厂在长江站设立长江收棉站，负责长江片区的棉花收购。附近居民则在供销站边侧开设粮油加工店、代销店、自行车修理店、小吃部等。此后，长江供销站便成为集生活、生产资料和粮油供应、粮饲加工及棉花收购为一体的综合性商业小集市。长江站占地总面积约3200平方米，建筑面积约1200平方米，其中二层楼房10间。90年代后期，随粮油体制的改革，长江粮油门市部首先撤离。1999年，常阴沙供销社进行产权制度改革，将长江供销站转让给私人经营。同年，农场轧花厂经过产权重组，长江收棉站撤离。由此，长江站集市逐渐消失。

水闸站　1967年，农场粮饲加工厂在三工区境内靠农场河水闸处设跃进片粮饲加工分厂（80年代初歇业）。1969年，在农场河水闸处建造房屋5间，约140平方米，将设于二工区的跃进粮油供应点迁至农场河水闸。70年代初，常阴沙供销社食品站在农场河南侧三工区境内设生猪收购分站，并在农场河水闸处设肉墩头，负责跃进片区的猪肉供应。1972年2月，常阴沙供销社在农场河水闸处建房，16间计556平方米，建立水闸供销站，主要负责跃进片区居民的物资供应。水闸供销站设有棉布、针织、烟糖、副食、五金、交电、鞋帽、百货、日杂、调料等门市部。1979年5月，改为常阴沙合作商店农场河水闸下伸点。80年代后，附近居民在此自建房屋，开设小吃与代销店等。跃进站占地面积约3800平方米，建筑面积1518平方米，其中楼房10间。80年代中期起，生猪收购和粮油供应先后停止并撤销。90年代中期，随合作商店下设的百货供应点搬迁后，水闸站逐渐消失。

长沙站　原为常阴沙合作商店设于九工区的下伸点，后为供销社设于长沙片区的供销站。60年代中期建成营业，主要负责长沙片区居民的物资供应，长沙站设有棉布、针织、烟糖、副食、五金、交电、鞋帽、百货、日杂、调料等门市部，有店面十多间，后逐步演变为集生活、生产资料和粮油供应及棉花收购为一体的综合性商业小集市。1964年，农场粮站在长沙站设立长沙粮油供应站并新建200平方米的仓库和水泥场地。80年代后期，农场轧花厂在长沙站设立长沙收棉站，负责长沙片区的棉花收购。长沙站商业集市占地面积约2500平方米，其中建筑面积约800平方米。1999年，常阴沙供销社进行产权制度改革，将长沙供销站门店转让给私人经营。同年，农场轧花厂经过产权重组，长沙收棉站及长沙粮油供应点先后撤离，长沙站正式歇业。

"桥头"和新村站　原位于常通港与六干河（今一工区与四一农场）交界处。50年代中期，这里曾建造1座横跨六干河的木结构桥梁，成为境内与兆丰乡之间的交通要津。居民习惯称之为"桥头"。常阴沙合作商店曾在此建立下伸点，一度成为周围居民的集市贸易集散地。早晨市面虽不大，但却比较繁荣，摊贩客商往往达二三百人。70年代初，随着乐红公路的建成通车、木桥的毁弃并拆除，六干河两岸的交通分别南移至四一农场西端（现车站处）和北移至六干河水闸处，桥头的集市贸易逐渐冷落，群众便自发将集市贸易转移到六干河水闸处。1979年4月，常阴沙供销社在六干河水闸处设立供销站，因附近为市属交通新村而取名为新村站。设有棉布、针织、烟糖、副食、五金、交电、鞋帽、百货、日杂、调料及农业生产资料供应等门市部，有店面近20间。80年代后，增加个体服务网点十多个。至2002年六干河水闸东移时，新村站占地面积约3000平方米，建筑面积约1500平方米，为一处集商业门店、个体服务网点、农副产品集市贸易为一体的综合性商业小集市。2002年冬，随六干河水闸东移，农副产品集市贸易转移到六干河北岸的红闸村境内，商业门店则逐渐冷落。

东沙商场　1986年，商业公司在十七工区与东沙镇交界处设立商场，占地面积1000平方米，其中营业面积400平方米，主要经营百货、针织、副食、棉布、五金、交电、文具、日杂等。后因多种原因于1995年歇业。

零售商业点　60年代中期起，在各个工区居民点的中心位置发展以代购代销店为形式的供应点，至70年代末，全场有代购代销形式的零售商业点19个。80年代后，个体私营商业逐步兴起，以百货、副食品购销为主的商店迅201612110速增加。1990年，除集镇外，各工区居住区域的个体商店近70家。90年代末，国营、供销合作商业转制后。个体私营商店在数量和规模上都有较快发展。至2004年，每个居住区（居民点和居民埭）都有规模不等的零售商业点。

第三节　商品展销

1981—1983年，每年元旦、5月1日和10月1日，连续三年由供销社和合作商店组织举办商品展销会。是日，将紧俏商品和供销社、合作商店以及供销下伸供应点的库存商品搬到店外进行促销，方便群众，搞活流通。

1999年3月，场部决定，将每年的农历二月十二日定为集场节（相当于庙会），时间3天。是年，首届集场节准时开幕，在红旗中路自常阴沙大桥至常乐新村地段设固定摊位500个，常乐新村至洋桥地段及人民路两端设流动摊位300个。来自山东、安徽、河南、陕西等地的流动客商云集于集场，自由贸易。三天贸易额近1000万元。2000年起，集场节改名为商品展销会。固定摊位增加到800个，流动摊位增加到500个，展销会贸易额超过1500万元。此后，商品展销会形成制度，连续举办。

第四章　社会服务业

第一节　饮食业

1958年，兆丰、青草沙等地的个体商贩首先进入红房子商业集市开办小饭店1家，并组织成立了一个饮食业合作小组。由此，饮食行业逐步兴起，经营的品种有米饭、面条、馄饨、馒头、酒菜、汤团、大饼、油馓子、脆饼及豆腐花等。60年代中期，供销社在北中心河土坝西南角开办饭店1家。1971年，土坝拆除建桥，供销社饭店移交给合作商店经营并搬迁至农场医院西侧，定名为东方红饭店。70年代中期，合作商店在副食品门市部旁设立饮食部，经营饭菜、水面、糕点等。

1979年，场部投资在红旗中路（今农业银行和农村商业银行处）建造四层职工招待所，8间，其中3间为职工饭店，1间为小吃门市部，为场内外干部和职工群众到集镇办事提供食宿方便。职工招待所为场属新建单位，属场部直接领导和管理，职工饭店和职工招待所为两块牌子、一套班子。1983年商业公司成立后，职工饭店划归商业公司领导和管理，更名为常阴沙饭店，为场部和相关企业招待客商的专用饭店。1984年起，个体饮食业逐步发展，一些小吃部和小饭店相继开张。至1985年，全场有饮食店铺16家，从业人员43人，其中，国营和集体性质的3家，从业人员12人，年营业额20万多元。1986年，国营、集体饮食店相继实行承包经营，营业额逐年增加。1994年，场部在贤达山庄设立接待中心，外地客商的就餐场所由常阴沙饭店改设到接待中心。1997年，接待中心歇业。1998年，企业改制工作全面铺开，场内的国营、集体饮食企业全部歇业。2004年末，全场有个体餐饮企业21家，固定资产840万元，从业人员168人，其中饭店14家。规模较大的饭店有紫苑酒楼和源源饭店，各有6只包厢，营业面积为246平方米，一次性可同时接待12桌140人用餐。

第二节　生活服务业

1958年，个体商贩进入红房子成立合作商店时，开办小旅社，属合作性质。60年代，由农场场部统一组织，先后开办“老虎灶”、理发店、铁匠铺、木业社、裁缝铺、染布店、照相馆、旅馆、浴室，及钉秤、自行车修理、钟表修理、篆刻、自行车载客（称“二等车”）等服务门店。其中，除铁业铺、木业社、自行车修理属五金电器厂外，其他均属场部管理。从业人员除旅馆由供销社考虑安排外，其他均由场部统一安排，属单位职工。1969年9月，场部在组织成立农业服务队时，将上述行业和职工以及建筑工程队、农具厂、运输队等相关单位合并到农业服务队。1975年，建筑工程队首先从农业服务队脱离并单独建制。至1983年，运输队、农具厂、铁木业社、理发店、裁缝铺及钉秤、自行车修理等服务行业相继归并到综合厂、五金电器厂、服装厂、物资公司、商业公司等单位，照相馆则演变为私营性质，农业服务队自然消亡。

1979年，场部建造职工招待所，底层作饭店和门市部，二层和三层为旅馆住宿部，共有14个房间21张床位，凡外地客商均安排到职工招待所住宿。1983年，个体服务业开始发展，1985年，有个体服务门店37家，其中理发店8家，自行车修理铺10家，钟表修理铺4家，修鞋、修伞、收音机修理等15家。90年代初，影剧院建招待所，作为场部接待中心替代原职工招待所，有22间客房，44张标准床位。1992年，场部规划并由服装厂筹资，将原农场繁殖场拆除后的地段建造贤达山庄，建成后由服装厂经营酒楼和宾馆。1993年，江南化工设备厂设内部宾馆，有10间客房，20张标准床位。1996年，建筑公司在红旗中路路口建造建筑大厦，建成后设立东方大酒店，其中在大厦的东首二楼、三楼和四楼设住宿部，有8间客房，22个标准床位，私人承包经营。1998—1999年，场属服务企业逐个转制后，建筑大厦内的酒店和客房，一部分关闭，一部分转让给私人经营。至2004年末，全场有个体服务业73户，从业人员109人，服务名目繁杂，主要有旅社、洗浴、茶座、理发、美容、照相、誊印、打字、复印、广告制作、篆刻、墓碑刻字、图书和音像制品出租等，另有自行车、摩托车、电器、钟表、鞋类、灶具修理，还有水面、馄饨皮、饺子皮、糕饼、油馓子、弹花、竹木器具、不锈钢制品、白铁制品、塑料制品、羊毛衫及腈纶衫裤加工。

第十编 党政群团

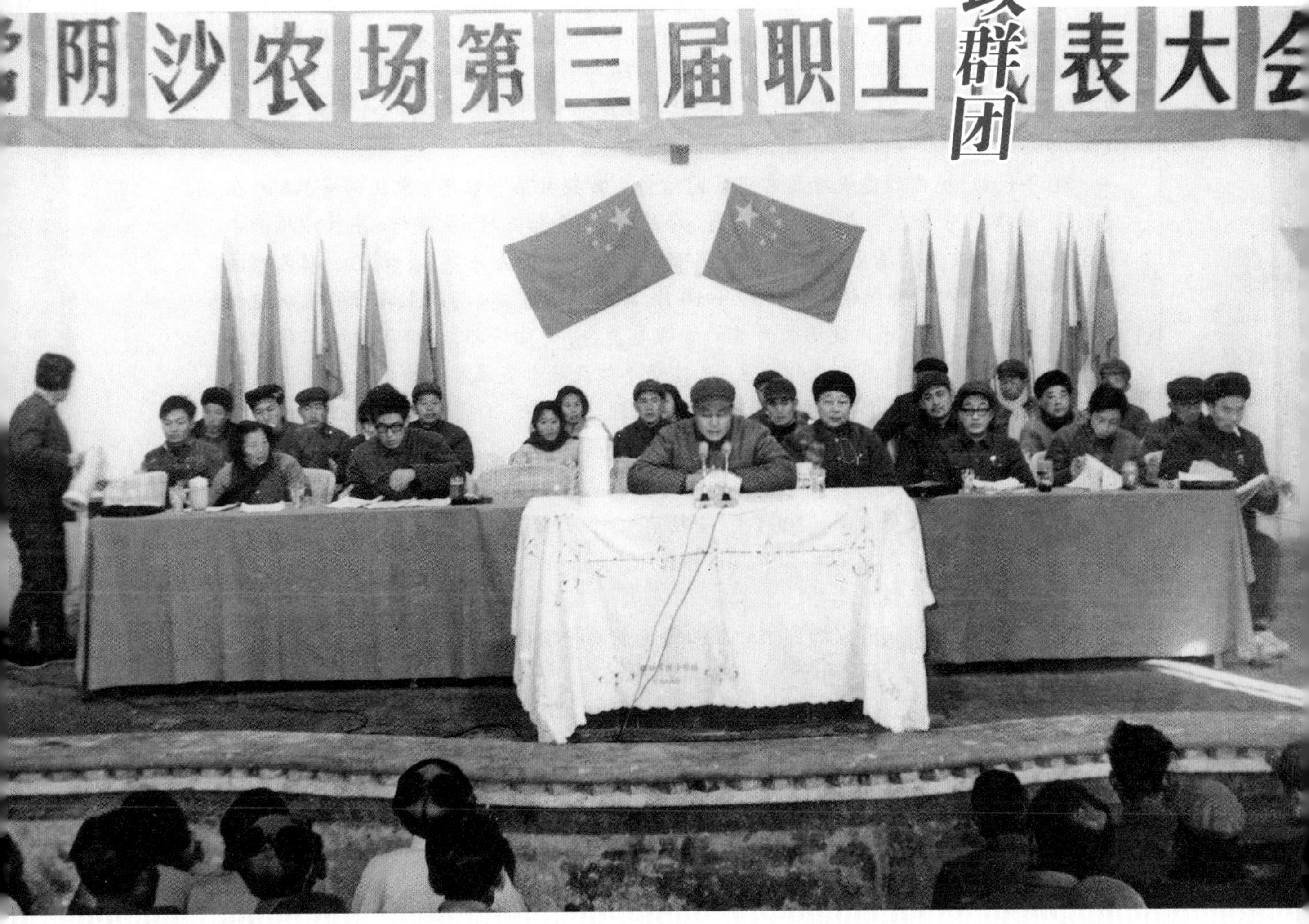

第一章　中国共产党
第二章　行　　政
第三章　职工代表大会
第四章　群众团体
第五章　精神文明建设

常陰沙農場志

1951—1959年，中国共产党常熟县委先后在农场境内建立7个党支部。60年代初，建立中共常熟县沙洲农场临时党组。各农业工区和工建交单位及机关事业单位相继建立党的支部委员会。1961年8月，建立中国共产党江苏省国营常阴沙农场委员会。1971年9月，改称中共东方红农场委员会。1979年7月，恢复中共江苏省国营常阴沙农场委员会名称。2004年4月，改建为中共张家港市常阴沙农场委员会，下辖47个党支部，995名党员。

50年代初，境内的建设圩属常阴区团结乡。常熟县第一农场（常阴棉场）本部在常阴区，青草沙分场在南丰区，合作头圩、合作二圩、合作三圩、生建圩、东长沙属南丰区生建乡。行政上均属常熟县人民政府领导。1957年撤区并乡后，均在沙洲区辖区内，后改由兆丰人民公社领导。1959年10月，农场恢复扩建后，以上各圩的基层组织改为企业行政组织。场内设场长为首的管理委员会，简称场部，场部下设的工作机构称科室。基层行政单位有农业作业区、工建交单位及场部直属单位。农业作业区设以主任为负责人的管理委员会，先后称大工区、管理区、大队、工区、管理区；工建交单位设以厂长（经理）为负责人的管理委员会；场部直属单位设以校长、院长等行政首长为负责人的管理委员会。1987年，农场的领导体制由党委集体领导下的行政首长分工负责制改为行政首长负责制。2004年，全场有13个农业管理区、1个居民委员会、2家工建交单位和1个场部直属单位。2005年2月，撤并农业管理区，建立社区。3月，全场有7个社区，1个集镇居委会。

职工代表大会是国营农场民主管理必须遵循的一项原则，有讨论和决定全场重大事务的职权。

群众团体有工会、妇女联合会、共青团、退休职工管理委员会以及个体劳动者协会等。这些群团组织配合场部中心工作，在全场的经济和社会事业建设中发挥作用。

第一章　中国共产党

第一节　党　员

1951年3月，农场有中共党员3人。1954年5月，党员增加到6人。1960年前后，境内原兆丰人民公社6个大队以“场带队”形式进入农场，该6个大队有党员150人，加上老农场时期转入和内地调进转入的党员，共有党员170人。1963年春，在社会主义面上教育运动中，共处理党员4人，发展党员5人，迁（调）进并转入党员48人。至此，全场党员增加到226人。1966—1968年，党员发展工作一度停止。1969年起，恢复党员发展工作。1970年，在开门整党过程中，吸收新党员26人，处理党员2人。至1972年，全场党员总数为292人，其中男性党员269人、女性党员23人。1973年后，注重在科技、文教、卫生系统工作人员和农业大队一线职工（特别是生产队长）中发展党员，至1978年，共发展党员219人，党员总数664人，其中，男性党员611人、女性党员53人。1986年，在整党工作中，全场有789名党员通过重新登记，16名党员暂缓登记，其中有4名党员受到组织处分，6个月后重新登记，恢复组织生活。1989年，开展民主评议党员活动，全场53个党支部856名党员有826名党员参加评议，其中822名党员被评为合格和基本合格，另有3人限期改正，1人被组织处理。2004年，全场共有党支部47个、党员1000人。

1985—2004年常阴沙农场党组织与党员一览表

表10-1-1

年　份	支部数（个）	党员总数（人）	其中：当年发展（人）	性别（人）		年龄结构（人）		
				男	女	18~35岁	36~60岁	60岁以上
1985	44	805	20	745	60	184	556	65
1986	55	852	32	789	63	240	561	51
1987	55	852	18	787	65	213	556	83
1988	55	856	14	790	66	177	583	96
1989	53	856	2	791	65	159	597	100
1990	55	868	11	800	68	159	591	118
1991	55	874	9	805	69	146	595	133
1992	54	879	7	809	70	136	594	149
1993	54	891	9	820	71	125	613	153
1994	55	914	28	835	79	118	625	171
1995	55	914	37	823	91	120	618	176
1996	49	948	48	846	102	127	626	195
1997	45	957	15	853	104	146	606	205
1998	57	968	17	860	108	138	614	216

续表 10-1-1

年　份	支部数（个）	党员总数（人）	其中：当年发展（人）	性别（人）		年龄结构（人）		
				男	女	18~35岁	36~60岁	60岁以上
1999	57	983	24	857	126	134	623	226
2000	54	1003	30	866	137	139	636	228
2001	50	948	14	818	130	121	568	259
2002	49	948	—	814	134	110	566	272
2003	44	951	11	810	141	107	561	283
2004	47	1000	21	843	157	114	574	312

说明：此表以组织部门提供的党员统计年报表为依据

1978—2004年常阴沙农场党员行业分布与文化层次一览表

表 10-1-2　　单位：人

年 份	党员总数	行　业　分　布				文　化　层　次				
		农业	工业	服务业	其他	大学	高中	初中	小学	文盲
1978	664	383	111	97	73	8	50	158	412	36
1979	679	355	101	125	98	16	50	167	411	35
1980	722	384	122	100	116	13	71	184	410	44
1981	734	381	133	95	125	12	85	185	418	34
1982	753	382	143	95	133	16	95	191	417	34
1983	754	396	147	106	105	16	100	190	415	33
1984	777	405	153	118	101	16	116	199	414	32
1985	805	372	181	136	116	19	142	205	413	26
1986	852	335	239	162	116	21	171	222	413	25
1987	852	340	237	128	147	19	181	224	406	22
1988	856	331	238	156	131	22	184	225	404	21
1989	856	350	218	143	145	20	186	230	400	20
1990	868	363	201	142	162	25	192	236	395	20
1991	874	363	215	128	168	27	200	233	393	21
1992	879	361	213	128	177	29	202	236	392	20
1993	891	375	225	142	149	30	208	241	392	20
1994	914	365	292	148	109	36	217	251	390	20
1995	914	389	245	149	131	35	236	244	379	20
1996	948	373	307	146	122	46	261	252	370	19

续表10-1-2

年份	党员总数	行业分布				文化层次				
		农业	工业	服务业	其他	大学	高中	初中	小学	文盲
1997	957	397	264	160	136	60	252	263	374	8
1998	968	531	249	141	47	66	250	277	381	8
1999	983	537	241	145	60	73	263	265	379	3
2000	1003	542	251	160	50	80	287	261	372	3
2001	948	522	171	61	194	53	274	256	362	3
2002	948	659	—	—	289	57	276	256	356	3
2003	951	643	—	—	308	60	283	608	—	—
2004	1000	678	—	—	322	68	305	627	—	—

说明：此表以组织部门提供的党员统计年报表为依据

第二节　党的组织

一、中共常阴沙农场委员会

50年代初，常阴农场建立党支部，属中共常阴区委领导。1952年4月，改称苏南棉麻指导所常阴棉场党支部。1953年3月，正式定名为中共常熟县第一农场党支部。1956年后，第一农场党支部改属中共沙洲区委领导。1958年10月，党支部随常熟县第一农场的解散而撤销。

1959年9月5日，中共常熟县委任命常中民为沙洲农场党支部书记，沙洲农场党的支部直属中共常熟县委领导，由中共兆丰人民公社委员会具体管理，常中民、陆立成任兆丰公社党委委员。

1960年初，中共常熟县委成立以常中民为负责人的沙洲农场临时党组，筹建沙洲农场党委。1961年1月，中共常熟县沙洲农场委员会成立。同年5月，沙洲农场改名为江苏省国营常阴沙农场，农场党组织受江苏省农林厅党组和常熟县委双重领导，以常熟县委为主。8月，中共常熟县委批复正式建立中共常阴沙农场委员会。党委下设党委办公室、组织科、团委、妇联、人民武装部等职能科室。

1962年1月，沙洲县建县并正式对外办公，常阴沙农场党的组织受江苏省农林厅党组和沙洲县委双重领导，以沙洲县委为主。1965年8月，江苏省农垦局成立，农场党的组织由省农垦局党组和沙洲县委双重领导，以省农垦局党组为主。是年10月，党委增设政治处。

1966年7月，常阴沙农场党的组织关系由沙洲县委领导。“文化大革命”期间，农场党委和各级党组织陷于瘫痪状态。

1968年2月，实行军管。7月，成立中共沙洲东方红农场革命委员会党的核心小组。1971年9月，中共沙洲东方红农场党委恢复成立。

1979年2月，东方红农场党的工作由江苏省农垦局党组和沙洲县委双重领导，以沙洲县委为主。同年4月，东方红农场党的工作由江苏省农垦局党组直接领导，沙洲县委负责转交党员组织关系和党员教育。7月，恢复原名为中共江苏省国营常阴沙农场党委。1984年8月，成立中共江苏省国营常阴沙农场纪律检查委员会。

2004年4月，常阴沙农场党的工作随农场划归张家港市实行属地管理而全部移交张家港市，党委和纪委更名为中共张家港市常阴沙农场委员会和中共张家港市常阴沙农场纪律检查委员会。

1951年4月—2005年3月中共常阴沙农场党委负责人变动一览表

表10-1-3

<table>
<tr><th>机构名称</th><th>书记（负责人）</th><th>任职时间</th><th>副书记</th><th>任职时间</th></tr>
<tr><td>中共常熟县常阴农场（常阴棉场）党支部</td><td>陆立成</td><td>1951年4月—1953年3月</td><td></td><td></td></tr>
<tr><td>中共常熟县第一农场党支部</td><td>陆立成</td><td>1953年3月—1958年10月</td><td></td><td></td></tr>
<tr><td>中共常熟县沙洲农场党支部</td><td>常中民</td><td>1959年7月—1960年</td><td></td><td></td></tr>
<tr><td>中共常熟县沙洲农场临时党组</td><td>常中民</td><td>1960年—1961年1月</td><td></td><td></td></tr>
<tr><td rowspan="2">中共常熟县沙洲农场党委</td><td>隋曙光</td><td>1961年1月—1961年7月</td><td></td><td></td></tr>
<tr><td>常中民*</td><td>1961年1月—1961年7月</td><td></td><td></td></tr>
<tr><td rowspan="2">中共江苏省国营常阴沙农场党委</td><td>隋曙光</td><td>1961年8月—1966年7月</td><td rowspan="2">吴海瞳</td><td rowspan="2">1961年8月—1966年7月</td></tr>
<tr><td>常中民*</td><td>1961年8月—1962年7月</td></tr>
<tr><td>中共沙洲东方红农场革命委员会党的核心小组</td><td>隋曙光</td><td>1968年7月—1971年8月</td><td></td><td></td></tr>
<tr><td rowspan="3">中共沙洲东方红农场党委</td><td rowspan="3">隋曙光</td><td rowspan="3">1971年9月—1976年1月</td><td>陆立成</td><td>1971年9月—1976年1月</td></tr>
<tr><td>张爱华</td><td>1971年9月—1976年1月</td></tr>
<tr><td>张掌福</td><td>1975年5月—1976年1月</td></tr>
<tr><td rowspan="5">中共沙洲国营东方红农场党委</td><td rowspan="3">蒋立三</td><td rowspan="3">1976年1月—1979年3月</td><td>陆立成</td><td>1976年1月—1978年4月</td></tr>
<tr><td>张爱华</td><td>1976年1月—1977年4月</td></tr>
<tr><td>张掌福</td><td>1976年1月—1979年2月</td></tr>
<tr><td rowspan="2">黄建强</td><td rowspan="2">1979年2月—1979年7月</td><td>张掌福</td><td>1979年2月—1979年7月</td></tr>
<tr><td>陆绍祥</td><td>1979年3月—1979年7月</td></tr>
<tr><td rowspan="10">中共江苏省国营常阴沙农场党委</td><td rowspan="2">黄建强</td><td rowspan="2">1979年7月—1983年3月</td><td>张掌福</td><td>1979年7月—1983年11月</td></tr>
<tr><td>陆绍祥</td><td>1979年7月—1981年2月</td></tr>
<tr><td rowspan="2">陆绍祥</td><td rowspan="2">1982年8月—1988年2月</td><td>张掌福</td><td>1983年1月—1984年7月</td></tr>
<tr><td>张友才</td><td>1983年3月—1988年2月</td></tr>
<tr><td>张友才</td><td>1988年2月—1993年6月</td><td>王德能</td><td>1988年2月—1993年6月</td></tr>
<tr><td>王德能</td><td>1993年6月—1997年1月</td><td>顾惠德</td><td>1993年7月—1997年1月</td></tr>
<tr><td rowspan="2">顾惠德</td><td rowspan="2">1997年1月—2001年4月</td><td>高　翔</td><td>1997年1月—2001年11月</td></tr>
<tr><td>俞永明</td><td>2001年11月—2001年11月</td></tr>
<tr><td>高　翔</td><td>2001年11月—2004年4月</td><td>俞永明</td><td>1997年11月—2004年4月</td></tr>
<tr><td></td><td></td><td></td><td></td></tr>
<tr><td rowspan="2">中共张家港市常阴沙农场党委</td><td rowspan="2">赵桐兴</td><td rowspan="2">2004年4月—2005年3月</td><td>薛　平</td><td>2004年4月—2005年3月</td></tr>
<tr><td>俞永明</td><td>2004年4月—2005年3月</td></tr>
</table>

说明：姓名右方加“*”者为第二书记

二、基层支部（总支）委员会

50年代，境内除常熟县第一农场以外的区域，建有6个党支部，分别属中共常阴区委和中共南丰区委领导。1957年6月，统一改属中共沙洲区委领导。1958年8月，划归兆丰人民公社党委领导。1959年10月和1960年5月，随所在6个大队先后以“场带队”形式进入农场后，党组织关系转入农场。

1956—1959年境内各大队党支部负责人一览表

表10-1-4

支部名称	所在圩塘	负责人	任职时间
中共兆丰人民公社十一大队党支部	长沙圩	秦根林	1956年6月—1960年5月
中共兆丰人民公社十五大队党支部	建设圩	吴官庆	1956年—1959年10月
中共兆丰人民公社十四大队党支部	合作头圩	任士芳	1957年—1959年10月
中共兆丰人民公社十三大队党支部	合作二圩	张鼎宏	1956年—1959年10月
中共兆丰人民公社八大队党支部	合作二圩、生建圩	陆鸿宾	1956年—1960年5月
中共兆丰人民公社十二大队党支部	合作三圩	陈义龙	1956年—1960年5月

1960年初，中共沙洲农场临时党组成立。7月，根据全场行政区划的设置，设4个党总支委员会，下辖8个党支部，即红旗工区（辖原兆丰人民公社八大队、十二大队、十三大队、十四大队和苗圃）党总支、跃进工区（辖原兆丰人民公社十五大队和新组建的跃进圩）党总支、长江工区（辖新围垦的东风圩部分）党总支、长沙工区（辖原兆丰人民公社十一大队和新围垦的卫星圩部分）党总支。另有机关党支部和农具厂党支部。

1961年1月，撤销党总支，分别在建制单位建立党支部，全场共有18个党支部，其中农业管理区（工区、大队）党支部12个，副业单位党支部1个，工业单位党支部2个，文教卫生单位党支部1个，商业单位党支部1个，机关党支部1个。之后，根据农场规模的逐步扩大和生产建设的发展，相继在新成立的建制单位建立党支部。至1980年，全场共有40个党支部，其中，农副业单位党支部24个，工建交商单位党支部12个，文教卫生单位党支部3个，机关党支部1个。

1981—1985年，在农业单位设立分场级党总支，即红旗分场党总支（辖五工区、六工区、一〇工区、十二工区、二十工区、良种站、农科所党支部）、跃进分场党总支（辖一工区、二工区、三工区、四工区、十三工区党支部）、长江分场党总支（辖十四工区、十五工区、十六工区、十八工区、十九工区、二十一工区、水产场党支部）、长沙分场党总支（辖七工区、八工区、九工区、十一工区、十七工区党支部）。

1984—1987年，建立工业口党总支。1990年5月至1994年1月，建立场部机关党总支。1996年11月至1999年10月，建立建筑公司党总支。至1999年，全场有党支部57个。后经逐步调整和合并，至2005年3月，全场有党支部36个，其中，行政建制单位党支部8个，工建交及私营企业单位党支部24个，机关及场直单位党支部4个。

1960—1999年常阴沙农场党总支负责人一览表

表10-1-5

党总支名称	总支书记	任职时间
红旗工区党总支	蔡士法	1960年7月—1961年1月
跃进工区党总支	赵志刚	1960年7月—1961年1月
长江工区党总支	陈朝富	1960年7月—1961年1月
长沙工区党总支	耿志高	1960年7月—1961年1月
红旗分场党总支	张友才	1981年6月—1982年7月
	尹贤才*	1982年7月—1984年
跃进分场党总支	赵耀忠*	1981年6月—1984年
长江分场党总支	邢志豪*	1981年6月—1984年
长沙分场党总支	黄成贤*	1981年6月—1984年
工业公司党总支	蔡士法	1984年—1987年9月
场部机关党总支	王德能	1990年5月—1994年1月
建筑公司党总支	徐育清、高　翔、杜玉祥	1996年11月—1999年10月

说明：姓名右方加"*"者为副书记主持工作

1959年—2005年3月常阴沙农场农业单位党支部负责人一览表

表10-1-6

党支部名称	党支部书记（按任职先后排列）	任职时间
一工区（大队）党支部	吴官庆、尹贤才、陆川祥、史建军、保重华	1959年10月—2003年2月
二工区（大队）党支部	秦根林、顾廷一、彭学贤、彭学诗、俞永明、秦志法、保重华、顾雪祥	1959年10月—2002年11月
三工区（大队）党支部	黄连生、陈龙进、施德华、唐育龙、唐卫平、杨忠祥、陆锦法	1961年1月—2003年2月
四工区（大队）党支部	秦根林、冯正理*、黄志明*、史裕兴、练炳华、曹洪才*	1960年7月—2003年2月
五工区（大队）党支部	陈龙章、黄成贤、周岐山、瞿振祥、黄志忠	1961年1月—2003年2月
六工区（大队）党支部	陈永才、陈义龙、孙贤儒*、黄成贤、蔡士法、黄贤德、陆兆康、顾元明*、杨兴贤、顾洪才	1960年5月—2003年2月
七工区（大队）党支部	任士芳、陈世昌、丁宝生*、顾金华*、钮志华、陆品华、蔡正泉	1960年5月—2003年2月
八工区（大队）党支部	黄来春、赵富保、顾金华、薛志良、黄志忠	1961年1月—2001年2月
九工区（大队）党支部	陈世昌、任士芳、张志敖*、黄志忠、朱玉泉、邓雪兰*、汪　平、包兴祥、李新峰	1961年1月—2003年2月

续表10-1-6

党支部名称	党支部书记（按任职先后排列）	任职时间
一〇工区（大队）党支部	朱洪生、方永官、蔡士法、王振平、黄忠清*、倪正明、陆士荣、陆兆康、周建国、顾洪才、李永明	1960年5月—2003年2月
十一工区（大队）党支部	吴官庆、王文贵、唐兴时、黄来春*、施毓良、陶洪祥、顾洪才、陆品华	1964年4月—2003年2月
十二工区（大队）党支部	赵耀忠、赵才生、耿志高、袁炳兴*、高　翔、杨忠祥、刘振祥、范兴华	1959年10月—2003年2月
十三工区（大队）党支部	陆明达、茅万丰、顾来顺*、苏立勋、冯正理*、陈育才*、朱士清、史建军、陶洪祥	1963年3月—2003年2月
十四工区（大队）党支部	蔡士法、周岐山、陈育才、吴官生、黄学芳、邵洪才、林善本、黄品宏、瞿振祥*	1963年9月—2003年2月
十五工区（大队）党支部	林善良、陆福岐、徐春华、张国良、练炳华、陈志华*、司雪根、施毓良、王永祥、徐建龙	1969年—2003年2月
十六工区（大队）党支部	陈永康、顾志明、陶洪祥、陆卫祥*、陆小林*、秦志法	1970年—2003年2月
十七工区（大队）党支部	茅雪祥、陆忠成	1981年—2003年2月
十八工区（大队）党支部	孙贤儒*、邵洪才、黄品宏、蒋礼荣	1972年12月—2003年2月
十九工区（大队）党支部	陈寅成、赵志刚、王振平、王兴方	1976年—1997年4月
二十工区（大队）党支部	陈志才、曹洪才*、丁宝生、任建忠、杨兴贤	1977年—1998年4月
二十一工区（大队）党支部	张兴明、黄品宏、孙永芳*、耿兴中、瞿　伟	1984年—1998年3月
良种站（1960年前为十一工区）党支部	张鼎宏、赵耀忠、侯兴荣、顾士清*、顾元明、杨兴贤、蒋明辉*、陈金法	1961年1月—2003年2月
农科所党支部	耿志高、赵才生、顾士清*	1977年—1984年
水产场党支部	黄来春*、王兴方、王学芳*	1980年—1992年1月
农繁党支部	陈文耀*、薛长生*、周岐山、杜元庆*、陆福岐、陆忠明*	1959年10月—1986年2月
机耕队党支部	顾言扬	1979年—1983年
机耕一队党支部	徐鹤林*、顾金华、邢发祥	1984年—1994年12月
机耕二队党支部	顾言扬、蔡铁才	1984年—1994年12月
机械工程公司党支部	顾洪清	1994年12月—1999年8月
第一管理区党支部	范兴华	2003年2月—2005年2月
第二管理区党支部	陈金法	2003年2月—2005年2月
第三管理区党支部	陆锦法、虞伟明	2003年2月—2005年2月
第四管理区党支部	陈志华*、丁茂祥	2003年2月—2005年2月

续表10-1-6

党支部名称	党支部书记（按任职先后排列）	任职时间
第五管理区党支部	黄志忠	2003年2月—2005年2月
第六管理区党支部	陶洪祥	2003年2月—2005年2月
第九管理区党支部	李新峰、史建军	2003年2月—2005年2月
第十管理区党支部	李永明	2003年2月—2005年2月
第十一管理区党支部	陆品华	2003年2月—2005年2月
第十五管理区党支部	徐建龙	2003年2月—2005年2月
第十六管理区党支部	陆洪祥*	2003年2月—2005年2月
第十七管理区党支部	蔡正泉	2003年2月—2005年2月
第十八管理区党支部	蒋礼荣	2003年2月—2005年2月
常东社区党支部	蒋礼荣	2005年2月—2005年3月
常南社区党支部	陶洪祥	2005年2月—2005年3月
常西社区党支部	范兴华	2005年2月—2005年3月
常北社区党支部	虞伟明	2005年2月—2005年3月
常红社区党支部	陈金法	2005年2月—2005年3月
常兴社区党支部	丁茂祥	2005年2月—2005年3月
常沙社区党支部	陆品华	2005年2月—2005年3月

说明：姓名右方加"*"者为副书记主持工作

1960年—2005年3月常阴沙农场工建交及场直单位党支部负责人一览表

表10-1-7

党支部名称	党支部书记姓名（按任职先后排列）	任职时间
物资公司党支部	顾育礽*、石方豪、茅雪祥、高　翔、邢志豪	1983年9月—1994年12月
商业公司党支部	陈永康、张诗平、黄贤德	1983年9月—1994年12月
商物公司党支部	朱玉泉	1994年12月—1998年11月
多服公司党支部	严炳正、邢志豪*、孙雪庆	1983年9月—2005年3月
汽车工业公司党支部	吴经才、石方豪	1985年1月—1985年12月
佳迪斯电子有限公司党支部	赵兴明、倪　荣*	1994年5月—1998年11月
华盛电子有限公司党支部	黄贤德	1995年12月—1997年5月
农业服务队党支部	赵志刚、苏健、陈龙进*、吴官生	1971年—1984年
五金电器厂党支部	苏　健、邵鑫华*、戴锡林*	1976年—1991年
服装厂党支部	严志仁*、马友英*、侯兴荣、王保林、黄贤德、袁范生	1983年—2005年3月

续表 10-1-7

党支部名称	党支部书记姓名（按任职先后排列）	任职时间
建筑工程队党支部	秦根林、赵耀忠、黄贤明	1975年—1986年4月
建筑安装公司党支部	施完根、陶云儒、邢志豪、徐育清	
运输队党支部	田加华、施德华、陆士荣	1974年—1989年7月
给水泵厂（农具厂、农机厂、纺机厂）党支部	陆明达*、朱克仁、蔡士法、卞群芝*、苏立勋、赵志刚、顾新春、赵兴明、徐　军	1960年—2005年3月
毛纺厂（针织厂、绒线厂）党支部	黄连生*、赵志刚、苏立勋、黄成贤、顾新春、徐学齐、赵志德、陆志斌、袁范生、陈世明	1978年—2005年3月
棉纺厂党支部	陆扣娣*、徐士祥*、黄成贤、郑国钧、陆志斌、赵志荣	1980年—2005年3月
宏源纱线厂党支部	唐卫平	2002年4月—2005年3月
联营厂党支部	袁范生	1987年10月—1989年3月
轧花厂党支部	苏　健、蔡士法、陈寅成、黄连生、陈龙章、葛顺才、虞学明、陆志斌、王永祥、汪　平	1964年—2005年3月
油厂党支部	苏立勋、陈士芳、邵金华	1984年4月—2005年3月
粮饲加工厂（粮站）党支部	杨　坚、钱守金、管　翔、苏立勋、张景相*、任士芳	1961年—1983年
粮油贸易公司党支部	黄忠清、闻根荣、邢志豪、顾雪祥	1983年—2005年3月
砖瓦厂党支部	薛长生*、赵才生、侯兴荣、彭学诗、徐春华、施国祥*、闻龙生	1978年—2000年9月
装潢厂党支部	徐育清、顾志华*、黄　强	1987年9月—2005年3月
福利厂党支部	孙礼贤、任建忠	1985年—1994年2月
化工厂党支部	殷国良	1990年8月—1995年2月
化工三厂党支部	陈龙章、顾金华、邹金才*	1984年—1990年8月
用电站党支部	高关清、黄保忠、陈鹤岐	1983年—2005年3月
电控厂党支部	高关清	1998年8月—2005年3月
江南厂党支部	陈世章	1990年5月—2005年3月
不锈钢材料制品厂党支部	黄志芳	1992年2月—1993年11月
自来水厂党支部	邵鑫华、黄志忠	1997年12月—2005年3月
汽车修理厂党支部	陆志元	1984年—1985年4月
农垦车辆改装厂党支部	任建忠*、陈志祥、杜玉彬*	1985年4月—1992年4月
第一汽车改装厂党支部	高关清	1985年12月—1992年2月
汽车附件厂党支部	吴国忠	1997年12月—2005年3月

续表 10-1-7

党支部名称	党支部书记姓名（按任职先后排列）	任职时间
农场中学党支部	卢瑞华*、陆志元*、沈绍裘、钱榴芬、顾万民、沈仙万、张胜良、彭玉成	1972年—2001年1月
中心小学党支部	袁炳荣、何秉奎、王　坚	1979年—2001年1月
中心幼儿园党支部	刘振萍	2001年5月—2005年3月
医院党支部	吴官庆、陈永才、管　翔、黄永芳、黄连生、陈寅成、王文贵、马阿玉	1961年—2001年1月
供销社党支部	钱银坤、钱招生、黄　平、范洪波	1959年—2002年3月
杜鹃客车厂党支部	李志芳、邓炳龙、何文革	1989年12月—2005年3月
邮电党支部	史建芬、吴青峰	1996年5月—2005年3月
银行党支部	李学初、刘鸿飞、刘锦才	1986年7月—2002年6月
交管所党支部	徐志祥	1994年3月—2001年11月
场部机关党支部	吴海瞳、方姚胤、陆绍祥	1960年—1987年9月
机关党群口党支部	顾惠德、苏立勋、俞永明、王永祥、刘振祥	1987年9月—2005年3月
机关行政口党支部	王志明、顾金山、唐育彬、耿兴中	1987年9月—2005年3月
机关工业口党支部	蔡士法、赵兴明、彭学贤、徐育清	1987年9月—2005年3月
机关农业口党支部	赵耀忠、钮志华、李义楼	1987年9月—2005年3月
派出所党支部	卞祖良、邵志道、江利民、王丽华、朱红专	1987年9月—2005年3月
老干部党支部	黄贤明、陆绍祥	1987年9月—2005年3月
机关基建口党支部	吴官生	1990年8月—1994年1月
机关财务口党支部	顾金山、丁宝生	1996年10月—2005年3月
市管办党支部	吴官生、保重华、陆川祥	1995年10月—2005年3月
社会事业口党支部	秦志法、王兴方	1999年9月—2005年3月
居委会党支部	余美芬、徐锦芳*、顾志华	1997年3月—2005年3月

说明：姓名右方加“*”者为副书记主持工作

第三节　党员代表大会

中共常阴沙农场第一次党员代表大会　1961年8月，中共常熟县委批复成立以隋曙光、常中民、吴海瞳、陆立成、张福山、黄志清、邵恒德、金焕才、赵志刚、耿志高、蔡士法、汤祥龙、陈永康、陆绍祥、苏健、周锦芳16人为委员的中共江苏省国营常阴沙农场委员会，由隋曙光、常中民、吴海瞳、陆立成、张福山组成常阴沙农场党委常务委员会，隋曙光任党委第一书记、常中民任党委第二书记、吴海瞳任党委副书记、张福山任党委监察委员。上述党委成立及党委组成人员的任命，被视为中共江苏省国营常阴沙农场第一次党员代表大会。1962年8月，增补王纯祖为农场党委委员。

中共常阴沙（东方红）农场第二次党员代表大会　1971年9月，中共常阴沙（东方红）农场第二次党员代表大会在场部大礼堂召开，出席会议的正式党员256人。会议选举由隋曙光、陆立成、张爱华、汤尚义、方姚胤、方永官、丁玉妹、王文贵、陈龙章9人组成中共沙洲东方红农场委员会，隋曙光任书记，陆立成、张爱华任副书记。1973年8月，增补陆绍祥为农场党委委员。是年10月，增补张掌福为农场党委委员。1975年3月，增补施完根、沈兆裘为农场党委委员。1976年4月，增补王步高为农场党委委员。是年6月，增补王志明为农场党委委员。是年12月，增补陈祖友、葛志俊为农场党委委员。1979年1月，增补黄志清为农场党委委员。1983年3月，增补张友才、张凤祥为农场党委委员。

中共江苏省国营常阴沙农场第三次党员代表大会　1984年8月10—11日，中共常阴沙农场第三次党员代表大会在场部会议室召开。大会应到代表109人，实到代表102人，列席代表14人。大会听取、审议并通过陆绍祥代表上届党委所作的党委工作报告和方姚胤所作的纪检工作报告。大会号召全体党员要"解放思想，促进改革，扎实推进全场两个文明建设"。会议选举并产生由陆绍祥、张掌福、张友才、王步高、方姚胤、施完根、张凤祥、王志明、顾惠德9人组成的中共国营常阴沙农场第三届党委。陆绍祥任党委书记，张掌福、张友才任副书记。选举产生由方姚胤、吴经才、余美芬、张启忠、彭学贤等5人组成中共国营常阴沙农场纪律检查委员会，方姚胤任书记。1987年5月，张友才任农场纪委书记，增补王德能为农场党委委员。

中共江苏省国营常阴沙农场第四次党员代表大会　1988年2月2—3日，中共常阴沙农场第四次党员代表大会在场部会议室召开。大会应到代表96人，实到代表93人，列席代表10人。大会听取、审议并通过张友才代表上届党委所作的党委工作报告和纪委工作报告。大会号召全体党员要"集中精力，抓好党的自身建设，积极支持场（厂）长实现任期目标，为振兴农场，建设农场作出贡献。"会议选举并产生由张友才、王德能、张凤祥、顾惠德、顾金山、彭学贤、唐育彬7人组成的中共江苏省国营常阴沙农场第四届党委，张友才任书记，王德能任副书记。选举产生由张友才、彭学贤、王德能、吴惠充5人组成的中共常阴沙农场纪律检查委员会，张友才兼任书记，彭学贤任副书记。1989年10月，增补苏立勋为农场党委委员。

中共江苏省国营常阴沙农场第五次党员代表大会　1991年1月26—28日，中共常阴沙农场第五次党员代表大会在场部底楼会议室召开。大会应到代表89人，实到代表88人，特邀（场级离退休老干部）代表和列席代表9人。大会听取、审议并通过张友才代表上届党委所作的党委工作报告和纪委工作报告。大会号召全体党员要"振奋精神，团结一致，开拓前进，为夺取全场两个文明建设的新胜利而奋斗"。会议选举并产生由王志明、王德能、苏立勋、张友才、张凤祥、顾惠德、彭学贤7人组成的中共常阴沙农场第五届党委，张友才任书记，王德能任副书记。选举产生由张友才、彭学贤、吴惠充、余美芬、高翔5人组成的中共常阴沙农场纪律检查委员会，张友才兼任书记，彭学贤任副书记。

中共江苏省国营常阴沙农场第六次党员代表大会　1994年1月6—7日，中共常阴沙农场第六次党员代表大会在场部底楼会议室召开。大会应到代表91人，实到代表91，列席代表11人。大会听取、审议并通过王德能代表上届党委所作的党委工作报告和彭学贤代表上届纪委所作的纪委工作报告。大会号召广大共产党员"要发扬农垦精神，爱我农场，建设农场，做两个文明建设的排头兵"。大会选举并产生由王志明、王德能、朱建才、苏立勋、顾惠德、唐育彬、彭学贤7人组成的中共常阴沙农场第六届党委，王德能任书记，顾惠德任副书记。选举产生由卞祖德、吴惠充、余美芬、俞永明、顾惠德5人组成的中共常阴沙农场纪律检查委员会，顾惠德兼任书记，俞永明任副书记。

中共江苏省国营常阴沙农场第七次党员代表大会　1997年1月19—20日，中共常阴沙农场第七次党员代表大会在场部底楼会议室召开。大会应到代表92人，实到代表88人，列席代表9人。大会听取、审议并通过了顾惠德代表上届党委所作的党委工作报告和俞永明所作的纪委工作报告。会议选举并产生由顾惠德、朱建才、俞永明、高翔、彭学贤5人组成的中共常阴沙农场第七届党委，顾惠德任书记，高翔、俞永明任副书记。选举产生由俞永明、刘振祥、陈照英、袁范生、彭学贤5人组成的中共常阴沙农场纪律检查委员会，俞永明兼任书记，彭学贤任副书记。

中共江苏省国营常阴沙农场第八次党员代表大会 2001年12月12—13日，中共常阴沙农场第八次党员代表大会在场部底楼会议室召开。大会应到代表93人，实到代表93人。大会听取、审议并通过高翔代表上届党委所作的党委工作报告和俞永明所作的纪委工作报告，会议选举并产生由张惠文、钮志华、俞永明、耿兴中、顾新春、高翔、唐育彬7人组成的中共常阴沙农场第八届委员会，高翔任书记，俞永明任副书记。选举产生由王永祥、刘振祥、陈照英、俞永明、袁范生5人组成的中共常阴沙农场纪律检查委员会，俞永明兼任书记，刘振祥任副书记。

附：出席上级党员代表大会代表名单

1963年1月，隋曙光、陆立成、金焕才、钱招生、朱正英、任士芳、陈义龙、赵耀忠8人为正式代表，邵恒德为候补代表，出席中共沙洲县第一次党员代表大会。

1971年1月，隋曙光、赵耀忠、钱招生、张士清、钱庄初、高关清、尹贤才、龚官生、陈龙进、丁玉梅、陈龙章、黄成贤、陈世昌、黄来春、赵菊英、余金付、顾官庆、王文贵、周兰英、茅万丰、陆扣娣、周岐山、邵春生、唐兴时、赵志刚、方永官26人，出席中共沙洲县第二次党员代表大会。

1979年1月，蒋立三、赵志刚、余美芬、陈兰英、彭学贤、施德华、倪友芹、黄成贤、周朝宰、陈世昌、赵富宝、王忠英、黄振平、王文贵、宋雪芹、苏立勋、吴官生、陈福才、顾志明、茅雪祥、邵洪才、陈志才、赵耀忠、周金祥、卞群芝、陈龙章、余三27人，出席中共沙洲县第三次党员代表大会。

1984年8月，隋曙光、陆绍祥、方姚胤、严炳正、孙礼贤、张诗平、施德华、黄学芳、张培和、钱榴芬、李跃英11人出席中共沙洲县第四届党员代表大会。其中，李跃英当选为中共苏州市第六次党员代表大会代表。

1988年3月，张友才、王德能、余美芬、吴惠充、钱招生、陆兆康、顾新春、许文德、苏立勋、徐学齐10人出席中共张家港市第五次党员代表大会。

1991年3月，张友才、王德能、陆兆康、包玲凤、钮志华、钮菊芬、侯兴荣、钱招生8人出席中共张家港市第六次党员代表大会。

1996年3月，王德能、朱建才、高关清、黄志忠、王坚、邓雪兰、虞萍等7人出席中共张家港市第七次党员代表大会。

2001年6月，顾惠德、高翔、顾洪才、赵志荣、李义楼、刘振萍6人出席中共张家港市第八次党员代表大会。

第四节 党务工作

一、工作机构

1961年8月，中共常阴沙农场党委建立后，相继成立党委办公室和组织科等工作机构。1965年10月，增设政治处。1966年7月，党务工作机构随党委瘫痪而停止行使职能。1968年7月，成立政工组。1973年11月，撤销政工组，建立政工科。1983年3月，政工科改为组宣科。同月，建立中共常阴沙农场纪律检查委员会。1986年1月，组宣科分设为组织科和宣传科。1987年10月，党委办公室和行政办公室合并，称场部办公室，行使党委工作业务和行政工作业务的综合职能。1990年7月，设立监察室。1998年8月，组织科和宣传科合并改称党务办公室。1999年4月，监察室合并到党务办公室。2002年4月，党务办公室和群众工作办公室合并，改称党群办公室。

1961年8月—2005年3月常阴沙农场党委工作机构负责人变动一览表

表10-1-8

机构名称	科长（主任）	任职时间	副科长（副主任）	任职时间
党委办公室	陆绍祥	1961年8月—1967年6月	吴经才	1988年2月—1992年5月
	顾惠德	1984年8月—1987年10月	唐育彬*	1987年10月—1990年4月
	唐育彬	1990年4月—1998年8月	耿兴中*	1997年3月—1998年8月
	耿兴中	1998年8月—2005年3月	—	—
组织科	邵恒德	1961年8月—1963年	—	—
	蔡士法	1964年—1966年6月	—	—
政治处	吴海疃	1965年10月—1966年6月	陆绍祥	1965年10月—1966年6月
政工组	朱国斌	1968年7月—1973年10月	—	—
政工科	施完根	1973年11月—1982年7月	沈绍裘	1973年11月—1982年3月
	—	—	严炳正	1979年10月—1980年4月
	张友才	1982年7月—1983年3月	顾惠德	1981年1月—1982年7月
	—	—	顾惠德	1982年7月—1983年4月
组宣科	王德能	1983年3月—1986年1月	吴经才	1983年3月—1986年1月
组织科	彭玉贤	1990年4月—1994年3月	吴经才*	1986年1月—1988年1月
	苏立勋	1994年3月—1997年2月	彭学贤*	1988年2月—1990年4月
	俞永明	1997年3月—1998年8月	俞永明	1995年7月—1997年2月
	—	—	顾金山	1997年3月—1998年8月
	—	—	吴经才	1997年3月—1999年4月
宣传科	顾惠德	1986年1月—1988年3月	苏立勋*	1988年3月—1990年3月
	苏立勋	1990年4月—1994年3月	沈仙万*	1994年3月—1997年3月
	王永祥	1997年3月—1998年8月	倪　荣	1998年11月—1999年4月
党务办公室	王永祥	1998年8月—2000年5月	顾金山、瞿　伟	1998年8月—2002年3月
党群办公室	陈照英	2002年4月—2005年3月	王永祥、刘振祥、瞿　伟	2002年4月—2005年3月
监察室	彭学贤（兼）	1990年7月—1994年3月	高　翔	1990年7月—1991年5月
	俞永明	1995年8月—1997年3月	俞永明*	1991年5月—1995年7月
	刘振祥	1997年3月—1999年4月	—	—

说明：1.1987年10月，党委办公室和行政办公室合并，称场部办公室，故从1988年起，除党委秘书和主持工作的副主任外的办公室其他人员均列入第二章第二节行政机构

2.姓名右方加“*”者为副科长（副主任）主持工作

二、党员教育

党员教育，由党委副书记负责，党委宣传委员（宣传科长）组织实施。主要是围绕党在各阶段的中心工作和全场生产建设的重点，开展党的基本路线、方针和政策教育，为全场的生产建设和社会发展鼓劲、加油。宣传教育的形式主要有大党课、“三会一课”和冬训等。

大党课　1963年起，场党委每年在七月一日前召开全场党员大会，以纪念党的生日形式上大党课。这一活动在“文化大革命”初期停止，1971年起恢复后从未中断，大党课内容有党的基本知识、形势报告、表彰先进等，参加听大党课的党员一般占党员总数的96%以上。

冬训班　1979年起，场党委坚持在每年1月份，即冬季的农闲时节，安排5~7天时间集中举办党员冬训班，冬训对象为全体党员和场、工区（工厂）、小队（班组）的非党干部。每年参加冬训的党员干部在500~800人之间。

“三会一课”制　1980年起，场党委着重抓了各党支部的“三会一课”制度（支部大会、支委会议、党小组会议、每月以党支部为单位上一次党课），做到每次活动有内容、有记录。形成制度，年终检查。至1999年，全场57个党支部，有52个支部坚持“三会一课”制度，占91%。至2004年，全场47个党支部，长年坚持“三会一课”的有41个支部，占86%。

三、党校工作

1984年10月，场党委建立业余党校，挂靠场工会职教中心，具体负责对全场党员干部、入党积极分子以及后备干部进行培训，1992年2月，建立党校校务委员会，同时建有资料室，配备电视机、录像机、收录机和专用教室，与职教中心合并办公，两块牌子，一套班子。党委书记或副书记兼任校长，陆绍祥、陆锦法、沈仙万等先后任专职副校长，具体工作由场宣传科负责。

党校培训涉及的内容有政治经济学、哲学、科学社会主义理论、中国革命史、经济理论和经济管理、法律知识以及马列主义毛泽东思想和邓小平理论等。培训的主要方式是办短训班和轮训班。至1989年，主要是根据党委的中心工作开展培训，每年举办文化补习、机关公文写作及农业技术等知识培训班5~8期，每年参加培训人员380余人次。1990—1996年，主要进行政治工作知识教育、经济管理、政工干部继续教育以及学历教育培训，每年举办培训班20期以上，每年培训党员干部及各类人员在1500人次以上，其中1991年和1992年办班35期，126天计1008课时，培训人员4192人次。1997—2003年，每年举办各类培训班2~3期，培训各类人员180余人次。此后，党校培训活动基本停止。

四、纪检监察

60年代初，纪检监察由场党委直接负责，党委设监察委员1人。1962年初，对1958年后在“大跃进”和反“右”斗争中受到各种处分的党员干部共89人组织复查。经甄别，撤销57人的处分决定，重新定性和处理的19人，维持原处分结论的13人。

1963年3月，对有严重问题的4名党员作出组织处理，其中，开除党籍1人，撤销职务3人。

1976年，场党委组织力量，对全场在“文化大革命”期间受到冲击、审查、批斗以及党内处分的101名党员干部组织复查，根据“全错全纠、部分错部分纠”的原则，至1978年，共平反、昭雪、甄别、纠错、恢复名誉后安排工作、补发工资58人，同时对这部分人的个人档案重新整理；对犯有一般错误的19名党员干部作出经济上退赔、行政上处分的结论；对犯有严重错误的24名党员干部维持原处理结论，其中开除党籍10人，留党察看2人，撤销党内职务4人，党内严重警告处分6人，党内警告处分2人。

1982—1983年，在打击经济领域犯罪活动中。共查处党员干部违纪案件11起，其中开除党籍1人，留党察看3人，撤销党内外职务4人，党内严重警告处分3人。

1983年3月，成立中共常阴沙农场纪律检查委员会，在场党委的直接领导下负责全场党员干部违纪案件的查处。

1985—1995年，在查处党员干部消极腐败、以权谋私、参与赌博、违反计划生育政策等违规违纪案件中，对25名党员干部进行处理，其中开除党籍3人，留党察看6人，撤销党内外职务6人，党内严重警告处分8人，党内警告处分2人。

1996—2004年，共有19名党员干部受到党纪处分，其中开除党籍15人，党内严重警告处分4人。在查处的违纪案件中，涉及经济方面的案件5起、行为作风方面的案件11起、参与赌博的3起。

1962—2004年常阴沙农场党员干部违纪案件查处情况表

表10-1-9

年份	被查处人数（人）	按案件类型分				按处分类型分				
		经济	作风	赌博	其他	开除党籍	留党察看	撤销职务	严重警告	警告
1962	2	—	1	1	—	1	1	—	—	—
1963	4	2	1	1	—	1	1	2	—	—
1964	1	1	—	—	—	1	—	—	—	—
1965	2	2	—	—	—	2	—	—	—	—
1970	7	5	—	—	2	2	1	2	2	—
1971	3	1	2	—	—	—	1	—	1	1
1972	3	3	—	—	—	1	—	1	—	1
1973	2	1	1	—	—	1	1	—	—	—
1974	2	1	1	—	—	1	—	—	1	—
1975	4	—	4	—	—	1	—	1	2	—
1976	3	—	3	—	—	3	—	—	—	—
1977	2	—	1	—	1	—	—	—	2	—
1978	3	2	1	—	—	—	2	—	1	—
1979	7	2	5	—	—	1	1	1	2	2
1981	2	—	2	—	—	—	—	—	2	—
1982	11	7	2	2	—	—	1	6	1	3
1983	6	4	1	—	1	3	2	—	1	—
1984	7	6	—	—	1	—	3	2	2	—
1985	2	—	1	—	1	—	—	—	2	—
1986	3	1	1	1	—	1	1	—	—	1
1987	1	—	—	—	1	—	—	1	—	—
1988	2	—	1	1	—	1	—	1	—	—
1989	1	—	—	—	1	—	1	—	—	—
1990	5	3	1	1	—	—	1	3	1	—
1991	2	2	—	—	—	—	1	—	1	—
1992	2	1	—	—	1	—	1	—	1	—

续表10-1-9

年 份	被查处人数（人）	按案件类型分				按处分类型分				
		经济	作风	赌博	其他	开除党籍	留党察看	撤销职务	严重警告	警告
1993	2	1	—	—	1	1	1	—	—	—
1994	1	—	1	—	—	—	—	—	1	—
1995	4	2	1	1	—	—	—	1	2	1
1996	2	1	—	1	—	1	—	—	1	—
1997	3	1	—	2	—	1	—	—	2	—
1998	1	—	1	—	—	1	—	—	—	—
1999	1	1	—	—	—	1	—	—	—	—
2000	2	—	2	—	—	2	—	—	—	—
2001	3	1	2	—	—	2	—	—	1	—
2002	2	1	1	—	—	2	—	—	—	—
2003	3	—	3	—	—	3	—	—	—	—
2004	2	—	2	—	—	2	—	—	—	—
合计	115	52	42	11	10	36	20	21	29	9

五、统战、侨务

1965年起，农场先后协助政府部门接收并安置归国华侨6人、原国民党团职以上文职官员1人。1969年春，接收并安置从蒙古、印度尼西亚等归国华侨和侨眷12人。1975年12月，接收并安置江苏省公安厅转进国务院特赦原国民党团职以上军政起义和投诚人员4人。1989年，安抚在场的港、澳、台及海外眷属10户，并成立台联小组。1992年春，经省委统战部批准，安置原国民党台湾老兵回乡定居人员1人。至2004年，统战、侨务常规性工作均由党委宣传部门负责。

六、政协小组

1981年10月，农场的政协委员参加乐余片政协学习小组活动。1984年5月，由乐余、兆丰、东沙及常阴沙农场参加，建立政协乐余片联合小组，在农场工作的张家港市政协委员叶宗浩任乐余片政协联合小组副组长。1987年5月，由兆丰、东沙及常阴沙农场参加，建立政协联合小组，农场政协委员叶宗浩任副组长。1990年9月，常阴沙农场单独建立政协联系小组，陈部姜任组长。1993年3月，东沙的政协委员参加农场政协联系小组活动，组长陈部姜。1995年2月，农场政协联系小组组长由党委副书记顾惠德兼任。1998年5月，农场政协联系小组组长由场党委副书记俞永明兼任，党委宣传科科长王永祥任副组长。2004年2月，常阴沙农场政协联系小组更名为常阴沙农场政协联络委员会，主任俞永明，副主任王永祥。

常阴沙农场政协联络委员会（联合小组、联系小组）是农场党务工作的非常设机构，日常工作由党委宣传部门负责。主要工作是，根据张家港市政治协商会议的总体工作要求，结合农场实际，履行政治协商、民主监督、参政议政的职能。场宣传部门根据社会热点及农场职工关心的问题，定期组织政协委员有针对性地开展一些调研活动，在听取各方面意见和建议的基础上，写出调研报告，帮助农场党委和场部化解与职工群众的矛盾，增进团结。每年中秋、春节，场党委、场部均要召开政协委员、三胞眷属联谊会，同时召开各界人士座谈会，达到相互沟通、增进共识、促进发展的目的。

在农场的历届张家港市政协委员一览表

表10-1-10

时　间	届次	县（市）政协委员姓名	特邀代表	时　间	届次	县（市）政协委员姓名	特邀代表
1962年8月	一	钱景初	—	1990年3月	六	陈邵姜、蒋　挺、杨明楼	苏立勋
1966年5月	二	钱景初、叶宗浩	—	1993年2月	七	陈邵姜、蒋　挺、杨明楼	苏立勋
1981年7月	三	钱景初、叶宗浩	—	1998年1月	八	陆士标、邵鑫荣、张胜良	王永祥
1984年4月	四	叶宗浩、陈雪茹	顾惠德	2003年1月	九	刘建芳、陈育平、顾振忠	王永祥
1987年4月	五	叶宗浩、陈雪茹、蒋　挺	顾惠德				

附：沙洲县五七干校和中共沙洲县委党校

沙洲县委党校于“文化大革命”初期停办。1968年11月8日，沙洲县革命委员会决定筹建沙洲县五七干校，校址选择在东方红农场十四工区，并利用农场知青点上的宿舍、办公室、图书室、活动室、大礼堂、食堂、老虎灶、仓库及其他生产用房作为干校生活和学习活动场所，活动区域占地60亩，有建筑面积7425平方米。同时，从十四工区划拨耕地600亩，调拨给干校作劳动实践基地。1969年1月，第一批学员共204人进入五七干校，进行为期半年的学前准备工作，实行半军事化管理，白天劳动，晚上集中学习，开展批判活动。

1969年9月25日，沙洲县五七干校挂牌成立，由孙平（军代表）任主任，张洪洫、林基贤、王龙根任副主任。同时宣布撤销沙洲县委党校，党校职能由五七干校代替。

1972年12月25日，沙洲县委决定恢复党校，并在农场十四工区挂党校和五七干校两块牌子，一套班子。

1974年3月24日，沙洲县委决定再次撤销党校建制。1976年7月10日，沙洲县革命委员会将东方红农场原知青点上的房屋等固定资产，调拨给县五七干校，由县财政局无偿划拨。

1977年11月12日，沙洲县委决定再次恢复并重建党校，同时撤销五七干校。县委党校留在五七干校内。1983年3月，县委党校从农场十四工区搬迁到杨舍镇。搬迁后，原党校的房屋、土地等设施由党校转让给沙洲县建委。

第二章　行　政

第一节　农场管理委员会

50年代，常熟县第一农场（常阴棉场）场部设在常阴区辖区内，青草沙分场在南丰区辖区内。1957年撤区并乡后，均在沙洲区辖区内，行政上直属常熟县人民政府，农场设管理委员会，下设行政股、技术股和耕作队（生产队），共有5个生产队。1958年10月，撤销第一农场。

1959年10月，农场恢复建制，为政企合一的全民所有制农业企业。1961年4月，成立以场长为主任的管理委员会，简称管委会或场部。

1968年2月，沙洲县军事管制委员会派员进驻农场，实行军事管制。3月，成立农场人民武装部生产办公室，临时取代农场管委会工作，受沙洲县人武部生产办公室领导。7月，经沙洲县革命委员会批准，成立以隋曙光为主任，方姚胤、郭能绍（军代表）为副主任的东方红农场革命委员会。

1979年2月，革命委员会撤销，恢复以场长为行政负责人的国营农场行政组织。是年春，试办农场农工商联合企业，成立江苏省常阴沙农工商联合公司。此后，先后成立爱国卫生运动委员会、计划生育领导小组、安全生产领导小组、教育管理委员会、市镇管理委员会等职能机构。1987年8月，恢复成立江苏省国营常阴沙农场管理委员会。

1950年—1958年10月常熟县第一农场行政负责人一览表

表10-2-1

行政名称	场长	任职时间	副场长	任职时间
创办时期（未命名）	殷绍宝	1950年3月—1951年2月	—	—
常熟县常阴农场	陆立成	1951年3月—1951年5月	—	—
常熟县第二农场	陆立成	1951年5月—1952年4月	—	—
苏南棉麻指导所常阴棉场	陆立成	1952年4月—1953年3月	—	—
常熟县第一农场	陆立成	1953年3月—1958年10月	鲍洪奎	1953年3月—1958年10月

1959年10月—2005年3月常阴沙农场行政负责人变动一览表

表10-2-2

组织名称	场长（主任）	任职时间	副场长（副主任）	任职时间
常熟县沙洲农场	陆立成	1959年10月—1961年4月	黄志清	1959年10月—1961年4月
江苏省国营常阴沙农场	陆立成	1961年4月—1968年6月	黄志清	1961年4月—1968年6月
			王纯祖	1962年3月—1965年11月
			周银春	1966年7月—1968年6月
沙洲东方红农场革委会	隋曙光	1968年7月—1976年1月	陆立成	1968年8月—1976年1月
			郭能绍	1968年7月—1971年7月
			方姚胤	1968年7月—1976年1月
			张爱华	1971年3月—1976年1月
			汤尚义	1971年3月—1973年9月
			张掌福	1973年12月—1976年1月
国营沙洲东方红农场革委会	蒋立三	1976年1月—1979年3月	陆立成	1976年1月—1978年4月
			方姚胤	1976年1月—1979年2月
			张爱华	1976年1月—1977年4月
			张掌福	1976年1月—1979年2月
			王步高	1976年4月—1979年2月
			王志明	1976年6月—1979年2月
			施完根	1977年12月—1979年2月
			陆绍祥	1977年12月—1979年2月
			黄志清	1979年1月—1979年2月

续表 10-2-2

组织名称	场长（主任）	任职时间	副场长（副主任）	任职时间
江苏省国营常阴沙农场	黄建强	1979年2月—1979年12月	张掌福	1979年2月—1979年12月
			方姚胤	1979年2月—1983年12月
			王步高	1979年2月—1979年12月
			王志明	1979年2月—1979年12月
			施完根	1979年2月—1979年12月
			陆绍祥	1979年2月—1979年12月
			黄志清	1979年2月—1979年12月
	张掌福	1979年12月—1985年11月	陆绍祥	1979年12月—1980年1月
			方姚胤	1979年12月—1983年10月
			王步高	1979年12月—1985年11月
			王志明	1979年12月—1985年11月
			施完根	1979年12月—1983年9月
			黄志清	1979年12月—1985年7月
			张凤祥	1983年3月—1985年11月
	张凤祥	1985年11月—1993年6月	王德能	1987年5月—1993年6月
			王步高	1985年11月—1987年5月
			王志明	1985年11月—1993年6月
			朱建才	1986年8月—1993年6月
			吴文忠	1986年12月—1991年12月
			顾新春	1989年1月—1993年6月
			王秉忠	1991年4月—1993年6月
			侯兴荣	1992年7月—1993年6月
	朱建才	1993年6月—1998年7月	王志明	1993年6月—1995年8月
			顾新春	1993年6月—1998年7月
			侯兴荣	1993年6月—1997年9月
			高 翔	1993年11月—1998年7月
			钮志华	1993年11月—1998年7月
			唐育彬	1997年1月—1998年7月
			丁 毅★	1996年3月—1997年3月
			齐 加★	1996年7月—1997年3月

续表 10-2-2

组织名称	场长（主任）	任职时间	副场长（副主任）	任职时间
江苏省国营常阴沙农场	高　翔	1998年7月—2004年4月	钮志华	1998年7月—2004年4月
			顾新春	1998年7月—2004年4月
			唐育彬	1998年7月—2004年4月
			徐　军	1999年6月—2004年4月
			张惠文	2003年12月—2004年4月
			耿兴中☆	2002年2月—2004年4月
张家港市常阴沙农场	赵桐兴	2004年4月—2005年3月	薛　平	2004年4月—2005年3月
			顾新春	2004年4月—2005年3月
			钮志华	2004年4月—2005年3月
			唐育彬	2004年4月—2005年3月
			徐　军	2004年4月—2005年3月
			张惠文	2004年4月—2005年3月
			耿兴中	2004年4月—2005年3月

说明：姓名右方有“★”者为挂职干部；姓名右方有“☆”者为场长助理

第二节　场部工作机构

1961年4月，农场管委会下设办公室、生产科、工副业科、财计科、保卫科（人保科）、基建科等科室。1962年，增设供销科和副业科。1965年5月，增设机务科。1968年7月，农场革委会下设“四组一部”，即生产指挥组（集生产、财务、物资、供销等为一体）、群众专政组、政工组、办事组、人民武装部。

1971年10月，撤销群众专政组，设立保卫组。1972年，撤销保卫组，设保卫科。1973年11月，撤销生产指挥组、政工组、办事组，设立办公室、政工科、农业科、财务计划科、供销科、文教组等科室机构。1976年，增设工业科。1979年，增设农机管理科。1980年4月，增设劳动工资科。1981年3月，增设基本建设管理科（简称基建科），内设土地管理办公室和建房小组。同年，文教组改称教卫科。1983年9月，财务计划科改称财务科，增设计划科。

1984年8月，场部机关试行机构改革，设行政办公室和农工商联合公司办公室。劳动工资科改为劳动工资经营管理科。9月，工业科改称工业公司。农业科改称农业服务公司。副业科改称多种经营管理科，后改为多种经营服务公司。供销科改称物资运输公司。是年，成立派出所。1985年10月，劳动工资经营管理科名称恢复为劳动工资科。计划科并入财务科。行政办公室与农工商联合公司办公室合并称场部办公室。12月，工业公司改为工业科。1986年8月，农业服务公司名称恢复为农业科。1987年2月，成立计划生育办公室。10月，行政办公室和党委办公室合并，称场部办公室。工业科再次改为工业公司。1989年1月，成立土地管理所（简称土管所）。工业公司再次改为工业科。6月，基建科改称建筑管理站（简称建管站）。

1990年1月，成立审计科。2月，建管站恢复原名为基建科。1991年6月，成立清管所。9月，成立市镇管理委员会（简称市管委）。1992年6月，基建科改称村建办。1994年2月，撤销农业科，重新设立农业服务公司。8月，市管委改称市镇管理办公室。1998年9月，成立财务结算中心。1999年2月，农业服务公司改称农业服务中心。4月，财务结算中心改称为资产经营管理办公室，财务、审计全部合并到资产经营管理办公室。

2002年4月，工业科改称经济发展办公室。5月，土管所并入村建办。7月，劳动工资科改为劳动和社会保障办公室。

1961年—2005年3月常阴沙农场行政科室负责人一览表

表10-2-3

机构名称	科长（主任）	副科长（副主任）	任职时间
场部办公室（含联合公司办公室）	陆绍祥、顾惠德、王德能、唐育彬、耿兴中	王德能、张启忠、宋根全、吴惠充、唐育彬、吴经才、耿兴中、丁宝生、黄光义、李建明	1961年4月—2005年3月
农业科（生产科、农业服务公司、农业服务中心）	顾元相、耿志高、王步高、王鹤云、张剑荣、朱建才、钮志华、保重华、李义楼	耿志高、赵志刚、张作人、黄成贤、赵耀忠、朱毅兴、尹贤才、陈光辉、华松林、黄家仁、史建军、李义楼、殷军成、李　明、顾洪清	1961年4月—2005年3月
农机管理科	朱克仁、苏　健	顾言扬、高锦林	1965年—1983年
工业科（工业公司）	朱克成、蔡士法、顾新春、彭学贤、赵兴明、徐育清	黄贤明、陈昌根、吴经才、周银春、黄贤德、尹贤才、葛顺才、徐育齐、黄成贤、赵兴明、陆志元、倪　荣、任建忠	1976年—2005年3月
供销科（物资站、运输队）	黄贤明、张友才、石方豪	顾育礽、管　翔、陈昌根、田加华、葛顺才	1962年—1982年
财务科（财务结算中心）	陈永康、吴惠充、葛顺才、张惠文	陈永康、顾育礽、张友才、宋根全、陈昌根、吴惠充、黄贤明、张惠文、龚怀礼、	1961年4月—1999年4月
资产经营管理办公室	张惠文、邹金才	刘振祥、邹金才、蒋礼才、郭美华、李新峰	1999年4月—2005年3月
审计科	吴惠充、刘振祥	葛顺才、刘振祥、蒋礼才	1990年1月—1999年4月
劳动工资科（劳动和社会保障办公室）	严炳正、顾金山、丁宝生	丁宝生	1980年4月—2005年3月
教卫科（文教组）	倪礼章、朱国斌、翁振华、顾惠德、顾万民、彭学贤	沈绍裘、顾万民、陈友恭	1962年—2001年1月
基建科（村建办）	苏　健、黄贤明、赵耀忠、陶云儒、徐育清、顾洪才	朱克仁、赵耀忠、陶云儒、顾育礽、周铭江、朱玉泉、蒋礼孝、杜玉祥、沙茂华	1962年—2005年3月

续表10-2-3

机构名称	科长(主任)	副科长(副主任)	任职时间
知青办	苏　健	—	1969年—1978年
土地管理所	蒋礼孝	吴官生	1989年1月—2002年5月
副业科	赵志刚、陈永康、黄志清	杨狮峰、陈寅成、顾育礽	1962年—1982年
保卫科(派出所)	汤祥龙、方姚胤、李维义、石士保、卞祖良、邵志道、江利民、王丽华、朱红专	卢瑞华、卞祖良、沙德宏、蒋礼孝、顾乔民、王兴祥、季孝培、吴良忠	1961年4月—2005年3月
计划生育办公室	余美芬、秦志发	王兴兰	1987年2月—2005年3月
市镇管理办公室	吴文忠、朱建才、吴官生、保重华、陆川祥	王秉忠、顾志明、朱刚玉、王兴兰、吴官生、黄光义	1991年9月—2005年3月
爱卫委	倪礼章、朱国斌、翁振华、沈绍裘、顾惠德、王德能、吴文忠、朱建才、彭学贤	吴官庆、陈永才、黄永芳、黄连生、陈寅成、倪德明、芮跃文、顾万民、王秉忠、顾志明、吴官生、陈友恭	1962年—2001年1月
清管所	薛长生、金小发	—	1991年6月—1995年1月

第三节　基层行政单位

一、原兆丰公社以“场带队”形式带进的大队

长沙圩(东长沙),40年代,东长沙属常熟县沙洲区(区设区公所)海桑乡(乡设乡公所)第十七保管辖,设7个甲。1950年春,改属南丰区生建乡,建有两个大组。1951年9月建行政村,是为生建乡十村,又称民新村。1953年冬,建互助组。1955年冬,淘汰自然村,建初级社,配社长、会计等干部。1956年春,重建3个初级社。同年6月,组织高级社,为南丰区生建乡十一社,又称长兴社,配社长、会计等干部。1957年撤区并乡后,属沙洲区兆丰乡。1958年8月至1959年4月,先后为兆丰人民公社十一大队和东沙洲人民公社兆丰工区十一大队,又称东风大队。1960年5月进入农场前,属兆丰人民公社十一大队,有大队长、会计等干部。

建设圩,1954年建行政村,时为常阴区团结乡建设村。1955年冬,建初级社。1956年,撤行政村,组织高级社,为常阴区团结乡十五社,又称建设社。1957年6月,为沙洲区兆丰乡十五社。1958年8月至1959年4月,先后为兆丰人民公社十五大队和东沙洲人民公社兆丰工区十五大队。1959年10月进入农场前,属兆丰人民公社十五大队,有大队长、会计等干部。

合作头圩,1956年建初级社,为生建乡七社。同年建高级社。1957年6月,为沙洲区兆丰乡十四社。1958年8月至1959年4月,先后为兆丰人民公社十四大队和东沙洲人民公社兆丰工区十四大队。1959年10月进入农场前,属兆丰人民公社十四大队,有大队长、会计等干部。

合作二圩现北中心河以东部分,1956年建两个初级社,分别为生建乡五社和六社。同年,合并建立为1个高级社,为南丰区生建乡六社,1957年6月,为沙洲区兆丰乡十三社,1958年8月至1959年4月,先后为兆丰人民公社十三大队和东沙洲人民公社兆丰工区十三大队。1959年10月进入农场前,属兆丰人民公社十三大队,有大队长、会计等干部。

合作二圩现北中心河以西部分和生建圩,1956年建初级社,同年发展为高级社,为南丰区生建乡

八社。1957年6月，为沙洲区兆丰乡八社。1958年8月至1959年4月，先后为兆丰人民公社八大队和东沙洲人民公社兆丰工区八大队。1960年5月进入农场前，属兆丰人民公社八大队，有大队长、会计等干部。

合作三圩，1956年建高级社，为南丰区生建乡十二社，又称东方社。1957年6月，为沙洲区兆丰乡十二社。1958年8月至1959年4月，先后为兆丰人民公社十二大队和东沙洲人民公社兆丰工区十二大队，又称东方大队。1960年5月进入农场前，属兆丰人民公社十二大队，有大队长、会计等干部。

1958—1959年境内各区域行政负责人一览表

表10-2-4

单位名称	所在区域	负责人
兆丰公社十一大队	长沙圩（现七工区）	马老四
兆丰公社十五大队	建设圩（现一工区）	顾廷一
兆丰公社十四大队	合作头圩（现十二工区）	任士芳
兆丰公社十三大队	合作二圩（现良种站）	韩金林
兆丰公社八大队	合作二圩（现一〇工区）	李宝生
兆丰公社十二大队	合作三圩（现六工区）	姚士良

二、农业生产作业区（工区、大队、管理区、社区）

50年代，全场建有5个生产队（含分场），设生产队长。

1960年7月，全场以作业区为单位，组建4个大工区，分别是红旗工区、跃进工区、长江工区、长沙工区，并建立工区管理委员会，配主任、会计等干部。另建直属队、农科所和农场繁殖场。

1961年1月，撤销大工区，以范围较小的作业区为单位，组建12个管理区（工区），并分别建立工区管理委员会。另设直属队、农科所和农场繁殖场。1963年春，在新围垦的长江圩内建立第十三管理区。至此，全场共16个行政作业单位和1个农业科研单位。管理区配主任、副主任、主办会计、出纳会计（兼统计）等干部，下设生产队，配队长、副队长、统计员等。直属队、农科所、繁殖场配行政正职、副职、会计等干部。

1963年8月，管理区改称生产队，原生产队改称作业组。1964年4月，建立良种站，改原十一生产队为良种站，同时在当年围垦的青年二圩新建十一生产队。1968年7月，生产队改称生产大队，作业组改称生产小队。各生产大队先后建立革命生产领导小组，配组长、副组长等干部。不久后改称生产大队革命委员会，配主任、副主任等干部。1979年2月，撤销革命委员会，各作业区的行政干部恢复大队长、副大队长等称谓。

1979年3月，生产大队自行改称工区（连级建制），配主任、副主任、会计等干部。至此，全场有20个工区、2个养殖场（水产养殖场和农场繁殖场）以及2个农业科研单位（农科所和良种站）等24个农副业单位。是年6月，建立4个分场（科级建制），分别是红旗分场（第一分场）、跃进分场（第二分场）、长江分场（第三分场）和长沙分场（第四分场），配分场场长、辅导会计等干部。1985年，分场级建制自行撤销。

此后20多年，除撤并少数规模较小的工区外，农业基层单位建制基本保持稳定。至2002年，包括良种站在内共有18个农业单位（工区）。2003年2月，撤销工区，合并组建13个农业管理区。2005年2月，撤并管理区，建立7个社区。

1960年7月—1961年1月常阴沙农场大工区负责人一览表

表10-2-5

名　　称	辖　区　范　围	负责人（主任）	任职时间
红旗工区	六工区、一〇工区、十二工区、十一工区（今良种站）	蔡士法	1960年7月—1961年1月
跃进工区	一工区、二工区、三工区、苗圃	赵志刚	1960年7月—1961年1月
长江工区	四工区、五工区	陈朝富	1960年7月—1961年1月
长沙工区	七工区、八工区、九工区	耿志高	1960年7月—1961年1月

1981—1985年常阴沙农场分场负责人一览表

表10-2-6

名　　称	辖　　工　　区	负责人（场长）	任职时间
红旗分场	五工区、六工区、一〇工区、十二工区、二十工区、良种站、农科所	陈志才*、朱建才*、赵耀忠*	1981年6月—1985年
跃进分场	一工区、二工区、三工区、四工区、十三工区	尹贤才*、张剑荣*	1981年6月—1985年
长江分场	十四工区、十五工区、十六工区、十八工区、十九工区、二十一工区、水产养殖场	邢志豪*、陈光辉*	1983年—1985年
长沙分场	七工区、八工区、九工区、十一工区、十七工区	茅雪祥*、朱毅兴*	1981年6月—1985年

说明：姓名右方有“*”者为副场长主持工作

1961年1月—2003年2月常阴沙农场工区（大队）负责人一览表

表10-2-7

名　　称	负责人（主任、队长、大队长）	任职时间
一工区	顾廷一、许文达、杨步清、尹贤才、陆川祥、史建军、保重华	1961年1月—2003年2月
二工区	杨步清、沈岳林、顾廷一、彭学贤、赵文付、彭维成、俞永明、秦志法、保重华、顾雪祥	1961年1月—2002年11月
三工区	陈龙进、杜元庆、甘学才、彭维成、唐育龙、唐卫平、陆雷斌、杨忠祥、陆锦法	1961年1月—2003年2月
四工区	丁文保、秦根林、黄志明、史裕兴、练炳华、吴国忠	1961年1月—2003年2月
五工区	周岐山、陈龙章、黄成贤、薛长生、陈志才、瞿振祥、黄志忠	1961年1月—2003年2月
六工区	姚士良、黄成贤、蔡士法、黄贤德、陆兆康、邵鑫荣、杨兴贤、顾洪才	1961年1月—2003年2月
七工区	陈世昌、顾金华、钮志华、陆品华、蔡正泉	1961年1月—2003年2月
八工区	黄惠畴、赵付保、顾金华、朱玉泉、薛志良、黄志忠	1961年1月—2001年2月
九工区	汤国贤、马老四、任士芳、张志敖、黄志忠、朱玉泉、汪　平、包新祥、李新峰	1961年1月—2003年2月
一〇工区	陆福岐、朱洪生、方永官、王振平、黄忠清、倪正明、陆士荣、陆兆康、周建国、顾洪才	1961年1月—2003年2月
十一工区	黄志明、王文贵、盛士清、唐兴时、施毓良、顾洪才、陆品华	1964年4月—2003年2月
十二工区	赵才生、朱文华、袁炳兴、高　翔、杨忠祥、刘振祥、范兴华	1961年1月—2003年2月

续表 10-2-7

名　称	负责人（主任、队长、大队长）	任职时间
十三工区	夏振明、陆明达、钱振华、苏立勋、顾来顺、冯真理、陈育才、史建军、陶洪祥	1964年—2003年2月
十四工区	韩益明、周岐山、陈育才、吴官生、黄学芳、邵洪才、林善本、史建军	1964年—2003年2月
十五工区	陆福岐、徐春华、张国良、练炳华、司雪根、施毓良、王永祥	1969年—2003年2月
十六工区	唐兴时、顾志明、陶洪祥、秦志法	1969年—2003年2月
十七工区	茅雪祥、陆忠成	1971年—2003年2月
十八工区	孙贤儒、邵洪才、黄品宏、蒋礼荣	1971年—2003年2月
十九工区	韩益明、甘育才、王振平、王兴方	1976年—1997年4月
二十工区	陈志才、丁宝生、任建忠、杨兴贤	1977年—1998年4月
二十一工区	黄志忠、张兴明、黄品宏、金小发、耿兴中、瞿　伟	1984年—1998年3月

1959年10月—2003年2月常阴沙农场农业科研服务单位负责人一览表

表 10-2-8

名　称	负责人（所长、站长、场长）	任职时间
良种站（1964年前为十一工区）	韩金林、张士明、杨兴贤、高士芳、顾元明、陈金发	1961年1月—2003年2月
农科所	赵才生、黄家仁、芮崇德、史建军、陈家庆、冯真理	1979年—1992年
水产养殖场	韩益明、黄来春、黄学芳、王兴方	1980年—1992年1月
农场繁殖场	殷作良、周志良、李凤亭、朱洪生、陆福岐	1959年10月—1986年8月
机械耕作队	顾言扬、顾金华、邢发祥、蔡铁才	1979年—1994年12月

2003年2月—2005年2月常阴沙农场农业管理区负责人一览表

表 10-2-9

名　称	负责人（主任）	任职时间	名　称	负责人（主任）	任职时间
第一管理区	范兴华	2003年2月—2005年2月	第十管理区	李永明	2003年2月—2005年2月
第二管理区	陈金发	2003年2月—2005年2月	第十一管理区	陆品华	2003年2月—2005年2月
第三管理区	陆锦法、虞伟明	2003年2月—2005年2月	第十五管理区	徐建龙	2003年2月—2005年2月
第四管理区	丁茂祥	2003年2月—2005年2月	第十六管理区	陆洪祥*	2003年2月—2005年2月
第五管理区	黄志忠	2003年2月—2005年2月	第十七管理区	蔡正泉	2003年2月—2005年2月
第六管理区	陶洪祥	2003年2月—2005年2月	第十八管理区	蒋礼荣	2003年2月—2005年2月
第九管理区	李新峰、史建军	2003年2月—2005年2月			

说明：姓名右方加“*”者为副主任主持工作

2005年2—3月常阴沙农场社区负责人一览表

表10-2-10

名　　称	负责人（主任）	任职时间	名　　称	负责人（主任）	任职时间
常东社区	陆洪祥	2005年2月—2005年3月	常红社区	李永明	2005年2月—2005年3月
常南社区	周建国	2005年2月—2005年3月	常兴社区	夏晓波	2005年2月—2005年3月
常西社区	黄金菊	2005年2月—2005年3月	常沙社区	夏才清	2005年2月—2005年3月
常北社区	陈志华	2005年2月—2005年3月			

三、居民委员会

1986年8月。常阴沙农场建立居民委员会。1994年12月，正式成立常阴沙农场集镇居民委员会，简称居委会，主要行使对红旗集镇居民住宅区的管理职能，属机关编制。1998年11月，更名为江苏省国营常阴沙农场集镇居民管理委员会。1999年，脱离场部机关，实行独立核算，自负盈亏。居委会的主要职能为履行集镇居民户籍管理、及常住人口管理、收取各项费用、抓好计划生育等社会性工作以及职工工资管理、职工养老保险费收缴、及退休人员保养费的发放等。2004年4月属地管理后称张家港市常阴沙集镇居民委员会。辖4个居民自然村、6个居民小组，有住户990户，总人口2529人，其中户籍人口1176人。

1994年12月—2005年3月常阴沙农场居委会负责人一览表

表10-2-11

居委会	负责人（主任）	任职时间
居委会	余美芬、徐锦芳*、顾志华*	1994年12月—2005年3月

说明：姓名右方加“*”者为副主任主持工作

四、工建交商单位（公司、工厂）

1960年下半年至1963年，先后办粮食加工厂（后改为粮饲加工厂）、农场机械厂和轧花剥绒厂等经济单位，配厂长、副厂长、会计等管理人员。1978年后，经济组织凡属场直企业的，均为独立核算单位，行政上分别为科级和连级建制，配厂长（经理）、副厂长（副经理）、会计等行政干部。

1983年—2000年3月常阴沙农场直属公司负责人一览表

表10-2-12

单 位 名 称	负责人（厂长、经理）	任职时间
商业公司	陈永康、茅雪祥、张诗平、黄贤德	1983年9月—1994年12月
物资公司	石方豪、茅雪祥、高　翔、邢志豪	1983年9月—1994年12月
商物公司	朱玉泉	1994年12月—1998年11月
多种经营（服务）公司	严炳正、孙雪庆	1983年9月—2000年3月
建筑（安装）公司	黄贤明、赵耀忠、施完根、陶云儒、徐育清、高　翔、杜玉祥	1984年9月—1999年11月
汽车工业公司	吴经才*、石方豪	1985年8月—1985年12月

说明：姓名右方加“*”者为副厂长（经理）主持工作

1961年—2005年3月常阴沙农场工厂（单位）负责人一览表

表10-2-13

单位名称	负责人（厂长、经理）	任职时间
农具厂（农机修造、纺织机械、恩达泵业制造）	陆明达、朱克仁、蔡士法、孙礼贤、赵兴明、徐　军	1961年3月—1999年3月
机械工程公司	顾洪清	1994年12月—1999年4月
三叶汽车修理厂	徐亚儒*、陆士良、陈自立、茅万丰	1985年10月—1994年12月
建筑工程队	许顺林、韩金林*、赵志刚、苏　健、秦根林	1962年7月—1984年9月
装潢厂	徐育清、姜菊明	1985年3月—2000年9月
加工厂（含粮站）	杨　坚、张景相*、钱守金*、苏　健、苏立勋、任士芳	1961年1月—1983年9月
粮油贸易公司	黄忠清、闻根荣、邢志豪、顾雪祥	1983年9月—2005年3月
轧花剥绒厂	马金明、苏　健、蔡士法、陈寅成、陈龙章、盛士清、陆志彬、王永祥、汪　平	1963年—2000年5月
油厂	苏立勋、陈士芳、邵金华	1984年5月—1999年9月
用电站	黄贤明、顾言杨、高关清	1976年—1998年8月
电控厂	高关清	1980年—1998年4月
不锈钢泵阀总厂	高关清、陈世章	1981年—1999年5月
不锈钢材料制品厂	高关清、黄志芳、陈世章	1990年5月—1993年11月
自来水厂	高关清、邵鑫华、黄志忠	1993年9月—2005年3月
毛纺织（针织）厂	黄连生、张启忠、徐学齐、陈世明、顾新春、赵志德	1978年—1998年8月
服装厂	侯兴荣、王保林、钱永良、黄贤德、袁范生	1983年—2002年4月
棉纺织厂	陈育才、郑国钧、陆志斌、王保林、赵志荣	1980年—1999年3月
针织内衣厂	郑国钧	1985年5月—1989年11月
砖瓦厂	薛长生、彭学诗、徐春华、闻龙生	1978年—1999年3月
福利厂	周德华、任建忠、苏士坤	1984年—1998年5月
化工厂	殷国良	1986年—1995年2月
化工三厂	顾金华、丁学明	1986年10月—1991年2月
五金电器厂	苏　健、邵鑫华	1976年—1991年
联营厂	袁万生、徐庆平	1985年11月—1989年1月
汽车修配厂	陆志元、任建忠	1983年11月—1985年12月
农垦车辆改装厂	石方豪、任建忠、陈志祥	1985年8月—1990年3月
电子元件厂	黄贤德	1993年3月—1997年5月
佳迪斯电子有限公司	陈志祥、陈卫国、赵兴明、徐　军	1990年8月—1998年11月

续表10-2-13

单位名称	负责人(厂长、经理)	任职时间
汽车附件厂	吴国忠	1993年6月—2000年1月
水泥制品厂	马德祥	1991年6月—1999年6月
机械施工队	陆永泉*	1991年6月—1998年10月
运输队	田加华、施德华、黄季明、陆士荣	1974年—1989年7月

说明:姓名右方加“*”者为副厂长(副经理)主持工作

五、场直属单位

1959年农场恢复扩建后,农场的医院、学校、邮电局、交通管理所等社会性事务单位均由农场自办并自行管理,属企业内事业性质的场办直属单位,行政上配有院长(校长、所长)、副院长(副校长、副所长)、会计等干部。

1959年10月—2005年3月常阴沙农场直属单位负责人一览表

表10-2-14

单位名称	负责人(院长、校长、局长、所长、队长)	任职时间
农场医院	吴官庆、陈永才、管 翔、黄连生、陈寅成、王文贵、马阿玉	1960年—2001年1月
农场中心小学	徐贤维、朱国彬、汪中庆、袁炳荣、何秉奎、王 坚	1960年—2001年1月
农场中学	隋曙光、钱榴芬、顾万民、陈正兴*、沈仙万、陈友恭、张胜良、彭玉成	1969年—2001年1月
农场中心幼儿园	唐泳芬、张学英、刘振萍	1986年7月—2005年3月
邮电局	殷国钧、戴顺厚、徐菊华	1959年10月—1986年
交管所	黄贤明、田加华、施德华、徐志祥	1973年—1986年
消防队	马龙彪	1980年5月—2004年4月

说明:1.农场中心小学前身联珠小学于50年代中、后期创办,负责人为魏雪荣、汤毓升

2.姓名右方加“*”者为副职主持工作

第四节 行政干部

一、干部来源

50年代初期,中共常熟县委从渡江南下干部和人民解放军转业到地方的人员中选拔一批人员到农场担任领导职务。

1959年10月,农场在恢复扩建时期,留用并安排原东迁户中担任过小乡干部、以“场带队”形式进入农场的6个大队的农村干部继续担任相关领导职务。60年代后,除每年调进外地干部,吸收并安排军队转业干部到相关领导岗位,吸纳并安排大中专院校毕业生到教育、卫生和机关事业单位外,还从职工队伍中培养选拔优秀人员充实到机关事业和基层相关领导岗位担任行政职务。

1960—1966年,场级正副职干部,由省农林厅(农垦局)党组考察后任免调配;机关科室、农业、

工建交单位和场内事业单位干部，由农场组织人事部门负责考查培养，党委讨论后任免和调配。1966年—1979年3月，场级正副职干部，由沙洲县委直接任免；机关科室、农副业、工建交及场内事业单位的主要负责人，由沙洲县委组织部任免；农副业、工建交及场内事业单位的副职及业务干部，由场党委任免调配。1979年3月，全场行政干部125人，其中，30周岁以内的干部35人，占干部总数的28%；妇女干部23人，占18.4%；具有大专以上文化的37人，占29.6%

1979年4月起，场级正副职干部、机关科室及明确为科级建制的公司负责人，由南通地区农垦局任免；农业、工建交单位及场内事业单位干部，由场组织人事部门考查培养，场党委讨论任免。1984年开始，教育和医务工作者全部列入干部序列进行统计。至1990年，全场干部（含教育和医务工作者）总数为612人，其中，30周岁以内的干部109人，占干部总数的17.8%；妇女干部162人，占26.5%；具有大专以上文化的89人，占14.5%。

1990年12月后，农场党政干部全部由省农垦总公司管理，场长、副场长由省农垦总公司直接任免。机关科室、农业、工建交单位和场内事业单位干部，全部由场党委和场部直接任免。至2000年，干部总数为523人，其中，30周岁以内的干部128人，占干部总数的24.5%；妇女干部150人，占28.7%；具有大专以上文化的123人，占23.5%。

2001年，学校、医院从农场剥离，加上工建交企业等经济组织的转制，干部人数减少到174人。至2004年，全场行政干部（含农业管理区的会计等业务人员）总数为167人，其中：30周岁以内的干部27人，占干部总数的14.4%；妇女干部39人，占23.4%；具有大专以上文化的34人，占20.4%。所有行政干部中，国家干部34人、聘用制干部69人，以工代干人员64人。

二、干部转正和聘用

1984年6月，全场1979年前担任领导职务的行政干部和1979年前在农场工作的科技人员、教师、医务人员以及场部机关的以工代干人员共232人，转为国家正式干部。其中行政干部和技术人员79人，教师118人，医务人员35人。上述人员中，符合干部条件、承认国家干部并补办干部手续的107人，符合干部条件、同意转为国家干部的125人。此外，对符合转干条件，因年龄偏大特批为享受国家干部待遇人员10人。

1991年8月，有107名以工代干（行政干部）人员转为聘用制干部。

1995年3月至1997年11月，先后有7名属以工代干性质的副场级干部转为国家干部。

2003年12月，为69名属以工代干性质的行政干部办理聘用制手续，其中1991年聘用后续聘的行政干部41人，新聘行政干部28人。

三、干部离休和退休

1978年底，在实行农场职工的退休保养制度时，根据国家政策规定，确定干部的退职退休制度。1980年5月，对1949年10月1日前参加革命工作的老干部改为离职休养制度，称离休干部。

1983年，除离休干部外，明确国家干部、以工代干人员、中华人民共和国成立前参加革命工作的老工人、少数原任小乡干部的职工以及外地调场的老工人继续实行企业退休制度。至1994年，全场共办理离休手续9人、退休手续111人。

1995年1月，实行退休制度向养老保险制度过渡的改革，凡场内国家干部（含教师、医务人员）及副科级以上聘用制干部、新分配来场的统配大中专毕业生、新聘副科级以上干部，均参加城镇职工养老保险。比照周围乡镇机关、事业单位、奖金确定缴费基数。按张家港市规定的比例提交养老保险基金，并记载个人养老保险储存额。

“经场组织人事部门批准的在编各级行政管理、教育、卫生人员（以工代干）和科技骨干实行城镇和农村相结合的办法，即：按城镇职工办法提交、记载养老保险金（缴费基数为城镇职工社会平均工资，比例为17%），按农村办法批办退休养老手续”。在退休制度改为养老保险制度的过渡期内，即1995年1月1日以后退休（场内统筹退休）的以工代干人员，从1995年起，“按新办法计发退休费，新的计发办法分两块：基本退休费，按同工龄一般职工退休费的3.78倍计发；另一部分实行干龄补贴，补贴标准：每任干1年月发1元，非农户口另发煤电粮差补贴21元”。

“对原来比照以工代干享受基本退休费待遇的职工，即从全民工建交单位调进人员、建国前参军的老退伍军人、插队（场）知青、归国华侨等，其参加养老保险的办法、养老保险金的缴纳、基本退休费的计发办法（场内统筹退休）均仍比照以工代干待遇执行。”

2003年7月，在按每人5万元标准一次性由农场向张家港市缴纳离休干部管理费后，农场离休干部与农垦脱离关系，移交到张家港市老干部局统一管理。

至2004年4月，全场共有退休干部147人，其中，按事业性质办理退休手续的82人（行政干部39人，教师30人，医生13人），按以工代干性质办理养老手续的人员65人。

2004年9月，张家港市社会保障局、张家港市人事局、张家港市委农村工作办公室、张家港市财政局联合发文〔张劳社（2004）66号〕，对农场参加事业养老保险的人员提出相关补充意见，明确：“农场体制改革前已按事业退休办法计发退休待遇的退休人员（不含退休教师），现行待遇不变。今后退休费的调整办法、时间和标准统一按企业基本养老的有关规定执行。”

第三章　职工代表大会

第一节　机构与职能

农场是国营农业企业，农场职工是工人阶级的一部分。职工代表大会（简称职代会）是国营农场实行民主管理必须遵循的一项原则，是党委集体领导、职工民主管理、场长行政指挥领导体制的集中体现，同时又是职工当家做主，管理企业主人翁地位的重要形式。国营农场职工代表大会制度的具体职能是对全场重大决策以及执行重大决策的过程实行监督和管理，讨论、审议和决定全场的重大事务。具体职能是讨论、审议和决定农场工作报告，讨论、审议和决定上年度财务收支情况和当年的财务预算方案；决策全场在生产经营活动和社会活动中的重大事务；制定在劳动工资、财务管理、交道管理、土地管理、医疗卫生、计划生育、劳保福利、职工奖惩、职工建房等方面的各项规章制度；听取和办理职工代表的提案。

农场工会是农场职代会的具体执行机构。一般情况下，职代会每届任期三年，每年至少召开全体代表会议一次。大会期间的具体会务工作由大会选举产生的大会主席团负责。

常阴沙农场从1959年恢复扩建到2005年3月撤销建制，始终坚持职工代表大会制度，坚持重大事务由职工代表大会讨论和决定的原则，使其对场部重大决策的监督管理起到重要作用。

第二节　职工代表

职工代表是农场职工代表大会的主体，职工代表从全场正式职工中由全体职工选举产生。具体程序为：根据上届职代会要求，由职代会执行机构按照全场正式职工总人数的2%~5%确定名额总数，然后将名额分配到场部机关、农业工区以及场直各企事业单位。同时规定，选举职工代表必须按生产一线的职工不少于55%、女性职工不少于20%的比例。由各单位根据分配的名额数量，按照思想进步、工作负责、遵纪守法、熟悉情况、了解民意以及有参政议政能力的要求，酝酿并推举出候选人名单，提交本单位全体职工以差额选举的形式表决通过。然后上报工会，经审核批准后行使职责。

选出的职工代表除正常参加场部召开的职代会，行使讨论、审议和表决权外，平时还要注意听取群众意见，收集情况，掌握动态，并在下次职代会上以口头或书面形式提交到大会执行机构。

第三节　历届代表大会

江苏省国营常阴沙农场第一届职工代表大会　1961年4月下旬，常阴沙农场第一届职工代表大会在场部会议室召开，出席大会的代表227人，其中正式代表193人，列席代表34人。该届职代会共举行4次全体会议。第一次全体会议于1961年4月22—24日召开，会议通过《1961年生产经营管理制度》。第二次会议于1961年8月2—4日召开，会议检查各项政策的执行情况和干部的工作作风情况，讨论并通过《1961年秋熟规划和工资发放办法》等。第三次会议于1961年9月12—13日召开，会议主要讨论“四秋”工作。第四次会议于1962年1月下旬召开，会议审议并通过《1961年生产财务决算和1962年生产财务预算》。

江苏省国营常阴沙农场第二届职工代表大会　1963年5月14日，常阴沙农场第二届职工代表大会在场部大礼堂召开。大会代表318人，其中正式代表254人，列席代表64人。该届职代会共举行3次全体会议。第一次会议于1963年5月14日召开，会议审议通过《江苏省国营常阴沙农场财务管理制度》和《江苏省国营常阴沙农场资产管理制度》。第二次会议于1963年8月31日至9月2日召开。会议作出决定，将农业管理区改为生产队，生产队改为作业组。管理核算体制由原来的三级管理、三级核算改为三级管理、二级核算，场部以生产队为基本核算单位，作业组只承担生产任务的管理任务，不再为核算单位。第三次会议于1964年5月5—7日召开，会议审议并通过《1964年有关制度的初步意见》，会议作出决定，农场职工的工资制度采用三种形式，即固定工资月薪制、基本工资制和计件工资制。

江苏省国营常阴沙农场第三届职工代表大会　1984年1月，常阴沙农场第三届职工代表大会在十四工区沙洲县党校大礼堂召开，会议代表452人，其中正式代表298人，列席代表154人。会议选举产生职工代表大会执行委员会委员11人，审议并通过张掌福场长代表场部所作的《农场工作报告》《江苏省国营常阴沙农场场规民约》《江苏省国营常阴沙农场关于加强劳动计划管理的若干规定》《江苏省国营常阴沙农场公费医疗的若干规定》《江苏省国营常阴沙农场关于计划生育若干问题的暂行规定》以及《江苏省国营常阴沙农场关于贯彻〈企业职工奖惩条例〉实施细则》等。

江苏省国营常阴沙农场第四届职工代表大会　1986年5月中旬，常阴沙农场第四届职工代表大会在场部会议室召开，会议代表222人，其中正式代表198人，列席代表24人。该届职代会共举行3次全体会议。第一次会议于1986年5月12—14日召开，会议听取、审议并通过张凤祥场长代表场部所作的《农场工作报告》、财务科长吴惠充所作的《财务工作报告》，讨论通过《江苏省国营常阴沙农场公费医疗改革具体问题的意见》《江苏省国营常阴沙农场关于计划生育若干问题的暂行规定》《江苏省国营常阴沙农场关于职工劳保福利方面几个具体问题的说明》《江苏省国营常阴沙农场关于职工建房的暂行规定》。第二次会议于1987年8月6—7日召开。会议听取并审议通过《农场工作报告》《财务工作报告》以及《江苏省国营常阴沙农场关于场长任期目标的说明》，讨论通过《江苏省国营常阴沙农场关于集体用地和职工建房用地的暂行规定》《江苏省国营常阴沙农场场规民约》，会议还选举并产生农场管理委员会组成人员。第三次会议于1988年4月25—26日召开。会议听取并审议通过《农场工作报告》和《财务工作报告》，听取《江苏省国营常阴沙农场关于提高职工保养生活费标准的说明》和《江苏省国营常阴沙农场职工代表换届选举说明》，讨论通过《江苏省国营常阴沙农场关于公房管理的暂行规定》。

江苏省国营常阴沙农场第五届职工代表大会　1989年4月下旬，常阴沙农场第五届职工代表大会在常阴沙影剧院观众厅召开，会议代表254人，其中正式代表216人，列席代表38人。该届职代会共举行2次全体会议。第一次全体会议于1989年4月24—26日召开，会议听取并审议通过张凤祥场长代表场部所作的《农场工作报告》和财务科长吴惠充所作的《财务工作报告》，讨论通过《江苏省国营常阴沙农场关于职工建房用地的补充规定》《江苏省国营常阴沙农场关于计划生育若干问题的修改说明》。大会主席团还就与会代表提出的60条建议和议案，责成有关部门和职能科室研究后给予答复。第二次全体会议于1990年4月7—8日召开。会议听取并审议通过《农场工作报告》和《财务工作报告》，讨论通过《江苏省国营常阴沙农场关于计划生育若干问题的执行情况报告》《江苏省国营常阴沙农场关于提高退休保养职工生活待遇的实施方案》。会议还选举产生张家港市人民陪审员2人。

江苏省国营常阴沙农场第六届职工代表大会　1991年4月上旬，常阴沙农场第六届职工代表大会在常阴沙影剧院观众厅召开，会议代表248人，其中正式代表218人，列席代表30人。该届职代会共举行3次全体会议。第一次全体会议于1991年4月8—10日召开，会议听取并审议通过张凤祥场长所作的《农场工作报告》和财务科长吴惠充所作的《财务工作报告》，讨论通过《江苏省国营常阴沙农场人民教育基金征集管理条例》《江苏省国营常阴沙农场土地管理暂行规定》以及农场工会《关于职工培训计划实施意见》。第二次全体会议于1992年4月11—13日召开，会议听取并审议通过《农场工作报告》和《财务工作报告》。第三次全体会议于1993年4月27—28日召开，会议听取并审议通过《农场工作报告》和《财务工作报告》。

江苏省国营常阴沙农场第七届职工代表大会　1994年3月下旬，常阴沙农场第七届职工代表大会在常阴沙影剧院观众厅召开，会议代表282人，其中正式代表254人，列席代表28人。该届职代会共举行3次全体会议。第一次全体会议于1994年3月30—31日召开，会议听取并审议通过朱建才场长代表场部所作的《农场工作报告》和财务科长葛顺才所作的《财务工作报告》，讨论通过《江苏省国营常阴沙农场集镇管理规定》和《江苏省国营常阴沙农场“场规民约”的修改意见》。第二次全体会议于1995年2月28日至3月1日召开，会议听取并审议通过《农场工作报告》和《财务工作报告》，讨论通过《江苏省国营常阴沙农场关于集资建造自来水厂的方案》。第三次全体会议于1996年3月2—3日召开，会议听取并审议通过《农场工作报告》和《财务工作报告》，听取并审议《关于人民教育基金征集使用情况的汇报》《关于自来水厂实施情况的汇报》，讨论通过《江苏省国营常阴沙农场农村养老保险暂行办法》和《江苏省国营常阴沙农场干部参加城镇养老保险暂行办法》。会议还就职工代表大会换届选举工作代表分配意见进行讨论。

江苏省国营常阴沙农场第八届职工代表大会　1998年3月中旬，常阴沙农场第八届职工代表大会在常阴沙影剧院观众厅召开，会议代表244人，其中正式代表226人，列席代表18人。该届职代会共举行3次全体会议。第一次全体会议于1998年3月10—11日召开，会议听取并审议通过高翔场长代表场部所作的《农场工作报告》和财务总监张惠文所作的《财务工作报告》。第二次、第三次全体会议分别于1999年底和2001年初结合年度工作总结表彰大会同时召开。

江苏省国营常阴沙农场第九届职工代表大会　2001年4月下旬，常阴沙农场第九届职工代表大会在常阴沙影剧院观众厅召开，会议代表197人，其中正式代表178人，列席代表19人。该届职代会共举行4次全体会议。第一次全体会议于2001年4月28日召开，会议听取并审议通过高翔场长代表场部所作的《农场工作报告》和财务总监张惠文所作的《财务工作报告》。第二次、第三次全体会议分别于2002年初、2003年初结合年度工作总结表彰大会同时召开。第四次全体会议于2004年7月31日在常阴沙学校多功能会议室召开，会议由场长赵桐兴主持，会议表决通过《常阴沙农场调整职工劳动关系的改革方案》。该次职代会全体会议是常阴沙农场划归张家港市，实行属地管理后召开的，也是常阴沙农场历史上最后一次职工代表大会。

1961—2002年常阴沙农场当选出席县(市)人民代表大会代表一览表

表10-3-1

时　间	代表大会名称	代　表　名　录
1961年9月	常熟县第四届人民代表大会	陆立成、赵菊英(女)、丁顺道等6人
1962年1月	沙洲县第一届人民代表大会	—
1963年12月	沙洲县第二届人民代表大会	陈灿生、曹德懿(女)、周秀昌、王锡明、周效斌、杨权政、陆立成、赵才生、赵菊英(女)、毛选娣(女)、吴宝印
1966年5月	沙洲县第三届人民代表大会	陆立成、赵菊英(女)、张浩卿、毛选娣(女)、陆贵荣、赵才生、吴宝印、曹德懿(女)、杨权政、王锡明、陈灿生
1968年3月	沙洲县第四届人民代表大会	—
1981年6月	沙洲县第五届人民代表大会	隋曙光、张掌福、费雪英(女)、宋雪芹(女)、叶宗浩、顾志道、陈国富、陈志才、袁炳荣、周玉妹(女)、何士兰(女)
1984年4月	沙洲县第六届人民代表大会	隋曙光、张掌福、陆兆康、桑占林、沈早根、陈雪茹(女)、邢发祥、顾士芳、陶云儒、唐兰英(女)、
1987年3月	张家港市第七届人民代表大会	张凤祥、赵兴明、马阿玉、唐兰英(女)、邵鑫华、李霞(女)
1990年3月	张家港市第八届人民代表大会	张凤祥、耿炳华、马阿玉、张红芬(女)、陈虎、李霞(女)、朱启华
1992年12月	张家港市第九届人民代表大会	张凤祥、马阿玉、顾惠德、王玉兰(女)、邱玉华(女)、李雯(女)、保重华
1997年12月	张家港市第十届人民代表大会	朱建才、俞永明、陆永兰(女)、黄菊兰(女)、马阿玉、李雯(女)
2002年11月	张家港市第十一届人民代表大会	高翔、唐卫平、俞永明、黄金菊(女)、何桂兴、陶荣华

说明：1.沙洲县第一届人民代表大会由沙洲县成立大会代表替

2.沙洲县第四届人民代表大会由沙洲县革命委员会成立大会代替

1987—1998年常阴沙农场当选出席苏州市人民代表大会代表一览表

表10-3-2

时　间	代表大会名称	代表名录
1987年1月	苏州市第十届人民代表大会	陈佩玉(女)
1993年1月	苏州市第十一届人民代表大会	陈佩玉(女)
1998年1月	苏州市第十二届人民代表大会	夏雪琴(女)

第四章　群众团体

第一节　工　会

一、组织机构

1954年，建立中国农林水利工会常熟县第一农场联合会，隶属于常熟县总工会，时有工会会员40人，设主席1人。

1961年初，农场正式建立沙洲农场工会联合会，并在各基层单位建立起工会小组，主要负责收取工会会费，开展劳动竞赛。吴海瞳任主席。1962年2月，工会名称变更为江苏省国营常阴沙农场工会工作委员会。年底，有工会小组31个、会员6850人。

“文化大革命”期间，工会组织停止活动。

1982年，恢复工会组织，名称为江苏省国营常阴沙农场工会。1983年，着重进行工会的组织整顿，工区、工厂及其他企事业单位的工会组织相继健全，工会会员重新登记入册。是年底，全场有工会小组42个、工会会员8826人。1984年9月，设工会办公室，配工作人员2人。

2004年7月，全场有工会会员5402人。

1954—2004年常阴沙农场工会负责人变动一览表

表10-4-1

组织名称	主席	任职时间	副主席
中国农林水利工会常熟县第一农场联合会	李风亭	1954年—1958年	—
沙洲农场工会联合会	吴海瞳	1961年1月—1962年2月	陆绍祥、倪礼章
江苏省国营常阴沙农场工会	赵志刚	1962年2月—1966年5月	倪礼章
	施完根	1984年9月—1987年5月	余美芬、任建忠、张启忠
	顾惠德	1987年5月—1998年6月	倪　荣、陈照英
	俞永明	1998年6月—2004年	陈照英、徐育清、王永祥

1954—2004年常阴沙农场工会组织一览表（选年）

表10-4-2　　单位：人

年份	职工总数	会员数	会员构成		
			单位职工	农业职工	其他
1954	40	40	—	—	—
1956	85	85	—	78	7
1958	82	82	—	75	7
1965	8925	7586	—	—	—
1985	11459	8575	1825	6491	259
1990	10638	8311	2175	5826	310
1995	9924	8284	2612	5312	360
2000	9173	8189	3427	4239	523
2004	6429	5402	2214	2755	433

二、工会代表会议

1956年12月，中国农林水利工会常熟县第一农场联合会第一次会员代表会议在第一农场会议室召开，主要议题是通过相关决议，组织会员参加互助基金储蓄，帮助解决职工的生活困难。

1984年9月，江苏省国营常阴沙农场工会工作委员会第二次会员代表会议在场部会议室召开，会议代表188人，会议选举产生工会委员会委员9人。

1987年5月，江苏省国营常阴沙农场工会工作委员会第三次会员代表会议在常阴沙影剧院召开，会议代表217人。会议选举产生工会委员会委员7人。

1998年5月，江苏省国营常阴沙农场工会工作委员会第四次会员代表会议在场部底楼会议室召开，会议代表212人，大会选举产生工会委员会委员5人。

三、主要活动

50年代，工会组织的主要活动是组织会员参加互助基金储蓄。对生活困难的职工，由互助基金提供帮助。

60年代初、中期，农业单位以组织种植高产试验田为主要活动，工厂、企业事业单位以组织职工学技术、争当操作能手为主要活动内容。同时配合行政部门办好职工福利，帮助农业工区建立托儿所、理发室，帮助企业单位办好职工食堂、改善职工伙食。同时，利用轧花厂和粮食加工厂的机械动力冷却水回流余热，办起两处职工澡堂。1965年4月，全场有2个工会小组、16名工会会员受到沙洲县总工会表彰。

1983年，场工会首批组织场内先进工作者共8人外出疗养。至1996年，场工会工作先后8次组织场内的先进工作者共92人，分别到秦皇岛、海南岛、无锡太湖等疗养院疗养。

1984年1月，为配合沙洲县第二届沙洲之春活动，召开首届职工运动会。此后，场工会每年都牵头组织举办规模较大的职工运动会，参加人数从200人增加到1200多人。是年，由场工会职工教育中心（原由教卫科管理）组织对35岁以下青年职工开展文化补习活动，共开办文化补习班9期，参加补习人数483人。其中，高中学历补习班3期，参加人数154人；初中学历补习班5期，参加人数300人；小学学历补习班1期，参加人数29人。补习后，参加函大、刊大和电大自学考试的有50多人，9人被函大、刊大和电大录取。此外，工会还举办技术培训班9期，参加人数700多人。是年，场工会被评为苏州市成人教育先进单位。

1985年，工会发动和组织在职工中开展提合理化建议和技术革新活动。全场180人次提出合理化建议57条，被采纳27条，实施23条。获小改小革成功项目15个，当年取得经济效益51万元。其中，纺织机械厂通过节能建议的实施，全年节约电8.2万度、焦炭14.9吨、生铁30余吨，获经济效益20多万元。砖瓦厂研究成功窑内装坯新办法，在不增加原料、不影响质量的前提下，每窑产量增加20%，当年获利2万余元。

1986年后，场工会职教中心每年举办各种培训班20~30期，培训各类人员1000多人次。其中，1989年办班31期，培训人员1337人次，办班内容有文化教育、新工人上岗前的岗位培训、农业技术培训、中专函授培训、政工职称考试理论培训等。

1992年，场工会开展“进万家门、知万家事、解万家难、暖万家心”的送温暖活动，全场有47户困难家庭得到帮扶和救助，救助资金2万多元。至2004年，先后有186户困难家庭得到帮扶和救助，帮扶资金43万余元。

2000年，为配合全民工建交企业的二次改制，场工会参加改制后职工的维权活动，敦促企业继续为职工办理养老保险手续，并按规定缴纳养老保险金。帮助转制企业重新建立工会。至2004年，转制企业均重新建立工会组织。

第二节　青少年团体

一、共产主义青年团

组织机构及人员　50年代，境内的建设圩、合作头圩、合作二圩及东长沙等区域建有青年团支部，组织关系先后属南丰区生建乡、兆丰人民公社青年团组织。1961年8月，建立共青团常阴沙农场委员会。各农业工区和直属企事业单位相继建立共青团支部委员会。1966年6月，随着“文化大革命”的逐步深入，农场共青团组织一度停止活动。1970年7月，恢复并重新建立农场团委，在学校等相关单位发展新团员，共青团各支部开始恢复组织活动。时有26个团支部、777名共青团员。1971年后，各工建交单位相继成立共青团支部委员会。1979年，农场中学单独成立共青团委员会。2004年5月，共青团张家港市委决定，原共青团江苏省国营常阴沙农场委员会更名为共青团张家港市常阴沙农场委员会。全场共有25个团支部、426名共青团员。

1962年—2005年3月共青团常阴沙农场委员会负责人变动一览表

表10-4-3

组织名称	书记	任职时间
共青团江苏省国营常阴沙农场委员会	蔡士法	1962年10月—1966年5月
	丁玉妹	1971年12月—1972年4月
共青团沙洲东方红农场委员会	陆志元*	1972年4月—1975年
	邢志豪	1975年—1981年12月
	顾惠德	1981年12月—1983年12月
	任建忠	1983年12月—1985年4月
	陈照英*	1985年4月—1986年4月
	陈照英	1986年4月—1987年9月
	潘　强*	1987年9月—1989年10月
共青团江苏省国营常阴沙农场委员会	王永祥*	1989年10月—1990年7月
	王永祥	1990年7月—1992年3月
	徐　萍*	1992年3月—1993年4月
	汪　平	1993年5月—1994年2月
	周建国*	1994年3月—1996年4月
	周建国	1996年4月—2000年3月
	李　刚	2000年3月—2004年4月
共青团张家港市常阴沙农场委员会	李　刚	2004年5月—2005年3月

说明：姓名右方有“*”者为副书记主持工作

1972—2004年常阴沙农场共青团组织一览表

表10-4-4

年份	支部数（个）	青年数（人）	团员数（人）	其中		
				新发展（人）	超龄离团（人）	入党数（人）
1972	26	3231	777	268	80	7
1973	26	3457	819	156	141	6
1974	30	3245	810	130	88	10
1975	34	3807	1021	183	71	8

续表 10-4-4

年　份	支部数（个）	青年数（人）	团员数（人）	其　中		
				新发展（人）	超龄离团（人）	入党数（人）
1976	40	4011	1239	229	45	12
1977	42	4529	1320	269	138	5
1978	37	3868	1380	318	64	8
1979	41	5683	1054	175	135	8
1980	36	3385	1162	195	39	—
1981	41	3424	1059	119	174	—
1982	46	5718	1035	147	143	—
1983	39	3771	852	99	175	1
1984	40	4015	821	36	40	3
1985	41	3892	821	35	57	1
1986	43	3984	829	38	63	—
1987	42	4052	831	33	45	1
1988	45	4360	843	33	67	2
1989	42	4429	729	39	175	3
1990	40	4412	690	35	203	5
1991	41	4145	728	31	42	8
1992	41	4189	706	35	51	9
1993	43	4246	685	30	48	8
1994	45	4416	663	25	42	10
1995	53	4834	674	207	97	9
1996	57	3852	673	128	51	10
1997	53	3572	618	122	92	15
1998	49	3559	651	96	75	12
1999	49	3302	677	158	98	8
2000	41	3196	594	94	121	10
2001	32	3074	456	72	136	5
2002	23	2816	456	56	153	3
2003	25	2754	432	51	118	3
2004	25	2793	426	42	20	4

共青团代表大会　1962年10月21日，中国共产主义青年团常阴沙农场第一次代表会议在场部大礼堂召开，会议代表78人，会议选举并产生共青团常阴沙农场第一届委员会，委员5人。

1971年12月，中国共产主义青年团常阴沙（东方红）农场第二次代表会议在场部大礼堂召开，会议代表126人，会议选举并产生共青团常阴沙农场第二届委员会，委员7人。

1983年12月，中国共产主义青年团常阴沙农场第三次代表会议在场部会议室召开，会议代表132人，会议选举并产生共青团常阴沙农场第三届委员会，委员7人。

1987年9月，中国共产主义青年团常阴沙农场第四次代表会议在常阴沙影剧院召开，会议代表124人，会议选举并产生共青团常阴沙农场第四届委员会，委员6人。

1990年7月，中国共产主义青年团常阴沙农场第五次代表会议在常阴沙影剧院召开，会议代表120人，会议选举并产生共青团常阴沙农场第五届委员会，委员9人。

1993年5月，中国共产主义青年团常阴沙农场第六次代表会议在常阴沙影剧院召开，会议代表116人，会议选举并产生共青团常阴沙农场第六届委员会，委员7人。

1996年4月，中国共产主义青年团常阴沙农场第七次代表会议在场部底楼会议室召开，会议代表98人，会议选举并产生共青团常阴沙农场第七届委员会，委员6人。

1999年2月，中国共产主义青年团常阴沙农场第八次代表会议在场部底楼会议室召开，会议代表76人，会议选举并产生共青团常阴沙农场第八届委员会，委员7人。

2001年9月，中国共产主义青年团常阴沙农场第九次代表会议在场部底楼会议室召开，会议代表72人，会议选举并产生共青团常阴沙农场第九届委员会，委员7人。

主要活动　1964年，场党委选拔15名共青团员充实到各工区担任宣传辅导员，并在全体青年团员中开展“兴无灭资”“反修防修”等思想教育。场团委组织2000多名团员青年，分成36个小组，开展学毛选、学雷锋活动。1965年8月31日，苏州市知青、共青团员李富荣代表常阴沙农场团委出席沙洲县共青团第二次代表大会，在会上作交流发言。

70年代中期，在场部组织的万亩平田等工作中，全场团员青年在农田基本建设中发挥突击队作用。1975年11月，有400多名团员青年职工参加了农田基本建设工作队，日夜奋战，坚持吃住在工地，劳动在平田第一线。至1979年，先后有51名共青团员加入中国共产党。

1984年，在场工会职教中心组织进行的文化补习活动中，483名团员青年经重新考核考试，全部合格。

90年代后，共青团活动主要是根据农场的实际情况和社会文化发展动向，向党组织推荐积极分子，输送新鲜血液。1994—1999年，先后有64名共青团员加入党组织。

二、少年先锋队

1956年9月，境内的长沙小学、联珠小学和建设圩小学分别建立起少年先锋队组织，并联合成立少年先锋队大队1个、中队4个，有队员300人、辅导员6人。少年先锋队隶属于兆丰中心小学辅导站管理。

1959年10月后，长沙小学、联珠小学和建设圩小学等全部归并到农场。1960年9月，建立沙洲农场中心小学（联珠小学），1115名学生，有少先队队员900多人。经常熟县委文教局批准，农场中心小学建立少年先锋队辅导站，成立6个少先队大队、15个中队，有少先队辅导员16人。

“文化大革命”时期，少年先锋队组织被红小兵组织代替。至1976年，全场小学校有红小兵416人。1978年9月，撤销各中小学的红卫兵、红小兵组织。10月，恢复共青团、少先队组织名称。是年，在全场14所中、小学的79个班级、3382名学生中发展少先队员3200人，编成8个大队、55个中队，有辅导员58人。2004年，全场有少先队员1150人、辅导员23人。

1957—2004年全境少先队组织情况表(选年)

表10-4-5

年　份	学校(个)	少先队(人)	少先队大队(个)	少先队中队(个)	辅导员(人)
1957	3	407	1	3	3
1960	6	900	6	15	16
1965	10	1450	6	16	16
1976	14	416	红小兵		
1978	14	3200	8	55	58
1980	12	2880	12	22	22
1985	6	1838	6	14	14
1990	5	1756	5	7	7
1995	5	1582	5	7	7
1997	5	1480	5	36	36
1998	5	1440	5	36	36
1999	5	1434	5	36	36
2000	4	1428	5	36	36
2001	1	1350	4	36	36
2002	1	1272	4	36	36
2003	1	1250	4	25	25
2004	1	1150	1	23	23

三、少先队工作委员会

少先队工作委员会成立于1991年春，由党委专职副书记任主任。

1995年9月，在场部底楼会议室召开全场第一次少先队队员和辅导员代表会议，会议代表77人，其中少先队队员代表62人、辅导员代表15人。会议重新选举并产生常阴沙农场少年先锋队工作委员会，分别由党委专职副书记、共青团及学校负责人任少年先锋队工作委员会正副主任。

2000年3月，在场部底楼会议室召开常阴沙农场第二次少先队队员和辅导员代表大会。会议选举并产生第二届少先队工作委员会，由党委专职副书记任主任，场团委和教卫科负责人任执行主任，学校教师代表任副主任。

第三节　妇女联合会

一、组织机构

1961年8月，建立常阴沙农场妇女联合会(简称妇联)，设妇联办公室，配妇联主任1人。1962年起，相继在12个农业工区和2个工厂单位配不脱产妇女干部1人，各生产小队配妇女小队长1人。

“文化大革命”开始后，妇联工作一度停止。1971年，妇联组织逐步恢复。80年代起，各基层单位逐步建立妇代会。1982年，妇联开始由党委组织开展活动向单独组织开展活动转变。1999年，全场有基层妇代会29个、专职妇女干部2人、非在编妇女干部29人。2004年,全场有妇代会13个、专职妇女干部1人、非在编妇女干部13人(根据江苏省农垦局规定,农场下属工区、单位的妇女主任属不在编行政干部性质)。

1961—2005年常阴沙农场妇联负责人变动一览表

表10-4-6

组 织 名 称	主 任	任职时间
江苏省国营常阴沙农场妇女联合会	卢瑞华	1961年8月—1971年9月
沙洲东方红农场妇女联合会	卢瑞华	1971年9月—1973年5月
	毛细珍	1973年5月—1974年8月
	马友英	1974年8月—1975年11月
	余美芬*	1975年11月—1981年9月
江苏省国营常阴沙农场妇女联合会	余美芬	1981年9月—1995年9月
	陈照英*	1995年9月—1996年5月
	陈照英	1996年5月—

说明:姓名右方有“*”者为副主任主持工作

二、妇女代表大会

1961年4月,江苏省国营常阴沙农场第一次妇女代表大会在场部会议室召开,出席会议的代表75人,会议选举并产生常阴沙农场第一届妇女联合会,组成人员5人。

1971年9月,江苏省国营常阴沙农场第二次妇女代表大会在场部会议室召开,出席会议的代表78人,会议选举并产生常阴沙农场第二届妇女联合会,组成人员7人。

1981年9月,江苏省国营常阴沙农场第三次妇女代表大会在场部会议室召开,出席会议的代表82人,会议选举并产生常阴沙农场第三届妇女联合会,组成人员11人。

1984年9月,江苏省国营常阴沙农场第四次妇女代表大会在场部会议室召开,出席会议的代表92人,会议选举并产生常阴沙农场第四届妇女联合会,组成人员9人。

1988年10月,江苏省国营常阴沙农场第五次妇女代表大会在常阴沙影剧院观众厅召开,出席会议的代表96人,会议选举并产生常阴沙农场第五届妇女联合会,组成人员9人。

1992年8月,江苏省国营常阴沙农场第六次妇女代表大会在常阴沙影剧院召开,出席会议的代表90人,会议选举并产生常阴沙农场第六届妇女联合会,组成人员9人。

1996年5月,江苏省国营常阴沙农场第七次妇女代表大会在场部底楼会议室召开,出席会议的代表88人,会议选举并产生常阴沙农场第七届妇女联合会,组成人员9人。

1999年5月,江苏省国营常阴沙农场第八次妇女代表大会在场部底楼会议室召开,出席会议的代表83人,会议选举并产生常阴沙农场第八届妇女联合会,组成人员9人。

2002年7月,江苏省国营常阴沙农场第九次妇女代表大会在场部底楼会议室召开,出席会议的代表80人,会议选举并产生常阴沙农场第九届妇女联合会,组成人员9人。

三、主要活动

参加垦荒建设 1960年,在万亩圩围垦中,农场女职工奋勇当先,积极参加围垦挑泥。刚满19岁的黄丕兰和22岁的尹玉兰,成为农场第一代女拖拉机手。在之后的每次围垦造田中,全场有20%的中青年女职工参加围垦挑泥劳动。70年代中后期，在大搞农田基本建设热潮中，全场3700多名女职工参加青年突击队，成为平整万亩农田的骨干力量。

抓好幼托工作　1961年，各农业工区均以生产小队为单位，办起92个托儿所，1~4岁幼儿全部免费入托，1962年后，逐年增加。1965年，全场有123个托儿所，幼儿入托率92%。1979年，全场托儿所数量增加到193个，幼儿入托率89%。1982年，场部制定《关于切实抓好幼托工作的六条意见》，由场妇联牵头与相关部门联合按"六条意见"精神对各工区托儿所、幼儿园进行检查。1985年5月，场妇联分别在六工区和二十工区召开幼托工作现场会。此后，随着农村实行联产承包责任制和省农垦对农场财务包干政策的推行，农业工区托儿所逐步解体，幼儿入托率明显降低。机关和部分单位托儿所靠场妇联以福利基金会的名义在企业事业单位和个人中募捐的资金维持。

维护妇女儿童权益　1982年起，场妇联定每年1月为"维护妇女儿童合法权益宣传月"。宣传月期间，场妇联采取召开全民广播会、印发宣传资料、出黑板报、搞电影幻灯、开展知识竞赛和请司法助理上法制课等形式，宣传《中华人民共和国宪法》《中华人民共和国婚姻法》《中华人民共和国继承法》《中华人民共和国妇女权益保障法》等有关法律知识，全场妇女受教育面一般在85%以上。全场妇女的"自信、自爱、自强、自立"意识得到增强。在此基础上，场妇联积极做好维护妇女儿童合法权益的实际工作，至2002年，共解决涉及妇女儿童权益的案件74起。其中，解决侵害妇女儿童利益的9起，解决赡养问题的15起，解决妇女婚约案件5起，解决家庭婚姻矛盾38起，解决其他矛盾7起。

组织开展"双学双比"活动　1990年，由工会、共青团和妇联组织全场妇女，开展以"学文化、学技术、比成绩、比贡献"为主要内容的"双学双比"活动。在农业工区评出生产能手87人，在工厂单位评出操作能手64人，8个单位被评为"双学双比"优胜单位。至2004年，8700多人次参加各类竞赛活动，13000多人次参加实用技术培训。

第四节　其他群众团体

一、贫下中农协会和贫下中农代表大会

贫下中农协会　简称贫协。1963年春，在社会主义面上教育运动中，先后进行"小四清"（即清账目、清仓库、清财物、清工分）、"大四清"（即清政治、清经济、清思想、清组织）活动。在此过程中，场部成立贫下中农协会，各工区相继建立贫协组织，配主任1人、委员若干人，生产小队建贫协小组。贫协组织的职能是贯彻执行党在农村中的阶级路线，代表贫下中农利益，检查监督领导干部，督促干部参加集体生产劳动，帮助干部改进工作作风，改善经营管理，促进生产发展。1966年"文化大革命"开始后，各级贫协组织活动逐步停止。

贫下中农代表大会　"文化大革命"期间，农场的工会组织停止活动，职工代表大会被贫下中农代表大会取代。1969年1月19日，全场贫下中农代表大会召开，出席会议的正式代表510人，列席代表35人。大会选举并产生由37人组成的东方红农场贫下中农委员会，黄连生任主任，余金富、邵志贤任副主任。此后，贫下中农委员会派员进驻学校、医院等单位，占领上层建筑。1972年，贫下中农委员会从上述单位撤离。1983年，贫下中农代表大会撤销。

二、个体劳动者协会

1986年春，根据红旗集镇个体商贩的逐步增加和个体服务业的发展需要，成立常阴沙农场个体劳动者协会。6月，召开全场个体工商户大会，讨论通过常阴沙农场个体劳动者协会章程，通过等额选举和举手表决的方式在个体劳动者代表中选举并产生理事会成员5人，设会长1人、办公室主任1人。1995年，分行业成立14个协会"自管小组"。其任务是对全场个体工商户进行职业道德教育，规范经

营行为，遵纪守法，按章纳税，组织个体工商户开展以“自我教育、自我经营、自我服务”为主要内容的“三自教育”以及以诚信服务为内容的文明个体户、文明摊位等评比活动，杜绝短斤缺两、销售霉变腐烂及假冒伪劣商品等不良行为。

至2005年3月，个体劳动者协会先后8次召开个体工商户代表大会，由上届理事会作工作报告，选举并产生新一届理事会理事3~5人。

三、老龄委、退管委

老龄委　根据《江苏省保护老年人合法权益条例》，1986年6月，场部建立常阴沙农场老龄工作委员会（简称老龄委）暨老年人协会。其主要任务是组织退休保养的老干部、老职工进行“自我管理、自我教育、自我服务”。老龄委设主任1人，由工会主席兼任，副主任2人，由离退休老干部担任，配工作人员2人。同时成立老年人活动中心，活动室面积50平方米。组织开展各项有益的文体活动，使老年人老有所养、老有所医、老有所学、老有所为、老有所乐，幸福安度晚年。有21个农业工区和相关建制单位建立老龄会分会和活动中心，分别选举产生分会会长，对老职工进行管理、协调和教育，落实老职工生活待遇，组织开展一些力所能及的文体活动，保护职工的合法权益。

退管会（关工委）　1990年12月，农场成立退休职工管理委员会，简称退管委。退管委主任由工会主席兼任。1991年5月，老龄委和退管委合并办公，退管委的主要任务是：配合相关部门参与调解和处理有关家庭对老年人的赡养、住房等方面的纠纷，化解矛盾。与此同时，场部每年还利用节日，召开老干部座谈会，走访老党员、老干部，慰问生活困难的老职工。各农业工区还形成重阳节给老年人送重阳糕、春节给老年人送礼品的制度。1996年起，每年对70岁以上的老年人进行一次体检。至2004年，全场有离休干部3人、退休干部256人，其中退休以工代干人员（含以工代干待遇享受人员）100人。1993年3月，场部成立常阴沙农场关心下一代工作委员会，简称关工委，关工委主任由退管委主任兼任，配副主任1人，由场级退休老干部担任。关工委与老龄委、退管委一套班子，三块牌子。其任务是协助场部抓好青少年的教育和管理工作，组织青少年开展相关活动。

第五章　精神文明建设

第一节　思想道德建设

一、“五讲四美三热爱”活动

1963年3月5日，毛泽东主席题词号召“向雷锋同志学习”，在全场干部群众尤其是青少年队伍中，学雷锋做好事蔚然成风，全场上下助人为乐、学做好事、拾金不昧、积极向上的风尚逐步形成。

80年代初，在全场范围内组织开展以“五讲四美”为主要内容的文明礼貌活动，即讲文明、讲礼貌、讲道德、讲秩序、讲卫生、行为美、语言美、心灵美、环境美。农场党委和场部要求青少年和社会各界讲究文明礼貌，提倡外表庄重，注重心灵纯洁，并以环境卫生为突破口，推动社会的和谐协调发展。1982年3月，组织开展第一个“文明礼貌月”活动。1983年，将“热爱祖国、热爱人民、热爱共产党”注入文明礼貌活动中，并完善为“五讲四美三热爱”。在全场基本形成文明服务、礼貌待人、行为庄重、讲究卫生、关心集体、助人为乐、家庭和睦、邻里团结、喜爱读书和义务植树等社会新风。

1984年1月，常阴沙农场第三届职工代表大会第一次会议首次讨论通过《江苏省国营常阴沙农场场规民约》，对农场干部职工的行为进行规范。3月，配合全国“文明礼貌月”活动，场工会开展“选优”

活动，发动工会会员采取投票方式，对全场理发店、饭店、商店、供销社、医院、电影队等服务性行业进行"文明窗口""优秀服务员"的评选，有700多人参加评选，评出优秀服务员9人。此后，分别在1987年8月召开的场第四届职工代表大会第二次会议、1991年4月场第六届职工代表大会第一次会议上对场规民约进行修订和补充。

二、主题教育

1959年10月1日，在今棉花原种场召开常熟县沙洲农场成立大会时，场部号召全场干部职工艰苦创业、开垦荒滩、建设农场。此后，艰苦创业、建设农场作为一种理念，成为常阴沙农场的企业精神。60—70年代，在全场组织开展以学习雷锋为重点的学英雄、争先进主题教育。80年代初期，主题教育的核心内容是"五讲四美三热爱"，将培育"有理想、有道德、有纪律、有文化"的"四有新人"作为教育的根本任务。1985年起，先后开展三次全民普法教育。80年代后期起，借助文明新风户、文明职工评选活动，把爱党、爱国、爱农场、爱亲、爱友、爱自己渗透在各项主题教育活动中。90年代中期，根据农场经济建设的实际情况，组织开展"热爱常阴沙、奔向现代化"的主题教育。2004年5月，组织开展常阴沙农场属地管理后以"弘扬张家港精神，加快农场发展，造福人民群众"为主题的教育活动。

三、基本道德教育活动

90年代初，宣传部门和党校按照党委要求，在开展"三基本"（党的基本路线、党的基本理论、党的基本知识）教育的基础上，在全场干部职工中开展了以家庭伦理道德、职业道德和社会公德为主要内容的基本道德教育。

2001年9月20日，中共中央印发《公民道德建设实施纲要》，规定了"爱国守法，勤俭自强，明理诚信，团结友善，敬业奉献"二十字基本道德规范。此后，中共中央发出通知，要求各地区、各部门要认真贯彻执行《公民道德建设实施纲要》。根据农场实际，场党委、场部利用会议、广播、宣传板报、下发资料、培训学习等多种形式，进行基本道德教育，要求全场干部职工牢记二十字基本道德规范，自觉遵纪守法，严格遵守职业道德、社会公德和家庭伦理道德，形成敬业爱岗、无私奉献、积极向上的道德氛围。在广泛进行的基本道德教育中，着重抓重点人群、重点行业和农业工区的道德建设。对重点人群，着重抓好党员干部特别是领导干部和青少年的道德建设；对重点行业，着重抓好工建交单位和执法部门的道德建设，注重诚实可信、公平公正，强化全社会的信用意识和法制意识；对农业工区，主要抓好以团结友爱、敬业奉献为内容的道德教育和实施，注重家庭和睦、尊老爱幼、邻里团结、奉献集体。树立集体观念，增强道德意识，推动道德建设长效持久地开展。

第二节　文明评比与创建

一、文明职工和文明新风户评选活动

60年代后期起，开展五好家庭和五好职工评比活动，内容是：认真学习、遵纪守法好；爱国家、爱集体、积极参加生产劳动好；尊老爱幼、家庭和睦、勤俭持家、教育子女好；文明礼貌、团结互助好；移风易俗、实行晚婚和计划生育好。1985年，全场共有五好家庭876户，其中103户获场部嘉奖，17户被县表彰，8户被评为苏州市先进。80年代后期起，将五好家庭和五好职工的评比活动作为精神文明建设的一项重要工作，每年评出的场、工区二级五好家庭和五好职工，约占全场家庭和职工总数的5%。

1989年4月起，借鉴苏南农村精神文明建设的成功经验，根据以多促少的原则。在农业单位开展文明新风户，在工建交单位开展文明职工，在个体工商户中开展文明个体户评选活动。具体办法是：根据场部制定的文明新风户"十没有、十自觉"标准和企业文明职工"十个要"评选标准，由家庭（个

人）对照标准自我评定，生产小队或车间班组考评，所在工区（单位）审核。坚持每半年评选一次，年终表彰，形成制度。评出的文明新风户和文明职工占全场总数的80%左右。据1991年资料统计，当年评选出文明新风户4458户，占参评总数的74.71%，文明职工3219人，占参评总数的80.62%；文明个体户180户，占参评总数的83.3%。同时评出由工区表彰的五好家庭341户、场部表彰的五好家庭标兵户27户、工建交单位自行表彰的先进职工396人、由场部表彰的标兵职工68人。90年代后期，减少了五好家庭评比工作，五好家庭标兵户改称文明家庭标兵户，同时增加文明个体户、种植专业户、养殖专业户等评比工作。2004年，共评选出文明新风户5382户，占参评总数的81%、文明职工4546人，占参评总数的78%。场部表彰文明家庭标兵户147户、先进工作者54人，同时表彰文明个体户10户、种养专业户12户。

附一：1991年常阴沙农场文明新风户评选标准（十没有十自觉）

1.没有抛荒地，自觉完成交粮交款任务。

2.没有超计划生育，自觉执行计划生育政策。

3.没有擅自扩大宅基地、蔬菜地，自觉执行土地法。

4.没有逃避服兵役，自觉执行兵役法。

5.没有赌博和违法犯罪行为，自觉遵纪守法。

6.没有搞封建迷信活动，自觉抵制不良倾向。

7.没有虐待老人、夫妻打架现象，自觉处理好邻里关系。

8.没有在恋爱、婚姻问题上的不道德行为和包办婚姻现象，自觉遵守社会公德和执行婚姻法。

9.没有逃学流生现象，自觉执行义务教育法。

10.没有不卫生习惯，自觉搞好个人卫生和家庭环境卫生。

附二：1991年常阴沙农场工厂企业单位文明职工评选标准（十个要）

1.要爱农场、爱企业、爱岗位、不做有损企业的事，不说有损企业的话。

2.要忠于职守，按质按量按时完成工作任务。

3.要遵守场规民约，没有不文明、不卫生行为。

4.要遵守劳动纪律，不旷工、不迟到、不早退，上班时不串岗、不干私活。

5.要增强质量意识，没有质量事故。

6.要遵守安全操作规程，确保安全生产，不发生人身、设备事故。

7.要廉洁奉公，增产节约，节省水电。

8.要自觉遵守婚姻法和计划生育规定，没有早婚早恋、未婚先孕、非法同居、未婚生育等不文明、不道德行为。

9.要遵纪守法，不参与赌博迷信活动，敢于同丑恶现象做斗争。

10.要遵守职业道德，维护社会公德，敬老爱幼，尊师爱徒，言行文明，家庭邻里和睦相处。

二、文明单位创建活动

1983年，开始在工建交单位和农业工区中开展文明单位的创建活动，内容是凡参加文明单位创建活动的，必需建立健全场规民约等各类规章制度，遵纪守法，爱护环境，讲究卫生，各类评先、创先活动正常，有开展文娱、体育活动的俱乐部和党员、老干部、老职工活动场所，有科普宣传组织并经常开展活动，有小型广播室，严格执行计划生育政策，无不执行计划生育现象，无安全事故，等等。1984年，继续开展文明工区、文明工厂、文明商店、文明学校、文明医院等创建活动。1986年起，参加张家港市“双文明单位”创建和评选活动，每年在全场评选出双文明单位10个。1989年，由场部和工区（单位）

共同制订“双文明单位”创建规划，并向张家港市精神文明建设领导小组申请申报，每半年由场党委职能部门会同工区（单位）考评后上报，年终总结上报，参加评比。“双文明单位”的创建内容是组织机构健全、基础设施配套、经济发展健康稳定、环境卫生优美整洁、文体活动健康正常、社会事业稳定发展等。至2004年，六工区、一工区、二工区、三工区、七工区、九工区、十四工区、十七工区、良种站、多种经营服务公司、建筑安装公司、纺织机械印染厂、毛纺织厂、电气控制设备厂、江南化工设备厂、油厂、轧花剥绒厂、医院、供销社等单位先后被评为张家港市级年度“双文明单位”。

第三节　社会新风

一、敬老尊老

敬老院　1961年，在良种站东北部的跃进圩内建立敬老院，部分鳏寡孤独老人集中生活，集中管理，实行“五保”即保吃、保穿、保住、保医、保葬。至2004年，先后收养鳏寡孤独老人和孤儿30多人。年末，尚有6人。

退休保养制度　1978年起，对男60~65周岁、女50~55周岁的年老职工，办理退休手续，根据农场的实际承受能力，按月发放一定数量的退休保养金，使农场职工老有所养、老有所依。

关爱制度　逢年过节，89农场党政领导和各基层单位负责人都要携带礼物对老年人进行探望和慰问。重阳节，每位老人一份重阳糕，以示关心和尊重。80年代中期起，部分条件较好的工区不定期地免费为老年人体检，70岁以上的老年人逢年过节，还可从所在工区领取一份慰问品。

二、爱幼抚幼

1959年10月，农场恢复和扩建后，各农业工区以作业组为单位，办有托儿所。1964年，首先在场部和六工区办幼儿园，有两个幼儿班，让全场的幼儿全部入托，部分幼儿进幼儿园学习。1968年，全场各个工区（大队）都办有幼儿园，每个生产小队都办有托儿所，不仅使1~4周岁的婴幼儿集中管理，而且为4~6周岁的学龄前儿童创造了集中教育的环境，使婴幼儿的父母能够安心生产、工作。70年代后期，场部还制定为婴幼儿定期检查身体的制度，设立幼儿保健卡，发放独生子女保健费。每年儿童节，社会各界为幼儿园捐款赠物。后随着计划生育的推行和经济制度的调整，全场托儿所和幼儿园布局逐步调整。1985年起，农业工区托儿所逐步解体。1986年，场部建立中心幼儿园，幼儿教育的设施逐步改善。2001年，下设于各片区的幼儿园全部归并到中心幼儿园。

三、帮扶济困

体现在职工群众中的互帮互助之风。如发生火灾、工伤、车祸等灾祸，附近群众或过往行人会自动组织救援，不留姓名，不收费用。遇人落水，见者大声呼救，以至舍命相救。个人、家庭或集体遭灾遇祸，人们会自动参与帮助，或以人工相帮，或以钱物捐助，或以其他方式帮助。如遇婚丧喜事、砌房造屋，邻里之间将全天乃至数天息工相帮，不计人工，不取报酬。此风几十年如一日，从未改变。如见危不帮、见死不救，或袖手旁观，被视为品质低劣，为众人所不齿。

四、信用互助

体现在民间借贷中帮助经济困难家庭渡过难关的有效风气，共有三种形式。一是打会。有“轮会”“摇会”“标会”“议会”四种，为六七十年代盛行的经济信用互助形式，一般由发起人（会首）邀请亲友若干（会脚）参加，约定每月、每季或每年举行一次会议，每次各交纳约定数量的会款，借以互助。二是互助基金会。这是农场建立后由机关、工厂、商店、学校以及企事业单位职工自愿组织的一种互助形式，一般以行政拨款和与会者工资中的部分款项作为基金，解决有关人员的临时性困难，调剂余缺。三是自由借贷。职工之间遇婚丧喜事、砌房造屋，或逢天灾人祸，发生经济困难，亲邻之间互助协作，自愿以无偿形式借助，不计利息，此种借贷形式比较活跃，延续至今。

五、拥军优属

50年代起，境内居民特别是青年，以参加人民解放军为荣，军人家庭被称为“光荣人家”。每逢春节，党政机关均要组织人员，敲锣打鼓，对烈属、军属家庭进行慰问拜年，赠送年画、春联、慰问信件和礼品。农忙季节，妇联、民兵、共青团等会发动团员青年、民兵等帮助烈属、军属抢收抢种。平时，学生、社会各界自发为烈属、军属排忧解难。“八一”建军节，场部召开烈属、军属、转复军人代表座谈会，组织观看文娱节目。军人退伍、复员、转业等，场部尽一切力量给予安置。

六、尊师重教

全场职工群众历来都十分重视教育，尊重教师。1963年，苏州市知识青年到农场插队劳动，场部挑选了一批优秀青年担任学校教师，并视为农场建设的骨干加以利用。1985年，国家规定每年9月10日为教师节，历届教师节，场部党政领导和社会各界都要对教师进行各种形式的慰问，工建交单位或农业工区与相关学校建立挂钩关系，在自身经济十分薄弱的情况下，宁可自己省吃俭用，也决不亏待教师，并向学校捐赠钱物，帮助学校解决困难。

七、拾金不昧

旧时拾得他人钱财失物，以非偷非抢为由，不予归还，亦不受社会舆论指责。常阴沙农场创办以来，通过艰苦奋斗的思想教育和职业道德建设，在职工群众中逐步形成拾金不昧、物归原主的风尚。单位设立“拾遗箱”，失物招领启事时有所见。在农场，拾物不归还，往往有损人格，受人谴责。即使是在一切向钱看的世态下，此风尚仍为农场人所弘扬。

第十一编 劳动 民政

第一章 劳　动
第二章 民　政

50年代，全场有正式职工57人。1959年10月起，先后将以“场带队”形式进入农场的农民和苏州市知识青年转为职工。1966年至1979年，以职工子女自然增长办法扩大职工队伍，全场职工总数从8900多人增加到13322人。1979年后，实行职工身份的申报、审核、审批制度，未经审批的劳动力列为非职工。至2004年，全场劳动力总数为9841人，其中正式职工6429人。在分配制度上，始终按同工同酬的办法计发工资。职工退休后，按国家干部、以工代干和职工三种身份办理手续并享受相应的退休待遇。

全场民政业务由相应对口部门组织实施。1961年设立保卫科时，配有1人负责全场的户籍管理、婚姻登记、扶贫救灾、社会福利等事务。1983年后，在派出所内设非在编的民政人员1人。1999年4月后，民政业务从派出所划归场部群众工作办公室。民政费用由场部统管，一般在农场提取的福利基金中开支，有时在工会经费中开支。

第一章　劳　动

第一节　劳动力

农场劳动力是指在场、工区的各级管理人员和在农工商各类工作岗位的工作人员（含国家干部和以工代干、代医、代教人员，职工，非职工）。1951年，全场有14个农工组，劳动力240人，其中固定职工9人，临时工231人。1952年，有16个农工组，劳动力195人，其中固定职工26人，临时工169人。至1958年农场撤销时，共有固定职工57人。

1959年农场恢复扩建时，以老农场固定职工57人为基数，同时将跃进圩内的东迁户吸收为农场职工。1960年，将以“场带队”形式进入农场的原兆丰公社6个大队农民2604人转为农场职工。1961年春，将在万亩圩落户的东迁户1000多人吸收为农场职工。1963年，将苏州市插场知青700多人转为农场职工。是年，根据出勤、年龄和劳动表现，将“场带队”和东迁户中的剩余劳动力3100人吸收为农场职工。1966年，开始实行职工子女“自然增长”的办法，即凡职工子女达到就业年龄时，由农场根据生产需要安排工作。1972年起，在每年年初申报劳动力计划时，实行常年工的评定制度，凡年满16周岁，出勤不少于250个工日，户口在场的劳动力评定为常年工，常年工视同职工，享受同样待遇。1973年7月至1978年12月，在按正常渠道评定长年工的基础上，陆续将沙洲县插队到农场的知青以及从外地零星转入农场的知青共950余人转为农场职工。

1979年，农场回归省农垦局管理后，取消职工子女“自然增长”的管理办法，对职工身份的确定实行申报审批制度。即凡户口在农场的职工子女，年满16周岁，从初、高中学校毕业后，由本人申请，所在工区（单位）报告，经场劳动工资管理部门审核同意并报南通地区农垦局批准，为工区（单位）合同制工人。1984年9月，场部对职工身份再次界定，即除按规定审批为农场职工外，凡尚未批准为农场职工的自然增长劳动力，除承包耕地、水面及其他专用设备、设施的，应缴纳资源占用费（农业税、利润、折旧）和必要的管理费以外，不再上交其他费用，亦不享受职工待遇。

1986年5月，场第四届职工代表大会第一次会议通过《江苏省国营常阴沙农场关于加强劳动计划管理的若干规定》。凡户口在场、年满16周岁、具有初中以上（含初中）文化程度、身体健康的本场职工子女，可由本人申请，所在单位报告，经劳动工资管理部门审核，报南通农垦公司批准，作为农场合同制工人，列入本场职工编制，履行农场职工义务，享受农场职工权利。不具有初中以上文化程度者报批为计划内临时工，经批准的计划内临时工列入农场职工编制，其待遇与农场正式职工一样。场外调进人员，必须经场长办公会议批准，并落实好接收单位，由场劳动工资管理部门办理调动手续。本场职工的婚进家属，根据进出平衡的原则，报省农垦总公司同意，先迁户口，再按规定办理职工报批手续。对自行外流的职工，经通知不归，又不按规定缴纳费用者，由所在单位报告，主管部门审核，场工会和劳动工资管理部门批准，办理职工除名手续，并不再享受农场职工的福利待遇。婚出到场外的职工（不在农场工作，又不按规定缴纳费用），作自动脱离，不再享受职工待遇。

90年代中期，职工报批手续改南通农垦公司批准为省农垦总公司直接批准。批准后的农场职工，每年应向农场缴纳相关费用。农场职工的报批手续一年办理一次，场外人员一般不得申请转为正式职工。在农场工作但未取得职工身份的劳动力和场外婚进人员为临时工（非职工）。至2004年7月，全场共有正式职工6429人、临时工3412人。

2004年7月31日，在常阴沙农场第九届职工代表大会第四次会议上，讨论通过《常阴沙农场调整职工劳动关系的改革方案》，对全场正式职工的劳动关系进行确认和调整，除2009年12月31日前到达退休年龄的职工外，其他在职职工全部以经济补偿的形式进行身份置换，按照每年工龄440元的标准计算身份置换费，并参加张家港市城镇企业职工养老保险和农民养老保险，身份置换费充抵养老保险的个人缴费。在签订解除劳动关系协议、实行经济补偿、正式解除劳动关系后，原农场职工即以社会自然人的身份参加农场的生产和劳动。至2005年3月撤销常阴沙农场建制时，全场共有自然劳动力10736人。

1960—2004年常阴沙农场劳动力一览表

表11-1-1 单位：人

年份	劳动力总数	其中		年份	劳动力总数	其中	
		正式工	临时工			正式工	临时工
1960	5180	2661	2519	1980	12479	12479	0
1961	6510	3926	2584	1981	12248	12248	0
1962	7324	4767	2557	1982	13065	13065	0
1963	8487	7795	692	1983	13028	13018	10
1964	8337	7819	518	1984	13322	13322	0
1965	9294	8925	369	1985	13322	11862	1460
1966	9972	9559	413	1986	11862	11718	144
1967	10206	10206	0	1987	11718	11718	0
1968	10953	10101	852	1988	11613	10849	764
1969	10002	9847	155	1989	10468	10468	0
1970	10955	10955	0	1990	10696	10696	0
1971	10718	10718	0	1991	10563	10563	0
1972	11041	11007	34	1992	10486	10486	0
1973	11567	11567	0	1993	10027	10006	21
1974	11695	11662	33	1994	10382	10358	24
1975	12486	12276	210	1995	10132	9924	208
1976	13104	10581	2523	1996	9916	9423	493
1977	13696	13033	663	1997	9605	9182	423
1978	13561	13444	117	1998	9234	8295	939
1979	12763	12763	0	1999	9690	8197	1493

续表11-1-1

年　份	劳动力总数	其　中		年　份	劳动力总数	其　中	
		正式工	临时工			正式工	临时工
2000	9957	7928	2029	2003	9795	7232	2563
2001	9545	7745	1800	2004	9841	6429	3412
2002	9914	7402	2512				

说明：表中的正式工即职工，临时工为非职工

第二节　劳动工资

农场初创时期，干部实行包干制和薪给制，工人领取一定数量的大米（后改为人民币）。1953年改为计时等级工资制，即按农工七级标准，评定相应的工资等级，采用月薪或月薪日计两种方式付给职工工资。1955年起，试行定员定额定质定量责任制，制定生产定额操作标准，分组包干，并签订生产合同，按照多劳多得、按劳取酬的分配原则，实行定额生产、定量消费、分级负责、超额奖励的劳动报酬计算办法。

1960年，实行固定工资与计件工资相结合的工资制度。1962年，采用"劳动分级管理，超额奖励"的劳动工资管理办法。根据体力强弱、技术高低、态度好差，通过民主讨论，分为六个等级，确定劳动定额，全年最高270个工日，一般200~220个工日，最低120个工日。评工计分，实行作业工资和奖励工资相结合的计酬方式。

1963年8月和1964年5月，常阴沙农场分别在第二届职工代表大会第二次会议和第三次会议上，对劳动工资管理作出规定。主要是采用基本工资与按劳工资相结合的办法，一般是基本工资60%、按劳工资40%。固定工资人员的工资按月发放，管理干部由农工级改为行政级，家属工发放计件、计时工资。对农业单位核定工资总额，评工计分，多劳多得，按工分计发工资，农忙4个月，发全年工资的36%，其余8个月发全年工资的64%。工副业单位和服务业单位按件计工，按月发放工资。

1966年后，对农业职工实行核定工资总额（按上四下六的比例），按劳分配、同工同酬、多劳多得、定额记分、按分付酬或计时折分的分配办法发放劳动工资。享受国家干部待遇和定编的管理人员及技术人员、知识青年等仍按原办法执行。劳动福利由场部提取相当于工资总额的10%作为福利基金在全场统筹，主要用于养老、工伤、因工残废、医疗、幼托等方面。职工除享受例行假日外，不再实行8小时工作和星期天休息制度。70年代初，曾一度推行"大寨式"评工记分的劳动工资管理办法，即按出勤天数和劳动表现，由职工民主评定工分等级。

1972年，取消工副业单位的固定工资，对知识青年参照全场男女职工平均工资水平，每月给予固定补贴，一年一评，评定后多劳不少补，少劳不多补。对护林员、炊事员、饲养员、保管员等工种的人员，参照同等劳动力预发工资，年终决算时按高于同等劳动力的10%~20%的幅度结算。工区干部的工资维持原来水平，但每月保留10%，作为年度经营成果的责任工资。生产小队干部与职工一样评工记分，年终给予20元职务津贴。

1975年，对病假工资作出规定。固定工资人员按国家规定发放。非固定工资人员，视病假长短分类对待。长期病假者每月发生活费12元，短期病假不发工资，但一个月内因病而造成工资收入不足12元的，补足12元（知青为15元）。超过12元（知青为15元）的，如数发放。

1978年，对企业单位实行固定工资和计时、计件工资相结合的办法。对生产小队实行基本工资和

评工记分相结合的形式发放工资。

1979—1980年，农业上实行联产（产值、利润）计酬（工资、奖金）的经济责任制。1981年，实行工资与产品数量、产品质量挂钩，奖金与利润同步的劳动工资管理办法。农业工区改每月发放工资为年终一次性发放工资。行政干部保留30%的责任工资。工建交商等统一经营单位和机关、文教、卫生等事业单位工作人员保留15%的责任工资。场部按实际工资分摊10%福利费、10%退休费、3%管理费、10.4%粮油倒挂费、4%单位管理费。由场部组织的劳务活动，按在职职工数向单位、工区分摊，多完成、多收入，少完成、多支出。

1984年，实行分户承包后，农业职工实行档案工资制，其等级工资作为调动工作和退休保养的依据，不再核发工资。对职工家庭农场和专业承包户实行"两费自理"，即生产成本费、生活费用全部由经营者自筹。

1986年5月，经场第四届职工代表大会第一次会议讨论并规定：由场劳动工资管理部门核定工资总额计划，各单位在核定的工资总额计划内（包括按规定提取的职工奖金等）使用；从场外聘用的技术人员，按其贡献大小确定适当的报酬；生产正常且经济效益好的单位，确因生产需要利用公休假日加班无法调休的，经主管部门审核并报场劳动工资管理部门核发加班工资，不参加一线生产的行政管理人员事假照发工资，不发加班工资。

1990年，采取基本工资加奖金或基本工资加定额计件工资（含奖金）两种办法。企业实现利润在包交利润以内的，得基本工资；企业实现利润在包交利润与考核利润之间，扣除应交项目外，可安排4个月以内的基本奖金；企业经济效益较好且超过考核利润的，可安排6个月以内的基本奖金；亏损企业，根据亏损额的大小，减少25%以内的基本工资。

1993年，实行"工效"挂钩制度，由场劳动工资管理部门会同财务部门，根据企业的职工人数和经济效益确定工资基数和新增效益工资，决算前进入企业生产成本。

1995年起，场部对企业工资只计算和控制总额，不再作具体规定，并按社会保险的有关规定进行管理。1996年，对企业负责人实行年工资报酬办法。1998年，工建交商等统一经营单位转制后，劳动工资由各单位自行管理，场劳动工资管理部门按劳动法行使对企业的检查和督促职能。

2000年起，对机关及相关事业单位工作人员实行岗位年薪制，机关及相关事业单位工作人员的年工资收入由基础工资和职务工资两部分组成，分七个等级，即场级、副场级、科级、副科级、科员级、办事员级和工人级。发放基础工资时，扣除个人应缴纳的养老保险费后，不再实行工资保留。

第三节　养老保障

1978年，按照国家干部、以工代干、农场职工三种类型人员的性质，对部分男满60~65周岁、女满50~55周岁的老职工试办保养，保养金每人每月8~12元。1979年，上升为每人每月12~15元。是年底，实行退休制度，退休金每人每月30~31元。1980—1981年，共批办退休职工1100多人。

1983年，调整退休保养的对象和标准。除国家干部、以工代干、中华人民共和国成立前参加革命工作的老工人、少数原任小乡干部后当工人以及外地调场的老工人继续实行离退休制度，一般职工由退休改为保养，保养费每人每月18元（原已办理退休手续的一般职工不变）。

1986年，进一步明确离休、退休、保养的对象和标准。国家干部（含教师、医护人员），定编在册的工区、工厂以上以工代干人员（含以工代教、以工代医人员），从其他全民工建交企业调进的正式职工，中华人民共和国成立前参加革命的老党员、老工人，按国家有关规定办理离、退休；直属单位的职工以及1954年11月1日前入伍的老退伍军人，男满60周岁，女满50周岁，一律办理保养；农副业工区实行大包干的职工，男满65周岁，女满55周岁，办理保养。其中男60~64周岁、女50~54周岁者，不核上交费用，因病伤残，经鉴定确系丧失劳动能力的，也可以提前办理保养；干部职工离退休、保养手续分别由场组织和劳动工资管理部门办理，发给离、退休证和保养证。离、退休费和保养费由场部统筹收支。具体标准为离休和退休干部（含以工代干）按国家规定发给离、退休费，另加相关补贴。退休工人分两种情况，从其他工建交企业调入的正式职工及中华人民共和国成立前参加革命的老党员、老工人，按国家规定发给退休费，另发相关补贴；1983年前已办理退休的其他工人，除按国家规定发放的退休费外，场直单位退休的，另发副补和相关补贴，农业工区退休的另发副补。保养费，全场统一标准为每月25元。

1988年，保养费改为按基本保养费每人每月10元，加上标准工资的20%，再加工龄工资每年0.40元的依据计算发放。最高为每人每月42.60元，最少每人每月不低于28元，平均为每人每月34元。1989年，全场离退休和保养人员为3338人。这些人员，除离退休干部的离、退休金及四种对象（指以工代干、中华人民共和国成立前参加革命工作的老工人、原任小乡干部后当工人的人员、外地调场工作的老工人）的退休金按规定发放外，其他职工的人均月保养费为35元左右。

1992年，江苏省农垦总公司实行养老保险系统内统筹。1995年，实行养老保险全省统筹。常阴沙农场因多种原因未参加全省养老保险统筹。

1996年3月，在征得上级部门和地方政府同意后，场第七届职工代表大会第三次会议通过决议，脱离农垦，参加张家港市地方养老保险。同时通过《常阴沙农场干部参加城镇养老保险暂行办法》和《常阴沙农场农村养老保险暂行办法》。

《常阴沙农场干部参加城镇养老保险暂行办法》规定，凡场内在编的国家干部（含教师、医务人员）及副科级以上的聘用制干部、新分配来场的统配大中专毕业生、新聘副科级以上干部，均参加城镇职工养老保险。实行城镇职工养老保险的人员，从1995年1月起，比照周围乡镇机关、事业单位的工资、奖金确定缴费基数，按上季度工资收入总额的23%缴纳养老保险金，其中个人缴4%（以后每年提高0.5个百分点，到7%时不再提高），由单位在发放工资时代为扣缴；单位缴19%（以后每年下降0.5个百分点，到16%时不再下降）。

《常阴沙农场农村养老保险暂行办法》规定，凡场内在编副科级以下的以工代干（含以工代教、以工代医）人员，在册的场、队办企事业、农业单位的职工，从1995年1月1日起，参加张家港市农村养老保险。其中"经场组织人事部门批准的在编各级行政管理、教育、卫生人员（以工代干）和科技骨干实行城镇和农村相结合的办法，即：按城镇职工办法提交、记载养老保险金（缴费基数为城镇职工社会平均工资，比例为17%），按农村办法批办退休养老手续"。在退休改为养老保险的过渡期内，即1995年1月1日以后退休（场内统筹退休）的以工代干人员，从1995年起，按新办法计发退休费，新的计发办法分两块：基本退休费，按同工龄一般职工退休费的3.78倍计发；另一部分实行干龄补贴，补贴标准为每任干1年月发1元，非农户口另发煤电粮差补贴21元。在职职工经批准外出务工、经商和服兵役者，参加农村养老保险。职工子女、年龄不超过25周岁，婚进职工家属、年龄不超过35周岁，愿尽职工义务，报经省农垦总公司批准后为农场职工的，从批准之日起参加农村养老保险。对距退休年龄不满10年（指男1944年底前生，女1954年底前生）的副科级以下以工代干人员和一般职工及1995年底前退休的以工代干人员和一般职工，仍实行场内退休统筹。

1996年3月，对距退休年龄不满10年而仍实行场内退休统筹的职工，制定相关具体问题的补充规定：凡1996年1月1日以后退休的职工，按张家港市农村养老保险缴费标准，向场部交纳农村养老保险的个人费用，在到达退休年龄后仍由农场办理退休手续，退休费实行场内统筹，并按原标准计发，另按每年1元的标准增发其从1995年1月起个人缴纳的养老保险统筹金；调整场内统筹退休的以工代干人员基本退休费。凡1995年1月1日后退休的以工代干人员，按同工龄一般职工退休费的3.78倍加干龄每年1元的标准计发，非农户口的以工代干人员另发煤电粮差补贴21元；从原全民工建交单位调进人员、中华人民共和国成立前参军的老退伍军人、插场知青、归国华侨等，其参加养老保险办法、养老保险金的缴纳、基本退休费计发办法，均参照以工代干待遇执行。

2003年，张家港市实行年满60岁的农民每月发放80元养老金、取消农业税以及居民用电价格下调等相关政策。8月21日，以张姚根等10人为代表的退休职工到场部上访，要求提高退休金标准，并向场部主要领导递交农场退休职工呼吁书。此后短短几天，事态迅速扩大，涉及全场退休职工。9月30日，江苏省农垦总公司党政领导，张家港市委、市政府主要领导，以及农场主要领导在沙洲宾馆会商常阴沙农场相关事宜，张家港市委主要领导提出将农场移交张家港市，实行属地管理的建议。12月30日，江苏省人民政府办公厅在苏州市召开协调会，省农垦总公司、苏州市、张家港市和常阴沙农场四方参加协调，协调会决定：常阴沙农场划归张家港市，实行属地管理，农场退休职工的退休金由张家港市按照国家劳动保障部、财政部、农业部、国务院侨务办公室（简称"三部一室"）文件执行。2004年3月23日，江苏省人民政府办公厅下发文件，明确将常阴沙农场划归张家港市，实行属地管理，同时明确张家港市"要按照《劳动保障部财政部农业部国务院侨办关于农垦企业参加职工基本养老保险有关问题的通知》要求，将农场职工养老保险纳入当地统筹，做到应保尽保，确保农场离退休人员养老金的正常发放，维持社会稳定"。

2004年4月，农场划归张家港市，实行属地管理，张家港市人民政府按照不低于苏州市城镇居民最低生活保障水平的标准，对农场退休职工的退休费作出调整，发放标准为在原有退休费的基础上增加216元，月平均标准提高到273元。从3月份开始，对全场5146名退休职工（含退休的以工代干人员和参照以工代干标准退休的人员）按照新的退休费发放标准发放退休费。是年9月，全场退休职工的退休金由张家港市社会保险基金管理结算中心实行社会化发放。与此同时，根据7月31日召开的常阴沙农场第九届职工代表大会第四次会议关于《常阴沙农场调整职工劳动关系的改革方案》，全场6429名在职职工与农场签订解除劳动关系的协议，实行身份置换后，分别参加张家港市农民养老保险和张家港市城镇职工养老保险。

第二章　民　政

第一节　民政事务

一、婚姻登记

1959年前，境内的婚姻登记工作由所在地的民政部门办理。1960年后，农场范围内的婚姻登记由场保卫科负责民政事务的人员办理。至1979年，共为2827对男女青年办理结婚证领取手续，为151对夫妻办理了离婚登记手续。1980年后，按男女双方年龄相加不小于45周岁（男不小于23周岁、女不小于22周岁）的规定进行结婚登记，至1992年，为1662对男女青年办理结婚登记手续，为69对夫妻办理了离婚登记手续。1992年4月起，按法律规定，对申请结婚的男女青年，凭医院出具的婚前健康检查证明、本人身份证、户口簿及所在工区出具的证明，办理结婚登记并领取结婚证，如一方为外地人员，须持所在地乡（含乡）以上人民政府的户籍与婚姻状况证明进行登记。至2004年，为1176对男女青年办理了结婚登记手续，为49对夫妻办理了离婚登记手续。2004年下半年，婚姻登记工作直接移交至张家港市统一办理。

二、敬老院

1961年，在当时的第十一管理区（现良种站）东部的跃进圩内建造草木结构的房屋20间，其中办公室1间、食堂2间、生活用房17间，办起敬老院，配有工作人员3人，主要是集中收养失去生活能力且无依靠的鳏寡老人和孤儿，实行保吃、保穿、保住、保医、保葬的“五保”制度，费用由场部统一从福利费中列支。敬老院先后收养老人和孤儿30多人。

1974年秋，敬老院搬迁到农场繁殖场东侧，即现人民桥沿运输河东100米处，建造砖瓦结构的平房16间，建筑面积480余平方米，其中办公室1间，食堂2间，老人宿舍13间，配工作人员2人，收养老人23人。

1995年秋，敬老院再次搬迁至原一〇工区与兆丰林场村交界处，占地6400平方米，建造砖瓦结构的平房11间，建筑面积396平方米，其中办公室1间36平方米、食堂2间、活动室2间、老人宿舍6间，合计360平方米，另建厕所、洗澡间、柴房等辅助用房102平方米，每个宿舍配有床、橱、桌、椅、电风扇、个人更换衣物、鞋帽及床上用品，活动室配有电视机，户外活动场地1235平方米，副业基地1235平方米，保证一年四季蔬菜自给，核定每人每月伙食费标准45元、零用钱12元，有管理人员2人，至2004年，尚有集中收养的老人10人。

三、殡葬

60年代至70年代初，农场居民死亡后实行土葬。1961年冬，根据国营农场建设社会主义新农村的思路，在原第十一管理区（现良种站）东部的跃进圩内建造公墓1处，占地60亩，集中安葬全场死亡人员，配管理人员1人。公墓四面临河，中间有两条马路成“十”字形将公墓分成4块，每块15亩，东南两块为墓地，西北两块为林地（作公墓备用地），并在“十”字路交叉口建有五角形花园1座，内植松柏等各种花木，使之成为花园式公墓。另在公墓外围辟有10亩土地作为场内的苗木基地，嫁接培育各种苗木，供全场各工区绿化造林用。因此，群众称该公墓为“花园”。

1964年冬，随着农场规模的扩大，为方便长沙、长江片区死亡人口的安葬，又在青年二圩西北部（15号田）建造公墓1处，占地15亩。至此，全场共建有集中式公墓2处，称跃进圩公墓为常阴沙农场第一公墓（第一花园），称青年二圩公墓为常阴沙农场第二公墓（第二花园）。

1976年冬，农场的殡葬制度由土葬向火葬全面改革，两处公墓撤销并复耕，由各工区选择在废岸废地、路口水边规划建造公墓，并以工区为单位，对死者的骨灰骨殖实行深埋。1993年冬，墓葬制度再次由深埋改为浅葬，由土墩式改为砖坑式，并由路口水边向内地荫蔽处搬迁，每个墓坑面积为1.5平方米左右。

四、福利企业

1984年1月，场部筹集14.56万元，在原二十工区有机玻璃钮扣厂的基础上，建塑料化工福利厂，当年安排职工子女70多人，其中“五残”（聋、哑、盲、肢残、智残）人员26人，使部分残疾人得到安置，生活得到保障。后因该厂产品单一，缺乏市场竞争力而造成亏损。1988年，场部在毛纺织厂增办专门安置残疾人员的绒线车间，在将原塑料化工福利厂的残疾人员转到毛纺织厂绒线车间工作的基础上，重新招收户口在农场的残疾人员30多人。工厂更名为江苏省国营常阴沙绒线厂，实行独立核算，自负盈亏。1998年8月，绒线厂转制并变更为私营企业后，仍然保留福利企业的性质和相关待遇。

五、社会救助

突发性灾难救济　1949年7月，特大潮灾殃及境内，人民政府及时向受灾群众发放种子进行生产自救。1959年10月，农场恢复扩建后，对因自然灾害造成的损失，由场部根据损失程度给予直接救济补助。对职工家庭突遇天灾人祸造成重大损失的，由所在工区（大队）根据实际情况，代表场部对困难户发放救济金和救济物资，对受灾特别严重的，还发动职工募捐救济，以保证受灾户的生活正常进行。

困难救济　主要是对长期生活困难的职工给予适当的生活补助，困难救济的具体业务由各工区（大队）负责，年终向场部结报，救助资金从职工福利费中支出。具体程序为：凡固定补助对象，由生产小队评议，所在工区（大队）集体讨论审核，报场部批准并确定补助数额后，由所在工区（大队）组织实施，一年评议一次。对生活特别困难的家庭，则由困难户向所在工区（大队）提出书面申请，经审核同意报场部批准并确定数额后，由场部经慰问的形式专程发放。

第二节　优抚工作

农场的优抚工作由场人武部和保卫科共同负责，优抚对象为烈属、军属、转业复员军人、退伍军人、革命伤残军人。优抚办法是实行经济补助。

50年代初期，境内东长沙等地区的优抚工作由所在乡、村负责，对缺少劳动力的烈属、军属实行代耕代种或包耕包种，对生活困难对象给予临时补助。农业合作化后，对烈属、军属均采用优待劳动工分的办法，春季评定，冬季兑现。

1959年10月后，农场对优抚对象的优抚办法从补贴劳动工分改为现金补助。1963年至2004年，统一标准，定额补助，由所在工区（大队）发放到户，年终一次性结算。每年的“八一”建军节，场部均邀请烈属、军属及退伍军人代表进行座谈。春节，场部还敲锣打鼓上门慰问。

烈士亲属优抚　1963年，全场有革命烈士亲属3户5人，根据国家政策，场部按每人每月23~25元的标准发放生活费，并逐年提高。享受医疗费全报的待遇，烈士亲属病故后的丧葬费全部由场部支付。至1979年，上述3户5人烈士亲属先后病逝，烈属补助结束。

老战士安置优抚　建场后，全场有中华人民共和国成立前参军、参战的老战士7人，农场按国家政策给予安置，安排适当工作。至1984年，上述7人分别担任场、厂、工区（大队）领导干部，部分人员转为国家干部。少数人员未转国家干部的，在其退休时，经江苏省农垦局特批，享受国家干部待遇，并按国家干部性质办理退休手续。

革命伤残军人优抚　1959年农场恢复扩建后，场部先后安置革命伤残军人8人，根据伤残等级，一方面，将他们安排到企业单位参加力所能及的劳动，另一方面，给予经济补助，补助标准从1963年每人每年200~300元，提高到1999年的每人每年1338~2675元。伤残补助金全部由农场从福利基金中开支。2004年4月，农场划归张家港市实行属地管理后，革命伤残军人优抚由企业自行承担改为市民政负责，补助标准提高到每人每年3000~8784元。

志愿兵老战士优抚　1978年，全场有1954年前参军的志愿兵老战士76人，根据国家有关政策，农场从福利基金中给予这些人员每人每月12元的补助，之后根据农场的实际承受能力逐年提高到1995年的每人每月57元。1996年后，志愿兵老战士逐步达到退休年龄，场部根据其退休前的工作性质，在分别办理退休或保养手续的同时，继续给予经济补助。2004年，补助费上升到每人每月270~310元。

现役军人家属优抚　60年代后，按照国营农场的管理办法，给予现役军人家属适当的经济补助。1963年后，每年每户补助标准为30~60元，年终一次性发放。1983年开始，现役军人家属优抚费（简称军属补助）每年每户补助标准提高到240元。1984年，再次提高到360元。至1990年，军属补助标准提高到1200元。1992年起，军属补助标准视入伍战士的文化程度不同而有所区别。1992年凡入伍战士为初中文化的，军属补助标准为每户每年1200元；入伍战士为高中文化的，补助标准为每户每年1400元。2004年后，军属补助标准按张家港市统一标准执行。

1992—2004年军属优抚金发放标准变动一览表

表11-2-1

年 份	优抚金标准(元)		年 份	优抚金标准(元)	
	初中文化	高中文化		初中文化	高中文化
1992	1200	1400	1999	3500	3800
1993	1400	1600	2000	3800	4000
1994	1400	1600	2001	4200	4400
1995	1800	2000	2002	4200	4400
1996	2200	2400	2003	4200	4400
1997	2800	3000	2004	4200	4400
1998	3200	3500			

第三节 最低生活保障

1961年开始，实行社会补助，全场符合社会固定补助的人员67人（含盲、聋、哑及肢残、智残人员）。农场根据这部分人员的实际情况，分别给予落实最低生活保障待遇。其中30名鳏寡孤独老人和孤儿由场部集中收养到敬老院，统一管理，落实“五保”；2名麻风病患者，由场部集中保送到麻风病医院住院治疗；其他35名弱势人员（含精神性疾病患者），区别不同情况给予生活费定额补助，补助费每人每月为12~20元，同时享受公费医疗待遇。1981年，社会救济固定补助的人员减少到66人。其中五保人员20人、麻风病患者2人、其他弱势人员（含精神性疾病患者）44人，生活费定额补助标准由原来的每人每月12~20元提高到每人每月32~38元，其他相关待遇不变。

1999年起，按照张家港市统一的最低生活保障标准和相关规定，实行最低生活保障制度，给生活困难人员及其家庭发放最低生活费用。经多次协调，最低生活费用由张家港市民政局拨款50%，场部和所在工区共同承担50%。当年评定出最低生活保障享受人员103户208人，低保金标准每人每月130元，全场共支出低保金32.45万元，其中张家港市民政局拨款16.22万元。此后，低保人群和低保标准逐年增加和提高，至2004年，全场共有低保户353户791人，低保金标准每人每月160元，全年共支出151.87万元，其中民政拨款为75.94万元。

1999—2004年最低生活保障评定及低保金发放一览表

表11-2-2

年 份	低保户(户)	低保人(人)	标 准(元/月/人)	发放总额(万元)	其中:民政拨款(万元)
1999	103	208	130	32.45	16.22
2000	121	247	130	38.53	19.27
2001	163	331	130	51.64	25.82
2002	180	417	130	65.05	32.53
2003	258	578	130	90.17	45.08
2004	353	791	160	151.87	75.94

第四节 下放工人安置

1962—1965年，农场先后接收从城市、工矿、大中型企业下放的工人81人（含家属）。其中1957年前参加工作的全民所有制单位职工37人（江苏省14人、外省9人、上海市14人）。在安置过程中，场部根据这部分人员的家庭情况和各自技术特长，首先分配给住房，让他们安家，然后安排工作。其中，1957年前参加工作且属全民所有制单位的职工5户19人，其生活费标准低于全场平均水平的，为他们办理常年固定生活补助，按月发放，其子女成年后，统一安排到场直企事业单位工作，部分成年子女由沙洲县统一分配工作。

1969年春，农场革命委员会组织本场部分非农户口的干部及其家属共12户36人下放到农业工区安家落户。两年后，根据有关政策规定，回到场部，重新安排工作。

第十二编 治安 司法行政 武装

第一章 治　　安
第二章 司法行政
第三章 武　　装

1959年前，境内的治安保卫工作由所在区、乡（公社）负责。1961年4月，场部设立保卫科，属企业内设置的行政机构。各农业工区、工厂（单位）相继设立治安保卫委员会，配治保主任1人，属非在编干部性质的群团人员。1963年4月，场部建立人民调解委员会，负责调解和处理职工及邻里之间的日常矛盾和纠纷。具体业务由保卫科指定专人负责。1981年11月，民事调解职能从保卫科剥离，实行司法助理员制度，与保卫科合并办公。1984年11月，沙洲县公安局在农场设立派出所，代替原农场保卫科负责全场的治安、保卫和户籍管理工作。1990年12月，成立社会治安综合治理领导小组，统抓全场的民政、司法、治安工作。1991年3月起，开始实行社会治安综合治理目标责任制度。至2004年，全场社会治安综合治理工作按照目标责任制度的约定，始终处于平稳和规范的状态。

1960年1月，场部设立人民武装部，代表农场行使全场的征兵和民兵预备役管理职能，同时负责拥军优属和复员退伍军人的安置工作。兵役按地方（县、市）政府下达的任务征集兵员。义务兵复员、退伍后，由农场自行安排安置。1978年8月，南京军区空军87034部队56分队进驻常阴沙农场十六工区，进驻时建制为正连级，1983年提升为副营级，1985年升格为正营级，2004年再次升格为正团级。

第一章　治　安

第一节　机　构

一、保卫科

1961年4月，场部设立保卫科，属场内行政科室编制，受场部直接领导和管理。负责全场治安、安全保卫工作。1962年2月，保卫科与组织科合并，称人事保卫科，简称人保科。1963年，人保科与人武部合并办公。“文化大革命”初期，治安保卫工作由人武部负责。1968年7月，场革命委员会下设群众专政组，代替人保科工作职能，是年，户籍管理工作由场部办公室移交到群众专政组。1971年11月，撤销群众专政组，恢复保卫科设置及相关职能。1984年，成立常阴沙农场派出所，保卫科职能由派出所代替。

二、公安派出所

1984年11月，常阴沙农场派出所成立，属沙洲县公安局的派出机构，成立时全称为沙洲县公安局常阴沙农场派出所，配副所长2人，户籍、治安民警11人。其中，属沙洲县公安局编制的国家干部1人，场内国家干部1人，合同制民警11人。所内设治安和内勤2个组，除管理农场的户籍、治安外，还负责管理县属四一农场、交通新村、种猪场和畜牧场的户籍和治安管理工作。办公地点设在农场原保卫科内，有公用平房3间，建筑面积120平方米。1987年，在场部办公大楼西南侧建造2层楼房1幢，占地面积140平方米。1999年，在红旗中路61号新建办公楼1幢，占地面积3300平方米，建筑面积为1200平方米。是年12月，派出所搬迁到新址办公。至2004年，共有工作人员19人，其中在编民警7人。

三、社会治安综合治理领导小组

1990年12月，场部成立社会治安综合治理领导小组，分别由工会、宣传科、派出所、司法、妇联、共青团等部门负责人共11人组成，分管副场长任组长，工会主席、派出所所长任副组长，下设综合治理办公室（简称综治办），主任由分管副场长兼任，配工作人员2人，其中1名为副主任，负责日常工作。1991年3月，场党委制订社会治安综合治理的目标任务，强调谁主管、谁负责，进一步明确农业工区和工建交单位领导必须抓综合治理，保一方太平，并把社会治安综合治理纳入双文明单位的考核内容，实行一票否决制。是年，全场公司、工厂、工区及场直单位共56个与场部签订社会治安综合治理目标责任书。

1997年3月，社会治安综合治理领导小组组长改为党委副书记兼任。2002年4月，综合治理办公室与民政、司法等部门合并办公，领导小组组长恢复为分管副场长兼任。

四、沙洲县公安局拘役所

1980年5月，沙洲县公安局借用十九工区原知青点的闲置房屋，筹建沙洲县公安局拘役所。共划拨知青点房屋42间，其中，宿舍24间，食堂6间，工作人员办公室和宿舍、活动室各4间，建筑面积1200多平方米，同时调拨活动场地500多平方米、劳动基地40亩、蔬菜地7亩。派驻干警7人，于同年6月4日挂牌成立沙洲县公安局拘役所，由沙洲县公安局直接领导和管理，主要任务是教育管理被判处6个月以内到期的刑事犯罪人员。1983年10月，拘役所撤回杨舍镇，土地和房屋财产归还农场。

第二节 社会治理

一、取缔职业迷信活动

巫婆、神汉、算命、看风水、烧路头、烧利市等是60年代初随“场带队”进入农场的6个大队中部分迷信活动职业人员传入农场的。这些迷信活动职业人员经过农村土地改革、镇压反革命等运动，加上提倡科学、破除迷信的宣传教育，活动有所收敛。但进入农场后，又重新抬头。1963年，沙洲县人民委员会发出布告，取缔封建迷信活动。农场党委从维护社会平安的原则出发，在全场范围内开展破除迷信的大教育，由治安保卫部门多次组织迷信职业人员开会，进行法制教育，同时采取措施，强制监督。60年代后期至80年代，封建迷信活动在全场基本停止。

90年代后，一些迷信活动职业人员再次重操旧业，频繁活动，场部会同社会治安综合治理和公安司法等部门予以严厉打击和取缔，发现一处，教育取缔一处。至2004年，依法传唤教育146人次，没收封建迷信道具12套。

二、禁赌

1959年10月，农场恢复扩建后，摇宝、牌九、掷骰子（俗称“头子”）等赌博活动得到有效控制，但纸牌（游胡）、九彩、麻将等赌博形式在部分职工中依然存在，农闲时节尤其是节假日，一些有不良习气的人员聚在一起赌博，污染了场风民风。农场党委针对这些情况，在全场范围内进行常规教育的基础上，发动群众共同禁止赌博活动，对一些屡教不改的赌头赌棍，由治安保卫部门依法进行治安处理，使赌博歪风在较长一段时间内得到遏制。80年代后，赌博风气重新抬头，且屡禁不止，赌博形式从游胡、麻将等发展到推牌九、斗地主、沙蟹等。场治安保卫部门会同公安机关一起进行严厉打击，干部参与赌博的，则不仅给予治安处理，还要给予党纪、政纪处理。从1981—2004年的24年间，共处理赌博案件154起，其中治安处罚73人、行政拘留31人，没收赌资20余万元，行政干部受到纪律处分或撤职处分的11人。

三、教育改造“四类分子”

1959年10月和1960年5月，部分在原地接受监督改造的地主分子、富农分子、反革命分子和坏分子（简称“四类分子”）随“场带队”进入农场后，继续由群众对他们实施监督改造，且不能吸收为农场职工。1971年开始，每年对“四类分子”进行评审，按照好的、一般的、坏的和有无破坏活动四种表现，分别给予摘帽、纠错、重新戴帽或继续监督改造等处理。1979年，根据中共中央5号文件《关于地主、富农分子摘帽问题和地富分子子女成分问题的决定》，全场60名“四类分子”全部予以纠正并摘帽。

1971—1979年“四类分子”管教和摘帽情况表

表12-1-1

年份	“四类分子”总数	其中				摘帽人数	纠错人数	死亡人数
		地主	富农	反革命	坏分子			
1971	92	5	22	22	43	2	6	—
1972	125	9	28	29	59	6	10	2
1973	107	9	33	19	46	—	—	—
1974	107	9	33	19	46	4	15	7

续表 12-1-1

年　份	“四类分子”总数	其　　中				摘帽人数	纠错人数	死亡人数
		地　主	富　农	反革命	坏分子			
1975	81	7	17	17	40	1	3	1
1976	76	7	16	16	37	1	2	2
1977	71	7	14	16	34	5	—	—
1978	66	6	13	15	32	6	—	—
1979	60	6	13	15	26	47	13	—

四、打击犯罪活动

60年代初，各农业工区、工厂及企事业单位相继建立治安保卫委员会（简称治保委），配不脱产治保主任1人，下设若干个治保小组，依靠群众，配合场保卫科对所在工区及工厂（单位）实行群防群治，确保社会和人民群众生命及财产的安全。

1983年9月2日至1984年6月25日，在严厉打击刑事犯罪的运动中，治安保卫部门配合沙洲县公安机关在全场组织了3次统一搜捕行动，保证了社会治安的良好状态。

1984年11月，农场派出所成立后，除正常的社会治安综合治理外，重点对辖区内的刑事犯罪活动进行了预防和严厉打击。至2004年，辖区内共发生各类案件485起，通过侦查，共破获312起。

1971—2004年常阴沙农场各类刑事案件的发案破案情况表

表 12-1-2

年　份	发案（起）	破案（起）	年　份	发案（起）	破案（起）
1971	6	—	1988	8	5
1972	21	1	1989	8	7
1973	66	12	1990	12	10
1974	93	42	1991	16	12
1975	42	13	1992	24	9
1976	132	48	1993	13	4
1977	105	62	1994	10	5
1978	125	80	1995	5	4
1979	122	69	1996	11	8
1980	86	18	1997	58	15
1981	76	52	1998	21	6
1982	66	49	1999	29	10
1983	46	37	2000	54	38
1984	21	50	2001	48	17
1985	40	35	2002	22	9
1986	7	6	2003	21	44
1987	9	7	2004	48	11

第三节 户籍管理

全场的户籍管理，原由场部办公室负责。1962年10月，建立人口出生、死亡、迁入、迁出、变更等登记制度。农业户口以户为单位建立户口册，城镇居民、知识青年和单位职工建立内部集体户口。婚进人员与在场工作的外公社人员，不经批准，户口不得迁入。新生婴儿随女方（母亲）户口申报登记。1968年开始，户籍管理由场保卫科负责。1982年，由保卫科指定专门人员，开展户籍调查，建立和充实户口资料，健全户口管理制度，并在全场核发户口簿。

1984年11月，户籍管理工作由派出所接管。1985年11月，按照沙洲县公安局《关于对外来暂住人口核发"暂住户口簿"和"暂住证"的通告》，制定外来暂住人口管理制度，对外来暂住人口实行管理，做好登记办证手续。1988年12月，张家港市公安局在农场颁发第一代居民身份证。1996年起，实行常住户口微机管理，清理核对常住人口，采集常住人口信息，换发户口簿，编排居住门牌号，对家庭信息、个人身份证等统一编码，输入电脑。1998年微机录入常住人口肖像。2002年，户籍管理实现"全球通"。至2004年，全场户籍总数6645户，常住户籍总人口19618人。

第二章 司法行政

第一节 民事调解

1963年4月，建立人民调解委员会，一名副场长兼任调解委员会主任，具体业务由民政助理员负责，与保卫科合并办公，主要是调解和处理职工之间的日常矛盾和纠纷。各工区和工厂（单位）均建立由治保主任、妇女主任、团支部书记等组成的民事调解小组，负责所在工区、工厂（单位）的民事调解工作。

"文化大革命"初期，职工中的矛盾纠纷由群众专政组负责。1973年后，恢复为保卫科负责。1981年11月，民事调解的职能从保卫科分出，成立司法办公室，配司法助理员1人，负责全场的民事调解工作，办公地点仍设在保卫科。至1985年，共调解处理职工群众中的各类矛盾和纠纷488件，其中离婚纠纷31件，婚约纠纷101件，抚养纠纷31件，赔偿纠纷119件，其他纠纷206件。

1986年起，实行司法调解分层管理制度，一般矛盾由所在工区、工厂（单位）调解处理，所在工区、工厂（单位）解决不了的，由场司法办公室调解处理，职工群众之间的矛盾基本上化解在基层。2004年4月，司法办公室与民政办公室合并后建立民政司法办公室。至2004年，场、工区、工厂（单位）共调解处理各类矛盾和纠纷1561件，其中婚姻纠纷129件，财产纠纷266件，赡养、抚养纠纷193件，邻里矛盾纠纷296件，债务（赔偿）纠纷255件，暴力纠纷96件，其他纠纷326件。

第二节 法制宣传

60—70年代，法制宣传由场调解委员会负责。1981年起，农场的法制宣传由场宣传科和司法办公室共同负责组织实施，主要是结合中心工作，利用各种会议宣传的同时，采用有线广播、宣传橱窗、黑板报、印发宣传材料等形式，对干部职工进行法制教育，提高干部职工的法制意识。

1986—1990年，开展第一次全民普法教育，场成立普法教育领导小组，下设普法办公室，具体工作由普法办公室按计划组织实施。教育内容主要是学习"九法二例"，即《中华人民共和国宪法》《中华人民共和国刑法》《中华人民共和国刑事诉讼法》《中华人民共和国民法》《中华人民共和国民事诉讼法》《中华人民共和国兵役法》《中华人民共和国婚姻法》《中华人民共和国继承法》《中华人民共和国经济合同法》和《中华人民共和国治安管理处罚条例》《江苏省计划生育条例》。共举办培训班15期，培训骨干420余人，下发普法读本1.2万册，印发各种学习材料1.1万份。全场受教育面在85%以上。

1991—1995年，开展第二次全民普法教育。这次教育主要是根据农场实际，以与市场经济相关的法律法规为学习重点，组织机关干部和企业领导，着重学习《中华人民共和国企业法》《中华人民共和国经济合同法》《中华人民共和国工会法》《中华人民共和国劳动保护法》等14个专业法规与相关法律条文。共举办培训班11期，印发各种宣传材料1200份，下发普法读本900多册，全场1300多人参加学习，考核合格率为93.6%。

1996—2000年，开展第三次全民普法教育，其间，以实施依法治国方略为重点，按照"应受教育的成年人和学生一个不缺，外来外出人员一个不漏"的要求，全场共1.6万人参加学习，占有接受能力人员的98%以上。除学习《中华人民共和国宪法》《中华人民共和国治安管理处罚条例》等基本法律知识外，对不同行业、不同专业人员，还组织20余种专业法规。同时，结合农场实际，运用正反两方面典型进行教育。共举办培训班7期，下发普法教材1.6万份，开展咨询服务8次，广播宣传136次，组织知识竞赛3场次。

2001年后，进行第四次全民普法教育和"二五"依法治场工作，场部调整普法领导小组成员，由党委书记任组长，分管副场长任副组长。这次教育的重点是各级领导干部，要求工区级领导班子成员在实际工作中学法，用法，依法办事，维护法律的严肃性，依照法律妥善处理好国有企业转制后，场部与职工的利益矛盾。2003年8月，老职工为争取待遇在场部静坐，场部在逐级向上反映情况的基础上，依照有关法律规定，积极做好宣传解释工作，在外部环境，尤其是周边的政策环境与国有农场反差较大的情况下，妥善处理好群体事件，化解矛盾，确保农场安定。

第三节 法律服务

1987年7月，成立法律服务所，司法办公室与法律服务所合并办公，一套班子，两块牌子，共配有工作人员3人，负责农场范围内的民事调解和法律服务工作，为农业工区和工厂（单位）及职工群众提供法律咨询、代写法律文书、代理民事诉讼、办理委托公证（含房产买卖公证、离婚协议公证、承包合同公证、收养公证、遗嘱公证等），同时受聘担任工厂企业的法律顾问，协助规范企业经济合同，参与企业经济纠纷调解，帮助企业催收呆滞应收款。

1989年5月，实行注册律师的司法制度，经考试考核，法律服务所工作人员中有1人取得律师资格证书。1999年4月，法律服务所与场部脱钩，实行自收自支，自负盈亏，成为具有法人资格的独立核算单位。2002年3月，撤销法律服务所，农场的法律服务业务归口到乐余法律服务中心。至此，共调解达成非诉讼协议案件1137件，平均每年近76件。通过司法途径形成诉讼的案件154件，平均每年十余件。

第三章 武 装

第一节 机 构

1960年1月，农场设立人民武装部（简称人武部），人武部部长由机关干部兼任。1962年2月，人武部配专职部长和干事各1人。1963年，人武部与人保科合并。1968年3月，成立农场人武部生产办公室，临时取代农场管理委员会的职能。7月，农场革命委员会成立后，人武部恢复原职能。1998年8月，人武部合并到党务办公室。2002年4月，随党务办公室一起合并归口称党群办公室。

农场人武部是主管全场征兵和民兵预备役管理工作的职能机构。其主要工作职责是在党委领导下，认真贯彻执行上级关于人民武装工作的方针、政策、命令和指示，做好人民武装工作。搞好兵役登记，落实预征对象，确保兵源质量，完成征兵任务。常年抓好民兵的思想建设，开展战备形势教育，增强国防观念。重点抓好一年一度的民兵整组，完成民兵的军事训练任务，实现民兵工作"三落实"（组织落实、政治落实、军事落实）。同时，协同做好拥军优属工作和复员、退伍军人的安置安排工作，协助做好社会治安等工作。1978年，场人武部部长方姚胤参加江苏省民兵先进工作代表大会。1978—1983年，场人武部连续6年被评为苏州地区民兵工作先进单位。

1960年1月—2005年3月农场人武部负责人变动一览表

表12-3-1

时　　间	部　　长	副部长
1960年1月—1961年5月	周锦芳	—
1961年6月—1962年1月	赵志刚	—
1962年2月—1971年10月	方姚胤	—
1971年11月—1981年12月	方姚胤	卞祖良
1981年12月—1983年3月	卞祖良	—
1983年4月—1984年4月	—	卞祖德
1984年4月—1984年12月	卞祖德	—
1984年12月—1996年10月	—	瞿　伟
1996年10月—1997年4月	瞿　伟	—
1997年4月—1999年4月	瞿　伟（兼任民政科科长）	—
1999年4月—2002年4月	瞿　伟（兼任党务办公室副主任）	—
2002年4月—2005年3月	瞿　伟（兼任党群办公室副主任）	—

第二节　民　兵

一、民兵组织

1964年，在民兵整组工作中，成立常阴沙农场普通民兵团，人员由18~35周岁的男性职工组成，人武部部长任团长，场党委书记兼任政治委员。各农业工区和工厂（单位）相继建立普通民兵营，民兵营营长一般在复员退伍军人中选拔担任（属群团干部性质），教导员则由所在工区、工厂（单位）的党支部书记兼任。

1973年春，场部成立基干（武装）民兵营，人员由18~25周岁的男性职工和18~23周岁的女性职工组成，共241人。下设机枪连、机炮连和步兵连，配有各种武器109件。由人武部部长任民兵营营长，场党委书记兼任民兵营教导员。各农业工区和工厂（单位）相继成立基干（武装）民兵连，由普通民兵营营长和所在工区、工厂（单位）的党支部书记分别担任连长和政治指导员。

1981年10月，对民兵组织进行调整，撤销普通民兵团建制，保留武装民兵营，下设3个连、9个排，共250人左右。简化了民兵组织层次，减少了民兵数量。

1986年春，在贯彻中央“减少数量、提高质量、突出重点、打好基础”的民兵工作十六字方针过程中，撤销武装民兵，在基干民兵中建立技术应急分队，做到重点突出、可靠管用。

1973—2004年常阴沙农场民兵组织一览表

表12-3-2

年份	建制（个）			民兵总数（人）	其中			排以上干部
	营	连	排		普通	基干	其中：武装	
1973	5	20	186	6172	3972	2200	241	485
1974	4	20	169	5768	3566	2202	269	497
1975	5	20	185	7340	3825	3515	284	566
1976	7	20	198	6652	3890	2762	277	640
1977	7	21	202	6982	4418	2564	236	620
1978	8	22	203	6783	3955	2828	338	701
1979	7	22	248	6389	3641	2748	410	579
1980	7	22	185	5686	3175	2511	406	445
1981	1	3	9	4857	3064	1543	250	19
1982	1	3	9	4051	2926	1125	238	19
1983	1	3	9	3980	2857	947	246	19
1984	1	3	9	3681	2734	865	264	19
1985	1	3	9	2646	2023	623	—	19
1986	1	3	9	2531	1986	545	—	19
1987	1	3	9	2274	1862	412	—	19
1988	1	3	9	2079	1755	324	—	19
1989	1	3	9	2004	1692	312	—	19
1990	1	3	9	1822	1522	300	—	19
1991	1	3	9	1711	1413	298	—	19
1992	1	3	9	1619	1334	285	—	19
1993	1	3	9	1522	1246	276	—	19
1994	1	3	9	1413	1129	284	—	19
1995	1	3	9	1349	1075	274	—	19
1996	1	3	9	1226	962	264	—	19

续表12-3-2

年份	建制(个)			民兵总数(人)	其中			排以上干部
	营	连	排		普通	基干	其中:武装	
1997	1	3	9	1093	845	248	—	19
1998	1	3	9	1012	766	246	—	19
1999	1	3	9	882	642	240	—	19
2000	1	3	9	819	583	236	—	19
2001	1	3	9	724	492	232	—	19
2002	1	3	9	546	326	220	—	19
2003	1	3	9	327	225	102	—	19
2004	1	3	9	262	164	98	—	19

二、武器装备

1962年,农场人武部配有枪支30支。1964年,沙洲县人武部配发给农场人武部枪支14支。1969年,武器装备开始换装,原有装备全部上交,重新配发枪支35支,以后逐年增加装备。各类装备共计175件。

1973年武装民兵营成立后,配有各类武器109件。

"文化大革命"期间,在苏州地区基层人武部中,农场为武器装备数量与类型最多的单位,并因未丢失一枪一弹而多次受到苏州市军分区表彰。

1984年,各类武器全部上交沙洲县人武部。

三、军事训练

1962年开始,按照"农闲多训,大忙不训"的原则,每年利用春季农闲,集中10~15天时间,由农场人武部组织基干民兵进行军事训练。

1973年,基干(武装)民兵营成立后,武器装备有所调整,在配备相应武器装备的基础上,增加了比较复杂课目的训练。

1976年,基干(武装)民兵营组织在十三工区堤岸外滩地进行实战演习。沙洲县人武部组织各公社人武部干部,农场组织机关干部,各工区、工厂单位负责人,以及中小学师生到现场观看、观摩。

1978年,在沙洲县人武部组织的全县民兵紧急集合演练比赛中,农场基干(武装)民兵营以半小时安全快速到达指定战斗位置的成绩,获得第一名。

1979年,农场基干(武装)民兵营参加苏州军分区组织的民兵基本功比赛,一工区民兵连获集体三等功。

1980年,在沙洲县人武部组织的武器操作及蒙眼分解与结合武器比赛会上,良种站女民兵班获得第一名。

1985年,以"突出重点、打好基础"的民兵训练方针为指导,改革训练内容和方式。由沙洲县人武部新成立的训练大队统一组织实施,分片设点,依托农场滩地,开展民兵军事训练,逐步使民兵军事训练走上正规化和制度化的轨道。

1995年后,民兵的军事训练开始集中到张家港市民兵训练基地,由市人武部确定课目和时间,统一组织。训练对象以专业民兵应急分队为主,分期实施,每期10天左右。

第三节　兵　役

1954年9月，国家首次征集义务兵，以补充部队兵员退伍后兵源缺额，时称补充兵。

1955年7月，中央人民政府、国务院颁布《中华人民共和国兵役法》，志愿兵役制改为义务兵役制，规定凡年满18~22周岁的中国公民，不分民族、种族、职业、家庭出身、宗教信仰和教育程度，都有服兵役的义务。凡应征对象，每年在9月30日前，到户口所在地的兵役机关登记。每年征集的时间、范围、人数按上级人民武装机关下达的征兵命令执行。

1959年前，境内的征兵任务由上级武装机关按照地域位置，下达到所在乡、公社，并由所在乡、公社统一组织实施。1960年开始，农场独立完成当地县级政府下达的义务兵征集任务。此后至2004年，每年的征兵工作，场以人武部为主，由宣传、民政、公安等部门组成征兵领导小组，建立办公室，通过组织准备、宣传发动、组织体检、政治审核、确定兵员、当地县级人民武装部发送入伍通知书6个阶段，做好年度征兵工作。

老兵复员、退伍后，由农场进行自我消化，自行安排。

第四节　驻　军

1978年7月，南京军区空军某部因战备需要，经与农场签订协议并报请江苏省革命委员会批准，进驻常阴沙（东方红）农场。

部队进驻农场后，先后与水产养殖场、纺织机械厂、邮电局、农场中学、二十一工区、十六工区、沙洲县畜牧场及兆丰文化站等单位建立挂钩联系制度，开展军民共建两个文明活动。部队卫生员每年为驻地附近的农场职工巡诊看病近200人次。每逢元旦、春节、“八一”建军节和国庆节，县（市）、场、工区领导均去部队走访慰问，共商“共建”大事。

1980年，由农场出资，建造长5300米、宽4米的砂石路，并将该路段命名为拥军路。

1983年，部队专门为沙洲县人民武装部培训报务员8人。是年开始，在每年9月新生入学初期，部队均派员到农场中学进行军训（1987年后停止）。

1988年7月，根据部队提出的要求，农场党委为随军家属的工作安排和小孩读书问题专门研究并形成决议，凡驻场部队随军家属的工作安置及小孩的读书问题均由常阴沙农场进行协调和安排。至1997年，常阴沙农场共协调安排随军家属6人到农场医院和常阴沙供销社工作，随军小孩农场场部统一安排到农场中学和中心小学读书。

第五节　消　防

60—70年代，全场消防工作由保卫科负责协调，场部配备有5.18千瓦消防汽油机1台及相关工具和器材，承担场内火灾事故的扑救任务。各农业工区和工厂单位建有8~10人的业余消防队，配有常用灭火器材，轧花厂则配有专用消防器材。

1979年秋，场部购置解放牌消防车1辆和18.5千瓦手抬汽油泵2台，配有水带、接箱、泡沫、干粉灭火剂等专用工具。1980年5月，在轧花剥绒厂建立专业消防队，配专职消防队员12人，受沙洲县消防中队和农场保卫科双重领导，属场内副连级编制。主要负责农场和周边乡镇及县属单位的消防工作。1984年11月，消防队改属场安全生产管理部门领导。1985年10月，消防队从轧花剥绒厂搬迁至油厂。90年代开始，消防工作贯彻“预防为主，防消结合”的方针，加强防火宣传，落实防消措施。1992年秋，在纺织机械厂举办首届消防运动会后，每年在11月利用“119”消防宣传月之际，举办1次消防运动会。1993年秋,消防队再次搬迁至通运北路,并改由工业科领导。2004年4月,归属派出所领导,7月,搬迁至派出所内,11月,撤销建制,原12名消防队员改为派出所联防队员,消防运动会停止举办。原有器材和专用工具全部划归乐余消防中队。至此,农场的消防工作由乐余消防中队负责,派出所配消防协管员1人。

附:农场重大火灾辑录

1977年3月10日晚,七工区服装厂因电熨斗用后未切断电源,引起火灾,并殃及隔壁代销店,直接经济损失2600多元。

1978年4月8日11时50分,五金电器厂铸件车间在作业中因火星大量溅出飞至草盖的屋面而引起火灾,直接经济损失4900余元。

1979年6月13日,四工区麦场因竹竿碰击高压电线而引起火灾,烧毁房屋20间、杂树30多立方米、麦草300余亩及配电间和农药仓库,直接经济损失3万余元。

1980年11月27日8时30分,综合厂铁业车间工人违反操作规程,引起仓库内松香、汽油起火,3人受伤。

1985年2月2日,农场繁殖场孵坊因用电不慎引起火灾,直接经济损失1万余元。

1986年8月21日下午4时,一工区一职工家中因小孩在家烧晚饭时,不小心将火星爆落草堆中而引起火灾,烧毁住房12间及部分家具。

1990年10月28日凌晨2时,轧花厂长江收棉站因管理不善引起棉花着火,大火经两个小时扑救后逐步熄灭,造成直接经济损失10万余元。

第十三编 教育 科技

第一章 教 育

第二章 科 技

40年代，境内办有1所私塾。50年代，东长沙、建设圩、合作头圩、合作二圩、合作三圩等由当地政府主持，以民校、夜校、冬学等形式，先后进行业余扫盲教育。1951年，民新村干部在东长沙开办民办小学1所。1955年下半年，东迁户带队干部在合作头圩堤岸南坡（今北中心河东侧），即合作二圩地段建民办小学1所。1959年10月，常阴沙农场恢复扩建后，先后在各个新圩内创办初级小学。至1967年，全场有小学13所。与此同时，还先后办有农业中学和民办中学。1968年9月，建立普通中学。至此，农场的教育开始形成规模。至1979年，全场共有小学20所、中学4所（其中完全中学1所）。此后，逐步对学校布局进行调整，先后撤并了部分学校。2001年，学校从农垦剥离初期，全场共有幼儿园1所、小学5所、中学1所。是年7月，在农场中学高中部停办的基础上，撤销农场中学、农场中心小学以及设立在各片区的学校，合并建立九年一贯制学校1所。

农场的科技工作主要体现在农业生产领域。50年代初农场初创时，科技工作开始起步。1955年，农场（时称常熟县第一农场）设立种子复壮组，正式开始对稻麦棉种子的研究与调查。60年代后，以良种培育、栽培技术研究与应用为核心的农业科技工作得到发展。先后提纯、研究和培育出东方红系列稻麦良种、苏棉一号棉花品种。麦茬机械水直播稻高产栽培配套技术的研究成果改变了农村传统的“面朝黄土背朝天，弯腰曲背几千年”的水稻人工种植和移栽方式，解放了农村生产力。麦棉瓜套间作技术的应用，增加了农田复种指数，提高了农业生产的综合效益。到2005年3月撤销农场建制时，常阴沙农场先后承担数十项农业科研项目的课题研究，其中有11项科研成果获得部、省级奖励。

第一章　教　育

第一节　教育管理机构

1959年前，境内学校的教学业务属兆丰公社中心辅导组。1960年9月，场部配文教助理1人，负责全场的学校教育、业余教育及文化体育活动的组织实施和管理。同时，在常阴沙农场中心小学建立中心辅导组，负责全场小学教学业务的辅导工作。

1968年7月，教育工作由农场革命委员会政工组负责，内设专职文教干部1人，并在各中、小学建立教育革命领导小组。1969年9月，贫下中农代表进驻学校，参与学校的领导和管理。1971年春，贫下中农代表撤离学校。

1974年4月，场部正式成立文教组，附设于政工科内。1983年3月，划入场部办公室。1984年8月，文教组从场部办公室划出，单独成立教卫科，负责全场教育、卫生工作的领导和管理。学校的具体工作每学期由教卫科制订工作计划后，召开各中、小学校长会议布置，各学校具体组织实施。

1997年3月，教卫科与场科协合并，改称科教办，负责全场科技、教育、卫生等管理工作。

2001年1月，农场的教育管理机构撤销。

第二节　学前教育

一、沿革

建场初期，职工子女的学前教育均在自己家中进行。1964年秋，场部机关和六工区分别在场部中心小学和六工区小学各办1个幼儿班，在班幼儿分别有35人和28人，各班设保育、幼教人员各1人。

1965年后，各工区（大队）生产小队相继办托儿所，集中抚育1~4岁的幼儿。同时开办幼儿班，对4~6岁的学龄前儿童进行启蒙教育，托儿所保育员和幼儿班教师大部分由苏州知青担任。1968年下半年，六工区首先尝试将幼儿班扩办为幼儿园，并根据学龄前儿童的年龄，开设大班、中班和小班。至此，全场15个农业工区（大队）共办有托儿所168所和幼儿班14个，1~4岁幼儿入托率为80%，4~6岁学龄前儿童的入园率为100%。全场实行幼儿免费教育，幼儿教师属以工代教人员，由场部按场内同等劳动力的平均水平发放工资。同时，农业工区（大队）的所有生产小队均办起托儿所，全场有托儿所141所。1~4岁幼儿的入托率达到100%。

70年代后，计划生育工作得到重视，人口出生率明显下降。场部按照幼儿教育就近的原则，采取相邻工区合办幼儿园和小学附设幼儿班的方法，对幼儿园布局逐步调整。至1985年，全场23个农业工区的幼儿园调整为15所，年级23个班，有教师29人、在园幼儿616人。同时，对托儿所进行调整和合并，全场托儿所从168所合并为92所。

1986年9月，原红旗片区各工区的幼儿园撤并到新建成的中心幼儿园。此后，逐步将下设在其他片区各工区的幼儿园向片区小学的附设幼儿园归并。至1990年，全场除中心幼儿园外，另有跃进、长江、长沙等片区4所幼儿园，共开设23个班，入园幼儿511人，学龄前儿童入园率为98.5%，幼儿教师32人，工友4人。

2001年8月，撤销跃进、长江、长沙三个片区的幼儿园，全部归并到中心幼儿园。全场学龄前儿童的入园率为100%。

2004年4月，农场属地管理后，农场中心幼儿园更名为张家港市常阴沙幼儿园。

1972—2004年常阴沙农场幼儿园基本情况表

表13-1-1

年　份	幼儿园数(所)	幼儿班数(个)	入园幼儿数(人)	幼儿教师数(人)
1972	19	22	869	25
1973	19	20	900	22
1974	19	20	868	22
1975	19	20	831	22
1976	20	26	981	31
1977	20	24	749	32
1978	20	21	771	21
1979	16	20	821	23
1980	16	23	886	23
1981	16	23	804	23
1982	16	23	740	23
1983	16	27	557	27
1984	16	27	685	27
1985	15	23	616	29
1986	15	18	589	29
1987	14	18	575	28
1988	14	20	550	28
1989	14	21	541	29
1990	4	23	511	32
1991	4	24	582	29
1992	4	26	621	31
1993	4	23	670	35
1994	4	20	610	29
1995	4	19	614	26
1996	4	17	534	26
1997	4	17	595	26
1998	4	17	591	27
1999	4	15	521	23
2000	4	12	410	25
2001	1	10	323	25
2002	1	9	329	21
2003	1	9	342	23
2004	1	9	394	22

二、常阴沙幼儿园简介

常阴沙幼儿园原名为江苏省国营常阴沙农场中心幼儿园（简称农场中心幼儿园），创办于1986年春，同年8月建成使用。场中心幼儿园占地5200平方米，其中活动场地2000平方米；建筑面积1349平方米，其中教学用房895多平方米，生活用房454平方米。共开设5个幼儿班，其中大班1个，中班2个，小班2个。入园幼儿272人，幼儿教师6人，职工2人。至1995年，场中心幼儿园建筑面积增加到1957平方米，其中教学用房增加到1251平方米。

1998年，场部决定投资120万元，在红旗东路74号易地新建中心幼儿园，2000年9月建成使用。新建成的中心幼儿园占地面积6351.65平方米，建筑面积2764.35平方米，绿化面积为2746平方米。配有电化教育设施和多功能活动场所，有供幼儿自主活动的专用活动室，每个幼儿班配有一定数量的现代化教育器具。共有幼儿班级10个，其中大班3个，中班4个，小班3个，在园幼儿323人，有幼儿教师18人、工友5人。2001年暑期，撤销各片区幼儿园，归并到场中心幼儿园，在园幼儿增加到383人。幼儿园配有幼儿接送专车，早晚定点、定时接送。2004年4月，农场中心幼儿园更名为常阴沙幼儿园。设大中小“三轨制”9个班，在园幼儿350人，教职员工31人，其中教师22人。

第三节　小学教育

一、沿革

40年代，东长沙有百十来户人家。1947年，刘志高、施广诺在东长沙合办一所私塾，校址设在刘志高家中，学生20多人，教师薪酬由学生的学费支付。这所学校没有校名，也没有上报备案，直到1949年大水灾后停办。

1951年，民新村干部利用原民孚围垦公司的2间仓库作教室，开办民办小学1所，招收学生20多人，由袁培文单班独教。1953年，经沙洲区公所批准，民办小学发展到4个年级，开设一、三复式和二、四复式两个班级，定校名为长沙小学。

1955年9月，东迁户带队干部在合作二圩借用东迁户房屋开办民办小学1所。这所小学于1956年8月定名为联珠小学，10月，转为公办小学。

1958年3月，境内属兆丰外沙片地区，已办有6所小学，27个班级，即联珠小学、长沙小学、江滨小学（今一工区）、东方小学（今六工区）、生建小学（今一〇工区）、红旗小学（今十二工区），学生1160人，教师36人，教学业务均由兆丰中心小学辅导组负责。

1959年10月，农场恢复和扩建后，以上六所小学先后随“场带队”形式一起进入农场。时有班级21个，学生956人，教师29人。

1960年9月，常熟县文教局批准成立沙洲农场中心小学，负责全场小学的教学业务辅导，从而使全场小学正式脱离兆丰中心小学在教学业务上的领导和管理。学校性质也由原来的社会（政府）办学改为企业办学。

1963年9月，农场中心小学从合作二圩原联珠小学校址迁移到场部对面（今红旗中路南侧的农贸市场内），新建砖瓦结构的校舍24间，开设12个班级。是年底，全场有小学10所，班级35个，在校学生1310人，教师39人。

1969年暑期，在贯彻小学教育大队办的方针过程中，为照顾学生就近入学，在良种站设立小学1所。至此，全场17个农业工区（大队）均建有小学。1971年暑期，恢复中心小学。至1972年，全场有小学20所，班级84个，在校学生3111人，教师116人。

70年代中期后，随着人口出生率的逐步下降，场部对学校布局逐步调整，先后撤销分散在各工区

（大队）的小学14所。至1985年，全场小学从20所撤并到6所，班级从84个调整到42个，在校学生1838人，教师89人。

2001年1月，经江苏省人民政府批准，农场的教育事业开始逐步从农垦剥离，划归张家港市。是年7月，市教育局决定，撤销农场中学、农场中心小学以及设立在各片区的所有学校建制，合并建立九年一贯制学校，定名为张家港市常阴沙学校，为张家港市教育局直属学校。2002年3月，市教育局投资200万元，在原农场中学校园东侧新建能容纳24个班级的小学教育楼1幢。9月，实施小学搬迁。2004年末，常阴沙学校共有学生1876人，在职教师112人。

常阴沙农场各小学负责人变动一览表

表13-1-2

校　名	校　址	创办年份	负责人姓名（按任职先后排列）	撤并情况
江滨小学	一工区	1956	唐一明*、张士明、张才能、张惠贤、徐学齐、杨志德	1979年并入跃进小学
跃进小学	二工区	1959	沈岳林*、袁国良、赵中明、顾关金、李照明、杨志德	2001年并入常阴沙学校
三工区小学	三工区	1965	朱松石*、顾关金、何炳奎、钱凤鸣、史惠忠、李范得	1973年并入长江圩小学
四工区小学	四工区	1961	王美兰*、陶云照、季永祥	1972年并入长江圩小学
五工区小学	五工区	1961	王志英*、王德能、沙志芬、万华山、司汉清、姜炳荣、袁冠生	1984年并入中心小学
东方小学	六工区	1958	虞学明*、尹文祥、施兰芬、万华山、袁冠生	1979年并入中心小学
七工区小学	七工区	1961	袁培芬*、李完林、朱秀翔、李士泉、陆万里、钱凤鸣、蔡祖斌	1983年并入长沙小学
八工区小学	八工区	1961	顾学文*	1980年并入长沙小学
长沙小学	九工区	1951	袁培文*、张锡祥、尹文华、徐贤维、高志法、李娴、汪中清、朱秀翔、顾学文、陆朝臣、陆振华	2001年并入常阴沙学校
生建小学	一〇工区	1958	施耀清*、何炳奎	1973年并入中心小学
十一队小学	十一工区	1965	顾学文*、金文达	1980年并入长沙小学
红旗小学	十二工区	1958	赵国柱*、戴维良、李范德、邵振发、李新民	1981年并入中心小学
长江圩小学	十三工区	1968	耿士英*、朱秀翔、邵振发、钱凤鸣、袁冠生、王晓青	2001年并入常阴沙学校
青年圩小学	十四工区	1969	陈琴*、许正和、邵振发、李范德、顾关金、周洪明	2001年并入常阴沙学校
三五圩小学	十五工区	1967	施元德*、袁培芳、周洪明	1974年并入青年圩小学
十六队小学	十六工区	1969	顾关金*	1992年并入青年圩小学
十七队小学	十七工区	1971	陆万里*、宋志德	1977年并入长沙小学
四五圩小学	十八工区	1978	李范德*	1981年并入十六队小学
良种站小学	良种站	1969	吴官生*、邵振发	1974年并入中心小学
联珠小学	良种站	1955	魏雪荣*、朱正华、汤毓升	1960年改为中心小学

说明：姓名右方加"*"者为创办时负责人，中心小学负责人名单列入党政群团编

1960—2000年常阴沙农场小学基本情况表（选年）

表13-1-3

年　份	学校数（所）	班级数（个）	学生数（人）	毕业生数（人）	教师数（人）	其　中	
						国家教师（人）	以工代教（人）
1961	10	34	1337	94	43	—	—
1963	10	35	1310	96	39	3	—
1965	10	35	1450	85	44	—	—
1972	20	84	3111	436	116	11	105
1976	14	77	3332	629	106	10	96
1978	14	79	3382	588	117	16	101
1981	8	66	2756	538	107	14	93
1983	7	55	2196	725	105	13	92
1985	6	42	1838	246	89	88	1
1987	6	42	1790	274	97	90	7
1989	6	44	1557	302	93	88	5
1991	6	42	1487	272	92	84	8
1993	5	36	1338	314	69	64	5
1995	5	36	1382	245	81	73	8
1997	5	39	1596	268	82	74	8
1999	5	39	1585	223	70	64	6
2000	5	38	1526	211	69	63	6

二、学制与课程设置

40年代的东长沙私塾，学生不分年龄大小，复合在一起，由先生一对一地单个独教，用注入式的教育方法，主要背诵百家姓、三字经、千字文、四书、五经，并有书法、珠算等课程。

50年代的小学，根据年龄大小和原来的文化基础，开始分设年级，分班教学。课程有语文、算术、音乐、美术、珠算、体育等。教学课本由教师统一到区文教股预订购买。

1958年起，学校劳动课增多。1964年，在收缩小学教育事业的过程中，发展耕读教育。同年，教育部颁发《全日制中小学暂行工作条例草案》（即教育40条），加强学生思想品德教育，强化文化基础教育，学校的教学工作走上正轨。

“文化大革命”初期，摒弃了传统课堂教学内容和方法，语文政治课主要是教学生背诵毛主席语录和诗词，作文以大批判文章为主，音乐课程则以唱语录歌和样板戏为主。1968年，小学主要有政治、语文、算术和常识4门课程，教材统一采用苏州地区编印的试用教材。在授课方法上，采取走出去（到工厂学工，到农村学农）的办法，实行开门教育。贫下中农讲师团进驻学校登台讲课，并建立教育革命领导小组，文化考试由闭卷改为开卷，学生升学必须经贫下中农推荐。1969年下半年，在“学制要缩短”“学校办到家门口”的口号中，农场中心小学被撤销，学生回队上学，教师回队任教，学制由原来的六年改为五年。小学语文增加汉语拼音教育，算术推行南丰的“三算”（口算、笔算、珠算）结合教育法，教材选用江苏省统一编印的试用教材。

1978年，在贯彻落实《全日制小学暂行工作条例》和《小学生守则》过程中，恢复学校各项管理制度，教育秩序逐步走上正轨。1980年，全场学龄儿童的入学率达到100%，巩固率99%，合格率97%，普及率100%。课程设置有语文、算术、思想品德、自然、音乐、图画等。教师开始注重教学研究活动，并开设教师的模拟示范课程。1983年秋，实施新颁布的六年制小学教育计划。

1991年，《中华人民共和国义务教育法》颁布施行。10月，经江苏省农垦总公司验收，全场各小学全部通过“九年制义务教育达标单位”考核验收。课程有语文、算术、思想品德、音乐、体育、美术、自然等。

1996年起，小学教育由应试教育向素质教育转轨，全面推行素质教育。1997年，小学五年级、六年级增设英语课。2000年，小学一至六年级全部增设英语课程。

三、学校选介

常阴沙农场中心小学　前身为联珠小学。1955年下半年，应部分东迁户的要求，带队干部牵头在合作二圩借用东迁户施学明住房办一所民办小学，聘请魏雪荣任教师。设1个班级，招收学生22人。是年冬，南丰区文教股资助300元，在合作二圩大流漕东侧，合作头圩堤岸南坡向阳处建造草木结构的房屋5间作为校舍。1956年春，小学从施学明家中搬入新校舍。暑期，兆丰东兴小学并入该校，常熟县文教局将该校正式命名为联珠小学。采取以生养师、民办公助的办法，共开设3个复式班，6个年级，学生205人，教师4人。10月，常熟县文教局正式批准联珠小学转为公办小学。1957年，校舍增加到11间，学生300多人，开设5个班级，教师7人。1958年，学校开始配备简易双人课桌并添置一些教学用具。

1960年9月，常熟县文教局批准成立农场中心小学，并将联珠小学改名为沙洲农场中心小学，负责全场小学的教学业务辅导。1961年9月，学校更名为江苏省国营常阴沙农场中心小学。1962年，生建小学并入中心小学。此时，学校有校舍15间，7个班级，其中5个公办班，2个民办班，学生350人，教师9人。1963年9月，中心小学搬迁至红旗镇东市梢，新建校舍24间，开设12个班级，教师增加到19人。1968年7月，中心小学再次更名为沙洲东方红农场中心小学。1969年下半年，中心小学分别迁址到一〇工区和良种站。1971年，中心小学重新迁回到原址。1981年，中心小学恢复名称为江苏省国营常阴沙农场中心小学，并易地新建，搬迁到现红旗东路与人民路交叉处的东南侧。新建的中心小学占地3000平方米，建有砖瓦结构的校舍46间，共开设12个班，学生660多人，教职工32人。原中心小学校舍则转让给江苏农垦外语训练班。1983年起，中心小学的入学率、巩固率、普及率、升学率均达100%，并获沙洲县普及初等教育四等奖。1985年，学校被中华人民共和国农牧渔业部授予“教育系统先进集体”称号。1991年11月，学校通过江苏省九年义务教育达标验收。1994年9月，学校获全国第七届小学生作文比赛组织奖。

2001年7月，撤销中心小学建制，与原农场中学等合并组建九年一贯制学校——张家港市常阴沙学校。2002年3月，由张家港市教育局投资，在原农场中学校园内新建可容纳24个班级的小学教育楼1幢，建筑面积3000多平方米。9月，实施小学搬迁。

常阴沙农场长沙小学　1947年，刘志高、施广诺在东长沙联合办私塾，塾址设在刘志高家中，学生20多人，以千字文、百家姓、三字经、四书、五经等传统教材为施教内容，这所学校没有校名，也没有上报备案。私塾于1949年大水灾后停办。

1951年，民新村（东长沙）干部利用原民孚围垦公司的两间仓库草屋作为教室，重新办起一所民办学校，招收20多名学生，由1名教师单班独教。1953年，民新村干部联席会议决定扩充1个班级，添置必要的教学设备，选拔村民校的2名群众教师任该校的教师，经上报沙洲区公所批准后，正式定校名为长沙小学。此时，长沙小学有“一、三”和“二、四”两个复式班，学生70多人。1954年，民新村为学校购置了30多张双人课桌和20多条长凳。至1958年，长沙小学共有4个班级，学生150多人，教师5人。1959年10月，农场恢复扩建后，长沙小学发展较快，办成了一所以农场长沙片区为施教范围的完全小学。2001年9月，归并到张家港市常阴沙学校。

第四节　普通中学教育

一、沿革

1962年7月，场部按照建办农业中学的形式，在今农贸市场处试办中学一所。1964年7月，沙洲县人民政府批准该校为全日制民办初中，教育经费采取以生养师、场部补贴的办法。是年招收新生60人，新添1个初一班，选拔几位苏州知青充实到教师队伍。

1965年，该校首届毕业生36人，其中9人考取高中或师范学校，1人被国家挑选为飞行员。9月，一个班迁至青年圩读初三，同时又招收1个初一班。

1968年9月，创办普通中学（初中），定名为东方红农场中学（简称农场中学或场部中学）。招收2个初中班，100多名学生，4名教师。是年12月3日，沙洲县政工组批文，同意农场开办普通中学。1968年12月，顾万民从乐余中学调入农场，负责创办高中，把在乐余中学就读的农场籍高中学生近30人转入农场，同时招收农场、东沙及兆丰临近地区尚未入学的1966年、1967年、1968年三届初中毕业生20多人，合并开设2个高中班。1966年、1967年两届初中毕业生21人编入一个班，1968年初中毕业生36人编入一个班。1969年春，分别在二工区跃进小学、九工区长沙小学校区内同时建立初级中学。秋，在十三工区长江圩小学校区内建立初级中学。至年末，全场有普通中学4所，其中完全中学1所。开办12个班级，在校学生630多人，教职工28人。

1973年暑期，撤销长江圩初中，师生就近分流到场部中学和跃进中学。1974年8月，在十五工区开设小学戴帽初中，招收1个初一班。1975年暑期，在原十四工区的青年小学校区内创办初级中学，定名为东方红农场长江中学。首批学生由十五工区小学的戴帽初中班迁入。1976年9月，长江中学招收两个高中班，成为完全中学。同年，正式定场部中学为农场第一中学，跃进中学为农场第二中学，九工区中学为农场第三中学，十四工区中学为农场第四中学，并在十一工区小学开设1个戴帽初中班。1978年2月和9月，分两次撤销第四中学高中部，归并到场部中学。同时撤销十一工区戴帽初中，1个初中班归并到长沙中学。至此，全场有完全中学1所、初级中学3所，共有6个高中班、35个初中班，在校学生1890人，教职工101人，其中教师85人。

80年代后，逐步调整中学布局。分别于1983年、1989年、1991年撤销第二、第三和第四3所中学建制，学生和教师全部归并到农场中学。至1991年末，共有1所完全中学，22个班级，其中，高中班6个，初中班16个，在校学生1087人，教师75人（国家教师60人，以工代教人员15人）。1992年，经江苏省农垦总公司考核验收，常阴沙农场被评为九年制义务教育达标单位。

1995年，经江苏省农垦总公司批准，由农场自筹资金950万元，并吸纳部分社会资金（含职工捐助、学生赞助），在合作二圩东南部划出土地75亩（5万平方米），易地新建农场中学。1997年7月建成。9月，中学实施搬迁。共开设15个班级，在校学生719人，教师73人。

2001年1月，经江苏省人民政府批准，农场的教育事业从农垦剥离，划归张家港市。同年7月，全场中学、小学合并后重新组建为九年一贯制的张家港市常阴沙学校。2003年12月，在完成教育经费农场负担逐年递减、教育债务农场自行承担、学校资源从农场无偿划拨等相关移交手续后，农场的教育事业全部从农场脱离，结束了四十多年企业办学校的历史，农场的教育事业重新被列入政府办学的行列。

常阴沙农场各普通中学负责人变动一览表

表13-1-4

校名	校址	创办时间	负责人姓名	撤并情况
民办中学	一〇工区	1964年7月	陆志元*	1966年3月并入农校
农场中学	场部	1968年9月	顾万民*	2001年7月并入常阴沙学校
跃进中学	二工区	1969年3月	沈岳林*、司汉清、花桂芳、包玲凤	1983年9月并入农场中学
长沙中学	九工区	1969年3月	朱秀翔*、汪中清、朱廷凤、沈心石	1989年9月并入农场中学
长江中学	十三工区	1969年9月	花桂芳*、朱秀翔	1973年9月并入跃进中学
青年圩中学	十四工区	1975年8月	花桂芳*、沈心石	1991年9月并入农场中学
三五圩初中	十五工区	1974年9月	花桂芳*	1975年9月并入青年圩中学
十一队中学	十一工区	1976年9月	金文达*	1978年9月撤销

说明：右方加"*"者为创办时负责人，农场中学负责人名单列入党政群团编

1968—2000年常阴沙农场中学基本情况表

表13-1-5

年份	学校（所）	班级（个）	学生（人）	毕业生（人）	教师（人）	其中	
						国家教师	以工代教
1968	1	2	98	—	4	—	—
1969	4	12	630	136	28	—	—
1970	4	16	813	373	40	—	—
1971	4	20	1082	309	56	—	—
1972	4	23	1228	715	66	—	—
1973	4	24	1236	611	63	—	—
1974	4	22	1186	537	60	—	—
1975	4	27	1460	524	70	—	—
1976	5	24	1503	717	73	—	—
1977	5	28	1905	680	97	—	—
1978	4	35	1890	832	85	—	—
1979	4	30	1529	823	81	—	—
1980	4	30	1611	701	83	—	—
1981	4	31	1529	503	84	—	—
1982	4	32	1583	527	81	—	—
1983	3	32	1482	537	83	—	—
1984	3	29	1383	276	84	—	—
1985	3	26	1221	374	85	59	26

续表13-1-5

年　份	学校（所）	班级（个）	学生（人）	毕业生（人）	教师（人）	其　中	
						国家教师	以工代教
1986	3	21	978	354	85	58	27
1987	2	21	940	257	82	55	27
1988	2	21	896	295	64	52	12
1989	2	22	847	256	72	56	16
1990	2	22	1038	278	74	57	17
1991	2	22	1082	254	75	60	15
1992	1	23	1044	330	74	59	15
1993	1	21	1031	336	74	59	15
1994	1	19	928	302	74	58	16
1995	1	16	840	284	78	62	16
1996	1	15	751	209	79	63	16
1997	1	15	719	247	74	59	15
1998	1	15	635	200	72	72	—
1999	1	15	701	215	70	70	—
2000	1	15	701	203	72	72	—

二、学制与课程设置

1968年，农场开办普通中学（初中）时，学制为二年。学生的课程主要是学习毛主席著作和开展大批判。1969年春创办高中时，学制为二年。统一使用沙洲县自编教材，课程除常规的语文、政治、数学、物理、化学等文化课外，还有农业及农业机械常识，并附设生产劳动实践课等。政治课以阶级斗争、毛主席语录为主要内容。语文课本中除正常的文化知识外，还有较多篇幅为毛主席诗词及“二报一刊”（《人民日报》《解放军报》《红旗杂志》）社论。作文内容以写大批判文章、小评论和参加社会劳动的心得体会为主。数学课的内容主要是基础知识加上计算粮囤容积、肥堆沟渠土方等。物理主要是学习“三机一泵”（即脱粒机、电动机、拖拉机和水泵）知识。体育课主要搞队列训练。音乐以唱革命样板戏为主。在教学方法上，强调以社会为课堂，采取走出去（到工厂学工，到农村学农，到军队学军）、请进来（把工人、农民请到学校里来）的方法，由贫下中农宣传队走上讲台上课。考试采取开卷和闭卷相结合的方法。学生升学必须经贫下中农推荐。1970年秋，学校统一使用苏州地区统编教材，同时增设外语课程。1972年春，完成由秋季招生向春季招生的过渡，并使用江苏省统编教材，课程统一设置为政治、语文、数学、外语、物理、化学、农基、卫生、文艺、军体等，全年文化课36周，学工、学农6周，寒暑假8周。1974年秋，再次完成春季招生向秋季招生的过渡。

1976年秋，初、高中学生开始恢复升学考试制度。1978年秋，学校开始实施教育部颁发的《全日制十年制中小学计划（试行草案）》，使用全国统一编写的教材，中学学制五年，按初中三年、高中二年分设，并恢复“文化大革命”前的课程设置，有政治、语文、数学、外语、物理、化学、历史、地理、生物、农基、生理卫生、音乐、体育、美术等。1982年起，高中学制开始向三年制过渡。1984年秋季，执行沙洲县统一的中学教学计划。至2000年，初中课程有政治、语文、数学、英语、物理、化学、历史、地理、音乐、美术、体育、生物、生理卫生、时政、劳技等。高中课程有语文、政治、英语、数学、物理、化学、历史、地理、生物、体育和美术等。2001年7月，高中部停办，初中课程按原设置未变。

三、学校选介

常阴沙农场中学 创办于1968年9月，创办时名称为东方红农场中学，习惯上称农场中学或场部中学。学校原址与原中心小学同时位于合作三圩西北角。初创时，有2个初中班，近100名学生，4名教师。1969年2月，再招收一个初中班，同时开办两个高中班，共5个班级，学生250多人，教师20多人。

1970年，农场中学成立革命委员会，校革委会主任由农场革委会主任兼任。同年7月，农场中学首届高中生57人毕业，初中生80人毕业。

1973年暑期，长江圩中学并入农场中学。1978年2月和9月，第四中学的两个高中班先后并入农场中学。此时，农场中学共有18个班级，其中初中班10个，高中班8个，在校学生890人，教师47人。

1979年，场部投资建造农场中学教育楼1幢24间，建筑面积为940平方米。1983年，再建教育楼1幢22间，面积748平方米。至此，学校共有教育楼2幢，面积为1688平方米，学校总建筑面积为3843.4平方米。有化学、物理仪器室和实验室、图书室、乒乓室。

1983年，第二中学（跃进中学）并入农场中学，班级增加到18个，其中高中班6个，初中班12个，在校学生911人，教师74人。1989年和1992年暑期，第三中学（长沙中学）、第四中学（长江中学）并入农场中学，完成合并后有班级23个，其中高中班6个，初中班17个，在校学生1044人，教师74人。

1995年，在合作二圩东南部易地新建农场中学。1997年9月，学校搬入新址。2001年7月，农场中学最后一批高中三年级学生毕业后，高中班停办。2001年7月，撤销农场中学建制，与农场中心小学等合并组建为九年一贯制学校——张家港市常阴沙学校。

张家港市常阴沙学校 位于红旗东路79号。2001年7月，张家港市人民政府发文，将常阴沙农场中学、常阴沙农场中心小学、以及跃进小学、长沙小学、长江圩小学、青年圩小学6所学校合并组建一所九年一贯制学校。2002年3月，张家港市教育局投资200万元，在农场中学校园内新建能容纳24个班级的小学教育楼1幢。同年完成所有小学搬迁集中。

学校占地面积5万平方米，建筑面积1.17万平方米，有主体教育大楼3幢，分别是敏行楼1幢、励志楼1幢、贝尔科技综合实验大楼1幢。有800平方米可同时容纳1200人就餐的食堂和400米环形跑道的标准运动场。校内建有校园宽带网、通讯网、广播电视网、多媒体教室、计算机教室、电子阅览室等现代化设施。2004年末，学校共有38个教育班，其中小学部23个班，初中部15个班，在校学生1900多人。教职员工114人，其中专任教师107人。教师中，具有中高级职称的77人，占教职员工总数的67.5%，并有张家港市教坛新秀2人。

至2005年3月，常阴沙学校在苏州市级以上刊物发表教师论文46篇，92人次学生在苏州市级以上竞赛中获奖，其中，国家级奖项5人次、省级奖项12人次。小学升学率为100%，中学升学率为98%。中考全科合格率、重点高中录取率均超张家港市平均水平。2002年至2004年，学校年年被张家港市教育局评为先进集体。2004年，学校建成张家港市绿色学校、张家港市中学二级图书馆、江苏省三级档案室。同年，学校被评为张家港市文明单位。

第五节 中等职业教育

一、农业中学

1958年春，第一农场与兆丰公社合办半耕半读形式的农业中学，校址设在合作二圩（原一〇工区）内，并划给耕地100亩，建造草木结构的房屋20多间。学校办成后，招收学生250人，教职员工20多人。1960年，中央号召“大办农业、大办粮食”。凡16周岁以上的学生全部回队参加农业劳动。是年9月，农场单独建办沙洲农场农业中学（后改称为常阴沙农场农业中学）。分设2个初一班，有学生80多人，5名教师，行政上受农场直属队领导。学生半天学习，半天在直属队劳动。

1964年7月，经沙洲县政府批准，原半耕半读的农业中学改为全日制民办初级中学。1965年9月，重新改为半耕半读形式的农业中学，这时，农业中学共有3个班级，其中1个班迁至青年圩。1966年3月，农业中学并入常阴沙农场中等农业技术学校。

二、常阴沙农场中等农业技术学校

简称农校。1965年4月，江苏省农林厅决定在常阴沙农场开办半耕半读性质的中等农业技术学校一所。校址设在青年圩，共划拨耕地200亩。学校的领导干部由省农林厅直接任命，党政事务受农场党委和管委会领导，教学事务由省农林厅领导。招生对象原则上限于本场和附近省属农场及苗圃具有初、高中学历的职工、职工子弟，开设政治、语文、物理、化学、植物等课程，教材采用省编全日制初、高中教材，配教职员工21人。1966年3月，农校正式开学，共开设2个中专班，学生128人（苏州插场知青占80%）。2个初中班，学生92人。学生半天学习，半天劳动。学生除继续享受劳保福利待遇外，供给其伙食费和书籍簿本费，并酌发零用津贴（中技学生第一年每月发津贴费13元，以后每年增加1元，到第四年发16元。职工子女入学第一年每月发伙食费6元，第二年伙食全部供给，第三年伙食、书籍簿本全部供给，第四年酌情发零用津贴）。1968年7月，职工子女中的在校中技学生，每月发生活费8元。

学校开办后不久，受“文化大革命”的影响，教育工作未能按原计划正常进行。1968年7月，2个初中班毕业，毕业证书由常阴沙农场代发。毕业生全部回队参加劳动。同年10月，两个中专班迁至五七红校（良种站），师生分别下派到贫下中农家中，同吃同住同劳动。1969年5月，中专班毕业（毕业证书由农场代发）后，农校停办。1984年6月，常阴沙农场中等农业技术学校毕业生视同全日制中等专业技术学校毕业生，并由江苏省农垦总公司重新补发全省统一的中专毕业证书。

三、农场中学职业高中班

1987年9月，农场中学开办工业民用建筑职业高中班，招收应届初中毕业生27人。1989年7月，职高班毕业学生22人，大部分被农场建筑公司录用。

1994年9月，农场中学开办机电专业职高班，招收应届初中毕业生64人。1997年7月，毕业学生56人，除获职高毕业证书外，还通过张家港市劳动局统一考试合格而颁发的二级技工证书，全部被农场纺机厂和泵阀总厂等单位录用。

1998年9月，农场中学再次开办机电一体化专业职高班，招收学生33人，至2001年7月，完成学业毕业。这批学生为农场中学最后一届职业高中毕业学生。

第六节 成人教育

一、业余扫盲教育

50年代初期，境内的东长沙办起民校、夜校和冬校，由村里文化相对较高的农民义务担任民校、夜校和冬校老师。学习对象主要是基层干部和中、青年农民。在学习中国共产党和人民政府有关方针政策的基础上，念书识字，以识1500字为脱盲标准，要求会读、会写、会用。时间上采用白天与晚上相结合的办法，农闲多学，农忙少学。1952年后，扫盲教育在属地政府的领导下继续进行，配有专职扫盲干部，持续到60年代。

60年代初期，农场成立文化站，担负起对全场干部、职工的业余扫盲教育任务，场文教组配有一名扫盲干部，具体负责业余扫盲工作。各工区、工厂（单位）均分工一名干部主抓扫盲工作。确定扫盲对象，分工负责，包教包会，限期达标。1966—1972年，扫盲工作停顿。1973年，扫盲工作得到恢复。各工区普遍办起政治夜校以配合政治运动，形式是读报、读毛主席语录、谈学习心得和体会。

1982年至1986年，工厂（单位）开展职工突击扫盲，各单位相继成立扫盲工作班子，由文化程度较高的青年职工担任扫盲老师，通过排队摸底，列出对象，组织学习，经考试合格后，发给结业证书。凡扫盲对象学习不认真且考试不合格者，采取强硬措施，限期整改，逾期辞退。1992年后，扫盲工作成为场工会职教中心的常规性工作。

二、江苏函授大学农场辅导站

1964年4月，江苏函授大学在农场设立辅导站。农场党委在插场的苏州知识青年中为江苏函授大学选送学员252人，其中农学专业学员200人，畜牧专业学员52人，学制三年。具体的辅导授课由江苏函授大学派员实施。1966年6月“文化大革命”开始后，学员的学习被迫中断。后经补考毕业，于1984年5月补发毕业证书。

三、江苏农垦外语培训班

1980年9月，江苏省农垦局科教处委托常阴沙农场中学举办外语培训班，为全省农垦系统培养外语人才。外语培训班由农场中学副教导王兴涛主持，教师由农场中学外语教师担任。

外语培训班设在农场中学校园内，利用农场中学高中部搬迁后的空闲教室作为基地（高中部搬入新建的教育楼），占地3867平方米，有砖瓦结构的平房34间，建筑面积850平方米，内设教室、电视室、图书室、资料室、办公室、学员宿舍、食堂等，配有专职教师3人，职工3人。至1989年9月，外语培训班共开设8期，为江苏全省培养外语专业人员260人。其中，农垦系统内外语教师158人，出国技术人员和农业科技人员62人，三年制大专班学员28人，系统外外语教师12人。

四、常阴沙农场电大管理站

1998年3月，江苏电视大学农垦分校常阴沙农场管理站建立，管理站设在农场中学校园内，受江苏电视大学农垦分校领导和管理。

1999年9月，开设五年一贯制大专班1个，招收新生22人。均为江苏农垦系统内各农场的应届初中毕业生。2000年9月，常阴沙农场电大管理站并入张家港市广播电视大学。

第七节 教 师

一、队伍构成

1947年，东长沙建私塾，有教师2人，1949年停办后，教师回家务农。1951年，东长沙办起民办小学，有教师1人。1953年，增加到2人。1955年，联珠小学创办初期，聘用教师1人。1956年春，联珠小学扩大并搬迁后，有民办教师4人。10月，联珠小学转为公办学校时，2人转为公办教师。1958年，境内共有公办小学1所、民办小学5所，教师24人。除公办小学外，其他小学的教师均由东迁户集体推举，上报当地政府批准，并采取以生养师、民办公助的办法。

1959年10月，农场恢复扩建，至1960年9月，常熟县文教局批准成立沙洲农场中心小学时，全场共有教师29人。当时，除少数几人为国家教师外，其他教师均由农场职工或职工子女中一些文化程度相对较高者担任，属以工代教性质。1963年，全场有教师39人，其中以工代教人员31人。1964年起，逐步将苏州市插场知识青年和本场在外地读书后回场劳动的初、高中毕业生吸收进教师队伍。1968年9月，又先后将在农场参加劳动锻炼的大专院校毕业生分配和充实到教师队伍。至1974年，全场共有中、小学教师和幼儿教师188人。其中，国家教师32人，占教师总数的11%；以工代教人员156人，占89%。1978年起，52名知青教师逐渐离开农场。1983年7月，农场对以工代教人员进行文化考试、业务考核后，先后将年龄相对偏高、文化程度偏低、身体素质较差的9人调离教师队伍，并重新安排工作。

1984年6月，经考核、考评，将符合条件的119名以工代教人员转为国家教师。其中，中学教师35人，小学教师82人，幼儿教师2人。至此，全场有中、小学教师223人。其中，国家教师191人，占教师总数的85.6%；以工代教人员32人，占14.4%。具有大学本科以上学历的有9人，占教师总数的4.04%；大专学历的33人，占14.8%；具有中等专业和高中学历的106人，占47.53%；具有幼师和初中以下学历的75人，占33.63%。

1985年起，场部规定，以工代教人员必须通过自学、函授、进修、培训等途径，提高文化素质，吸收新教师，必须从大专院校毕业生中挑选充实。1998年4月，经江苏省人事厅批准，全场又有17名以工代教人员转为国家教师。其中中学教师15人，小学教师2人。是年底，全场有中、小学教师150人，其中，国家教师144人，占96%，以工代教人员6人，占4%。2000年末，全场有中、小学教师141人，其中，中学教师72人，小学教师69人。教师队伍中，国家教师135人，以工代教人员6人。2001年，132名国家教师的人事关系移交到张家港市教委。

1972—2001年常阴沙农场中、小学教师队伍构成情况表

表13-1-6 单位：人

年份	教职工总数	中学教师数			小学教师数		
		总数	国家（公办）	以工代教（民办）	总数	国家（公办）	以工代教（民办）
1972	182	66	—	—	116	11	105
1973	177	63	—	—	114	11	103
1974	166	60	—	—	106	10	96
1975	176	70	—	—	106	10	96
1976	179	73	—	—	106	10	96
1977	202	97	—	—	105	9	96
1978	218	101	—	—	117	16	101
1979	201	81	—	—	120	15	105
1980	191	83	—	—	108	13	95
1981	200	93	—	—	107	14	93
1982	216	109	—	—	107	13	94
1983	214	109	—	—	105	13	92
1984	196	100	—	—	96	95	1
1985	189	85	59	26	89	88	1
1986	176	85	58	27	91	86	5
1987	179	82	55	27	97	90	7

续表 13-1-6

年份	教职工总数	中学教师数			小学教师数		
		总数	国家（公办）	以工代教（民办）	总数	国家（公办）	以工代教（民办）
1988	148	64	52	12	84	79	5
1989	165	72	56	16	93	88	5
1990	170	74	57	17	96	88	8
1991	167	75	60	15	92	84	8
1992	145	74	59	15	71	66	5
1993	148	74	59	15	69	64	5
1994	154	74	58	16	80	75	5
1995	158	78	62	16	80	73	7
1996	154	79	63	16	75	68	7
1997	156	74	59	15	82	74	8
1998	150	72	72	—	78	72	6
1999	140	70	70	—	70	64	6
2000	141	72	72	—	69	63	6

1988—2000年常阴沙农场中、小学教师职称、学历情况表

表 13-1-7　　单位：人

年份	教职工总数	职称			学历			
		高级	中级	初级	本科	大专	中专	高中以下
1988	148	3	26	93	10	33	56	49
1989	165	3	35	115	10	35	65	55
1990	170	3	48	107	10	39	66	55
1991	167	3	49	115	9	33	59	66
1992	145	3	52	80	8	33	53	51
1993	143	3	48	82	9	33	50	51
1994	154	6	60	75	10	33	52	59
1995	158	5	74	70	10	34	54	60
1996	154	5	86	56	9	36	56	53
1997	156	9	94	45	14	47	53	42
1998	150	13	96	36	13	46	54	37
1999	140	16	94	25	14	59	55	32
2000	141	16	98	27	12	61	52	16
2004	11	—	—	11	—	—	2	9

二、工资与福利

1951—1955年，境内的教师收入均采取以生养师、民办公助的办法，即教师工资除学费收入外，政府还补助一定数量的面粉和大米。1956年10月，教师实行工资制，公办教师的工资为每月25~28.5元，民办教师的工资为每月18~22元。1958年，民办教师除按同等劳动力水平计工分，以分计酬外，给予适当补贴（俗称“小分红3元，大分红5元”）。1959年春，实行教师定级工资制，民办教师每月工资水平为23~26元，公办教师工资水平为每月35元左右。

50年代末60年代初，学校经费、教师工资、福利等全部由民办公助改为农场包干。国家教师按国家规定的工资标准执行，以工代教人员实行农工级固定工资制度。教师工资按月发放，医药费全报，女教师享有56天产假工资。1962年4月，38名以工代教人员的工资由原来的每月23~27元，调整到每月27~30元，同时保留其在住宅区的蔬菜地。

1972年和1974年，先后两次对国家教师中教龄长、工资偏低的教师增加工资。1980年起，实行班主任补贴、副食品和粮油差价等补贴。1981年，以工代教人员的工资由农工级改为行政级，并根据参加工作时间的长短增加1~2级。1983年，对教师实行教龄补贴，中学教师每月工资提高到59~72元，小学教师每月工资增加到50~67元。以工代教人员每月工资增加到32~48元。

1984年6月，119名以工代教人员转为国家教师后，在按国家规定发放工资的基础上，家属子女逐步办理“农转非”手续，享受副食品、粮油差价等补贴，保留蔬菜地。同年，由场部自筹资金，建造中学教师宿舍楼1幢12个套间共371平方米。同时，对要求自建住房的教师，在宅基地安排、物资供应等方面提供优惠和帮助。1985年，实行结构工资制。1993年起，增加职务工资、教龄津贴、岗位津贴和综合补贴等。离退休教师的退休工资也按规定每两年增加一次，幅度为同级在职教师增加额的50%。

第二章　科　技

第一节　机构　队伍

一、机构

农业科学研究所　1955年，建立常熟县第一农场复壮组，对稻棉种子进行调查研究和培育工作。1959年春，常熟县在第一农场（解放圩）建立常熟县农业科学研究所种子场。10月，该种子场由恢复后的沙洲农场接收，时有科研基地300亩，技术干部1人以及用于棉花提纯复壮的仪器设备等。在此基础上，调配农业技术干部2人。1960年，成立常熟县沙洲农场农科所，继续棉花良种的提纯复壮和栽培技术的研究试验，属江苏省农林厅种子处的棉花良种繁育基地，并根据棉花面积和生产原种数量拨给经费和设备。

1962年下半年起，建立在解放圩的农科所划给兆丰公社。1963年8月，在场部附近的十一工区建造草房10间，划给耕地60亩，配备技术干部2人，选拔有文化的青年职工和有实践经验的老职工，建立良种站，直属场农业科领导。1964年4月，为加强对良种繁育工作的领导，扩大良种繁育基地，将十一工区改建为良种站，属工区级行政建制单位，原良种站改称复壮组，为良种站的一个生产队，划给耕地40亩，配干部职工26人，其中技术干部5人，技术工人2人，新建储藏室、轧花室、种子库等房屋16间，添置良种繁育设备，专门从事良种的繁育工作。

1976年，因良种站棉田发生枯萎病，不宜继续作为棉花良种的繁育和科研基地，场部在五工区筹建农科所，配行政干部1人，技术干部1人，后因五工区距离场部较远，1977年，又从良种站划出411亩土地，在原复壮组的基础上建立农业科学研究所（简称农科所）。主要负责稻、麦、棉种子的提纯复壮和研究培育。配有职工170多人、行政干部2人、技术干部3人，直属场部领导。同时，建造三层科研大楼1幢、600平方米，种子库6间、240平方米。良种站则负责种子的大面积种植与推广。

1983年，农科所与良种站合并称良种站，农业科研机构仍称复壮组，耕地缩减为96亩，职工20多人，技术干部2人，技术工人1人。1984年8月，再次将复壮组从良种站划出，保持复壮组规模，成立农科站，同时建立种子公司，负责全场的种子工作。

科学技术委员会　1988年11月20日，成立江苏省国营常阴沙农场科学技术委员会（简称场科委），场科委是场部、场党委领导和管理科技工作的职能部门，又是全场科技开发、研究、利用的综合管理部门，场科委主任由场长兼任。下设科委办公室，具体负责全场科技工作的中、长期规划，制定落实对科技人员的管理办法与奖惩措施，组织开展技术合作与交流、项目评审、项目申报等工作。1997年4月，科委办公室、科协办公室、教育卫生办公室合并，称科教办公室。

科学技术协会　1990年8月，江苏省国营常阴沙农场科学技术协会（简称场科协）成立，并于8月20日召开成立大会，制定并讨论通过《江苏省国营常阴沙农场科学技术协会章程》以及全场科技工作规划、科教兴场的目标任务等，选举产生常阴沙农场第一届科学技术协会委员。科协主席由分管工业的副场长兼任，科协办公室设在科委办公室内，两块牌子、一套班子。下设工业、农业、建筑业、纺织业、文教、卫生6个专业研究协会，会员64人。1995年11月起，科协主席改由场党委专职副书记兼任。1997年4月，科委办公室、科协办公室、教育卫生办公室合并，称科教办公室。

二、队伍

1959年，农场有农业技术人员3人。60年代初期，常熟县相关部门先后从内地抽调36名技术骨干参加农场建设，主要承担全场基本建设的设计和施工，农机具的维修、保养，以及工业相关技术工程的业务操作。同时采取传、帮、带的办法，为全场各个行业培养技术人员。1965年，在每个工区配备1名农业技术员，这些农业技术员多数由苏州市插场知识青年担任，部分人员由当地青年担任，主要是承担农业科技项目的试验、植保示范以及农作物先进栽培技术的推广工作，受农业科和工区双重领导并享受工区级非在编的群团干部待遇。至此，全场技术人员中有本科学历的7人，有大专学历的8人，有中专学历的4人。

“文化大革命”期间，一批技术人员相继调离农场。

1980年，场部通过对1966年前的大、中专院校毕业生以及在技术岗位上的工作人员和原评定过职称的科技人员，实行套改、确认、晋升和评定，有28人获得技术职称，其中工程技术人员4人（工程师1人、技术员3人），农业技术人员10人（农艺师2人、技术员8人），卫生技术人员7人（主治医师1人、医师6人），会计员、统计员7人。1982年起，场部先后挑选48名具有高中学历的优秀青年到苏州农业大学、江苏农垦职工大学、江苏广播电视大学、江苏函授大学、扬州水利学院等大专院校脱产学习。至1986年底，全场共有科技人员37人，其中本科学历6人，大专学历4人，中专学历11人，高中及以下学历16人。1987年3月，常阴沙农场被江苏省农垦总公司职称改革指导小组确定为第一批职称改革评审试点单位。1988年3月，场部成立专业技术职称改革评审工作领导小组，下设职称改革办公室（简称职改办），配工作人员2人。同时，抽调相关人员组成农牧业、财会、教育、卫生4个专业初级技术职称评审委员会（初评委），负责常阴沙农场、共青团农场科技人员的初级职称评审工作。同年6月，由个人申报，经专业考核、场部审查推荐，共有249人（含教师、医生）获得技术职称申报与评定资格。11月，经江苏省农垦总公司职改办批准，常阴沙农场有227人获得技术职称任职资格，其中获高级职称的4人（高级农艺师1人、中学高级教师3人），获中级职称的41人（农艺师5人、工程师5人、主治医师3人、中学一级教师21人、小学高级教师7人），获初级职称的182人。

1990年8月，为制订科学技术发展规划，吸收具有各类专业技术知识的人员55人，组织成立技术专业研究学会6个。其中农牧业研究学会17人，工业研究学会7人，工程建筑业研究学会9人，财经研究学会10人，教育研究学会7人，卫生研究学会5人。是年，全场共有科技人员219人（不含教育、卫生人员），其中本科学历的8人，大专学历15人，中专学历42人，高中及以下学历154人。1990年10月，开始进行专业思想政治工作（政工系列）专业职称的评审工作。全场政工干部由场宣传部门组织集中培训，考试考核后，经省高评委、省农垦中评委和初评委评审，全场有19名政工干部获得企业思想政治工作专业职称任职资格，其中高级政工师1人，政工师5人，助理政工师和政工员13人。此后，政工系列职称评定工作每年一次。1992年9月，场职改办撤销，职称评定工作移交到组织科。由此，科技人员纳入党政干部序列统一管理，统一考核。职称评定工作由组织人事部门具体负责，每年进行一次，成为常规。

1998年，国有工建交企业转制后，科技队伍的结构发生变化，科技人员有的转岗，有的调离，有的自主创业并成为个体经营者。至2004年末，全场有科技人员119人（不含教育、卫生系列人员），其中高级职称技术人员3人（高级农艺师3人），中级职称技术人员32人（工程师10人、农艺师7人、会计师3人、政工师12人），初级职称技术人员84人（工程技术员1人，农、牧业技术员29人，会计员、统计员38人，档案员2人，政工员14人）。这些科技人员中，本科学历3人，大专学历33人，中专学历19人，高中及以下学历64人。

1986—2004年常阴沙农场科技人员（不含教育、卫生系列）学历情况表

表13-2-1　　　　单位：人

年　份	技术人员总数	学　历　情　况			
		本　科	大　专	中　专	高中及以下
1986	37	6	4	11	16
1987	140	8	14	27	91
1988	185	7	33	41	104
1989	208	9	14	25	160
1990	219	8	15	42	154
1991	255	10	20	57	168
1992	282	10	18	62	192
1993	289	10	26	59	194
1994	289	11	41	51	186
1995	279	9	38	46	186
1996	282	11	36	37	198
1997	262	8	46	31	177
1998	271	7	47	40	177
1999	283	7	44	63	169
2000	286	7	37	65	177
2001	152	4	31	27	90
2002	138	3	30	25	80
2003	133	3	35	21	74
2004	119	3	33	19	64

1986—2004年常阴沙农场科技人员（不含教育、卫生系列）职称及技术分类一览表

表13-2-2 单位：人

年 份	科技人员总 数	技术职称			技术分类			
		高 级	中 级	初 级	农牧业	工 程	财 经	政 工
1986	37	1	10	26	13	15	9	—
1987	140	1	10	129	21	20	99	—
1988	185	1	13	171	23	28	134	—
1989	208	1	18	189	53	20	135	—
1990	219	1	16	202	57	20	142	—
1991	255	—	22	233	66	34	137	19
1992	282	3	37	242	66	36	156	24
1993	289	3	53	233	62	44	140	43
1994	289	3	47	239	62	45	132	50
1995	279	3	31	245	59	42	130	48
1996	282	4	38	240	59	43	132	48
1997	262	4	52	206	40	64	116	42
1998	271	2	56	213	48	65	118	40
1999	283	3	54	226	45	76	120	42
2000	286	3	57	226	47	76	120	43
2001	152	3	36	113	38	17	63	34
2002	138	3	32	103	35	13	58	32
2003	133	4	36	93	39	12	52	30
2004	119	3	32	84	39	11	43	26

第二节 科技研究与成果

一、科技研究

良种繁育 1951年，创办不久的农场（时称常熟县常阴农场），棉花品种首次选用珂字棉，选种后经过培育，于1952年分别在高产试验田和大田中种植，当年分别获亩产籽棉170.5公斤和91.5公斤。大田产量平均比周边互助组种植的本种棉增产24.5%。次年，农场种植的高产棉种被常阴区116个互助组引种并推广种植。1955年，场部设立种子复壮组，对稻麦及棉花种子取样调查。1956年，根据品比试验结果，改种岱字棉15号。1957年，选择优良单株，以人工授粉办法提纯复壮，提高种性。水稻品种逐步淘汰土种野晚稻，推广种植青旸稻、石稻、杨早10日、日本稻、“853”等品种。小麦品种淘汰四柱头等，推广种植南大2419、2905、矮粒多等品种。当年向附近两个乡提供自繁、自育的优质棉种21.9万公斤、优质稻种7.5万公斤、优质麦种20万公斤。至1959年，沙洲片产棉区普遍引用农场繁育的岱字棉15号优质棉种。

60年代初期，在全场有计划地进行稻、麦、棉种子的整理、更新和培育，用好第一代，筛选第二代，不种第三代。1963年，水稻普遍穗选留种，"三麦"也全面应用去杂片选和穗选的办法选种留种，并进行品比试验和引进种植新品种，淘汰劣质品种和自留种。先后培育出东方红一号水稻品种、东方红701元麦品种，受到中华人民共和国农业部的表扬。1977—1980年，连续4年享受农业部种子科研经费拨款，计2万多元。至1981年，累计外调稻、麦良种数千万公斤。是年，获江苏省农垦局良种推广奖。1984年8月，为减少种子周期，加快种子的更新换代，在原复壮组的基础上成立种子公司，改种子调拨为对外供应。种子繁育经过由单纯的提纯复壮到田间去杂、留种保种，再到"引种、繁殖、留种、供种"的循环育种方式的变革，先后成功提纯并复壮繁育出苏棉一号棉花种子，引进并繁殖出苏香粳9746、5356、9520、9915等水稻种子以及扬麦5号、7号、9号、11号、12号、13号系列小麦种子共十多个品种。1991年，对外供应苏棉一号棉花种子66万公斤。此后，稻、麦、棉种子的引进繁育并组织供应成为常规性工作持续推进，至2004年，累计对外供应稻、麦、棉良种1200万公斤。

农机技术革新 1964年，根据农业耕地复种指数高、棉麦套种面积大、机械操作相对困难等实际情况，场部成立由农业技术员和农机人员组成的农机革新技术小组，单独划出耕地100亩，进行棉麦套种农业机械化栽培专题研究。根据农艺要求，先后研制出棉花播种机及施肥器、中耕器、多头喷雾器等农业机械，使"三麦"的播种和收割，棉花的播种、施肥、中耕、治虫等基本实现机械化。同时，又购进牵引式康拜因脱粒机和其他农机具，并自制成自流式小型脱粒机1台。1965年，开展机械化生产队的试点设计，试图通过建设机械化生产队的办法，探索加速实现农业机械化的路子。场部根据"以棉为主，粮棉并举，农牧结合，多种经营"的思路，综合考虑农、牧、副、渔直至劳动力的安排和居民点设置的实际情况，完成《常阴沙农场机械化生产队设计任务书》，并在东风圩、长江圩、青年圩三个圩塘试点，促进上述三圩机械化及其他生产设施的配套成龙和农作物种植的率先成片。同年，研制成功宽行"三麦"播种机、谷物脱粒机，并因地制宜推广地鼠犁、开沟器等。其中，农机修造厂研制的东风-IMS-1型堎田机、IMK-2型棉田开沟机获1978年苏州地区科学大会奖。1983年，随麦茬机械水直播稻高产栽培技术的试验和推广，又试验制造水稻直播机，1985年全面应用。

栽培技术研究 常阴沙农场农业栽培技术的研究是从耕作制度的革新开始的。1955年，为改良土壤，增加复种指数，首次尝试稻棉轮作，即棉花—小麦—棉花—绿肥—水稻—小麦的相互交换种植，两年棉花一年水稻，称三年五熟制。60年代初中期，改水稻育秧的稀播落谷为密播落谷，同时改"三麦"耕作的小垄沟底种植为半爿巧套种形式，继而完善为阔幅条播。1966年起，进行水稻栽插技术的研究与改革，由拉线分行栽插改为拉线定点栽插。

80年代后，重点进行以推广水稻直播技术为重点的农业高产高效栽培技术的研究与应用。从1982年开始，场部根据水稻的生育特点和麦茬水直播稻栽培的技术难点，投入大量的物化劳动，以实行集约型稻作为原则，进行了各项农艺和农机的技术试验和技术改进，主要内容为：根据不同茬口和品种分别设立数百个苗情点，进行叶龄进程、分蘖发生及成穗规律的观察研究，为品种应用和推广叶龄模式栽培提供依据。根据不同基本苗群体起点，进行群体发展动态、产量结构形成的试验研究，为协调群体和个体生长、获得最佳产量结构找到有效的调控途径。麦茬机械水直播稻肥水运筹综合研究、水田杂草发生规律及化除技术试验研究，提高肥水报酬和群体质量，为消灭和控制稻田草害进行了有效的探索。对直播机和国产大型联合收割机进行革新改装，提高机械作业效率和质量，降低成本，实现农艺和农机的配套。对耕作技术进行改进，采用灭茬少免耕技术，既有利于田间机械化作业，又能缩短农耗时间，缓解茬口矛盾。在试验方法上，采用多元二次回归正交旋转组合设计，应用微机处理试验结果，达到技术的系统性和综合性。经过前后7年时间的密度和肥料等主要栽培因子的"组优"试验，均在大田获得理想的反馈，使整个栽培措施不断完善和配套，从而形成了一套完整的麦茬机械水直播稻高产栽培技术体系。

1987年起，用3年时间研究、完善并推广应用麦棉瓜套间作技术。1989年起，用2年时间完成水稻群体质量栽培体系研究。1990年起，用3年时间研究并推广应用了水稻栽培计算机决策系统，1994年起，用2年时间分别完成江苏农垦成建制吨粮田工程建设项目的研究与应用、江苏农垦水稻高产优质高效配套栽培的项目研究。1999年后，分别进行全国农垦小（大）麦优质高产高效机械化栽培技术项目、拌种剂的应用和开发项目研究与推广应用。

1985—2003年常阴沙农场科技研究基本情况表（选年）

表13-2-3

年份	科研单位人数（人）		试验用地（亩）	科研经费（万元）		
	总数	科技人员		总额	上级拨款	农场自筹
1985	15	1	62	0.24	—	0.24
1987	7	—	40	0.47	0.47	—
1990	17	3	77	0.20	0.20	—
1992	21	5	70	0.40	—	0.40
1995	33	33	70	37.50	1.50	36.00
1997	48	40	70	110.50	3.00	107.50
2000	195	161	60	60.00	—	60.00
2002	193	159	60	60.00	—	60.00
2003	193	159	60	60.00	—	60.00

二、科研成果

常阴沙农场的科技工作主要体现在农业生产领域。50年代初农场初创时，科技工作开始起步。1955年，农场（时称常熟县第一农场）设立种子复壮组，正式开始对稻、麦、棉种子的研究与调查。60年代后，以良种培育、栽培技术研究与应用为核心的农业科技工作得到发展。先后提纯、研究和培育出东方红系列稻麦良种、苏棉一号棉花品种。麦茬机械水直播稻高产栽培配套技术的研究成果改变了农村传统的"面朝黄土背朝天，弯腰曲背几千年"的水稻人工种植和移栽方式，解放了农村生产力。麦棉瓜套间作技术的应用，增加了农田复种指数，提高了农业生产的综合效益。到2005年3月撤销农场建制时，常阴沙农场先后承担数十项农业科研项目的课题研究，其中有11项科研成果获得部、省级奖励。

东方红系列稻麦良种 1965年，从"农垦57"水稻系统中选育并培育出东方红一号水稻良种。1963年水稻收割前，在一〇工区种植的"农垦57"水稻系统中选穗2000多个，于1964年建立穗行圃，播种精选稻穗1000多个，最后栽插800多个，每个穗行定栽60穴，顺序排列。生育期间严密考查，特别是抽穗后严格鉴定淘汰，当选穗行混合成原种，供下年生产繁殖。在考查鉴定中发现，在当选穗行中有2个穗行特别优良，1965年稀播，单本栽插成2个大区，1966年扩大繁殖其中1个，同时进行品比试验，并送苏州地区农科所进行区域试验和鉴定，鉴定表明，该品种出米率高，米质佳，品质好，产量高，适应性广。因时值常阴沙农场更名为东方红农场，故定名为东方红一号。因该水稻为系统选育品种，选育成功后种子大量外调，除在本地区推广种植外，陆续在全国13个省市推广种植。

1966年，从元麦立夏黄中选育出东方红701元麦良种，1969年在全场种植。此后，又于1970年选育推广元麦良种7183。

苏棉一号棉花良种 1986年，从新洋农场引进江苏农科院经作所选育的优质棉5122棉种及部分

单株，首先在农科站试种，同时进行“三圃制”提纯复壮，当年皮棉亩产75.5公斤。后经三年试种，并在品比试验中发现，该品种株型紧凑，果株与主杆夹角小，叶片较小，受光条件好，特别是中下部坐果率高，吐絮畅而集中，第一果结铃率为44.5%，籽棉和皮棉产量均占第一位。同时，5122棉种还具有抗病、早熟高产、纤维品质好等优点。因该品种是从省农科院引进并经提纯复壮后试种，故又称苏棉一号。1989年全场棉花品种全面更新，当年种植面积11780亩。1990年后，种植原种二代，并年年更新。1991年，对外调出苏棉一号种子66万公斤。

麦茬机械水直播稻高产栽培技术 1982年，在江苏省农垦局的支持下，农业科技人员以南通农场机械水直播稻栽培技术为蓝本，结合苏南地区复种指数高、单产水平高的特点，对麦茬机械水直播稻的高产栽培及其配套技术体系进行各项农艺和农机的技术试验和技术改进。在试验方法上，采用多元二次回归正交旋转组合设计进行多因子试验。1984年，由农场农业科科长王鹤云和技术人员孙东生撰写的《麦茬机械水直播稻高产栽培技术研究》一文在国家级刊物《农业经济》上发表，该文后被译成英文版，由宁夏人民出版社出版。1987年起，麦茬机械水直播稻高产栽培技术作为一种新型耕作制度的应用课题被列为江苏省人民政府“七五”攻关项目。通过连续7年的密度和肥料等主要栽培因子的“组优”试验，于1988年形成麦茬机械水直播稻高产栽培技术体系，主要包括以多种茬口为根据的品种利用技术，以少免耕为主体的机械耕作技术，以稀播均苗为特色的机播全苗技术，以叶龄模式为核心的肥水运筹技术，以化学除草为重点的植物保护技术，以省工、降本、增产为目标的田间管理技术6个方面的内容。这些技术紧密联系，构成整体，既有鲜明的实用性，又符合现代农业的科学原理。

麦茬机械水直播稻高产栽培技术体系于1987年10月通过省级技术鉴定。该项技术于1989年全面应用于大面积的水稻种植，并于同年获江苏省人民政府颁发的科技进步一等奖，1989—1996年，连续8年获省农林厅丰收杯竞赛一等奖。1990年，由农场农业科科长王鹤云及有关人员联合编著的《麦茬机械水直播稻高产栽培》一书经江苏科技出版社出版发行后，这一技术体系在江苏、浙江、安徽、上海等地大面积推广和应用。

麦棉瓜套间作技术模式 针对提高复种指数，由群众实践，农业科技部门介入的一项研究课题。1983年前，农场的种植制度实行的是“麦→稻→麦⇒棉→麦⇒棉”三年六熟轮作制度。1984年后，西瓜种植面积迅速增加，面积在万亩以上。1985年起，棉花的实际种植面积压缩到万亩上下，仅相当于历年种植面积的40%左右。单纯的植棉或者种瓜，既不能使有限的土地资源发挥应有的利用效率，还浪费了农户对肥力的投入。1987年，一工区、七工区、十二工区部分农户为完成场部下达的棉花上交任务，在自己种植的3~4米西瓜畦上，利用西瓜行两旁空隙地各栽棉花1~2行，共种植1000亩，起到了省本增产增加收入的效果。对此，场部在及时研究本地气候条件及西瓜、棉花等作物生育规律的基础上，指定农业科技部门介入，进行课题研究，针对性地引导农户增加棉瓜套种面积，1988年种植3391亩，1989年种植8077亩。同时，指导农户调整套作方式，3年间间作棉花亩均密度分别为：1987年600~1000株，1988年2324株，1989年2622株。皮棉亩产从1988年的22.5公斤提高到1989年的52.58公斤。经过3年实践，农科部门将这种种植方式定名为麦棉瓜两套三高产技术模式，并在不断总结和完善的基础上充实提高，建立完整的组合品种搭配、“三麦”肥料合理运筹、适时播种、肥土（活钵）调温育壮苗、合理密植、科学用肥、瓜棉共生期管理、早清田、适时打顶9项配套技术措施，实行“麦→稻→麦⇒棉＋瓜”一水一旱两年五熟轮作制度，并于1989年秋播时全面推广。从1990年开始，每年棉套瓜种植面积占棉花种植总面积的90%以上，并出现万亩棉花万亩瓜的局面。1990—1995年的6年中，间作田块内的皮棉单产一般均在60公斤以上，其中1994年和1995年分别达96.1公斤和90.9公斤，仅比纯作棉田块低1~4公斤。经济效益以1987—1990年平均收入计，每亩增加收入348.5元，比纯作棉田块提高101.58%（纯作棉田块以每亩收入343元计算）。复种指数则逐步提高到2.5。

1990—2004年常阴沙农场农业科研成果获奖一览表

表13-2-4

项目名称	获奖名称	获奖年份	授奖单位	推广范围
水稻良种“东方红一号”的培育	苏州地区科学大会奖	1978年	苏州地区专署	长江流域
东风-IMS-型机引水田耒曼的研制	苏州地区科学大会奖	1978年	苏州地区专署	全省
IMK型棉田开沟机的研制	苏州地区科学大会奖	1978年	苏州地区专署	全省
麦茬机械水直播稻高产栽培技术体系	省政府科技进步一等奖	1989年	江苏省人民政府	长江流域
麦瓜棉套间作技术模式	省农垦科技进步一等奖	1990年	省农垦总公司	全省
水稻栽培计算机优化决策系统	江苏省科技进步一等奖	1993年	江苏省农科院	全省
江苏农垦成建制吨粮田工程建设研究	省农垦科技进步一等奖	1996年	省农垦总公司	全国农垦
江苏农垦水稻高产、优质高效配套栽培	全国农牧渔业丰收奖三等奖	1996年	农牧渔业部	全国农垦
水稻群体质量栽培	省农垦科技进步一等奖	2000年	省农垦总公司	全国农垦
小(大)麦优质高产高效机械化栽培	全国农牧渔业丰收奖三等奖	2001年10月	农牧渔业部	全国农垦
拌种剂的应用和开发研究	省农垦科技进步一等奖	2002年5月	省农垦总公司	全国农垦

第三节 科学技术普及

1965年,各工区配农业技术员1人,形成农业科技网络,对农业生产进行稻、麦、棉苗情监测和病虫害预测,场农业科技部门印制《病虫情况》发放农业工区。利用各种会议、板报等形式对职工群众宣传科学知识,进行反对迷信、相信科学的教育,并由分散在各工区的农业技术员以及工厂(单位)的政治宣传员在职工中现身说法,进行技术普及。

70年代后期起,利用电影幻灯片进行科学技术普及,在每次电影放映前播放10~15分钟。利用广播开设科普宣传自办节目,每周一、五早间和晚上各插播15~20分钟,向全体职工进行科普知识宣传,内容有农业生产栽培、植保、管理等知识,以及工业发展简讯、妇幼保健、环境保护、安全生产、计划生育、家庭生活小窍门等。利用各工区、工厂(单位)的黑板报向职工群众宣传各行各业在科技生产领域发生的变化以及各种小发明、小创造等。80年代中、后期,邀请省农科院、省农垦职大的专家教授多次到场举办农业生产技术知识的专题讲座,听课对象主要有场部机关下派到工区的蹲点干部、农业工区家庭农场主及小队长以上骨干等。到1988年,听课人数超过1000人次。同年11月,常阴沙农场科委成立后,制订《江苏省国营常阴沙农场科学技术发展规划》。1990年8月,常阴沙农场科协成立后,科普知识的宣传教育渠道更加宽阔,形式丰富多样。1991年起,每年举办一次科普宣传月活动,举办科普知识讲座,组织农业科技人员、卫生技术人员、计划生育技术人员到集镇和农业工区开展科技咨询活动,进行现场服务。1999年起,随国营工建交企业的改制,科普宣传主要面向农业。组织农科人员深入田头,抓好农业生产,包括防病治虫、病虫害预测、印发病虫情报等。每年进行病虫害预测30多次,印制《病虫情报》19~21期,病虫害多发年份为23~25期。

第十四编 文化 卫生 体育

第一章 文　　化

第二章 卫　　生

第三章 体　　育

50—60年代初，境内的文化体育活动处于自发状态，各大队利用农闲自排自演文艺节目，以群众喜闻乐见的锡剧小戏为主，一度红火。1963年，场、工区（大队）两级相继建立文艺宣传队，配合中心任务，开展一些小型的文艺演出活动。农场在工作、劳动之余，组织开展篮球、排球、象棋、围棋、跳棋等项目的体育比赛，活跃职工身心，激励职工奋发向上。80年代后，文化体育活动开始向多元化发展。场工会利用节假日组织文艺会演，组织青年歌手大奖赛，开展革命歌曲大家唱活动，举行较大规模的职工运动会。场影剧院除正常的电影放映外，还经常邀请外地剧团到场演出。1995年起，干部职工特别是中老年职工进行晨练和暮练，打太极拳，跳舞，做健美操等等。至2004年，全场职工特别是中、老年职工基本养成晨锻炼、晚散步的习惯。

60年代初，农场吸收兆丰联合诊所设立在合作二圩的医疗点和医生，创办农场医院，建立公费医疗制度。场部成立爱国卫生运动委员会，开展以寄生虫普查和群众性除“四害”为重点的爱国卫生运动。1965年，在集镇和知青点建公共厕所，砌垃圾箱，整治环境卫生，改变少量移民使用露天粪坑的习惯。1970年开始，环境卫生工作的重点扩大到职工家庭，并鼓励职工自打水井。至1986年，全场64.8%的人员饮用井水，其中部分职工用上深井自来水。1994年，农场自建自办自来水厂。2004年，全场职工家庭全部用上标准自来水。

第一章　文　化

第一节　机构　队伍

一、机构

1963年8月，成立常阴沙农场文化站，由场文教干部倪礼章任站长。主要任务是配合场部中心工作，组织场部和各工区（大队）、工厂（单位）的文艺宣传队，利用各种会议前后进行文艺演出，或到围垦工地、平整土地等建设工地进行慰问演出。每逢国庆、元旦、春节等节日，场部组织文艺会演。农忙季节出版墙报和黑板报，用于公布生产进度、表扬好人好事、批评歪风邪气、宣传农业科技知识、传授农业新技术。1978年，知识青年陆续回城，原来以苏州知青为主体的文化活动骨干队伍解体，场文化站撤销。此后，由场工会取代原文化站职能，场内的文体活动由场工会组织实施。

二、队伍

1963年冬，建立场、工区（大队）两级文艺宣传队，文艺宣传队成员以苏州知青为主，配合中心任务，把身边的典型人、典型事编成舞蹈、说唱、快板、相声、对口词、数来宝等文艺节目，并把农村生活中的封建迷信、赌博恶习等编成带讽刺意味的小喜剧等，开展一些小型的文艺演出活动，寓教于乐，激励职工奋发向上。

"文化大革命"时期，场、工区（大队）两级文艺宣传队主要以唱语录歌、跳忠字舞、排演样板戏片段等为主要任务。

1975年5月，抽调21名沙洲知青充实到文艺宣传队，使文艺宣传队人员增加到30多人。1976年9月，宣传队贯彻沙洲县文化馆提出的"以队办厂、以厂养队"的精神，办起纺织配件厂，白天在工厂做工，早晚业余时间排练文艺节目。宣传队的宗旨是：紧跟形势，宣传中心，要下及时雨，不放马后炮，不折不扣地为无产阶级和贫下中农服务。宣传队的宣传演出活动受到职工群众的普遍欢迎。还组织到附近公社进行宣传演出。

1978年后，场、工区两级文艺宣传队停办。

第二节　设　施

一、书店和图书室

1963年初，场部在今红旗西路设立书报亭，主要经营农业中学和小学的学生练习本和文具用品、报纸，同时为乐余新华书店代售各类书籍。"文化大革命"初期，书报亭改属供销社管理，并改称农场书店，经营项目逐步增多。1976年，供销社门面改造后，撤销农场书店，开设书籍文具销售专柜，经营品种和范围未变。

1986年，利用新建的影剧院前厅二楼两间空房建立图书室，面积64平方米，由场工会管理，配专职管理员1人。图书室通过职工捐献和购进新书，至1987年，共有藏书6000余册、报纸杂志30余种，实行对外开放，免费供干部、职工借阅。

1997年，图书室搬迁至场部办公楼后原党委会议室的平房内，面积为31平方米，由场工会工作人员集体管理，时有藏书7000余册、报纸杂志30余种。2000年，平房拆除，图书室关闭，原有藏书全部堆放在广播电视站的仓库内，后逐步散失。

二、职工大礼堂

1962年12月，场部投资2万余元建造职工大礼堂。建筑总面积500多平方米。大礼堂又是大食堂，北边是炊事房，靠山墙有一排供应饭菜的窗口，平时供干部、职工排队购饭买菜用餐。靠南面山墙建造有一个半圆弧形砖砌舞台（土堆），礼堂中间摆放有各式长条饭桌及长条木板凳子。凡全场大型活动，如党员大会或职工代表大会、三级干部大会、文艺演出、放映电影、学校开学典礼等活动，全部在大礼堂举行，活动时可摆放500多人的座位。"文化大革命"初期，各派召开的批判会、群众大会、毛泽东思想宣传演唱会，均在职工大礼堂内进行。

80年代初期，随生产建设形势的变化，职工大礼堂改为物资站的物资仓库和农业生产资料仓库。除召开全场性大型会议外，一般会议改在场部会议室举行。1987年1月后，职工活动中心转移到影剧院。2004年，职工大礼堂仍为农业生产资料仓库。

第三节　广播　电影　电视

一、广播

1964年9月，建立常阴沙农场广播站，明确为全场宣传工作的窗口。主要任务是转播、放大沙洲县广播站节目，召开广播大会，插播广播通知等。

建站时，与邮电所同室办公，配播音员和线务员各1人，并由邮电所负责人兼任广播站负责人。站内有总功率为0.5千瓦的扩大机1台、广播喇叭200只，广播线与电话线同杆、同线，由农机厂供电，主线用竹竿、树棍支撑。1965年，广播线路开始向各工区（大队）延伸，并把信号输送到兆丰公社的林场大队、红闸大队以及四一农场等。

1969年，广播站与邮电所分开单独建制，站内配负责人兼线务员1人、播音员1人。1970年，广播站停止对兆丰林场大队、红闸大队传输信号。1974年，开始编办广播自办节目。自办节目由各工区（大队）、工厂（单位）的业余通讯报道员投稿，经场通讯报道组审稿、组稿后，由广播站播音员录音播放。1976年，广播线路与邮电线路分线架设。1977年，广播站传输信号增加传输到沙洲县大寨圩、畜禽良种场及七干河水闸等，并停止对四一农场传输信号。

1979年，各工区自办广播室，主要任务是宣传党的方针政策、表彰好人好事、安排农事等。是年开始架设广播专杆专线。至1980年，全场广播线路全部换成方柱水泥杆，共531根。主馈线路129公里，工区内线路134公里，地下线8公里，全场4200户居民安装上广播喇叭，广播入户率为61.4%。

1985年，广播站有扩大机3台、总功率1.6千瓦，会议机4台、总功率0.3千瓦，601型电子管录音机2台，收录机2架，前级增音机1架，录像机1架，电唱机2台，柴油发电机1台。1990年，广播站配工作人员3人，各农业工区配线路维护员1人。通往农业工区的广播线路立杆全部更换成圆柱水泥杆，集镇居民户户通广播，农业工区5600户职工装上广播，全场广播入户率为95.2%。同时，在田头安装高音喇叭45只，广播通响率达到97%，实现了"五有"，即有木壳广播音箱，有手拉开关，有避雷装置，有限流电阻，有接地线。全场职工形成早晨听广播、晚上看新闻的习惯。是年，广播站被苏州市人民政府评为广播工作先进单位。1996年，广播站更名为常阴沙农场广播电视站。自此，广播作用逐步减弱为召开全场性会议，播放全场性重要通知以及工区召开大会，播放季节性农事、通知等。

2004年，农场属地管理后，通往各家各户的广播线路逐步废弃并拆除，各工区在田头装有少量的高音喇叭，主要用于农事及相关事项的通知等。

二、电影

1958年2月至4月，在跃进圩围垦工程中，常熟县电影队和锡剧团首次到工地进行慰问性电影放映和演出，北京新闻电影制片厂和上海科学电影制片厂到围垦工地摄制影片。此后，常熟县电影放映队常到农场巡回放映，受到农场职工和周围群众的欢迎。

1961年11月，农场派何汝明、张振环到苏州地区电影公司学习电影放映技术。1962年7月，场部购置54型16毫米放映机1台、071型发电机1台等全套电影放映设备。8月，何、张两人学成返场后，正式成立常阴沙农场电影放映队（简称电影队），文教干部倪礼章任队长。电影队主要往返于场部和各农业工区（大队），免费为职工巡回放映露天电影。同时，应兆丰、乐余、三兴等公社的邀请，走出农场义务为公社大队巡回放映露天电影，最远的曾到德积公社放映电影。影片租金和人员工资均由场部从职工福利费中统一支出。1979年6月，新置F16-4A型和35毫米放映机各1台，LD-750型发电机2台。至1980年，全场共有三套电影放映机，其中35毫米放映机固定在场部放映，两套16毫米放映机在各工区间流动放映。年平均放映电影208场次，观众33.5万人次。片源均由苏州市电影公司和沙洲县影管处提供。电影队工作人员增加到9人。

1981年起，电影放映实行包场和售票两种办法，同时开辟农场新闻、农技顾问、政策宣传3个栏目的幻灯节目。1983年，场部开始对电影放映队实行“自负盈亏，包本自给，盈利不交，亏损不补”的经济承包责任制。至1985年，5年中年平均放映电影549场次，观众41.7万人次，盈利2406元。

1985年10月，经职工代表大会讨论形成决议，在今红旗中路的场部东侧建造影剧院，并于1986年底建成运行，1987年1月挂牌经营。影剧院占地3600平方米，建筑总面积为2891.54平方米，其中舞台面积372平方米、化妆室面积390平方米，观众厅座位1028个。放映室配有松花江5505型35毫米放映机2台、HYD-2X40型0.04千瓦扩音机1组、GFA-150A配电屏1套，舞台配有横幕4道、竖幕4道、演出电源独立控制台1套、舞台演出照明设备全套计68件，及88.2千瓦发电机组1台。影剧院建成后，场部以保留原电影队建制的方式，将电影队合并到影剧院，一套班子管理，两块牌子经营。挂牌后，至1996年，每年放映电影及演出各类文艺节目1368场次（含电影队到工区巡回放映数），观众140万人次。1997年起，随着电视文化的普及，集中放映电影开始受到冷落，电影放映场次逐年下降，至1999年，电影放映和文艺演出下降到386场次。2000年2月，在对影剧院工作人员进行分流转岗的同时，以原影剧院负责人的名义实行租赁经营。至2004年底，影剧院全年放映电影和邀请外地剧团到院演出109场次。

三、电视

1974年，场部和建筑工程队工程师丁金秀家庭先后购买14英寸和9英寸黑白电视机各1台。1976年夏，十三工区为知青点购买黑白电视机1台。此后，全场各工区（大队）、工厂（单位）陆续为本单位配置电视机，一般为9英寸黑白电视机，少数为12英寸黑白电视机。天线均用竹竿、木棍支撑在户外，人工转动方向，用以接收信号。是年9月9日起，连续数天，全场各工区（大队）、工厂（单位）均组织职工集体收看毛泽东主席逝世后悼念活动及追悼会实况。

80年代起，除单位集体购买电视机外，职工家庭购买数量逐步增多，彩色电视机和大尺寸电视机也逐步在职工家中落户。至1985年，全场有黑白电视机1248台，其中职工家庭有1169台；彩色电视机69台，其中职工家庭有49台。

1996年初，场部自筹资金78万元，在场部办公大楼三层顶端架设有线电视接收传送网，建立常阴沙农场广播电视站，自行接收、转播电视全端频道18套节目。同时，在红旗镇及附近的六工区、一

○工区、二十工区及良种站先期铺设有线电视同轴电缆3公里，分配网长度9.3公里。当年有143户家庭接通有线电视，入户率2.6%。1997年起，有线电视同轴电缆逐步向各工区延伸。至2001年，同轴电缆长度为32公里，分配网长度77.8公里，有线电视用户增加到761户，入户率14.1%。2002年1月，有线电视全端频道与张家港市接轨联网，有线电视信号由张家港有线电视台实行有偿传送，共传送信号33套频道，场部原有有线电视接收传送网拆除。与此同时，改有线电视信号同轴电缆传输为光缆传输，并实现光缆传输全覆盖的目标，使每个工区都通上有线电视传输光览。全场有光缆长度28.8公里186.4芯公里，同轴电缆主杆线长度40公里、分配网长度85.6公里，有发光机3台36毫瓦，光接收机10台。

2004年，全场共安装有线电视1823户，有线电视入户率27.1%。常阴沙农场广播电视站共有资产70余万元，工作人员8人。

第四节 通讯报道

一、机构

1968年，建立常阴沙农场通讯报道组，为政工组（科）内设机构，负责全场在经济、政治、社会生活中各种典型的采访、编写、组稿。对内编办广播自办节目，对外审核、推荐各类优秀稿件，并向上级新闻单位和各类报刊发送稿件（含论文）。配通讯报道员1人，属政工组（科）编内干部。各工区（大队）、工厂（单位）相应建立业余通讯报道组，主要任务是：报道本单位各种典型、生产进度、民情民意等，为场通讯报道组编办广播自办节目提供稿件。对业余通讯报道组提供的优秀稿件，由场通讯报道组审核、修改后向上级新闻单位推荐。起到上通下达的作用。业余通讯报道组人员由所在工区或单位党支部在本单位文化程度较高的青年职工中挑选1~2人担任，为勤杂人员性质。1997年3月，场通讯报道组撤销，通讯报道工作由场部办公室和党委宣传部门共同负责。

二、对外宣传

60年代初，全场的对外宣传由党委办公室负责。办公室人员除自己采编稿件组织发稿外，经常邀请相关新闻单位到农场的围垦工地、机械耕作现场实地采访，组织对外宣传。先后有《胜利的工程和胜利的人们》《金滩的诞生》《农场闯将——拖拉机的自述》《大办粮食一尖兵——常熟县沙洲农场围垦万亩江滩追记》《围垦荒滩扩大耕地》《荒江滩变成国家粮棉基地》《大型机械化农场落实秋熟布局》等16篇新闻报道和通讯特写在《新华日报》《南方日报》等报发表，这些文章介绍了农垦职工垦荒造田、艰苦创业的精神风貌，彰显了国营农场在国家经济建设中的地位和作用。

1968年起，对外宣传由场通讯报道组负责。每年经通讯报道组采写和审核推荐，并在地、市级以上新闻单位录用并发表的新闻、报道、特写、调查报告等有20多篇。其中，《人民日报》于1971年10月31日，发表由场通讯报道组集体采写的消息《三十七年的病根拔除了》。《人民日报》于1985年8月9日发表由省农垦总公司办公室朱林甫采写的报道《常阴沙农场采用机械水直播麦茬稻获得成功》。中央电视台《晚间新闻》节目于1986年9月8日，播出由省农垦总公司政治处摄制的新闻纪录片《江苏省国营常阴沙农场电控厂副厂长陈世章，大胆改革锅炉，以煤代油，全年节约2万多元》。《农民日报》内部参考《农村情况》256期于1987年2月28日发表由场宣传科陆锦法采写的调查报告《常阴沙农场家庭农场主姜炳付进行农林牧渔综合经营》。另外，常阴沙农场先后在《新华日报》《江苏科技报》以及《中国农垦》杂志发表《阶级斗争一抓就灵，突出政治产量大增》《红日照农场，前进有方向》《陈国祥生产偏光镜畅销省立体电影院》《水稻栽培的重大改革》等数十篇新闻稿。

三、编办广播自办节目

1974年，场通讯报道组开始为广播站采编广播自办节目，定名为《农场专题》。广播站在接收、转播上级台站广播节目的同时，利用每周二、四、六三天的早、中、晚不定期开播《农场专题》节目。每次播放时间15~20分钟，主要内容有场内重大活动报道、各种会议报道、各行各业涌现出的先进人物和典型事迹报道等。栏目有科技讲座、农事进程、政策理论、经济信息、计划生育、法制宣传、教育卫生、青年园地等。形式有消息报道、人物专访等。自办节目稿件主要由通讯报道组人员自采自编，部分稿件由各工区、工厂（单位）的业余通讯报道员负责提供。每年编发广播节目120~140档，播发广播稿件480~580篇。至1980年，共编办广播自办节目958档，编发稿件3800多篇。

1981年，广播自办节目实行稿酬制度，除通讯报道组人员外，凡工区、工厂（单位）及场部机关人员提供的广播稿件，一经广播自办节目录用，即按每篇稿件0.5~3元不等的标准核发稿费，每月一次，当月结清。稿酬由场财务科在宣传经费中统一支出。每年支出的稿费一般在800~1000元。

1985年，广播自办节目增加录音专访。1986年，与沙洲片的东沙、兆丰、乐余、南丰、锦丰、三兴等乡镇联办《六乡一场新闻联播》节目。1987年，与南通市农垦公司所属的南通、江心沙、掘港、海安、如东、共青团等7个农场联办《南通农垦新闻联播》节目。是年，共编发广播自办节目164档，编发各类广播稿件656篇，其中新闻稿175篇、法制教育稿30篇、科技稿70篇、经济信息稿13篇、政策理论稿28篇、文教卫生稿24篇、计划生育宣传稿28篇、青年园地稿11篇、音响稿12篇、沙洲片新闻联播稿和南通农垦新闻联播稿211篇，其他稿件54篇。全年稿费支出近2000元。

1989年后，由于通讯报道组人员的变动，广播自办节目由广播站自行组稿，节目播出稿件逐步减少。1996年1月，有线电视频道节目开通后，广播自办节目停办。

第五节　档　案

一、综合文书档案

50年代，场部形成的文件、文书资料等均由个人保管。

1959年10月起，上级文件、批复以及农场党组织和场管委会的会议记录、文件等文书资料由场部办公室保管。生产计划、劳动工资、基本建设、财务账册等由各职能科室分类保管。

1968年，场部建立机要室，配仓库1间，约32平方米。各类文件资料由机要室打字员负责收集整理，分类装订，统一保管。

1989年，在新建的办公大楼四楼，腾出办公用房5间，建立常阴沙农场机关综合档案室，档案室有库房4间、112平方米，阅档室1间、28平方米。配专职档案员1人，将分散的会议记录、文件、总结、报表、图片、影像等集中后，按上级文件、内部发文、机构调整、干部任免、围垦记录、生产计划、财务统计、劳动工资、基本建设、司法民调、婚姻登记等内容，分年登记造册、整理装订、编目后归档入库。至1992年，综合档案室共有档案7109卷，其中永久465卷、长期968卷、短期2130卷、会计档案3546卷。1993年，综合档案室被评为苏州市三级档案室。

1993年至2004年4月，综合档案室共收集整理文书档案5649卷，其中永久卷档案575卷、长期卷档案2597卷、短期卷档案1552卷、财务会计档案925卷。至此，综合档案室共存放档案12758卷，其中永久卷1040卷、长期卷3565卷、短期卷3682卷、财务会计档案4471卷。

2004年5月，根据张家港市档案局要求，场部办公室组织力量，集中对1992年前的文书档案进行重新登记、装订。2005年，共向张家港市档案馆移交文书档案1433卷，其中永久档案465卷、长期档案968卷。

1961—2004年常阴沙农场综合档案室存放档案一览表

表14-1-1

年 份	档案数（卷）					年 份	档案数（卷）				
	总数	其 中					总数	其 中			
		永久	长期	短期	会计			永久	长期	短期	会计
1961	20	13	2	—	5	1984	261	31	53	—	177
1962	79	7	6	—	66	1985	176	19	27	—	130
1963	179	11	11	—	157	1986	185	18	35	—	132
1964	159	13	14	—	132	1987	134	19	49	—	66
1965	198	9	—	—	189	1988	90	25	65	—	—
1966	133	5	8	—	120	1989	215	32	74	—	109
1967	62	3	—	—	59	1990	255	41	85	—	129
1968	161	9	2	—	150	1991	114	29	84	—	1
1969	201	5	4	—	192	1992	2196	24	42	2130	—
1970	157	8	5	—	144	1993	77	25	52	—	—
1971	293	10	147	—	136	1994	217	22	46	93	56
1972	155	12	13	—	130	1995	248	33	59	101	55
1973	138	7	5	—	126	1996	313	27	127	105	54
1974	152	7	16	—	129	1997	317	28	123	109	57
1975	141	7	9	—	125	1998	322	28	138	105	51
1976	184	9	17	—	158	1999	372	29	139	110	94
1977	54	10	24	—	20	2000	472	33	220	115	104
1978	162	7	32	—	123	2001	1682	52	284	102	1244
1979	251	13	32	—	206	2002	706	59	417	100	130
1980	59	16	12	—	31	2003	1198	74	709	312	103
1981	211	13	24	—	174	2004	845	165	283	300	97
1982	115	16	12	—	87	合计	13853	1039	3573	3682	5595
1983	194	16	31	—	147						

说明：1961—1992年的短期档案未作年度统计，总数为2130卷

二、企事业单位档案

1982年，在江苏省农垦局对农场企业整顿过程中，建筑工程公司、纺织印染机械厂、毛纺织厂、轧花剥绒厂、用电管理站等单位相继建立文书档案室，添置书柜、书架、消防器材等基本设施，各配专兼职管理人员1人，将本单位的技术资料、设备材料、加工图纸、合同文本、生产报表、财务账册、基本建设等资料集中整理后，编成目录，装订成册，入库保存。同时，建立档案管理的收集、整理、登记、借阅等制度。1986年，所有场办工建交单位及学校、医院均建立档案资料室，各配专兼职管理人员1人。

1989年起，档案管理专兼职人员经培训、考核，逐步领证上岗并申报评定档案管理专业技术职务。至1998年，全场有13人获得档案管理专业技术职称和职务，其中档案员8人，助理馆员5人。有6个

单位的档案室被评为苏州市三级以上合格档案室。1992年后，农场中学、中心幼儿园、纺织印染机械厂等单位档案室先后被评为江苏省三级档案室。

1998年，随国营工建交单位产权制度改革并逐步转为私营企业后，企业档案相继散失，档案室关闭。

1998年各企事业单位档案室基本情况表

表14-1-2

单位名称	达标情况	库房及设施			管理人员	
		面积（平方米）	橱柜（架）	组合箱（只）	人数	文化程度
常阴沙农场中学	省三级	40	—	50	1	本科
常阴沙农场幼儿园	省三级	22	1	—	1	中专
常阴沙农场医院	市三级	50	6	10	1	本科
工业锅炉给水泵厂	省三级	120	—	23	1	高中
飞浪泵阀有限公司	—	50	—	50	1	大专
油脂化工有限公司	市三级	28	6	—	1	大专
常阴沙电控厂	市三级	120	—	60	1	中专
常阴沙棉纺针织厂	市三级	28	6	—	1	中专
建筑安装公司	市三级	40	10	—	1	中专
村镇建设办公室	—	32	10	—	1	高中
劳动和社会保障办公室	—	40	—	—	1	高中

1998年各企事业单位档案保存数量一览表

表14-1-3

单位名称	档案总数		其　中					
			永　久		长　期		短　期	
	卷	件	卷	件	卷	件	卷	件
常阴沙农场中学	449	5231	369	4432	60	549	20	250
常阴沙农场幼儿园	372	2992	213	1734	53	473	106	785
常阴沙农场医院	455	6825	110	1825	253	3800	92	1200
工业锅炉给水泵厂	2002	24335	390	5850	752	9024	860	9461
飞浪泵阀有限公司	350	5661	210	5071	90	340	50	250
油脂化工有限公司	890	10582	195	2300	180	2100	515	6182
常阴沙电控厂	1772	8242	280	3112	812	2650	680	2480
常阴沙棉纺针织厂	1152	13261	116	1392	236	3068	800	8801
建筑安装公司	978	7068	200	2432	488	1446	290	3190
村镇建设办公室	774	5703	774	5703	—	—	—	—
劳动和社会保障办公室	85	1275	—	—	85	1275	—	—

第六节 群众文化

一、民间游艺

民间游艺是一种闲暇适意的生活调剂，也是境内比较普及的文化活动形式，既有节令性游乐活动，又有充满竞技色彩的对抗性活动，更多的则是不受时间、地点、条件制约，随意方便的自娱自乐活动。其中，有的继承性极强，规则较严格；有的则是无拘无束的即兴自娱；有的干脆是一种与生产紧密结合的小型采集和捕捉活动。这些丰富多彩的游艺活动，使劳动群众特别是青少年无论是在精神生活、智力开发，还是在身体素质诸多方面，得到充实和锻炼。

打腰鼓

打腰鼓是1949年从老解放区流传过来的一种文艺表演形式。50年代初，凡国庆、春节、欢送子女参加人民解放军、土地改革等重要的节日或庆祝活动，地方政府均组织妇女腰鼓队到场边打腰鼓边跳舞，以增加喜庆气氛。腰鼓鼓身为木制，呈长圆形，两头小，中间鼓，两端用牛皮蒙上。表演时，打腰鼓者用绸布带将腰鼓缚在腰左侧，一人领队，双手执铜钹，拍着有节奏的铜钹声，众人双手各执鼓槌交替敲击腰鼓两端和鼓身，翩翩起舞，场面热闹、欢快。1962年，轧花厂组成腰鼓队，在一些重要活动中，代表场部到场表演欢庆。1969年，腰鼓移交到场部中学和中心小学，并由中小学生组成腰鼓队，参加多项比赛和喜庆活动。至1979年，腰鼓队解散。

调龙灯

又称舞龙灯，是一种传统文艺表演形式。凡年末岁首、元宵等传统节日，常有调龙灯活动。龙灯用竹篾做骨架，分龙头、龙身、龙尾三部分，龙头、龙尾制作精巧，有8~10节，呈圆柱状，每节下面有一根竹竿，用细绳将龙头、龙身、龙尾连接在一起，用黄布制成外衣，全身以重彩勾勒出龙的纹理、鳞片。头、身、尾各部分均有一人执掌。舞动时，擎龙珠者首引，锣手开道，在锣鼓声的伴奏下，龙头窜、拌、出，龙身翻、滚、跳，龙尾摆、窜、翘。整个龙灯左右盘旋，上下翻滚，整齐、轻快、干脆、利落。

1980年春节前，六工区制成8节龙灯1条，组成龙灯队，到场部机关、工厂（单位）、敬老院等单位舞龙灯以示庆贺，每到一地，围观者甚多，活跃了节日气氛，受到群众欢迎。

90年代起，民众中少数人自发组成龙灯队，逢年过节、婚嫁迎娶、商场开业、工厂挂牌等，龙灯队上门稍作舞动，便强行向主办家庭和企业（单位）索要红包，从而失去了娱乐群众的意义，被群众称为“讨饭龙灯贼狮子”。

舞狮子

和调龙灯一样，为境内传统的文化艺术活动之一。狮子制作较为简便，狮头用竹篾制扎而成，糊上红布绸缎，血盆大口，铜铃圆眼，颈披长毛，形象十分威武。狮尾短细。狮身用红布与狮头连接在一起。舞狮子由3人合作表演，1人手擎绣球（或铜锣）戏逗狮子，1人做狮头，1人做狮身并手拿狮尾。表演时，两人弯腰曲背，蒙在红布之中，按绣球或锣声有节奏地表演各种动作。舞狮表演大致有两种演法，一种为“武狮”，如狮子滚绣球、狮子登高、狮子跳跃、双狮摔跤等；另一种为“文狮”，如狮子舔毛、狮子拌毛、狮子搔痒、狮子打滚等。至80年代，舞狮子在境内基本绝迹。90年代起，民众中少数人自发组成舞狮队，逢年过节、婚嫁迎娶、商场开业、工厂挂牌等，舞狮队上门舞动几下，便强行向主办家庭和企业（单位）索要红包，从而失去了娱乐群众的意义，同样被群众称为“讨饭龙灯贼狮子”。

童谣

数字谣 第一龙，第二熊，第三三皇帝，第四四金刚，第五掮大枪，第六落小羊，第七七子保团圆，第八八神仙，第九九连环，第十贼乌鸡（龟），十一桃花，十二杏花，十三乌鸡（龟）蜕壳。

打大麦歌　一大麦，两大麦，……噼噼啪，噼噼啪，大家都来打大麦。

追野猫歌　领：风来了！　众：勿怕！

领：雨来了！　众：勿怕！

领：城隍庙（乱坟场）里鬼来了！　众：勿怕！

领：金锁——　众：勿怕！

领：银锁——　众：勿怕！

领：嘎哒——　众：一锁！

杨柳枝　杨绵牛，扭啊扭，扭到张家桥堍头……

点簸萝　点点簸萝，猫猊做窝，新官告状，旧官退场，退下乌鸡，放你出去。

乘凉歌　天上星，地下灯，麻油甏，挂油瓶……

噔噔噔马来哉　噔、噔、噔、噔，马来哉，隔壁小姐转来哉。吃点哈葛（什么）？吃点腌齑炒虾。踏煞一只老蛙（乌鸦），老蛙告状，告拨（给）和尚，和尚念经，念拨（给）观音。观音卖布，卖拨（给）姐夫，姐夫关门，关到一只苍蝇，苍蝇拆（放）屁，放了一地，小姐回转扫地，拾着一只挖泥（即挖耳，一种簪之类的头饰），插在宝宝头上客气（漂亮、标致）。

摇篮曲　摇啊摇，摇到外婆桥，外婆叫我好宝宝，连牵（赶快）买条鱼来烧，头爿勿熟尾巴焦，盛到碗里跳三跳，吃到肚里咕咕叫。

割草歌　饿饿藤（一种爬藤类杂草，可食），吃了饱登登，齑齑菜，吃了跽下来……

推车曲　推车推车厄宁（有没有）到嘞？勿宁（没有）嘞，馒头烧饼厄宁熟嘞？勿宁嘞……

推磨曲　牵（推）家磨，骑家磨，牵拨（给）啥人吃？牵拨郎郎吃，郎郎吃了咋（做啥）？牵黄牛，黄牛跌在草潭里，锄头铁锴扒不起，两根芦头节括（清脆的响声）气……

稻柴和老爷　两面两个稻柴，当中一个老爷，稻柴滚脱，老爷死脱。

春曲

春节期间，新春伊始，民间流行"唱春"习俗。唱春者携带小铜锣一面，或一人独唱，或男女两人合作，挨家挨户，在各家大门口演唱春曲。依固定曲调，配以唱词，内容一般都取自历史题材，或一年十二个月的各色花名等，琅琅歌唱，以庆祝新春。若逢某家新婚喜庆，则往往请来较有名望的唱春者登堂入室，唱毕，给以喜钱，以示感谢。这种民间文艺演唱活动，颇可增添新春乐趣，与挨户乞讨者自有区别。

春曲名目繁多，举《十张台子》如下：

第一张台子四角方，岳飞枪挑小梁王，武松手托千斤石，姜太公八十遇文王。

第二张台子配成双，辕门斩子杨六郎，诸葛亮要把东风借，三气周瑜芦花荡。

第三张台子桃花红，百万军中赵子龙，文武双全关夫子，连环巧计是庞统。

第四张台子四角平，吕蒙正落难破窑登，朱买臣落难挑柴卖，何文秀落难唱道情。

第五张台子是端阳，张生吃酒等红娘，红娘吃得熏熏醉，引动张生跳高墙。

第六张台子荷花放，阎婆惜活捉黑三郎，宋公明投奔梁山上，沙滩救主小秦王。

第七张台子是七巧，蔡状元砌造洛阳桥，观音龙女来作法，四海龙王免三潮。

第八张台子张张好，昆仑山下闹江宵，判断阴阳包龙正，张飞喝断巴定桥。

第九张台子九重阳，司马懿不是好心肠，欢乐王下山和尚做，后来逼死姜四娘。

第十张台子唱完成，唐僧西天去取经，沙僧八戒前领路，悟空大哥有功劳。

二、常阴沙号子

常阴沙地区劳动群众在长年的劳动生活中，为激励斗志和统一步调节奏而创造积累出来的一种反映某种思想情感，并一边劳动，一边喊唱出来的独特语调，类似山歌，故又称常阴沙号子。号子一般由男性劳动者喊唱，部分女性劳动者也有喊唱的。有的甚至在走路、散步时也喊唱几句。因常阴沙号子有的用崇明话喊唱，有的用老沙话喊唱，有的用江北话喊唱，有的还用靖江话喊唱，故号子的种类繁多，语调不一，喊法各异。以号子的种类分，比较典型的有12种。

车水号子

用人力水车往稻田车水时喊唱。人力水车由车厢、斗链、车轴、车拨、车榔头等组成，一般以四人水车为主，也有六人车。车水时，众人有节奏的踩踏车榔头，一人领喊，众人接喊，号子内容大体为：

海咿呀的来哎，好有哇来的啰！嗳嗳嗨来唷，嗳嗨又来了！

60年代初，随着机械灌溉在农场的迅速推开，车水这种原始农活逐渐消失，车水号子也在农场范围内消失。

挑粮号子

70年代前，稻麦成熟收割后，需人力以肩挑的形式集中运输到晒场掼打脱粒，在挑担运输途中，号子声此起彼伏，着实好听。大体内容是：

哈吆哇的来呀，嗨呀！嘿哟里的来呀，嘿呀！

哼喳地呀来呀，嚎嗨！哎嗨，嗨咿哇的来呀啰！

主要是鼓劲，号子喊得越响，越可以鼓动精神，挑担越起劲。挑粮号子喊唱至80年代中后期。

挑粪号子

在没有使用化肥前，人畜粪是很好的有机肥料。因此，需要定期将粪坑里的粪挑运到田里浇洒。人们在挑粪途中即行喊唱。大体内容为：

嗨咿呀的来哟，嚎……好噢！还有来哉，哎……好噢！

意为粪来了，后面还有。挑粪号子喊唱至80年代中期。

挑泥号子

是常阴沙农场在围圩筑岸、开河运土、平整土地和每年清理河道时，用泥络或竹畚箕挑运泥土时所喊唱的号子：

嗨咿呀子来咳哟，哎嗨来，噢好……！哎嗨，哎嗨来哎啰，啊……！

挑泥号子喊唱至90年代后期。

打夯号子

在未实现机械化的时期，建房、造桥、筑路等做基础时都用木夯作业，称打夯。木夯用树木制成，一米高左右，下部结有四根绳子，上端有扶手。打夯时随号子同时提绳吊夯，又同时松绳下夯，动作整齐划一。号子为七字句加虚词，字句规范押韵，内容多而丰富，较为动听，如：

一个木人四角方，嗨唷！四个师傅站四方，嗨唷！

木人落地千斤重，嗨唷！各位师傅要当心，嗨唷！

打夯号子喊唱至80年代后期。

拾狗屎号子

旧时，农家为了多积粪肥，早上外出拾狗屎，用锄头柄挽着竹制三角畚箕，边寻狗屎边喊唱号子：

嗨哎来嘞，嗨咿呀来，嗨哎来唷！

噢好来嘞，嗨咿呀来，狗屎来唷！

这种号子主要流传于老常阴沙地区，而在农场境内则基本失传。

扛运号子

扛运物资一般为两人，喊唱号子一喊一接，号子和跑路步伐形成相应节奏，如：

嗨呀啦个来，哎呀拉个嚎！嗨呀好来！嚎呀好哎！

这种号子流传至90年代初期。

扛嫁妆号子

有两人一档和四人一档，号子一喊一和，所喊的内容表现出喜悦、轻快和高兴。如：

扛起来呀，噢好来呀！

当心点啊，噢好来呀！

跑稳点啊，噢好来呀！

快点追啊，噢好来呀！

途中可以自由发挥喊出多种唱词，如上坡就喊“上川头呀，噢好来呀！”这种号子流传至70年代中期。

拉纤号子

旧时航船靠人工在河边拉纤，其号子为：

嗨呀来，有来哉。

嗨呀来，咿呀来。

嗨呀好来，噢呀好来！

农场建立后未得到流传。

出殡号子

也称扛棺材号子。号子很简单，即扛棺材的8个人中，1人领喊：“嗨嗳，嗨嗳。”其余7人接喊“哈！”如此反复。

号子庄重有力，一方面表示悲伤沉重，另一方面告诉前面的路人，后面出殡的来了，请让路。这种号子流传至今。

榨油号子

一般为三个字：

嗨呀……哼！

即抡举榔头时吸气喊“嗨呀，”捶打木塞时呼气喊“哼”。农场境内流传至60年代。

上梁号子

也称“说鸽子”。建房上梁十分隆重，除选择吉时、燃放烟花爆竹、挂万年青、百岁袋、亲朋送礼道贺等习俗外，还要将喜钱、喜糕、馒头、斧头等8件喜物用蓝色围腰包装后分别送给泥木工两个当手主持师傅。两个领头的木、泥工师傅则在选择好的吉时上梁并喊唱号子，一般为木匠师傅在上手方，泥工师傅在下手方，边登梯边喊唱号子，如：

脚踏楼梯步步高，王母娘娘采仙桃。手拿斧头喜洋洋，主家请我来上梁。

两头上的橙香木，中间上根紫金梁。紫金梁上贴福字，子子孙孙状元郎。

这种号子流传至今，且有发展趋势。

第二章　卫　生

第一节　医疗机构

一、医疗点

1957年，兆丰联合诊所开始委派医生到境内的东长沙、建设圩、合作头圩、合作二圩、合作三圩等地巡诊。1958年2月，分别在第一农场和合作二圩尹德加家中（现农场医院西侧）各设立一个医疗点，上午门诊，下午出诊。采取划片包干的办法，辅导培养卫生员，搞好防疫、爱国卫生和普查寄生虫病等工作。同年秋，医疗点医护人员随民工到望虞河工地，配合工地野战医院，集中诊治流感和流脑，突击培训工地卫生员，同时进行寄生虫病的普查。1960年春，两个医疗点及其医护人员划归农场，合并筹建农场职工医院。

1976年，为方便干部职工的防病治病需要，农场医院就医疗、爱国卫生、妇幼保健等工作划分四个片，在二工区、九工区、十三工区、十四工区设立医疗点，医生分片包干。其中九工区医疗点设有内科、外科，配有病床、输液设备等设施。

二、医院

1960年春，接收兆丰设在境内的医疗点，并以医疗点为基础筹建医院。医院租借一〇工区马某三间碾坊草屋，稍加修整后作为门诊室，原中药店改造后作药房，于8月1日正式开业，性质为农场职工医院。

1961年4月，农场职工医院定名为江苏省国营常阴沙农场医院（简称农场医院）。1962年，农场医院北迁至今粮饲加工厂所在地（今通运北路东距常阴沙大桥300米处），时有草屋8间，增设化验室，医务人员增至14人。1963年，医院再次搬迁至原场部办公室所在地，即今红旗西路2号。有房屋8间，床位6张。开设中西医混合内科和外科门诊、化验室、中药房、西药房。

1966年，医院医务人员增至28人。1969年，改名为沙洲东方红农场医院。1971年，增添15毫安X光机1台。1972年，培养放射科工作人员1人。1975年，购置电光比色机1架。1976年，拆除原门诊办公室，就地兴建门诊楼1幢，计16间，建筑面积为349平方米，楼下8间作门诊室，楼上8间作外科病房，同时增添心电图仪、超声波机各1台。至此，农场医院初具规模，医务人员增加到60人。内设门诊、病房、药房、后勤4个组，共有床位50张。1979年，恢复江苏省国营常阴沙农场医院名称。1980年，场部投资142万元，改造住院部，新建楼房1幢，计13间，建筑面积330平方米，并办起西药制剂室。同时，另辟900多平方米，建造砖瓦结构的传染病房16间，面积443平方米。实行传染病和普通病的分区治疗。至1985年，医院占地13.56亩，建筑面积为3503.6平方米，其中医疗用房总数达2504平方米。病床80张（其中传染病房病床30张）。门诊部有西医内科、中医内科、外科、五官科、妇科、儿科、放射室、注射室、心电图室、中药房及西药房。住院部有内科病房、外科病房、妇产科病房、外科手术室、消毒室等。

1989年，开设颈肩腰腿痛治疗特色门诊。1993年，农场医院获卫生部一级甲等医院资格。1996年10月，获“爱婴卫生院”称号。1997年8月，场部投资47万元，建造三层楼的颈肩腰腿痛专科治疗中心楼1幢，建筑面积676平方米。该中心建成后，每年接待门诊人员超2.5万人次，占全院门诊总人数的40%以上。

2001年1月，经江苏省人民政府批准，医院开始逐步从农场剥离，划归张家港市，更名为张家港市常阴沙卫生院。同年，颈肩腰腿痛专科治疗中心被张家港市卫生局列为张家港市重点专科。2001年，按照交接协议，由农场出资新建2000平方米病房大楼。2003年12月，场部除按原有体制对医院实行经费补助外，完成资产和资源的全部移交，实现了医院从农垦向地方剥离的历史性过渡。2004年起，医院开始享受张家港市人员经费补助。同年，常阴沙卫生院被评为苏州市结核病防治先进单位。党支部书记、院长马阿玉被江苏省中医药学会授予“基层优秀中医药工作者”称号。是年10月，经张家港市华景会计事务所评估，常阴沙卫生院资产净值304.82万元。

1982—2004年常阴沙农场医院基本情况表

表14-2-1

年 份	床位数（张）	门诊数（万人）	住院数（人）	工作人员（人）		
				总　数	医务人员	其他人员
1982	80	4.8	1830	42	27	15
1983	80	4.7	2663	43	28	15
1984	80	4.5	1931	75	60	15
1985	70	6.8	1641	86	67	19
1988	65	5.0	1856	78	63	15
1989	65	5.2	1946	77	62	15
1990	65	5.1	1800	79	64	15
1991	65	4.9	1722	78	62	16
1992	65	5.0	1742	83	67	16
1993	65	5.3	1659	83	66	17
1994	60	5.1	1837	86	70	16
1995	60	4.70	1527	95	79	16
1996	60	4.3	1499	91	75	16
1997	60	4.1	1254	84	68	16
1998	60	3.7	1043	82	68	14
1999	60	4.0	1011	75	64	11
2000	60	4.3	1222	86	65	21
2001	60	4.2	881	55	48	7
2002	60	4.5	785	56	48	8
2003	60	4.5	703	57	49	8
2004	60	4.0	659	55	48	7

三、卫生室

1963年底，场部首次在二工区、九工区、十三工区、十四工区建立卫生室，备有少量常用药，卫生室由工区保健员负责。

1969年，全场有16个工区先后建立卫生室，配有高压清毒锅及橱、柜、台、凳和一些常用的医疗器械、常用药等。至1980年，全场22个农业工区全部建立卫生室，每个卫生室配“赤脚医生”1~2人。“赤脚医生”的工资（含劳保福利）全部由所在工区承担。

1985年9月，农场中学和农场中心小学相继建立卫生室，卫生室配有简单的医疗器械和常用药。医院派出1名医生定驻学校卫生室，学生中的伤风感冒、小外伤等常见病，一般在学校卫生室治疗，学生的医药费由学校统一结算。

1986年后，各工区开始对卫生室实行独立核算、负盈补亏的管理办法，即盈利部分作“赤脚医生”的工资和劳保福利，亏损部分由所在工区适当补助。90年代初，实行全额承包，亏损不补，工区只提供房子作为“赤脚医生”的工作场所。1996年，全场22个农业工区的卫生室全部关闭。

2001年起，农场医院从农垦剥离后，部分医务人员转岗，为解决医务人员转岗后重新就业的需要，经医院申请，报场部同意，采取租用房屋的办法，重新在相关工区办起卫生室，卫生室实行独立核算、自负盈亏的经营方式。至2004年，共有6个农业管理区办起卫生室。

第二节　医疗队伍

1957年，境内的建设圩、合作头圩、合作二圩、合作三圩、东长沙等区域，开始有兆丰联合诊所委派的医生巡诊。1958年，第一农场和合作二圩医疗点共有中医4人、护士2人。

60年代初，农场医院为13个管理区（工区）各培养一名卫生保健员兼新法接生员。职工常见病、多发病的治疗，外科包扎、肌肉注射、儿童防疫、婴儿接生等工作均通过工区保健员配合完成。时医院有医务人员10人，其中中医5人、助产护士1人、医疗护士3人、药工1人，另有行政管理人员2人。

1963年后，农场逐步将分配来场的大中专院校毕业生和部队复员转业医生充实到医疗队伍，医疗业务由以中医为主转变为以西医为主。1969年，各工区卫生室的保健员改称为“赤脚医生”，意为不脱离农业生产的医生。同时，场部分期分批将“赤脚医生”抽调到医院学习培训、跟班实习，或送出去培训，医疗业务水平得到提高。

1980年，首次在医务人员中评定职称。至1981年，全场医务人员中有22人获得技术职称，其中主治医师1人，医师、护师21人。1984年3月至1985年9月，农场医院自办业余卫生学校，比较系统地学习中等卫生学校基本教材，有17人通过考试后获得沙洲县卫生进修学校颁发的结业证书。同时，先后有25人获得“赤脚医生”证书，6人获得乡村医生证书。这些“赤脚医生”和乡村医生除一部分调医院工作外，尚有22人在工区卫生室工作。

1986年起，采取请进来、送出去的办法组织医务人员进行培训，至1987年，全院医务人员有43人获得专业技术职称，其中中级职称2人，初级职称41人。

90年代后，因各工区相继对卫生室“赤脚医生”采取全额承包，亏损不补的承包责任制，致使卫生室“赤脚医生”先后转岗，另谋职业。至1996年，“赤脚医生”全部另谋职业。

2000年，医院有工作人员86人，其中医务人员65人。这些人员中，具有主治医师、主管护师（中级）以上技术职称的医护人员25人，具有医师、护师、护士（初级）职称的医护人员19人。

2001年，医院从农场剥离向张家港市移交初期，由张家港市卫生局实行重组时，38人转岗（其中7人转岗后返聘），留用48人。

1981—2000年常阴沙农场医院医务人员学历与职称情况表

表14-2-2　　单位：人

年　份	总人数	学　历				职　称		
		本科	大专	中专	高中以下	中级	初级	未评
1981	22	—	3	5	14	1	21	—
1982	27	—	7	6	14	1	26	—
1983	28	—	7	6	15	1	26	1
1984	60	—	9	8	43	1	27	32
1985	67	—	7	5	55	1	24	42
1986	65	1	5	10	49	2	20	43

续表14-2-2

年份	总人数	学历				职称		
		本科	大专	中专	高中以下	中级	初级	未评
1987	64	1	4	12	47	2	41	21
1988	63	2	1	12	48	2	44	17
1989	62	2	4	16	40	4	41	17
1990	64	3	3	16	42	4	43	17
1991	62	3	5	18	36	5	49	8
1992	67	1	4	17	45	4	40	23
1993	66	1	3	15	47	4	43	19
1994	70	3	3	11	53	3	41	26
1995	79	3	3	10	63	3	45	31
1996	75	3	3	12	57	4	44	27
1997	68	2	3	10	53	16	34	18
1998	68	2	4	10	52	17	36	15
1999	64	2	3	10	49	22	29	13
2000	65	2	4	10	49	25	19	21

第三节 医疗制度

一、公费医疗

1952年9月，国家实行公费医疗制度，凡享有公费医疗的对象，凭公费医疗证件，到指定的医疗单位就诊，不交现金，由医疗单位统一记账后与就诊者的单位结算。1953年，凡在农场工作的干部和职工，开始享受公费医疗待遇。国家干部享受医药费、住院费、车船费100%报销，农场职工享受医药费、住院费100%报销，遇工伤治疗时车船费全部报销。

1962年，随享受公费医疗人数的增加，医疗费用不断上升。对此，场部第一次对公费医疗制度实行改革，国家干部、教师、医生、机关工作人员按原规定执行；农场职工除工伤治疗报销100%外，一般情况实行医药费、住院费50%的报销制度。1964年，对公费医疗制度实行第二次改革，职工医药费、住院费由报销50%提高到80%。1975年，对公费医疗实行第三次改革，职工的医药费、住院费由报销80%恢复到100%。

1986年3月，场部组织职工代表对公费医疗改革进行专题讨论，形成《国营常阴沙农场有关公费医疗具体问题的意见》。对享受公费医疗的对象进行了重新确定：凡农场职工，国家工作人员，离休、退休、保养人员，以及独生子女人员（从领取独生子女证之日起）等，可享受公费医疗。其他人员全部改为参加合作医疗。同时规定医药费按人头平均数核定到所在工区或单位，由工区或单位在核定的范围内统一使用，不得超支。病人到医院就医时，门诊费由个人交纳现金后回单位报销，住院病人采取交纳现金和记账两种形式，由医院凭记账单向单位结算。

1997年，实行城镇职工基本医疗保险制度，凡参加城镇职工养老保险统筹的人员，建立医疗保险个人账户，按规定享受基本医疗保险待遇。农场的以工代干人员与原全民工建交单位调进人员、中华人民共和国成立前参军的老退伍军人、插场知青、归国华侨等对象按场内统筹的医疗保险规定建立个人账户，并按个人账户享受相应的基本医疗保险待遇（与城镇职工基本医疗保险待遇基本相等）。已退休的农场职工按每人每年25元的医疗费核发到个人，包干使用。其他人员不再享受公费医疗待遇。农场公费医疗制度停止实行。

2004年，农场划归张家港市实行属地管理后，对以工代干人员再次实行公费医疗改革，停止享受相应的基本医疗保险待遇。其中已经退休的以工代干人员参加合作医疗，在职人员参加城镇职工医疗保险。

二、合作医疗

1969年9月，场部建立合作医疗管理委员会，在全场实行合作医疗制度。参加合作医疗的对象为不享受公费医疗，但户口在场的职工家属、子女及非职工人员。具体规定是：每人每年交费1.5元，另从场福利基金中拨款每人每年1.5元，作为个人合作医疗基金。场办合作医疗以工区、工建交及事业单位为核算单位。凡参加合作医疗的对象，医药费报销80%。

1975年，合作医疗由工区、工建交及事业单位核算改为场部统一核算和管理，同时制定合作医疗章程，规定“不开大处方，只开两天量，小病不出门（指到工区卫生室就诊），大病不转院，药费报八成（80%），全年不超额”。合作医疗的出现，改变了部分职工家庭因经济困难而看不起病的现象，群众曾称赞这种方式是“众人帮一人，国家为人民”的好举措。

2001年3月，参照张家港市推出的农村大病风险合作医疗管理办法，场部重新成立大病风险合作医疗管理委员会，同时成立常阴沙农场大病风险合作医疗管理办公室（简称合管办），制定《常阴沙农场大病风险合作医疗管理试行办法》共七章二十九条。在全场全面实施大病风险合作医疗制度。大病风险合作医疗实行属地和谁用工谁负责的原则，除已参加张家港市和本场基本医疗保险的人员外，凡户口在农场的农业工区、居委会人员，场直工建交单位（含私营企业）职工，机关、学校、医院职工和临时工，在校中小学生、幼儿园儿童，及已经退休的农场职工均须参加大病风险合作医疗。其方法为以户为单位，全家参加。大病风险合作医疗基金坚持“个人出资、集体扶持、多方筹资、量入为出、定额补偿、场办场管”的形式。农业工区、居委会、企事业单位（含私营企业）职工和在校的中小学生按每人每年20元的标准，农场退休职工按每人每年10元的标准，由个人出资。场部按在册总人数每人每年5元（其中2元交张家港市大病风险基金）的标准，农业工区按户口在册总人数每人每年1元的标准，企事业单位（含私营企业）按每人每年15元的标准实行补助，一并记入大病风险合作医疗家庭账户。大病风险合作医疗的补偿实行分段结算和补偿，即药品费、医疗费全年累计从501元起算结报，全年累计相加在1000元以内的，按25%比例补偿；1001~3000元的，按30%比例补偿；3001~5000元的，按35%比例补偿；5001~7000元的，按40%比例补偿；7001~9000元的，按45%比例补偿。全年药品费、医疗费累计超过9000元的，进入张家港市大病风险补偿范围，最高限额为30000元，补偿比例最高为65%。是年，全场有9536人参加大病风险合作医疗，占应参加人数的48.3%。共征收基金30万元，其中个人交费16.4万元。当年对471人进行药品费、医疗费的报销补偿，报销补偿总额为30.26万元，其中进入张家港市级大病风险报销补偿的有6人，报销补偿金额为2.46万元。

2004年起，统一执行张家港市新型合作医疗政策，新型合作医疗基金标准为每人每年110元，其中个人交费40元，场、管理区及企事业（含私营企业）单位补助每人70元。是年，全场有12386人参加市新型合作医疗，占应参加总人数的65.2%，共征集个人资金49.54万元，场部补助资金59.9万元，管理区及企事业（含私营企业）单位交纳资金26.8万元（场部、管理区及企事业单位的补助资金于4月24日常阴沙农场实行属地管理后由市财政统一补助）。

第四节　预防与控制

1953年春，境内各圩在当地政府的领导下，男女老少普种疫苗（牛痘），使天花绝迹。此后，统一进行麻疹、乙型脑炎、霍乱、伤寒、百日咳、脊髓灰质炎、破伤风、结核、精白、疟疾抗复发等疫苗预防接种，使伤寒、副伤寒、乙型流脑、脊髓灰质炎、白喉、破伤风等疾病基本绝迹，麻疹、流行性脑膜炎、百日咳、霍乱、疟疾、麻风病等疾病得到控制。

50年代末60年代初，恢复扩建后的农场以开展寄生虫普查和群众性除“四害”运动为重点，进行卫生防疫工作。

1965年春，农场医院在做好预防接种工作的同时，协同场部发动职工群众突击搞好环境卫生，做好家庭和个人卫生，有效地防止了当年流脑疫情的流入和传播。

70—80年代，除做好常规的卫生防疫接种工作外，还进行肝病和血丝虫病的普查工作。

1981年，苏州地区卫生局、苏州地区医学学会、沙洲县卫生局和沙洲县卫生防疫站联合建立的采血组到农场进行肝病普查，全场16周岁以上的应检人员19225人，实检16739人，表现阳性的为1019人，阳性率占实检人数的6.08%。

1983年10月，在江苏省组织各县市卫生防疫部门联合对血丝虫病的预防工作进行的考核验收中，对二工区和六工区进行抽样检查，抽查2294人，未出现阳性。

1984年3月，农场医院开设计划免疫门诊，对出生两个足月后的婴儿进行卡介苗、脊髓灰质炎疫苗、百日咳疫苗、麻疹疫苗等免疫接种工作。每月1—12日通知婴儿家长进行预约。同时设立儿童保健门诊，对新生儿进行体格检查，及时治疗婴儿常见的肺炎、腹泻、营养不良、佝偻病等。

1986年，农场医院开始建立传染病登记制度，建立档案，上下结合，不留死角。同时利用场办广播节目、印发宣传资料等，开展传染病防疫的宣传工作，搞好传染病预防咨询，普及传染病预防知识，效果明显。

2003年4月，场部成立传染性非典型肺炎（SARS，简称非典）防治工作领导小组，全民动员，防治非典。农场医院确立应急保障措施，建立医疗防治小组和由专人负责的消毒小组，开设24小时发热门诊，同时备置隔离服8套、口罩300副、手套500副、消毒液100瓶、专用救护车2辆。各农业管理区、工建交单位及周边市属所有单位均采取相关措施，在排查外出人员的去向、外出人员从何地回场、本单位有无发热病人的基础上，坚持24小时值班制度。对从非典疫情区域回场的人员，送医院进行强制性隔离观察。同时，场部采取措施，严格控制人员外出，减少集体活动，关闭公共活动场所，从多渠道堵截非典疫情的传播。至6月6日，全场未发现一例非典病人和疑似病例。

第五节　妇幼保健

一、妇女保健

1963年，农场医院开设妇产科门诊，对孕妇建立孕妇登记卡，发放孕妇幼儿卫生保健知识宣传资料，告知孕妇检查日期。孕妇一般在怀孕三个月左右到医院进行胎位检查，之后，则根据医院的约定进行检查，一般是5次，多则十多次。如发现胎位不正，需要剖腹产的，预先告知孕妇，发现高危孕妇，当即采取措施，实施高危监护，做好工作。

1963年、1972年、1974年，农场医院先后三次对全场已婚妇女进行妇女病普查普治和预防妇女病的宣传教育，普及妇女病的预防知识。同时，对患有子宫下垂病的已婚育龄妇女组织进行治疗。

1980年，采取各工区、单位逐一过堂的办法进行妇女病普查，发现一例，治疗一例。同时，抓好育龄妇女的产前检查，通过“赤脚医生”向妇女宣传四期卫生和避孕常识。场工会和妇联要求各级领导切实加强妇女的劳动保护，做到经期不下水田、孕期不干重活、产期休假56天、哺乳期不调远处干活。孕妇大多由家庭分娩改为到医院分娩，42天内，医院负责对产妇和婴儿进行三次访视。

1985年开始，增加以宫颈刮片防癌为主的妇女病检查，每年普查一次，查出疾病后当即由医生开出处方，落实治疗措施，病情严重的，如肿瘤等，立即住院或转院治疗。

1986—2004年常阴沙农场妇女病普查及孕产妇保健一览表

表14-2-3 单位：人

年份	妇女病普查			孕产妇保健						
	65岁以下人数	实查人数	患病人数	总人数	孕妇建卡	产前检查	高危怀孕管理	住院分娩	产后访视	产后42天保健
1986	2830	2406	1444	352	340	340	52	352	1056	352
1987	2559	2176	1371	335	326	326	49	335	1005	335
1988	—	—	—	310	298	298	44	310	930	310
1989	—	—	—	301	285	285	40	301	903	301
1990	2986	2389	1649	285	271	271	36	285	855	285
1991	2046	1678	1007	288	269	269	36	288	861	287
1992	—	—	—	275	265	265	34	275	822	274
1993	—	—	—	272	255	255	30	272	816	272
1994	2435	2059	1339	229	210	210	28	229	681	227
1995	2551	2180	1482	192	188	188	24	192	570	190
1996	—	—	—	155	143	143	20	155	462	154
1997	—	—	—	132	129	129	19	132	396	132
1998	2081	1724	1172	152	150	150	24	152	450	150
1999	2890	2369	1539	150	148	148	23	150	450	150
2000	—	—	—	148	144	144	22	148	438	146
2001	—	—	—	119	118	118	18	119	351	117
2002	1984	2243	1596	110	110	110	17	110	330	110
2003	2625	1805	1204	92	90	90	11	92	270	90
2004	—	—	—	100	98	98	12	100	300	100

二、婴幼儿保健

60年代起，农场医院在各工区卫生保健员配合下，对婴幼儿进行预防接种，每年5月和9月两次由医院对托儿所幼儿和幼儿园儿童进行健康检查。同时，为托儿所保育员和幼儿园老师进行幼儿保健常识培训，聘请幼儿园老师担任兼职保健员，做好观察记录，发现病儿，及时与家长联系并送医院治疗。1979年，在对全场1868名婴幼儿进行的健康检查中，发现207名婴幼儿患病，经及时治疗，治愈率100%。1980年后每年儿童节前对0~7周岁的婴幼儿进行健康检查。

1984年3月，农场医院专门开设计划免疫和儿童保健门诊，实施基础免疫门诊，凡新生婴儿出生两个足月后，即列入儿童保健范围，发放保健卡，建立跟踪服务制度，进行系统管理。1周岁以内的婴儿，每三个月体检一次，1~3周岁的每六个月体检一次，3~7周岁的每年体检一次。

1986年起，农场中心幼儿园在每年新学期开学后，请医院儿保医生到幼儿园对入院儿童进行健康检查，建立健康档案。

1990年至1999年，婴幼儿计划免疫接种“四苗”（天花、霍乱、百日咳、脊髓灰质炎）覆盖率连续10年保持100%。2000年后的婴幼儿预防接种增加乙肝疫苗。

1986—2004年常阴沙农场0~7周岁儿童预防接种疫苗情况表

表14-2-4

年份	应接种（人）	实际接种（人次）						
		卡介苗	百日咳疫苗	麻疹疫苗	乙脑疫苗	流脑疫苗	乙肝疫苗	脊髓灰质炎疫苗
1986	311	311	1154	305	1110	536	781	1471
1987	301	301	1184	288	1126	525	758	1435
1988	274	274	1061	270	952	494	822	1069
1989	322	322	1259	398	1203	562	892	1512
1990	282	282	1088	273	988	487	169	1254
1991	266	266	1051	260	1004	504	694	1280
1992	278	278	1107	270	1041	528	797	1110
1993	281	281	1111	278	1310	520	797	1355
1994	200	200	353	48	770	390	468	379
1995	196	196	745	224	747	359	618	741
1996	171	171	746	201	627	463	533	748
1997	139	139	619	156	522	388	421	615
1998	152	152	596	127	573	241	457	600
1999	154	154	604	175	581	435	464	608
2000	155	155	526	150	527	434	435	548
2001	134	134	563	144	394	385	432	572
2002	110	110	515	137	253	242	360	512
2003	95	95	424	112	321	224	308	424
2004	121	121	428	82	329	199	330	437

第六节　中医中药

一、中医

1958年4月至8月，兆丰联合诊所的中医曾参加南京中医院的函授学习，首次系统地学习中医理论知识。

1960年，农场医院建立时，有中医5人。1962年，农场医院全体医生参加沙洲县卫生局医工协会组织的中西医知识在职学习，比较系统地学习《伤寒论》《金匮》《内经》等中医书本理论和西医西药知识，一边学习理论，一边临床实践，并以中医为主，开设中医内科、外科、妇科、儿科等，年门诊量约4.5万人次。至1968年，农场医院共有中医9人。

1969年开始，农场医院对“赤脚医生”进行中医知识培训，重点推广使用针灸、中草药治病防病知识，由南京中医药学院下放到农场的专职中医授课。苏州市知识青年、一〇工区赤脚医生马阿玉在比较系统地掌握针灸、中草药治疗皮肤病和关节炎疼痛技术后，1974年调医院工作，并被送往无锡医院进修。回院后，将学到的理论和技术用于临床实践。至1985年，共接待病人24400人，平均每年接待病人2218人，形成了一套独特的颈肩腰腿痛治疗特色，享誉周边乡镇及常熟、苏州、江阴、无锡、南通和上海等地。1989年，医院开设颈肩腰腿痛治疗特色门诊，该门诊以马阿玉为主，有中医3人。1991年10月，马阿玉撰写的《经络导平治疗肩周炎132例报告》在中华中医学会大会上作学术交流。1997年8月，由场部投资建造的颈肩腰腿痛专科治疗中心投入使用后，用中医理论和针灸、推拿、理疗、中草药等治疗皮肤病及颈肩腰腿痛，每年接待门诊2.5万人次以上。

2000年，农场医院退休的老中医沈云才，在医院对成的红旗西路北侧开设中医沈氏诊所。

二、中药

1957年，青草沙商贩陆汉文在红房子西侧开办一爿药店，聘请东迁户中的中医黄庭安、顾锦宣坐堂为农民看病开药方，以中草药为主。1958年2月，药店由兆丰联合诊所接收。

1960年8月，药店划归农场医院，改为中药房，有药工2人。中药房的中药除医药公司配送外，根据中医治病的需要，自行采购并经营。主要有当归、红参、红花、甘草、白术、杜仲等700多个品种。同时，向当地职工和农民收购自种、自采的药瓜皮、药瓜子、丝瓜筋、蝉蜕、蛤蟆浆、枸杞、橘皮等十多种中草药，除少量留作自用外，其余交医药公司调配外销。

1969年，全场赤脚医生落实“两一”（一根银针、一把草药）、“三土”（土方、土药、土医）、“四自”（自种、自收、自制、自用）的办医方针，用土方草药防病治病。十二工区赤脚医生黄福妹用自制的土方草药治愈本工区宋老太长达37年的漏肩风。1971年10月31日，《人民日报》发表通讯《三十七年的病根拔除了》，对土方草药防病治病给予高度评价。第二天，《新华日报》全文转载该文。此后，全国各地乃至港澳台地区到十二工区求取土方草药的信函一度达到每天上百封之多。

1970年后，农场医院开辟中草药的种植基地。在十二工区、十六工区、十九工区共种植中草药160亩、500多个品种。1977年后，中草药种植面积逐步减少，至80年代初期，停止种植。

第七节 爱国卫生

一、除“四害”

60年代初，场部组织干部职工开展以除“四害”〔雀（后改为臭虫）、蝇、蚊、鼠〕为中心的爱国卫生运动。春秋两季结合积肥造肥，清除杂草和垃圾污物，疏通污水河道，有重点地对蚊蝇滋生地实施喷药灭杀。1964年，对农作物实施飞机喷药治虫，也对消灭蚊蝇起到了良好效果。

1965年起，开展以“两管”（管水、管粪）、“五改”（改水井、改炉灶、改畜圈、改厕所、改环境）、“三灭”（灭蝇、灭蚊、灭鼠）为主要内容的爱国卫生工作。建立不定期的卫生检查评比制度，工区、工厂（单位）对居民集中居住区及公共场所、食堂、厕所配备专职管理人员，定期喷药，达到灭蚊、灭蝇、灭鼠、灭臭虫的效果。

1983年后，每年冬春两季，由场爱卫会召开会议，布置常规性的灭鼠工作，把鼠药分发到各家各户及公共场所管理人员，统一行动，集中力量消灭老鼠。同时规定将死鼠集中深埋或焚化，消除病源。

1990—2004年，场部每年均投入一部分资金用于除“四害”。据不完全统计，全场每年除“四害”的药物和工具（不包括职工家庭自行购买的药物和工具）的用量，一般不少于鼠药300公斤、鼠夹100只、敌敌畏100公斤、凯素灵500包、蝇克星500包、敌杀死100公斤、杀蟑香500包、蟑饵剂200公斤。

二、饮水卫生

1965年开始，以改水为重点，各农业工区每年在冬季农闲时节，进行一次饮水河道的清理，确保河宽4米、河深2米，水面无漂浮物和杂草，并经常开闸换水，保持河水的流动清洁。

70年代起，鼓励职工在家前屋后自打水井，场部给予一定的经济补助。1979年，场部成立打井小分队，至1982年，全场共打水井1609口，其中公用水井20口、户用水井1589口，饮用井水人数为10339人，占全场总人口的46.5%。至1986年，有深井4口、水塔4座。饮用井水或深井自来水的人数增加到13586人，占全场总人口的64.8%。

1994年4月，场部自筹资金建造自来水厂，一期工程结束后，集镇和集镇附近的良种站、一〇工区、六工区和二十工区职工家庭全部用上自来水。1996年，二期工程将供水管道通往全场各工区，至此，全场职工基本用上自来水。至2004年，全场6703户职工家庭19861人全部用上由农场自来水厂提供的标准自来水。

三、饮食卫生

1963年，苏州市知识青年插队农场，实行集中就餐。场部根据知青人员多，食堂规模大的特点，制定食堂卫生管理制度，在严格挑选食堂工作人员的同时，分别就食堂采购、验收、加工，食品分类、保管、贮藏，炊具与餐具的消毒以及食堂工作人员的个人卫生等作出相关规定，确保知青在农场期间的饮食安全。1700多名知青在六个食堂集中就餐的16年间，未发生一例因食物不卫生而引发的肠道疾病和食物中毒事件。

1979年3月，场爱卫办会同农场医院防保专职人员对学校、工厂等食堂卫生进行监督管理。每年春秋两季对食堂进行消毒监测，定期组织食堂工作人员进行健康体检。

1983年7月，《中华人民共和国食品卫生法》在全国施行后，场工会、爱卫办每年两次组织食堂、饭店从业人员学习卫生知识，检查督促机关、单位和公共饮食部门的清洁卫生工作，定期对饮食业服务人员进行体格检查，颁发健康证和卫生许可证。采取定期或不定期的办法，对食堂、饭店、商店、个体摊贩等进行卫生执法检查，前后四次销毁过期、霉变的糕点、酱菜等200余公斤，7家商店和个体摊贩受到停业整顿的处理。

2003年，成立卫生监督所，建立重大节日卫生巡查制度。对单位食堂、超市、农贸市场、饮食服务行业、食品摊位推行卫生监督分组管理。每年组织工商、市场管理部门联合执法检查，对不达标、不符合卫生要求的单位和个人责令整改和罚款处理。

四、环境卫生

60年代初，环境卫生由场爱卫办和医院负责，配挂靠医院的清洁工1人，主要负责街道打扫和垃圾清理。1965年，在红旗镇街道和知青点建公共厕所15处，砌垃圾箱25只，填埋所有露天粪坑，清洁工增加到2人。

1970年后，环境卫生工作的重点是集镇、单位、学校、知青点和职工家庭，配清洁工4人。要求职工的家前屋后都要保持整洁，每季度开展一次清洁卫生户检查评比工作，对评出的清洁卫生户张榜公布，全年总结。

1981年，清洁工增加到5人。红旗镇街道路面逐步硬化，公共厕所全部改造为水冲式，增加改装的机动粪车1辆。对集镇道路的环境卫生实行定段包干，做到大扫一天两次，小扫不断，保持路面整洁。

1989年起，场部将环境卫生工作列入双文明单位和文明新风户考核评比内容。1991年6月，建立常阴沙农场清管所，隶属于场教卫科。配工作人员2人、环卫工人7人。主要负责集镇的公共卫生，协调全场大环境卫生工作。场部在十三工区南部建垃圾填埋场1处，在镇区建造垃圾中转站（垃圾房）3

处，新增垃圾桶150多只。是年起，职工在翻建住房中，逐步普及将卫生间（浴室和抽水马桶）建在室内，使用水冲式抽水马桶，并将原来的隐蔽粪坑改建成三格式无害化粪池。

1998年11月，清管所划归集镇管理办公室领导。全场新建垃圾房2处，改建垃圾房3处，更换全部塑料垃圾桶。

2003年，垃圾填埋场搬迁至十四工区西北角。

第三章 体 育

第一节 学校体育

一、幼儿园体育

1964年，场部机关幼儿园和六工区两所幼儿园开始设体育课，通过户外活动和做游戏方式开展体育活动，活跃儿童身心。

1970年，幼儿园开始做广播体操，全场16所幼儿园均辟有专用体育活动场地，配有少量体育活动器具。体育课有行走、跑步、跳跃、爬、投等多种方式的体育活动。根据幼儿的生理和心理特点，用做游戏的形式开展体育活动，如老鹰抓小鸡、捉迷藏、踢毽子、跳绳、跳橡皮筋等。课余时间，在幼儿教师的带领下，幼儿手拉手，到室外散步。

1980年，整合幼儿教育资源，幼儿园普遍增添了滑梯、爬梯、秋千、木马、转椅等，幼儿体育活动的形式和内容呈现多样化。

1985年，场工会、场妇联发起关怀幼儿教育献爱心活动，向全场农业工区和工建交单位及个人募集幼儿教育资金15208.98元，全部用于幼儿园添置体育活动器具。

1986年，单独建造的中心幼儿园建有多功能活动室，有2000平方米操场1块，幼儿体育教育的器具逐步更新。

2000年，新建的中心幼儿园增加室内体育活动专用教室，有多功能游戏房。室外建有戏水池、沙地。每年均邀请幼儿家长参与亲子互动运动会，项目有体操、三轮车赛、拍皮球、接力赛、障碍跑等。

二、小学体育

60年代初期，随区划调整而归并到农场的各所小学均建有简易活动操场，并拥有少量的体育活动器具。有专任体育教师，每周设体育课2节，主要内容是队列训练和做操。学生的体育活动主要在课余时间，低年级学生有踢毽子、跳绳、跳橡皮筋、造房屋、推铁环、打弹子等。高年级学生有跑步、跳高、跳远等体育项目。

1963年9月，农场中心小学新建并搬迁后，建有篮球场、羽毛球场、沙坑及乒乓球室。体育课内容逐步增加。1969年，学校在“学军”活动中，用军体操替代常规体育课。

1978年，全国统编《体育教育大纲》颁布后，小学普遍实施“两课、两操、两活动”的体育达标活动（每周有两节体育课，每天有广播操、课间操，每周安排两次课外活动）。小学生体育课侧重于田径、体操、举重、球类等。

1981年，场中心小学再次新建并搬迁后，体育场地扩大到5000平方米，比原来增加1000平方米，有环形跑道250米，有篮球场、排球场、沙坑等体育设施，各种活动器材齐全。

1982年9月，首届小学生体育运动会在场部中心小学操场举行，全场8所小学组成8个代表队，共

100多名运动员参加各类比赛。比赛项目主要有田径、举重、掷投、乒乓球等，通过比赛，选拔优秀运动员组成农场代表队参加县、地区小学生运动会。

1983年，在苏州地区小学生运动会上，农场小学乒乓球代表队获团体总分第三名。1986年，农场小学成立贝贝足球队参加张家港市贝贝足球赛，获第四名。1987年，农场小学贝贝足球队在淮海农场参加江苏省农垦总公司举办的贝贝足球选拔赛，获第四名。

1989年8月，农场小学13岁的袁伟平作为张家港市代表，参加在山东泰安举办的全国少年举重比赛，夺得52公斤级全国银牌，并以抓举75公斤，挺举91.5公斤，获总成绩166.5公斤，挺举打破全国纪录。1990年8月，袁伟平参加在辽宁省朝阳市举办的全国青少年举重比赛，以抓举90公斤、挺举110公斤、总成绩200公斤，夺得56公斤级银牌。1993年8月，袁伟平参加在湖北省宜昌市举办的全国青少年男子举重比赛，创青少年男子70公斤级抓举135公斤、挺举165公斤、总成绩300公斤，破全国三项纪录，得金牌，并获"国家运动健将"称号。1994年8月，袁伟平参加在江西宜春市组织的青少年组70公斤级抓举、挺举比赛，总成绩获第一名，得金牌。1995年后，袁伟平为江苏省女子举重队主教练、国家一级举重教练、国家一级举重裁判。

1990年起，全场小学生运动会每年举行一次，比赛项目由原来的4个增加到11个，参加运动会的学生由原来的100多人增加到800多人。至2004年，全场先后选拔出7名小学生到南沙举重队参加学习、培训。

三、中学体育

1968年，农场中学创办初期，借用中心小学操场作为体育活动场地，体育课内容以队列训练、跑步、跳高、跳远等课目为主，课外活动以打篮球、打乒乓球为主。

1969年下半年，学校开展学工、学农、学军活动，以队列训练和军事体操课代替原来的常规体育课，同时开展远距离野营拉练等军事训练。课外活动内容仍以打篮球、打乒乓球等活动为主。

1975年9月，国家颁布《体育锻炼标准》。1978年，全国统编《体育教育大纲》实施。1980年，教育部和国家体委颁布《中小学体育工作暂行规定（试行草案）》。上述三个文件对原体育教育的课程结构、课程设置、组织形式、考核制度及考试项目等均作了探索性的改革。1980年起，中学体育课侧重于田径、投掷、球类、体操等基础教学，并把考核（普及提高）与竞争（争名升位）体育有机地结合起来。

1982年11月，农场中学学生瞿伟在沙洲县中学生田径运动会的男子乙组800米比赛中，以2分16.6秒的成绩破沙洲县青少年组800米纪录。1983年10月，农场中学学生田青，在苏州市举办的中学生运动会男子乙组100米比赛中，以12.1秒的成绩，创苏州市青少年田径运动会纪录。1984年9月，在沙洲县中学生运动会100米短跑比赛中，农场中学学生田青再次以11.9秒的成绩刷新其本人保持的纪录。

1985年后，农场中学每年均参加沙洲县和苏州市举行的中学生运动会并以优异的成绩进入团体总分甲级行列。

1990年起，中学体育课每周安排2节，设有田径、体操、球类等，分年级进行基础训练，有专任体育老师5人。课外活动有专职教师负责，同时组成田径、篮球、乒乓球队进行业余训练。

1997年，易地新建的农场中学，建有15600平方米的操场，其中田径运动场地为9960平方米。有环形塑胶标准化田径场1块，100米跑道6条，足球场1块，篮球场6块，排球场2块，单杠、双杠区各1块，羽毛球场2块，室内乒乓球台4副，室外乒乓球台8副。

第二节　职工体育

建场初期，干部职工在工作之余，根据各自的兴趣和爱好，有下象棋、下围棋、打扑克的，有打乒乓球、打篮球、打羽毛球的。逢年过节，场部组织一些小型的体育活动，活跃节日气氛。夏季，特别是夏季傍晚，干部职工均自发地与家人、朋友一起到河、港浅水处戏水游泳，消暑纳凉。

1963年，苏州市知识青年到农场插队，各个知青点，均建有篮球场、乒乓球室和活动室。在劳动工作之余，组织男女青年开展篮球、排球、羽毛球以及象棋、围棋、跳棋、扑克等体育活动，并自发组队进行对抗赛、淘汰赛。比赛中，老老少少围观鼓掌，呼喊加油，促进了全场群众性体育运动的开展。

1980年后，场工会注意组织群众性的体育活动，并于1983年、1984年、1985年，三次组织较大规模的职工运动会。参加人数达2300人次，比赛项目从单一的乒乓球比赛扩大到球类赛、自行车快慢赛、拔河赛、田径赛等20多个项目。三次运动会中的1984年为全场首届职工运动会。该届运动会是于当年1月，为配合沙洲县举办的第二届"沙洲之春"活动而举行的。参加人数200多人，比赛项目有7个。同时，毛纺厂、医院、学校等单位的基层工会，自行组织乒乓球、羽毛球、象棋等单项比赛。

1985年10月，场工会组织职工体育代表队，参加沙洲县举办的农民运动会，获团体总分第一名，并被推荐作为沙洲县农民代表队，参加苏州市农民运动会，获田径项目第三名。

1986年10月，在农场中学操场举行全场第二届职工运动会，34个单位组织代表队参加，参加人数为1000人，设21个比赛项目，主要有篮球、乒乓球、羽毛球、田径、投掷、自行车快慢骑、挑担、拔河等。199人分别获得各类单项比赛的奖励，5个单位获组织奖，3个单位获得团体总分优胜奖。

1989年，场部成立体育工作领导小组。9月，结合建国四十周年、建场三十周年的庆典，在农场中学操场举行第三届职工运动会，设23个比赛项目，有35个单位组织代表队参加运动会，参加人数850人，共有112人分别获得各类比赛的单项奖励。是年，场工会推荐4人参加张家港市围棋比赛，2人保级，2人晋升到二级。

此后，场工会分别于1991年、1994年、1997年在农场中学操场举办了第四届至第六届职工运动会。按照"厉行节约、不搞形式"的原则，该三个届次的运动会均未举行开幕式，未举行团体操表演，未占用上班和生产时间，以分时段、分项目的方式组织小型比赛，对获奖运动员在适当会议上进行表彰。

1995年起，场老龄委和退教协会组织建立老年人体育队伍，以健康为目的，开展各类体育锻炼。利用早晨和晚上，选择中学操场、电影院广场等空旷场地，开展做健身操、打太极拳、舞太极剑、抛柔力球、舞功夫扇等健身活动。全场参加锻炼的中老年人由20多人增加到100多人，多次参加张家港市体育局和老年体协组织的各项比赛。

1999年9月，结合建国五十周年、建场四十周年庆典，场第七届职工运动会在农场中学操场举行。此次运动会举行隆重的开幕式和入场式，中小学生组队进行团体操表演，是建场之后规模和声势最大的一次运动会。共有工区、工厂、场直单位32个代表队参加，参加人数1025人，设22个比赛项目，经过5天时间的比赛，有3个单位获得优胜奖，3个单位获得团体总分前三名，69人分别获得单项比赛的前三名奖励。

2000年9月和2002年9月，分别举办第八届、第九届职工运动会，规模仅次于第七届职工运动会。

1984—2002年常阴沙农场职工运动会基本情况表

表14-3-1

届次	举办时间	参加人数（人）	比赛项目	届次	举办时间	参加人数（人）	比赛项目
一	1984年1月	200	7	六	1997年9月	790	19
二	1986年9月	1000	21	七	1999年9月	1025	22
三	1989年9月	850	23	八	2000年9月	500	6
四	1991年9月	700	17	九	2002年9月	650	9
五	1994年9月	630	15				

第十五编 人口 社会

第一章 人　　口

第二章 人民生活

第三章 风俗习惯

第四章 方　　言

第五章 姓　　氏

常阴沙农场志

常阴沙农场的人口组成，除部分为50年代参加开垦、创办农场的职工外，绝大部分是苏北移民经二次迁移后于50—60年代初在境内定居的农民。1960年，全场人口密度为每平方公里638人。1982年，下降到每平方公里576人。2004年，再次下降到每平方公里523人。至2005年3月，全场共有7个农村社区和1个集镇居民委员会，109个居民小组，总户数6645户，总人口19618人，另有外来暂住人口2108人。

50—60年代初，境内居民除实行薪给制或等级工资的农场（时称常熟县第一农场）职工外，东迁户居民的住房一般为“环筒舍”（又称“滚箍楼”“滚龙厅”“滚地龙”）。饮食以麦粞、山芋、芋艿、玉米等粗粮为主，偶尔有少量的大米、面粉、高粱，人均年收入一般在30~35元之间。1959年10月，农场恢复扩建后，经过艰苦创业，人民生活逐步改善。人均年收入从1960年的63.46元提高到2004年的5780元。住房从“环筒舍”逐步翻建成楼房或别墅，吃用消费等均发生重大变化。

1959年10月和1960年5月，建设圩、合作头圩、合作二圩、合作三圩、生建圩和东长沙等东迁户以“场带队”形式进入农场后，将原籍地的生活习惯和各自方言带进农场，初步形成农场独特的社会形态。1963年，大批苏州市知识青年插队农场，又将苏州市城市居民的生活习俗、方言等融合进农场。之后，随着农场规模的不断扩大，各地调入、婚进、分配、转入人员及沙洲县城镇知青的插队劳动，把在原居住地的风俗习惯以及方言等再次融合进农场，使农场的社会形态在逐步调节中发生变化，形成了既不同于各地农场，又有别于其他乡镇的独具特色的社会形态。人们称之为“常阴沙风俗”和“常阴沙方言”。

第一章 人 口

第一节 人口规模

一、总量

50年代，境内人口分老农场职工及其家属和新圩东迁移民两部分。

老农场职工及其家属 1950年创办农场时，尚没有定居人口。1951年，居住人口为16人，后逐步由常熟县从内地调进干部和职工参加农场建设。至1958年10月，农场人口为82人。

新圩东迁移民 50年代初期起，除东长沙已有少量人口居住外，随着滩地围垦规模的不断扩大，坍江区域的人口逐步移居到境内新围圩塘居住，人口不断增加。至1958年，包括东长沙在内，建设圩、合作头圩、合作二圩、合作三圩、生建圩、农场圩等新圩共迁进移民1.1万人。

1959年，农场在恢复扩建中，首先接收老农场时期的农业工人和管理人员57人，再将跃进圩已迁进的移民接收进场。是年10月和次年5月，先后接收兆丰人民公社6个大队的东迁移民进入农场。至1960年末，农场户籍数2873户，人口11550人。1960年围垦万亩圩后，接收东迁移民，1961年，户籍数增加到3351户，人口为13947人。1962年至1963年，继续接收东迁移民，同时接收苏州市上山下乡知识青年，人口总数15725人。1977年，人口总量达到最高峰，户籍数为7110户，人口为22272人。1978年下半年，大批城市和城镇知识青年回城，加上国家提倡“一对夫妇只生一个孩子”计划生育政策的普遍实行，农场人口开始出现负增长，至1980年，农场户籍数为5849户，人口20886人。1981—2000年，境内人口均在2~2.1万人之间，没有多大变动。2001年起，人口再次下降，至2004年，户籍数6645户，人口为19618人。

1960—2004年常阴沙农场户籍人口一览表

表15-1-1

年 份	总户数(户)	总人口(人)	其中职工(人)	年 份	总户数(户)	总人口(人)	其中职工(人)
1960	2873	11550	2669	1983	6690	21155	13018
1961	3351	13947	3926	1984	6873	20931	13322
1962	3902	14082	4767	1985	6838	20884	11862
1963	4309	15725	7795	1986	6958	20960	11718
1964	3316	16241	8819	1987	6537	20946	11718
1965	3424	16504	8925	1988	6976	20974	10849
1966	3456	16972	9559	1989	6753	21049	10468
1967	3542	17505	10206	1990	7070	21118	10696
1968	3706	18100	10101	1991	7036	21253	10563
1969	4189	18610	10002	1992	7116	21403	10486
1970	4355	19071	10955	1993	7123	21208	10006
1971	4378	19261	10718	1994	7267	21197	10358

续表 15-1-1

年 份	总户数（户）	总人口（人）	其中职工（人）	年 份	总户数（户）	总人口（人）	其中职工（人）
1972	4554	19165	11041	1995	7211	21262	9924
1973	4566	19233	11567	1996	7640	21263	9423
1974	4567	19335	11695	1997	7820	21070	9182
1975	4922	19907	12486	1998	7909	20897	8295
1976	5239	20238	13104	1999	7038	20688	8197
1977	7110	22272	13696	2000	6830	20257	7928
1978	6848	22085	13561	2001	6893	19864	7745
1979	3238	20903	12763	2002	6370	19927	7402
1980	5849	20886	12479	2003	6574	18521	7232
1981	6644	21017	12248	2004	6645	19618	—
1982	6996	21567	13065				

二、密度

境内人口绝大部分分布在农业工区。按四次人口普查资料显示。1964年，在全场总人口中，农业工区居住人口为15257人，占总人口的94.99%，其中，红旗片（五工区、六工区、一〇工区、十二工区、良种站、农场繁殖场）5977人、跃进片（一工区、二工区、三工区、四工区、十三工区）4736人、长江片（十四工区）503人、长沙片（七工区、八工区、九工区、十一工区）4041人。集镇居住人口为638人，占5.01%。1982年，在全场总人口中，农业工区居住人口为19541人，占87.96%。其中，红旗片5370人、跃进片5117人、长江片（十四工区、十五工区、十六工区、十八工区、十九工区、水产养殖场）4653人、长沙片（七工区、八工区、九工区、十一工区、十七工区）4401人；沙洲县挂靠单位（畜牧场）864人，占3.88%。集镇居住人口为1812人，占8.16%。1990年，在全场总人口中，农业工区居住人口为19513人，占90.53%。其中，红旗片4887人、跃进片5582人、长江片4518人、长沙片4258人；张家港市挂靠单位（畜牧场、水产养殖场、畜禽良种场）925人，占4.29%。集镇居住人口1116人，占5.18%。2000年，在全场总人口中，农业工区居住人口17977人，占87.06%。其中，红旗片5058人、跃进片4987人、长江片3948人、长沙片3984人；张家港市挂靠单位（稻麦良种场、农业大队）772人，占3.73%。集镇居住人口1901人，占9.21%。

人口密度，按年末人口统计资料，1950—1958年的老农场时期，境内人口密度为每平方公里42人；1960年为每平方公里638人；1964年为每平方公里696人；1982年为每平方公里576人；1990年为每平方公里564人；2000年为每平方公里541人；2004年为每平方公里523人。

1964—2000年常阴沙农场人口分布一览表（选年）

表 15-1-2　　密度：人/平方公里

工区名称	1964年人口普查		1982年人口普查		1990年人口普查		2000年人口普查	
	总人口（人）	密度	总人口（人）	密度	总人口（人）	密度	总人口（人）	密度
一工区	854	543	874	557	878	559	949	604
二工区	1260	496	1466	577	1398	550	1254	494
三工区	1170	731	995	622	1160	725	1152	720

续表 15-1-2

工区名称	1964年人口普查		1982年人口普查		1990年人口普查		2000年人口普查	
	总人口(人)	密度	总人口(人)	密度	总人口(人)	密度	总人口(人)	密度
十三工区	377	227	822	498	818	492	801	485
四工区	1068	667	960	600	901	563	831	519
五工区	1001	373	1553	579	1496	558	1388	425
六工区	1170	461	1061	418	1119	440	980	563
七工区	1061	573	1110	597	1129	610	981	530
八工区	1046	817	863	674	777	607	733	573
九工区	1130	876	899	697	875	678	801	621
十一工区	804	499	924	574	828	514	708	440
十七工区	—	—	605	596	649	669	761	785
一〇工区	1247	930	816	595	916	669	813	713
十二工区	1231	724	977	575	997	586	884	520
良种站	1328	641	963	465	1054	509	993	928
十四工区	503	234	1004	467	997	464	889	413
十五工区	—	—	542	475	508	446	945	303
十九工区	—	—	483	244	529	267		
十六工区	—	—	1634	541	1575	521	1311	434
十八工区	—	—	990	500	909	459	803	405
集镇	638	1286	1812	2013	1116	1666	1901	864
市挂靠单位	—	—	864	—	925	—	772	—
合计	15888	681	22217	593	21554	576	20650	569

2004年常阴沙农场人口分布一览表

表 15-1-3

管理区名称	原工区名称	人口数(人)	总人口(人)	密度:人/平方公里
第一管理区	一工区	810	2104	512
	二工区	1294		
第二管理区	十二工区	945	1915	671
	良种站	970		
第三管理区	三工区	1086	1879	553
	十三工区	793		
第四管理区	四工区	896	1822	486
	十四工区	926		
第五管理区	五工区	747	1416	528
	二十工区	669		

续表15-1-3

管理区名称	原工区名称	人口数（人）	总人口（人）	密度：人/平方公里
第六管理区	六工区	1014	2052	572
	七工区	1038		
第九管理区	八工区	819	1602	626
	九工区	783		
第十管理区	一〇工区	926	926	812
第十一管理区	十一工区	751	751	466
第十五管理区	十五工区	473	974	312
	十九工区	501		
第十六管理区	十六工区	798	1380	459
	二十一工区	582		
第十七管理区	十七工区	718	718	740
第十八管理区	十八工区	865	865	437
集镇	—	1214	1214	552
合计	—	19618	19618	523

三、来源

调进　1950年春，参加救灾的人民解放军与人民政府合作围垦新圩并创办农场后，未留下定居。之后陆续调进并逐步增加，至1958年，正式定居的有82人。1960—1965年，先后接收下放干部和工人81人到农场定居，其中1957年前参加工作的全民所有制单位职工37人。

移民　先后3次接收东迁移民3774户15606人。其中，1959年10月至1960年5月，两次接收兆丰人民公社6个大队农民2859户11493人，这些人口均是50年代从当时江阴县的晨阳、中兴、南沙、德积、大新以及常熟县的东莱、合兴、锦丰、三兴、乐余、南丰等地东迁定居的移民，迁进时集中居住在长沙圩、建设圩、合作头圩、合作二圩、合作三圩及生建圩。1961—1962年，陆续接收东迁移民499户2397人。1962—1963年，继续接收东迁移民416户1716人。1963年5月，划出泗兴圩、新民圩、解放圩、新闸西圩农户289户1208人。1964年起，部分人口由农场自行组织并陆续迁移到新围垦的圩塘内居住。

知青　1963年9月至11月，接收苏州市城市知识青年769人。1973—1978年，接收沙洲县城镇知识青年以及从外地零星转入农场的知识青年987人。这些知识青年于70年代后期陆续回城，至2004年，正式留在农场定居的尚有10人。

除上述人口外，还有因工作调动、婚嫁、招工、提干、升学、参军、复员退伍和大专院校毕业分配等发生的迁移人口及自然增长人口。

第二节　人口构成

民族构成　50—60年代，境内人口全部是汉族。后随着婚姻、工作分配与调动等因素逐步婚进或迁入少数民族人口。到1982年第三次人口普查时，出现少量的少数民族人口。1990年人口普查时，少数民族人口开始增多，在全场的总人口中，汉族人口21563人，占总人口的99.94%；少数民族人口

13人，占总人口的0.06%。2000年的人口普查，汉族人口21240人，占总人口的99.71%；少数民族人口62人，比1990年增加49人，占总人口的0.29%，上升了0.23个百分点。少数民族人口主要分布在16个农业工区和集镇居委会的31户家庭，有满族、回族、彝族、侗族、苗族、壮族、土家族7个民族，这些少数民族人口中，除1人为男性外，其余全部是女性。

性别构成　1964年全国第二次人口普查，全场有总人口15895人。其中，男性人口8265人，占52%；女性人口7630人，占48%。性别比（以女性为100，下同）为108.32∶100。1982年第三次人口普查，总人口22217人。其中，男性人口11207人，占50.44%；女性人口11010人，占49.56%。性别比为101.79∶100。1990年第四次人口普查，总人口21576人。其中男性人口10963人，占50.81%；女性人口10613人，49.19%，性别比为103.30∶100。2000年第五次人口普查，总人口21302人。其中，男性人口10487人，占49.23%；女性人口10815人，占50.77%。性别比为96.98∶100。2004年末，境内总人口19618人。其中，男性人口9791人，49.91%；女性人口9827人，占50.09%。性别比为99.63∶100。

年龄构成　2000年，常阴沙农场的少年人口比例分别比1964年和1982年减少23.85个百分点和6.6个百分点。成年人口比例在上升中逐渐持平，2000年比1964年上升11.8个百分点，比1982年上升2.4个百分点，逐渐持平。老龄人口的比例则呈持续上升趋势，1982年比1964年上升2.42个百分点，1990年比1982年上升2.98个百分点，2000年又比1990年上升3.65个百分点。据此，全场人口开始老龄化，指数（65周岁以上的老年人口与14周岁以下的少年人口比例）分别为1964年6.4%，1982年19.49%，1990年42.88%，2000年69.81%。人口抚养（赡养）系数（14周岁以下少年人口和65周岁老年人口以上的被抚养、赡养人的数量与社会劳动力人口的数量之比）分别为1964年75.79，1982年44.32，1990年36.32，2000年39.48。其中，抚养少年系数分别为1964年71.23，1982年37.09，1990年25.42，2000年23.25，赡养老年人系数分别为：1964年4.56，1982年7.23，1990年10.90，2000年16.23。

第三节　人口普查

按照上级的统一布置和要求，常阴沙农场组织力量，从全国第二次人口普查开始，分别于1964年、1982年、1990年和2000年在境内进行四次人口普查。

第二次人口普查　1964年7月1日零时为第二次人口普查的标准时间。这次人口普查设户籍、人口、性别、年龄、文化程度和民族6个项目。普查工作从7月1日至7月31日，历时1个月。普查结果：全场总户数3292户，总人口15895人。其中，男性8265人，占总人口的52%；女性7630人，占总人口的48%。在总人口中，农业人口为15826人，非农业人口为69人。

第三次人口普查　1982年7月1日零时为第三次人口普查的标准时间。这次人口普查设户籍、人口、性别、年龄、文化程度、民族、职业行业及婚姻状况8个项目。从1981年7月1日起，经户籍整顿、试点普查及全面登记、复查验收、汇总编码等工作，于1982年11月结束，历时1年零4个月。普查结果：全境（含沙洲县畜牧场）总户数6307户，总人口22217人，分别比1964年登记数增91.59%和39.77%。在总人口中，农业人口为21936人，非农业人口为281人。

第四次人口普查　1990年7月1日零时为第四次人口普查的标准时间。这次人口普查，共划分26个普查区，从1990年3月中旬开始至11月上旬结束，历时9个多月。普查结果：全境（含张家港市畜牧场、市水产养殖场、市畜禽良种场）总户数6613户，其中家庭户6606户，集体户7户；总人口21554人，其中家庭户人口19201人，集体户人口2353人，家庭户平均每户人口3.23人。在总人口中，农业人口20634人，非农业人口942人。

第五次人口普查　2000年11月1日零时为第五次人口普查的标准时间。这次人口普查，共划分

22个普查区。全境（含张家港市稻麦良种场和大寨圩）总户数7029户，其中家庭户6975户，集体户54户；总人口21302人，其中家庭户人口21067人，集体户人口235人，家庭户平均每户人口3.02人。

1964年、1982年、1990年、2000年全境人口普查一览表

表15-1-4

年份	总人口（人）	0~14岁（少年人口）		15~64岁（成年人口）		65岁以上（老龄人口）		老龄化指数
		人口数（人）	占（%）	人口数（人）	占（%）	人口数（人）	占（%）	
1964	15895	6441	40.52	9042	56.89	412	2.59	6.40
1982	22217	5710	25.70	15394	69.29	1113	5.01	19.49
1990	21576	4023	18.65	15828	73.36	1725	7.99	42.88
2000	21302	3551	16.67	15272	71.69	2479	11.64	69.81

第四节 人口控制

一、组织机构

70年代初，农场的计划生育工作由农场医院负责，并以场部名义要求各单位成立以"赤脚医生"为主的计划生育宣传小分队，各工区相应组织计划生育宣传小分队。

1973年，场部在农场医院正式成立计划生育小分队，由农场妇女联合会主任任负责人。1974年，马友英任农场第一任计划生育小分队专职干部。各工区、工厂、场直单位相应建立由党支部书记、妇女主任等3~5人组成的领导小组。生产小队则由妇女队长负责，形成场部、工区、小队三级计划生育工作网络。1980年，计划生育小分队正式归属场妇联，并同场妇联合署办公，计划生育专职干部由1人增加到2人。各工区、工厂、场直单位的妇女主任兼任本单位的计划生育专兼职管理人员。1984年，场计划生育小分队改名为场计划生育办公室，场妇联主任兼任场计划生育办公室主任，场部分工1名行政副职主管全场的计划生育。各工区、工厂、场直单位均成立由党支部书记为组长，妇女主任等3~5人组成的领导小组。农业工区的生产小队、工厂的车间与场直单位配备1名计划生育宣传指导员。同年7月，场部正式聘请145名计划生育宣传指导员。至此，全场的计划生育工作开始形成较为完善的领导机构和网络组织体系。

1992年11月，场计划生育办公室作为场部的一个职能机构，从场妇联划出单独办公，设正副主任各1人，配工作人员4人。1999年，场计划生育办公室下设计划生育服务站。2002年，计划生育办公室改名为人口与计划生育办公室。

二、主要措施

舆论宣传　1973年，进行"晚、稀、少"的计划生育宣传，即结婚晚一点，间隔稀一点，生得少一点。同时提出一对夫妇生育二胎，间隔时间48个月以上。1978年，中共中央提出"最好一个，最多二个"的口号。1979年，农场根据中共中央和江苏省委文件精神，提出"优先安排第一胎，严格控制第二胎，坚决杜绝第三胎"的口号，在全场范围内进行控制人口增长，实行计划生育的宣传发动，同时动员已经生育一个孩子的育龄夫妇领取独生子女证。当年底，全场1066个独生子女户中有1002户领取独生子女证，领证率达94%，居沙洲县之首。

1980年9月25日，中共中央发出《致全体共产党员、共青团员的公开信》，号召一对夫妇只生一个孩子。全场上下加大宣传力度，造成舆论声势，形成自觉实行计划生育的新风尚。此后，每年都利用干部大会、党员大会等各种会议对计划生育进行宣传，通过广播、横幅、板报、画廊、文艺演出等多种途径向全场职工宣传以“控制人口增长，提高生育质量”和“晚婚、晚育、少生、优生”为主题的计划生育意义和要求。1980—1989年的10年间，每年召开各种会议30多次，自办广播节目20多档，播出稿件70多篇，张挂横幅10~12条，办板报10期左右，办画廊2~3次，文艺演出活动多次。

90年代中期开始，场部计划生育的舆论宣传由意义和要求的政治性宣传，逐步转向政策、法规及优生优育、妇幼保健等知识性宣传，利用节假日走访、宣传车巡回宣传、举办婚育知识培训班等形式进行广泛宣传。2004年，全场计划生育知识普及率96%以上，婚育知识普及率98%以上。

行政规定　1980年4月，场部下发《关于进一步做好计划生育的若干规定》，提倡一对夫妇只生一个孩子。是年8月，场部规定一对夫妇只能生育一胎。经县医院证明第一个孩子的身体有严重缺陷，长大不能成为正常劳动力的；一方丧失配偶而重建家庭时只有一个孩子的；婚后数年未育，领养一个孩子后又怀孕的，可以生育第二胎。1981年3月和9月，场部再次对计划生育有关问题作出规定。1984年1月10日召开的常阴沙农场第三届职工代表大会第一次会议，审议并批准《江苏省国营常阴沙农场关于计划生育若干问题的暂行规定》。此后，场部还分别在1986年5月常阴沙农场第四届职工代表大会第一次会议上、1987年8月常阴沙农场第四届职工代表大会第二次会议上、1989年常阴沙农场第五届职工代表大会第一次会议上对《江苏省国营常阴沙农场关于计划生育若干问题的暂行规定》作修订和补充。1990年10月，江苏省颁布实施《江苏省计划生育条例》，计划生育纳入法制化轨道。1991年4月，常阴沙农场第六届职工代表大会第一次会议审议并通过《江苏省国营常阴沙农场关于贯彻执行〈江苏省计划生育条例〉暂行规定的决议》。2001年12月29日起，统一执行全国人民代表大会第二十五次会议通过并公布的《中华人民共和国人口与计划生育法》。

岗位责任制　1980年起，场部在年初对下属各工区、工厂及场直单位下达生产财务计划时，实行百分考核，把计划生育工作与年度生产财务计划一起下达，占总分值的10%~15%，同时对主要领导与计划生育专兼职干部实行岗位责任制考核，年初提出目标，年中组织检查，年终逐项考核评分，与各级干部的年度报酬挂钩。1987年，实行场长负责制以后，按指标进行百分考核，并作为目标管理任务与各农业工区和工厂单位主要负责人签订责任书，建立起操作性极强的岗位责任制。

奖励办法　1979年起，对独生子女每年发放保健费40元。1981年9月，场部对计划生育有关奖惩办法作出明确规定：独生子女待遇，除每年享受40元独生子女保健费外，还可享受公费医疗，医药费全报；划给两份蔬菜地，但必须在全场调整时增加；从领取独生子女证之日起按成人标准供应口粮。1986年，增加在职工家庭建造房屋时，独生子女每人可享受增加20平方米占地面积的照顾政策。1987年8月，场第四届职工代表大会第二次会议通过的《江苏省国营常阴沙农场场规民约》第八条规定：“全场上下必须坚持实行计划生育，青年要自觉做到晚婚晚育，实行一对夫妇只生育一个孩子。

1979—2004年常阴沙农场计划生育及人口增长一览表

表15-1-5

年　份	出生人数（人）	死亡人数（人）	自然增长率（‰）	计划生育率（‰）	一胎率（%）	独生子女领证率（%）	晚婚率（%）
1979	271	90	8.36	96.31	67.16	94.00	95.73
1980	205	83	5.78	95.61	85.35	96.66	99.03
1981	284	90	9.28	97.18	90.48	99.00	96.47
1982	301	98	9.55	99.34	96.35	99.33	90.61
1983	188	103	3.78	97.84	94.16	99.84	94.74

续表15-1-5

年　份	出生人数（人）	死亡人数（人）	自然增长率（‰）	计划生育率（‰）	一胎率（%）	独生子女领证率（%）	晚婚率（%）
1984	123	100	1.09	99.19	94.30	99.86	97.69
1985	217	116	4.34	97.70	89.40	99.86	66.02
1986	81	44	1.77	96.81	80.25	50.37	55.70
1987	291	99	8.34	97.32	97.03	55.80	58.60
1988	270	135	5.87	98.29	90.39	53.61	80.21
1989	305	126	7.76	99.06	92.96	56.83	80.13
1990	376	149	9.90	99.23	96.32	57.41	77.82
1991	281	135	6.27	98.52	95.02	61.76	73.70
1992	268	136	5.64	99.60	95.08	57.10	70.09
1993	276	136	5.99	99.51	96.48	57.10	75.62
1994	231	133	4.20	99.81	94.88	65.78	73.70
1995	189	154	1.65	99.92	95.30	62.13	72.71
1996	157	141	0.73	99.83	94.21	61.23	71.27
1997	133	147	−0.66	98.83	92.61	59.82	73.08
1998	155	94	2.92	97.08	93.72	58.37	75.13
1999	152	158	−0.29	99.13	92.91	67.81	89.22
2000	130	121	0.44	100.00	92.53	72.58	83.42
2001	132	131	0.05	100.00	91.60	88.99	89.63
2002	118	175	−8.81	100.00	88.98	89.07	45.88
2003	97	113	−1.94	100.00	90.49	83.59	46.07
2004	148	152	−2.12	100.00	92.59	85.09	40.63

第二章　人民生活

第一节　收　入

50年代，农场（时称常熟县第一农场）的职工年收入约80元。东长沙、建设圩、合作头圩、合作二圩、合作三圩、生建圩等已成陆围垦并迁进居民，人均年收入约35元。1959年农场恢复扩建后，包括带进大队的居民在内，职工年平均收入分别为1960年141.5元、1985年830.66元、2003年8510元（2004年属地管理后的职工年平均收入未进行统计）。人均年收入分别为1960年63.46元、1985年521.06元、2003年5080元、2004年5780元。

1960—2004年常阴沙农场职工经济收入一览表

表15-2-1

年份	职均收入(元)	人均收入(元)	年份	职均收入(元)	人均收入(元)
1960	141.50	63.46	1983	544.38	311.15
1961	194.49	89.91	1984	706.33	439.30
1962	134.70	69.87	1985	830.66	521.06
1963	175.75	87.10	1986	928.68	675.70
1964	180.90	98.23	1987	1267.57	709.13
1965	237.40	128.42	1988	1387.60	718.20
1966	216.77	122.07	1989	1510.40	775.43
1967	224.00	133.60	1990	1745.70	884.20
1968	238.63	132.84	1991	2181.26	1091.00
1969	245.45	131.10	1992	2911.60	1431.60
1970	235.80	135.44	1993	3543.90	1839.70
1971	248.18	138.17	1994	5374.20	2632.20
1972	248.19	142.95	1995	6085.60	3004.00
1973	287.89	174.18	1996	7277.10	4365.40
1974	292.69	177.03	1997	6521.00	4075.60
1975	282.35	177.10	1998	7359.00	4463.00
1976	292.35	189.08	1999	7220.00	3890.00
1977	322.30	198.14	2000	7530.00	4300.00
1978	325.90	230.84	2001	7820.00	4485.00
1979	417.93	254.57	2002	8137.00	4762.00
1980	527.38	315.10	2003	8510.00	5080.00
1981	494.48	288.16	2004	—	5780.00
1982	448.54	268.35	—	—	—

说明：2003年前的数据按江苏省农垦总公司规定的口径统计收录，收入部分不包括家庭副业、职工蔬菜地及劳务等相关收入；2004年后的数据按张家港市统计局规定的口径统计收录，收入部分包括家庭副业、蔬菜地及劳务等相关收入。

第二节 消 费

60年代初，全场职工家庭的年人均消费约63元，主要以食品消费为主，辅以少量的耐用消费品，精神文化消费主要是不定期地观看露天电影。70年代初，自行车开始普及，手表和收音机逐步进入职工家庭。70年代末，部分职工家庭开始购买收音机和电视机。80年代，消费结构和消费水平开始发生较大变化。1983年，人均消费水平为289.58元。其中，食品消费189.32元，占65.38%；衣着消费16.50元，占5.70%；居住消费35.50元，占12.26%；家电和家具等家庭用品消费21.74元，占7.50%；交通和通讯消费2.29元，占0.79%；教育和教育用品消费13.75元，占4.75%；其他消费10.48元，占3.62%。

1984年，居住消费的比重逐步增大，人们开始兴建楼房，改善住房条件。1985年，随着国家教育制度改革和国营农场公费医疗制度改革的推行，教育消费逐年增加，医疗卫生消费也占据职工家庭消费的一定比例。1992年，一般家庭的人均消费水平为827.28元，相当于1983年的285.68%。其中，食品消费348元，占总消费水平的42.07%；衣着消费33.84元，占4.09%；居住消费315.86元，占38.18%；家电和家具等家庭用品消费34.83元，占4.21%；交通和通讯消费4.8元，占0.58%；教育（不包括高中以上的收费教育）和教育用品消费37.33元，占4.51%；医疗卫生和保健消费12.66元，占1.53%；其他消费39.96元，占4.83%。

1995年后，楼房建造市场渐趋平稳，总体消费水平仍呈上升趋势。特别是教育（不包括高中以上的收费教育）、通讯以及医疗卫生消费逐年增加，消费结构发生明显的变化。至2004年，全场职工年平均消费水平为5380元，相当于1992年的650.32%，其中食品消费2329元，占总体消费水平的43.29%；衣着消费254.47，占4.73%；居住消费1011.98元，占18.81%；家电和家具等家庭用品消费210.90元，占3.92%；交通和通讯消费175.93元，占3.27%；教育和教育用品消费781.18元，占14.52%；医疗卫生和保健消费335.70元，占6.24%；其他消费为280.84元，占5.22%。

第三节 住 房

职工住房以私房为主，辅以少量公房（90年代后，逐步转让给个人家庭）。五六十年代，砌房造屋，大多自己动手，因陋就简，就地取材。建筑材料以土坯、芦苇和毛竹为主，很少用砖瓦、木材。结构造型主要有两种。一种是“环筒舍”，这种房屋，不用梁、柱，一般以芦苇和稻草为建筑材料。将芦苇编制成芦笆，将几根竹竿搭成拱形，插在泥土中，再用篾丝将芦笆扎在竹竿上，并加以固定。屋面以稻草制成的草扇从地面叠披至顶。后部以芦笆或草扇为壁，前部用芦笆作门，以供进出。另一种是草屋，主要以芦苇、稻草、毛竹（少数用木材）为建材。以毛竹为柱，竖撑横搭，用芦笆（双层）为前后墙和山墙（称“笆壁”），条件稍好的，用土坯（称“土基”）砌成墙壁，再护之以芦笆。以毛竹为梁、青竹为椽（称“竹搁子”）、芦笆为盘（称“芦盘”）。屋面加盖小麦柴或稻草。用小麦柴盖顶的屋面称“扑屋”或“堆积屋”，是较高档的草屋，这种草屋，一般3~4年整修1次；用稻草盖顶的，则须每年加盖1次。门窗一般以芦苇编制而成，或仅在芦笆墙上留一窗洞，用芦苇编成相应大小的窗子，开启时，用竹竿撑或用绳子吊。条件稍好的用“门搭窗”，即前门和后门均为独扇，门臼的一侧，窗和门用一根可以装拆的门框，独扇吊窗，窗下安装可以拆卸的半腰门，既可单独开门，也可单独开窗，如拆下门柱，打开门、窗和半腰门，侧门与窗合为大门。60年代起，环筒舍逐步被草房代替。

70年代，人们在造房砌屋时，开始使用土坯砌墙代芦笆，其后又以砖代坯、以木代竹，或竹木相间，以瓦代草，逐步采用砖墙瓦顶，砖墙内外用石灰粉刷。部分人家在屋梁三分之一处增加“人字梁”托顶。门改用简易木质结构，窗改用玻璃窗。室内仍以泥地为主，条件较好者在房屋建成后，开始铺设地砖，屋面以木质椽子代替“竹搁子”，建筑帘代替芦笆盘，条件较好者用望板砖、平瓦（称“洋瓦”）盖顶。为了节省开支，改善住房条件，从70年代中期开始，不少家庭普遍在劳动之余捡拾柴草，并将节余的柴草拉到土窑上对调砖头，逐块积累，以期造屋之用。至1979年，瓦房户占总户数的9.5%。

80年代，人们开始翻建楼房。期间楼房多以二层为主，并由底层三间或三间以上“转基式”演变成“三底二楼一平台”。二底二楼、三底三楼者，由“一字型”演变成“并列式”，其中尤以三底三楼“锁壳式”居多，即底层或楼层的中间一间前墙向里缩进一架梁，形似老式锁壳。80年代后期，新建楼房一般均为二层楼板，墙体为22厘米空斗墙，条件较好的有实心墙，也称“实心双墙”，用水泥梁或木质梁，望板砖、平瓦或小瓦屋面，前门为四页对开门，后门仍以独扇门为主，少数家庭用二页对合门。窗用三格四页一气窗，室内铺设水泥地坪，房屋美观、大方、宽敞。1989年，全场楼房户1368户，占总户数的20.26%，人均居住面积28.26平方米。90年代起，楼房户不断增加，结构开始向宽敞、实用型发展，除讲究外形美观外，注重内部装饰，配建卫生间，吊设天面，并铺设好供电线路、自来水管道、下水道，安装中高档灯具，墙面及内部家具用中高档油漆，室外浇筑水泥场地。部分条件较好的家庭向别墅型住房发展。至1999年，全场基本上都盖起楼房，楼房户5700户，占总户数的80.99%，人均居住面积46.50平方米。2004年，全场楼房户5900户，占总户数的88.79%。人均住房面积为53.10平方米。

1986—2004年常阴沙农场居民住房一览表

表15-2-2

年　份	总户数（户）	总人口（人）	人均住房面积（平方米）	年　份	总户数（户）	总人口（人）	人均住房面积（平方米）
1986	6958	20960	24.37	1996	7640	21263	42.10
1987	6537	20946	27.18	1997	7820	21070	44.00
1988	6976	20974	30.32	1998	7909	20897	44.90
1989	6753	21049	28.26	1999	7038	20688	46.50
1990	7070	21118	29.85	2000	6830	20257	47.20
1991	7036	21253	31.20	2001	6893	19864	50.50
1992	7116	21403	34.30	2002	6370	19627	50.96
1993	7123	21208	36.50	2003	6574	18521	51.24
1994	7267	21197	39.80	2004	6645	19618	53.10
1995	7211	21262	40.90				

说明：表中数据按《江苏省农垦总公司综合统计年报表》和《张家港统计年鉴》录入

第四节　典型区调查

一工区，地处农场北部边缘，建制前为兆丰人民公社十五大队，1959年10月以“场带队”形式进入农场。六工区，地处农场中部区域，建制前为兆丰人民公社十二大队（东方大队），1960年5月以“场带队”形式进入农场。一〇工区，地处农场西部边缘，建制前为兆丰人民公社八大队（东胜大队），1960年5月以“场带队”形式进入农场。十三工区，地处农场东部边缘，1963年安置苏州市知识青年后建制。上述4个工区以其经济和社会发展在全场均有代表性的特点，被定为职工生活的典型区。70年代中期以前，4个工区的职工生活相对平衡。70年代中后期开始，六工区率先在全场进行产业结构调整，走农工商一体化道路，经济总量不断增加，居民生活水平不断提高，属农业工区中相对富裕的工区。一工区利用原新村供销站的地域优势，发展第三产业，集体经济总量逐步增加，在农业工区中处一般偏上。一〇工区、十三工区在结构调整与经济发展方面则相对滞后，属农业工区中相对贫困的单位。2004年，4个工区户籍总数为1114户，户籍人口3406人，劳动力1845人，占总人口的53.85%。下表是《常阴沙农场志》编写组于1987年、2010年两次对上述4个工区（称调查区）调查后的综合情况。

1985—2004年调查区一览表(选年)

表15-2-3

序号	项 目	单 位	1985年	1990年	1995年	2000年	2004年
1	户数	户	1168	1082	1101	1115	1114
2	户籍人口	人	2954	3129	3385	3400	3406
3	劳动力人数	人	1572	1649	1803	1806	1845
4	人均收入	元	623.70	949.61	3103.42	4384.15	7073.75
5	人均支出	元	456.20	768.31	2568.70	3589.59	5178.18
6	户均全年新建房屋	平方米	6.50	14.50	16.70	19.20	28
7	新建房屋平方米造价	元	103	291	384	473	648
8	人均年吃粮水平	公斤	243	228	211	192	180
9	人均年穿衣水平	元	152	310	473	642	838
10	人均住房面积	平方米	22.30	30.20	43.10	48.80	54.10
11	人均年末存款	元	1450	3960	6420	9317	13200

1960—2004年调查区职工住房一览表(选年)

表15-2-4

年份	住房总间数	其中							
		环筒舍		草屋		瓦屋		楼房	
		间	占(%)	间	占(%)	间	占(%)	间	占(%)
1960	2354	19	0.80	2330	99.00	5	0.20	—	—
1978	3085	—	—	2791	90.50	294	9.50	—	—
1985	2708	—	—	1885	69.61	219	8.09	604	22.3
1998	5695	—	—	18	0.32	785	13.78	4892	85.90
2004	5976	—	—	6	0.10	656	10.98	5314	88.92

1985—2004年百户家庭耐用消费品拥有量一览表(选年)

表15-2-5

名 称	单位	1985年	1986年	1988年	1992年	1995年	1998年	2001年	2004年
自行车	辆	182	181	157	197	190	176	170	130
缝纫机	台	45	45	49	61	64	68	79	78
手表	块	194	205	145	169	176	140	133	118
电风扇	台	40	51	76	118	133	147	182	183
洗衣机	台	8	25	20	33	53	62	78	88
电冰箱	台	—	—	—	4	17	38	59	86

续表 15-2-5

名　称	单位	1985年	1986年	1988年	1992年	1995年	1998年	2001年	2004年
黑白电视机	台	12	23	44	70	76	73	65	47
彩色电视机	台	—	—	3	12	30	53	75	109
收录机	台	88	62	35	55	59	60	58	50
组合音响	组	—	—	—	—	—	1	7	14
吸尘器	个	—	—	—	—	—	4	9	11
空调器	台	—	—	—	—	2	8	24	81
电话	门	—	—	—	—	20	50	86	99
手机	部	—	—	5	8	13	24	70	143
电脑	台	—	—	—	—	—	3	12	43
摩托车	辆	1	2	2	7	26	54	82	98
轿车	辆	—	—	—	—	—	—	4	16
运输汽车	辆	—	—	—	1	2	2	2	2
照相机	架	—	—	—	1	3	6	17	25
农用机械	台/马力	—	—	2/24	3/36	4/48	6/72	16/192	26/312
电瓶车	辆	—	—	—	2	6	14	49	89
沙发	套	29	24	26	42	45	52	56	69
大衣柜	件	100	86	51	59	60	63	58	65
组合柜	件	—	—	2	3	5	10	23	39
写字台	件	100	100	69	74	77	81	85	83

第三章　风俗习惯

第一节　岁时风俗

一、传统节日

春节　农历正月初一日称过年、年节。《尔雅·释文》:“夏曰岁,商曰祀,周曰年。”过年,意味着新旧更替和年岁的增长。年之初义为稔,意为谷熟丰稔。《谷梁传·宣公十六年》:“五谷皆熟为有年”,“五谷大熟为大年”。《说文》:“年,谷熟也。”“年”的另一传说为:太古时,“人少而禽兽多”,一种野兽叫“年”,以百兽为食,至严冬,山中无食,即下山骚扰,猎食人畜。一日,“年”至某家,恰逢这家穿着红衣,点着竹子取暖,燃烧的竹子啪啪作响,“年”抱头鼠窜。人们便争相仿效,以次日凌晨为“年”。后形成以红纸对联替代红衣,以爆竹取代青竹。因此,人们称欢度年节为过年。民国元年(1912年)定名春节。传统意义上的春节,指的是农历正月初一日至正月十五日半个月的时间。后指正月初的头几天。春节期间，各业大多停工放假，以示庆祝。

境内居民过年，往往要在年前数天乃至十多天进行准备，大多居民都要蒸年糕和馒头，据说是奉献给“年”的食物。又用蒲包灌石灰在房前屋后及场地道路上冲印“稻囤”，一取谷熟丰收之意，二示“年”的脚印，表明“年”已来过，无人畜可食，催其去往别处觅食，居民即可安全度过年节。腊月三十日至次日凌晨，各家各户燃放爆竹，或敲锣打鼓，以示庆贺，送旧迎新，祝贺新年好运。正月初一日，由一家之主烧早饭，以整齐柴草及芝麻秸秆作燃料（取齐心之吉），闷声不响（取闷声大发财之吉）。早饭大多为年糕或糯米团圆，以示全家团团圆圆。在灶头或场头焚香燃烛，祭灶神和天地。早上起床后，男女老少均穿戴一新，早饭后走亲访友，致喜问候，恭贺新年。晚辈向长辈拜年，长辈给晚辈喜钿（压岁钱），以示压邪。正月初二日起，亲友互相拜年。居民点、居民埭锣鼓声，鞭炮声此起彼伏，节庆活动名目繁多，节庆时间持续多日，一般至正月初八日止（谚云：拜年拜到年初八，要吃萝卜自己拔），过了正月初八，节日气氛逐渐变淡。春节期间，还有舞龙灯、调狮子、贴财神、说利市、跑发财、唱春等活动。旧时，春节又是穷人乞讨的好时节。

元宵节　又称正月半。农历正月十五日，古为上元天官赐福之辰，称上元节，是日晚称元宵，也叫元夜，意味着新年已过，农家开始备耕。这一天，凡出嫁的女儿都要将母亲接回家中，全家围坐一起，吃馄饨团子（汤团），称过正月半，也有人戏称该日为“老太婆生日”。所以正月半在一定意义上又可视为境内居民的母亲节，此俗于90年代后逐步演变为晚辈请亲友长辈一起吃馄饨团子过正月半。五六十年代，家家户户在晚上用芦苇、柴草捆扎成火把，在田间兜跑，称“照毛虫”，或用乱柴堆积于田角焚烧，称“煨田角”，口中唱“正月半，照毛虫，人家菜，铜钱大，我家菜，盘蓝大”。是日晚，农村居民有请田沟三娘的习俗（此俗在“文化大革命”中淡化，90年代后悄然兴起）。夜间，儿童则玩耍彩灯，有兔子灯、滚龙灯等，故正月半又称灯节。

二月二　农历二月初二日早晨，境内居民有吃油煎糖糕的习俗，称“撑腰糕”。据说吃了“撑腰糕”，干活挑担不会腰痛。

清明节　清明节即清爽明洁的意思。清明为二十四节气之一，“万物生长此时，皆清洁而明净，故谓之清明”。清明节是传统扫墓祭祖的节日，又称思亲节和扫墓日。清明时节，境内居民都须祭祀祖先和邀请直系亲友聚餐，叫做“过清明”。阖家老幼备上酒菜前往祖坟墓地祭奠，点香烛，化纸箔，虔诚礼拜，称“上坟”。人死后第一个清明叫新清明，上坟一般在惊蛰前进行，意示新坟需提前添土，以防蛇虫钻进墓地。1976年取消土葬，实行火葬后至1978年，一度改为家祭。

立夏　立夏标志夏季的到来。一些蔬菜瓜果鱼虾应市出现，故在常阴沙一带流传有“立夏尝三鲜”（蚕豆、竹笋与麦蚕）之说。是日，农家大多以青蚕豆炒蒜苗以尝鲜，将煮熟的鸡蛋或鸭蛋给孩子们，嘱其躲于麦田中吃，给孩子称体重，传说可以防“疰夏”（一种使人夏季消瘦的疾病）。亦有在立夏日给小孩戴凉帽，可免生痱子。立夏前后，芦苇新叶长成，绝大多数居民采集芦叶，包裹粽子。

端午节　农历五月初五日为端午节，又称端阳节。家家包煮糯米粽子，以示纪念爱国诗人屈原。是日，大人用烧酒拌雄黄，做成雄黄酒，大人可略喝几口，小孩则搽在额头、嘴唇、脸上、手背、身上或两腿，以避邪和防止毒蛇、百脚（蜈蚣）的伤害。用红绸布、艾叶（香萁）做成香袋，挂在小孩胸前、腰间，或悬挂于蚊帐内，以驱虫消毒保平安吉利，室内用白艾烟熏，大门槛上方插挂香萁、菖蒲、大蒜头等，枕头下放香萁叶，以示镇妖避邪。

夏至　夏至日，是一年中白昼时间最长的一天。常阴沙人有吃馄饨的习俗。

七夕　农历七月初七日为七夕，又称七巧节，是神话传说中牛郎与织女在银河鹊桥相会之日。是日夜晚，人们对着一弯新月，散坐屋前，仰望星空，看天上牛郎、织女双星相会，祈求人间美满幸福。七夕之日，出阁少妇回到娘家，穿针引线，赶做绣鞋，意为“七巧”（乞巧），一人做双鞋，要当天做完。80年代后，此俗渐趋淡化。

七月半　农历七月十五日，道家称中元节，俗称鬼节。传说这一天是小鬼放监的日子。节前几天，大多居民须备办酒菜，以祭祀祖先鬼神，俗称过“七月半”。七月半，又为斋孤节，以祭无子女之鬼魂。

七月三十　传说是地藏王菩萨生日。晚上，部分人家在大门口的场头上烧香，俗称烧狗屎香（九思香）。此俗于“文化大革命”后渐趋淡化。

中秋节　农历八月十五日，三秋相逢，故名中秋节，又称团圆节，俗称“八月半”。节前，亲友之间互相馈赠月饼。是日，境内居民纷纷备办酒席，一般早上吃糖芋艿，晚上吃团圆饭。至夜，阖家欢坐庭院之中或场头上，烧香祭月神，吃月饼赏皓月。新婚之家，须给岳父母送“八月半礼”，月饼必备，辅之以鱼、肉、烟、酒之类。境内还流传着中秋吃鸭子（即“杀鞑子”暗语）的说法。

重阳节　农历九月初九日，因九为阳数，故称重阳。原意为“重九登高”以避灾，后变不登高而吃重阳糕。旧时，重阳糕上插有红、绿、黄等颜色的三角剪花纸旗。60年代后，此节一度淡化。80年代起，人民政府将重阳节定为老年节，以示敬老。

十月朝　农历十月初一日为十月朝。旧时，凡坟墓迁徙，或年久墓葬需拾骨，都在是日进行。家有新亡之人灵座，须在是日祭祀。是日常阴沙人有与扁豆、茄子、金花菜合煮而食的习俗。谚云：“十月朝，扁豆、茄子一锅烧。”取送夏疫、秋瘟之意。又云：“过了十月朝，砌屋、罗坑（砌厕所）、支灶不用挑。”即不用挑选日子，取百无禁忌之意。

冬至　又称大冬，起“九”之日，是一年中白昼时间最短的一天。民间流行祭祖的习俗，节前几天，居民纷纷备办酒菜，祭祀祖先，曰“过冬”。有“冬至大于年”之说。大冬与清明节、七月半、十月朝并称四大鬼节。

腊八　农历十二月称腊月，此月初八日称腊八。是时，农事即将结束，秋熟作物已全部收获进仓，各家各户收集各种主食、副食品，多者十数种，至少八种，共置于锅中煮成杂烩稀饭，称“腊八粥”，别具风味。腊八粥有咸有甜，取寒冬腊月避邪保健之意。

灶神节　又称廿四夜。农历十二月廿三日或廿四日两天为灶神节（常阴沙人为廿三日，江北人为廿四日），传说这一天灶神上天庭朝见玉皇大帝，汇报全家一年善恶诸事。境内大多家庭食用赤豆米饭、青菜、豆制品等，称廿四夜饭。是时，举行送灶神仪式，焚香点烛祭灶君，燃放鞭炮送灶神，祈求灶神“上天言好事，下界保平安”。此日过后，家家户户开始打扫卫生，“掸檐尘”，准备新衣、糕点、馒头，迎接春节的到来，故廿四夜又称小年夜。

除夕　即年卅夜。农历十二月的最后一天，又称“大年夜”或“卅夜子”。是日，家家户户清扫门庭，张贴门联、年画，辞旧迎新。中餐或晚餐，备美酒佳肴以祭祀祖先，曰“过年”。全家聚餐，称“吃年夜饭”。晚间明灯亮烛，团聚座谈，鸣放爆竹，直至深夜，甚至通宵达旦，曰“守岁”。大人给小孩发“压岁钱”，并准备第二年（年初一）的饭菜。是日晚，焚香点烛，供奉新的灶神，称“接灶”。

二、新节日

元旦　辛亥革命后改用公历，定1月1日为元旦。但民间仍习惯于用农历纪年。中华人民共和国成立后，通用公历。元旦日，场部机关，工厂及场直各单位按立法规定休假。农业工区则根据情况自行调节。

国际劳动妇女节　1949年12月，中央人民政府政务院规定，每年3月8日为妇女节。是日，场部机关、工厂及场直各单位的妇女集会纪念，或组织活动，反映和交流妇女在政治、经济、社会生活等各方面的情况，维护妇女权益，发挥妇女在农场各项建设中的作用。

植树节　1979年2月23日，第五届全国人民代表大会常务委员会第六次会议决定，每年3月12日为植树节，号召全民义务植树。此日前后，场部机关、工区、工厂及场直各单位的干部和职工群众一起参加植树劳动，绿化环境。

国际劳动节　1949年12月，中央人民政府政务院规定，每年5月1日为劳动节，为法定休息日。是日，场部机关、工厂和场直各单位均根据规定放假休息一天。农业职工视农作物生长情况自行调节。

中国青年节 1949年12月，中央人民政府政务院正式宣布5月4日为中国青年节。是日，农业工区和工厂企业单位均组织共青团员和青年开展活动，形式有演讲会、座谈会、展览会及各种文娱体育活动。

国际儿童节 1949年12月，中央人民政府政务院规定，每年6月1日为儿童节，是日，幼儿园、小学均以各种形式进行纪念，如组织歌咏、舞蹈等文娱活动。商店展销各类儿童图书、玩具和学习用品。1986年起，影剧院开设小学生放映专场，为少年儿童放映电影。

中国共产党成立纪念日 7月1日为中国共产党诞生纪念日。场党委组织召开全场党员大会进行纪念，同时总结工作，布置任务，表彰先进。是日，各工区、工厂、场直各单位的党组织也以各种形式进行纪念，开展革命传统教育。

中国人民解放军建军节 1927年8月1日，中国共产党领导南昌武装起义，后定8月1日为中国人民解放军建军节。是日，由场部机关组织转业退伍军人和现役军人家属代表召开座谈会，以示纪念。1979年起，场部在每年的8月1日与驻军部队开展联谊活动。

教师节 1985年1月21日，第六届全国人民代表大会常务委员会第九次会议决定，9月10日为教师节。是日，学校召开教师大会，表彰先进。场部领导则组织各单位负责人到会向教师表示问候，并赠送礼品。

老年节 农历九月初九日的重阳节为老年节，全场开展敬老活动。场部党政领导和各单位的负责人均携带礼物对老年人进行探望和慰问。70岁以上的老年人根据各自的户籍关系，到所在单位或工区领取一份慰问品。

国庆节 10月1日，是中华人民共和国成立纪念日。是日，从场部机关到各农业工区、工厂及场直各单位均升挂国旗，张灯结彩。集镇街道两旁建筑物上悬挂有庆祝标语的红布横幅或竖幅，橱窗画廊张贴反映建设成就的各类文章和图片。商店开展展销活动。各业均根据规定放假休息，职工群众利用假日走亲访友或旅游。

第二节 婚丧喜庆习俗

一、婚嫁

说合 也称做媒、做介绍。50年代中期以前，婚姻由媒人说定。一般通行早婚，且崇尚多子多福、儿孙满堂和早养儿子早得力的传统礼教。50年代后，人民政府贯彻婚姻法，废除封建的包办婚姻，提倡婚姻自由，男女双方结亲联姻，一般仍需介绍人说合，具体有两种情况，一是原来双方熟悉并相互了解且有意的，由男方委托介绍人出面说合即可；二是双方原来不认识，则由介绍人出面介绍双方认识，约定时间和地点，促成双方见面，俗称“看人”，再由介绍人牵头互访家庭，称“看人家”。说合的作用只是由介绍人牵头介绍双方认识，与过去的说媒有着本质上的区别。

定亲 或曰订婚，即“文定”，又称“押日”，亦有称之为“吃小喜酒”的。男女双方经介绍人说合并经一段时间接触了解且双方均有意后，遂请介绍人出面，告知双方父母，择吉日定亲（押日）。押日日期一般由男女双方通过介绍人商定，多选农历上半月逢双之日（农历五月和六月除外，农场居民有“五月六月不说亲”之说）。定亲之日，男方青年由介绍人陪同，带礼金和礼品到女方家庭拜见女方父母，称作认丈人（岳父）、丈母（岳母），女方家庭则备办酒席，邀请亲友作陪，席间，新女婿由丈母（岳母）带领指认长辈叫人，长辈给新女婿出一定数量的叫铟（见面礼钱）。女方再把准备好的一定数量的粽子（以示定下终身、传宗接代、多子多福）和回礼，由介绍人带回到男方家庭。隔日，女方青年亦由介绍人陪同至男方家认公婆，礼节、仪式与男方到女方家的形式相仿。80年代后，定亲仪式改为同日进行，上午男到女家，下午女到男家，当日即回。自此，男女双方即可以未婚夫妻名义自由来往。

结婚　男女双方定亲后，至双方年龄等条件合格时，一般由男方委托介绍人携带礼金及礼品至女方家，向女方家长说明当年或来年要求结婚之意，并告知选定的婚期，称“请期”，也叫“送节礼”。送节礼的日期一般选在七月上旬的初二日、初六日或中旬的十二日，此次节礼，女方一般会接受。但也有借故推托不接受的，男方则至农历八月十五日再送节礼，称“八月半礼”。此时，除非女方家庭有变故，否则大多会接受。此谓：“八月半的礼，不受也得受。”

女方收下礼金和礼物后，男方须在确定的结婚日期前一个月的同一日，写好日帖，再次委托介绍人至女方家通知具体的结婚日期，叫作“送日”，又称“送对月礼”。结婚日期的确定，须请人根据男女双方出生的年、月、日、时的天干、地支和五行，挑选黄道吉日，也有男女双方商定择节假日的。男女双方须在结婚前同至民政部门婚姻登记处登记领取结婚证，办理合法手续。

结婚当天为正日，双方都要置办酒席，宴请亲朋好友。上午，新郎在介绍人和催亲人员的陪同下，携带礼物，至岳父母家迎娶新娘。新郎又称“新小倌”。进宅前，男方鸣放爆竹报喜，女方鸣炮迎接。新郎到场，必须站定，由妻舅或女方长辈出迎，方能进堂。新郎由介绍人带领见过岳父母后入座。午饭后，新郎随岳母拜认女方长辈，长辈出叫钿以示回礼。新郎带着“子孙桶”（女方陪嫁的马桶），桶里摆放5个熟鸡蛋、长生果（花生）、红枣、棉花籽和喜糖等物，以示五子登科，告辞返回，恭候新娘，催亲人员则留在女方家，不断催促新娘尽早上轿。新娘又称“新娘子”，经男方催促，吉时一到，随即“起妆”，嫁妆到男家时，燃放爆竹。下午（路途较近的则在傍晚），新娘梳妆打扮（一般着红装，取吉庆之意），拖鞋（表示女方财气不带到男方），告别父母，由催亲人引导，在陪同人员（均为未出阁的年轻姑娘）的陪同下至男方家。新娘花轿（以前为独轮推车、拖车、自行车，90年代后用轿车）进场时，男方鸣炮相迎。花轿到场前，暂停片刻（俗称“冷轿”，意在淡化新娘脾气），新娘下轿，由男方女眷相领，跨过场边燃着用红线扎成的三个草把（俗称“三叉灯”或三堆旺火，意为阻挡新娘祖宗进男宅），然后由新郎搀扶，踏着青布袋，跨过大门、房门槛，入洞房。新娘坐上新床，与新郎同吃“和气团圆”（用糯米粉做成的小团圆）。然后男方邀请新娘参加晚宴。晚宴后，开始闹新房，其形式多样不拘，但不出格，其中最热闹的是“捉扒灰”，引人捧腹。直至深夜才“上金门”（关房门）。

次日，男方须点香烛，上供品，祭祀祖先。新郎、新娘同跪，向祖先行叩首礼，以示新娘已经过门。然后，新娘面认公婆和其他长辈，长辈给叫钿以示回礼，新娘即面授答礼（毛巾、袜子、糕点、糖果之类），并给幼辈以喜钿（称“穿线结子”）。

婚后三天，择双日，新娘偕丈夫回娘家谢亲，俗称“回门”，当天日落前返回，不可住夜。婚后欢度蜜月称“不空房”。满月后，新娘由娘家派人（一般是弟妹）接回娘家，称“接满月”，稍住几日送回，或由丈夫接回。统称“归宁”。

上述礼俗，因多种情况，也有不少变通，且有若干特殊对待的情形。如童养媳、拔亲（也称白亲）、赘婿、中表联姻、抢亲、抱牌做亲、两头大、二婚头、叔接嫂、续弦、纳宠等等。境内曾有过拔亲和中表联姻的婚俗，赘婿情况较为普遍。

二、丧葬

农场居民在丧葬方面的礼俗是苏南、苏北两地以及靖江、沙上等习惯的融合或变通，各有异同。

丧前事宜　在人弥留之时，须将死者床铺所用的蚊帐撤除，称“撇帐子”，然后将其移到前屋（堂屋）靠西墙边，头朝北。若死者死于卧室，须由亲生儿子跪于房门正中，将死者从亲生儿子身上移到前屋正中。若死者死于外面，回家时须将鸡活宰后，从前屋抛过屋顶至后屋，亲生儿子跪于大门口，将死者从亲生儿子身上拖过。丧事由死者亲生子女或其他有直接继承关系的亲属安排和主持，首先定期（一般为三天，也有五天的）开丧，然后是派人报丧、设灵堂、发丧、出殡等。

报丧　由丧事主持人委派人员至亲友家报丧，也称“送死讯”，派出报丧的人员须在亲友家吃了东西（多少不论，简至喝一杯水），方可离开。亲友家对报丧者以糖果或糖茶招待。外甥到舅舅家报丧，不论天气晴雨都要带上雨伞，伞柄朝前，进门后，将雨伞倒置于堂上，双腿下跪，主人即明其意。

灵堂 人死亡，称“过世”，过世后，将死者床上的蚊帐卷起，抛至大门前的屋檐上（楼房，则甩至阳台正中），子女用热水替死者擦身，称“净身”，请人理发，换上寿衣，衣服的件数为单数（传说穿了双数要死两人）。然后用门板将遗体头朝大门搁置在正堂屋中。门板搁置的办法有讲究：凡死者上无长辈且配偶已先过世者，则必须搁置于堂屋正中位置；若死者尚有配偶在世，或上有老人在世者，则不能搁于堂屋正中位置，须略偏过一点。前挂白帏，摆花圈，置灵桌，供牌位，放遗像，设香烛斋羹祭奠，俗称设“灵堂”，也叫“孝堂”。子女披麻戴孝，分坐死者两旁守灵。亲友邻居“望丧”时，子女出门相迎致谢（谢礼）。亲友向死者跪拜时，子女要跪在对面的草垫上，以示还礼。

开丧 人过世第二日为小殓，第三日入殓开丧，又叫大殓，也有第五日入殓的。开丧期间，请道士、和尚诵经做道场，超度死者，称“做斋”，做斋少则一日，多则数日。请人为死者“扎库”（一种以芦苇、竹竿扎成轮廓，以各色纸张裱糊而成的纸房、纸具），少则一二间，多则数十间。死者的亲生子女或有直系继承关系的晚辈，须穿白衣、白鞋，披麻戴孝，以示孝敬。亲戚好友前来吊唁，称“吃米饭”，又称“吃豆腐”。对前来吊唁的人，根据亲疏关系，分别由丧事主持人发给“白扎头”或“白拖头”（白布条），佩带、结扎于手臂或头部。白扎头或白拖头的分发，有如下讲究：根据佩带人与死者的亲疏关系确定长度，直系子女（含媳、婿）为7.2市尺（1市尺=0.3333米），旁系子侄、晚辈（侄儿、侄女、外甥、外甥女等）为3.6市尺，孙子女及其他亲友、邻居为2.4市尺（曾孙辈以下则以小块红布别于手臂上即可）。白扎头由双层白布缝制或折叠而成，宽度为3~4市寸（1市寸=3.3333厘米）。此俗在“文化大革命”期间一度用黑纱代替。80年代后，重新恢复。死者女儿、儿媳妇须守灵哀哭，称“哭灵”。哭灵时，声泪俱下，诉说死者生前的种种德行，以抒发对死者的怀念之情。在此期间，子女必须通宵达旦守于灵堂之中，左邻右舍也帮忙通宵守值，称“守夜”。死者入殓，须待亲生子女全部到达方可进行。入殓时，子女、儿媳，亲友晚辈向死者一一跪拜，磕头告别，并烧化纸钱。“文化大革命”期间，丧事从简，一度改为开追悼会寄托哀思。80年代后恢复旧习。

出殡 又称“出丧”。70年代中期前，较为富裕的人家，都要为死者用较好的木材做棺材，有的在生前即已做好，称“寿材”。死者入棺后，由木匠钉住棺盖，然后出丧。8人扛着棺材，由擎幡幛人引路，边走边撒纸钱，称“买路钱”，长子捧牌位（遗像）前导，其余子女紧随，后面有亲友、吹鼓手尾随，吹奏哀乐，或道人敲钹。棺材至预定墓地安葬。安葬方法一般有两种，一种是土葬，掘土为坑，将灵柩埋入土中，垒土为坟；另一种是显葬，即在选定的墓地，用砖瓦砌成比灵柩体积略大的房屋，称“坑”，将灵柩置于其中。也有将灵柩搁于堂屋中，隔数日或半年后再行入葬的。死者安葬数年或更长时间后，子女可将尸骨检出，装入甏（称“骨什甏”）中，葬于墓地。出殡回来吃糖茶、糕饼，以示吉利。丧家堂屋壁摆上供桌，称“灵台”，也叫“座台”，放牌位（后改为死者正面相片），壁挂挽联，端茶送菜，每日不断，满三年“脱孝”后拆除。70年代中期实行火化后，出殡方法基本相同。80年代中期起，实行殡葬改革，即在出殡火化和入葬时，由道人（或和尚）敲钹改为哀乐队吹奏，其余相似。

做七 死者自亡故之日起，每逢七天祭奠一次，称做七，也叫“守七”。自“头七”起至“断七”止，共计49天，逢七之日，子女必须烧香点烛，焚烧纸钱，备办饭菜以祭祀。一般是“头七”（也叫初七）晚上由死者亲友和邻居相陪，邻居出动“偷菜”包馄饨，守至深夜。“五七”或“六七”最为隆重。是日，亲人守通宵，已嫁女儿或寄女（干女儿）必须专门备办酒席数桌，祭以供桌，称“烧六七羹饭”。亲生儿子请和尚或道士诵经做道场，以超度亡灵。请扎库匠扎库，至晚焚化，以示悼念。

做周年 也称“做周祭”。死者死后一百天，家人要举行“百日祭祀”。逢死者周年，要举行“周年祭祀”。死后三年内，每逢清明、七月半、十月朝、大冬、过年，都必须祭祀，其中清明、大冬、过年要举行扫墓仪式。逢十周年、二十周年，要举行规模较大的祭祀仪式，请扎库匠扎库，采办冥衣，请和尚或道士诵经做道场等，以示超度亡灵转世。

脱孝 死者死后三年（不过三个冬至日），举行脱孝祭祀。将牌位火化，撤除供桌。从此日起，子女可将白鞋换成黑鞋，不再穿孝。此俗从90年代后期起，有所简化，逐步将脱孝时日改在做“六七”的时候一起进行。2000年起，在农业工区中悄然兴起开丧、做“六七”、脱孝合并进行的做法，时间由三日改为五日，即将死者在家放置三日改为五日，第五日开丧，将死者出殡火化，回到家里后，举行烧“六七”、化库和脱孝仪式，丧事一次性办完。

三、生养

望三五（产妇）　孕妇生养，俗称“做三五”（坐月子）。产妇又被称为“三五娘”（产妇娘）。临产，由女婿及时将喜讯送达岳母家，并请助产士接生（60年代前由地方上的老娘婆接生；70年代至80年代中期，由工区赤脚医生接产；80年代后期，开始到医院由妇产科医生接产）。小孩降生后，首先，给邻居送毛米饭（一种以未淘洗之米做成的米饭），以示小孩长大后能与邻居小孩和睦相处。其次，是给男女双方的长辈亲友送红蛋，生男孩，红蛋数为单数，生女孩，红蛋数为双数，以示喜庆生育之意。长辈亲友收到红蛋后，准备油馓子、红糖、鸡、蛋、鱼、肉等礼物，于产妇生养当月（称“月子里”或“三五里”）探望产妇，俗称“望三五”或叫“送三五羹”。80年代起，为方便不浪费，“望三五”改为包红包送钱。产妇家则盛宴招待“送三五羹”的长辈亲友。80年代后，大多由男家约定日期，双方亲友于此日带礼品前来探望产妇。是日，男家置办酒席，答谢长辈亲友。再次，是购买一定数量的糖、蛋、鸡、油馓子等营养品，以供产妇补养身体。产妇生产三天，称“三朝”，男家要祭祖，称“烧三朝经”。产妇生产满一个月，称“满月”，产妇家要请人吃“满月团圆酒”，产妇满月后，娘家即派人（一般是弟妹）将产妇接回娘家，住数日、数十日不等，称“接满月”。妇女生产忌在娘家或邻居亲友家进行，所谓“借死不借生”，否则不吉。

过百日　80年代后期开始，逐步兴起给小孩过百日，也叫“做百日”，即小孩降生100日，给孩子吃百日面，庆贺孩子过“百日关”。置办酒席，宴请亲朋，为孩子拍照留念。

周岁　孩子降生一年，称“期过”。届时，娘家人不可缺少，同时由姑妈给小孩送鞋帽，称“姑头姑脚”，系顾头顾脚的谐音，表示姑妈对孩子的呵护。主家则须置办周岁酒，吃周岁面。

四、造房

50年代，受经济条件限制，东迁移民从坍江区域搬进新围的圩塘内。建房一般自己动手，最多请几个推芭匠，用木棍、毛竹，树棍撑撑，芦芭搭搭，花两、三天时间，建造起几间简易草屋，所造房屋极为简陋。结束时，请推芭匠、木匠等人吃上一顿，算是完工。

60年代中期开始，农场规划居民埭（住房挨户一字形排列）和居民点（由几个居民埭集中排列而成），取消零星的独户居住和宅基地，居民挨户集中居住，并大规模地组织内部迁移（称第二次迁徙），砌房造屋逐步得到重视和讲究。选择住房朝向，无论是居民埭和居民点，均以坐北向南（或东南）方向为最佳。选择屋基时，讲究的人家须请人看“风水”，大部分人家则凭工区安排。造房开工前，须择吉日，整理宅基一般请属龙、属虎的人挑第一担土，称“龙虎担”。上梁落成时，须选黄道吉日和黄道时辰，上梁称“搀高头”，主人举办筵席称“待匠酒”，亲友邻居送“搀高头人情”。尤其是上梁之日，姻亲须送馒头、糕点、团圆等以示庆贺。上梁之时，多选择良辰即涨潮之时，谓之“涨财”，并由主持木匠和泥水匠“说鸽子”（讲吉利好话），抛撒馒头、糕点、团圆、糖果、粽子等，第一把抛向主家，第二把抛向四方，以示庆贺，众人则嬉闹抢拾。上梁者下梯时，抛一把铜板（或硬币），意为铜钿落地，状元出在此地。正屋大梁上贴有书写“福、禄、寿”三字的红纸，两边或书“福星高照”，或书“太公在此百无禁忌”等。大梁正中悬挂万年青、沉香、小铜钿（硬币）和荷包米袋，取意为“万年常青”“钱粮满堂”“香气四溢”“五谷丰登”等。

80年代中期起，居民由平房翻建楼房，除上述讲究外，增加了待匠酒的次数，即上第一层楼板日，主家须办第一次酒，待第一次匠，称“小待匠”，房屋竣工，择吉日办酒，称“大待匠”。讲究的人家，上梁、砌灶日也要办酒待匠。

五、祝寿和继嗣

祝寿　祝寿有两种，一种是散祝寿，即每年的生日，由家人围坐一起，以面为主食，略表庆贺。第二种是大祝寿，即以年龄数目的逢九、逢十之生日庆贺，逢九为大寿，逢十为整寿。其中，以三十岁（而立之年）、六十岁（花甲之年）和八十岁、九十岁最为隆重。有“做三十不做四十”的说法。寿礼有干、湿之分，干礼指钱钞，湿礼有烛、面、酒、鱼、肉、鸡、蛋、寿轴、对联等。受礼时，要退回若干，称“回礼”。90年代后期开始，又时兴给小孩做寿，即在小孩十岁时进行庆贺，其场面往往比老年人做寿更为隆重。

继嗣　农场居民，传统上以亲生儿子享受继承权，同时担负赡养义务。若无子，则将侄儿作为嗣子，亦有挑选亲近晚辈或其他人作为养子，享受继承权利和承担赡养义务。

第三节　生活习俗

一、服饰

50年代前后至“文化大革命”前，老年人多穿老式服装，上装有对胸襟、大胸襟，下装为叉腰裤，老年妇女冬装还有展裙。一般中青年上装都为列宁装、中山装、人民装、学生装，颜色以蓝色居多，质地以土布（俗称“老布”，多为自纺自织）居多，并伴有半线卡。“文化大革命”期间，人们喜穿藏青、铁灰色的中山装、人民装。青年中流行黄军装（实际为草绿色军装），质地多为半线卡和全线卡，西装、旗袍被视为异服。70年代中后期，青年人下装先兴竹筒管长裤，后兴喇叭裤。80年代后，男女西装开始流行。服装色调，男装以藏青色、铁灰色、咖啡色、草绿色和白色为主，兼以其他色调；女装以花色为主，尚红色，冬深色，夏浅淡素净。上装，男以T恤为主。秋冬季男女均以西装为主，另有蝙蝠衫、夹克衫、滑雪衫、长短风衣、腈纶衫及羊毛衫等针织品。下装有健美裤、牛仔裤、太子裤，大红大绿，男女不忌。衣料质地上，80年代流行化纤和呢毛纺织品。90年代起，从纯棉织品逐步上升到呢绒、绸缎，甚至羽绒裘皮。中小学生平时统一着校服。

鞋　60年代前，以民间自制布底小圆口布鞋为主。60年代中期起，流行北京鞋（手工制宽口单布鞋）。70年代后期开始流行皮鞋。80年代中期，鞋的种类有布鞋、胶鞋、塑料凉鞋、四季各式皮鞋、花式多样的运动鞋、保暖鞋、健身鞋，并由平跟向中跟、高跟发展。老年人喜穿平跟鞋，中年人喜穿平、中跟鞋，青年女子多穿高跟鞋。除此之外，尚有三种特色鞋：一是蒲鞋（又称芦花鞋），以芦苇花和稻草编织而成，冬天穿着，十分暖和，80年代后，逐步被各式轻便的保暖鞋代替。二是钉鞋，以白土布做成蚌壳状，底厚，底部钉圆头铁钉，外抹桐油，作为雨鞋，防漏、防滑，但笨重，50年代中期以前流行，60年代胶式雨鞋普及后逐步淘汰。三是草鞋，以稻草编织而成，是50年代田间劳动用鞋，60年代中期以后即少见，70年代后，已绝迹。

袜　60年代前，多穿土布袜子，底厚，暖和。60年代中期，多穿纱袜。70年代后期起，尼龙袜、丝袜开始流行并逐步普及。进入80年代，女青年喜穿长筒丝袜。90年代后，男女青年喜穿麻棉、麻腈短袜，夏天女子还喜穿与短裙相配套的长筒丝袜。

帽　建场初期，流行八角帽，后改为解放帽。60年代后，男子夏天劳动时多戴狭边滩草编织帽，也称关丝帽，既可遮阳，又可拿在手中扇风。女子多戴阔边麦秸编织帽。冬天，中年妇女用毛线编织风雪帽（又称畚箕帽、头绳帽）。老年人戴罗松帽。“文化大革命”期间，流行军帽。70年代后期至80年代初期流行工人帽。80年代中期开始，帽型增多，夏天有草帽、塑料编织帽、太阳帽，冬天有鸭舌帽、滑雪帽、绒线帽、皮帽、东北帽。

饰物　五六十年代，除少数家庭给小孩佩带饰物外，一般男女饰物极少，中青年喜在上衣口袋上佩一支钢笔，女孩头上扎花结，少数妇女戴耳环。70年代起，男女青年喜戴手表。80年代后期，开始流行佩戴金银珠宝饰物，富有男子戴金戒指、金手表、金手链。女子除上述饰物外，还有宝石戒指，金耳环，金、银、玉镯，金项链及金脚链等。90年代至2005年，一般女子以淡妆居多，少数女子涂唇、画眉。

发型　50年代初至60年代，男子一般理平头、一边倒的自然发型和西式三七分头。女性青少年将独根辫梳成两条辫，或剪成童花式、游泳式。中青年妇女梳齐肩短发。老年妇女留发髻的较多。"文化大革命"时期，禁止烫发和留长鬓角大背头。80年代开始，男子多为西式短发型，亦有留港式长发、大鬓角、大包头，少数留叔叔阿姨头。女子有刘海式、波浪式、童花式、披肩式、瀑布式等20多种，少数留短发。中青年妇女开始烫发，老年妇女已不再梳发髻。进入90年代，少数男青年留长发、蓄胡须。青年妇女大多为一把抓披肩发。90年代后期起，头发焗油逐步兴起，青年妇女染成棕黄式者增多，部分男青年理港式中分头，中、老年男子仍为短鬓角三七分式头和板刷头。

二、饮食

主食　50年代，均以麦粞、山芋、芋艿、玉米为主食，偶尔有少量的大米、面粉、高粱。农场恢复扩建后，逐步以大米、面粉为主食。70年代后期起，除调节口味外，已基本不掺杂食，麦粞亦基本淘汰。面条、馄饨、糯米团子、馒头（常阴沙土话，实为包子）作为花色小吃调节口味。招待客人，讲究吃馄饨、团圆。春节，讲究传统的糯米糕和馒头（包子）。

餐次　一直是传统的一日三餐制（特殊的加餐除外）。早、晚为稀饭（粥），中午为干饭。80年代后期起，特别是90年代以后，多数中青年家庭改一饭二粥为二饭一粥甚至三饭，稀饭（粥）成为偶尔调节口味之需。

菜肴　50—70年代，人们以咸瓜、腌菜（腌齑）及家常蔬菜为主，辅之以少量的鱼、肉、蛋。80年代，菜肴品种稍有增加。进入90年代，除咸瓜、腌菜、干菜、酱菜、豆制品等小菜外，还有腌制的鱼、肉、鸡、鸭等，尤其是荤菜的品种和数量大大增加。亲友来访，一般都要添几样荤菜，远道至亲或贵客来家则买鱼买肉、杀鸡宰鸭盛情款待。

家常小菜　鱼虾类有红烧鱼、清蒸鱼、汆汤鱼、切片清炒、切丝清炒、酸菜鱼头、粉皮鱼头、咸水虾、清蒸螃蟹、红烧蚌肉、红烧蚬肉等。肉类以猪肉为主，切块红烧、白煨和切片、切丝清炒。冬季，红烧和白切羊肉较为盛行。禽类有鸡、鸭、鹅和各种野味，切块红烧、切丝切丁、清炒和整体清蒸。蛋类有炒蛋、炖蛋、荷包蛋、白煮蛋、蛋松、酱煨蛋以及鸭蛋腌制的咸蛋和特殊加工的松花蛋等。蔬菜以清炒为主，腌制的腌菜和咸瓜、酱瓜颇具特色。另外还有呛虾、呛蟹、呛螃蜞、炒蟮丝、油走肉、红焖蹄子、白煨蹄子、红烧及清蒸刀鱼、红烧及清蒸鲥鱼、红烧河豚、蟹黄馄饨、蟹黄豆腐等等。

宴席　宴席分喜事宴席和丧事宴席两种。五六十年代的宴席比较简单，一般为"八碗头"。70年代，逐步时兴"四盆八碗"，即每桌有四只冷盆，八只主菜。80年代中期以后，开始兴大拼盘冷菜，后兴小冷盘，起码8盆。热炒大件有整鸡整鸭，配上甲鱼、河蟹、海参、鱿鱼、鳝片、鱼肚、鲜贝、河虾等，外加甜菜（八宝饭、果汤）、点心（炒面、春卷、小笼包子等），每桌16道以上。丧事宴席与喜事宴席相似，所不同的是不设甜菜、点心，但豆腐是必须之菜。

小吃　传统的小吃有馄饨、馒头、粽子、团子、香脆饼、油煎茄饼、糯米年糕、油煎馓子、酒酿团圆等。另有炒米糖、麻团、油杂烩、麻油花、重阳糕、豇豆角子、糖枣、开口笑、豆腐花、豇爿饼、油条、云片糕等等。

三、器具

民间用器具有农用器具、生活用器具、照明器具、炊具、餐具、衡具、编织器具、儿童用具、网具、玩具等，除农用常规器具在"农业编"中介绍外，其他器具择其要者分列于下：

农用特色器具

方钉耙　又称短柄钉耙。用于拓浚河道和滩地围垦及筑堤，长方形、平头，有四只扁平齿，齿间距仅一线缝，装短木柄（80厘米左右）。凿出约30厘米的大泥块，装入泥络子，两块为一担。

泥络　又称泥络子。用于河道拓浚和滩地围垦及筑堤，用毛竹片、桑树条或柳条折成畚箕环型，中间用麻绳或草绳网成井字型，环边三角系三根绳。具有担身轻、不沾泥的优点。泥络一般与短柄钉耙配套使用。

迁步　河道疏浚时作传递淤泥之用。用老杨树或楝树根加工而成，长约30厘米，宽约15厘米，装上1.5米左右的木把。90年代后淘汰。

生活用具

柴灶　有砖灶和土灶两种。传统生活烧饭、煮菜之必备用具，有灶基、灶台、灶壁、烟囱等组成，有单眼灶、二眼灶和三眼灶之分。灶台平列有二三只铁锅或铝锅，锅与锅之间紧靠的灶壁置一椭圆形铁罐，称“汤罐”（80年代后，多用铝锅代替），其作用是利用烧饭的余热烧水。灶壁正面画画或题字，一般有“鲤鱼跳龙门”、牡丹花等，边则书写“黄金万两”、“招财进宝”等联体大字，以冀发财。灶壁顶端砌成庙宇式神龛以供灶君。土灶在境内曾经历过多次变迁。五六十年代，贫困人家用土基（未烧制的砖坯）垒成置一只铁锅不砌烟囱的单眼灶，称“行（读háng）灶”，一般家庭的柴灶用纯土基砌成，条件稍富裕的家庭则用砖块砌成。80年代后全部改成砖灶，富裕家庭在灶台上贴上瓷砖。90年代后期起，灶基、灶台、灶壁全部贴瓷砖。2000年起，液化天然气普及后，柴灶逐步减少。

床　主要是红漆大木床，三面设置栏杆，正面两侧和上端配置装饰雕刻有各种象征意义的图案板，涂以金粉，金碧辉煌。除家中长者使用外，也是男子娶亲必备家具。另有凉床、直头床、竹床、困柜（既可睡人，又可贮存粮食）、芦芭铺等。70年代后，逐渐被西式床、高低床所代替。床上用品除棉被外，还有关丝草编织的草席、竹篾编制的凉席和戗席。

抽台　为女儿嫁妆所必备，80年代后改为写字台。

台子　一般为方台，称“快口台子”，也叫方桌。边长约1米，高约80厘米，可围坐8人。

八仙桌　又称八仙台。硬质木材做成的正方形桌子，边长约1米、高约80厘米，可围坐8人。八仙桌制作讲究，雕刻台檐，大多为红漆。多见于一些条件较好的家庭。80年代后，比较普遍。

凳　有双人长板凳和单人骨牌凳，有单人坐长方形小凳，称“爬爬凳”或“小矮凳”。

椅子　分普通椅子和躺椅两种。普通椅子多为木制，也有竹制和藤制的。躺椅则是用毛竹做骨架，藤皮编织而成。其枕头与躺椅连在一起，并配有可伸缩的“搁脚”。可坐可躺，坐时将搁脚缩进椅下，躺时拉出。一般作夏天午睡、晚间纳凉之用。

橱　有高橱（分双门、三门两种）、五斗橱、高低橱、箱橱、书橱、碗橱、食品橱等。

柜、箱、盆　柜有米柜、困柜两种。箱有木箱、皮箱、藤箱三种。盆有浴盆（椭圆形），又称“大脚盆”、洗脚盆（圆形）、拗手（装有木柄的木盆）、洗脸盆等。

照明用器具

70年代以前，大多家庭使用油盏煤油灯、美孚灯（罩子灯），夜间行路用灯笼、马灯（桅灯），后发展为手电筒，70年代后，电灯开始普及。

炊具、餐具

主要有锅、盖、碗、筷、碟、盆、瓢、刀（切菜刀，又称“簿刀”）、铲、调羹（匙）、勺、缸、钵、甏（瓮、坛子）、桶、壶、瓶、杯、罐、笊篱、碗架、蒸笼、砧墩、擀面杖、篮、筲箕，以及与柴灶配套的火叉、火钳、风箱、吹火筒、扒灰铡头等。

衡具

居民家庭主要有各种规格的木杆秤及商贩、药店用戥子秤，大多为市制的。农业工区和工建交单位则有磅秤，为公制。

量具

家用市尺、公尺、卷尺,及量田和测量土方用的丈杆等。

纺织器具

70年代前,有弹花机、纺车、擀板、抽条、织布机等。

儿童生活用具

摇篮(竹制)、困桶(木制)、坐船(有木制和竹制两种)、站窝(也叫草窝,用稻草编扎而成)。

网具

有耥网、扳网、拖网、虾网、套网、打网、牵网、捞网、插网、钓蟹(虾)网、罩网、护筒、夯网、转笼等。

特色玩具

风筝　俗称"鹞子",风筝放飞活动,称"放鹞子",鹞子以竹片(篾)扎成,有大型(如九串铃)、小型(如八角、六角、蝴蝶鹞等)、微型(如小娘鹞等)多种。一般较大的鹞子上装有各种葫芦,鹞子上天后会发出有节奏的声音。放鹞子主要在50年代比较盛行,60年代后,除少年儿童参与活动较普遍外,成人已很少参与这一活动。

另有莲花枪(流行于50年代)、菱角,又称地黄牛(儿童活动玩具)、弹珠等。

第四节　其他风俗

一、拜师学艺

无论是学手艺,到工厂学技术,还是进商业单位上班,都要拜师。尤其是民间"五匠",即木匠、泥水匠、漆匠、裁缝、篾匠,均必须举行拜师仪式,称"办投师酒",签订"押贴",又称"押板"(一种文字或口头协议),并预交一定数量的定金,称"押板费",从师期限一般为2~3年,从师期内,根据约定,不取报酬,或少量报酬。满师后,办谢师酒,宴请师父和师兄,作为独立从业的开端。

二、认寄亲

有两种情况,一种是攀认"属相",即孩子出生后,父母为其认寄亲,期望保佑子女一生平安;另一种是父母因工作或朋友关系,出于友好或喜欢,为孩子攀认对方为寄父母,或自己收认对方儿女为寄子女。双方结成寄亲后,逢年过节,婚丧喜庆,均有人情往来,与至亲无异。

三、走亲访友

除逢年过节、婚丧喜庆必须到场外,平时在走亲访友时,一般要携带礼物,晚辈对长辈尤其应该如此。主人则让坐,敬茶,敬烟,亲近客气者则以酒菜宴席招待。敬茶时,须起立双手奉上,称"端茶"。客人受茶时,须起立,双手捧接,以示互相尊重。

四、慰问病人

看望病人须携带礼物(以食物为主),90年代后,以实物和钱钞相结合,或单送红包,向病人问安。看望时间一般应选择上午,尤其是看望年老病人,取朝日东升向上向好吉利之意。

五、踏药渣

病人服用中药后,把药渣倾倒在大路上任人踩踏,意为让众人都来一起驱赶病魔,有一家有难大家帮的意思。另一种意思为用药正确合理,可公开让众人察看,经得起检验。

六、烧利市

利市，语出《易·说卦》：“为近利，市三倍。”烧利市，一般有三种情况：一是新船下水，商店开张，为求吉利，以猪头（牺牲之一种）祭祀鬼神，燃烛，焚香，鸣放爆竹，举行隆重仪式，以示开市大吉，万事如意。二是做了有损于他人利益或名誉的事情，至被损家庭鸣放爆竹，在门框上钉上红布以驱邪除晦，并赔礼道歉。三是逢遇不幸之天灾人祸，邀请亲友吃面，鸣放爆竹，以示逢凶化吉。

七、燃放烟花爆竹

常阴沙农场从初创起，凡逢年过节、婚丧喜庆、建房造屋、开业庆典等，均要燃放爆竹、鞭炮，后又增加烟花，以增添气氛，祝福呈祥，长命百岁，年年高升。这一习俗延续至今，并在不断翻新。

爆竹，俗称炮仗，又称高升。外形为圆筒形，内装火药，用引线引爆升空，一般为两响，如果为一响，视为不吉。鞭炮，是将众多小炮仗用火药引线串联在一起，引燃后，持续爆炸，响声不绝，以示喜庆，鞭炮有100至500响，甚至更多。烟花制作方式和爆竹相似，只是纸筒内装的火药品种和剂量不同，制成后将25~80个甚至更多串联一起，集装一箱，燃放时，将引线点燃，圆形炮仗即逐个升空爆炸，并显示出多种色彩，可谓是五彩缤纷，品种如“江山一片红”“满天星斗”“普天同庆”“万家灯火”等。燃放时，场面热闹，一片喜庆气象。农场商店自80年代开始销售烟花爆竹后，深受民众喜爱。

燃放烟花爆竹虽喜庆，但稍有不慎，极易伤人，严重的可酿成灾祸。因此，境内居民在购买烟花爆竹时，一般均选择正规厂家生产且有合格证的产品，燃放时由有经验的青壮年男人去点引线，老人、小孩、妇女一般不靠近。

第五节　忌　讳

忌讳，是指在平时生活和生产活动中，忌说某些被认为不吉利的话，忌做某些被认为不吉利的事。农场居民由于是从南北各地迁移而定居，通过长期的生活和生产活动，形成了独具一格的忌讳特色，忌讳内容也比较复杂。举例如下：

一、忌言

忌说“十三”和“十三块六角”。据说，这与乌龟背壳的斑纹有关。方言中，往往把“十三点”作骂人的口头语。

忌说“十”。因“十”与方言中的“贼”谐音，所以凡家中办喜事一般不选择逢十日子，涉及逢“十”的单位名称时，均说成“一〇”之类。

老人故世，忌说“死”，而代之以“老了”“亡故”之类。

砌房造屋，特别是上梁（正梁）之日，除须选择黄道吉日外，有许多忌讳用语，如位置抬高，不说“抬高”，而须用“请长一长”之类。

两人对话时，凡遇禽畜类五只时，不说“五只”，而说“一只手”或“一花”。

二、忌行

慰问病人，特别是老年病人，首次须选择在早晨或上午，取旭日东升之意。切忌在下午，尤忌在晚上。之后探望可以随意。

男人忌在晾晒的女人短裤下通行。

忌披麻戴孝在邻家宅上走动。

忌女人横跨扁担。

三、忌事

女人怀孕，忌在娘家或其他人家生产。

灶砖拆下后忌用于砌粪坑，忌在原粪坑位置上砌灶。

小孩忌食鱼子，否则读书不识字。实为鱼子不易消化，故曰“不识字”来恐吓。

夫妻在亲友家留宿，忌同居。

主人不打招呼，客人忌入内房。客人在家，主人忌看手表、扫地和打骂孩子，以免有逐客之嫌。客人走，忌泼水。朋友相逢，忌当面吐唾沫。忌在客人家里大哭。忌客人踏主人家门槛。

作客就餐，忌将食物夹住又放下；忌挑精拣肥；忌手执筷子，目光盯住菜肴；忌用牙咬筷上食物；忌以筷当牙签；忌夹食物时滴汤不止。

忌将药渣倒在他人家门口。

忌在宅前种竹、种桑，有“开门见竹，号啕大哭”之说，取“竹”与“粥”谐音；有“前不种桑”之说，取“桑”与“丧”谐音。

船户，在船上用膳，忌说“盛饭”，而称“镶饭”，取“盛”“沉”谐音；忌将筷子搁在碗上，食鱼忌将鱼翻身，否则会翻船；忌在船头撒尿。

第四章　方　言

第一节　方言的种类和分布

境内居民均从苏北和常熟、江阴等县（市）原坍江区域迁移而定居，人员混杂，各操一地方言。主要有7种：常阴沙方言（崇明方言的一个区域性分支）、老沙方言、靖江方言、常熟方言、如皋方言、南通方言和苏州方言，其中以常阴沙方言使用人口最多、范围最广，老沙方言、靖江方言次之，常熟方言、苏州方言、如皋方言和南通方言较少。各种方言的词义、词素和语音各异，有自身的特点，除靖江方言、如皋方言和南通方言外，其余均属吴方言的一个分支。

常阴沙方言　源于上海崇明岛居民的方言，但与崇明方言又不完全相同，故称之为常阴沙方言，又称崇明话和常阴沙话。常阴沙方言接近于苏北启东、海门的通用方言。上海方言中除少数词汇不为境内居民所接受外，几乎畅通无阻。这是由于苏北启东、海门与上海崇明岛的居民之间曾经互有迁徙以及启东、海门人口曾南徙常阴沙定居生活。常阴沙人实际上为一江之隔的启东、海门人于清末民初过江南迁而居，而启东、海门人又系清乾隆年间从上海崇明岛迁居的。随着时间的推移，常阴沙方言遂成崇明方言的一个区域性分支。

常阴沙方言是常阴沙农场的代表语言。是崇明方言、老沙方言、靖江方言、常熟方言、如皋方言、南通方言、苏州方言及上海、无锡等地多种方言在长期交流过程中相互融合，逐步影响并渗透后所形成的一种独特语言体系。属汉语共同语言中吴方言的一个使用范围极小的地域分支。其区域大致分布在锦丰、三兴、乐余、兆丰、南丰、东沙等地域的大部，大新、德积、中心、东莱、合兴、泗港、妙桥等地域的小部。面积约300平方公里，使用人口约20万人。境内使用此方言者遍布全场，使用人口约占总人口的90%。

常阴沙方言柔绵音轻，无论是在机关、学校，还是在集市贸易等公共场合，人们总是把常阴沙方言作为一种公开的社交语言，其他方言只是在小范围或老一辈人群中使用，随着时间的推移，操其他方言的人群已经逐步被常阴沙方言同化，其后代则习惯使用常阴沙方言。

老沙方言　50年代说此方言者从大新、德积、中兴、东莱、合兴等地东迁而至，迁移时集中居住在二工区、四工区、六工区、七工区、八工区、九工区、一〇工区、良种站等区域，约占总人口的30%。后随着围垦规模的逐步扩大，再次迁移到新圩（工区）定居，这些移民从第二代开始，在长期的生活和交流中，随着时间推移，其语言被常阴沙方言同化而替代。2004年，使用老沙方言的人口约占总人口的4%。此方言悠婉而多重唇音。

靖江方言　50年代至60年代初期，说此方言者从德积（拦门沙）、中兴一带迁徙而至，始分布在一工区、四工区、一〇工区、十二工区、良种站等区域，约占总人口的20%。后逐步分散迁居到其他工区，这些移民从第二代开始，在长期的生活和交流中，随着时间推移，其语言被常阴沙方言同化而替代。2004年，使用靖江方言的人口约占总人口的3%。此方言因口音为一江之隔的靖江地区的讲话口音，故称靖江方言。

常熟方言　俗称江南话。说此方言者，一部分于50年代末60年代初，农场初建时从常熟内地或举家搬迁，或单身调进，并在农场成家立业，繁衍后代。开始主要集中居住在集镇周围，后逐步迁移到各工区居住。另一部分是历年从常熟梅李、福山等地或本市的鹿苑、塘桥等地婚嫁至农场定居者。约占总人口的1%。此方言唇齿音和鼻音较重，发音软。

如皋方言和南通方言　统称江北话，又有西路话和东路话之分。操此方言的居民，其祖籍均在如皋或南通地区。他们迁居江南后，50年代至60年代再东迁到常阴沙农场定居。当时操此方言的居民约占总人口的25%，2004年占2%左右。此方言发音节奏快，略带有卷舌和喉音，东路江北人更为明显。

苏州方言　1963年苏州市知识青年插场劳动，农场居民曾一度把学讲苏州话作为一种时尚，并把苏州方言中的部分音节演变到常阴沙方言中融合使用。今农场居民的中老年人群中，许多人都能讲一些苏州方言。

第二节　常用词和常用语

一、称谓

境内称谓，以常阴沙方言为代表，丈夫、妻子无对称词，一般称对方名字。70年代前，习惯上在爹（爷）、娘前冠以长子或长女名。婿对岳父母称呼随妻。妻对公婆称呼随夫。对同一亲属的称呼以年龄大小为序，如大伯、二伯、小伯等。对外谈及自己亲属时，常在称呼前冠以“我俚”，如“我俚儿子”“我俚丫头”等。对同辈习惯上称名字。对小辈一般直呼名字，亲昵一点的称“小官”“小宝”“宝宝”“小人”等。

亲属称谓一览表

表15-4-1

称　谓	当面称呼	对外称呼（前加“我俚”）
妻称夫	名字、小官爷、老头子	男人家、男客、老公、小官爷、老头子
夫称妻	名字、小官娘、老太婆	娘子、女客、内人、老婆、小官娘、老太婆
子女称父	爸爸、爹爹、爷爷	爷老子、老头子、爹爹
子女称母	妈妈、姆妈、娘	娘、姆妈
孙辈称祖父	公公、爷爷	同当面称呼
孙辈称祖母	奶奶、亲娘	同当面称呼

续表 15-4-1

称　谓	当面称呼	对外称呼（前加“我俚”）
孙辈称外祖父	外公、好公、公公	同当面称呼
孙辈称外祖母	外婆、好婆、婆阿（阿婆）	同当面称呼
晚辈称曾祖父	太太、老太太、太公、老太公	同当面称呼
晚辈称曾祖母	太太、太婆、太母、老太太	同当面称呼
晚辈称外曾祖父	太太、太公、老太太	同当面称呼
晚辈称外曾祖母	太太、太婆、老太太	同当面称呼
婿称岳父	爸爸、爹爹、爷爷	丈人
婿称岳母	妈妈、姆妈、娘	丈姆、丈母娘
媳称公	爸爸、爹爹、爷爷	公爹、公公、老头子
媳称婆	妈妈、姆妈、娘	婆、婆婆、婆奶奶、老太婆
侄称伯父	伯伯、老伯、二伯……小伯	同当面称呼
侄称伯母	姆娘、大娘、二婶娘……小婶娘	同当面称呼
侄称叔父	伯伯、叔叔、爷叔、大叔、二叔、小叔	同当面称呼
侄称叔母	婶婶、婶娘、大婶娘、小婶娘	同当面称呼
侄称姑	姑姑、姑妈、伯伯、朵朵、老朵……小朵	同当面称呼
侄称姑父	姑夫、夫夫、姑父	同当面称呼
甥称舅	舅舅、娘舅、大娘舅、二娘舅……小娘舅	同当面称呼
甥称舅母	舅母、娘妗	同当面称呼
甥称姨	娘姨、阿姨、杜（大）姨……小姨、姨妈	同当面称呼
甥称姨父	娘姨夫、阿姨夫、姨父	同当面称呼
弟称兄	阿哥、哥哥	同当面称呼
弟称嫂	姐姐、嫂嫂	同当面称呼
弟兄称	兄弟、名字	兄弟、弟弟
兄称弟媳妇	妹妹、名字	弟媳妇、弟媳
舅称甥	名字	外甥
妻称夫兄	阿哥、哥	老大、阿伯
妻称夫嫂	姐姐、嫂嫂、阿嫂	阿嫂、阿婶、婶子
妻称夫弟	弟弟、叔叔、名字	阿叔
妻称夫弟妇	妹妹、名字	弟媳妇、阿婶、婶子
夫称妻兄	阿哥、哥哥	阿舅、老舅、舅子
夫称妻嫂	姐姐、嫂嫂、阿嫂	妗姆、阿舅娘子、阿舅母
夫称妻弟	阿弟、名字	阿舅、小舅子、内弟

续表 15-4-1

称　谓	当面称呼	对外称呼（前加“我俚”）
夫称妻弟妇	名字	妗姆、舅老婆、阿舅娘子
弟称姐	姐姐、阿姐	同当面称呼
弟称姐夫	阿哥、姐夫	姐夫
兄称妹	妹妹、名字	妹子、仔妹
姐妹互称	姐姐、大姐……小姐、妹妹或呼名字	同当面称呼
兄称妹夫	名字	仔妹婿
妻称夫姐妹	姐姐、妹妹、名字	姑娘、大姑娘、小姑娘
妻称夫姐夫	阿哥、姑夫	姑夫
妻称夫妹夫	名字	姑夫
夫称妻姐夫	阿哥、哥哥	连襟
夫称妻妹	名字	阿姨
夫称妻妹夫	名字	连襟
叔伯兄弟互称	阿哥、名字	堂兄、堂弟、叔伯阿哥、叔伯兄弟
表兄弟互称	阿哥、名字	表兄、表弟
父称子	名字	伲子、猴子
父称女	名字	丫头
公婆称媳妇	名字、新娘子	新妇、媳妇、新娘子
公婆称女婿	名字	女婿
祖称孙	名字、宝宝、小宝	孙子、孙男
祖称孙女	名字、宝宝	孙女、孙囡
祖称外孙	名字、宝宝、小宝	外孙、外孙男
叔、伯称侄	名字	阿侄
叔、伯称侄女	名字	侄女、侄囡
舅称外甥女	名字	外甥女、外甥囡

二、常用词

覅（fiāo）——不要

即登——这里

即格——这个

哈葛——什么

自旮——自己

开年——明年

今朝——今天

𫜨（fēn）——未曾

葛登——那里

葛格——那个

拉里——哪里

大旮——大家

旧年——去年

明朝——明天

夜快——傍晚
面箩——洗脸盆
镬冠——锅盖
吃茶——喝茶
小剪——镰刀
田鸡——青蛙
我俚——我们
曲蟮——蚯蚓
烧蜞——蟛蜞
老虫——老鼠
坑缸——厕所、粪坑
蹲坑——上厕所
郎中——医生
弄怂——捉弄、坑害
吵嘶——吵架
穿帮——事情败露
死蟹——无用、无法
日脚——日子
啜祭——吃东西（贬义）
脚膀——有权势的靠山
来三、来事——很好、可以
下作——下流（下作坯——下流的人）
贴正——恰好
哭帐——作最坏的打算
腾空——无根据、不可能
门头——家庭开支
冲家——家庭破产
寿头——不明事理的人
终归——反正、终究
后朝——后天
揩面——洗脸
烧箕——筲箕（淘米用具）
吃汤——喝水
暖鞋——棉鞋
实梗——这样
他（gí重浊音）地——他们
癞团——蟾蜍
百脚——蜈蚣
佳丽——知了
番瓜——南瓜
犯厌——调皮
过人——传染
跑路——走路
白相——玩
搞作——浪费
推板——不像样、差劲
现世——出丑、出洋相
乌搞——蛮横、无理纠缠
枉落——办事失信用、事情落空
交关——许多
定见——故意
困搞——睡觉
坍宠——丢脸
登样——样子好看、漂亮
戆大——不聪明的人
呒啥——还可以、还好、比较好
呆板——木里木气、木里木各
促咯——刁难、爱捉弄人（促侠）
洋盘——衣着言行洋里洋气，或指人假充内行但不务实
适意——畅快、满足、惬意
窝心——开心、畅快
洼空——没有根据
结毒——结怨、作对
热昏——头脑发热、干昏事
着扛——有着落
大好佬——自以为有本领的人
拎勿清——糊涂、笨
一歇歇——时间很短
呒清头——数量很多
笃定——有把握
噱头——引人发笑、对人用欺骗手段
冤家——合不来、死对头
结棍——结实、严重、厉害
别苗头——跟别人比高低
稀奇——稀奇百怪、稀奇古怪
勿稀奇——无价值、常见
一根筋——做事死板、不会变通
勿入调——没有规矩、不走正道
看好看——袖手旁观

十三点——行为不正常
小芭蕉——奉承讨好、拍马屁
勿作兴——于情于理不可以、不应该
天开眼——得到应有的报应（难得）
牛吃蟹——硬上、蛮干
发寒热——行为反常
吃喷头——做事碰壁遭奚落
吃夹当——夹在中间受气
吃钝头——受讽刺、挨嘲讽
吊胃口——勾起别人的兴趣
坍肩胛——推卸责任、怕负责任
乱稻草——不上规矩、无理取闹
乌蛮搞——无理纠缠
听壁脚——隔墙偷听
扳掐丝——找岔子、故意挑剔
骂山门——在公开场合骂人、发泄怨气
调花枪——耍花招
消地光——在地上打滚
做手脚——作假、作弊
掼纱帽——不干了、辞职、发脾气
朝南话——打官腔、说空话、不负责任
触霉头——倒霉
横戳枪——节外生枝、挑起事端
外戳枪——吃里爬外
骨什髭——大人骂小孩的话
做人家——节俭
小乐惠——小享受
勿识相——不识时务、干蠢事
轧苗头——投机、看风使舵
轧闹忙——凑热闹
半吊子——指无真才实学
吃败头——受到上司批评
吃勿住——受不了、吃不消
寻吼死——寻衅闹事
老茄子——充老练者、逞能
踢皮球——互相推托
嚼舌根——瞎议论别人、乱说
拆烂污——做事不负责任
烂面孔——不要脸
板面孔——开不起玩笑、发脾气
饭榔头——饭量大的小孩子
轻骨头——轻浮、不稳重
鸭屎臭——丢脸、出丑
靠牌头——依仗靠山和权势
温吞水——办事不爽快
落汤鸡——浑身是水
触眼睛——非常讨厌、勿要看
搭勿够——交情不深、合不来、攀不上
乖乌鸡（龟）——乖巧、不得罪人
翘辫子——大人骂小孩的话

三、常用语

一塌刮子——总共、都在这里、就这么点
夯网郎当——意同“一塌刮子”
小手小脚——无魄力
木手木脚——呆板
牛皮客人——吹牛者
勿三勿四——不正经、不上路
半斤八两——一个样
老三老四——充老资格、管闲事
耳朵根软——没有主见
死样怪气——爱理不理、怪僻
吊儿郎当——不负责任、不务正业
投五投六——遇事心急乱忙
空心汤圆——虚假的承诺
活里活络——不肯定、不明确

神志夜乎——糊里糊涂、神志不清
牵丝攀藤——办事不爽快、不利索、裙带关系复杂
笃定泰山——定心、有十分把握
勒煞吊死——吝啬到极点
眼皮子浅——气量小、眼里容不下东西
乌赖勿出——说不出的苦恼和后悔、有苦说不出
急出乌赖——发急、用尽全力硬做
野野豁豁——无边无际
摸黑隆冬——不明白、莫名其妙、什么也不知道
骑虎难下——进退两难、尴尬
汗毛凛凛——十分害怕
瞎子摇船——无港(讲)头
额骨头高——运气好
上吊缺根绳——走投无路
长脚豆芽菜——形容人瘦长
犟头叫花子——不听话、不讲理
拆空老寿星——落空、吹了
板板六十四——做事呆板、脸色呆板、死板
轻骨头浪当——轻浮、不稳重
嘴硬骨头酥——口气大心里虚
悬空八只脚——指目标遥远、渺茫
狗头亲家公——关系时好时坏、无真正的情义
月大怪三十——毫无理由的批评
上轿穿耳朵——平时不准备，急来抱佛脚
撑硬头篙子——硬犟、硬撑
看穷人不起——看不起穷人
日勿做夜摸索——白天歇着，晚上忙活
年初一烧早饭——闷声大发财
串头绳颠倒拎——不会持家
桥归桥路归路——各管各，不要混在一起
摊得开卷得拢——说话办事光明正大
横竖横拆牛棚——横下一条心干下去、孤注一掷
亲兄弟明算账——事情要弄清楚，不要糊涂
一个烧香一个拜——一个人做的事硬要几个人做
三只鸭子六条道——人少去向多、意见不一致
生成眉毛长成骨——品性难改、本性难移
生病人狠似郎中——无理反比有理的凶
打狗要看主人面——处理事要看对象
立在河里等潮来——无计可施、不主动
急病碰到慢郎中——急事情碰着办事慢的人
带害乡邻吃薄粥——连累到他人
救了田鸡饿了蛇——好了一个，坏了一个

新箍马桶三日香——开头蛮起劲，缺乏持久性
聪明面孔乌肚肠——模样聪明，其实很愚笨
轧忙头里膀牵筋——忙中添乱
癞痢头儿子自家好——总认为自己的最好
山上滚到山下不塌皮——脸皮厚，耐受打击，拿他没办法

第三节 俗 语

一人做事一人当
一勿小心大上当
一失足成千古恨
一分行情一分货
上梁勿正下梁歪
大树底下好乘凉
大人不计小人过
中三客勿中四客
书到用时方恨少
见人挑担勿吃力
公要馄饨婆要面
无事勿登三宝殿
勿到黄河心勿死
老大多了要翻船
众人拾柴火焰高
死要面子活受罪
远水救勿了近火
穷奔沙滩富奔城
苍蝇勿叮无缝蛋
身正勿怕影子歪
磨刀勿误砍柴工
桑树条子自小育
宰相肚里好撑船
出手打人三分错
打破砂锅纹（问）到底
坐吃三年海也干
兔子勿吃家边草
好马不吃回头草
浪子回头金不换
手心手背都是肉
初生牛犊不怕虎
黄毛丫头十八变
吃了秤砣铁了心
清官难断家务事
一分钱逼死英雄汉
勿当家勿知柴米贵
手臂膊总是朝里弯
荒年饿勿煞手艺人
家家有本难念的经
好记性勿如烂笔头
三天打渔，两天晒网
当局者迷，旁观者清
当面是人，背后是鬼
看菜吃饭，量体裁衣
皇帝勿急，太监急
阎王好见，小鬼难挡
铜钿银子，不是砻糠末子
一只碗不响，两只碗叮当
三百六十行，行行出状元
要想人不知，除非己莫为
生姜老的辣，甘蔗老根甜
不听老人言，吃苦在眼前
佛争一炷香，人争一口气
王小二过年，一年勿如一年
少吃多滋味，多吃呒滋味
脚踏西瓜皮，滑到哪里是哪里
刀勿磨要生锈，水勿流要发臭
有理走遍天下，无理寸步难行
筷头上出忤逆，棒头上出孝子
严是爱宽是害，勿管勿教要变坏
穿勿穷吃勿穷，算计不着一世穷
坐得正立得稳，哪怕和尚尼姑合板凳
大水冲了龙王庙，自家人勿识自家人
一个篱笆三个桩，一个好汉三个帮

货比三家勿吃亏
身在福中勿知福
自搬石头自砸脚
一只麻雀踏不穿瓦
十只手指头伸出来有长短
花地（庄稼）总是人家的好，小官（小孩）总是自家的好

第四节　谚　语

一、社会生活谚语

人要脸，树要皮
三分病，七分养
勿怕穷，只怕怂
头发长，见识短
先做人，后做事
做到老，学到老
鸡连皮，狗接骨
学到老，学勿了
邻舍好，赛金宝
亲戚好，吃个饱
朋友妻，勿可欺
船到岸，勿要乱
困勿着，怨床脚
惹勿起，躲得起
婆媳亲，家业兴
一日为师，终身为父
人急叫娘，狗急跳墙
儿子像娘，砌屋上梁
千错万错，来客勿错
小鸡吃米，粒粒下肚
从小一看，到老一半
头痛医头，脚痛医脚
耳听为虚，眼见为实
机不可失，时勿再来
吃一回亏，学一回乖
有借有还，再借不难
知苦知足，一生幸福
狗捉老鼠，多管闲事
科学种田，越种越甜
送人玫瑰，手有余香
萝卜青菜，各有所爱
锣鼓听声，说话听音
人心齐，泰山移
勿怕慢，只怕站
勿要气，只要记
吃一堑，长一智
勤有功，戏无益
若要好，老敬小
笑一笑，十年少
到啥山，斫啥柴
金乡邻，银亲眷
家无主，扫帚舞
船到桥，直瞄瞄
贪小利，吃大亏
情贵淡，气贵和
焐三春，冻八九
攀了亲，合了心
人无完人，金无赤金
八仙过海，各显神通
大海捞针，无从着手
小洞勿补，大洞吃苦
勿怕人穷，就怕志短
开一只眼，闭一只眼
有了春风，必有夏雨
有福同享，有难同当
吃饭防噎，走路防跌
江山易改，本性难移
近朱者赤，近墨者黑
树怕剥皮，人怕伤心
前人种树，后人乘凉
没有规矩，勿成方圆
细水长流，吃穿不愁
心胸开阔，长命百岁
嘴上无毛，办事勿牢

家有黄金，外有等秤
积少成多，积末成箩
病从口入，祸从口出
勿懂装懂，一世饭桶
王婆卖瓜，自卖自夸
做人像水，做事像山
人勿可貌相，海水勿可斗量
人情逼如债，锅子当铁卖
山中无老虎，猴子称大王
天下无难事，只怕有心人
少壮勿努力，老大徒伤悲
火车跑得快，全靠车头带
只要功夫深，铁杆磨成针
平时不烧香，急来抱佛脚
好马有人骑，好人有人欺
吃的盐和米，讲的情和理
寻媳妇看娘，攀女婿看房
狗咬吕洞宾，勿识好人心
话勿要讲煞，路勿要走绝
饮食勿怕杂，青菜萝卜佳
饭后走百步，健康又长寿
皇帝是假的，福气是真的
留得青山在，勿愁没柴烧
路遥知马力，日久见人心
好话勿出门，恶语传千里
好雨知时节，润物细无声
冷粥冷饭好吃，冷言冷语难受
老大穿新，老二穿旧，老三穿补
一只筷子容易折，一把筷子折不断
一张嘴巴两层皮，翻来翻去全是理
大河有水小河满，大河无水小河干
埭上有个搅骚精，搅得黄河水勿清
酒肉朋友一台子，落难之中一个人
修桥铺路积阴德，断桥绝路绝子孙
有钱能使鬼推磨，无钱鬼也勿上门
敲锣卖糖，各管一行
明枪易躲，暗箭难防
冷在风里，穷在债里
广结善良，共生吉祥
千里之行，始于足下
乐善好施，睦邻友好
三个臭皮匠，顶个诸葛亮
大鱼吃小鱼，小鱼吃虾米
千里送鹅毛，礼轻情义重
勿怕勿识货，只怕货比货
天无百日雨，人无一世穷
白天勿做亏心事，夜里勿怕鬼敲门
宁拆十座庙，勿破一门婚
叫人勿蚀本，舌头打个滚
吃得苦中苦，方知甜中甜
男怕入错行，女怕嫁错郎
花无百日香，人无一世红
若要身体好，一天笑三笑
羊肉未吃到，惹得一身臊
独木勿成林，独树勿成荫
哑巴吃黄连，有苦说勿出
萝卜进了城，药铺要关门
嘴越吃越馋，人越白相越懒
篱笆扎得紧，野狗钻不进
精明挣小钱，聪明赚大钱
干部喊破嗓子，勿如做出样子
新三年旧三年，修修补补再三年
一寸光阴一寸金，寸金难买寸光阴
一年之计在于春，一日之计在于晨
乡下锣鼓乡下敲，乡下狮子乡下调
月到中秋分外明，每逢佳节倍思亲
天上落雨地下流，小两口吵架不记仇
拜年拜到年初八，要吃萝卜自家挖
一个巴掌拍勿响，一个勿好两个当

二、气象谚语

十月雷，雨淋头
落得早，勿湿草
东北风，雨祖宗
云朝东，路路通

云朝西，穿蓑衣　　云朝南，积水潭
云朝北，好晒谷　　处暑雨，囤里米
春雾晴，夏雾热　　秋雾风，冬雾雪
田鸡叫，大雨到　　地还潮，有雨到
鸡上树，落大雨　　鸡宿早，明朝好
若要晴，看山青　　夜立秋，热秋秋
朝立秋，凉秋秋　　蚯蚓叫，有雨到
梅里寒，井底干　　时里寒，没竹竿
满天星，明日晴　　腊雪财，春雪灾
霜后暖，雪后寒　　春风急，雨笃壁
亮一亮，落一丈　　东北阵，叮叮咚咚落一阵
东风阵，日落九尺深　　西南阵，经过落三寸
飞虫扑脸，下雨勿远　　干净冬至，邋遢年
小暑小暑，热煞老鼠　　大暑大暑，上蒸下煮
月光发毛，大雨必到　　立秋一日，水冷三分
冬雪如浇，春雪如刀　　乌鸦噪叫，大风必到
早霞勿晒，晚霞勿收　　早看东南，晚看西天
闷雷难晴，疾雷易开　　初三下雨，半月阴
青石还潮，大雨难逃　　室内返潮，大雨将到
冷在三九，热在三伏　　春风勿刮，万事勿苏
蚂蚁当道，雨在今朝　　迷露勿开，就是雨来
秋分秋分，万草刨根　　秋热勿长，到夜就凉
春寒多雪，秋寒多阴　　清明勿明，谷雨勿雨
清明断雪，谷雨断霜　　清明要清，谷雨要阴
黄豆开花，捞鱼摸虾　　雾里日头，晒破石头
数九勿冷，来年有瘟　　燕子低飞，快备蓑衣
蝼蛄唱歌，有雨勿多　　青杠红杠，明朝晒煞和尚
十月田鸡叫，耕田犁头跳　　上看初二三，下看十五六
久晴大雾阴，久阴大雾晴　　小暑一声雷，倒转黄梅十八天
日落火烧云，明朝晒煞人　　天上缸爿云，地上晒煞人
中午雾勿散，晚上雨必到　　日头出得早，天气难得好
日出胭脂红，无雨也是风　　过了处暑节，夜寒白天热
过了中秋夜，一夜冷一夜　　白露身勿露，寒露脚勿露
头九冻破地，九九勿盖被　　早雾勿出门，晚霞行千里
西风腰里硬，东风两头尖　　两春夹一冬，无被暖烘烘
两春雨水多，低田变成河　　东风急溜溜，勿过五更头
雨天知了叫，预告晴天到　　春雨贵如油，冬雪保丰收
春雪日日阴，半晴半雨到清明　　夏雨怕夜晴，夜雨明转阴
夏雨连夜落，明日转晴天　　雷公先唱歌，有雨也勿多

蛤蟆咯咯叫,要有风雨到
春雨在风前,冬雨在风后
雨打正月半,一年勿好看
先打雷后刮风,有雨也勿凶
春二三月冷落雨,秋九八月热落雨
一年三季东风雨,独有夏季东风晴
二月初八东南风,谷雨前后干松松
三朝迷雾刮西风,勿发西风就是雨
小暑若刮西南风,忙碌一年一场空
六月雷雨勿隔夜,八月里来无空雷
日出日落胭脂红,勿是风来就是雨
立冬无雨一冬晴,立冬有雨一冬阴
处暑难逢十日阴,白露难逢十日晴
夜里起风天亮住,天亮勿住吹倒树
重阳无雨看十三,十三无雨一冬晴
蜜蜂出窝天放晴,鸡勿入窝阴雨来
腊雪一条被,春雪一把刀
春霜勿隔宿,隔宿晒破屋
天上钩钩云,地上雨淋淋
白露日子的雨,到一处坏一处
一场春雨一场暖,一场秋雨一场寒
一朝有霜晴勿久,三朝有霜天晴久
八月初一难得雨,九月初一难得晴
燕子高飞晴天报,燕子低飞雨要到
五月南风水连天,六月南风河塘干
风雪落雨年年有,勿在三九在四九
年内立春春勿冷,年后立春三月寒
晚刮东风天勿晴,早刮东风雨勿落
早上落雨当天晴,晚上落雨到天明
春雾虫害夏雾热,秋雾凉风冬雾雪
梅里勿落时里落,时里勿落干到底
猫吃青草雨要到,狗吃青草天气好

三、农事谚语

三分种,七分管
千担肥,百担粮
春争田,夏争时
麦要抢,稻要养
八成熟,十成收,十成熟,八成收
伏天雨多,田里谷多
六月勿热,五谷勿结
只有懒人,没有懒地
过了惊蛰,春耕勿息
麦过清明,大局已定
烂耕烂种,减产祖宗
冻断麦根,挑断担绳
人勤地生宝,人懒地长草
人靠五谷养,庄稼靠肥长
伏天不下雨,黄豆贵如米
立秋三场雨,秕谷变成米
白露种蚕豆,寒露麦穿针
冬至垩遍泥,胜过盖棉被
庄稼一枝花,全靠肥当家
麦熟过条桥,稻熟路上摇
麦秀风来摇,稻秀雨来淋
十月麦,请人踏
广积肥,多收粮
暑里草,削勿倒
梅里草,棒打倒
清明秧,谷雨姜
小暑栽秧,勿够交粮
白露看花,立秋看稻
冬至栽竹,立春栽木
谷雨前后,种瓜种豆
种是基础,管是关键
春雪棉花,腊雪稻
种子乱放,来年上当
人勿亏地皮,田勿亏肚皮
山芋勿怕晚,一直种到秋
万物土中生,高产先抓根
立秋雨淋淋,遍地是黄金
冬天大雪飘,明年收成好
庄稼百样好,肥是无价宝
麦田勿开沟,夏粮难丰收
季节勿让人,种田赶时辰
肥是农家宝,种田勿可少

种子选勿好，满地是杂草
种田勿搭帮，十年九年荒
积肥千万担，粮食堆成山
基肥看田底，追肥看苗势
寒露割早稻，霜降一齐倒
秋前勿搁稻，秋后要懊恼
四月芒种勿开镰，五月芒种收完田
有收无收在于水，多收少收在于肥
麦子一熟勿等人，耽误收割减收成
耥稻三遍谷满仓，棉锄七遍白如霜
棉里芝麻时里豆，过了时里种赤豆
寒露蚕豆霜降麦，闰年不种十月麦
种子年年选，产量节节高
要想谷满仓，大田秧苗壮
棉花勿整枝，只长空架子
养猪勿赚钱，回头看看田
莳秧要抢先，割麦要看天
三月晒得沟底白，青草也能变成麦
八月中秋雨扬扬，稻柴头上出小秧
庄稼本是一棵草，种好管好才是宝
麦田基肥施得早，一熟麦子抵熟稻
肥料就是庄稼娘，小苗无肥勿收粮
钢要用在刀刃上，肥要施在季节上

四、新谚语

先就业，后择业
少喝酒，能治病
淡名利，莫攀比
人心齐，泰山移
千经万典，孝义为先
厚养薄葬，天下通行
困难困难，困在家里就难
劳动的钱，使你幸福坦然
奖励的钱，使你加倍实干
受贿的钱，使你胆战心寒
为公的权，使你心情坦然
公道的权，使你伯乐再现
整人的权，使你苦果难咽
滥用的权，使你被捉不远
沾了政策光，遭了送礼殃
治安抓不好，无法奔小康
严格的制度，使人不能贪
最结实的网，关系网
最难吃的菜，炒鱿鱼
晚上泡泡脚，胜过吃补药
有德才有福，有爱才有家
当官靠后台，提升靠钱财
商人说假话，明星说胡话
父母亲健康，儿女们幸福
行事务必谨慎，做人务必低调
家庭以爱为根，生活以和为贵
干部选得准不准，先让群众审一审
起家好似针挑土，败家犹如浪打沙
退一步逍遥自在，让三分吉祥平安
棉田里面种西瓜，小康日子来得快
少看电视多读报，多动脑子身体好
先生存，后生活
多喝酒，要送命
谷自长，人自强
亲帮亲，邻帮邻
人人为我，我为人人
信息灵通，生意兴隆
出路出路，出去走走就有路
积蓄的钱，使你珍惜勤俭
挪用的钱，使你有借难还
民主的权，使你威望倍添
奋斗的权，使你政绩频频
谋私的权，使你提心吊胆
交易的权，使你换来灾难
吃了人家的，嘴软，拿了人家的，手短
干部出风头，群众吃苦头
无情的惩罚，使人不敢贪
健康是幸福，锻炼是法宝
树不能断根，人不能忘本
儿女们和睦，父母亲快乐
千教万教教人求真，千学万学学做真人

第五节　歇后语

卫生口罩——嘴上一套
开眼瞎子——文盲
火烧毛竹——节节响
冬瓜煨肉——瞎子顶毒
老虎屁股——摸勿得
丈二和尚——摸勿着头脑
芝麻开花——节节高
兔子尾巴——长勿了
砻糠搓绳——难起头
猫哭老鼠——假慈悲
蛇吃黄鳝——活并煞
麻子搽粉——蚀煞老本
绣花枕头——一包草
隔年蚊子——老口
隔年皇历——过时了
孔雀开屏——自作多情
猴子屁股——坐勿热
鱼来网凑——正好
刀切豆腐——两面光
手捏面团——甩勿脱
拔掉萝卜——地皮宽
瞎子点灯——白费油
小和尚念经——有口无心
大白天做梦——胡思乱想
三十岁嫁人——心勿定
门缝里看人——看扁
井底的蛤蟆——坐井观天
钉头碰铁头——硬碰硬
飞机上钓蟹——悬空八只脚
姜太公钓鱼——愿者上钩
手臂上跑马——过得硬
六月里的债——还得快
牛尾巴过河——拉勿着
江西人钉碗——自箍（顾）自
外甥打灯笼——照旧（舅）
竹篮子打水——一场空
吊死鬼搽粉——死要面子
老鹰抓小鸡——有去无回
羊嘴里无草——乱嚼
杀鸡用牛刀——小题大做
肉馒头打狗——有去无回
狗斩脱尾巴——团团转
秀才碰到兵——有理说勿清
驼子跌跟斗——两头勿着实
鸡啄西瓜皮——点子多
快刀斩乱麻——爽爽气气
周瑜打黄盖——一个愿打，一个愿挨
青菜烧豆腐——一清二白
狮子大开口——胃口勿小
拼死吃河豚——硬拼
哑巴吃黄连——有苦说不出
腌齑烧豆腐——有（油）言（盐）在先
烧香望和尚——一事两勾当
船头上跑马——走投无路
聋子的耳朵——做做样子
黄鼠狼看鸡——越看越稀
泥菩萨过河——自身难保
麻袋上绣花——底子差
脱裤子放屁——多此一举
新娘子上轿——第一趟
棺材里伸手——死要钱
猴子捞月亮——一场空
瞎子吃馄饨——心里有数
蜻蜓吃尾巴——自吃自
嘴上抹石灰——白刷（说）
歪嘴吃鳗鲤——弯弯顺
老鼠衔薄刀——寻死
蟑螂配灶鸡——一对好夫妻
擀面杖吹火——一窍勿通
猪圈里黄牛——独大
十五只桶吊水——七上八下
大伏天穿棉鞋——好日（热）脚
石头上掼乌龟——硬碰硬
石头往山里搬——多余
打肿脸充胖子——自充能干
叫花子唱山歌——穷开心
红萝卜烧番瓜——一脱色
芝麻里的黄豆——独大

肚皮上贴膏药——服帖
竹筒里倒黄豆——爽快
关老爷卖豆腐——人硬货勿硬
鸡蛋里挑骨头——多此一举
弄堂里拔木头——直来直去
戏台上的胡须——假的
青竹竿掏屎坑——越掏越臭
茶壶里煮饺子——有货倒勿出
城头上出棺材——远转三十里
顶着石臼做戏——吃力勿讨好
造屋请箍桶匠——找错对象
狼山上的菩萨——照远勿照近
黄连树下弹琴——苦中作乐
热锅里的蚂蚁——团团转
袖管里藏算盘——小九九
断了线的风筝——没去向
八月半的芋艿——洗也光不洗也光
粪坑里的青石——又臭又硬
粪缸里学游泳——勿怕死（屎）
程咬金三斧头——开头凶
懒婆娘裹脚布——又臭又长
癞痢头撑洋伞——无法无天
癞狗疤垫脚台——硬撑
黄牛角水牛角——各管角（各）
八月十五的月亮——光明正大
三只手指捏田螺——十拿九稳
牛吃稻草鸭吃谷——各享各的福
心慌吃勿得热粥——慢慢来
山头顶上倒马桶——臭名远扬
水牛夹在象群里——小弟弟
中药铺里揩台布——五味俱全
老虎头上拍苍蝇——找死
老鼠钻进书箱里——咬文嚼字
老鼠跳进米囤里——吃煞
老鼠钻进风箱里——两头受气
牯牛身上拔根毛——勿在乎
两个哑巴困一头——没话说
拾着鸡毛当令箭——吓人
钥匙放在胸口头——开心
黄鼠狼给鸡拜年——没安好心
偷鸡勿成蚀把米——勿合算
敲啥木鱼念啥经——专行
端着金饭碗讨饭——装模作样
鲜花插在牛粪上——可惜
手与袋袋不来去——没钱
螺蛳壳里做道场——转勿过来（场地有限）
鳗鲡死在汤罐里——勿直（值）得（该死）
三十夜子看皇历——没日脚
三拳头打勿出闷屁——慢性子
狗嘴里吐勿出象牙——没啥好话
搬了石头砸自己脚——自作自受
癞蛤蟆想吃天鹅肉——瞎想（梦想）
六十年花甲子轮流转——一代做给一代看
做一天和尚撞一天钟——得过且过
嫁出的女儿泼出的水——管勿着
算盘珠拨一拨动一动——勿活络（呆板）

第五章　姓　氏

农场居民组成复杂，姓氏繁多。随着沙滩积涨相连后逐步围垦，四五十年代，江苏北部沿江一带的靖江、如皋、泰兴、南通、海门等地的农民迁徙到此居住；常熟、江阴沿江坍江区域的居民东迁定居；内地居民到此经商。六七十年代，苏州、沙洲知青插场劳动以及外地干部职工调农场工作。80年代后，外地特别是外省市婚嫁到农场定居者增多，造成农场居民姓氏繁多的状况。据1987年、2009年两次调查和派出所提供的户籍统计，1985年，全场有姓氏198个。2004年，全场姓氏增加到271个，其中复姓1个，姓氏人数在前20位的有陈姓1506人，陆姓1266人，黄姓1244人，张姓1143人，王姓1071人，朱姓980人，顾姓850人，李姓644人，徐姓556人，周姓506人，施姓498人，刘姓455人，沈姓403人，吴姓372人，杨姓358人，蔡姓295人，马姓274人，曹姓268人，钱姓256人，倪姓253人。以上几大姓氏占总人口的68.07%。

全场姓氏有：

丁、刁、于、万、卫、马、孔、丰、王、井、韦、元、支、尤、太、区、文、毛、仇、牛、卞、方、计、尹、邓、艾、左、龙、申、甘、白、石、卢、冉、宁、包、叶、田、史、印、冯、司、付、孙、匡、吕、成、朱、过、任、阮、华、刘、祁、关、江、汤、许、邢、乔、庄、毕、齐、曲、李、成、邬、牟、伍、迟、仲、安、闫、伏、吉、代、先、芦、芮、花、严、苏、杜、杨、吴、余、何、狄、邹、邱、闵、沈、汪、沙、宋、陆、陈、邵、束、应、辛、佘、轩、季、汤、孟、肖、巫、岑、范、杭、林、郁、罗、金、周、庞、郑、单、宗、居、屈、茅、苗、张、岳、练、府、项、武、易、欧、竺、侍、奉、赵、胡、柳、郝、钟、俞、施、闻、姜、洪、费、贺、姚、查、宫、骆、钮、保、柯、郭、祝、段、须、宣、敖、封、柏、郑、相、侯、袁、聂、秦、贾、耿、夏、顾、钱、奚、翁、倪、殷、徐、凌、高、唐、浦、诸、展、栾、莫、席、桑、陶、谈、隋、梅、曹、黄、龚、崔、盛、章、商、康、符、隆、扈、游、常、寇、梁、戚、阎、彭、蒋、葛、董、韩、粟、程、曾、储、傅、焦、童、谢、景、强、富、喻、蒲、覃、赏、湛、温、普、鲁、虞、蒯、雷、詹、褚、靳、赖、解、訾、鲍、蓬、谬、路、蔡、管、谭、裴、阚、缪、廖、翟、熊、雒、樊、潘、颜、穆、薛、滕、燕、霍、黎、操、戴、鞠、魏、瞿、濮。

第十六编 知青

第一章　接收安置
第二章　劳动管理
第三章　分流回城

1963年9月和11月，农场分两批接收苏州市知识青年共769人，被集中安置在新围垦的长江圩和青年圩。1968年11月，沙洲县革命委员会在十四工区知青点建办“五七”干校，场部将原十三工区、十四工区全体知青分散落户到各工区重新插队。1973—1978年，农场分六批接收沙洲县城镇知青共954人，分别安置在十九工区、十三工区、十四工区、十六工区、十八工区5个工区共6个点上。另外，农场还从上海、南京等城市先后零星接收知青7人及农场知青12人。同时接收新疆、东北等垦区转迁或婚嫁到农场的知青14人。至1978年，实际接收知识青年1756人。1978年，根据国家政策，知青回城工作逐步展开，1979年，大批知青回城。至1980年，有28人留在农场。2004年，有10名知青定居农场。

第一章　接收安置

第一节　接　收

1963年，根据江苏省人民委员会安排，常阴沙农场先后分两批接收苏州市知识青年共769人插场劳动，其中9月25日和27日518人，11月7日和8日251人。知青中，青年学生635人、青年工人11人、社会青年123人，均为单身；大学专科文化4人、中专中技文化50人、高中文化320人、初中文化310人、高小文化5人；男青年415人、女青年354人；年龄在18岁以下的351人、19岁~25岁的418人；共青团员112人。

1973年9月，根据沙洲县革命委员会安排，农场接收第一批沙洲县后塍镇知青7人插场劳动，至1978年，共分6批接收沙洲县城镇青年学生954人，其中1974年120人，1975年393人，1976年255人，1977年109人，1978年70人。知青中，高中文化684人，初中文化196人，高小文化74人；男青年499人，女青年455人；年龄在18岁以下的562人，19岁~22岁的392人；共青团员86人。

另外，农场还先后接收上海、南京等城市知青7人，回场知青12人（农场干部职工中的居民户子女），接收新疆、东北等垦区转迁或婚嫁到农场的知青14人。常阴沙农场实际接收城市和城镇知识青年共1756人。

第二节　安　置

1963年初，江苏省人民委员会批准省精减安置领导小组关于国营常阴沙农场扩垦安置苏州市上山下乡知识青年的工作计划。是年2月12日，省农林厅下发关于扩垦安置设计任务书的批复，下达常阴沙农场扩垦荒地5300亩、安置大中城市精减职工和学生750个劳动力的任务，并拨款135万元作为扩垦和安置的基本建设费用（后因扩垦中的定额差价，于1964年3月5日向省农林厅申请追加拨款4万元，实际扩垦和安置费用为139万元）。3月初，农场党委决定在东风圩外进行新的围垦工程，当年5月围垦成圩，定名为青年圩。新圩总面积3223亩，加上1962年围垦的长江圩闲置荒地2482亩，合计5705亩，完成省农林厅下达的5300亩扩垦任务，并把青年圩和长江圩定为知青点，集中安置苏州市知青。

是年6—9月，常阴沙农场建筑工程队在青年圩建造砖瓦结构的知青用房4724平方米，其中生活用房180间3888平方米、生产用房40间836平方米。在长江圩搭建约2000平方米的临时性工棚，2个月后改建成砖瓦结构的知青宿舍，计1925.8平方米。与此同时，购置生活用具，费用计2913元，添置生产工具，费用计8537元。

是年9月25日和27日，首批苏州市知青518人到场，458人被安置在青年圩知青点宿舍中，60人被安置在长江圩知青点简易工棚中。11月7日和8日，第二批苏州市知青251人到农场，被安置在长江圩。

1973年9月，第一批沙洲县的后塍镇知青7人到农场插队，被安置在长江圩老知青点。1975年，为做好大批沙洲县城镇知青插队农场的安置工作，经上级批准，围垦七五圩，建立东方红农场十九生产大队（工区），并分别在十三工区、十四工区、十六工区、十八工区和十九工区设立6个点（其中十九工区设立前后2个点），集中安置沙洲县城镇知青。

在接收安置沙洲县城镇知青过程中，投入30.69万元，建造砖瓦结构的知青安置房屋398间11064

平方米，其中知青宿舍314间7544平方米、供百人以上用餐的大食堂4个72间3136平方米、小食堂2个12间384平方米；投入2.86万元，按每人30元的标准配备小型生产工具，有粪桶、大锹、畚箕、扁担、钉耙、锄头、铁拉、镰刀、三角锄头、拔棉花棋钩子等；投入7.6万元，按每人80元的标准配备了生活用品，有单人床、方桌、长凳、小方凳、水缸、面盆架等，其他如浴盆、洗脚盆、水桶等每2人配1只，女知青配马桶1个及其他生活用具；投入3.8万元，按每人40元的标准配备食堂炊具。安置费用除规定每人375元的标准计35万元由上级拨款外，缺额9.26万元全部由农场自行解决承担。

1973—1978年常阴沙农场安置沙洲县城镇知青基本建设情况表

表16-1-1

圩塘名	宿舍			食堂、仓库		
	间数	面积（平方米）	造价（元）	间数	面积（平方米）	造价（元）
长江圩	25	600	18000	18	576	17200
青年圩	70	1680	50400	18	576	17200
文革三圩	45	1080	32400	6	192	5700
四五圩	44	1056	31600	6	192	5700
七五圩	130	3128	93800	36	1984	34900
合计	314	7544	226200	84	3520	80700

1973—1978年常阴沙农场分点安置沙洲县城镇知青情况表

表16-1-2

圩名	单位名称	知青总数（人）	其中	
			男性	女性
长江圩	十三工区	154	89	65
青年圩	十四工区	149	80	69
文革三圩	十六工区	76	40	36
四五圩	十八工区	71	38	33
七五圩	十九工区	504	252	252
合计	—	954	499	455

第三节 插 队

1968年12月，部分知青以张贴大字报的形式要求响应党中央“面向农村、面向边疆、面向工矿、面向基层”的号召，到农村直接接受贫下中农再教育。农场革命委员会研究后作出撤销青年圩、长江圩知青点的决定，把全体苏州市知青分散到19个农业工区（大队）插队劳动。各个农业工区（大队）按照“一人一间房、一副灶头、一份菜园地”要求落实到位。投资16.5万元，建造草木结构的知青住房398间9552平方米。1969年1月28日，青年圩、长江圩两个知青点被撤销，原来集中居住的420名知青（349人已被分流到其他岗位中）被分配到各农业工区安家落户。他们有的被安排到工区为他们建造的住房中，有的征得知青本人同意，分配到老职工家里，和农场老职工同吃同住同劳动。

1969年苏州市知识青年分散插队情况表

表16-1-3

单　位	知青总数（人）	其　中		房屋数（间）	建筑面积（平方米）	投资额（元）
		男性	女性			
一大队（工区）	26	14	12	28	672	11200
二大队（工区）	35	15	20	29	696	11600
三大队（工区）	25	9	16	24	576	9600
四大队（工区）	24	15	9	16	384	6400
五大队（工区）	31	15	16	36	864	14400
六大队（工区）	23	12	11	25	600	10000
七大队（工区）	24	14	10	28	672	11200
八大队（工区）	21	7	14	19	458	7600
九大队（工区）	18	10	8	23	552	9200
一〇大队（工区）	16	5	11	13	392	5200
十一大队（工区）	14	7	7	12	288	4800
十二大队（工区）	27	14	13	24	576	9600
十三大队（工区）	17	6	11	12	288	4800
十四大队（工区）	39	18	21	24	576	9600
十五大队（工区）	20	12	8	20	480	8000
十六大队（工区）	23	12	11	16	384	6400
十七大队（工区）	5	3	2	6	144	2400
十八大队（工区）	5	3	2	4	96	1600
健康新村	—	—	—	24	576	9600
良种站	29	9	20	15	362	6000
合计	422	200	222	398	9636	159200

第二章　劳动管理

第一节　管理机构

1963年春，农场党委成立由党委书记、场长、分管民政工作的场领导、场团委书记以及知青带队干部7人组成的知青接收安置工作领导小组，场党委书记任组长，并分工党委委员、场团委书记具体负责知青工作。各个知青点，则由所在工区党支部主要负责人、贫下中农代表、知青带队干部及知青代表组成知青管理工作小组，具体负责知青思想教育、生产技术指导、生活日常管理等工作。1966年“文化大革命”开始后不久，知青带队干部撤回苏州。1969年春，场部建立知青办公室，办公室设主任1人、工作人员2人。1973年，调整知青管理工作领导小组，党委副书记任组长，成员由党委委员、场民政助理等5人组成。1976年10月，中共沙洲县委组织部发文，任命6名知青带队干部任知青点所在工区党支部副书记、革委会副主任，其中2人任农场党委委员。1978年，场知青办撤销。

第二节 教育学习

知识青年从小生长在城市，不懂农业生产，分不清元麦和小麦，甚至错把“小麦当韭菜”。为此，在安置好知识青年后，常阴沙农场首先建立教育和学习制度，每个知青点都建有专门负责思想教育、学习辅导、生产技能指导的工作班子，并配备有“一场二室”，即篮球场、乒乓球室、书报阅览室，经常组织知青开展各种文艺体育活动或比赛，显得生气勃勃，既使知青有一种生活劳动在集体环境中的紧张成就感，又丰富和活跃知青的业余生活。1976年夏，所有知青点先后购买电视机。

第三节 劳动实践

1963年9月，农场党委从各个工区挑选青年职工113人，其中18~20岁的33人，21~35岁的80人，作为带队老职工抽调到两个知青点，其中青年圩58人，长江圩55人，安排在各个知青小组，同知青同吃、同住、同劳动、同生活。

1964年，苏州市知青共种植“三麦”2270亩、单产96.5公斤，大豆2337亩、单产113公斤，加上什边地间种或套种的蚕豆、玉米、山芋、花生等，全年共生产粮食55.86万公斤，种植棉花1869亩，皮棉单产63公斤，总产皮棉118吨，生产总值37.23万元。平均每人生产粮食700公斤、皮棉145公斤，人均创产值465元。除自给外，平均每人向国家上交粮食360公斤、皮棉145公斤、利润213元。

1964年和1965年，两个知青点连续开展拾棉花快手劳动比赛，方法是由各个作业小组在小组比赛的基础上，推荐出2名代表参加知青点大队组织的比赛，得出参赛名次。

1965年，十三工区苏州市女知青韩汝珍负责的试验组，种植8亩小麦，亩产360公斤，被评为高产典型，和农场党委书记等人一起出席农业部召开的农业先进生产代表会议，获得高产奖状，受到周恩来、朱德等党和国家领导人的接见，并合影留念。

第四节 工资报酬

知青插场期间，农场党委以确保知青不回家向父母伸手要生活费为原则，制定具体的劳动分配办法：按农工级标准发放工资，口粮按每月19公斤供应。1966年初，对农业工人实行按劳分配、同工同酬、多劳多得、定额记分、按分付酬或计时折分的分配办法。国家干部、管理人员、技术工人以及知青仍然实行等级工资制，每月按级别发放工资。1972年，实行全部取消等级工资为内容的工资改革，对知青采取差额补贴的办法，参照全场男女职工平均工资水平，每月给予固定补贴，一年一评，评定后多劳不少补，少劳不多补。1975年，改为记分加补贴的办法，即除劳动工分外，参照农工一、二、三级的标准，分别按五元、六元、七元标准发放补贴，女知青则按六元、七元、八元的标准发放补贴，一年一评，多劳不减，少劳不再补助。

第五节 公共福利

1963年至1969年在两个苏州知青点，1973年至1979年在六个沙洲知青点，都建有食堂管理小组，重点抓好食堂卫生和改善食堂伙食。每个知青点按知青人数划分菜园地，配有2~3人种植蔬菜。食堂由全体知青推荐代表组建伙食管理委员会，定期公布伙食账目，并推荐老职工和知青代表掌厨。

知青插场期间，全部享受公费医疗待遇，实行医疗费、住院费、车船费100%报销制度。1975年取消等级工资后，对知青的病假作了明确规定，除医药费全报外，按国家规定标准发放病假工资，长期病假的知青按每人每月15元标准发放生活费；短期病假的知青，如当月劳动所得不足15元的，补足15元。

第六节 知青培养

知青在农场期间，经过各级党组织的培养教育和老职工的关心帮助，经过自身的艰苦努力，在生产劳动和社会实践中迅速成长。先后有9人出席沙洲县召开的知识青年先进代表会议，有8人出席苏州市召开的知识青年先进代表会议，有1人出席江苏省召开的知识青年先进代表会议。1965年至2005年，在插场和留场的知青中，先后有8人加入中国共产党，34人加入共青团，80人进入工区、工厂级领导班子，其中5人成为场、工区、工厂及文教卫生单位的主要负责人，14人被转为国家干部，4人当选为张家港市（沙洲县）人民代表大会代表，2人当选为中共沙洲县第三届党员代表大会和中共张家港市第八届党员代表大会代表。1人为张家港市政协第四届、第五届代表会议特邀代表。

第三章 分流回城

第一节 分 流

选送深造 1965—1979年，农场先后选送344名苏州和沙洲知青到各类技术专业学校学习深造，其中13人（沙洲知青）进入全日制大专院校，8人进入省拖拉机学校，3人进入省财会训练班，200人参加省农业函授大学农学专业学习，52人参加省农业函授大学畜牧专业学习。经上级有关部门批准，1966年3月，农场自办农业中专班，当年招收的2个班128人中知青占了一半以上。该校在“文化大革命”中停课、停办。1968年经考试合格，由农场代发毕业证书。1982年6月15日，由省教委重新发放毕业证书。

选拔到机关事业单位 1964—1973年，先后选拔28名苏州市知青充实到场部机关各个部门，选调56人充实进中小学教师队伍、幼师队伍以及医疗卫生工作队伍，其中担任中小学教师的45人。32人被借调到沙洲县机关参加社教工作队。10人被抽调到苏州市银行工作。

选调到工建交企业 1964年，场部规定凡场办企业在招收新工人时，必须首先从知青中选调。1971年，沙洲县化肥厂和部分财贸单位在建设过程中，按职工调动的正常手续，于12月一次性从农场抽调知青132人。至1978年，先后有168人被选调到本场企业单位工作，其中工业单位149人、建筑单位4人、财贸服务单位15人。70年代初期，场部在健康新村建造知青住房24间，计570平方米，安排在场直单位工作的知青就近住宿。

创办知青企业 1970年，苏州市知青夏小斌利用女知青善于织花边的特长，在红旗镇红旗西路南侧办花边经理部（发放站），承接沙洲县花边经理部的加工业务，共招收苏州市知青21人。1973年，由知青首创手工钩织花边的技艺后，农场女职工也参加到手工钩织花边的行列中，全场从事针织花边的劳动力近1000人，年产值十多万元，花型发展到上百种。1978年下半年起，苏州市知青回城后，业务量逐步减少，1984年停业。1971年春，在取得苏州市新苏丝织厂支持的情况下，在农场服务队内办腊线厂，共招收苏州市知青30人，1971年5月正式开工生产，按加工量获得加工费，年加工费收入3万多元，净利润1万元左右。1976年秋，腊线厂搬迁至农科所空房子内，1979年上半年停业。1974年，场部从知青中抽调21人成立文艺宣传队，集中吃住、排练和宣传。1976年9月，场部帮助宣传队办纺织配件厂，在厂的30多名苏州和沙洲知青，既是宣传队队员，又是工厂的工人。1978年知青离场后，文艺宣传队解散，工厂划归毛纺厂。

第二节 回 城

1964—1977年，插场知青中先后有715人通过病、贫、顶替父母工作、应征入伍、招生入学、招工进城等途径离开农场。1977年12月，中共中央召开《全国知识青年上山下乡工作会议》，就知青回城问题提出了“统筹解决，逐步安排”的方针。根据中央精神，知青回城工作逐步展开。首先对1972年前插场的未婚知青，全部招工进城安排工作。1978年6月开始，所有插场知青，包括家属、小孩全部迁回城市，知青工龄从插场之日起算。1979年上半年，知青返城工作基本结束。除新疆、东北垦区转迁来场以及婚嫁到农场的知青外，苏州市知青、沙洲县知青、回场知青及上海、南京等地零星插场知青共回城1714人。

1964—1979年常阴沙农场插场知青回城情况表

表16-3-1 单位：人

年 份	插场数	离场数	其 中					
			招工调动	顶替回城	病（困）退	落实政策	参军服役	入学深造
1963	769	—	—	—	—	—	—	—
1964	—	3	—	—	—	—	3	—
1965	—	76	30	—	34	6	6	—
1968	—	8	—	—	—	—	8	—
1969	—	9	—	—	—	—	9	—
1970	—	1	—	—	—	—	1	—
1971	—	132	132	—	—	—	—	—
1973	14	—	—	—	—	—	—	—
1974	120	7	—	6	1	—	—	—
1975	392	41	22	19	—	—	—	—
1976	255	8	4	—	4	—	—	—
1977	121	430	338	—	41	32	12	7
1978	71	471	423	—	—	—	42	6
1979	—	528	438	82	8	—	—	—
合计	1742	1714	1387	107	88	38	81	13

说明：新疆、东北等垦区转迁到场以及婚嫁到场的知青未统计在内，从病（困）退中应减去在农场死亡的6人。

第三节 留场知青

1979年上半年，大批知青回城结束时，已经结婚成家的28名苏州市知青自愿留在农场，农场根据各自情况进行了适当安排。马阿玉、顾惠德、保重华先后当选为张家港市（沙洲县）人民代表大会代表，其中马阿玉连续当选为第七届至第十届张家港市（沙洲县）人民代表大会代表；顾惠德当选为中共张家港市第八届党员代表大会代表，并作为政协张家港市第四届、第五届会议特邀代表出席政协会议，于1997—2001年期间担任农场党委书记。1984年，有14名苏州市知青被转为国家干部。

至2004年，共有10名知青定居农场。

2004年插场知青留场定居一览表

表16-3-2

知青姓名	籍贯	插场时间	退休前身份	配偶姓名	籍贯	现居住地
顾惠德	苏州	1963年11月	农场党委书记	丁玉琴	农场	健康新村
马阿玉	苏州	1963年11月	医院院长	刘亚南	农场	医院宿舍楼
保重华	苏州	1963年11月	党支部书记	沈玉芳	农场	常西社区
张培林	苏州	1963年11月	工人	顾兰芬	农场	常红社区
唐祥尧	苏州	1963年11月	工人	张雪芳	农场	常兴社区
金宁静	苏州	1963年11月	会计	陆新明	农场	常虹新村
高小忠	苏州	1963年7月	工人	王美芬	农场	常西社区
凌绍雯	苏州	1963年11月	教师	王玉琪	农场	常西社区
魏训刚	苏州	1963年11月	工人	倪桂红	农场	常红社区
嵇永华	苏州	1963年11月	工人	黄美琴	农场	常红社区

附、苏州插场知青回忆文章选录一：

难忘的试验组

——小麦亩产七百二十斤纪实

韩汝珍

1963年10月，我们一批苏州知青告别了父母，来到了第二故乡常阴沙农场。经过一年多的劳动洗礼，根据毛主席的“知识青年到农村去是可以大有作为的”批示精神，组织上决定在我们第十三生产大队成立一个试验组。1964年10月，就在全国人民欢欣鼓舞我国第一颗原子弹上天的日子里，我们试验组成立了。

经过讨论，试验组决定对小麦、棉花进行优良品种、病虫防治等多项试验。试验组发挥集体的智慧，不辞辛劳，获得了丰硕的成果。最突出的就是一亩小麦经过精耕细作，得到了亩产720斤的好成绩。虽然事情已过去了五十年，但由于是亲身经历，幕幕场景至今还历历在目。为何会获得高产？究其原因，一是人的因素，二是实际操作精益求精。

一、人的因素

1. 有生产大队领导在人力、物力、财力和时间等各方面的大力支持，排除了不少困难。

2. 试验组由13人组成：有两位老职工，一位是有丰富生产经验的老农袁老四，另一位是在农科所工作过的有实践经验的青年职工陆山阳。其他都是在知青中选拔出来的优秀高中生。有富有钻研精神的“智多星”张再初，有“一不怕苦，二不怕死”、吃苦耐劳的贾玲庆、周彤，有工作一丝不苟的朱大平、张承和、沈敏蕊、董天明、任甫珍、黄月华、章绍江。大队任命我担任试验组的组长。我们是一支齐心努力、锲而不舍的战斗团体。

3. 有场部派来的农技员许永才老师指导面授。

4. 有富有几十年农业生产经验的老农掌舵，把关。

5. 我们11名知青都参加了江苏农业大学的函授班学习，一边读书，一边实践，把理论知识和实际操作有机地结合起来。

二、实际操作精益求精

1. 精选良种。选择试验的小麦品种叫“矮秆红”。麦秆短矮粗壮不易倒伏，且较能抵抗病虫害，属于产量较高的优良品种。

2. 上足基肥。我们到老职工家里收集了很多猪、羊灰有机肥料，全部撒在田里，再深耕细耙。那一亩田吃足基肥，土壤油光发亮像一块又松又软的大蛋糕。

3. 合理播种。我们对种子进行了严格的挑选、杀菌，按照书本上规定的数量称重。由老农袁老四负责人工播种。他像天女散花一样，把麦种播撒的非常均匀，没有出现密一块、稀一块的现象，合理利用了土地空间。

4. 精管细作。绿油油的麦苗长出来了，比其他大田里的麦苗叶子宽、根茎粗。我们及时除草、浇水、追肥，还给较黄弱的麦苗吃小灶，施人粪尿。在冬季下霜后和开春拔节前用工具拍，用脚踩，让麦苗趴在土地上，既防冻保水，又促进麦苗分蘖。“智多星”张再初还制作了一台土的打夯机，用半机械化代替了手工拍打和脚踩的操作。开春拔节后，试验组的麦苗明显分蘖增多，茎秆长得又粗又壮。我们又及时喷洒农药，防治病虫害。这亩田里的麦子被我们调理得棵棵茁壮。

5. 深挖排水沟。我们在田块的四周和中间都开挖了较深的排水沟。纵横贯通网络状的深水沟，有利于排水和降低田块的地下水位。促使麦根扎得深、茎秆长得壮，避免烂麦根和倒伏现象。每次下雨天，我们都要冒雨下田检查和疏通排水沟，防止沟壁坍塌堵塞水路。

科学的管理，辛勤的耕耘，获得了可喜的收获。试验田的麦秆长得挺拔茁壮，麦穗长得硕大饱满，麦粒长得又大又圆。收割时，我们注意颗粒归仓，不遗漏一支麦穗在田里。经过单独脱粒、翻晒、称重，这亩地的麦子确确实实是收到了720斤。

我们把这一消息报告给了许永才老师，他高兴地说：“你们真是放了一颗‘原子弹’啊！”因为在六十年代里，一般大田的小麦亩产只有200~400斤，亩产720斤可是在全江苏省都没有过的纪录。

那一年（1965年）的12月，全国农业系统召开高产经验交流会。我有幸代表我们试验组参加了会议。会议期间得到敬爱的周总理和其他中央首长的接见，并合了影。这是我终生难忘的一件事。

现在我们都是爷爷奶奶辈的人了。我们试验组除了已去世了三位战友，其他知青伙伴都要在每年的农历正月十五相聚一次，共同回忆那艰苦的岁月和为之付出的青春年华。

情系“东方红”

丁园珍

“东方红，太阳升……”这可是几十年来家喻户晓、耳熟能详的革命经典歌曲。我这里讲的可不是唱歌，指的是我曾与国产“东方红”拖拉机有过十五年的缘分，我开着它耕耘，它为我歌唱，朝夕相处，形影不离，感情深着呢。

20世纪的1964年3月1日是我人生中难以忘怀的一天，接场部通知，我等九名知青（许建国、张全林、高澄之、卞学顺、李群、叶泓涛、严珩涛、陈素珍及我）到场机耕队报到当学徒。我心情既高兴又忐忑，离别了情同手足的大队知青姐妹兄弟的确难舍，接受一个完全陌生的新工作又转兴奋。

我与素珍成了知青中首批（也是唯一的一批）女拖拉机手，而偏偏不到一年的时间，她又因故被调离农场，我从此成为农场的机耕“独生女”了。

我自小就有点男孩子气，想学一门技术，现在要与拖拉机这庞然大物铁疙瘩打交道，事遂心愿，一份新鲜感、自豪感直直伴随我好几年。在最初的几年中，我如饥似渴地学习理论知识，同时虚心地向有经验的老师傅探讨取经，并十分认真地做好随身笔记。一分耕耘一分收获，在历年的省农垦局到农场组织的“应知应会”考试检测中，我多次名列前茅。为此，我被提前一年晋升成正式拖拉机手。当拖拉机手是好多人羡慕的事，然而，摆在你面前的障碍、困难和危险也是成正比的，对一名女性来讲，身体的不适，驾驶的不易更多。我只能向前，接受各种考验。

冬耕，寒夜，彻骨冷战，坐在五铧犁上操作，人冻得瑟瑟发抖，只好用一捆稻草放在腿上御寒。晨曦初上，浑身白霜，脚下的胶靴已与铁踏板冻在一起了，双脚失去了知觉。一次，农场派拖拉机支援凤凰公社夏收夏种耕地，我和众多男同事们克服种种困难，为便于工作，我等就睡在与牲畜棚为邻的草屋里，打地铺，点油灯。大热天更难熬，洗澡是头等大事，我一个女同志，有时会整整半个月没法洗刷一次。为了“双抢”，为了丰收，我们一起扛过了艰辛，挺过了磨难，顺利完成任务。曾有一次，夜班，在与搭班师傅开机耕地时，灯光昏暗，拖拉机又有点故障，突突地直朝前面河浜里冲去，我眼疾手快猛地把犁头打入深泥中，避免了一场大事故的发生。事后，又与师傅在黑夜中经过几个小时用铁铲挖掘田埂，总算把拖拉机处置到安全状态。此刻，两人满身粘泥，浑身汗湿，累得几近瘫痪。

往事历历，常浮眼前。当年，国家燃油紧张，实行定额分配供应，机耕队也要求定额作业。我就动脑筋，将学到的知识落实在操作中，我们的机车采取“交叉耙作业法”，做到了事半功倍，既节省了燃油，又提高了作业进度，效果十分明显。

我虽是个女性，但我有不服输、不甘落后的脾气，为了保养和操作好“东方红”拖拉机——我的贴心好伙伴，我常常让身子付出超负荷的代价，日夜连续性作战是常事，有时为排除机械故障，三四十个小时不休息连轴转也得熬，也得挺住。就是在我有了孩子后的几年里，我照常克服困难，伴着“东方红”战斗在生产一线上，直到农场五金厂办起了锯板车间后，我才被调去开“东方红”座机，离开了顶日头、踏月光、风雨裹身的艰难环境。掐指算来，我与“东方红”拖拉机相伴相随已整整十五个年头！

是的，我为理想，为事业，为我的伙伴“东方红”付出了太多太多，以致给自己身体留下了诸多隐疾：手指畸形，心脏不好……但每每回想起年轻时那段艰苦的磨练给自己带来的欢愉与充实、快乐和自豪，我深深地感到无怨无悔，从内心认可这段充满时代气息和精彩华章的知青生涯。

大概因为我的表现还可以吧，1964年8月，我荣幸地被农场推荐参加在南京召开的江苏省上山下乡知识青年生产劳动积极分子代表会议。

几十年转瞬过去，已成为记忆中的遥远，然而，农机、农耕、农学、农活的一切，我终生难忘，尤其是我和那浑身闪烁着鲜红光亮又透溢出青春活力的“东方红”好伙伴的那段浓浓情缘。

鏖战“康拜因”

岳惠芬

光阴如箭，日月如梭，蓦然间，我已成古稀老人。金秋十月，知青下乡五十周年大聚首，大伙儿唏嘘感叹，激动万分，在农场战天斗地的一幕幕情景恍如昨日，记忆犹新。而知青们整夜整夜地激战“康拜因”机器脱粒黄豆的情与事我记得最清。

农场每个秋季都是最忙的时候，水稻要收割，棉花要采摘，黄豆要收，要捆，要挑，要堆，还得上机脱粒。一时间，收获黄豆并脱粒归仓仿佛是最忙最紧张的头等大事！

脱粒黄豆一般安排在晚上，每个作业组轮着上机，通宵达旦。逢到我们五组上了，大组长在傍晚时分挨个儿到每个宿舍通知部分知青上。不需要全部——每班上机大概总在二十人左右吧，除了三五个身强力壮的有经验老职工外，其余全是知青了。此刻，知青宿舍里总会唧唧嚷嚷，争执不停，大家都想上战斗一线呗。那时知青一代人的思想和干劲特高、特清纯。现在的年轻人看来是不可理喻的。于是，轮到"上战场"的知青们个个笑盈盈地做好准备：换上工作服，头扎布围裙，拿起手套，精神抖擞地奔赴战场。

夜色朦胧下，一台黑黢黢的康拜因脱粒机停在场地上，一前一后两盏照明灯发出刺眼的白光，几座城堡似的黄豆堆垛静静的默默地注视着我们，等候"扯筋动骨"。场部机耕队的老师傅此时正忙碌地做着开机前的准备。我们即刻也按组长的命令各自散开，揭开了激战前的序曲：有人站在高高的堆垛上，用两刺"丫枪"把豆捆挑下来；有人忙碌地把豆捆拖到脱粒机的喂料处；有人把豆捆扯开，一摞摞堆放在机器的传送带上……工作紧张而有序。

随着"咯隆隆"的声响，"康拜因"转动起来，知青和老职工的脱粒大战开始了。站在喂料口的知青不断地朝机器的"黑盆大口"中传塞豆萁；身后的下手们不停地弯腰，抬腰，传递豆捆；运输工一个劲地来回疾走，忙着运豆捆；出料口两名知青紧捏着麻袋口，望着呼啦啦出来的金灿灿的豆粒，边装边咧开大嘴笑开颜；机身屁股后面的知青冒着浓烈的"雾霾"（飞屑和尘土）紧张地"扒灰"，出清乱豆萁。

突然有人大喊："快，快！供不应求了……"原来是随着机器大口地吃料，运输路线越来越长了，机口边已没有豆捆了。组长急忙调配人员，加大运输力量，忙活了好一阵子才"供能应求"。

子夜，大家休息会儿。真奇怪，忙着干活时，不觉得怎么累，这一停下来，我就感觉特别疲乏，汗湿的衣服给凉风一吹，直打冷战。知青们不管男女都满脸的汗水和灰尘，个个像开了大花脸似的，有趣极了。

"开始上！"一声吆喝——知青组长嗓门忒大，大家重新各就各位，继续鏖战。为了能抢在天亮前把两大垛豆捆全部脱粒结束，大伙儿忍住疲惫，手脚更勤更快了。可就是"心急吃不了热粥"，忽地，"轰轰"两声巨响，机器不转了。原来是添加的豆萁太多，"康拜因"的输送带"肠道梗死"，卡住了。大伙儿一脸的尴尬。机耕队师傅忙笑着开导："别慌，添料时要匀，要不断线，像一条薄被子似地添加，这样就不会塞住。保证天亮前全部脱粒光！"说完，他钻进机器肚子里抢修起来。趁这个空当，大家抓紧时间抢运豆萁，把成品黄豆扎袋码放整齐。

夜晚的星月很明亮，晨风徐徐吹来，身上一阵凉丝丝的，哈欠一个接一个。静静的，大家养精蓄锐，谁也懒得说句话。没多时，机器修好，我们又紧张地投入战斗。

东方渐渐泛白，太阳红红地冒出来了，天亮啦。一个整夜的辛勤劳动和汗水，终于换来了脱粒黄豆的高纪录，两大垛豆捆的脱粒任务全部完成（若机器不争气，有的作业组干了整夜还会连个上午呢，那就更累了），大家满意而归。

谁知盘中餐，粒粒皆辛苦。知青在农场的锻炼、磨练，让我们每个人仿佛都脱胎换骨，养成对工作极端负责和对困难坚忍不拔的品质。返城后，我被分配在养育巷百货店当营业员，一干就是18年。我克服困难，掌握了进、销、存及柜台服务的各种知识，没出过一起差错。我想，这应该是农场生涯给我带来的意志上的收获吧，但愿能传承给我们的下一代。

金秋十月收割忙

朱梅英

1963年秋天，我们八百名年轻的苏州知青，离开父母，告别家乡，踏上去常阴沙农场的征程，为国家做贡献。

农场是长江汛潮起落冲积出来的新土地，很适宜种植棉花、黄豆、玉米、花生等农作物，金秋十月，果实累累，闪金泛银的丰收景象。收摘、脱粒、翻晒、入库，热闹非凡。特别是棉田里开满了银白色的棉花，雪浪滚滚一望无际，艳丽壮观之极。

脱粒场上

黄豆是人工收割的。需要用双手把一簇簇豆秸连根拔起来，然后打捆、挑运到晒场上堆垛。干硬的豆角把每个人手背和手臂都划得伤痕累累、血杠条条。

豆秸堆放在场地上，就怕下雨。黄豆淋湿了要发芽、霉变。所以等场部农机厂的大型脱粒机一到我队，就抓紧时间日夜脱粒，人休机不停地连班转。

有一次夜里轮到我们作业组上脱粒机。场上机器轰鸣，尘土飞扬，好几盏汽灯把周边照得雪亮。我们几十个人围着脱粒机，将一捆捆豆秸拆散，通过传送带均匀地喂进脱粒机张开的大口里。大家有的搬运，有的喂料，有的装运脱粒好的黄豆，有的用三齿丫枪堆草……

大家都忙得热火朝天。一个个干得灰头土脸，像非洲黑人似的，只有眼睛和牙齿是白的。

突然，一只大老鼠从豆秸里钻了出来。大家看见了纷纷喊叫着追打。那田鼠窜来窜去，无路可逃，竟然一头窜进了一位小女生的裤脚管里。那女生吓得浑身直哆嗦，尖叫了一声："姆妈呀！"就哇哇地大声哭嚎起来。站在边上的女生都吓傻了，不敢用手去帮她捉拿田鼠。在场的几个男生因为不敢去碰女生的身体，也没有上前帮忙。六十年代的人们思想都比较僵化保守，男女生之间是不能随便接触身体的。亏得有人拼命大叫，喊来了老队长周三根，才帮她把田鼠从裤腰边上挤了出来。大家七手八脚地把这可恶的田鼠打死了。

这场令人先哭后笑的闹剧，成为大家传诵很久的笑料，至今令人难于忘怀。

采棉比赛

棉花的种植期很长，从春天的四月十五日播种开始，一直到年底都是忙个不停。夏天钻在齐腰深的棉田里施化肥，既闷热又潮湿，两条大腿内侧的嫩皮肤被围腰兜里的化肥腌得出疹子溃疡，走路时裤子一擦到伤口就疼得龇牙咧嘴。那滋味真是难以言表。

别以为采摘棉花是个轻松活。一天十多个小时地弯着，两手不停地采摘。装满了棉花的围腰兜有十多斤重，围腰上的细绳紧紧地勒在腰眼上。每天傍晚下班回到寝室，第一件事就是扑到床上休息一下，缓和腰部紧张的肌肉。然后用针剔除手上刺在皮肤里的棉桃刺芒。两只手满是皲裂的口子，每剔一下都是钻心的疼，像受刑一样。在那个年代里，信奉的口号是"好青年志在四方，到农村去，到边疆去，到祖国最需要的地方去！"所以大家都是咬着牙坚持着，一觉醒来又精神饱满地开始新一天的劳动。

采摘棉花有一定的技巧，要伸开五指插到棉桃裂口深部，用软硬功夫把棉絮全部采摘出来。不能怕棉铃壳尖芒刺手，也不能留"眼屎花"，否则要返工重来的。

有一次我们长江圩发起采棉比赛，各个组都踊跃参加。那天，我两眼穿梭环顾，双手左右开弓，飞速地把一朵一朵棉花采摘进兜里。中午太阳当顶了，没有一个人肯停下来到食堂去吃饭。后来，食堂工作人员把饭菜送到田头。我三二口把饭菜吞下肚，嘴巴里还在嚼着最后一口，就又下地继续采摘了。一直到太阳偏西，我已采摘了270斤，算是比较多的几个。

说句心里话，当时我真叫一个累啃，实在采不动了。就在我想停下来的一闪念间，组里不少人过来为我们几个采得多的人鼓劲："再加把劲，争取突破日采棉花300斤的大关！"在同胞们的加油声中，我咬紧牙关，坚持着采摘下去。时间一秒一秒地过去，天色也越来越暗，我的腰实在挺不住了，就跪在地上采。直采得两眼发花，手指发麻。在月光下，已分不清是吐絮的白花还是迟开的黄花了。

终于，八点钟到了，比赛的时间终止了。同事们把我采摘的棉花称重下来，共有301斤，总算突破了300斤的大关。在场的人一片欢呼。我浑身淌着汗水，流下激动的眼泪。同组的女知青朱惠英采到301.5斤，夺得了比赛的冠军。我虽然没有夺魁，但我尽力了。我被大家公认为采棉能手，我也非常满足了。

传递火炬知识

张冰清

我在教师岗位工作三十余年，教过的学生不知其数。落红不是无情物，化作春泥更护花。至今，我仍在为教育下一代尽心尽力。

我的教师生涯是从1963年插队常阴沙农场开始的。农场所在的沙洲县是苏州地区最偏远的地方，经济贫困，文化落后。仅有的几所民办小学校舍简陋，教师是本地的几个初中生，甚至是小学生。为了提高青年职工的文化水平，农场开展扫盲教育。我被选为教师之一。每天晚饭后，在大食堂的汽油灯下，或是在宿舍的煤油灯下，我与学员在文化的土壤里耕耘播种，收获精神的喜悦，全然忘却了白天的劳累。知识青年的到来，为农场这片文化“沙土”带来了生机活力。科学实验、文体生活、思想观念都有了大的改观，也推动了教育事业的发展。

1966年，只有初中部的农场中学应运而生。我是首批被吸收到教师队伍中的唯一女教师。而后，几经辗转，返回苏州，均未离开教师岗位，直到退休。

打开记忆的闸门，农场的教师经历尤为难忘。当初，农场交通闭塞、经济落后、文化贫乏，两万多职工及子女几乎没有中学生。孩子和家长甚至没有到过县城。学生们上课时一双双求知若渴的眼神，下课后与我交谈时纯真挚爱的表情，回家后勤奋刻苦的精神，令我感动不已。除了课本知识，我常给他们讲一些名人轶事、时事见闻、地域风情，拓宽他们的心胸，开阔他们的眼界，丰富他们的见识。休息日，我经常走村串户去家访，对少数学习有困难的给以辅导。我与学生及家长建立了很好的感情，有些几十年未断联系。

我在农场教过老职工识字，在学校教过语文、英语。组织上给我很多鼓励支持。1965年我被评为沙洲县优秀民校教师，后来还作为女教师代表赴北京参加了天安门检阅。

值得欣慰的是，我作为一名知青发挥了知识的用途。我当过扫盲教师，参与了农场中学的奠基，见证了农二代的文化成长，我教过的学生不少上了大学，有的当上领导干部，有的当上医生、技术人员，有的有了文化知识，有了经营头脑，具备管理能力，成为农场各行业的领头雁、带头人。

今年10月份，我应邀参加了农场中学72届高中毕业生的聚会。同学们对我说了许多感恩的话、贴心的话。我感动得热泪盈眶。不少同学薪火相传，选择了与我一样的教师行当，把青春的热血奉献给家乡的教育事业。发扬红烛精神，燃烧自己、照亮别人，传递知识的火炬，塑造美好的人生。我们都感同身受，教书一职，青春无悔，人生无憾。

长江游泳

王敏敏

到长江里去游泳，你敢吗？我想，大多数人都会摇头，不敢。那我告诉你，我可去过，还去过两次哩，真的！

那是四十多年前的六十年代初，我和三百多名苏州知青一起插到常阴沙农场当新农民。我们十三大队紧靠长江大堤。知青住的宿舍离江堤直线距离不会超过三百米。当然喽，去长江里游泳却是当上农民四五年以后的事了。

我们大队知青共分六个作业组，每组搭配十余名老职工，以便我们接受“再教育”。农场的生活艰苦、单调，农活繁重、吃力。遇上节假日，大队里也会组织各组编排些文娱节目，而后在大食堂里会演。我们三组的知青可是文艺细胞浓浓的，曾演出过包括《六样机》《逛新城》《游击队之舞》等好几个节目，蛮脍炙人口的。

囿于场地、设施缺乏，当时的体育活动很少，游泳更是"凤毛麟角"了。平时活儿累，尤其是炎热夏天，收工回来，衣服裤子上汗湿后会起一层盐霜。我们三组女同胞胆大，会勇敢地跳进宿舍门口的小河里浸泡，河面约一米宽，活水，经过大队水闸，直通长江，经常有专人负责开闸放水，故河水很清洌、干净。在水中，伙伴们只觉得凉快、解乏，爽！免不了也会"扑腾"几下，无师自通，从"狗爬式"到蛙泳，竟学会了游泳。我也能在小河滨里游几个来回了。但到长江里去游泳却是知青们，特别是女同胞们不敢想的事。

江堤虽很近，可堤外是几百米宽、数公里长的芦苇滩，芦苇滩外还有长满关丝草的浅水滩，之后才是极其浩渺的长江江面——农场东北面直对着南通港，长江水面已成喇叭口，江面宽阔，水流湍急，每天还有定时的两次涨潮、平潮、落潮。要穿过密密麻麻的芦苇到几乎没人去过的长江里游泳，实在是一个难以企及的伟大壮举。

1968年夏，在伟大领袖"到大风大浪中去锻炼"的口号下，知青们意气风发，跃跃欲试——提出了去长江游泳的建议。大队部终于同意组织一次知青到长江游泳。接下来的准备工作相当的繁忙，报名，编组，安排救护人员，备好红袖章、哨子(救护人员用)，宣布游泳纪律等等。那天，大队特地放了一天假，七、八十个男女知青不分派别("文化大革命"还在轰轰烈烈呢)，穿着各式各样的泳衣、泳裤，在有经验的老职工带领下，熙熙攘攘地跨江堤，钻芦苇，蹚流漕，涉浅滩，直达大江水面。几名水性好的男知青护卫人员细心地引领着，并在齐脖子深的水面中一字排开警戒着。大家快活地又有点战战兢兢地向江面稍深的水中慢慢蹚去。大约走了百把米，江水齐胸深了，可以游了。顿时，江面上，热闹开啦：会游的教不会的，男的教女的，知青们游啊，笑啊，叫啊，闹啊，真的好开心哦！大家一下子把"文化大革命"中的争斗事、农活中的苦恼事、生活中的烦闷事统统抛到九霄云外去了。

第一次长江游泳很顺利，胆子就大了。时隔不久，又组织了几十个知青二次去长江戏水。可这次大家放松了警惕，组织也不够严谨。那天下午又适逢潮退得水位很低。我们差不多也是在第一次的水域站定，可水只到齐腰深，却也不敢再朝前了。没办法，将就着游吧。我一个猛子钻到水里"扒拉"了几下，站起来还未等我站稳，突然一个浪头打过来，江水已齐到我脖子了，人都站不稳了。周围知青似乎也惊觉了，有人喊道："涨潮了，快回岸上啊！"大家一下子慌乱了……我忽地紧张起来，怎么办？靠自己这点水性休想游回浅水区了，肯定会被江浪卷走。这下子死定了。

说时迟，那时快，很多会游泳的男知青都在同一时间里开始救护女生，尽最大本事拉人，拽人，托人，救人。四组男知青包重华有一个救生袋，他让我和另一位女职工拉住袋的两只角，他自己抓住袋的前端，带着我俩使劲地朝前游着，蹭着。三组男知青马阿玉在救一知青时，没东西可抓，只能用一只手勾住那人的胳膊，吃力地一撞一挺地向前挪。二组老职工陆三羊个子小，水性也差，被哪个好心人拽了上来。

我们在和潮水赛跑，用阶级弟兄姐妹的情谊在与可能的厄运拼搏。终于，大家游回——实际上是连带跌跌撞撞地冲到了芦苇滩，爬上了堤岸。此刻，江堤上，五组的老职工、民兵队长陈小毛正鼓着腮帮子拼命地吹着哨子。其实，他早就在吹了，只是隔着大片芦苇，离我们实在太远，谁能听见哪！

回到宿舍，大伙儿脸都吓得刷白刷白的，心仿佛要跳出来。真是好险那！

长江游泳、嬉戏，是福，是乐，能锻炼身体，砥砺意志。与水亲密接触，仰望蓝天上——鹰击长空，俯瞧滩水处——虾翔浅底，实是一种享受。长江游泳、嬉戏，也蕴含着"祸"与"险"，必须科学、合理、严谨地安排好，算计好(把握住潮水的涨、平、落规律)，组织好，来不得半点疏忽，不然，江水也会无情的。

味觉深处的记忆

——闲话苏州“小小吃”

陈祖宁

苏州人好美食善厨艺，从一桌桌大餐到一道道船点，无不把本土饮食文化色、香、味、形绝妙组合推向极致：苏绣般的精致，园林般的悦目，陈酿般的醇正，野味般的鲜美，药膳般的营养，舌尖上的魅力叫游子梦牵魂系，令旅人流连忘返。

然而，我今天说的是另一种不登大雅之堂的食品，其地位甚至比“唐粥”、“蟹壳黄”还低一档次，姑称其为苏州“小小吃”，其原料叫草称菜都可以。草长莺飞季节，我插队的农场，那些休养生息的农田都种植它，绿丝鹅绒般一大片，仿佛为春姑娘盛装舞会铺设的地毯，但风光没几时，便翻耕做了绿肥。其开发利用远不及苏州农家深入，请君入瓮，撒一些盐巴，摇身一变，便成了当初孩子的最爱，舌尖上的一份快乐，一道美味。

我退休前的一个春天，同事从木渎古镇带回一包食品，说是久违的土产。她神秘兮兮的样子吊足我们品尝的欲望和猜测的胃口。当她从重重包裹下揭开最后一层面纱，大家惊叫起来：腌金花菜！顿时，办公室弥漫起熟悉的酸香气息，等所有人将所有的东西品尝完毕，那份原先的热情和兴奋，像冬天倒出来的白开水，迅速冷却下来。“没有原先的鲜洁”同事甲评论说。“少了甘草粉，失去了回味”，同事乙补充，“而且颜色也没有从前的纯粹。”

我不是正宗苏州人，但儿时的情景多少知道些。每年的秋天，直到来年的开春，苏州的大街小巷经常回荡着“阿要买腌金花菜?”悠长的叫卖声。那是操着标准吴语的女声独唱，宛如舞台幕后传来一声莺啼，然后走出一个青衣一样，巷口便出现一位头包碎花毛巾、腰系蓝布桌裙、手挎细蔑竹篮的中年妇女。这样的装饰如今已进了苏州民俗博物馆，成为乡土文化的历史遗存。那温柔软糯的吆喝声却有着无比的魔力，于是，从四面八方奔来几个拖着鼻涕的“光头”，做这一分钱、二分钱的买卖。买方付钱想讨点便宜。卖方倒也慷慨，基本也给予满足，让这些小小回头客得到心理和食欲上的满足，毕竟这买卖还要继续下去。大人们端坐在屋前的小木凳上，保持“中庸”的姿态，既不参与，也不干预，或许是以最小的成本培养孩子商业意识的考虑。

买回的腌金花菜是与伙伴分享的，今天你买，明天我买，天天有吃。那时的家长、孩子没有如今这么多的讲究，不必洗手，不须消毒，伸出一双双刚刚打弹子、滚铁环的脏兮兮的“五爪金龙”抓了上去。抓得多的，会被人骂一句“黑心鬼”。但这无损于孩子间的友谊，吃完之后，原来的游戏又接着玩下去。那时的腌金花菜确乎不错，颜色金灿灿的，气味香喷喷的，味道甜滋滋的，甘草甜蜜蜜的，放在嘴里很有咬嚼。即便有几根嚼不断的老根，也会像鸭哩哩（鸭子）吞曲蟮（蚯蚓）似的硬吞下去，如此美食，弃之可惜！

这“小小吃”似乎也有性别的区分。如果说“光头族”钟情于腌金花菜，那么“小辫子”们则更青睐于炒白果。卖白果的基本上是男的，他们用低沉磁性的男中音演唱着“白果歌”：“要吃白果甜来酥，香是香来糯是糯……”歌词很长，记不完全，但唱到结束时，内容多少有点“黄”了，什么“男小倌吃了鸡鸡大”“小娘鱼吃了奶奶大”……好在家长并不与他计较去公安局报告，在他们看来，这是他爷爷，甚至爷爷的爷爷流传下来的“脚木”，如何追究？何况这“口头广告”并未造成什么不良后果，女的并未“丰乳”，男的也没有“壮阳”。这样的“性趣”和“美容”广告，比现代电视广告不知早了几百年，可以说是开了“口头性食广告”的先河。

白果中也有“贵族”，是染色的那种。桃红，湖蓝，墨绿，鹅黄，五彩缤纷，好看极了，价钱当然也贵些。“小辫子”买了舍不得吃，留着当“揖子”玩。至于叮叮当当敲着铁板卖麦芽糖的，属于“小小吃”中的“通俗唱法”，不再细说。

不知何时，猛然发现除大饼、油条等还在“站岗放哨”，许多苏州的小吃点心、“小小吃”和零食已淡出了人们的视线，淹没在时尚的浪潮中，心里不由地有种莫名的失落。

时代不同了，也许这些“小小吃”再也不会回归现代的生活舞台，但它作为一段历史、一道市井风情，将植根在一代人心中，永久地品味回顾。

说明：上述文章选自常阴沙农场长江圩知青文集编委会编纂的《芦乡晚唱》。排列不分先后。

苏州插场知青回忆文章选录二：

知青神 知青魂

在农场当“新式农民”，人生地陌，水土不服，白面书生，嫩骨嫩脆，能行吗？能过“劳动关”“生活关”吗？半个世纪弹指已过，每每再返想那时那事，那情那景——这似特复杂、特玄妙而现在看来又挺简单的问题，我等“老知青”一代，无不哑然失笑，太多太多铿锵事实——用坚定的信念、炽烈的理想、坚韧的意志，用青春、汗水、热血甚至生命换来的事实，证明了那批经过三年自然灾害折磨、蹂躏的好青年、好学生义无反顾地响应祖国号召，一夜之间从“城里人”变成“乡下人”，从学生变成知青、农民，在广阔天地里炼筋锻骨，砥砺拼搏，脚踏实地在污泥里锤打，在田野里前行。知青们真的很神——有精、气、神；很争——拼争，奋争，竞争；很魂——魂魄崇高，理想纯真；又很能——能干，能吃苦，能钻研，能说会道，能歌会演，能写会画，能冲锋陷阵，能忍辱负重……。虽然已时过境迁，但知青那一代人的鲜活事迹、感人轨迹、撼人伟绩总会在脑海萦绕、浮现。

春，清晨，大地仿佛还懒得苏醒，田野里麦苗儿睡眼惺忪地一簇拥一簇拥地迎着阳光，伸着嫩叶，吮吸着清露。十三大队试验田里的知青们和(年轻)老职工们却早早地挑着担儿在施返青肥了。这小麦新品种“矮秆红”可是寄托着全队的夺高产希望啊！试验组的七八位知青在组长韩汝珍带领下，在老职工的指点下，起早摸黑，精心耕耘，理论联系实践，书本对照田地，秋去春来，寒风暑雨，终于换来秋实硕果，以亩产七百多斤的喜讯上报北京，小韩被推荐并光荣地参加了1964年底农业部在北京召开的全国农业先进代表大会，还见到敬爱的周总理。

夏，傍晚，坑洼不平的大队篮球场上，南京来的农大教授正捧着教材给知青们上函授课，几十位男女知青坐在高低不一的长凳矮椅上——迟来的人也就席地而坐，大家虔诚地聚精会神地听着课，他们都是有着高中或中专文凭的知青，都是自愿报名参加农学系或畜牧系专业学习的。这些知青学生从1964年、1965年一直坚持到1966年夏“文化大革命”开始。他们在宿舍里读教材书，油灯下做作业题，田野里上实践课，育秧、栽培、除虫、施肥等农活，他们都努力做到有模有样、有根有据，切实做到了提高知识素养，提高作业水平，提高作物产量……。虽然，“文化大革命”风暴把函授的路径给堵了，但知青们还是在“文化大革命”结束后，再补学、再补考，大部分知青依然拿到了孜孜追求的大专“毕业文凭”。

冬，夜幕降得早，大部分知青收工进食堂打晚饭了，极目眺望，远处麦田里隐隐绰绰仍有人在干活，谁内？原来是我组的几个男知青还在掘菱沟、腰沟(田中横沟称腰沟，竖沟称菱沟)呢。种田人都知道，若要作物收成好，排水灌水很重要。农场田地开阔，一大块田常常几百上千亩，这排、灌水靠的就是“体系”：农场是从长江芦苇滩上围垦出来的，各大队沟渠能通过河渠网络连上长江。于是，河通江，渠通河，沟通渠，大田积水就得从小沟流淌排出。江水就在堤坝外，现成的，河是围垦时开好的，渠(又叫三角沟)是用拖拉机开的，这沟——麦田、棉田里的几十条菱沟、腰沟，就全得靠人工开掘。开沟特费力，用的是大锹，它底端是长长的、窄窄的铁板，锻打的，锋口磨得铮亮，装把长木柄，尾巴带横的木把手，便于手握使劲。开蒌、腰沟要求很高，必须做到底平、壁实、沟直、一条线。沟的横截面是倒梯形，上宽底窄，开沟人要有力气但更得有技术，有巧劲。干这活儿，在老职工面前，绝大多数知青是甘拜下风的。可我组男知青膀粗力大得多，有心气有干劲的多，他们不信这个邪。当然，我和他们一样，决心勤学苦练，非把这开沟技术拿下！于是，我等五六个男知青就偷着学，拧着劲，標着干，早出工，晚收工，每人一条沟，仅隔一垄地，互相比着、赛着、瞄着、看着：谁掘的沟好，谁掘的沟快……。功夫不负有心人，大伙儿用满头大汗赢来掘技的领悟、掌握，用满手血泡成茧换来蒌沟的平直、顺溜，一条条高质量排水蒌沟、腰沟坦躺朝天，就连惯于挑刺的老职工、大组长老尹头"视察"现场时也不由得啧啧稀奇："了不得，不得了！够格啦！"从此，我组男知青几员虎将卞子、冬生、阿巧、曲喜、范朋等一下子声名鹊起，开沟技术可以比肩队里的精壮老职工啦。

秋，入夜，劳苦了一天的知青、老职工都早早入睡了。大队各宿舍、农舍一片寂静。可刚收完的大田里，却机声震响，灯火通明，灰雾弥漫，晃动着人影。噢，那是我组知青配合着老职工正围着康拜因脱粒机在连夜脱粒黄豆呐。那会儿不像现在，大片农田收与割带脱粒是"一条龙"，拖拉机连着收割机，前面轰隆隆开，后面哗啦啦麦子、稻子、黄豆统统出来了，你就候着装袋吧。农场的拖拉机和收割机是"黄牛角、水牛角，各归各"的，黄豆割下打成捆，再用人力一捆一捆扯开，喂进机器。工作量大，又灰又脏又累！但知青们白天就缠着我们仨组长，纷纷报名，强烈要求上机脱粒——包括女知青，仿佛是"请命上战场"似的。此刻，夜已深，虽然寒气袭人。可我带着三名知青站在康拜因机口处，手脚不停地鏖战正酣呢。夜间脱粒主要有五道工序，拆捆、运捆、喂料、装袋、堆屑，机口处喂、填料应该是最艰苦的，你得对着机器那张着的"血盆大进料口"，对着那呼啦啦的输送带，要忍着轰鸣的机声、呛人的粉尘、扰人的刺痛，脸上、颈脖沾满了豆秸屑，你得眼疾手快地把身边伙伴递来的豆捆拉扯开，分均匀。摊薄了，不行，功效低。摊厚了，更不行，机器一下"肠梗阻"，"乌轰——"一声，停机了。要命不？我等只能是不断地拆啊，匀啊，塞啊，脑中没有一丝杂念、邪念，就一个劲地想："均匀塞，快快脱，完成任务夺丰收！"趁少有的片刻停顿、喘息间隙，我扭头望着旁边搭档，心里泛起一阵疼疼的波澜："你仨歇歇，轮换一下吧？"我知道，机身后面的知青早就等着想上这"战斗最火烈的一线呐"。嗬哦，未等话音落地，仨人把头摇得像拨浪鼓似的，瘦骨嶙峋的好伙伴王行边用手揉摸着被热气熏糊了的眼镜片，边努着嘴答："勿要紧的。"胖个儿女知青苏芹只管"嘿嘿……"地傻笑，那神色明显是拒绝劝告的。旁边被誉为"铁姑娘"的瘦弱徐英更是"抗议"："要换，你下去换——"口气昂昂，细眼鼓鼓。我顿时语塞。大伙儿脸红灰红灰，汗"啪嗒、啪嗒"直滴，浑身上下如土猴子般的，都极疲累，但瞅着那装满金灿灿黄豆的大麻袋，四双眼睛全闪烁着晶亮、喜悦和豪迈。朗空，皓月，丝丝浮云，烁烁繁星，他们正在窥视——不，是映衬，是赞美，赞美我们这堆通宵达旦的、不知疲倦的机和人、男和女、年轻知青和壮实老职工的一场农耕夜战噢。

阳春四月孩儿脸，好端端的艳阳天瞬间会乌云翻腾，大雨唰唰。知青们都收工回到宿舍，我斜靠门框，遥望麦田，默默祈求：小雨是喜，大雨是祸，尺麦怕寸雨啊！好几个时辰过去了，雨却越下越大，与天空相仿，我心里的愁云亦密布，组里麦田有块低洼处肯定积水了，得想办法排哪……我坐不住了，披件旧衣，提起把大锹，头戴顶"关丝草帽"，赤脚冲进雨雾。春雨冷飕飕，田埂滑溜溜，一个踉跄，我扑倒在地，爬起，抬头，蓦地，见不远处低洼麦地里，两个人影正在雨帘中晃悠，我急急跨前，定睛细看，啊，不是我组知青女组长小徐和小芸吗？望着她俩提着又长又沉的大铁锹，浑身湿透，却死命地在水洼泥水中淌着捞着，一条曲曲弯弯的排水小沟已现雏形。我一下愣了。见我傻待着，小徐嚷嚷道："快，快！你到三角沟那边去把缺口开大，快！"我毫无条件地遵令，乖乖地拼命地配合她俩一起干着，奋战着。雨渐小，积水徐徐排出，麦苗杆儿微微挺直腰，迎着雨后暖阳，嘘嘘喘着气。我好一阵舒坦，"巾帼真胜须眉"，心里漾起的不只是敬佩……

"文化大革命"前的那几年，志愿插场的知青们几乎全部是面朝黄土背对天，革命理想无怨言。虽然"阶级斗争天天讲，政治学习三六九"，但"读毛主席书，听共产党话，向雷锋同志学习，做新时代新农民”这些崇高志向却是知青们前进的灯塔，绝对占主流指导地位的。我是积极分子，会上肯说，田里肯干，没多久，被挑选当知青义务邮递员——半天去场部送信，取信，半天归大田劳动，大概做邮递员表现好吧，后被提拔为知青大组长，之后，我更是：吃苦在前拼命干，任劳任怨做在先。1964年冬，我被光荣地推选并代表农场参加苏州地区毛主席著作学习积极分子表彰大会，在苏州北兵营吃住、开会整三天，那个隆重、新鲜、活跃、振奋，就别提啦。可我至今最记忆犹新的好像还是会议期间的那个伙食——好啊，特棒！千万别笑话我，是真的。

我等是从六十年代初三年困难时期过来的，是吃糖饼、豆腐渣过来的。插场后一日三餐吃的也确实寡味、简单、差劲。可到“积代会”的第一顿晚餐，站在饭堂，我怔住了，只见人头攒动，人声鼎沸，八人一桌，十菜一汤，饭菜溢香。部队关照代表们要放开吃，不限量。这下，我恰似“老鼠掉进米屯里”，高兴哦！代表们好像也和我一样，每顿就餐都是“敞开胃口，海吃豪喝（汤）”。整个会议期间，大家心情愉悦，畅所欲言，交流经验、心得和体会，真诚地表达了对党对领袖的感激和热爱，真切地反映了对毛泽东思想的信仰和崇拜，也真实地袒露了对“吃饱穿好，住适穿暖”美好小康生活的向往和期盼。

在农田劳作上，在政治学习上，在农技钻研上，知青们追求着“精”和“神”，在革命工作和革命运动中也努力塑造着像前辈们那样的“魄”与“魂”。

为了加大党的农村政策宣传力度，及时了解、反馈底层支部、大队的民情民意，在我等知青下场后不久，农场党委就先后挑选二十余名“出身好的，表现棒的”知青，分别安排担当各大队“宣传员”及场部要害部门“干事”工作。这些知青伙伴绝大多数出身的确“根正”——工人、农民、干部、革命军人家庭。但个个“表现棒”？“苗红”？难说。嚯，个别的，来农场，下农田，干农活真没几天个哦，“凭什么呀？”我们这些在田里“锄禾日当午，汗滴禾下土”的很多知青是猜疑，羡慕，些许嫉妒。当然，之后的实践说明，这些知青能听话，能干事，能写，能说，能汇报，他们努力工作，插场多年，实实在在地为农场的党务、宣传、通讯、资料、文书、档案等管理工作做了不少事，出了不少力。大多数伙伴是成了真正“接班人”的。

知青的农场生活可以用三句话来概括：农活辛苦，生活艰苦，伙食清苦。但知青理想崇高，信念坚定，品德端正，待人诚恳，行为朴实，他们脚踏实地，不畏劳苦，扎根务农，努力争做又红又专的新型农民，大伙儿努力在艰苦中找乐趣，在奋搏中觅希望。每年的年终联欢会总有几个知青自编自导自演的节目，这些节目就是我们精神层面、情怀襟抱的正确反映。时至今日，回想起那些接地气、溢热情、传播正能量、歌颂新风尚的自编自演、活灵活现的节目的精彩情景，还总会让人怦然心动，热泪盈眶的。

“文化大革命”风暴席卷，其势之凶，其害之烈，难以阻隔！毫无疑问，农场知青们确难善其身，他们也纷纷响应号召，奋力投入。知青的大字报——笔锋犀利，剖析精锐；知青上辩论会——引经据典，言语激昂；知青办批判专栏——图文并茂，吸人眼球；知青上访求“真理”——千里奔波，前赴后继！是的，知青们无私心杂念，无前畏后惧，全身心“跟着领袖向前闯”。殊不知，“风暴”本是祸害，“革命”亦成浩然。现实的乱象、世态的颠倒恰似一剂醒药：几年的“文化大革命”搏拼原是梦魇一场。运动中后期，除少数知青还在激扬文字、激流勇进外，绝大多数知青已在迷茫和困惑中全身引退，甘愿当“逍遥派”，做“壁上观”，筑“安乐窝”了。谈婚论嫁的多了，潜心工作的多了，埋头耕耘的多了，不谈国是的多了，在自留地里精耕细作的也多了……

于是乎，知青们各就各位，抓革命，促生产，抓业务，促提高；棉花田里，在枝丫壮实、棉叶映翠、飞絮吐蕊的缝隙中，知青大队干部的身影比以往会更多地出现在知青群中，大家一起谈天论地，一起摘银拾玉，其景怡人。

办公室里，知青会计“两耳不闻窗外事，一心只拨算盘珠”，他们上班伏案工作，在账本上描绘蓝图，在数字中觅寻真谛。

校园里，操场上，知青体育老师雄赳赳提着嗓门喊着，吼着，学生们高昂着头，步伐整齐，应着，走着。嗨！他们与“批斗会口号声”试比高呐。教室里，知青语文老师正捧着书本带领同学们念着唐诗，吟着宋词，抑扬顿挫，动听悦耳，他们以实际行动回击着“读书无用论”。

隆冬，寒风冷峭，雨丝蒙蒙。猪圈里，扎眼汽油灯下，知青兽医带着老农在为猪婆婆接生，他额头上沁出汗珠，眼镜片后透出沉稳和坚韧，浑浊的空气弥漫着缕缕祈盼，难熬的时辰孕育着个个生灵。俄顷，猪仔嗷嗷地叫，他俩嘿嘿地笑，笑声、叫声穿出农舍，直刺蒙雨夜空……

初春，室外仍凉风飕飕，大队蘑菇房内却暖和得很，女知青们与老职工“唐娘娘”们一起穿着夹衣，正忙着采摘蘑菇呢——当地人结过婚的妇女为唐娘娘。那一层层育菇木栅上，黑幽幽营养土里绽出一朵朵或大或小的蘑菇，粉白皎洁，容色如仙。大的像伞，或傲傲矗立，或歪着脖子瞧着，扭着。小的如土豆，再小的似米粒，晶莹小脑袋钻出泥土，仿佛在凝视着陌生世界。这一幕美丽景象宛如黑绒毯上一不小心泼落下大盘白玉块、珍珠粒，煞是好看。女知青们聚神闭气，轻舒柔手，摘着颗颗果实，也采着盈盈希望。她们完全忘记了室外料峭春寒，更忘记了蘑菇房外墙上大批判专栏上那些早已给寒风凄雨吹得破旧凋零的“打倒、砸烂”的“批判”文章。

深秋，大队卫生室里，知青“赤脚医生”们忙着呢，这边在为病人针灸、拔火罐、换艾绒，那边在为患者搭脉问诊、开方取药。室内，艾烟袅袅，暖意浓浓，话语轻轻，情意融融，没有那丁点“剑拔弩张运动，你死我活斗争”的火药味儿，有的全是“风景这边独好”！

工作、劳动以外的空余时间里，知青们各施其才：自留田，细耕耘，小家庭，添滋润。知青结婚后（“文化大革命”运动中期起，大多数知青都配对结婚成家了），新房（草屋一间）屋前屋后允许栽瓜种菜，也就半分田吧。我和知青小曹是邻居，其占东我居西，白天，大家出工，和老职工一起，挑粪锄地学大寨，棉麦田里做贡献；工余，夫唱妇随忙拾掇，蔬菜田里绣江山。两家的菜园里红黄紫绿，缤纷五彩，瓜熟豆硕，枝茂叶翠。小曹地里山芋种得呱呱叫。五月，芋藤壮，芋叶肥，藤蔓绿叶盖满地垅。嗨，这伙计大着胆子割下藤叶，捆好绑好，自行车一驮，学着老职工上集市上卖喽，好家伙，多了个赚钱的“新增长点”！我也不甘示弱，深秋，把地匀出一半，通过育苗、移栽、浇水、施肥、收割、脱粒，至初夏，满满一大袋油菜籽装车，我蹬车问路十多里，寻到榨油小作坊，带回来二十来斤黄澄澄、亮晶晶、香喷喷的新鲜菜油，呵呵，可羡煞知青伙伴啦。

老许是我们的知青铁哥们，他夫妻俩特能吃苦。在农场他那低矮的草屋里，工余，两人琢磨着，比画着，捻纱，纺线，试着编经纬，说织羊毛衫，卖钱哩。我哪信？谁料，返城风把他俩刚刮回苏州，没两月，竟然借着、凑着钱买来进口横机，搞成了织编土作坊，风风火火大干了起来，我瞠目，他鬼兮兮地说：“我不是就在农场打下扎实基本功么?!”

当过几年兵的知青小陈，白面书生，聪明得很，逮鱼、捉蟹、捞河蚌、摸螺蛳样样精。最让人佩服的是钓王八——甲鱼。休息天，小陈他一杆细竹一圈线，几只钢针一块肝，农场大河小浜边，他转悠着，睃视着，伫立着，不消半日，一只、几只张牙舞爪的黄背甲鱼总会带回家，烧着煮着香着哩。

“毛头”是知青小王的绰号。小黄高个儿，身板却很单薄，脸扁平、白净，走路一步三摇，一副文弱书生样。他干农活力弱，难以争先，可擅书法，写的隶体、草体在知青中算头挑，他也有作画基础，来个素描什么的，大伙挺佩服。毛头，人精明，鬼点子多，但人侠义，知青大都愿意和他交往，我和他也挺要好。记得，一次我们几人打牌，玩争上游，规定输者，脸上涂一笔黄、红色颜料——毛头搞水粉画，各种颜色信手拈来。我手气不好，输得最多，脸上横七竖八给画成了大杂烩。结束时，他仨眯着眼，咧着嘴，笑得前俯后仰。回家，我洗脸，可冷水、热水轮着洗，肥皂用去半块就是褪不掉，爱人凑近一闻，“是油漆哪！”上大当了，我俩哭笑不得，怪谁呢？大伙儿高兴就好。毛头嗜好香烟，可囊中羞涩，只好常抽蹩脚的。那里，好烟，上海“前门”牌一包三毛多，中等的两毛左右，差的如“大铁桥”“勇士”等就几分钱一包。毛头想：怎么才能既抽到好烟，又把钱用得最合算？他脑子转了半晌，主意定，掏出几毛钱，到大队小卖店，对店小二说开了：“我这钱，已精确算过，可以买几支前门，几支红金（中等烟），剩下的给我几根勇士烟，一分不多，一厘不少，你算算看……”店小二瞪大眼，拿起算盘，半天缓过气来，涨红脸，摇着脑袋叹道：“乖乖，你真算到几分几厘啊……”知青们开怀大笑，止不住地直称赞！就这个好朋友，七十年代初，被上调到县城花边社做技术员，搞花边设计，聪明才智如火山般爆发，其设计的床单、枕套花式鲜活、灵动、新颖、亮丽，广交会销售一路见好，还得到个什么奖哩。小王这块似有点“瑕疵”的“璞玉”，在特定的环境，用特别的方法，进行特殊的“雕琢”，是必定会放出奇光异彩的。真为他高兴！

知青为了改善生活，养鸡，取蛋。我养过洋鸡——白洛克，六七羽，个大体壮，喜欢荤，生猛得很。生蛋虽不算勤，可蛋大。记得那年暑天，父母有事，我俩回苏几天，临走，把鸡窝门敞开（窝就搭在住房里，土灶旮旯边），房门墙角下进出孔打开，撒一大把米粒，望着它们在田野追逐、撒野，妻喃喃自语，好一阵依依不舍。待返场到家，急着看鸡窝，没蛋啊？我正纳闷，“在这儿呢——”妻高兴地喊，我循声望去，哈！大床棉絮边，芦芭垫上一大堆白花花的蛋儿泛着光亮呢。我欣喜的一声吆喝，鸡儿“咯咯咯”蜂拥而至，我俩笑逐颜开。我把鸡养得很顺，也很能，很有政绩。养鸭，可摔了“一跤”哦。在农场的后期，我爱人被调到中学当老师了，学校在教师宿舍里腾出一小间我俩住，大家都不准养鸡，但可以养鸭——鸭不乱跑，集群。隔壁知青朱老师一群鸭养得特棒，七八羽，每天清晨，望着他弯着腰在鸭棚泥土中摸索，总见他捧出四五个、六七个大大的鸭蛋，直眼馋！经过十分谦逊的讨教，我拣砖拾竹搭鸭棚，围竹栏杆圈。开春，买来六羽毛茸茸、粉嘟嘟的小鸭，我起早掘蚯蚓，傍晚砸螺蛳，隔三岔五小鱼小虾精心喂养，终于盼来“秋实”！金秋十月，一天，晨曦初露，我到鸭棚里捣鼓，哇！两羽微热、圆滚滚、长溜溜的鸭蛋！我和妻那个高兴啊！从此，儿子的营养品不用愁了。整个秋天，每天三四只鸭蛋，好开心。然而，好事多舛，初冬那天傍晚回家，妻子满脸愁容——鸭子没啦！原来，鸭子喜水，每天下午会“嘎嘎嘎”欢叫着，晃晃悠悠排着队，朝住房四侧迈去，跨过一条堤岸，跳进大河觅食嬉水，平时个把时辰后，它们认路，必定按原途回家。但那天，鸭子正在游水，来了一摞不知哪队的鸭群，几百羽。鸭子有个秉性——恋群，我家那六羽鸭子一家伙投奔过去，被裹挟走啦。“要是在鸭身羽毛上用红漆涂上记号，就不会……”妻悔悔地道，声音越发低沉。“没关系，别难过，明年再买，多养几羽，能扳回！”我安慰着，心里却也不是滋味。

悠悠往事，历历在目，有一点，毋庸置疑：大到事业、工作、赚钱、贡献，小到养禽养畜、种瓜栽树，只要有需要，知青中有能人，有能力，有能耐，他们会锲而不舍，孜孜不倦，舍享乐而忘我，弃慵懒而奋进的。啥道理？这就是知青的一股向上的“精”与“神”，一股永不言败的“魄”和“魂”！个中例子不胜枚举。

90年代任农场医院院长的老马是苏州知青，在大队干农活时和我很熟，我们一个年头插场，宿舍分住前后排，田头耕耘相望，玩耍一起结帮，他是我玩石锁的最好搭档。马，虽不壮实，但灵活、精干，善腾挪，精蹦跳，他又执着、内向，时常他会独自蹲在一隅，旁若无人地细细地几个时辰地看着其他知青不屑一顾的杂书——推拿气功、骨科伤科、草药五全、人体筋络，他会完全沉浸在这些书的玄妙的浩瀚的知识海洋中。他放弃了知青返城的机会，奋发自学应考，刻苦钻研，热忱服务，广学博纳，终于从一名普通伤科医生一步步走到场部医院的顶层岗位，也受到农场贫下中农老职工的首肯和喜爱。

老顾是知青大队某组的记工员，他细心、寡言，话语不多，以至有点木讷，可当他蹦出一句时，又十分发噱诙谐。顾，脾气倔，但朴实，认准的理，会一条道走到底。我和他最熟稔的时候是“文化大革命”初期，我俩是一派的——说是属“保皇”的吧，正值年少轻狂的青春激情期的我俩，也是“冲冲杀杀”的哦。为了理清革命的“对象和动力”，我俩硬是向老职工借了两辆自行车，骑车两百里直奔上海，去“跑大学，大串连，摸形势”，还和汇集在上海的知青伙伴“大辩论”呢，哈！大有“激辩江山，粪土万户侯”之热哪。回农场后不久，我当上了“逍遥”派，老顾也一头沉到最底层，继续默默地白天和黑土地结伴，夜晚和算盘珠交友，他潜心干着事业，热心服务职工。他学习管理知识，决心扎根农场。没几年，顾当上农场工会主席。他依旧踏实工作，积极向上，后又被提拔为农场党委书记，真正地做起了既能运筹帷幄又常深入基层，既视野开阔又抓典型的农场“父母官”、带头人。他赢得了农场基层干部、群众的良好口碑，为知青争了光。

改革开放也为知青们提供了鲲鹏展翅的最好机会，知青中不乏抓住机遇，甩开膀子，奋战商场，当上大小老板的噢。吴刚就是他们中的佼佼者。吴，矮个，大胆，有股灵气。他精明、脑子活，未下农场，在苏州期间就学会了冷作手艺，又懂电工活，插场后，被安排在场部机耕队当冷作工人。“文化大革命”后期，他承包一微电机厂。这下，吴如鱼得水、宏图在胸，他广纳人才，广开销路，一手抓新品开发，一手抓工厂管理，把规模并不大的厂子修理得产销顺溜，热腾兴旺。轮到小企业转制，吴干脆把厂买下，他高瞻远瞩，果断决策，在苏州园区买下几十亩地，把厂房移建、扩建，扩大生产规模，研发最新产品，内联国内知名家电企业，外拓欧美新兴销售市场，企业年年跨大步，老吴身价节节升。他，硬是通过自己的拼争，跃进亿万身价资产的老板行列——是知青的“大佬”了。

时光荏苒，光阴易逝。知青们在广阔的农村田野上纵横捭阖，他们在那艰苦的特殊时期尽情尽力地历练自己，提高自己，挥洒自己，他们凝聚着可贵的“精、气、神”，汲取并锤炼着中华民族赖以自豪的、奋力追寻的崇高的“魄与魂”，他们以无怨无悔的拼争勇气，竭尽全力地去实现自己的梦想。虽然真正功成名就、“垂名青史”的知青还属凤毛麟角，但知青留下的那条艰辛跋涉、斩棘披荆、勇往直前的心路大道已无可辩驳的证明：知青中的绝大多数人没有愧对时代的期望，成了有用、可用之材。看吧，当今伟大祖国的领路人和他的一班人——有着同样知青身份烙印的占了半壁江山——不正意气风发地率领我们一起去实现伟大的“中国梦”吗?!

说明：该文选自苏州插场知青张通和编著的《神与魂》一书

第十七编 人物

第一章　人物简介
第二章　人物名录

40年代，境内除东长沙有不足200人居住外，其他区域均为不相接的荒滩。50年代起，随着农场的创办和围垦规模的逐步扩大，人民政府组织坍江区域的大批农民举家东迁。这些东迁到常阴沙农场定居的农民发扬艰苦奋斗的创业精神，经过数十年的垦荒造田和生产建设，不仅将昔日杂草丛生、流漕纵横的荒江滩建设成土地连片、稳产高产、人民富裕的绿色家园，而且造就出一批党政军领导干部、英雄模范和专家学者。本编共收录各类人物84人，其中人物简介5人，农场籍或非农场籍在农场工作的行政干部21人，副高级以上的高级知识分子58人。

第一章 人物简介

夏龙祥 常红社区人，少将。1950年10月，出生于江阴县大新乡新桥头。1958年，搬迁到合作头圩。1966年1月，在常阴沙农场十二工区参加工作。1969年2月应征入伍，1970年3月，加入中国共产党。先后任中国人民解放军某部战士、班长、排长，师政治部干事，军政治部干事，某军区政治部干部部干事、副处长、处长、副部长，师政治委员。1998年9月起，任西安陆军学院政治部主任、副政治委员、政治委员。2000年7月，被授予少将军衔。2002年11月，当选为中共十六大代表。他撰写并发表文章近百篇，代表作有《论西部大开发中的西安国防建设》《以江泽民新国家安全观为指导，谋划西部安全建设》《用先进思想文化占领军校教学阵地》等。

钱招生 振兴新村人，全国商业劳动模范。1936年7月，出生于常熟县鹿苑牛桥村。1955年9月，参加工作，同年12月，加入中国共产主义青年团，1960年7月，加入中国共产党。历任常熟县南丰区供销社划码员、营业员。1961年起，任常阴沙农场国营商店副主任、农场供销社主任。1972年起任常阴沙供销社党支部书记、主任。1984年，被苏州市人民政府授予“劳动模范”和“先进工作者”称号。1985年5月，被商业部、财贸工会全国委员会评为全国商业劳动模范和全国商业先进思想政治工作者。

陈国祥 常沙社区人，江苏省劳动模范。1949年1月，出生于常熟县东莱乡，后迁入常阴沙农场八工区。1966年，在常阴沙农场八工区参加工作。70年代起，先后在常阴沙农场农机厂和常阴沙农场五金电器厂工作。1984年，利用家中三间住房作厂房，招收20多名工人，从国营工厂辞职回家，兴办江苏省沙洲县视听器材厂。办厂后，当年制造立体电影眼镜3.5万件，实现产值13万元，利润2.6万元，成为农场乃至江苏农垦系统第一家个体私营企业和万元户。1984年8月23日，《新华日报》头版以“陈国祥生产偏光镜畅销省立体电影院”为题刊发消息。1985年，被江苏省人民政府授予“劳动模范”称号。

马阿玉 苏州市平江区阊门街道人，初中文化，主治医师，江苏省基层优秀中医药工作者。1947年10月，出生于苏州市。1963年11月，插队于常阴沙农场十三工区，并在该工区务农。1973年，任农场一〇工区赤脚医生，1974年，任常阴沙农场医院专职医生。1992年起，任该医院党支部书记、院长。他利用在临床实践中探索并总结出的治疗颈肩腰腿痛的特殊方法治疗患者，80年代后期，享誉苏州、无锡、常州、南通等地区。上海及新疆等外省市的一些患者也纷纷慕名求诊，从而使颈肩腰腿痛治疗成为常阴沙农场医院的一大特色。先后多次被评为苏州市和江苏省农垦总公司卫生系统先进个人。2004年，被江苏省中医药协会授予“基层优秀中医药工作者”称号。

袁伟平 常南社区人，国家一级举重教练，国家一级举重裁判。1974年1月，出生于常阴沙农场六工区。1989年8月，在农场中心小学读书的袁伟平以张家港市代表的身份参加在山东泰安举办的全国青少年举重比赛，夺得52公斤级银牌，并以抓举75公斤、挺举91.5公斤、总成绩166.5公斤打破全国纪录。1990年8月，在辽宁朝阳举办的全国青少年比赛中，又以抓举90公斤、挺举110公斤、总成绩200公斤夺得56公斤级银牌。1993年8月，在湖北宜昌市举办的全国青少年男子举重比赛中，以抓举135公斤、挺举165公斤、总成绩300公斤破青少年70公斤级三项全国纪录，得金牌，并获“国家运动健将”称号。1994年8月，在江西宜春市组织的全国青少年举重比赛中，获男子少年组70公斤级抓举、挺举总成绩第一名，得金牌。1995年后，任江苏省女子举重队主教练。

第二章 人物名录

第一节 副县处级以上行政干部

一、农场籍行政干部

（按出生时间排列）

表17-2-1

姓　名	性别	出生时间	居住地	工作单位	职务（职级、职称）
姚士俊	男	1937年4月	五工区	武汉空军雷达学院教研室	主任（正师、大校）
陈永德	男	1950年11月	七工区	解放军135医院	药剂室主任（副师）
顾栋才	男	1951年2月	八工区	中共张家港市委	副书记（正处）
曹国才	男	1954年8月	十二工区	张家港市杨舍镇	党委书记（副处）
唐红兵	男	1955年7月	常虹新村	苏州市供电公司	副总经理（正处）
龚连祥	男	1956年6月	一工区	上海市杨浦区殷行社区	党委副书记（副处）
仇志祥	男	1958年11月	四工区	中国银行扬州市分行	行长（正处）
朱兴保	男	1963年4月	七工区	外交部一等秘书	处长
王小林	男	1963年3月	一工区	苏州市太湖渔业管委会办公室	主任（正处、高级工程师）
王建平	男	1965年4月	十八工区	南京理工学院教研室	主任（正团、上校）
蒋来清	男	1965年11月	十一工区	张家港市人民政府	副市长（正处）
黄惠娟	女	1966年6月	七工区	国家人口计生委人口国际培训中心培训部	主任（正处）
闻龙根	男	1967年6月	七工区	常熟市人武部	部长（上校）
项征宇	男	1970年1月	一〇工区	总参谋部	团政委（上校）
黄　磊	男	1978年11月	十六工区	中国科协办公厅	秘书（副处）

二、在农场任职的非农场籍行政干部

（按出生时间排列）

表17-2-2

姓　名	性别	出生时间	籍　贯	在农场工作时间	职　务	离职前职务、职级
周银春	男	1922年1月	江苏武进	1966年3月—1982年1月	副场长	厅局级
蒋立三	男	1922年8月	江苏盐城	1975年12月—1979年4月	党委书记	苏州地区多管局局长（地市级）
陆立成	男	1922年10月	江苏阜宁	1951年5月—1978年3月	场长	张家港市粮食局副局长（地市级）

续表17-2-2

姓　名	性别	出生时间	籍　　贯	在农场工作时间	职　务	离职前职务、职级
吴海瞳	男	1926年2月	江苏建湖	1961年1月—1971年12月	党委副书记	常熟市文教局副局长（正处）
隋曙光	男	1926年9月	山东乳山	1961年1月—1977年4月	党委书记	沙洲县人大常委会副主任（正处）
张掌福	男	1929年10月	江苏常熟	1973年12月—1985年11月	场长	县处级

第二节　副高级以上知识分子

（按出生时间排列）

表17-2-3

姓　名	性别	出生时间	籍　贯	职　　称	工　作　单　位
张作人	男	1924年11月	江苏江都	高级农艺师	江苏省国营常阴沙农场
陆绍祥	男	1930年11月	常阴沙农场	高级政工师	江苏省国营常阴沙农场
王鹤云	男	1935年1月	江苏如皋	高级农艺师	江苏省国营常阴沙农场
顾万民	男	1937年10月	常阴沙农场	中学高级教师	江苏省国营常阴沙农场中学
李　彬	男	1937年11月	江苏张家港	中学高级教师	江苏省国营常阴沙农场中学
苏立勋	男	1938年9月	常阴沙农场	高级政工师	江苏省国营常阴沙农场
黄家仁	男	1939年1月	常阴沙农场	高级农艺师	江苏省国营常阴沙农场
包玲凤	女	1939年12月	江苏江阴	中学高级教师	江苏省国营常阴沙农场中学
吴文忠	男	1941年8月	江苏江阴	高级畜牧师	江苏省国营常阴沙农场
沈仙万	男	1943年1月	上海市	中学高级教师	江苏省国营常阴沙农场中学
沈永芳	女	1943年1月	上海市	中学高级教师	江苏省国营常阴沙农场中学
许重谦	男	1943年7月	江苏灌云	中学高级教师	江苏省国营常阴沙农场中学
陆如标	男	1943年7月	江苏太仓	中学高级教师	江苏省国营常阴沙农场中学
王德能	男	1943年11月	常阴沙农场	高级政工师	江苏省国营常阴沙农场
王兴涛	男	1945年8月	江苏张家港	中学高级教师	江苏省国营常阴沙农场中学
何锦清	男	1946年8月	江苏张家港	中学高级教师	江苏省国营常阴沙农场中学
张胜良	男	1946年11月	江苏江阴	中学高级教师	江苏省国营常阴沙农场中学
张凤祥	男	1947年5月	江苏张家港	高级农艺师	江苏省国营常阴沙农场
陈友恭	男	1947年5月	常阴沙农场	中学高级教师	江苏省国营常阴沙农场中学
陆安昌	男	1947年5月	江苏张家港	中学高级教师	江苏省国营常阴沙农场中学
陶生良	男	1948年4月	常阴沙农场	中学高级教师	江苏省国营常阴沙农场中学
陈永法	男	1948年5月	江苏张家港	中学高级教师	江苏省国营常阴沙农场中学
刘慧芳	男	1948年12月	常阴沙农场	中学高级教师	张家港市场东莱中学
方国才	男	1949年1月	常阴沙农场	中学高级教师	江苏省国营常阴沙农场中学

续表 17-2-3

姓　名	性别	出生时间	籍　贯	职　　称	工　作　单　位
闻鹤年	男	1949年2月	常阴沙农场	中学高级教师	江苏省国营常阴沙农场中学
曹炳宏	男	1949年5月	常阴沙农场	中学高级教师	江苏省国营常阴沙农场中学
施惠芳	男	1949年10月	常阴沙农场	中学高级教师	江苏省国营常阴沙农场中学
陈正兴	男	1949年10月	常阴沙农场	中学高级教师	江苏省国营常阴沙农场中学
严春寅	男	1949年12月	常阴沙农场	教授、主任医师	苏州大学附属第一医院
韩　忠	男	1950年6月	常阴沙农场	中学高级教师	张家港市工贸学校
高美兰	女	1950年7月	常阴沙农场	中学高级教师	张家港市教育局教研室
彭玉成	男	1950年7月	常阴沙农场	中学高级教师	江苏省国营常阴沙农场中学
邢志康	男	1951年1月	常阴沙农场	中学高级教师	江苏省国营常阴沙农场中学
曹建华	男	1951年8月	常阴沙农场	中学高级教师	张家港市职教中心
诸品勤	男	1951年10月	常阴沙农场	中学高级教师	张家港市后塍中学
王兰芳	女	1951年12月	江苏张家港	中学高级教师	江苏省国营常阴沙农场中学
汤洪祥	男	1953年1月	常阴沙农场	中学高级教师	江苏省国营常阴沙农场中学
孙卫东	男	1953年2月	常阴沙农场	中学高级教师	常熟市福山中学
单金法	男	1953年3月	常阴沙农场	研究员	张家港市农机机械推广站
张秀英	女	1956年1月	常阴沙农场	中学高级教师	江苏省国营常阴沙农场中学
黄月芳	女	1962年3月	常阴沙农场	中学高级教师	张家港市第一中学
刘建芳	女	1963年1月	江苏张家港	高级农艺师	江苏省国营常阴沙农场
李义楼	男	1963年2月	安徽怀宁	高级农艺师	江苏省国营常阴沙农场
孙红莲	女	1963年3月	常阴沙农场	中学高级教师	张家港市第一中学
吴国柱	男	1963年4月	江苏张家港	中学高级教师	江苏省国营常阴沙农场中学
蔡仲华	男	1963年9月	常阴沙农场	中学高级教师	张家港市暨阳中学
史建军	男	1963年10月	常阴沙农场	高级农艺师	江苏省国营常阴沙农场
刘　华	女	1963年11月	常阴沙农场	中学高级教师	张家港市职业中学
冯加耘	女	1965年1月	常阴沙农场	中学高级教师	江苏省国营常阴沙农场中学
陈卫祥	男	1965年4月	常阴沙农场	教授	浙江大学化学系
虞　兵	男	1966年6月	常阴沙农场	高级工程师	暨南大学食品科学工程系
徐卫兴	男	1966年6月	江苏靖江	中学高级教师	江苏省国营常阴沙农场中学
刘革平	男	1967年2月	常阴沙农场	中学高级教师	张家港市梁丰中学
王旭红	女	1971年3月	常阴沙农场	中学高级教师	张家港市高级中学
苏品刚	男	1971年9月	常阴沙农场	副教授、高级工程师	苏州市职业大学
孙亚萍	女	1976年11月	常阴沙农场	主任医师	北京航天总医院
施卫峰	男	1977年2月	常阴沙农场	研究员	南京德国雀巢产品研发中心
陈　卓	男	1978年12月	常阴沙农场	副教授	南京大学物理系

附：文件辑录

江苏省人民委员会
关于对常熟县沙洲农场改名的批复

苏农鲍字第1100号

常熟县人民委员会：

你县3月24日熟办字第2号关于将常熟县沙洲农场改为国营机械农场的报告悉。同意将常熟县沙洲农场改为国营机械农场，定名为“国营常阴沙农场”。

此复。

江苏省人民委员会

1961年4月20日

常熟县人民委员会
关于对沙洲农场改名的批复

〔61〕熟办字第6号

沙洲农场：

经省人民委员会苏农鲍1100号文批复，同意将常熟县沙洲农场改为国营机械农场，定名为“国营常阴沙农场”。

此复。

常熟县人民委员会

1961年5月2日

附：常熟县人民委员会

关于请将常熟县沙洲农场
改为常熟县国营机械农场的报告

〔61〕熟办字第2号

江苏省人民委员会：

自一九五九年地委批准建立“常熟县沙洲农场”以来，在大办农业大办粮食的大好形势下，该场发展较快，于一九六〇年围垦土地一万一千二百七十二亩。现该场共有土地二万五千零三十八亩，人口达一万一千五百五十人，劳动力五千一百八十人。根据省国营场圃会议精神，为加强领导，更进一步地发展，特此呈报，请予审查批准将常熟县沙洲农场改为“常熟县沙洲国营机械农场”为荷。

常熟县人民委员会

一九六一年三月二十四日

江苏省农林厅
关于扩垦安置设计任务书的批复

苏垦强〔63〕字第112号

常阴沙农场：

经审查，同意你场开垦荒地5300亩。安置大中城市精减职工和学生750个劳动力。其中学生320人，单身职工220人，带家属职工210人。

兹核定投资控制数为135.00万元。其中：(1)安置费用21.60万元；(2)基本建设投资99.00万元；(3)流动资金14.4万元(包括小农具、开办费)。现检发审核意见书一份。希即根据审核意见，编制学生生活补助、职工工资补助、生产流动资金预算和按基建程序编制基本建设工程技术设计报厅审批。技术设计未批准前，可以先行准备，但不得擅自动工。安置费、流动资金、基本建设三项经费，须分别报销，不得相互挪用。

附件：审核意见书一份。

江苏省农林厅

1963年2月12日

江苏省沙洲县革命委员会文件

沙革发〔1978〕43号

关于县“五·七”干校房屋产权问题的批复

沙洲县“五·七”干校、东方红农场、财政局：

县“五·七”干校关于要求确定房屋产权问题的报告悉。经与有关部门讨论，县革委会研究决定：县“五·七”干校现使用的原东方红农场的房屋，调拨给县“五·七”干校，由县财政局无偿划拨，文到之日起，希你们迅速办理移交转账手续。

沙洲县革命委员会

一九七六年七月十日

江苏省农垦农工商联合总公司文件

苏垦联政字〔87〕349号

关于同意常阴沙农场参照中型企业工改的批复

常阴沙农场：

你场常农政〔87〕第63号报告悉。根据一九八五年企业工改时，苏政发〔1985〕141号关于“江苏省国营企业工资改革实施意见”第七条，即“未明确级别的，省属企业在征求当地党委意见后由主管厅、局审批”的规定。同意你场参照中型企业工改。

此复。

江苏省农垦农工商联合总公司

一九八七年九月二十九日

江苏省农垦农工商联合总公司文件

苏垦联字〔90〕386号

关于国营常阴沙农场为中型企业的批复

常阴沙农场：

你场常农政〔1990〕第87号报告悉。根据国家计委、国家建委、财政部"计〔1978〕243号"关于划分大中型企业标准的通知及省政府"苏政发〔1985〕141号"文件规定精神，总公司已于1985年同意你场按中型企业参照工改，现进一步明确你场为中型企业。

此复。

江苏省农垦农工商联合总公司

一九九〇年十二月三日

农场中小学校、医院交接协议

根据省政府《关于进一步推进我省国有企业分离办社会职能的实施意见》（苏政发〔2000〕4号）。为保证国有企业三年改革和脱困目标的实现，经市教委、卫生局、财政局与农场多次协商，现就农场举办的中小学校、医院的交接事宜达成如下协议：

一、农场中小学校的交接

1.农场现有的一所完中、5所小学全部移交市教委，作为市教委的直管学校，由教委直接管理，农场所属的幼儿园不作移交。

2.核定农场中小学校编制为151人，现有132名在编公办教师（含6名幼儿园公办教师）由市教委负责接收，缺编19名另行招聘，由市教委、农场共同实施，均纳入事业编制，并相应调整全市教职工动态平衡基数（即增加151人），其余人员由农场负责安置。

3.学校移交后的办学经费，农场按上年办学所负担的经费为基数，采取三年逐年递减的方法给予补贴，市财政承担的办学经费按三年分步过渡，逐年增加的办法解决。2001年农场负担70%，市财政负担30%；2002年农场负担50%，市财政50%；2003年农场负担30%，市财政70%；2004年开始，全部由市财政负担。上述办学经费分别由农场、市财政与教委直接结算。

4.学校移交前发生的债务由农场负责处理。

5.学校在移交前必须办妥土地权属证书，在学校移交时一并移交。

6.学校移交后，农村教育附加纳入全市征收计划，由市地税局负责征收，人民教育基金由市财政局、教委与农场核定年度征收数额，由农场代为征收。

二、农场医院的交接

1.农场医院移交后，由市卫生局直接管理。

2.按照区域卫生规划，核定农场医院床位编制30张，人员编制48人，所需人员由常阴沙农场协同市卫生局按照一级甲等医院的标准，在现有人员中考核择优录用，录用后纳入事业编制，其余人员由农场负责安置。

3.医院移交后，市财政每年按政策规定标准对农场医院给予人员经费补助。

4.为改善医院的就医环境，在3年过渡期内，要按照一级甲等医院的标准，对农场医院进行改造。所需资金由市财政局、农场、医院三方共同承担；市财政以三年的人员经费为标准，一次性划拨到位；农场要按照一级甲等医院的标准，负责承建2000平方米的病房大楼，2001年建成；其余资金由医院负责落实。

5. 3年过渡期内，市财政不再给予农场医院人员经费补助，但在市财政财力许可的情况下，适当定额安排项目经费。从2004年起，恢复人员经费补助。

6. 医院移交前，必须按规定办妥土地权属证书，在移交时一并移交。

7. 有关经费结算事宜由市财政局与卫生局直接结算。

三、农场中小学校、医院移交的具体事宜由市教委、卫生局、财政局与农场共同实施。

四、农场中小学校、医院移交的结算基准日为2000年6月30日，移交的过渡期为2001年1月1日至2003年12月31日。

甲方：张家港市人民政府（章）　　　　乙方：常阴沙农场（章）

二〇〇〇年十一月七日

**劳动和社会保障部
财　政　部
农　业　部
国务院侨务办公室　文件**

劳社部发〔2003〕15号

关于农垦企业参加企业职工基本养老保险有关问题的通知

各省、自治区、直辖市人民政府、新疆生产建设兵团：

根据国家关于完善城镇社会保障体系的要求和企业职工基本养老保险制度的有关政策，为了进一步做好农垦企业养老保险工作，切实保障退休人员的基本生活，经请示国务院同意，现就农垦企业参加企业职工基本养老保险有关问题通知如下：

一、从2003年7月1日起，各地要按规定将农垦企业及其职工纳入当地基本养老保险范围。从事非农业生产的企业和职工，执行当地统一的企业职工基本养老保险政策；从事农业生产的企业和职工，实行符合农业生产特点的参保办法。

二、农垦企业参加基本养老保险原则上实行属地管理。对于规模较大、跨行政区域分布的企业，可作为一个单位参加地市级或省本级的基本养老保险。实行省内垂直管理的农垦企业，也可以作为一个单位参加基本养老保险，并由省级管理。

三、农垦企业参加基本养老保险，执行当地统一的基本养老保险缴费比例。

从事非农业生产职工的个人缴费，原则上以本人上年度月平均工资为基数；从事农业生产的职工，缴费基数或按本省农垦企业平均工资核定，缴费方式可以采取按月申报，按月或季、收获季节缴纳。

农垦企业单位缴费根据企业具体情况核定。从事非农业生产的，原则上以单位工资总额作为缴费基数；从事农业生产的，可以采取与土地耕作面积挂钩等办法合理核定，以保证基金收入的稳定增长。

四、本通知下发前已经参加基本养老保险的农垦企业退休人员，各地应进一步规范有关待遇政策，清理统筹项目，核定基本养老金标准。本通知下发后参加基本养老保险的农垦企业原已退休人员，劳动保障部门要按照国家有关规定对其退休条件进行审核认定，并结合当地实际情况核定基本养老金水平，核定后的基本养老金水平不低于当地城市居民最低生活保障标准。

符合国家规定条件退休的农业职工，基础养老金可以本省农垦企业职工平均缴费工资为基数计发。为保持本通知前后退休人员基本养老金水平的平稳衔接，要根据基金承受能力对新退休人员基本养老金的增长幅度适当控制。

五、农垦企业及职工参加基本养老保险后，是否补缴参保之前的基本养老保险费并同时补发基本养老金，由省级人民政府决定。

六、各地要采取有效措施，对农垦企业实行基本养老保险费全额征缴，并加大力度，做到应收尽收。要按照国家有关规定，切实加强基本养老保险基金管理，实行专款专用，严禁挤占挪用。要建立健全规章制度，加强各项基础管理，特别是个人账户的建立、记账和对账工作。

七、各地要加大基本养老保险基金调剂力度，对农垦企业离退休人员基本养老金实行社会化发放。对农垦企业的基金收支缺口，各级政府要采取措施，调整财政支出结构，认真加以解决。中央财政对困难地区农垦企业参保后增加的基金缺口，通过专项转移支付方式给予适当补助。

八、已经实行撤场建区、乡、镇的农垦企业，改制后属于在职职工和离退休人员，执行退休制度，所属经费由同级财政按规定负担；实行独立核算的工商企业及职工、改制前参加工作的农业职工，以及原农垦企业的离退休人员，纳入企业基本养老保险统筹范围。

九、华侨农（林）场参加基本养老保险依照本通知精神执行。

做好农垦企业基本养老保险工作，确保离退休人员基本养老金的按时足额发放，关系农垦企业的改革与发展，对于保持社会稳定、完善社会保障体系具有重要意义。各地要高度重视，加强领导，结合当地实际情况，制定具体实施办法，确保本通知的贯彻落实。各地的实施办法于6月底前报劳动保障部、财政部、农业部和国务院任务办公室备案。

中华人民共和国劳动和社会保障部
中华人民共和国财政部
中华人民共和国农业部
国务院任务办公室
二○○三年六月五日

江苏省人民政府办公厅文件

苏政办发〔2004〕24号

省政府办公厅关于省属农垦集团公司所属常阴沙农场实行属地管理的通知

苏州市、张家港市人民政府，省各有关委、办、厅、局，省各有关直属单位：

为促进国有农垦企业的改革与发展，省政府决定，将省农垦集团公司所属常阴沙农场划归张家港市，实行属地管理。现就有关事项通知如下：

一、常阴沙农场实行属地管理后，国有资产相应划转，农场干部、职工的人事、劳动关系移交张家港市管理，养老保险改由张家港市统筹。请省财政厅、人事厅、劳动保障厅、农垦集团公司和苏州市、张家港市政府抓紧做好常阴沙农场国有资产划拨，干部职工人事、劳动关系移交和养老保险统筹划转工作。

二、常阴沙农场土地等资源在当地，人员在当地，经济活动在当地，税收贡献在当地，实行属地管理，有利于把农场纳入当地经济社会发展中统一规划，统一配置资源，有利于深化农场改革，有利于加强和改善对农场的管理，也有利于张家港市经济社会协调发展。张家港市人民政府要高度重视，落实各项政策措施，保证平稳过渡，促进农场发展。

（一）常阴沙农场实行属地管理后，张家港市政府要抓紧开展调查研究，在保持农场管理体制相对稳定的前提下，切实加大农场改革的步伐，增强农场活力。

（二）要按照《劳动保障部财政部农业部国务院侨办关于农垦企业参加职工基本养老保险有关问题的通知》（劳社部发〔2003〕15号）要求，将农场职工养老保险纳入当地统筹，做到应保尽保，确保农场离退休人员养老金的正常发放，维持社会稳定。

（三）要关心、支持农场基础设施建设。常阴沙农场实行属地管理后，张家港市要将农场的基础设施建设纳入当地统一规划，统一立项支持。

（四）要保持农场干部队伍稳定，关心、培养和使用好农场干部。农场实行属地管理后，要注意保持农场领导班子的稳定，保持工作的连续性。对农场现有干部，要按照国有企业干部管理规定，进行统一管理、培养、调配和选拔使用，充分发挥他们的作用。

三、省各有关部门和单位要继续关心支持农场的改革与发展。

江苏省人民政府办公厅
二〇〇四年三月二十三日

中共张家港市委文件

张委组〔2004〕92号

关于常阴沙农场实行属地管理的通知

各镇党委、政府、农工商总公司，常阴沙农场，市各部委办局，市直属各单位，各人民团体，市属党委（直属总支）厂，沙洲工学院，梁丰高级中学：

省政府办公厅苏政办发〔2004〕24号“关于省农垦集团所属常阴沙农场实行属地管理的通知”精神，经研究决定，原“江苏省国营常阴沙农场”更名为“张家港市常阴沙农场”，建立“中国共产党张家港市常阴沙农场委员会”，建立“中国共产党张家港市常阴沙农场纪律检查委员会”。

……

原江苏省国营常阴沙农场领导职务均免除，不再另行发文。

中共张家港市委员会
张家港市人民政府
二〇〇四年四月二十四日

张家港市经济体制改革办公室

张体改〔2004〕31号

关于同意张家港市常阴沙农场调整职工劳动关系改革的批复

市常阴沙农场：

你场张常政〔2004〕21号文收悉。经请示和研究，现批复如下：

原则上同意市常阴沙农场调整职工劳动关系的改革方案。请你场抓紧组织实施，并做好职工稳定工作，确保改革顺利推进。

张家港市经济体制改革办公室
二〇〇四年八月二日

附：

常阴沙农场调整职工劳动关系的改革方案

（2004年7月31日场九届职代会通过）

根据江苏省人民政府办公厅苏政办发〔2004〕24号《关于省农垦集团有限公司所属常阴沙农场实行属地管理的通知》精神，为切实加快农场改革，使农场全面融合全市的经济建设和社会事业，实现农场的长期稳定和发展。结合农场实际，现就调整职工劳动关系提出如下改革方案。

一、改革的目标

进一步理顺、调整劳动关系，建立适合农场特点的劳动和社会保障体系，确保社会稳定，实现经济的振兴和社会的全面进步。

二、改革的主要内容

（一）调整职工工资关系

1.全面核实职工身份。

按照"有符合规定的招工录用手续，有健全的劳动和工资关系，有完整的职工档案，按规定履行了职工义务"（三有一履行）四个条件进行全面核实。符合条件的确认为职工。

2.核准职工工龄。

经确认的职工工龄，按2004年6月30日前的连续工作年限计算。

3.置换职工身份。

（1）经确认的职工（2009年10月31日前到达法定退休年龄的职工除外）都要进行身份置换。职工身份置换是指按规定标准向职工支付一定的身份置换费，农场职工身份随之取消。

（2）职工身份置换费统一按照440元/年工龄的标准计算。

（3）职工身份置换费的支付方式：

职工身份置换费归个人所有。职工身份置换后，参加城镇企业职工基本养老保险的，其身份置换费可抵个人缴费；参加市农民养老保险的，其身份置换费可一次性全额记入个人账户。

4.解除职工劳动关系。

在签订解除劳动关系协议、实行经济补偿（支付身份置换费）后，农场与职工的劳动关系即解除。

（二）职工分类参保

农场职工置换身份后，已经在工商企业工作的必须参加城镇职工基本养老保险，按规定缴费。其余人员原则上参加城镇职工基本养老保险，缴费自理，或根据自己的经济承受能力，经本人申请并审核后，照顾参加市农民养老保险。参加市农民养老保险的，缴费按规定享受市、农场二级财政补贴，即：男45周岁、女40周岁以下的，市、场二级补贴年被缴费额的40%；男45周岁、女40周岁以上的，市、场二级补贴年度缴费额的60%。达到养老年龄（男满60周岁、女满55周岁）时，除按张政发〔2003〕180号文件规定的养老待遇计发外，另按审定的至2004年6月30日前的工作年限每满一年增发3元工龄养老金。

（三）已退休和距退休不满5年人员的退休待遇

1. 2004年12月31日前退休人员的退休金，按张劳社〔2004〕16号文件计发。

2. 2009年12月31日前达到法定退休年龄、不置换身份的职工，不实行经济补偿，达到法定退休年龄时依据张劳社〔2004〕16号文件，按月享受不低于城镇居民最低生活保障标准的退休金（即：老人老办法）。这些人员必须是已参加原农村养老保险并连续缴费者；中断缴费或未参保的，应按原农保办法补缴农村养老保险费至2004年6月。

以上二种退休人员的退休金调整均按张家港市城镇居民最低生活保障标准提高和经济发展情况

而相应调整。

3. 2009年12月31日前达到法定退休年龄的职工，选择身份置换的，必须由本人提出申请，身份置换、解除劳动关系后，必须办理参加城镇企业职工基本养老保险或市农民养老保险手续，并按照城镇企业职工基本养老保险或市农民养老保险的缴费办法执行。退休待遇按不同的参保类型计发养老金。

（四）为农场人员提供基本生活条件

2004年6月30日在册的农场农业户籍人员，给予每人0.5亩基本生活田，对该土地农场不收任何费用。

三、农场改革的实施时间

9月底基本完成此项改革。

张家港市人民政府文件

张政发〔2005〕14号

关于同意常阴沙农场管理区撤并和更名的批复

常阴沙农场：

你场关于农业管理区撤并和更名的请示悉，经研究，同意第2管理区和第10管理区合并，建立常红社区；第3管理区和第4管理区西半部分合并，建立常北社区；第15管理区和第4管理区东半部分合并，建立常兴社区；第5管理区和第6管理区合并，建立常南社区；第9管理区、第11管理区和第17管理区合并，建立常沙社区；第16管理区和第18管理区合并，建立常东社区；以第1管理区区域范围建立常西社区。同时，撤销原有管理区名称。撤并工作具体事项由你场负责实施。

此复。

张家港市人民政府

二○○五年二月一日

中共张家港市委文件

张委组〔2005〕9号

关于常阴沙农场撤场建区和赵桐兴等同志任职的通知

各镇党委、政府、农工商总公司，常阴沙管理区，市各部委办局、市直属各单位、各人民团体，市属党委厂，沙洲工学院、梁丰高级中学：

为进一步理顺管理体制，深化体制改革，促进农场经济社会的加快发展，根据《省政府办公厅关于省属农垦集团公司所属常阴沙农场实行属地管理的通知》（苏政办发〔2004〕24号文件）精神，经市委、市政府研究决定，撤销常阴沙农场，成立常阴沙管理区。同时，撤销常阴沙农场党委、纪委，成立“中共张家港市常阴沙管理区工作委员会”、“张家港市常阴沙管理区管理委员会”，为市委、市政府派出机构，明确正镇级建制。同时成立“中共张家港市常阴沙管理区纪律检查工作委员会”，为市纪律检查委员会派出机构。

……

中共张家港市委员会

张家港市人民政府

二○○五年三月十五日

编 后 记

1981年春至1989年9月，常阴沙农场曾两度组织力量，编写过一部资料性丛书——《常阴沙农场志》，内部发至公司、工厂、工区、场直单位主要负责人及场部机关科以上干部。2002年9月，农场党委发文成立《常阴沙农场志》编纂委员会。2003年3月，抽调1名退休干部从事资料收集整理工作。后因编纂人员未到位、资料遗失等原因，编纂工作中止。2008年8月，根据中共张家港市委党史地方志办公室（以下简称市委党史办）的部署，经常阴沙管理区党政领导研究，重新成立《常阴沙农场志》编纂委员会及史志办公室。是年10月，确定1名主编和1名老干部为编纂人员。正式启动编纂工作。

2009年4月拟定纲目后，用四年时间，收集整理约1200万字的原始资料。2013年4月，形成约60万字主体篇目的初稿，10月，提交市委党史办初审，并经全市各镇（区）修志人员、现代农业示范园区现职领导、中层干部以及原常阴沙农场老干部、老职工研讨和反复审阅，于2014年10月形成《常阴沙农场志（征求意见稿）》。根据研讨和审阅意见，逐一对书稿内容修改和补充，于2015年11月通过市委党史办终审，并于2016年1月进入出版程序。

在志稿的编纂中，编纂人员先后到南京、南通、苏州、常熟、张家港等档案馆，以及江苏省农垦总公司查阅数千万字的地方文献和档案资料。走访曾在常阴沙农场工作且熟悉境内风物人情和历史的老干部、老党员、老职工、城市下放工人以及城市插场知青，实地考察原长沙圩高宅基、救命墩遗址、原建设圩和合作头圩间的海坝旧址、原红房子码头遗址、北中心河小闸遗址、防洪江堤、各座水闸、套闸、圩口闸以及相关涵洞等，还深入职工家庭和田园、居民点、居民埭、建筑旧址等进行实地采风、求证核实。在内容的编排上，力求从自然、围垦、经济、政治、文化、教育、卫生、治安、军事以及社会等各个不同侧面，整体再现常阴沙农场的发展全貌。

农场志的编纂，是一项细密而复杂的系统工程。在编纂中，得到了原常阴沙农场历届党政领导的热心帮助，得到了市委党史办的悉心指导，得到了园区各级领导以及社会各界的关心和支持。特别是书稿通过终审后，时任园区党工委书记徐凤琪和管委会主任王卫国共同为本书作了序，对此我们表示衷心感谢！

在志稿的编写过程中，尽管我们已竭尽全力，但由于编写力量薄弱，加之编纂人员业务水平有限，书中的疏漏、错误之处仍难以避免。为此，恳请读者给予谅解。

编 者

2017年5月22日

《常阴沙农场志》审稿人员

（以姓氏笔画为序）

丁宝生　马阿玉　王文贵　王志明　王步高　王秉忠　王德能　方姚胤
卢瑞华　朱建才　刘建芳　严炳正　李　平　李建明　李新峰　吴文忠
吴官生　吴经才　吴惠充　余美芬　邹金才　张友才　张凤祥　陆立成
陆志元　陆绍祥　陆品华　陈志华　陈金发　陈彩娥　陈照英　范兴华
茅雪祥　周建国　赵兴明　钮志华　保重华　俞永明　顾万明　顾金山
顾惠德　倪　荣　徐卫华　徐育清　高　翔　高关清　唐育彬　陶云儒
陶洪祥　黄贤德　黄金菊　黄学芳　黄建强　彭玉贤　葛顺才　蒋礼孝
虞伟明

《常阴沙农场志》资料提供人员

（以姓氏笔画为序）

丁新强　王　坚　王建华　司　月　任建忠　刘　芳　刘克齐　刘振萍
刘焕可　孙雪清　杜秀兰　李　芳　吴　芳　吴青峰　余东良　沈仙万
沈兆祥　沈惠清　张作人　陆永泉　陆兆康　陈友恭　陈世昌　邵鑫华
项文明　施汉春　施国祥　袁　艳　顾育礽　顾建平　钱建平　徐志祥
唐祥尧　黄　华　黄志芳　黄家仁　彭维成　彭毓华　蔡秀琴　瞿　伟
瞿　娟　瞿寿庭